REFORM
AND INNOVATION

改革创新

1月，杜佳楣老师（左）当选为第七届“首都十大新闻人物”

1月，机电 1401 班荣获北京高校“示范班集体”称号

1 月 6 日，举行老干部新春团拜会

1 月 25 日，校党委书记王传亮（右七）慰问各校区值班人员

2 月 28 日，学校召开党委常委会传达学习习近平总书记视察北京重要讲话精神

3 月 15 日，学校首届校园文化艺术节开幕

3 月 16 日，举办学校第二届辅导员职业能力比赛决赛

3 月 20 日，学校与美国德州仪器联合创新实验室揭牌

3 月 21 日，苹果 CEO 库克（左）到校友王宁的创业公司参观

3 月 21 日，校党委副书记、校长王永生参加中波大学联盟成立大会暨签约仪式

3 月 23 日，举行党风廉政建设工作会议

3 月 23 日，校领导与院级党组织、职能部门负责人签订党风廉政建设责任书

3 月 23 日，举办处级干部深入学习贯彻党的十八届六中全会精神集中培训

3 月 24 日，瑞典皇家工程科学院外籍院士吴季松（右五）受聘为学校兼职教授

4月，校党委副书记、校长王永生（右四）率团访问美国和加拿大高校并签署合作协议

5月8日，绿色大数据北京重点实验室举办学术委员会会议

5月18日，举行首届“勤信人物（团队）”颁奖仪式

5 月 24 日，校党委书记王传亮讲党性教育专题党课

5 月 24 日，首届校园文化艺术节国际文化周开幕

6 月，新校区学生宿舍 A 组团竣工

6 月 21 日，学校举办反腐倡廉辅导报告

6 月 22 日，校党委副书记、校长王永生（二排右五）邀约 2017 年“十大先锋人物”

6 月 24 日，举行 2017 年度维护安全稳定责任书签字仪式

6月28日，2017届毕业生向母校赠送纪念品

6月28日，校党委书记王传亮（右）为毕业生拨穗

6月28日，校党委副书记、校长王永生（左）为毕业生拨穗

7 月 6 日，召开学校思想政治工作会议

7 月 31 日， Water 队第五次荣获机器人足球世界杯中型组冠军

9 月，校党委书记王传亮 (前右) 率团访问埃及、以色列高校

9 月 1 日，召开 2017 年学科建设工作暨新学期工作部署会

9 月 5 日，校党委书记王传亮（右）深入课堂听思政课

9 月 6 日，举行 2017 级新生开学典礼

9 月 7 日，举办教师节表彰大会

9 月 19 日，北京市委常委、市委教育工委书记林克庆（左三）到校调研工作

9 月 20 日，学校首届科技创新节开幕

9 月 24 日，学校承办第九届全国仪器科学与技术学科院长论坛

9 月 28 日，学校领导深入校园检查安全稳定工作

10 月，王欣媛老师荣获 2017 年“全国高校思想政治理论课教学骨干”称号

10 月 18 日，校级理论学习中心组成员在小营校区第一会议室收听收看党的十九大开幕式直播

10 月 18 日，学校党员干部师生集体收看党的十九大开幕式直播

10 月 27 日，学校树人班开班

11 月， 陈清华任学校纪委书记

11 月 1 日， 中共中央党史研究室宣传教育局原主持工作副局长薛庆超教授到校作党的十九大精神辅导报告

11 月 1 日，学校举办学习宣传贯彻党的十九大精神暨工作部署会

11 月 2 日，国家外专局、教育部“先进光电子器件与系统学科创新引智基地”揭牌仪式举行

11 月 9 日，校党委书记王传亮（后右六）在党支部层面宣讲党的十九大精神

11 月 10 日，北京市副市长王宁（前右三）到新校区调研指导工作

11 月 20 日， 校友徐颖作客勤信文化大讲堂

11 月 22 日， 首都师范大学马克思主义学院副院长、博士生导师黄延敏教授（后左）到校作学习宣传贯彻党的十九大精神辅导报告

11 月 29 日，“平安校园”创建专家组入校检查验收

12 月 6 日，学生宿舍 B 组团开槽启动仪式举行

12 月 6 日，浙江嘉兴市人社局、组织部领导到校交流调研

12 月 18 日，校党委副书记、校长王永生（右二）率队赴北京科技大学交流高精尖创新中心建设

12 月 19 日，举办 2017 年荣休仪式

12 月 27 日，举行 2017 年科技创新节闭幕式暨学生年度颁奖典礼

12 月 27 日，举办新年晚会

12 月 29 日，北京市委常委、副市长阴和俊到校向师生宣讲党的十九大精神

2017 年，学校党委精心谋划学校顶层设计

学校荣获"青年服务国家"2017 年度首都大中专学生暑期社会实践先进单位

学校学生团队在第三届中国“互联网+”大学生创新创业大赛中取得优异成绩

校合唱团荣获 2017 年北京大学生音乐节展演金奖

校民族舞蹈团参加 2017 年北京大学生舞蹈节获金奖

CONTENTS

目录

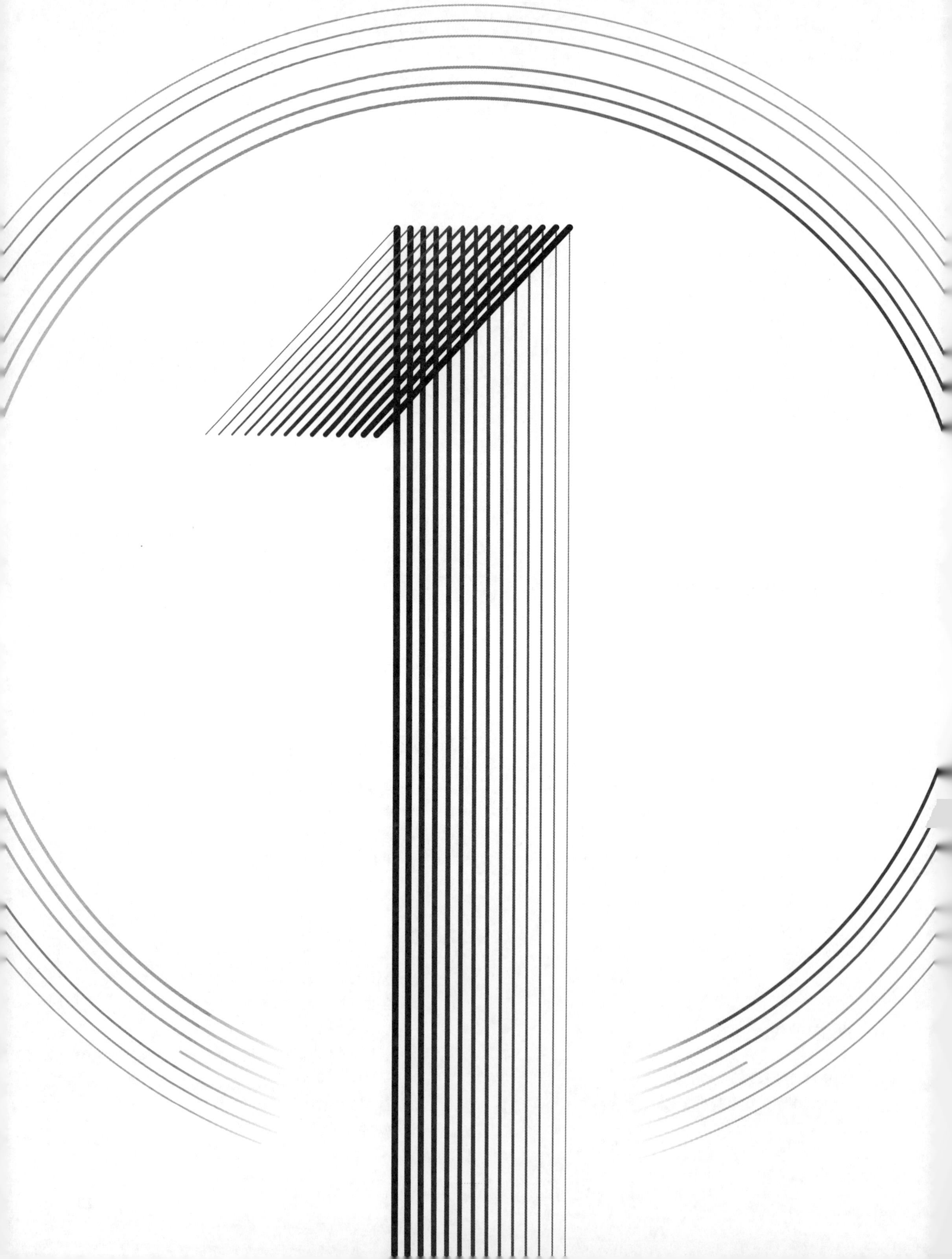
1

学校简介

BEIJING
INFORMATION
SCIENCE & TECHNOLOGY
UNIVERSITY

SCHOOL OVERVIEW

学校简介

一、基本情况

北京信息科技大学由原机械部所属的北京机械工业学院和原电子部所属的北京信息工程学院合并组建，办学历史可追溯到 20 世纪 30 年代，是北京市重点支持建设的信息学科较为齐全的高校，在长达 80 余年的办学历史中，形成了鲜明的信息特色、行业特色、军工特色。

学校现有 5 个校区，坐落于海淀区和朝阳区；占地 1183 亩的昌平新校区于 2018 年全面开工，预计 2020 年基本建成。

学校秉持“勤以为学、信以立身”的校训精神，紧密围绕国家、首都及行业发展需求，顺应信息时代发展态势，积极调整学科专业布局，大力推进人才培养模式改革，整体实力显著增强，社会贡献力有效提升。

截至 2017 年年底，学校有小营、健翔桥、清河、金台路、酒仙桥等 5 个校区，占地 33.35 万平方米，校舍建筑面积 33.32 万平方米；固定资产总值 12.50 亿元、其中教学科研仪器设备 6.23 亿元。纸质图书 120.61 万册，电子图书 18.7TB。

学校现有 12 个专业和 1 个类别（计算机类）在北京地区一本招生，在京外 26 个省份全部或部分专业进入一本招生。学校现有在校生 16544 人，其中，硕士研究生 1308 人，普通本科生 10899 人，成人教育本专科生 4163 人（本科生 1706 人，专科生 2457 人），留学生 174 人。

学校现有 39 个本科专业，覆盖工、管、理、经、文 5 个学科门类；现有一级学科硕士点 14 个，二级学科硕士点 43 个；现有工程硕士和工商管理硕士 2 个专业学位授权种类，7 个专业学位授权领域。学校现有教职工 1399 人，专任教师 855 人，其中，正高级职称 139 人，副高级职称 381 人；硕士生导师 358 人、兼职博士生导师 22 人。

学校设有机电工程学院、仪器科学与光电工程学院、自动化学院、信息与通信工程学院、计算机学院、经济管理学院、信息管理学院、马克思主义学院、公共管理与传媒学院、外国语学院、理学院、国际交流学院 12 个学院以及研究生院、体育部、计算中心、机电实习中心、电子信息与控制实验教学中心和继续教育学院等教学机构。学校面向全国 29 个省（自治区、直辖市）招收全日制普通本科生，面向西部 3 个省（自治区）招收少数民族预科班学生，面向内地新疆高中班和内地西藏高中班招收本科生。

二、发展成果

党建和思政工作成效显著

以习近平新时代中国特色社会主义思想为指导，学习贯彻党的十九大精神，全面加强党委对学校工作的领导，以“五个环境建设”为统领，持续优化顶层设计，不断推进内部治理体系改革。坚持把思想政治工作贯穿教育教学全过程，推动各项事业又好又快发展，全面提升党建和思想政治工作科学化制度化规范化水平。2017 年，组织召开了学校思想政治工作会议，先后制定出台《关于加强和改进新形势下学校思想政治工作的实施方案》等系列文件，成立党委教师工作部、党建与思想政治教育学术分委员会，推动单独设立党委统战部、专职辅导员师生比达标、设立专职组织员等工作，全面推进学校思想政治工作改革与创新。

人才培养特色鲜明

坚持立德树人，着力培养具有较强实践能力、创新意识与国际化意识的高素质应用型人才。近年来，学校获得国家级教学成果奖特等奖 1 项、一等奖 1 项；国家级特色专业建设点 4 个、北京市特色专业建设点 9 个、卓越工程师教育培养计划专业 3 个、教育部专业综合改革试点项目 2 个；国家级实验教学示范中心 2 个、国家级大学生校外实践教育基地 1 个、国家级工程实践教育中心建设单位 1 个、市级实验教学示范中心 4 个、市级校外人才培养基地 3 个；国家级优秀教学团队 1 个、市级优秀教学团队 8 个、市属市管高校创新团队 24 个、市级教学名师 8 人。学校应届本科毕业生一次就业率保持在 95% 以上。研究生一次就业率 100%。学校以本科生为主的代表队在机器人足球世界杯赛中五次荣获中型组冠军。在第三届中国“互联网+”大学生创新创业大赛中获国家级铜奖 1 项、市级奖项 14 项，实现连续两年晋级国赛并获得铜奖。测控技术与仪器专业获批北京市属高校首批一流专业；获评北京市首批深化创新创业教育改革示范高校，大学生创新创业基地获批首批北京高校大学生创业园分园。

师资力量较为雄厚

学校依托北京市人才强教深化计划，引进双聘院士 6 人，北京市海外高层次人才 2 人，特聘教授 2 人，讲座教授 3 人，获得市属高校学科首席专家岗位 1 个。入选国家“百千万人才工程”1 人，北京市新世纪“百千万人才工程”3 人，北京市属高校长城学者 4 人。现有全国优秀教师 2 人、北京市优秀教师 9 人，全国优秀教学团队 1 个、北京市优秀教学团队 8 个，北京市教学名师 12 人，北京市属市管高校创新团队 25 个、创新人才 15 人，青年拔尖人才 38 人，北京市人才强教深化计划骨干教师 107 人；通过引进培养和推进改革，基本形成以“双聘院士”、特聘教授、学科首席专家、优势特色学科带头人和创新团队为主体的高层次人才队伍；不断完善和提升接收新教师的标准，规范程序、强化管理，严把入口质量；初步完成了以学科建设为龙头和引领、以建立竞争激励流动机制为导向的教师职务全员聘任改革，促进了队伍结构优化和管理机制完善。2017 年，申报并获批“大容量高强度光纤传感系统研究产品化”博士后科研项目工作站，接收 2 名博士后研究人员入站。落实《教师职务岗位晋升聘任绿色通道的办法（试行）》，共有 2 名教师晋升正高级专业技术职务，36 名教师晋升副高级专业技术职务。引进博士（博士后）63 人。

学科实力不断增强

学校不断强化学科建设为龙头的意识，加强学科建设，已形成以工为主，工、管、理、经、文、法 6 个学科门类协调发展的学科格局。学校现有 3 个北京市重点学科、9 个北京市重点建设学科；1 个省部共建教育部重点实验室，5 个北京市级重点实验室，2 个信息产业部重点实验室，2 个财政部与北京市共建开放实验室，2 个机械工业重点实验室，2 个北京实验室（参与），1 个北京市哲学社会科学研究基地，1 个北京市高校工程技术研究中心；具有开展推荐优秀应届本科毕业生免试攻读硕士研究生工作资格；获批“北京信息科技大学产学研联合研究生培养基地建设”项目，成为拥有北京高校产学研联合研究生培养基地的市属高校之一。

科技创新优势突出

持续加强科学研究，在新一代信息技术、智能制造、国防军工等领域取得突出成绩。2007 年至 2009 年，连续以第一单位获得国家科学技术奖 4 项；2017 年，再次获得国家科学技术奖 1 项。科研总经费连续 10 年较大幅度增长，在高端软件、传感技术、高端装备制造等领域一批成果实现产业化。参股的拓尔思信息技术股份有限公司是北京市属高校中首家上市企业。2017 年，学校科研总经费 1.4384 亿元，项目经费 9506 万元，全年新增各类科研项目 273 项，新增省部级以上科研项目 36 项。共发表学术论文 937 篇，获各类知识产权授权、登记 196 项，获 7 项省部级科研成果奖和 2 项社会力量设奖。联合北京理工大学，作为第二单位参与完成的“高过载飞行器自主导航与控制技术”项目成果获国家技术发明奖二等奖。由学校牵头申请的“光纤传感与系统北京实验室”获市教委批准认定，与北京交通大学共建的国家经济安全预警工程北京实验室获得市教委批准认定，“绿色发展大数据决策北京市重点实验室”获北京市科委认定，“先进光电子器件与系统北京市国际科技合作基地”通过北京市科委认定，与北京科技大学合作构建“材料基因工程北京高精尖创新中心”获得批准。

国际化办学不断拓展

学校坚持开放办学，积极扩大国际交流与合作。与 71 所国（境）外高校建立校际合作关系，开展了科研合作、互访讲学、管理人员培训、英语教师和双语教师学习进修，本科生双学位项目以及联合培养硕士和博士研究生合作项目。2017 年，学校“先进光电子器件与系统学科创新引智基地”获国家外专局和教育部批准立项入选国家“111 计划”，成为“111 计划”面向地方高校开放以来第二批入选的地方高校，也是 2017 年北京市属高校唯一一所入选高校。积极响应国家“一带一路”的倡议，截至 2017 年年底，与“一带一路”沿线国家合作的大学数量达到 16 所，成为“一带一路”中波大学联盟首批成员校。首次与波兰西里西亚理工大学合作，完成了孔子课堂申报工作。

三、发展目标

总目标：建设信息特色鲜明的高水平大学。

阶段目标：2020 年基本建成教学研究型大学；2030 年努力建成若干优势学科国内一流、国际知名的高水平教学研究型大学；2050 年建成国内一流、国际知名的高水平大学。

5 个

学校现有 5 个校区，坐落于海淀区和朝阳区；占地 1183 亩的昌平新校区 2018 年全面开工，2020 年基本建成

12 个

学校现有 12 个专业和 1 个类别（计算机类）在北京地区一本招生

95 %

学校应届本科毕业生一次就业率保持在 95% 以上

大事记

BEIJING
INFORMATION
SCIENCE & TECHNOLOGY
UNIVERSITY

CHRONICLE OF EVENTS

大事记

获批“北京市深化创新创业教育改革示范高校”。 1月9日，学校通过首批深化创新创业教育改革示范高校评审认定，获批“北京市深化创新创业教育改革示范高校”，成立创新创业教育领导小组和工作小组，形成了“一条主线、特色引领、三位一体”的创新创业教育体系框架：以创新意识、创新创业能力培养为主线，突出智能制造与机器人、信息安全与大数据等特色，建设课程教学、创新实践、项目孵化三位一体的创新创业教育教学体系。

“先进光电子器件与系统北京市国际科技合作基地”获得认定。 2月，经现场答辩、专家评审、市科委主任办公会研究、科委网站公示等多个环节，学校“先进光电子器件与系统北京市国际科技合作基地”获得认定。“先进光电子器件与系统北京市国际科技合作基地”由北京信息科技大学联合清华大学、英国剑桥大学优势资源成立，在基于全息技术的新型光开关及光电子器件、光纤传感与检测系统、基于空间遥感的大气污染源探测技术、光电子生物传感器及医疗仪器、全场光学测试等前沿领域开展研究。

“绿色发展大数据决策北京市重点实验室”获批。 2月17日，学校申报的新型智库领域“绿色发展大数据决策北京市重点实验室”获批2016年度北京市重点实验室和北京市工程技术研究中心认定。绿色发展大数据决策实验室经资格审查、会议评审、现场考察等多个环节，最终被认定为北京市重点实验室。实验室下设大数据驱动的绿色发展决策范式与方法、绿色发展决策治理关键技术、绿色发展大数据价值发现与决策平台三个研究方向。

校友会2016年度市级社会组织评估中荣获AAAA等级。 2月28日，学校校友会2016年度市级社会组织评估中荣获4A等级，成为获4A评定结果的第二家市属高校校友会。由北京市民政局组织、第三方独立开展的社会组织等级评估检查，依据110个四级指标分别查阅了校友会历年来整理的档案资料和支撑材料。获得AAA以上评估等级的社会组织，可以优先接受政府职能转移，可以优先获得政府购买服务，可以优先获得政府奖励。获得3A以上评估等级的基金会、慈善组织等公益性社会团体可以按照规定申请公益性捐赠税前扣除资格。获得AAAA以上评估等级的社会组织在年度检查时，可以简化年度检查程序。

首届文化艺术节开幕。 3月15日，学校首届文化艺术节开幕。校党委书记王传亮，校党委副书记、校长王永生共同为首届文化艺术节标识揭幕。首届文化艺术节持续整个学期，主要包括三个板块：以宣传和弘扬我国优秀传统文化为主要内容的文化类板块；以展示师生风采，提升艺术鉴赏水平为主要内容的艺术类板块；以科学健身、强健体魄为主要内容的体育类板块。三大板块内容分为由职能部门和学院承办的全校层面活动和学院特色活动。活动参与面覆盖全校本科生、研究生、教职工及留学生。学校举办本次文化艺术节的同时，成立了文化艺术节组委会，由学校党委书记、校长担任组委会主任，有关职能部门负责人、各学院党委（党总支）书记担任组委会成员。

新增三个本科专业。 3月17日，学校申报的“数据科学与大数据技术”“机器人工程”“国际经济与贸易”3个专业通过2016年度普通高等学校本科专业备案和审批，实现学校新增专业的突破。至此学校本科专业数从36增至39个。

加入中波大学联盟。 3月21日，校党委副书记、校长王永生参加中波大学联盟成立大会暨签约仪式，并代表学校和国内外与会高校代表共同在关于构建“一带一路”倡议下中波大学联盟的建议上签字。学校成为联盟单位之一。中波大学联盟是部分北京市高校、重庆市高校和波兰高校为了积极响应国家“一带一路”发展倡议而发起成立的。

两位教师入选中国科协“青年人才托举工程”项目。 3月，孙婷（专业：仪器科学与技术）和苏鹏（专业：机械设计及理论）两位教师入选中国科协“青年人才托举工程”项目，成为国家青年科技人才优秀代表，是学校教师首次入选该项目。“青年人才托举工程”是由中国科协 2015 年启动的人才支持项目，主要对 32 岁以下具有较强创新能力和发展潜力的科技人员采用稳定支持方式。

校红十字会获评“2016 年度首都高等院校红十字会系统先进集体”。 4 月 18 日，学校红十字会获评“2016 年度首都高等院校红十字会系统先进集体”，学生分会指导教师被推选为“2016 年度首都高等院校红十字会系统先进个人（教工）”，6 名同学被推选为“2016 年度首都高等院校红十字会系统先进个人（学生）”，学校红十字会开展的“灯光红丝带”及防艾大型宣传教育外展活动被评为“红十字青少年活动组织奖”，1 名同学被推选为“优秀红十字青少年会员”。

学校获得北京市科学技术奖二等奖。 4 月 27 日，北京市委、市政府在北京会议中心举行 2016 年度北京市科学技术奖励大会。学校作为第一完成单位，计算机学院张仰森教授主持完成的“智能化立体仓库系统关键技术及应用”项目获得 2016 年度北京市科学技术奖二等奖；作为第二完成单位，通信学院曹林副教授完成的“机动车高精度定位测速雷达技术开发与应用”项目获得 2016 年度北京市科学技术奖三等奖。

2017 年本科教学工作会召开。 5 月 17 日下午，2017 年本科教学工作会在小营校区报告厅召开。会议的主题是“以本科教学工作审核评估为契机，突出内涵建设，坚持特色发展，全面提高人才培养质量”。校党委书记王传亮，校党委副书记、校长王永生分别作重要讲话。全体校领导班子成员、各职能部门主要负责人、各教学单位领导班子成员、系主任、专业负责人、实验教学中心（实验室）主任、教学秘书、教师代表、学生代表出席会议。会议由副校长许宝杰主持。

举行首届勤信人物（团队）颁奖仪式。 5 月 18 日，学校成立 9 周年之际，学校在大学生文化艺术中心举行首届勤信人物（团队）颁奖仪式，表彰先进，学习榜样，弘扬“勤以为学 信以立身”的校训精神，培育优良校风学风。全体校领导，获得“首届勤信人物（团队）”荣誉称号以及提名奖的师生校友出席颁奖仪式。此次评选经过广泛推荐、大力宣传和公正评选，19 个人物和团队成为提名候选人，最终张福学、徐小力、张奇志、王灯山、张敬东、赵南茜、麦尔哈巴 • 赛莱、北京知识管理基地团队、Water 机器人足球队、招生就业工作处 10 个人物（团队）当选。

在中国服务机器人大赛中成绩优异。 5 月 21 日，2017 中国服务机器人大赛中，学校自动化学院 Sun@Home 家庭服务机器人代表队分别获得 GPSRPLUS 项目组冠军、Shopping 项目组冠军、人的辨识项目组冠军、物品识别项目组冠军、声源定位与语音识别项目组冠军与 GPSR 项目组亚军。

首届新生创客大赛决赛举行。 6 月 14 日下午，首届新生创客大赛决赛举行。本次大赛历经创客教育、创客大赛初赛、多次专题培训等一系列环节，历时 7 个月，共有来自 3 个系 29 支参赛队 109 名新生参与。经过初赛创意选拔、决赛实物演示的激烈角逐，共评审出一等奖 3 项、二等奖 4 项、三等奖 7 项、鼓励奖 2 项。

机械设计制造及其自动化专业通过中国工程教育专业认证。 6 月 16 日，教育部、中国工程教育专业认证协会发布通知，对 2016 年经过各学校自评、专家组现场考查、分委员会（试点工作组）审议、认证结论审议委员会审议等程序通过中国工程教育专业认证的专业进行公布，学校机械设计制造及其自动化专业顺利通过认证，是学校首个通过认证的机械类专业。本次中国工程教育专业认证协会组织对 249 个专业开展了工程教育专业认证工作，205 个专业通过认证。

Water 队第五次荣获世界冠军。 7 月 26—30 日，第 21 届 RoboCup 机器人世界杯比赛在日本名古屋举行。学校 Water 机器人足球队以 6：3 战胜老对手荷兰埃因霍温理工大学 TU 队，时隔一年，再次获得机器人足球世界杯中型组冠军。本年度训练中，Water 队改进机器控制器，将原来用的笔记本换成了自制控制器，提升图像处理速度、计算能力、电池续能时间；更新所有外壳，以及变形结构件；并根据比赛规则和弱点改进了程序和算法，提高了防守和进攻能力。队员们放假后即进入紧张的备战状态，不分昼夜调试机器，改进代码，优化策略，整合模拟实战测试。新老队员团结合作，共同努力终于取得胜利。

“先进光电子器件与系统学科创新引智基地”获批。 8 月，学校首次入选 2017 年度地方高校“高等学校学科创新引智计划”（简称“111 计划”）立项名单。此次获批项目为“先进光电子器件与系统学科创新引智基地”，是 2017 年北京市唯一一所入选的高校。全国共有 21 所地方高校获批，这也是继 2016 年 15 所地方高校首次入选后，再次有地方高校入选“111 计划”。该项目原遴选范围为教育部、工业和信息化部、国家民委、国务院侨办、中科院等所属“211 工程”和“985 工程”的中央部属高校，2016 年首次面向地方高等院校开放，共有 15 所地方高校入选。

参加中国机器人大赛成绩优异。 8 月 20 日，2017 中国机器人大赛中，学校参赛队在机器人先进视觉赛中获得一等奖（冠军）1 项和二等奖（季军）1 项，在“空中机器人—无人机大战水果”项目中获得二等奖 1 项、在武术擂台赛一无差别 2Vs2 项目中获得三等奖 2 项。

2017 年学科建设工作暨新学期工作部署会召开。 9 月 1 日，2017 年学科建设工作暨新学期工作部署会在小营校区报告厅召开。会议的主题是“融合学科资源 凝练信息特色 提高我校办学水平”，目的是要贯彻学科引领、人才强校的基本精神，总结经验、查找差距，优化学校学科建设顶层设计，明确推进学科建设的战略举措，有效提升学科建设水平，为推进学校超常规、跨越式发展提供强有力的支撑。校党委书记王传亮，校党委副书记、校长王永生出席会议并作重要讲话。全体在校校级领导，中层干部，教授、副教授代表，一级二级学科学位点负责人参加会议。会议由校党委副书记刘筱毅、副校长许宝杰主持。

获得两项北京市哲学社会科学优秀成果奖。9月，中共北京市委宣传部、北京市教委、北京市人力资源和社会保障局联合发文，对北京市第十四届哲学社会科学优秀成果进行表彰，学校两项成果获得二等奖。其中经管学院曲立教授的专著《知识服务业精益运营模式研究》获得管理学科二等奖，经管学院杨颖梅副教授的专著《密封招标博弈分析》获得经济学科二等奖。北京市第十四届哲学社会科学优秀成果奖评选于2016年启动，经作者申报、系统初评、学科评选小组评选、评奖委员会审定、向社会公示等程序，并经市委、市政府批准，共有202项优秀成果获奖，其中45项成果获一等奖、157项成果获二等奖，获奖成果以市委、市政府名义进行表彰。

首届科技创新节开幕。9月20日，学校首届科技创新节开幕。本届科技创新节主题是“汇勤信力量之源，展科技创新之光”。科技创新节覆盖全校本科生、研究生、教职工及留学生，历时三个月，主要由科技创新作品展示、科技竞赛、讲坛论坛、创新创业等板块组成，包含科技创新成果展、教师名家讲坛、大学生创意创新创业大赛、大学生机器人大赛、校友杯创业大赛、研究生科技创新项目评优系列活动。本届科技创新节的科技创新成果展共展出各类科技成果1358项，其中教师成果350项，研究生成果357项，本科生成果651项。成果涉及科技作品、专利、软件著作权等，集中展现了学校近几年师生在科技创新、创业方面的最新硕果。

北京市委教育工委副书记、市政府教育督导室主任唐立军到学校检查指导工作。10月16日下午，北京市委教育工委副书记、市政府教育督导室主任唐立军到学校检查指导安全稳定工作。学校党委副书记、校长王永生，校党委副书记王秀彦会见了唐立军一行。唐立军一行详细了解了学校工作的研究部署、意识形态管理、网络舆情研判等方面的工作情况。唐立军肯定了学校的安全稳定工作，他要求：要强化校园的安全管理，进一步排查隐患，狠抓关键领域和环节，实现校园安全管理无死角、全覆盖；按照全市部署要求，按照校园安排，强化特殊时期的巡视检查和管控，做到安全万无一失；落实好值班带班制度，做好应急值守的各项制度，值班人员按照规定严格值守，突发事件要及时报告；要做好应急预案，确保突发事件的有效管控和处置。

学校师生收听收看党的十九大开幕式。10月18日当天，学校校级理论学习中心组在小营校区第一会议室集体收听收看党的十九大开幕式、习近平总书记代表十八届中央委员会向大会作的重要报告。听取报告后，在校党委书记王传亮的主持下，中心组成员进行了认真学习和热烈讨论。王传亮强调，党员领导干部是“关键少数”，要做到先学一步、学深一层，把学习贯彻报告精神与所在部门、单位具体工作相结合，以更高的标准、更实的举措抓好学习宣传贯彻。当日，全校师生以不同方式收听收看了党的十九大开幕式。

2017年新入职教职工岗前培训开班。10月27日上午，2017年新入职教职工岗前培训班在小营校区学术交流教室正式开班。校党委书记王传亮出席开班仪式，寄语青年教师，坚持正确的政治方向，以德立身、以德立学、以德施教，砥砺奋进，做“四有”好老师，将个人的事业和梦想与学校、国家的事业梦想结合，在立德树人的伟大事业中成就自己诗意人生。人事处负责老师、2017年新入职青年教职工及其他年度入校但仍未参加校内岗前培训、没取得结业证书的教职工参加开班仪式。

学校召开学习宣传贯彻党的十九大精神暨工作部署会。11月1日下午，学校在小营校区报告厅隆重召开学习宣传贯彻党的十九大精神暨工作部署会。校党委书记王传亮作学习宣传贯彻党的十九大精神专题报告，部署全校学习宣传贯彻十九大精神工作。全体校领导、处级以上领导干部、全校基层党组织负责人参加会议。会议由校党委副书记、校长王永生主持。在专题报告中，王传亮结合党的十九大报告内容、习近平总书记在参加贵州团讨论和闭幕式上的重要讲话精神、习近平总书记在十九届中央政治局常委同中外记者见面时的重要讲话精神、习近平总书记在瞻仰中共一大会址时的讲话精神，对十九大报告进行了宣讲解读，详细介绍了中国共产党第十九次全国代表大会的丰硕成果和深远影响；介绍了党的十九大报告的要点，党的十九大提出的新思想、新论断、新提法、新举措，阐述了新时代中国特色社会主义思想和基本方略。王传亮还部署了全校学习宣传贯彻十九大精神各项工作。

薛庆超到校作学习宣传贯彻党的十九大精神辅导报告。11月1日下午，学校邀请中共中央党史研究室宣传教育局原主持工作副局长薛庆超到校作题为《习近平新时代中国特色社会主义思想与实践》辅导报告，深度解读党的十九大精神。校院两级理论中心组成员、全体处级干部、2017年新入职教职工岗前培训班全体学员、树人班全体学员200余人听取了报告。报告会由校党委副书记刘筱毅主持。

国家外专局、教育部“先进光电子器件与系统学科创新引智基地”揭牌仪式举行。11月2日下午，国家外专局、教育部“先进光电子器件与系统学科创新引智基地”揭牌仪式在健翔桥校区图书馆会议室举行。国家外专局教科文卫专家司副司长王嵩、专家司计划处处长炊海春，教育部科技司综合处副处长何立芳，北京市教委副主任黄侃、市教委国际交流处副处长苏金柱，北京市外专局外国专家和外国人就业工作处处长张振华，学校党委副书记、校长王永生及相关职能部门负责人、光电学院领导及教师出席了揭牌仪式。揭牌仪式由副校长陈刚主持。随后，王嵩、黄侃、张振华、何立芳、王永生共同为“先进光电子器件与系统学科创新引智基地”揭牌。引智基地主任祝连庆教授从学科概括、引智基地团队构成及合作基础、研究方向、内容、建设目标与建设方案、支撑条件、组织保障等方面汇报了引智基地的情况。

第八届亚洲机器人锦标赛中国选拔赛中获佳绩。11月2日至5日，2017年第八届亚洲机器人锦标赛中国选拔赛中，学校指导的小学队斩获“VEX-IQ”小学组冠亚军，永泰小学队获得“VEX-IQ”小学组季军。

校党委书记王传亮带头在支部层面宣讲十九大精神。11 月 9 日下午，校党委书记王传亮带头在所在支部宣讲十九大精神，校党委副书记刘筱毅，与宣传部党支部共建的组织部党支部、校团委党支部全体党员以及人事处党支部全体党员也一起倾听学习宣讲，并作交流发言。在宣讲中，王传亮从“红船精神”讲起，细数了从新民主主义社会起至今的每个历史阶段中国的主要社会矛盾，回顾了中国共产党成立 90 多年的风雨历程和面对主要社会矛盾的历史担当，详细阐述了十九大和十九大报告的重大意义，点明了学习十九大精神的重点，对基层党员学习宣传贯彻十九大精神提出了具体要求。

副市长王宁到学校新校区调研指导工作。11 月 10 日上午，副市长王宁到学校新校区调研，并在学生宿舍 B 组团施工现场召开工作会，推进新校区建设。本次调研旨在深入学习贯彻党的十九大精神，抓好教育领域非首都功能疏解。市政府副秘书长尹培彦，市教委、市规划国土委领导，昌平区委常委、常务副区长孙卫，学校党委书记王传亮，党委副书记、校长王永生，副校长马鋆鸿参加工作现场会。在新校区学生宿舍 B 组团施工现场，王宁听取了马鋆鸿的现场工作汇报，了解了新校区建设的最新进展；并向各委办局、昌平区询问了相关工作的支持保障情况。他对新校区建设提出了三点要求：一是合理安排工期进度，做好周密计划，确保 2018 年全面开工建设；二是强化质量意识，精心组织、精准管理，全力打造优质工程；三是科学统筹，有序衔接，安排好与新校区建设相关配套工作。

2017 年华北五省（直辖市、自治区）大学生机器人大赛举行。11 月 11 日，由本校承办的一年一度的华北五省机器人大赛在北京大学生体育馆隆重开赛。本次大赛的主题是“智能引领 创新致用”。学校党委书记王传亮莅临比赛现场，与各学校参赛师生亲切交流，鼓励大家不忘初心、牢记使命，在科技创新的道路上砥砺前进，扬帆远航。

浙江嘉兴市人社局、组织部领导到校交流调研。12 月 6 日，浙江嘉兴市人社局副局长冯俊华，市委组织部人才处处长胡胤杰、公务员处处长屠群贤一行到校交流调研，双方就促进大学生就业创业、深入开展校地合作进行深入会谈。会谈之前，党委书记王传亮亲切接见了冯俊华一行。

王永生在所在支部宣讲党的十九大精神。12 月 6 日，在所在党支部、教务处党支部的宣讲中，校党委副书记，校长王永生结合参加北京市领导干部学习贯彻党的十九大精神专题研讨班的学习成果，从四个方面宣讲了党的十九大精神：一是切实提高政治站位，坚定不移维护习近平总书记的核心地位；二是切实加强理论武装，学深悟透习近平新时代中国特色社会主义思想；三是切实强化责任担当，推进十九大精神在学校工作中落地开花；四是切实加强党风廉政建设，坚定不移推进全面从严治党纵深发展。

张永凯到校督查安全隐患大排查大清理大整治工作。12 月 14 日一早，北京市教委委员张永凯到校督查安全隐患大排查大清理大整治工作。校党委书记王传亮，校党委副书记、校长王永生会见张永凯一行并介绍相关情况。

全国第九届大学生数学竞赛颁奖典礼在校举行。12 月 16 日，全国第九届大学生数学竞赛暨北京市第二十八届大学生数学竞赛颁奖典礼在学校举行。中国科学院院士周向宇，北京数学学会理事长、北京大学数学科学学院副院长柳彬、全国数学学会竞赛委员会副主任高宗升，北京数学学会秘书长冯荣权，北京市数学学会大学工作委员会副主任郑连存，北京市高教学会数学研究会秘书长孙华飞出席颁奖典礼，颁奖典礼由理学院院长谢瑞峰主持。本届比赛学校共有 200 人参加，且首次在学校小营校区设立了分赛区，学校共 62 人获奖，其中 23 人获得全国类奖项，包括一等奖 3 人；二等奖 4 人；三等奖 16 人；这 23 人以及另外 39 人（共 62 人）获得北京市奖项，包括一等奖 12 人；二等奖 15 人；三等奖 35 人。同时，学校荣获优秀组织奖，获奖比例、名次等皆为近年最佳。

2018 年学工系统“初心共守护 砥砺再前行”元旦聚力会举行。12 月 28 日，2018 年学工系统“初心共守护 砥砺再前行”元旦聚力会在小营校区教工之家隆重举行。校党委书记王传亮、党委副书记王秀彦，相关职能部门负责人和全校学工系统老师其乐融融、汇聚一堂，共迎新年。

3

特载与专文

BEIJING
INFORMATION
SCIENCE & TECHNOLOGY
UNIVERSITY

SPECIAL EDITION AND ESSAYS

特载与专文

在学校2017年中层干部会上的讲话

校党委书记　王传亮

2017年3月2日

同志们：

开学伊始，我们召开2017年中层干部会，实际上就是总结2016年工作，部署2017年工作。刚才，王永生校长简要总结了学校2016年工作，并对2017年工作进行了详细部署。王校长讲得既实又有高度，有内容又讲政治，还导读了一些重要文件。这其实也为我们的中层干部树立了一个榜样，就是说，工作中要投入精神、精力。我们学校这两年，遇到了新的发展机遇，但机遇不是总有的。抓住了，我们就能够实现美好的前景，但需要我们每一个中层干部、每一个员工付出艰苦的努力，就像习近平总书记讲的，要撸起袖子加油干。

2016年，我们取得了一系列显著的工作成绩。我们确立了“五个环境建设”的战略思考，编制完成了“十三五”事业发展规划，更加优化了学校顶层设计；我们实施了二级单位综合考核、人才工作机制改革等改革，有效激发了学校办学活力；我们推动了新校区建设项目获得发改委批复、高级职称结构比例大幅提升，有力缓解了学校瓶颈问题；我们积极推进人才培养质量提升、学科专业布局优化、科研规模持续扩大，持续推动学校内涵发展；我们完成了沙河高教园区安置房、公租房配租配售，学生公寓安装空调工程，积极改善了学校民生；我们完成了专项巡视整改工作、扎实推进“两学一做”学习教育，不断推进了全面从严治党常态化，等等。这些成绩的取得，凝聚着广大师生员工的智慧与汗水，也充分展现了学校超常规、跨越式发展的良好态势。在此，我代表学校党委向大家表示衷心的感谢！下面，在王校长对2017年工作详细部署的基础上，我再强调三个方面的内容。

一、落实上级精神，推进全面从严治党常态化

这部分要讲的就是中央、北京市近期的各个方面的新的精神、新的要求，我们要深入学习领会。刚才王校长的导读，也已经点到。

以迎接党的十九大胜利召开和学习贯彻党的十九大精神为主线，以贯彻落实党的十八届六中全会和全国高校思想政治工作会议精神为重点，切实增强“四个意识”，强化党对学校工作的全面领导，推动全面从严治党常态化，持续巩固和拓展管党治党成果，是今年工作的重中之重。

第一，提高政治站位，自觉用习近平总书记重要讲话精神统一思想认识

党的十八届六中全会专题研究全面从严治党，确立了习近平总书记作为党中央的核心、全党的核心，审议通过了《关于新形势下党内政治生活的若干准则》和《中国共产党党内监督条例》，对全面从严治党提出了新的要求，做出了新的部署。全国高校思想政治工作会议，从坚持和发展中国特色社会主义、实现中华民族伟大复兴中国梦的全局，精辟阐述了加强和改进高校思想政治工作的重大意义、根本方向、目标任务和基本要求，深刻回答了事关高等教育事业发展和高校思想政治工作的一系列重大问题。

前期，学校党委已经专题研究和部署了学习宣传贯彻党的十八届六中全会和全国高校思想政治工作会议精神的有关事宜。上周，北京市委也召开了北京高校思想政治工作会议，对学习贯彻全国高校思想政治工作会议精神进行部署，并将出台新的文件。后续，我们还将组织全体处级干部参加的“学习贯彻党的十八届六中全会精神”专题研讨班（要求是五天40个学时，全脱产学习），并开展系列学习宣传活动。总体来说，学习贯彻好两个会议精神是我们当前首要的政治任务和“必修课”，其根本是深入学习领会习近平总书记在十八届六中全会和全国高校思想政治工作会议上的重要讲话，把握思想内涵，吃透基本精神，领悟核心要义，自觉增强“四个意识”特别是核心意识、看齐意识，提高我们看问题、想问题、办事情的政治站位，切实把思想和行动统一到讲话精神和党中央的决策部署上来。

一要深化对维护核心的认识。确立习近平总书记为党中央的核心、全党的核心，是十八届六中全会的重大历史贡献。拥有坚强有力的领导核心，是中国特色社会主义制度的优势所在。习近平总书记的核心地位，是在新的伟大斗争实践中形成的。党的十八大以来，习近平总书记带领全党全军全国各族人民开创了中国特色社会主义伟大事业和党的建设新的伟大工程局面，实现了党和国家事业的继往开来，赢得了全党全军全国各族人民的衷心拥护，受到了国际社会的高度赞誉，

事实上已经成为党中央的核心、全党的核心。习近平总书记具有统筹改革发展稳定、内政外交国防、治党治国治军的雄才大略，具有高瞻远瞩、运筹帷幄的领袖风范，拥有心系国家、情系人民的人格魅力，具有马克思主义政治家的政治智慧、理论勇气、卓越才能、驾驭全局能力，作为党中央的核心、全党的核心，是历史的选择、全党的选择、人民的选择、事业的选择、实践的选择，是党和国家根本利益所在，是坚持和加强党的领导的根本保证，对推进中国特色社会主义伟大事业，实现国家治理体系和治理能力现代化，提升我国国际地位和影响力，对维护党中央权威、维护党的团结和集中统一领导，对全党更好凝聚力量，不忘初心、继续前进，具有十分重大而深远的意义。我们要做好自己的事情，站稳中国的立场，让中国能够在这个纷繁复杂的世界发展过程中抓住机遇，不错失发展机遇，确实需要我们有自己的核心，维护自己的核心。我们要更加坚定地维护以习近平总书记为核心的党中央权威，更加自觉地在思想上政治上行动上同以习近平总书记为核心的党中央保持高度一致。

二要深化对持续推进全面从严治党常态化的认识。全面从严治党，是党的十八大以来，以习近平总书记为核心的党中央治国理政新方略的重要组成部分（全面从严治党，现在越做越细，越做越深，从形式到内容要求也越来越具体）。习近平总书记反复强调，全面从严治党，必须注重政治上的要求，要善于从政治上看问题。当前中国最大的政治，就是坚持党的领导，这是党和国家根本所在、命脉所在，是全国各族人民的利益所在、幸福所系。十八大以来，全面从严治党取得了重要成果，但还只是阶段性的成果。习近平总书记指出，全面从严治党在不少方面虽然有了“起势”，但还没有形成“定势”；虽然取得“优势”，但还没有达到“胜势”。全面从严治党绝非一日之功，不可能一劳永逸，必须常抓不懈，持续引向深入，形成常态。对我们来说，必须紧紧牵住落实主体责任这个“牛鼻子”，推动全面从严治党在校院两级落地生根。要深刻理解、全面把握习近平总书记“六个从严”的丰富内涵，抓住全面从严治党的着力重点，严字当头，把全面从严治党切实落实到思想建设、组织建设、作风建设、反腐倡廉建设和制度建设的方方面面，不断巩固和拓展成果，持续推进全面从严治党常态化，为学校超常规、跨越式发展营造良好的政治生态。

三要深化对办好中国特色社会主义大学的认识。习近平总书记在不同的场合多次强调办好中国特色社会主义大学的这个高校工作的根本遵循。这次全国高校思想政治工作会议更将办好中国特色社会主义大学的认识，特别是办什么样的大学、怎样办好大学和培养什么样的人、怎样培养人的问题的认识，提升到一个新的高度。我们要深刻认识坚持社会主义办学方向的原则立场，这是立校之本，办学之要，必须旗帜鲜明、立场坚定；我们要深刻认识“四个服务”的定位（为人民服务，为中国共产党治国理政服务，为巩固和发展中国特色社会主义制度服务，为改革开放和社会主义现代化建设服务）；我们要深刻认识“四个坚持不懈”（坚持不懈传播马克思主义科学理论，坚持不懈培育和弘扬社会主义核心价值观，坚持不懈促进高校和谐稳定，坚持不懈培育优良校风和学风）的原则要求；我们要深刻认识围绕育人这个关键环节，对改革创新高校思想政治工作提出的基本要求（因事而化、因时而进、因势而新）；我们要深刻认识坚持党对高校领导的政治要求（牢牢掌握党对高校工作的领导权，坚持党管办学方向、坚持党管高校改革发展、坚持党管干部原则），等等。

以上是学习贯彻两个会议精神的总体要求，是我们贯彻落实的重点，是我们重新审视工作的关键，也是我们向中央看齐的标准。我们必须紧密结合“两学一做”学习教育和“五个环境建设”战略思考的落实，系统领会、全面把握、统一思想、自觉行动。

第二，强化工作责任，切实抓好两个会议各项任务落地见效

十八届六中全会和全国高校思想政治工作会议，对全面从严治党和高校思想政治工作的方方面面，都明确了工作任务，做出了工作部署，非常具体。我们要切实强化工作责任，努力抓好两个会议各项任务落地见效。

一要抓好思想教育。十八届六中全会指出：“必须高度重视思想政治建设，把坚定理想信念作为开展党内政治生活的首要任务。”十八大以来，先后开展的学习实践活动、“三严三实”专题教育、“两学一做”学习教育，始终贯穿着强化理论武装、提高党性修养、坚定理想信念的主线，旨在教育引导广大党员干部筑牢信仰之基、补足精神之钙、把稳思想之舵。2017 年，我们要以开展“两学一做”学习教育为抓手，推动全面从严治党向基层延伸，认真落实习近平总书记提出的“四个坚持不懈”要求，引导广大师生增强“四个意识”，坚定“四个自信”（道路自信、理论自信、制度自信、文化自信），引导广大师生做社会主义核心价值观的坚定信仰者、积极传播者和模范践行者。

二要贯彻落实党委领导下的校长负责制。这是办好中国特色社会主义大学的根本领导体制。高校党委对学校工作实行全面领导，履行管党治党、办学治校的主体责任，把方向、管大局、做决策、保落实。党委书记主持党委全面工作，对党委工作负主要责任，校长和其他行政领导班子成员要自觉接受党委领导，贯彻执行党委决定。高校党委要贯彻民主集中制，议大事、谋大事，形成党委统一领导、党政分工合作、协调运行的工作机制。关于这项工作，中央印发了《关于加强和改进新形势下高校思想政治工作的意见》；北京市也即将出台相关文件，都有具体的措施，我们要认真落实。同时，要站在全面从严治党和提高治理体系、治理能力现代化水平的高度将贯彻落实党委领导下的校长负责制纳入“治理环境建设”之中，修订相关议事规则，完善学校内部治理结构，提高内部治理水平。

三要强化基层党建工作。总体要求是，院级党组织要在院级重大办学问题上把好政治关，把坚持正确办学方向的要求贯彻到院级工作中，充分发挥政治核心作用；党支部作为“火车头”，作为团结师生的组织依托，要充分发挥战斗堡垒作用；党员要努力走在前列、干在实处、当好表率。上周，学校党委召开了 2016 年度院级党组织书记抓基层党建工作述职评议考核工作。我的总体体会是，做了大量工作，取得了很好的成果，有很好的工作基础，同时也客观总结了我们存在的弱点。今后，还要继续抓好这项工作，形成更多的基层党建工作实绩，使学校基层党建在首都高校中也能够突出特色，形成品牌。

四要突出抓好意识形态工作。这点中央非常重视，不断召开专门的工作会议。北京市也召开了专门会议，李伟还专门做了讲座。可见其重要性。高校是意识形态工作的前沿阵地。要切实落实意识形态工作责任制，做到守土有责、守土负责、守土尽责。这项工作涉及课堂教学、思政工作、学科体系和教材体系建设、校园文化建设、第二课堂建设、网络舆论引导等多个方面的工作，要加强统筹领导，牢牢掌握意识形态工作的领导权、管理权、话语权。

五要始终坚持正确选人用人导向。2017 年，要做好处级干部届中调整、交流挂职的工作。干部交流对干部的成长和作用的发挥很有必要，但我们的很多干部在自己的岗位上有的已经超过 10 年，应该做好交流，激发活力。我们的原则是要给每一个干部有更好的发挥作用的空间。对干部来说，要服从组织，服务大局，正确对待进退留转。在这个过程中，要严把导向、严明程序、严守纪律，以用人环境的风

清气正促进政治生态的山清水秀。2017 年要做这件事，主要的考虑还在于，我们 2016 年确立了学校的发展理念，赢得了发展机会，获得了外部的资源和政策的支持。那么，我们怎么去做，干部队伍怎么建好，就是关键。所以，希望大家提振精神，不能光是 " 等、靠、要 "，而是要实实在在地付出。

六要持续推进党风廉政建设。这项工作，我们还要专题部署。这里还是要强调落实“两个责任”，坚持从严治校、从严治教，挺纪在前，强化对干部选任、招生录取、基本建设、财务管理、科研经费管理等关键领域和环节的监督，营造风清气正的校园环境。

二、聚焦练好内功，推动“五个环境建设”落地见效

“五个环境建设”涉及学校工作的方方面面，实际上也是我们的工作任务、工作目标。我们 2016 年确立“五个环境建设”的战略思考，实际上也就确立了发展理念、目标和任务。2017 年开始，就要考虑怎么去实现它。

办好中国特色社会主义大学，不仅要确保办学方向不走偏，而且要遵循高等教育发展规律，脚踏实地走出我们学校自己的路，打造出自己的办学特色，努力建成北京市最好的大学。习近平总书记强调，只有扎根中国大地，坚定不移走自己的路，才能办成具有中国特色、世界水平的一流大学，实现党中央的战略决策。当前，“双一流”建设已经启动实施，这是对高等教育的新一轮调整。它提出了一个开放的大学建设体系，打破了身份壁垒，旨在引导高校在办学特色方面做优做强。只要大学的自身建设措施有力、特色鲜明、成效明显，就能获得发展资源，这就为我们这类高校实现超常规跨越式发展提供了有利契机。

如何“走出我们学校自己的路”？学校党委已经明确“五个环境建设”的战略思考，已经明确建设信息特色鲜明、国内一流、国际知名的高水平教学研究型大学的发展目标。我们学校作为一所行业特色型高校，有自己独特的办学历史，有自己的特色优势学科，但还需要我们进一步挖掘、整合、凝练，相信通过我们的努力，一定能在“双一流”建设中大有作为。今天我着重要讲的是，以“双一流”建设为导向，立足近 80 年办学历史积淀形成的办学传统和办学优势，怎样去推动“五个环境建设”落地见效，争取每个环境建设都取得新的突破。

一是抓住重点，以点带面，整体推进。“五个环境建设”既是战略思考、顶层设计，也是发展任务、工作方法；既是抽象的，也是具体的。“五个环境建设”，每个环境建设都明确了 2017 年要推进的重点工作。

空间环境建设，无论新校区、老校区、虚拟空间的建设都需要整体规划，而且要脚踏实地地去努力。重点还是新校区，2016 年我们取得了重大的实质性突破，也建立了相应的组织机构和制度体系，但也暴露出一些工作的问题。这项工作难度非常之大，难在哪？仅仅是我们的程序吗？仅仅是我们要资源难吗？这些个难题，怎么克服？我是希望，通过我们现有的资源、大家的努力，建成一个完全按照规范、规则、政策要求的新模式，而不是按照过去的习惯、规矩去做。因为现在有很多领域中央都提出了新的要求，按照惯常的做法，可能就违规了。所以，难就难在这个地方。所以，要能够形成有效监督，能够按照中央、北京市的一系列政策允许的制度和程序来推进。这对谁来说都是巨大的难题，不是一两个领导和一个处室的事情。现在，北京市给了我们应该说是很优惠的支持，不仅仅是批了这块地，还有一系列的支持，比如列入绿色通道。但是，具体怎么来完成，不是一两个人的事情，希望大家积极参与。我们要把这件工作做得光明正大、合规合法。

我相信，现在不敢有人会以权谋私。我和校长也多次强调，绝对不会插手。2017 年的校级领导班子民主生活会上，市纪委四室副主任来参加，就专门讲到两个问题，其中一个就是基本建设，一个是科研经费。我们的新校区建设，是很大的项目，做这项工作的人就很难，甚至会有一定的风险。所以要求按照规范操作，充分发挥我们成立的监督委员会的作用，该请示的请示，该汇报的汇报，不要形成某个人的个人建议。我一再说不要领导个别的话拿去，就当作你自己的理解，加以夸大，然后去做。

下一步，我们还需要解决好各方面的问题，包括历史遗留的问题。但是，从现在起就要走出一条全面规范执行制度，加快推进建设的路子来。如果说违规违法，能够加快速度，那我们宁可不干。希望大家深刻认识到这一点，同时要按照市里的要求，加快推进。希望相关部门和人员，振奋精神，投入工作，化解风险，加快推进。

办学环境建设，这是我们的核心竞争力所在。我们正处于快速成长阶段，要从办学传统中不断发掘、凝练，形成“人无我有，人有我优，人优我特”的学科体系和科研特色，打造出自己的办学特色。全力以赴申报博士点、积极参与“高精尖”创新中心、申报博士后工作站等是重点。突出做好这些工作，才能有力地支撑我们的超常规、跨越式发展。我要着重讲讲这方面的工作。总体是要建设一个多样性、包容性、开放性的、和而不同的学术竞争平台和氛围。

首先，是制度的建设。我们的供给侧改革的源头其实就是制度，制度做好了你就执行制度。2016 年，人才工作方面出台四个文件、研究生教育和科技工作方面也出台了一系列文件。我要强调的是，如果大家不在制定的时候、源头的时候去参与，等到形成了制度，你再去讨论就没有意义了。大家都参与，我们的制度才能更具有执行的基础，才能更加务实管用。

其次是学科专业的建设。要围绕学校的整体定位、办学特色（信息特色、行业特色、军工特色），配合国家、北京市的战略需求，去布局，去建设。如果能够抢到先机，我们就能够让我们的特色更加丰满，创造出有别于同类高校的特色。怎么抢到先机，不仅学校层面要去做，各个学院、机关部门，也要去做。比如，某个机关部门，你首先得跟你上级对应的部门实现良性频繁的互动，这个是管理的要求。你这个部门跟上级的部门是业务指导关系，你跟它不联系，只在学校内部做事，这是不行的，会丢掉很多资源。所以，你要立足于整个北京高校，来考量我们的工作。我们做事，怎么做？上级怎么要求？其他高校怎么做？你都要去考量一下。它在往哪个方向发展，有什么新机遇、新政策。有新机遇，就要去抢抓；有新政策，就要抢到先机。这样才能占到优势。对学院来说也一样，不仅仅要放在学校内部来考量，也要立足整个北京高校甚至全国高校来考量，我们这个学院怎么发展，学科怎么建设，能赢得什么机遇。

比如说，我们参与的“高精尖”项目，我们跟北科大合作。我们上周去北科大，感觉很好。我们在上这条船之前，人家比我们有优势，是央属高校。但上船之后，我们就不能老是“等靠要”了，就得突出自己的优势，突出我们的信息特色，展示出我们的实力。如果展示不了，别人就会低看我们，展示了，可能就会赢得新的机遇。因为校际合作，不仅仅在这个项目上，可能在其他方面，就会创造出新的机会来。所以赢得发展机遇，一定要靠每个人，我们既要埋头苦干，也要抬头看看周围环境和我们的发展机遇。这也是一个任务，总之，你得主动去跟上级部门、兄弟院校打交道，多互动，平常更多的互动就能赢得更多的发展机遇。比如，我们听说，国家要办一个联合国国际官员的培训（为什么要办，就是我们是联合国出会费最多的国家之一，第二大国家，但习近平总书记到联合国一看，上万的联合国官员，中国人很少。你有人在联合国和没有人在那儿，肯定是不一样的），我们就想看看能不能争取过来。像这样的项目，都是跟最高层联系的。拿过来了，就能占得先机。所以，像这样的机遇，我们就要去争取。

第三，申报博士点。我们要申报博士点，就得练好内功。练内功需要展现我们的实力，这是最难的，也是很艰苦的，要和我们自己的惰性作斗争，突破自身水平的制约。

第四，关于职称瓶颈问题。通过 2016 年的努力，指标已经解决了，有空间了。那么这些指标怎么用？我们既要能够让现有的优秀力量成长起来，也应该能够吸引一些特别优秀的人才进来。在这方面，我们的工资导向，王校长讲的聘任制改革，就要有利于吸引人才，有利于创新，有利于出成绩，而不是有利于守摊。我们这样的学校需要发展，再不发展对我们每个人都不利。我们的职称聘任，一定不要是你死我活，一定要各美其美，美美与共，甚至于美人之美，成人之美。我们要有更多的教授出来，学校的整体优势也就提高了。

第五，科研项目的竞争。我们有自己的水平，科研能力很强，特别是我们的一些专家，还有一些学者非常优秀，而且各具特色。要继续巩固，学校一定会重点支持，但同时也会照顾到方方面面。我们不仅要有重点，也要调动所有有能力的教师的积极性。还要特别注意到一点，就是教学和科研同等重要，我们在制定政策的时候一定要有导向，不要与之相悖，不能顾此失彼。教学上要不行，我们的持续发展就非常有问题。

育人环境建设，立德树人是教育的根本任务，人才培养是大学的首要职能，推进育人环境建设是推进“双一流”建设的题中之义，也是全国高校思想政治工作会议的一个核心问题。当代大学教育越来越体现为一种“大教育”，不仅教学，也要育人，不仅要关注学生成“才”，也要关注学生成“人”，这要求我们要构建立体化的人才培养工作体系，开展全过程、全方位的全员育人工作。立德树人要贯穿在招生、就业、第一课堂、第二课堂、人才培养的全过程和各环节。立德树人是我们的立身之本，关键是提高教学质量，这反映出教师教学、学校办学的态度、能力和水平，也反映出师德师风。第一课堂首先要做到名副其实，要经得起检验。相关部门在抓教学质量、教师个人的教学水平提高这方面还要切实努力。

治理环境建设。领导体制上，刚才讲了，这里不多说了。制度上，废改立还要下大工夫。总体要求，就是要突出党委领导下的民主与法治精神。依法治国是中央的重大战略举措，我们也要形成依法治校的局面，形成坚持民主与法治的环境。还是我说的那句话，当大家有问题、有难题、有意见的时候，首先想到的是制度是什么，程序是什么，相关主管部门是哪，而不是仅仅想着你认识哪个领导。如果那样，我们就会变成一拨一拨人的局面，我相信大家不希望这样。

情感环境建设与治理环境建设是相辅相成的，就是要凝聚人心，汇聚多方力量，共谋事业的发展。我多次强调，情感的“润滑剂”作用，情感的无形，情感力量的巨大。我们也用了很多中国传统文化当中的经典词句，比如，“万物并育而不相害，道并行而不相悖”，“兼容并包，兼收并蓄”，还有我们提出的“各美其美，美美与共，美人之美，成人之美”，这实际上是两个层次，希望大家能够深刻理解。这些并不是说知道就行。真理是不怕重复的，重复在传统文化中，就是“道”。悟道才能真正心里有数，才能不偏。所以我们不是光知道这些词句，而要把这些词句的精神实质真正落实到我们的行动当中。我们怎么才能做到各美其美、美美与共，还能美人之美，甚至是成人之美，这说起来容易，做起来非常之难。我不赞成你，但是我成全你，这是很高的境界。你能不能做到听到别人有了好事就高兴，美人之美，这都很难很难。我们经常是听到别人有成绩，表面不说，背后心里很不舒服。所以，怎么克服这种心理，怎么把传统文化的这些精神，落实到我们的行动中。中国传统文化、红色文化、现代文化要结合起来，使我们进入到一个非常美好的精神的情感环境中，也就是说进入到一个审美境界。这样，我们就能够去审视和欣赏他人的成果，他人的成绩。

被王国维先生誉为五百年第一词人的纳兰性德曾说，人生若只如初见。初见的感觉指的是维持人与人之间最美好的那一刻，那种感觉。这种感觉能不能持续呢？这很需要功力。因为人有时候在一起时间久了就容易发现各自的缺点。我们要提倡的是，要逐渐地发现和赞赏他人的优点，相互补台，有缺点就提醒他，扬善于明堂，惩过于暗室，违规违法了，就要有教训，我们要把这种精神落实在我们学校当中。

我们希望大家能够丢掉这支队伍沉重的历史包袱和个人困难的包袱，谁都有自己的难题、困难，有时候都克服不了。但是大家要互相帮衬，不要再相互伤害了，让每一个人的精神负担减轻，获得一种愉快的环境。我们有一个老师，杜佳楣老师，2017 年被评为第七届首都十大新闻人物。我谨代表学校党委表扬这样的老师。不仅仅在于她的行为，更在于她的这种精神。用这种精神来建设我们的情感环境，建设我们共同需求的赖以生存的家园。

二是抓出特色，形成突破，迈向一流。我们已经明确，要走超常规、跨越式发展的道路，努力办成北京市最好的大学。首先是要坚持特色发展，办出特色，这是学校发展壮大的关键。特色就是质量，特色就是竞争优势，特色是一流的基础，有特色的大学就是好大学。这是“双一流”建设的主要导向。特色发展就是要把我们在长期的办学实践中已经形成的特色做到最优，做到极致。比如，我们的信息特色、行业特色、军工特色。我们要不断整合、凝练、强化，使之更加鲜明。刚才所说的重点工作中，很多就是要着眼于抓出特色的工作。比如，空间环境建设中虚拟环境的建设，要与学校的信息特色相匹配；比如育人环境建设中，创新创业教育做得很好，要争取成为特色；还有，学科专业布局的信息特色，等等。其次，形成突破，是超常规、跨越式发展的必然要求。比如，博士点申报、博士后工作站申报、高精尖中心、教育部国际联合实验室等，是要实现从无到有的“零”的突破，是学校办学层次跃升、实力整体提升的标志性展现，要全力以赴做好；当然还有诸如新校区建设、高层次人才引进等制约发展的瓶颈问题，也需要加大力度，取得突破。

三是上下联动，左右协同，全员参与。我一直强调，五个环境建设，是一个总体的、宏观的、战略性的思考，它是学校的顶层设计，是发展框架，也是发展的途径、目标、举措和任务。它与每一个师生员工的学习、工作和生活息息相关，其目的就是要让全体师生员工都能从中找到干工作、做贡献的立足点和着力点，是要充分调动每一个师生员工的积极性、主动性和创造性，推动学校超常规、跨越式发展，推动学校再创辉煌，要让每个人都享有发展的希望。所以，在推动“五个环境建设”落地见效的过程中，要强调上下联动，左右协同，全员参与。只有这样，才能形成整体的合力，才能形成强大的推动力。

三、提升贡献能力，当好服务北京市“四个中心”建设和京津冀协同发展排头兵

“五个环境建设”的战略思考，聚焦的是内涵发展，练好内功，办出特色，创建一流。这是我们学校生存的基础，但是北京市办我们这样一所高校，还得有我们学校存在的价值。我们存在的价值就是我们能够为北京市做出什么样的贡献。所以，在提出“五个环境建设”的基础上，我们还提出了努力为北京市“四个中心”建设和京津冀协同发展服好务的发展导向。这个发展导向，与刚才我们提到的习近平总书记提出的“四个服务”，即为人民服务，为中国共产党治国理政服务，为巩固和发展中国特色社会主义制度服务，为改革开放和社会主义现代化建设服务，是内在一致的。

提出这个发展导向，主要是基于以下考虑：一是我经常说的“跳出自身之外看自身”的方法。就是说，要跳出信息科大来看信息科大。站位决定视野的宽窄，视野的宽窄决定发展空间的大小。站得越高，看得越远，空间越广。囿于自身看自身，犹如坐井观天，视野就被限制住了，发展空间也就变窄了。而一旦跳出来，跟其他高校一比较，跟国家、北京市、行业的发展需要一比较，我们就会看到差距，也就会看到发展的机遇和空间。所以，我们发展得怎样，存在的价值怎样，发展空间怎样，要跳出来看，要以做出的贡献大小来衡量。二是我们作为政府举办的高校，我们的发展、我们的很多工作是要受到上级政策制约的。比如新校区建设、比如高级职称结构比例的调整，等等。这些工作，没有政府的支持、推动，做起来就会事倍功半。有政府的支持，做起来就会事半功倍。所以得到政府的支持很重要，但要得到支持，就得有服务，有贡献。这是前提。你做出贡献了，得到支持了，学校发展的空间就打开了，面临的外部环境就改善了，政府的制约就减弱了，发展的机遇也就出来了。同样举新校区建设的例子，政府支持了，可研也就批了，而且还可以再调整，同时纳入非首都核心功能疏解项目，享受到相应的政策待遇，推动起来就比较容易。所以，以质量求生存，以贡献求支持，我们推进超常规、跨越式发展的外部环境才能更加优化，才能避免受制，才能抓住机遇。

当前，京津冀协同发展是中国的三大国家战略之一（还有“一带一路”建设和长江经济带发展），是习近平总书记亲自关心、亲自过问的重大战略，拥有国家政策的大力支持，发展前景广阔。在这个战略之下，党中央明确北京市建设“四个中心”（全国政治中心、文化中心、国际交往中心、科技创新中心）的战略定位。习近平总书记分别在 2014 年 2 月和 2017 年 2 月，两次视察北京，并围绕“建设一个什么样的首都，怎样建设首都”的重大问题发表了重要讲话，做出了系列指示。这体现了党中央对首都工作的高度重视和亲切关怀，也为我们主动适应和对接京津冀协同发展和北京市“四个中心”建设需求，做出新的贡献，提供了根本的工作遵循。

习近平总书记再次视察北京，北京就要有很多的动作。我在地方工作过，知道地方要想推进一项工作也是困难重重，而像现在中央有这么大的推动力，已经突破了很多历史上的经验。过去很多地方官员认为不可能做到的，现在都能做到。比如，北京副中心建设这么快，很难想象。北京是一个很大气的城市，有文化的城市，但确实也有很多死角，包括城乡接合部。这是城市规划建设的问题，大城市病。习近平总书记要求要精细化，你不精细化，大城市病就越来越重，环境就很难做好。北京市需要精细化的规划和改造，“四个中心”建设、京津冀一体化，我们就要努力配合。我们要争取各种资源的支持、政府的支持、北京市的支持，但是我们能给北京市带来什么？我们能给这块土地、给周围的人群带来什么？这是很重要的。

我们办了这么多大学，国家投资，肯定不是为我们这几个教师的成绩。所以，还要为“四个中心”建设做出自己的贡献，通过贡献争取更多的机会、更多的发展，赢得我们的利益。包括我们的新校区，相比较其他高校，是个好地方，现在很多都到延庆、怀柔、平谷去了，甚至到河北。我们留下了，但不能光在这里偷着乐，还要努力发挥自己的特长，用我们的专业优势、科研优势、人才优势去做出自己的服务，实际上这也是我们必须做的。

我们强调要跳出自身看自身，看看周围环境，看看上级、下级、左右怎么看我们。跳出来，你才能知道能做多少，贡献多少。我们要主动去对接国家、北京市、行业的战略需求。像“大众创业、万众创新”、“互联网 +”行动计划、“中国制造 2025”等，都蕴藏着契机。我们要根据这些契机，重新审视我们的学科专业布局、科研特色凝练、人才培养质量提升等问题，并将内涵发展与这些需求紧密联系起来，主动对接，适应需求，主动服务，形成新的增长点。比如，国家的“互联网 +”行动计划、中国制造 2025，以及北京提出的集中力量建设好“三大科学城”（中关村科学城、怀柔科学城、未来科技城），如果能够主动做好对接，参与其中，做出贡献，就能够形成我们超常规、跨越式发展的新动力。所以说，当你内外不断地互动，出去了以后，眼界就开阔了，可能学校的这点困难，相互之间的这点不愉快也就没了，格局就更大了。

我们要抢到先机，丰富我们的特色，做出更大的贡献。这需要我们大开眼界，有所创新。我们的各个部门、各位老师都要有开放性，开放而且坚守我们的特色，在开放中争取更多的利益，更多的机会。现在北京市确实面临着一个巨大的发展机遇，我们能不能找到我们的增长点。北京信息科技大学的每一个师生员工，特别是以我们这些专家教授、中层干部为核心的这些人，能不能克服自身的困难，能不能负重前行，让我们这个学校杀出一条路，能够真正地在新的机遇中实现超常规、跨越式的发展，这取决于我们的精神状态。新的学期开始了，就要加把劲，像习近平总书记说的那样，撸起袖子一起干。希望大家能够共同努力，我们期待北京信息科技大学能够有更加美好的明天，谢谢！

在 2017 年中层干部大会上的讲话
——部署 2017 年党政重点工作

校党委副书记、校长　王永生

2017 年 3 月 2 日

大家好，下面由我代表学校总结 2016 年工作，部署 2017 年党政工作要点。

一、2016 年工作总结

2016 年，全校师生在学校党委的领导下，完成了北京市委巡视组对学校的专项巡视工作，凝心聚力，提出并明确了“五个环境建设”的战略思考。同时，学校集全体师生力量，完成“十三五”规划的编制工作，并经过法律程序正式发布。2016 年，学校不仅在顶层设计方面有所突破，在科学研究、学科建设、人事制度改革、民生工程等诸多方面，都取得重要进展，实现了一些新的突破，下面我简要总结回顾一下。

（一）明确“五个环境”建设战略思考，研究部署“十三五”事业发展规划，发展理念与目标定位进一步清晰

1. 明确“五个环境建设”战略思考。有关“五个环境建设”，王传亮书记在不同场合做了很多解读。结合国家、首都、行业的发展趋势和高等教育的发展趋势，学校党委适时提出了“五个环境建设”的战略思考，即空间环境建设、办学环境建设、育人环境建设、治理环境建设以及情感环境建设。“五个环境建设”对于指导学校实现超常

规、跨越式发展，起到了重要的意义。

2. 正式发布“十三五”事业发展规划。第二项工作就是学校在总结历史、广泛调研基础上，用了将近一年时间，完成了“十三五”事业发展规划的编制工作。确立了学校工科特色、行业特色、信息特色，国内一流、国际知名的高水平大学的战略目标。也确定了“立足北京、面向全国，服务首都和京津冀发展”的服务面向，为学校今后的发展奠定了坚实的基础。

（二）全面实施“人才强校”战略和“国际化办学”战略，首次施行二级单位绩效考核，激发和释放办学活力

1. 全面实施“人才强校”战略。2016 年 8 月，学校利用暑期工作会议，召开了人才工作大会，通过查找我们在过去办学过程中存在的问题和不足，以及制约学校发展的因素，进一步明确了未来人才工作的思路和举措，适时提出并出台了四个文件——《“勤信人才”培育计划》《高层次人才引进与支持计划》《师资队伍补充与支持指导意见》《关于教师职务岗位晋升聘任绿色通道的办法》，通过“外部引进”和“内部培育”两个途径，为学校提高人才队伍建设水平提供了政策保障。2017 年，我们要更好地推动落实这项工作。此外，学校调动各方面力量，积极争取北京市委、市教委、人保局等上级部门的支持，大幅度提高了高级职称比例（从原来的上限 50% 提高到 60%），教授的比例也有大幅度的提高（正高级职称与副高级职称的比例从原来的 1：2.5 提高到 1：2），打破了高级职称聘任的“天花板”，为人才引进和教师专业的发展提供了尽可能充足的空间。

2. 全面实施“国际化办学”战略。2016 年 1 月，学校召开了首次外事工作会议，将“国际化办学”作为学校“十三五”事业发展的重要战略。2016 年，我们在国际化办学这方面，学生出国（境）交流人数有所增加，首次选派学生赴英国剑桥大学、美国加州大学欧文分校、以色列本古里安大学等高水平大学开展交流活动。学校通过国外引智计划，引进长短期外国专家 36 人，获批国家外专局和北京市外专局引智项目 7 项。学校加大研究生国际交流力度，与 13 所国（境）外高校签订联合培养研究生协议，其中与 7 所国（境）外高校签署联合培养博士研究生协议，选派优秀硕士毕业生赴日本福井大学、美国奥克兰大学、爱尔兰科克大学等攻读双硕士和博士学位。

3. 首次施行二级单位绩效考核。刚才我们进行了二级单位考核的颁奖表彰。2016 年，学校对教学单位、党政管理部门和群团组织的重点任务和特色工作完成情况进行全面考核。评选出综合考核优秀单位 9 个、“勤信杯”获奖单位 1 个和单项奖 20 个。通过二级单位绩效考核工作，引导全体师生员工向学校重点工作和战略发展方向聚焦发力，今后，学校将及时总结经验，完善考核办法，达到激励先进、鞭策后进的目的。

（三）人才培养方面：优化人才培养方案，提高人才培养质量，创新创业教育取得重要进展

1. 一本招生省份有所增加，就业率再创新高。目前，我们学校在全国 30 个省份开展本科生的招生。其中，完全实现一本招生的省份达到了 22 个，部分一本招生的有 4 个（北京、广西、重庆、新疆），二本招生的省份只剩下 4 个，分别是江苏、广东、湖南和浙江。其中，浙江和上海要开展招生改革的试点，我们未来的招生工作还面临着很多挑战。尽管这样，我们学校招生工作的成绩还是非常可喜的，虽然我们学校是传统意义上的二本学校，但是却实现了 30 个省份中的 22 个省份全部一本招生，这个成绩是非常好的。此外，学校积极开拓就业市场，本科毕业生一次就业率 99.42%，连续 5 年位居市属高校前三名，硕士毕业生一次就业率 98.40%，位居市属高校前列，毕业生就业质量实现新的提升。

2. 完成人才培养方案修订，提高人才培养质量。2016 年 5 月，学校召开了本科教学工作会议，完成了人才培养方案的修订。2016 版的人才培养方案进一步凸现了学校的办学目标和办学定位，充分体现了“信息特色、实践创新、国际视野”。2017 年，我们开始全面试行 2016 版的人才培养方案。此外，本科生这一块儿，学校成功组织申报获批了两个专业，一个是机器人工程，另一个是数据科学与大数据技术。此外，还完成了机械设计制造及其自动化专业考察认证工作，我们围绕办学特色也进一步优化了学校的专业布局。2016 年，学校新增北京市教学名师 1 人，Water 机器人足球队荣获第 20 届 Robocup 机器人世界杯中型组亚军，多个学生创业团队入驻新成立的机器人工程双创开放空间，人才培养质量进一步提高。

3. 创新人才培养模式，创新创业教育取得重要进展。2016 年，马坊村大学生创新创业基地参与共建的“机器人工程双创空间”正式揭牌，这是市教委给我们挂的牌子。另外，在 2016 版的人才培养方案中，学校专门设定了 6 学分的创新创业实践学分（必修），一会儿我再给大家介绍教育部新修订的《普通高等学校学生管理规定》，国家刚刚开始要求，2017 年 9 月 1 日施行，我们现在已经开始做了，可以说是走在政策前面。此外，我们在学生创新创业方面的成绩方面也是不错的，获得了第二届中国“互联网 +”大学生创新创业大赛铜奖 1 项，北京赛区一等奖 1 项，二等奖 1 项，三等奖 4 项。稍后我为大家解读教育部 2017 年工作要点，大家会看到，中国“互联网 +”大学生创新创业大赛这项工作也列入了教育部 2017 年工作要点。我们学校在这方面的工作充分体现了学校的学科特色、专业特色和行业特色。此外，2016 年，学校成功入选首批 13 所北京市深化创新创业教育改革的示范高校，国家层面也在评选，2017 年我们入选了北京市的，但没有入围国家的。能入选北京市的也非常不容易，一共 13 所高校入选，其中 10 所被中央部属高校获得，北京市属高校有 3 所入选，分别是北京工业大学、北京信息科技大学、北京服装学院。另外，2016 年，北京高校大学生创业园孵化基地也落户本校，这标志着学校创新创业教育进入了一个全新的发展阶段。

（四）学科与科研方面：优化学科结构，科研经费再创新高，平台建设取得阶段性成效

1. 明确学科发展战略，进一步优化学科结构。2016 年，学校 14 个一级学科全部参加全国第四轮学科评估，目前还没有出结果。首先，我们能够全部参加这轮学科评估是很不容易的，因为北京市后来对部分没有参加评估的学校进行了二试补课，再次进行学科总结申报，我们按照市里的要求来做，没有增加工作量。此外，学校完成了 6 个引领学科建设成果检查工作。2016 年，学校在北京工业大学、燕山大学和首都师范大学新增兼职博士生导师各 1 名，兼职博士生导师数达到 22 位，在读博士生 40 名。新增硕士研究生导师 7 名，导师数达到 358 名，硕士生导师队伍结构、梯次和素质进一步提高。

2. 科研经费再创新高，科研立项获得新突破。2016 年，学校的科研经费总额超过了 1.5 亿元，这也是学校历史最好的成绩，尤其可喜的是项目经费首次超过了 1 亿元，新增科研项目 272 项、国家自然科学基金项目 26 项，新增省部级及以上项目 18 项。获得了合同额 2547 万元的中央支持地方——科技创新服务能力建设项目，这是比较大的项目，此外，还获得国家重点研发计划——“重大科学仪器设备开发”专项课题，合同额 500 万元。这是科研方面的成绩。

3. 提升整体科研能力，平台建设取得阶段性成效。“光电信息与仪器”学术团队被列入教育部“创新团队发展计划”滚动支持，被评

为教育部创新优秀团队。“绿色发展大数据决策北京市重点实验室”是经济管理学院与计算机学院共同建设的，由经济管理学院牵头，首次申报我们就通过了评审，这是北京市第四个社科类的重点实验室。“绿色发展大数据决策北京市重点实验室”利用经济管理学院的管理研究——绿色发展治理，加上计算机学院的技术研究——大数据技术，是学校结合办学特色促进学科特色方向的凝练和发展取得的重要成绩。我们学校联合清华大学、英国剑桥大学成立的“先进光电子技术国际合作联合实验室”，已经通过了北京市科委的评审。此外，光电信息与仪器实验室申报教育部重点实验室，在北京市评审环节获得通过，另外，我们还有高动态导航与控制实验室也通过北京市评审，这是国防类通信方面的。2016 年，徐小力、祝连庆当选第七届“全国优秀科技工作者”，通过一系列大量卓有成效的工作，学校的科研工作取得了很好的成绩，稳步发展，支撑了学校的整个工作。

（五）民生工程方面：新校区建设取得实质性突破，师生学习生活环境不断优化

1. 新校区建设项目建议书正式获批。2016 年 9 月，学校新校区建设工程项目建议书（代可行性研究报告）获得市发改委批复，并纳入市政府扩大内需重大项目绿色审批通道，《北京市“十三五”时期教育改革和发展规划（2016—2020 年）》正式将学校新校区建设列为北京市疏解非首都核心功能的重大战略工作。新校区建设的前期工作也在积极稳步地推进，包括拆迁和学生宿舍 A 组团建设等等。

2. 圆满完成沙河高教园区房屋配售配租工作和学生宿舍安装空调工程。沙河高教园区房屋配售配租工作，对于改善学校青年教师住房待遇、解决他们的生活后顾之忧，起到了非常大的作用。在 2015 年制定的分配方案的基础上，学校历时近一年，圆满完成了 40 套安置房、275 套公租房的配售配租工作，现在这些公租房和安置房已经非常顺利地分到了教职工手中。另外，我们完成三校区 14 个公寓，共计 2059 间宿舍的空调安装工程，这个也是非常不容易的，积极回应了学生的诉求，极大地改善了学生的住宿环境。

3. 推进精细化管理，提高管理服务水平和办学效率。2016 年，学校正式启用“教学运行服务中心”、“学籍学务中心”“后勤事务服务中心”，这三个服务中心为广大师生提供全天候、“一站式”服务。有两个中心在教学楼一层，昨天教育部的督导组——广东省督导办对学校巡视，对我们这项工作给予高度的肯定。我们学校现在资源这么紧张、这么稀缺，还能为学生、为老师提供这样的服务，确实很难得，我也去看了，非常好。

总之，回顾 2016 年，学校在事业发展方面取得了可喜的成绩，这些工作有赖于全校广大师生的努力，尤其是在座的各位中层干部，你们的付出也为学校工作的顺利开展提供了很好的基础和保障，我代表学校向你们表示感谢！

二、近期重要会议精神与政策文件导读

在部署 2017 年工作之前，我想借这个机会跟大家一起梳理、学习一下近两个月国家以及北京市出台的一些政策文件，我主要讲五个方面的内容。

（一）全国高校思想政治工作会议精神

2016 年 12 月 7 日、8 日，全国高校思想政治工作会议在北京召开，习近平总书记出席了会议，并发表了重要讲话。现在不同层面都在学习全国高校思想政治工作会议精神，我和王传亮书记上周一、二也参加了培训学习。2017 年 2 月 27 日，中央宣传部、中央组织部、教育部就《关于加强和改进新形势下高校思想政治工作的意见》答记者问，有几个方面我跟大家一起学习一下。

1. 为什么要制定《关于加强和改进新形势下高校思想政治工作的意见》（以下简称《意见》）

第一，是中央的重视和要求。尤其是十八大以来以习近平同志为核心的党中央把高校思想政治工作摆在了突出的位置，做出了一系列的重大决策部署，并加以推进。所以，习近平总书记强调，要坚持党的教育方针，坚持社会主义办学方向，坚持立德树人、强化思想引领，扎根中国大地办大学，加强和改进思想政治工作，全面推进党的建设各项工作。切实把党要管党、从严治党落到实处，这是第一个原因。

第二，从面临的形势和挑战看，当前，国内国际形势深刻变化，不同思想文化交流交融交锋，社会思潮多元多样多变。改革开放和社会主义市场经济的深入推进，互联网等新的传播渠道的迅速发展，高校思想政治工作面临许多新情况新任务新课题。

第三，从高校的职责和使命看，高校肩负着人才培养、科学研究、社会服务、文化传承创新、国际交流合作的重要使命。以前是三大任务，后来又提出四大任务，加上了文化传承创新，现在又加上了国际交流与合作，共五大任务。所以，加强和改进高校思想政治工作，事关办什么样的大学、怎样办大学的根本问题，事关党对高校的领导，事关中国特色社会主义事业后继有人，是一项重大的政治任务和战略工程。为此，按照中央要求，研究制定了这个《意见》。

2. 加强和改进高校思想政治工作总体上要把握哪些要求？

总的目的就是为了培养又红又专、德才兼备、全面发展的中国特色社会主义合格建设者和可靠接班人。它这里提出“五个坚持”：一是坚持党对高校的领导，把党的建设贯穿始终，牢牢掌握党对高校的领导权；二是坚持社会主义办学方向，为人民服务，为中国共产党治国理政服务，为巩固和发展中国特色社会主义制度服务，为改革开放和社会主义现代化建设服务；三是坚持全员全过程全方位育人，把思想价值引领贯穿教育教学全过程和各环节；四是坚持遵循教育规律、思想政治工作规律、学生成长规律，把握师生思想特点和发展需求，提高工作科学化精细化水平；五是坚持改革创新，推进理念思路、内容形式、方法手段创新，增强高校思想政治工作的时代感和实效性。

3.《意见》中对加强思想理论教育和价值引领提出了哪些要求？

有五个要求，大家都熟悉熟悉。一是要加强理想信念教育，切实抓好马克思列宁主义、毛泽东思想学习教育，广泛开展中国特色社会主义理论体系学习教育，深入学习习近平总书记系列重要讲话精神，引导师生深刻领会党中央治国理政新理念新思想新战略，坚定中国特色社会主义道路自信、理论自信、制度自信、文化自信。二是要培育和践行社会主义核心价值观，引导师生树立正确的世界观、人生观、价值观。三是要弘扬中华优秀传统文化，推动中华优秀传统文化融入教育教学，加强革命文化和社会主义先进文化教育，弘扬民族精神和时代精神。四是要进一步办好高校思想政治理论课，充分发挥思想政治理论课的主渠道作用，深入实施高校思想政治理论课建设体系创新计划。五是要加强高校马克思主义学院建设，深入实施马克思主义理论研究和建设工程。

除此之外，里面有很多非常具体的内容。总的来讲，从《关于加强和改进新形势下高校思想政治工作的意见》这个文件，大家可以看到，阐述的内容都是非常具体的，就像在北京市培训时郭金龙书记讲的，目前在高校思想政治工作这一块，不是怎么干、干什么的问题，就是落实。这个文件里面很多内容非常具体，希望大家认真学习，这是第一个文件。

（二）教育部 2017 年工作要点

我把其中跟我们高校相关的给大家说说。

1. 第二大部分：全面深化体制机制改革，不断激发教育发展活力。

第十条，深化人才培养模式改革。这里有几件事跟我们相关，第一是“进一步深化高校创新创业教育改革，认定一批示范高校，培育一批国家级示范基地”，这就是我前面说的关于创新创业方面的。我们学校现在是北京市深化创新创业教育改革的示范高校，未来在国家层面的，我们还要努力。第二是办好第三届中国“互联网 +”大学生创新创业大赛，这个刚才我也提到了，我们学校 2016 年的成绩还是不错的，努力一下能够拿到更好的名次。第三，实施《制造业人才发展规划指南》，为中国制造 2025 和产业转型升级提供人才支撑。这几个跟我们都息息相关，一个是智能制造，一个是互联网，还有创新创业教育。

第十二条构建教育对外开放新格局。这里主要谈了这么几件事，第一是推进“一带一路”的教育行动计划，这方面我们目前还有差距，需要进一步做好布局。第二是继续推进高校学科创新引智计划。这个是国家外专局推进的，我们也在积极努力，部署 2017 年工作时我会再布置一下，要谈到。

2. 第三大部分：加快优化结构，促进各级各类教育协调发展。

第十七条，整体提升高等教育水平。这个是跟我们相关的，我们要做好学校 2017 年的工作，首先要了解上级要求我们做什么，或者国家想做什么。教育部 2017 年工作要点中提到，组织实施好“双一流”建设，设立建设专家委员会，提出建设高校、学科遴选认定标准、程序和范围。稍后我会给大家讲一下“双一流”的事情。2017 年国家还要筹备召开全国高校本科教学工作会议，深化地方高校转型发展改革，推动实施应用型高校建设项目，继续搭建应用型高校校企合作平台。要实施好《学位与研究生教育发展“十三五”规划》，继续做好专业学位研究生教育综合改革试点工作。这个我们学校也在做，未来在国家层面上就是学术型硕士和专业型硕士两类，各占半壁江山，在调结构，我们目前也在做。教育部 2017 年工作要点里还提到，研究制定博士研究生教育综合改革试点方案，开展 2017 年博士硕士学位授权审核工作。这个工作大家可能也知道，我们还得布置。2017 年国务院学位办将会启动新一轮的博士学位点申报工作。这是一个好消息，自从 2003 年国家对北京授予的博士学位点一直保持“零增长”，今年终于解冻。换句话说，2017 年我们学校会有资格去报，但是能不能申请到，我们学校的建设距离国家标准怎么样，还需要我们去努力。所以，2017 年的要点里要布置这项工作，围绕不同的方面也要谈一下这个事儿。

以上是我要给大家说的教育部 2017 年工作要点里与我们相关的，希望大家能够很好地学习。

（三）教育部新修订的《普通高等学校学生管理规定》

新修订的《普通高等学校学生管理规定》（中华人民共和国教育部令第 41 号）已于 2016 年 12 月 16 日经教育部 2016 年第 49 次部长办公会议修订通过，自 2017 年 9 月 1 日起施行。新版的《普通高等学校学生管理规定》核心就是突出立德树人，体现学生为本。这个规定是指导和规范高校实施学生管理的重要规章，涉及学生的权利义务、学习管理、校园秩序和校外活动、奖励与处分，学生申诉等方方面面的工作。此次修订将对 3000 多万在校大学生的学习和生活产生重要的影响，所以大家要很好地去学习。

2005 年的 9 月 1 号教育部第 21 号令出台了关于学生管理的规定，围绕这个规定也制订出台了相应的文件，包括学生管理、辅导员队伍建设等等文件。时隔 12 年，教育部在大量调研和广泛讨论基础上修订了《普通高等学校学生管理规定》，主要基于三个方面的考虑：

第一是党的十八大以来，以习近平同志为核心的党中央关于高等教育工作的新理念、新思想和新战略，突出立德树人。实际上，我觉得更重要的就是，将全国高校思想政治工作会议以后新的精神纳入进来。

第二是适应经济社会的发展，高等教育改革需要体现促进创新创业、依法治校，提高质量。

第三是针对高校的教育管理的新变化，在总结经验、立足现实问题以及司法研判的基础上，修改补充完善相关程序。我们也存在处理学生之后学生与学校打官司的情况，学校被法院判败诉，我来了之后就发现我校过去处理一个学生，败诉了，就是因为我们没有很好地执行国家的规定，或者是规定有不完善的地方，我们没有很好地理解上级政策。这个新修订的《普通高等学校学生管理规定》是大的法律文件，总共七章 68 条，围绕一切为了学生的发展理念，突出了五个特点：一个是突出了高校立德树人的要求，二是为学生创新创业提供了制度支持。这部分以前是没有的，现在健全了休学创业的弹性学制，新生可以申请保留入学资格开展创新创业实践，入学后也可以申请休学开展创业；对休学创业的学生，可单独规定最长学习年限，并简化了休学批准程序。建立更加灵活的学习制度，规定学生可以多种方式学习，包括申请跨校辅修专业或修读课程，对参加学校认可的开放式网络课程学习明确了学生学分积累和认可制度；规定参加创新创业等活动，可以折算为学分，计入学业成绩，鼓励学校建立创新创业档案、设置创新创业学分。在 2016 版的人才培养方案中，我们学校专门设定了 6 学分的创新创业实践学分（必修），做的还比较早，教育部也是刚刚规定。第三是更加注重保护学生的权益，专门新增“学生申诉”一章，完善申诉制度和程序，强化了学生申诉委员会的职责，增加了教育部门对学校行为的监管措施。我这周刚开过会，但是学校在深入落实这一块还没做，也要马上跟进。第四是促进学生自我管理，第五是推进高校依法治校。

教育部新修订的《普通高等学校学生管理规定》9 月 1 号开始实行，希望大家很好地学习。

（四）《统筹推进世界一流大学和一流学科建设总体方案》

2017 年 1 月 24 日，教育部、财政部、国家发展改革委印发《统筹推进世界一流大学和一流学科建设实施办法（暂行）》的通知（教研〔2017〕2 号）。以前我们都说“双一流”，但是不知道怎么做，现在这个《统筹推进世界一流大学和一流学科建设实施办法（暂行）》有非常系统的指导思想，工作要求也做了很好的诠释。

提出了按照“四个全面”战略布局和创新、协调、绿色、开放、共享发展理念，以中国特色、世界一流为核心，落实立德树人根本任务，以一流为目标、以学科为基础、以绩效为杠杆、以改革为动力，推动一批高水平大学和学科进入世界一流行列或前列，为实现“两个一百年”奋斗目标、实现中华民族伟大复兴的中国梦提供有力支撑。

提到的面向领域，第一个是面向国家重大战略需求，第二个是面向经济社会主战场，第三个是面向世界科技发展前沿。这里无非就是三个方面——国家让你干什么，世界上需要什么，前沿的知识方向在哪里。提出了五大职能——全面提升我国高等教育在人才培养、科学研究、社会服务、文化传承创新和国际交流合作中的综合实力。

提出的三个步骤，第一步到 2020 年，第二步到 2030 年，第三部到 21 世纪中叶，与我们学校制定的“十三五”事业发展规划定的步骤是一样的。提出“2020 年，若干所大学和一批学科进入世界一流行列，若干学科进入世界一流学科前列；到2030年，更多的大学和学科进入世界一流行列，若干所大学进入世界一流大学前列，一批学科进入世界一流学科前列，高等教育整体实力显著提升；到21世纪中叶，一流大学和一流学科的数量和实力进入世界前列，基本建成高等教育强国”。

北京市正在紧锣密鼓地部署这个事情，作为我们学校来讲，我们还是要从培育一流开始做起，努力通过我们的努力，支撑自己的核心竞争力，提高我们的水平，作为我们的目标，进一步向“双一流”靠拢。我们应该按照这样的要求去指导学校的学科建设等一系列工作，这是第四个文件。

（五）习近平总书记视察北京重要讲话

三年前，习近平总书记视察北京并发表重要讲话，明确了北京的功能定位和北京的四个职能，包括京津冀一体化战略，指明了北京的工作方向。三年后，2017年2月24日，习近平总书记又再次来到北京考察城市规划建设，对北京的发展、京津冀一体化建设和北京冬奥会筹办工作等，说了很多。习近平总书记在建设北京副中心方面提出，首先，建设北京城市副中心，是党中央一项重要决策，站在当前这个时间节点建设北京城市副中心，要有21世纪的眼光，规划、建设、管理都要坚持高起点、高标准、高水平，落实世界眼光、国际标准、中国特色、高点定位的要求。不但要搞好总体规划，还要加强主要功能区块、主要景观、主要建筑物的设计，体现城市精神、展现城市特色、提升城市魅力。

我为什么要提出习近平总书记这段话呢？因为大家知道我们学校的新校区建设2017年进入了一个非常特殊的年份，前面已经启动了规划，市里要求我们开工建设，我们在规划的过程中怎么去做？这项工作不仅仅新校区建设办公室要努力，全校的广大干部都应该积极地去参与这项工作。我们学校的新校区建设工作已经做了一些，但是离新的要求还有差距，要有前瞻性的眼光，我们整体再提高水平。

通过学习这些文件，希望大家能够开拓视野，聚焦国家和北京市的发展，从中找到我们能够去做的事情。

三、部署2017年党政工作

2017年学校的重点工作，我想主要从六个方面给大家部署，在部署这六个方面的核心任务时，希望大家思考五个方面的问题。

第一个是围绕全国高校思想政治工作会议以后，学校的各项工作，包括党的建设、制度建设等等，我们如何去落实？这是一个面向未来的长期性的工作，2017年我们怎么去做？大家要去思考。第二个是围绕学校“十三五”事业发展规划，立足学校的信息特色的定位，我们在人才培养、科学研究、学科建设等方面怎么去做？第三个是围绕国家启动“双一流”建设以后，我们的学科建设，尤其是博士点的建设，我们怎么去做？第四个是围绕国家综合改革和学校的综合改革，我们在人事制度、岗位聘任，我们怎么去做？第五个是围绕首都的功能定位，我们新校区的建设和规划如何去做？

我给大家提出以上这五个问题，作为我下面布置工作的思考。2017年党政工作要点是六大部分25条。第一大部分是贯彻全国高校思想政治工作会议精神，全面加强党的建设。另外五个部分是围绕学校提出的“五个环境建设”的战略思考，分别加以部署。

（一）贯彻全国高校思想政治工作会议精神，全面加强党的建设

第一是全面加强思想政治建设和理论武装，第二是贯彻落实党委领导下的校长负责制，第三是旗帜鲜明地做好意识形态工作和宣传思想工作。第四是深化全面从严治党，贯彻落实《中国共产党廉洁自律准则》《中国共产党纪律处分条例》。具体工作内容详见学校2017年党政工作要点。

（二）落实立德树人根本任务，提升育人环境

1. 主动适应招生与就业制度改革。2017年对我们招生的挑战也是非常严峻的。马上国家的招生制度就要变化，江苏和浙江都在调整，对我们未来怎么去做也是一个指导。研究生招生方面，我们还要扩大招生渠道，提高招生质量。继续教育学院招生政策也发生了新的变化，我们学校已经取消专科招生了，这个也有很大变化，我们要调整适应新的形势。

2. 迎接本科教学工作审核评估。2018年，学校将迎接本科教学工作的审核评估。大家知道，以前是优秀评估，审核评估大家没经历过，北京市从2017年开始启动审核评估，教育部从2016年就开始了，央属的高校都在做，其他省也在做，北京市是2017年开始，我们想把我们学校的审核评估安排到2018年，2017年我们用一年的时间去制定方案、查找不足、总结经验，为2018年的审核评估打下很好的基础。审核评估是一个什么样的评估？它的标准是不一的，简单地说，就是以你自己学校的目标定位、按照你自己的标准，由专家来评。换句话说，学校自己定好了标准，自己写报告，专家按照学校的标准来评估，看似简单，实际也不简单。我们可以定的标准很高，但是我们可能做的不到位，就会评估不合格。

3. 加强凸显办学特色的专业建设。2017年北京教委开展了“一流专业”的建设，市教委刚刚布置了一项工作，就是建设“一流专业”。建设一流学科也需要一流专业的支撑，北京市教委2017年给我们1个这样的指标。另外，今年要很好地落实2016级本科培养方案。此外，我们2016年报了两个新专业——机器人工程、数据科学与大数据技术，这两个专业还不完全属于某一个学院，我们怎么来招生和培养，这也是新的问题。不像有的学校，都归属于一个学院，而我们学校好多学院都在参与这两个专业，也要思考如何去做。

4. 优化创新创业工作体制机制。这里最重要的就是我们需要很好地组织参加第三届中国“互联网+”大学生创新创业大赛、全国的大学生机器人大赛等一系列能代表学校特色、代表学校创新创业成果的比赛。

5. 以“大思政”理念引领全员育人实践。这也是落实全国高校思想政治工作会议的一项重要工作。学校刚成立了两个机构——学生工作委员会和学籍管理委员会，一个是第一课堂，一个是第二课堂。这两个委员会将统筹学生的各方面工作，包括本科生、研究生，也包括留学生。以前我们都是分得一块一块，各修各修的渠，各种各的田，现在我们把整个渠打通了。另外，2017年学校将统筹一些文化品牌活动，比如打造文化艺术节、科技创新节，我们需要去展示，给老师和学生一个舞台。此外，要统筹三大典礼——开学典礼、毕业典礼、颁奖典礼，在推动文化育人、传承大学精神，形成思政品牌。围绕全国高校思想政治工作会议精神，在学工队伍的培养、考核、职称评定等方面，都会有一些新的工作。

6. 完善留学生教育、研究生教育和继续教育工作机制。加强留学生教育与管理制度建设，修订留学生管理相关规定，建立留学生管理工作规范。借助新增“一带一路”奖学金项目扩大招生，提高生源质量。改善导师队伍结构，修订校内研究生导师遴选有关规定和专业学位研究生校外兼职导师有关规定。制定“硕士学位论文盲审办法”和“优秀硕士学位论文评选办法”，加大盲审力度和范围。推进继续教育管理体制和继续教育学院内部管理体制改革，依托学校学科优势，

加强与企业、行业的沟通联系，扩展继续教育发展空间。

（三）倾力加强核心能力建设，夯实办学环境

1. 凝练优化学科方向，全力以赴申报博士点。2017 年我们的暑期干部会议，定下来的主题是要召开学科建设工作会议。学校“双一流”建设怎么去培育，博士点怎么去做，都要理清思路。客观地说，我们现在离“双一流”很远，但是从博士生单位这一块，目前我们了解的信息，也不乐观，非常不乐观。换句话说，全国平均一个省一个指标都没有，全国 30 多个省份，平均一个省一个指标都不到，竞争将非常激烈。但学校会努力，客观地看，我们没有一个学科能够适应要求，所以学校在学科建设这方面，下一步肯定是要整合学校各方面资源，要从学校的发展、从学校的总体工作层面，来牵头做学科建设的事。

2. 坚持创新引领，推进“高精尖”创新中心建设。北京在围绕首都的“科技中心”功能定位，目前北京市已经批了 21 家“高精尖”创新中心，计划原来是 20 家左右，那么大部分都是央属高校，市属高校很少，但也有。我们现在从 2016 年开始布局做这个事儿，现在有进展，有可能我们能够努力跟北京科技大学能联手进入第 22 家。北京科技大学的材料学，加上北京信息科技大学的信息特色，能发挥双方的优势，按市教委的要求，央属高校与市属高校需要互补，我们有可能在这一块有突破。

3. 改革科研管理体制，提升综合科技实力。科研管理体制以及人事制度改革，2017 年都是我们改革的重点。2017 年我们科技工作总量方面，总经费定了 1.55 个亿的目标，以前每年定的目标基本都能完成，2016 年是 1.5 亿元，2017 年定的是 1.55 亿元。其中，项目经费 1 亿。我们 2016 年已经超过这个数了，但是完成这样的目标也是很难的。因为一个学校的发展有一个快速增长的时期，增长到一定程度以后，就像中国的 GDP 一样，为啥高增长以后，现在保持 7% 左右，2017 年定了个 6.5%。为什么呢？其实到了一定程度就上不去了，2016 年增长那是一加百分之几，括号 N 次方，学数学的都知道。所以这个指标也很不容易了。另外，2017 年在科技奖这方面，我们提出了一个目标，就是省部级以上奖励要有三项，基本能完成。我希望除了获奖以外，还要去培育。祝连庆、苏中和葛新权老师等，你们要很好地培育科技获奖。

4. 提升整体科研能力，平台建设取得阶段性成效。关于高水平科研平台这一块，我们做的不错。刚才提到过，科技平台这块我们有两个，一个是 A 类的，一个是 B 类的，一个是光电的，还有一个是控制的。教育部对北京市做地方试点，咱们目前还没有，2017 年我们力争在这方面能有突破，要积极做好进入教育部“十三五”重点实验室建设指南准备工作，努力推进高动态导航与控制实验室、光电信息与仪器实验室申报教育部重点实验室。此外，2017 年，还要进行第三轮武器装备科研生产单位保密资质认证，要做好继续做好军工科研资质运行及国家秘密保密工作。我们在军工这一块 2017 年还要加强。我跟传亮书记经常讨论，现在我们向市里去要资源，往哪儿去要？如果某些东西是学校自己独有的，就是学校自己的看家本领，比如说在北京市别人没做，或者别人也有做的，但我们做得更好。军工这方面，在北京市只有我们和北京工业大学做，我们还有一些特色，所以，以后我们要好好做，这也是体现我们学校特色办学的一项工作。

5. 深化国际交流合作，积极申报中外合作办学项目。这项工作 2016 年也列入到学校的工作要点，想要在中外合作办学上实现“零”突破，但是 2016 年没有完成。为什么没有完成？其实 2016 年我们也努力了，国际交流合作处也很努力，学院也很努力，我们是想跟美国奥克兰大学签订协议，也报到了教育部，但是入不了库。为什么呢？因为教育部的规则变了。比如，美国同一所学校，在中国已经办了合作项目，如果没有完成四年的一个培育期，并且验收合格，就不能再办理下一个合作项目。以前没有这样的规定，国外同一所学校可以跟国内很多所高校办合作项目，但是后来发现有的国外高校利用中国的市场办了很多中外合作项目，所以开始限制。我们不了解这个情况，报上去以后无法入库，未申报成功。所以，2017 年我们在中外合作办学项目方面，还要找新的合作伙伴。这个难度很大，因为大多数国外高校都有合作伙伴了，越往后越难，这个难不是在于水平高低，水平越高越难，因为空缺少了。此外，要做好国外引智工作，提升校内师资的国际化水平。下周二外专局副局长就要到学校来调研，2016 年的高等学校学科创新引智计划（简称“111 计划”），北京工业大学成功申请到，我们希望 2017 年能成为北京市第二家拿到“111 计划”的高校。如果能够拿到，这将是非常好的成绩。央属高校做了好多年，在五、六年前就开始做了，但是北京市还没有，我期待 2017 年我们学校在这方面能有所突破。

（四）进一步深化综合改革，优化治理环境关于综合改革，这方面今年我们主要有三方面工作

1. 推进干部制度改革，建设高素质治校骨干队伍。根据中央的要求，学校将要出台干部管理暂行规定，过去咱们学校逢提必聘，将来要有所改变，提拔干部要几种方式并行。2017 年，要完成处级干部的届中调整工作。要开展处级干部精准化培训，强化处级干部的责任担当。这是第一项工作。

2. 聚焦人事制度改革，加快汇聚一流人才队伍。我们学校的人事制度中，关于岗位聘任制度方面，并不是一个正常的、合理的、符合现代大学办学规律的聘任制度。据我了解，70% 的工资是有聘任，但目标不是非常明确；30% 是教学工作量。也就是说，全校最后分的钱就是分的 30% 的教学工作量，还有科技处的科研奖励，导致各个学院不愿意引进人才，因为人多了，平均下来每个人的工资收入就少了。这种制度无法提高我们的核心竞争力。在学校的办学历史上，原来的岗位聘任制度，解决了两校合并的一些问题，完成了历史使命，在新的历史条件下，要深化职称改革，完善教师职务岗位聘任制度，合理设计职称评聘和考核机制，充分调动教师从事教学科研的积极性。目前，在北京市还沿用着像我们学校这样的聘任制度，可能就只有我们一所高校。上一个聘期是 2015 年、2016 年、2017 年，2018 年就要启动新的聘期，在新的聘期启动前，我们 2017 年要提前来做这项工作。这项工作是涉及广大教职员工切身利益的工作，我们一定要积极认真、稳妥地把这项工作做好。这是 2017 年我们非常重要的一项改革任务。此外，2016 年召开人才工作会议，出台了一些文件，2017 年要按照 2017 年的人才引进计划，全力做好高端人才的引进和现有教师的培育。还有，2017 年恰逢是博士后工作站的申报年，我们要全力以赴。我们学校虽然没有博士点，但是博士后流动站是依托学科的，博士后工作站是依托企业的，所以我们可以依托学校的研究院、研究机构申报博士工作站。博士后工作站可以解决引进人才的一些制度性问题，还可以为教师队伍的补充提供很好的支撑。国家一年评博士后工作站，一年评博士后流动站，2017 年轮到评博士后工作站。

3. 深化管理体制改革，积极推进依法治校。我们 2016 年首次开展的二级单位考核还要进一步完善。要落实大学章程，推进制度建设，进一步完善内部控制规范建设，规范各类经济活动，加强预算执行与决算审计，深化领导干部经济责任审计、新校区建设项目全过程审计和定额修缮项目审计工作，防范和控制资金使用风险。关于制度建设，2017 年的任务还是比较重的。

4. 增强支撑保障能力，建设平安和谐校园。加快推进信息化建设，保证网络安全。落实公务用车制度改革政策，继续深化后勤改革，完善后勤管理体制和运行机制，扎实推进后勤队伍建设，落实后勤标准化公寓、标准化食堂、标准化物业建设实施方案，不断提高后勤服务保障水平，加强节能减排工作，颁布学校“十三五”节能工作计划。制定“平安校园”建设提升工程实施方案，确保党的十九大、首都重大活动和各敏感期校园安全和稳定。推进校园综合防控体系建设，继续加强校园反恐怖工作，完善信息搜集研判和属地联动机制，严防校园暴恐事件的发生。

（五）统筹兼顾新老校区资源，改善空间环境

1. 全力推进新校区征地拆迁和开工建设准备工作。2017 年要全力推进我们新校区的拆迁工作，积极贯彻落实市委市政府“以世界眼光，国际标准，北京风格，建设双一流大学”的要求，进一步整合提升校园功能设置，优化校园结构，高标准完成新校区建筑、道路、景观的深化设计工作。积极争取昌平区政府加快推进新校区周边大市政建设，并安排资金、授权学校作为实施主体开展校内市政道路的设计和施工工作。按计划推进学生宿舍 A 组团竣工结算及后续工作。结合拆迁进度，适时开展并完成相应地块的土地划拨，办理完成施工前期审批手续，为开工建设做好准备。

2. 完成现有校区基础设施改造，提升空间环境质量。现有校区建设方面，一个是校内资源的盘活，另一个是关于校区基础设施的改造。按计划组织实施 2017 年基础设施改造工程，完成其他零星工程项目等相关工作，统筹推进各校区空间环境规划与设计，通过校园基础设施建设和多校区空间环境资源整合，不断提高现有校区空间环境质量。强化办学资源筹措配置，通过扩建、改造、调配和租赁等方式，进一步盘活并拓展校内外可利用房屋资源，增强办学支撑力度。

（六）以党群团工作凝聚人心，营造情感环境

第一是发挥群团组织作用，以基层民主团结师生聚焦发力。健全以“教代会”“学代会”为基本形式的民主管理制度，召开第二届“双代会”。第二是做好统战和离退休工作，凝聚党内外人士合力。第三是探索校友工作机制，汇聚智慧情感共助母校发展。召开校友会第二次会员代表大会，筹备成立学校教育发展基金会，加快校友工作网络平台建设。第四是精心培育校园文化，增强师生归属感与凝聚力。聚焦“勤以为学，信以立身”的校训精神，深入挖掘特色工作和师生典型，讲好信息科大人故事，传播“勤·信”文化正能量，践行信息科大人共同价值观。加强大学文化内涵建设，策划校园文化活动，打造“文化艺术节”、“科技创新节”，形成校园文化品牌。构建具有学校特色的形象识别系统，适时启动校歌征集工作，增强广大师生及校友的文化认同感和归属感，营造健康和谐、积极进取的校园文化氛围。

以上是我围绕学校 2017 年的重点工作给大家做的解读，相关的文件会后会印发给大家。下面请书记讲话，大家欢迎。

在 2016—2017 年招生就业工作总结表彰暨动员大会上的讲话

校党委副书记、校长　王永生

2017 年 3 月 15 日

各位老师，同志们，大家好：

今天，我们在这里召开 2016~2017 年招生就业工作总结表彰暨动员大会，在此，我谨代表学校党委和行政，向奋斗在招生就业工作一线的广大教职工致以崇高的敬意，并向受到表彰的先进单位和先进个人表示热烈的祝贺！

高校的根本任务是人才培养，招生就业工作作为人才培养的“入口”和“出口”，关系全局，意义重大。下面，我就做好 2017 年学校招生就业工作讲几点意见。

一、当前招生与就业制度改革的形势和背景

（一）招生制度改革新政策

1. 国务院《关于深化考试招生制度改革的实施意见》

2014 年 9 月 3 日，国务院印发了《关于深化考试招生制度改革的实施意见》提出了高考模式的转变，标志着新一轮考试招生制度改革已全面启动。《实施方案》提出的总体目标是，“2014 年启动考试招生制度改革试点，2017 年全面推进，到 2020 年基本建立中国特色现代教育考试招生制度”。2014 年开始，上海市、浙江省分别出台高考综合改革试点方案，经过三年的经验积累和总结，2017 年全面推进。

2017 年“两会”期间的 3 月 8 日，教育部部长陈宝生在央视谈高考改革最新进展时，特别强调：“教育改革是有生命周期的，它是渐进式的，大体上三年一个周期。”并且提出了 2017 年高考改革的“小目标”：一是抓好上海、浙江的高考招生制度改革，总结经验，为全面推广做好准备。二是做好全国高考招生改革，确保考试过程的安全和招生信息的安全。三是准备在北京、天津、山东、海南这四个省市，开始进行高考招生制度的改革试点，探索一些新的路子。

最终，国家希望经过三五年时间的努力，能够建立起一个分类考试、综合评价、多元录取的高等教育考试招生制度体系。同时，也能够在这个基础上，形成各个学段、各类教育能够互通互认、互相转换的终生学习的立交桥。这对我们高校的招生工作提出了新的要求。

2.“京津冀协同发展战略”对高校招生的影响

京津冀协同发展战略对在京高校的发展、规模、定位都有影响。习近平总书记 2014 年“2·26”讲话对北京市的城市功能定位提出了“四个中心”，要求疏解“非首都功能”。2017 年，习近平总书记再次到北京考察城市规划建设，对北京市城市副中心做出重要指示。为深入贯彻落实《京津冀协同发展规划纲要》，北京市 2014 年制定《新增产业的禁止和限制目录》，2015 年对目录进行了修订、完善，对新增产业的限制更加严格。就高等教育而言，有如下规定：

第一，所有在京高校不能再扩大办学规模；第二，在北京不再新设立或新升格普通高等学校；第三，在京所有高校不再新增占地面积；第四，所有城六区学校不能在校内进行改扩建（办学条件不达标、有危房的除外）。

这里面提到，在京高等院校的发展要控制规模，市教委要求市属院校招收京外生源的比例要大幅度压缩。按市教委的说法，疏解功能首先要限制人口的聚集效应，招生和就业是聚集人口的主要渠道之一。作为一所市属高校，北京市的战略发展新政策，对我们学校的生源结构带来很大的影响。我校招生就业工作处前几年花了很大气力，使生源结构由 2011 年的京外生源占 30%，提高到现在的 50% 左右。高等院校作为招生的主体，要跟进并及时预测可能出现的新情况、新变化，结合我们学校的实际，提前做好应对工作。

（二）就业制度改革新政策

1. 实施“就业优先战略”

近年来，高校毕业生就业问题一直是国家关心的重中之重。李克强总理 2016 年 5 月 6 日在就业工作座谈会上的讲话提出：“高校毕

业生是‘经’，农民工是‘纬’，一经一纬，织牢高校毕业生和农民工就业的‘经纬线’，新的发展动力才能形成。”2017年李克强总理作政府工作报告提到，2017年发展的主要预期目标是：国内生产总值增长6.5%左右，城镇新增就业1100万人以上。2017年的经济增长预期目标并不高，基调是“稳增长”，稳增长的重要目的是为了保就业、惠民生。在城镇新增的1100万就业人数里，高校毕业生是主体。2017年国家就业压力很大，依然坚持“就业优先战略”，实施更加积极的就业政策，突出了更加重视就业的导向。

2. 实施“就业创业促进计划”

在2016年的新一轮就业政策中，促进高校毕业生就业的举措有了新的突破。2016年7月，国家制定实施高校毕业生“就业促进计划”和“创业引领计划”。李克强总理在就业工作座谈会上强调，这“两个计划”要很好地结合起来，更好地以创业带动就业。首先，在就业促进方面，拓宽就业渠道，实施精准就业服务。教育部办公厅办公厅印发《关于开展全国普通高校毕业生精准就业服务工作的通知》，要求高度重视精准就业服务工作，准确掌握供求信息，建立精准对接服务平台，大力拓展服务内容，促进毕业生更加充分和高质量就业。总的指导思想就是，高校要根据自己培养的学生的特点、优势，充分利用信息技术，做好毕业生求职意愿与用人单位岗位需求的信息比对，匹配学历、专业、地域等关键信息，开展精准就业服务工作。此外，国家积极拓宽基层和重点领域的就业渠道，引导和鼓励毕业生到城乡基层就业，鼓励毕业生到中小微企业就业，以及服务国家发展战略开拓就业岗位。比如，要求高校围绕“一带一路”“长江经济带”“京津冀协同发展”等国家重大战略，主动对接人才需求，向重点地区、重大工程、重大项目、重要领域输送毕业生。2017年这项工作还提出，鼓励有条件的高校结合国际组织人才需求，支持高校毕业生到国际组织实习任职。

其次，在创业引领方面，结合国家“双创”战略，积极推进以创业带动就业。2015年国务院出台《关于进一步做好新形势下就业创业工作的意见》，2017年教育部接续发布《关于做好2017届全国普通高校毕业生就业创业工作的通知》，北京市推动高校积极落实。国家出台这项政策，是结合“双创”战略以及高校创新创业教育改革，鼓励大学生自主创业，取得业绩后回校招聘人员，以大量新增就业岗位回馈母校。这是国家推出的一条促进就业的新路，也是就业与“双创”结合的突出成果。比如，在推进大学生自主创业工作方面，国家要求各政府部门为大学生创业开辟“绿色通道”，落实工商登记、税费减免、创业贷款等优惠政策。要求各高校为大学生创业提供场地支持，孵化一批创新创业项目，要优先向大学生创办的小微企业转移高校的科技成果。多渠道筹措资金，扶持大学生自主创业。

可以说，现在高校毕业生的创业门槛应该是比较低的，政策也非常利好。比如：新修订的《普通高等学校学生管理规定》（中华人民共和国教育部令第41号）自2017年9月1日起施行，为学生创新创业提供了制度支持，健全了休学创业的弹性学制，新生开学即可以申请保留入学资格，开展创新创业实践，入学后也可以申请休学开展创业。对休学创业的学生，学校可单独规定最长学习年限，并简化了休学批准程序。再比如，大学生参加创新创业等活动，可以折算为学分，计入学业成绩。我们学校在2016版的人才培养方案中，专门设定了6学分的创新创业实践学分（必修），国家刚刚开始要求，我们现在已经开始做了，可以说走在政策前面。

以上这些就业制度改革新政策，有利于推动毕业生就业，对我们学校未来的就业工作也有非常重要的影响。希望大家深入学习。

二、2017年招生就业工作部署

招生工作是学校人才培养的“入口”，数量充足的优质生源是保证学校生存和发展的前提；而就业工作是学校人才培养的“出口”，关系到千家万户的利益，也关乎着社会的稳定和发展。从某种意义上说，招生和就业既关系到学生的前途和命运，也关系着国家的前途和命运。特别是在“十三五”时期学校向教学研究型大学转型，对招生就业工作提出了更高的要求。

虽然学校招生就业工作成绩喜人，但是形势依然严峻。继2014年上海市、浙江省高考综合改革试点之后，2017年进入高考综合改革全面推进的一年。我们要关注，考试招生制度改革会给生源带来哪些变化？对人才培养模式会有哪些新要求？“国家就业创业计划”对就业工作有什么新指向？大学生创新创业如何与就业工作更好地结合？这些新办法、新举措，对于指导我们工作有重要意义。

希望大家在2017年的招生就业工作中，做好以下几点：

（一）全面了解招生就业工作面临的新情况

随着我国经济增速的减缓，招生工作面临激烈竞争，毕业生就业压力持续加大。2017年的招生和就业形势依然复杂严峻：

一是招生竞争越来越激烈。招生工作是高校工作的重要组成部分是学校生存和发展的生命线。优质生源有利于学校科研、创新等各项工作的蓬勃开展反之将严重影响学校整体水平的提高甚至关系到学校的生死存亡。在全国有效生源持续下降学校之间的招生竞争日趋激烈学生期望值过高志愿填报越发挑剔的情况下我们要充分判断当前招生工作形势针对学校自身优势和特点提前做好应对措施。

二是就业总量压力依然较大。随着中国高等教育数量扩张，15年间，毕业生人数增长了650万人（2001年全国普通高校毕业生人数为115万人，2016年达到765万人）。2017年，应届毕业生数量依然居高不下，预计达到795万人，比2016年增加30万人，北京地区高校毕业生24万人，比2016年又有所增加。同时，来京求职的高校毕业生也不断增加，加剧了京外生源毕业生就业压力。

三是供需结构性矛盾依然突出。北京地区高校毕业生专业分布与用人单位实际需求之间存在一定差距，毕业生的专业结构、知识结构等与单位用人需求匹配的结构性矛盾突出。比如：前些年，中国处于高等教育大众化阶段，很多专科学校升成本科，本科学校又建成综合性大学，专业设置求大求全，培养的学生有“均质化”的趋势，导致大多数高校都在用同一模式培养学生，未根据市场合理调整专业设置和培养方向，造成了许多“过剩”的专业，但与此同时，许多有市场需求的职位却出现空缺，这种供需不匹配的结构性矛盾依然突出。

（二）学好用好招生就业方面的新政策

招生方面，2014年国家便启动了高考改革试点，现在已经探索近三年了，有非常多的经验积累。国家在不断出台各项关于招生和就业的新政策，上面我也提到了很多，希望大家密切关注上海、浙江等国家考试招生制度改革试点地区高校的动向，学习借鉴有益经验。2017年，国家准备在北京、天津、山东、海南这四个省份，开始进行高考招生制度的改革试点，探索一些新的路子。这项改革与北京地区的高校息息相关，尤其作为市属高校，我们学校北京生源比例较高，2017年的改革举措将对我们的招生工作有直接的影响，要及时跟进，提高工作主动性。比如，北京市从2017年起，将本科二批与本科三批合并为本科二批。待条件成熟，还会将本科一批与本科二批合并为本科普通批。我们要提前研判，调整招生工作方法。

就业方面，首先，要积极落实国家“毕业生就业创业促进计划”。自2016年7月国家实施“毕业生就业创业促进计划”起，北京地区推进速度非常快，配套政策文件相继推出，高校也都积极行动起来。比如，清华大学提出“创新创业领航计划”，将政府、企业、学生和投资者融合，多方共赢；对外经济贸易大学成立大学生“创新创业国际联盟”，与国外知名高校签署合作协议；中国人民大学等高校，包括我们学校，建立了大学生创业园高校孵化基地，孵化创业团队。在创新创业方面，我们学校有良好的基础，做出了一些成绩，2017年要积极响应国家“毕业生就业创业促进计划”，继续将学校的创新创业成果与毕业生就业工作相结合，优化创新创业机制，通过创新创业工作进一步拓宽就业渠道，努力实现本校毕业生“就业”和“创业”双增长。其次，就业工作要主动服务国家发展大战略。各单位虽然做的是就业基础性工作，但是一定要高站位地看待就业工作，把面向国家战略输送毕业生作为光荣的使命。要围绕“一带一路”“京津冀协同发展”“长江经济带”等重大发展战略主动对接人才需求。立足办学特色和行业优势，向国家重点行业、重点地区、重大工程、重大项目输送毕业生。

（三）寻找招生就业工作与人才培养工作的结合点

在招生工作“入口”与就业工作“出口”之间，是“人才培养”环节。生源的优劣直接影响到人才培养质量的高低，就业工作直接影响学校的社会认可度，是检验高校人才培养效果的最重要指标，直接影响着学校的声誉，也间接地影响着学校的生源质量。2017年，各单位要找寻招生就业工作与育人工作的结合点。

首先，发挥招生就业数据的指导作用。招生就业数据是人才培养的最敏感、最直接的反映，人才培养的成效和问题一定会在招生就业数据上显示出来。各单位要高度重视反馈给大家的数据，充分利用好这些数据。比如，近年来，本校毕业生薪酬一直排在市属高校前列，甚至高于很多“211”“985”高校，就直接体现了人才培养工作的成效。相反，如果哪个单位存在“招生难”“就业难”的问题，就应该从专业建设、培养方案、课程设置等人才培养环节找原因、找突破口。各相关职能部门及各学院要基于数据认真分析专业现状，全面开展专业评估与专业普查，顺应国家“双一流”建设的新战略导向，积极培育一流本科专业，增加招生吸引力，提高生源质量，由此带动提高专业建设水平，进而提高毕业生就业竞争力，形成良性循环。

其次，根据招生就业数据做好专业动态调整。一方面，要加强政策研判，主动对接国家、首都重大发展战略，设置新的专业方向。比如，2016年学校新增了机器人工程、数据科学与大数据技术两个新专业，就是积极顺应国家发展战略做出的专业调整。另一方面，要完善专业设置和专业退出机制。对招生就业情况不理想、培养特色不突出的专业适时进行调整，要减招、停招甚至取消专业。比如：要将2016版人才培养方案中形成的“信息特色、实践创新、国际视野”切实落实到人才培养环节，今后每个专业在办学过程中都要问一下“如何体现人才培养的信息特色？”“如何体现人才培养的实践创新？”“如何体现人才培养的国际视野？”各本科专业要树立危机意识，今后，学校将通过“优胜劣汰”的机制促进学校专业结构的整体优化，通过这种方式进一步提高人才培养质量，提升学生的就业竞争力。

（四）创新招生就业工作方式方法

首先，提高招生工作的针对性。比如，本校北京生源的比例超过50%，今后这个比例有可能还要增加，要结合北京生源多的特点，有针对性开展招生宣传和培养工作。比如，学校“十三五”事业发展规划对学校的定位是“信息特色、工科特色、行业特色”，要把学校的办学特色和人才培养目标、培养结果、就业方向做好推广，将学校的特点和特色融入招生宣传工作，提高招生工作的说服力和吸引力。再比如，北京生源学生对出国留学的意愿非常强烈，要把学校在国际交流方面的成绩纳入招生宣传工作中。学校赴美国奥克兰大学交流的学生，继续深造和就业能力丝毫不逊于“211”“985”高校，甚至表现更为出色。还有，在我们市属高校推行的“双培”“外培”计划，各单位要充分了解其内涵，以及这种培养计划的意义、效果，在此基础上进行招生宣传。

其次，加强精准化就业指导服务。针对学生毕业去向，从出国、考研、就业、自主创业等多个方面对毕业生开展精准化、精细化就业创业服务指导。充分利用“互联网+”技术，根据毕业生个性化需求将他们的求职意愿与用人单位岗位相对接，实现智能化供需匹配。此外，要重视困难群体和少数民族毕业生帮扶工作，通过就业培训、岗位推荐等方式予以重点帮扶，帮助他们实现顺利就业。

总之，招生就业工作不仅仅是招生就业处这一个部门的工作，而是学校各部门、全体教职工共同的责任。2017年招生就业的任务繁重，新的政策需要落实，面临的压力很大，社会要求也很高，希望大家齐心协力，认清新形势，明确目标任务，圆满完成2017年的招生和就业工作。谢谢大家！

在2017年本科教学工作会议上的讲话

校党委书记　王传亮

2017年5月17日

亲爱的老师们、同学们：

这次本科教学工作会议，是在全国和北京市高校思想政治工作会议召开之后、我校明年将接受本科教学工作审核评估之际召开的一次重要会议。刚才，王永生校长作了报告。报告分析了当前本科教学工作面临的新形势、新要求、新任务，总结了近年来尤其是2016年本科教学工作取得的主要成绩。同时，还梳理了本科教学工作存在的突出问题，明确了今后的工作思路，提出了改进措施，是很好的报告，我都同意。

我们这支队伍，是在各方面条件不是很令人满意的情况下负重前行，并且取得了很好的成绩，同志们不简单，要感谢大家。当然也有一些问题和瑕疵，但无论如何，都体现出我们这支队伍的悲壮之美。柳宗元有一句话是“美不自美，因人而彰”。学校有很多优秀的、令人感动的事情，需要大家共同努力，把这种悲壮之美彰显出来，这一点我们每一个人都责任在肩。

高校的根本任务是人才培养，中心工作是教学工作。党的十八大以来，习近平总书记多次强调，立德树人是高校的立身之本。在全国高校思想政治工作会议上，习近平总书记明确提出并系统回答了“办什么样的大学，怎样办大学”以及“培养什么样的人、怎样培养人和为谁培养人”的根本问题。5月3日在中国政法大学考察时，他又从推进全面依法治国的角度，再次强调“立德树人，德法兼修，培养大批高素质法治人才”。这为我们办学治校、培养人才、提高教学质量提供了工作遵循和价值导向。明年的本科教学工作审核评估，将是对我们办学治校特别是本科教学工作的一次全面的“体检”，是我们再次检点和审视各项工作的宝贵机会。大家都知道，教学评估并不简单，我们尽管很有基础，但也不敢说十全十美，一定要尽力而为。我们要借着这次机会，发现和解决好我们存在的突出问题，更要彰显出我们的水平、我们的特色，评出我们的信心，评出我们的精神状态。

习近平总书记关于高校工作的重要讲话、全国高校思想政治工作会议、本科教学工作审核评估，共同的关注点就是人才培养、教学工作。这也是我们这次会议的主题。聚焦人才培养、教学工作，结合全国和北京市高校思想政治工作会议精神，结合迎接本科教学工作审核评估，结合“两学一做”学习教育常态化，立足党委提出的“五个环境建设”的战略思考，我想从宏观的、总体的、综合的层面，从“为谁教、教什么、怎么教、谁来教、教给谁”这个问题，谈点意见，供大家思考，也是对王永生校长报告的补充。

第一，为谁教的问题。这是涉及办学方向、人才培养方向的根本问题。习近平总书记在全国高校思想政治工作会议上的重要讲话、中央 31 号文件，明确提出四个服务”"，即“为人民服务、为中国共产党治国理政服务、为巩固和发展中国特色社会主义制度服务、为改革开放和社会主义现代化建设服务”，“四个服务”明确了我们要完成什么样的任务。同时，又理直气壮地提出高校“努力培养又红又专、德才兼备、全面发展的中国特色社会主义合格建设者和可靠接班人”的人才培养方向。这个根本方向是我们立足中国特色、扎根中国大地，在独特的历史、独特的文化、独特的国情基础上，办好中国特色社会主义大学的内在要求，也是中国的大学和其他国家大学的根本区别所在。“四个服务”从不同角度彰显了我国高等教育发展的政治定位。为人民服务体现人民属性，为中国共产党治国理政服务体现政党属性，为巩固和发展中国特色社会主义制度服务体现意识形态属性，为改革开放和社会主义现代化建设服务体现时代属性。人民属性、政党属性、意识形态属性、时代属性都是一种政治定位，内在统一于中国特色社会主义大学的办学目的和办学方向，统一于办好人民满意的大学。强调“四个服务”，一是要重点突出党委管党治党、办学治校的主体责任，对学校工作实行全面领导，把方向、管大局、作决策、保落实，确保始终坚持正确的办学方向和人才培养方向。全国高校思想政治工作会议和中央 31 号文件提出的一系列举措，是对党委领导下的校长负责制的完善和进一步推进。全国各高校党员校长任党委副书记，就是为了加强党委领导班子建设。在习近平总书记、党中央和北京市委的领导下，建设有中国特色社会主义大学将会进一步推进。这一点，大家要有正确的认识。同时为了加强学校领导班子建设，上级采取了一系列措施，有两位同志已经到我们学校任副校长，大家要支持他们工作。我们学校有一位副校长交流到其他单位。下一步由于年龄原因和工作需要，领导班子成员还会有一些变化。学校领导班子调整，是上级党委基于北京市、北京高校、学校实际等各方面条件，充分考量后作出的决定。校级领导班子建设是一个动态的过程。我相信我们的领导班子一定会越来越好、越来越强，会不断产生新的有生力量，同时也会向外输送优秀的干部，吸引优秀干部到学校来。二是要重点强调将我们学校的人才培养定位，置于“四个服务”和人才培养方向的框架之下进行审视。例如，我们怎么能更好地突出社会主义、国家、人民、民族的观念，我们在“红”与“专”、“德”与“才”的培养上，在“全面发展”上，如何更好地有机结合，如何更好地突出我们的特色与优势？三是要强调强化院级党组织的政治功能，使之在院级重大办学问题、人才培养上把好政治关，更好地发挥作用。

第二，教什么的问题。从宏观上说，就是上面所说，“红”“专”“德”“才”“全面发展”的内容。具体点说，就是教学生成才、成人的东西，知识、技能、能力、世界观、价值观、人生观等。落到学校，就是学科专业的建设。这是我们办学环境建设的核心。在“四个服务”的总体观照下，在“双一流”的导向下，我们怎么调整优化学科专业布局；在现有学科专业的基础上，我们如何找准与党治国理政的新理念，与时代发展、国家战略、社会变革、产业需求的契合点，更加突出学科专业的信息特色、行业特色我们如何遵循当前学生成长成才的规律、需要和特点，对现有的课程体系、教材建设、实践基地、大学生创新创业平台等进行优化调整，更加突出我们的人才培养特色。此外，还有校园文化熏陶、社会实践活动、第二课堂建设、思想政治教育等，都承载着我们要教的内容。我们是以工为主、多科并举，具有鲜明信息特色的大学。找准定位、抓住特色，我们的超常规、跨越式发展就是可预期的。首先，要做好学科专业与国家、社会、行业需求的有效对接，要勇于承担服务北京“四个中心”和京津冀一体化、“一带一路”建设的需要。前两天中央在北京举办了“一带一路”国际合作高峰论坛，展现了大国风范，学校也要有这样的思维，要敢于“走出去”。目前我们获批了“数据科学与大数据技术”“机器人工程”专业；与“一带一路”沿线国家合作；响应习近平总书记提出的国家品牌战略，探讨建立品牌管理专业；紧跟时代发展步伐，培养学生服务首都经济社会发展。经管学院院长葛新权在中国社会科学网发表题为《在“一带一路”建设中落实品牌战略》文章，祝贺全国首个中国品牌日，被人民论坛网转载，这些都体现“走出去”的思路。其次，我们的学科专业设置一定要在历史积淀的基础上，通过课程体系、教材体系、实践基地等展现自己独特的内容，进而形成自己的特色。在这方面，我们的潜力巨大，发展前景广阔；再有，通过学科专业的优化调整、交叉融合，使科学精神、人文精神、艺术素养更好结合，既教给学生科学知识、科学方法、科学精神，又教给学生人生启迪、智慧光芒、品行情操和审美取向。

第三，怎么教的问题。这个问题，微观上说，就是教师的教学理念、教学设计、教学方法、教学手段等问题。但我想说的是宏观层面我们怎么育人的问题。这就是我们育人环境建设所要解决的问题。我们的目标是建设以学生为本，立德树人，全员参与，促进学生全面健康成长成才的育人环境。所以这是涉及育人理念、育人体系和育人机制的问题。“以学生为本”是我们一贯的理念，“促进学生全面健康成长成才”是我们的目标，我们要着重构建“知识传授、能力培养和品德塑造”为一体，全校密切配合、齐抓共管，全员、全过程、全方位育人，形成教书育人、科研育人、实践育人、管理育人、服务育人、文化育人和组织育人七种渠道和资源整体育人的机制。我一直强调，“五个环境建设”的战略思考，目的就是要让全体师生员工都能从中找到干工作、做贡献的立足点和着力点，是要充分调动每一个师生员工的积极性、主动性和创造性，推动学校超常规、跨越式发展，推动学校再创辉煌，要让每个人都享有发展的希望。这一点，在育人上，更要如此。我们强调的是，学校的发展、人才的培养，必须落实到每一个组织、每一个人身上。每一个组织充分发挥职能和作用，每一个人做好本职工作、充分展示自己的才华，正是所谓的“每节车厢都有动力”。我们要把时间和精力盯在学校能不能发展，盯在个人能为学校、为社会、为他人做什么贡献上。如果一个人一生中为别人做了一些事情，回想起来会是幸福的，如果一个人一生中都是在限制别人，发展自己，将来会后悔莫及。因此要多做对他人、对学校、对公众有益的事情，要学会相互欣赏，相互帮助，而不是将时间和精力放在盯着别人的问题上。只有这样我们每一个人才能将自己的事业发展和学校的发展、人才的培养内在统一起来，每个团队、每个人都有动力，都有发展，就能推动学校取得更好更快的发展，就能建设好我们共同的家园。我以前讲过，要“在一起，做自己”，也就是“和而不同”。大家能够在一起是缘分，“做自己”是做出自己的特色，把自己的能力、水平、潜力显示出来。目前新校区建设正在加速推进、高级职称结构比例有了大幅提升，只要有本事，个人发展就有空间；同时我还讲过“大时代、小时代”，就是每一个小人物都要发挥自己的能力，为大事业做贡献。

第四，谁来教的问题。这个问题涉及的是教育教学的主体的问题。育人涉及每个人，教学主要涉及教师。从这个角度说，“谁来教”主要是人才队伍特别是师资队伍的问题。首先是人才队伍特别是师资队伍建设的问题。人才是第一资源，是高校发展的基本支撑，是人才培养的主要主体。科南特曾说过：“高校的荣誉不在它的校舍和人数，而在它一代又一代素质优良的教师，一所学校要站得住脚，教师一定要出色。”教师的敬业精神、教师的职业操守体现出学校精神，我多次强调，我们现有的教师是有水平、有能力、有潜力的，要把水平、能力、潜力发挥出来，与学校超常规、跨越式发展相匹配，目前我们教师队伍的规模数量不够、梯队结构不合理、整体水平还可以再提高。2016 年，我们召开了人才工作会议，非常成功，制定了一系列政策，就是要更加突出高层次人才的引进和培养，实现人才总量稳步增长、人才素质大幅度提高、人才竞争比较优势明显增强、人才使用效能明显提高，造就一支师德高尚、业务精湛、结构合理、充满活力的人才队伍。其次是激发和调动人才队伍特别是师资队伍活力的问题。习近平总书记要求：“各级党委和政府要把加强教师队伍建设作为教育事业发展最重要的基础工作来抓，提升教师素质，改善教师待遇，关心教师健康，维护教师权益，充分信任，紧紧依靠广大教师，支持优秀人才长期从教、终身从教，使教师成为最受社会尊重的职业。”在这方面，我们做了大量的工作，例如高级职称比例的提升、教师职务聘任制度多元化的完善、工资待遇的提高，等等。我们还要通过办学环境建设，构建“和而不同”的、大家能够“在一起、做自己”的教学科研团队，构建一个鼓励创新、有序竞争、相互欣赏的学术氛围；通过情感环境建设，构建“各美其美，美美与共，美人之美，成人之美”的美好家园。让我们每个人自己的个性、自己的岗位、自己的事业、自己的生活、自己的追求，都能够在学校这个美好家园中得到发展，进而实现学校超常规、跨越式发展。再有是每个教师要担当起人类灵魂工程师的神圣使命。教师不仅要传道，还要授业、解惑，不仅要成为知识的传播者、真理的播种者，还要成为灵魂的塑造者、思想的缔造者，成为有知识、有道德、有素质、有品行的“大先生”。在这点上，习近平总书记在 2013 年教师节提出的“三个牢固树立”（牢固树立中国特色社会主义理想信念，牢固树立终身学习理念，牢固树立改革创新意识）的要求，在 2014 年教师节提出的“四有好老师”（有理想信念、有道德情操、有扎实学识、有仁爱之心）以及在全国高校思想政治工作会议上提出的“四个相统一”（坚持教书与育人相统一、坚持言传和身教相统一，坚持潜心问道和关注社会相统一，坚持学术自由和学术规范相统一），是广大教师的行动指南。教书与育人、言传与身教，潜心问道与关注社会，学术自由与学术规范互相依存、互相促进，互为条件，互为目的，共同构成教师育人育才的有机统一体。校、院两级要围绕“四个统一”的八个方面，有的放矢地查找问题，选择方法制定政策，解决好存在的突出问题，更好地促进教师的职业发展和素质提升，更好地发挥教师的育人主体作用，整体地提升人才培养质量。

第五，教给谁的问题。学生是高校的主体，是我们的培养对象、教学对象、管理对象、服务对象。教与学，是双向互动的关系。人才培养、教学工作必须坚持以学生为本，尊重教育工作规律，尊重学生成长成才规律。我们的在校生大多是“95 后”习近平总书记对他们的特点的描述是，朝气蓬勃、好学上进、视野宽广、开放自信，是可爱、可信、可为的一代。教师要精心从教，首先就要思考“教”的对象的特点和需求。所以习近平总书记刻意强调课程体系、教材建设、社会实践要深入研究“教什么”“教给谁”的问题。现在，在线课程的兴起，使很多人担忧大学的未来，甚至担忧大学会丧失存在的价值。从知识传授的角度看，信息时代的确使传授的方式和手段发生了重大的改变，我们也要主动适应这种改变。大学的使命绝不仅仅是知识传授，学生成长成才也不仅仅是知识学习。所以这又回到刚才所说“教什么”“怎么教”的问题。我还是想再强调，我们不仅要针对不同层次、不同年龄的学生的特点和需求开展有针对性的教学，使之掌握必要的科学文化知识、具备应有的科学文化素养、获得谋求生活的职业技能，而且还要给学生以人生启迪、智慧光芒、精神力量，实现科学精神、人文精神、艺术素养的融合。正是在这点上，大学是不可取代的。我们要引导学生正确认识时代责任与历史使命，用中国梦激扬学生的青春，为学生点亮理想的灯、照亮前行的路，让增长本领成为青春搏击的能量；我们要以优良的校风和学风，潜移默化，润物无声，升华学生气质，治心养性我们要更加注重文化浸润、感染、熏陶，以文化滋养心灵，以文化涵育德行，以文化引领风尚；我们要提升思想政治教育的亲和力和针对性，满足学生成长发展需求和期待。

同志们，亲爱的老师们、同学们，当前学校发展面临着非常好的外部环境，北京市在新校区建设、人才队伍建设等方面给予很好的政策支持和支撑，下一步学校教学、科研的发展也会有良好的机遇，我们已经明确了“五个环境建设”的战略思考和“十三五”事业发展规划，希望大家能够把目标任务落细落小、落地见效，找到干工作、做贡献的点，推动学校超常规、跨越式发展，以优异成绩迎接党的十九大的胜利召开！我们有信心、有能力交出本科教学工作审核评估的优异答卷，同样有信心、有能力共同创建出北京信息科技大学更加美好的未来！

以本科教学工作审核评估为契机
突出内涵建设，坚持特色发展，全面提高人才培养量

——在 2017 年本科教学工作会议上的报告

校党委副书记、校长　王永生

2017 年 5 月 17 日

老师们，同学们：大家下午好！

根据学校的工作安排，我们每年召开一次本科教学工作会议，今天在这里召开 2017 年本科教学工作会议。本次会议的主题是“以本科教学工作审核评估为契机，突出内涵建设，坚持特色发展，全面提高人才培养质量”。围绕会议主题，我主要讲三个方面的内容一是介绍国家高等教育发展形势；二是总结学校 2016 年本科教学工作成绩，分析现在面临的困难和问题；三是未来改进的方向。

一、深刻理解高校人才培养工作的目标使命与高等教育改革发展的新形势

（一）习近平总书记 2017 年“5 ·4”讲话再次强调高校“立德树人”的目标使命

高校的使命和职能固然很多，包括“人才培养、科学研究、社会服务、文化传承”，以及全国思政会增加的“国际交流合作”这五个方面，但其最核心、最首要的职能在于“人才培养”，大学对于国家最大的意义，就是为国家培养优秀的人才。高校的人才。高校开展开

展科学研究、学科建设等科学研究、学科建设等工作工作都是人才培养都是人才培养的支撑的支撑与与保证。

习近平总书记一直以来十分重视大学的人才培养工作，曾多次讲话中谈到自己对于大学人才培养的观点。在 2017 年的“五四”青年节到来之际，习近平到中国政法大学考察，再次强调“立德树人”“德才兼修”，他勉励当代青年“要树立与这个时代主题同心同向的理想信念，勇于担当这个时代赋予的历史责任，励志勤学、刻苦磨炼，在激情奋斗中绽放青春光芒、健康成长进步”。习近平总书记还寄语教师“要坚定理想信念、带头践行社会主义核心价值观，促进理论和实践相结合，多用正能量鼓舞激励学生。”

纵观近年来国家强调的大学人才培养的目标与实践，不断突出大学“立德树人”的中心任务，强调大学人才培养不仅要“立德”，而且要“树人”，要聚焦全面发展为导向的人才培养体系建设。

首先，强调要始终坚持人才培养的正确政治方向。中国的大学是建立在我国独特的历史、独特的文化、独特的国情之上，这种独特性就在于我们的“社会主义大学的办学方向”，这是决定我们“培养出什么样的人才”的价值导向问题。在 2016 年年底全国高校思想政治工作会议上，习近平集中阐述了“高校培养什么样的人、如何培养人，以及为谁培养人”这个根本问题，并指出要坚持把“立德树人”作为中心环节，把思想政治工作贯穿教育教学全过程。坚持社会主义大学的办学方向，要求我们“育人为本、德育为先”，要求我们在教书育人过程中全面贯彻党的教育方针，首先为学生“立德”。全国思政会为我们培养什么样的人、如何“立德”给出了旗帜鲜明的定位。

其次，强调培养全面发展的创新型、应用型、复合型优秀人才。2015 年 10 月，国务院下发《统筹推进世界一流大学和一流学科建设总体方案》，这是新时期指导和推动中国高等教育发展的重要文件。文件指出，要“坚持立德树人，突出人才培养的核心地位，着力培养具有历史使命感和社会责任心，富有创新精神和实践能力的各类创新型、应用型、复合型优秀人才”。“双一流方案”高度重视人才培养，并明确了人才培养的目标，强调提升教学水平，进一步明确了高校办学的出发点和落脚点。“双一流方案”为我们如何建设大学、如何“树人”给出了全新的思路。

这些文件，都是对我们大学建设发展有重要意义的纲领性文件，希望大家认真学习。

（二）高等教育发展趋势之一：深化高等教育领域简政放权改革，释放高校的办学活力

党的十八大以来，国家持续推进行政体制改革，强调转变政府职能要进一步简政放权。简政放权不仅仅针对高等教育，在全国各行各业、各个领域，都在深化简政放权改革。其中，涉及高等教育领域的文件也越来越密集，信号也越来越强烈。2014 年 2 月 15 日，《国务院关于取消和下放一批行政审批项目的决定》发布，明确取消国家重点学科审批。以前教育部有很多方面的评审，包括研究生院、重点学科等，现在取消了国家重点学科审批，进一步鼓励高等学校面向国家重大战略需求、面向经济社会主战场、面向世界科技发展前沿调整优化学科布局，发展新兴学科、交叉学科。2014 年 5 月，习近平总书记在北京大学师生座谈会上明确指出，加快构建充满活力、富有效率、更加开放、有利于学校科学发展的体制机制。2016 年 4 月 15 日，中共中央政治局常委、国务院总理李克强在北京召开高等教育改革创新座谈会，提出结合高校特点，简除烦苛，给学校更大办学自主权，凡高校能够依法自主管理的，相关行政审批权该下放的下放，破除制约学校发展的不合理束缚。2017 年 4 月 6 日，教育部、中央编办、国家发展改革委、财政部、人社部日前联合印发《关于深化高等教育领域简政放权放管结合优化服务改革的若干意见》，进一步向地方和高校放权，给学校更大的办学自主权。文件主要内容有八个方面，分别是：1. 完善高校学科专业设置机制；2. 改革高校编制及岗位管理制度；3. 改善高校进人用人环境；4. 改进高校教师职称评审机制；5. 健全符合中国特色现代大学特点的薪酬分配制度；6. 完善和加强高校经费使用管理；7. 完善高校内部治理；8. 强化监管优化服务。这是最新的文件，有些对于我们是新的挑战。国家新出台的上述“放管服”改革，为学校较大力度地“松绑”，切实落实高校的办学自主权。

（三）高等教育发展趋势之二：强化内部“自律”和外部“监督”，构建起内外结合的大学质量保障体系

国家对高等教育领域的简政放权并不是最终目的，改革目标是实现更现代化的大学治理。为了保证在国家“放权”“松绑”的情况下，高校能够“用好权”，加强学校内部“自律”和外部“监督”就非常重要。国家在“放权”的同时，更加突出强调了“依法治校”、“民主治理”和教育主管部门的“监督职责”。

首先，推动贯彻落实大学章程，健全学校内部制度建设，实现依法治校。《高等教育法》明确把大学章程作为大学成立的必要条件，《国家中长期教育改革和发展规划纲要 2010—2020 年）》也明确提出，“各类高校应依法制定章程，依照章程规定管理学校”。在国家的推动下，近年来，各所学校的大学章程相继确立，我们学校的大学章程也于 2015 年由北京市核准发布。国家通过大学章程的全面推进和施行，建立起学校的基本制度，并形成有序的管理体制，高校内部的教学、科研、管理等活动不能突破大学章程。我们学校在章程核准发布之后，也陆续开展并完成了规章制度的“废、改、立”工作，并在此基础上，逐步完善部门规章和内部管理制度。学校在治校理教方面，有学术委员会、学位委员会、教代会、职称评审委员会等机构，有了法律依据，大学的办学活动才不至于“走样”“违规”，才能在合法合理的轨道上运行，我们今后还将进一步完善。再比如，国家的“放管服”改革将职称评审、薪酬分配、经费使用管理权限都下放给学校，这对于老师来说是件好事，但是，学校如何“接住”这些权力，并保证高校的自主权不被“滥用”，是我们在依法治校过程中面临的非常严峻的挑战。2016 年，我们在人事制度改革方面，制定了很多文件，在文件制定过程中，及时适应国家简政放权改革新形势，给予二级学院更多的自主权，同时，也加强学校层面的监管，保证了人事工作依法、合规、合理进行。

其次，加强教育主管部门对大学的宏观管理和外部“监督”。教育主管部门的宏观管理主要是引导高校合理定位，办出特色，防止“同质化”。教育主管部门对大学的外部“监督”包括很多方面，比如本科教学评估、信息公开与社会监督、“管办评分离”等等。10 年前我们接受过本科教学水平评估，与现在的评估完全不一样，2018 年，我们将接受北京市对我们的审核性评估。审核性评估与水平评估、合格评估的定义、内容要求是截然不同的。2013 年，教育部制定了《普通高等学校本科教学工作审核评估方案》，全面启动了新一轮审核评估工作，规定要在 2014—2018 年期间，对 500 多所普通高等学校开展审核评估。市属高校审核评估由北京市政府教育督导室负责，地方学校的评估不像以前均由教育部评估机构按照全国高校制定的统一标准进行评价打分，用一把尺子、一个标准、一套方案来进行评估。审核性评估与以往不同的地方在于，围绕评估对象，看是否达到了自己设定的目标，是让学校“用自己的尺子量自己”。换句话说，审核性评估最大的特点是，专家组根据学校的规划、目标定位和特色要求，

按照学校自己的“标杆”对学校进行指导，不再是以前水平评估那样一味地找问题。2018年我们要迎接审核性评估，2017年通过本科教学会议来启动这项工作，接下来还要组织进行文件学习、政策解读、专家辅导等工作。

上面一系列政策表明，大学治理体系的现代化不再停留于理念，不再是一个蓝图，已经通过一系列制度设计和政策安排，开始切实落实到实际办学过程中。我们的本科教学工作，要在国家高等教育发展的大趋势下科学谋划，合理布局，开展工作。

二、系统总结本科教学工作成绩、经验及制约本科教学工作的问题

本科教学工作是一所大学最基础、最根本的工作，也是一所学校成为一流大学的标志。正因为本科教学工作如此重要，学校决定自2016年起，每年召开一次本科教学工作会议，每年围绕一个主题来稳步推进教学工作，2016年的主题是“以优化培养方案为契机，科学构建人才培养体系，全面提高教育教学质量”。2016年，本科教学工作主要取得以下工作成绩。

1. 持续加强顶层设计，特色鲜明的办学定位与人才培养目标逐渐清晰。在“十三五”事业发展规划制订时，我多次谈到，我们的大学是一所“工科大学、行业特色型大学、信息特色为基础的大学”。自2008年新大学正式成立以来，学校的人才培养目标就突出了“创新、实践、高素质应用型”；2011年，学校“十二五”事业发展规划提出，培养“创新能力较强的高素质应用型人才”；2016年开始，学校发掘基于办学历史积淀形成的办学传统、办学优势和办学特色，“十三五”事业发展规划明确提出了“培养具有较强实践能力、创新意识与国际化意识的高素质应用型人才”，人才培养目标在强化“实践、创新”的同时提出了“国际化”要求。这个“国际化”的人才培养目标，也是大学五大任务之一。2016年，我们召开了外事工作会议，分析了学校在国际化办学方面的问题，其中一个核心问题便是在本科教育和人才培养方面漏洞比较大。所以，在2016版本科人才培养方案的制定中，突出强调了“信息特色、工程实践、创新创业、国际视野”人才培养目标。希望大家认真思考，我们的亮点在于创新创业，我们的特色在于以工科为基础的实践特色，此外，我们的学科特色是信息特色。明年的审核评估中，我们要向专家组介绍，我们的办学如何向这四个方面聚焦。

2. 主动对接国家重大发展战略需求，成功申报机器人工程、数据科学与大数据技术新专业，积极推进教学改革，构建起应用型人才培养新模式。2015年，“数据科学与大数据技术”“机器人工程”首次在国家设立，我们是第二批获批的。根据教育部审批结果，2016年学校“数据科学与大数据技术”“机器人工程”2个专业申报成功，这是我们学校立足自身的办学优势、对接“中国制造2025”、“互联网+”行动计划等国家重大战略需求，对学校本科专业发展做出的新的战略谋划，拓展了学校本科专业发展空间，对优化学校专业布局具有重要意义。目前，学校本科专业数已达到39个。这两个专业能够申报成功，取决于学校前期良好的发展基础，2015年学校首次开办机器人特长班，2016年开始提前布局，科学谋划，与哈工大机器人集团、北京大数据研究院、大数据教育联盟、清华大学出版社等建立了人才培养合作关系，同时整合校内多方资源，成立跨学院的教学工作与学生工作小组，探索校内外多方协同的应用型新工科人才培养模式。这两个专业不隶属于某一个学院，是一个多学院、多学科交叉的新专业，在这两个专业人才培养过程中，不是一味地按照传统的以学院建专业的模式，而是围绕信息特色相关学科交叉布局，是由学校统筹，学院配合完成的，全方位开展工作。

3. 着力强化学生实践创新能力培养，创新创业教育取得重要进展。2016年，学校深化创新创业教育与专业教育的融合，将创新能力和创业素质培养融入教学环节，在2016版培养方案中设定创新创业实践必修学分。继续推进硬件设施建设，完成马坊村大学生创新创业基地二期建设任务，“机器人工程双创空间”正式揭牌。学校积极培育基地优秀创业项目与创业团队，基地创业项目获第二届中国“互联网大学生创新创业大赛铜奖1项，北京赛区一等奖1项，二等奖1项，三等奖4项，获北京市大学生创业设计大赛一等奖1项，2个创业项目被评为北京地区高校大学生创业优秀团队。2016年，学校创新创业教育取得重要进展，成功入选首批13所北京市深化创新创业教育改革的示范高校，北京高校大学生创业园孵化基地正式落户学校，标志着学校的创新创业教育进入了一个全新的发展阶段。

4. 稳步推进专业认证与评估，建立起以认证标准为引领的专业建设新格局。自2013年学校启动专业评估与认证以来，截至2017年5月，全校25个专业通过了校内专业评估，测控技术及仪器、机械设计制造及其自动化专业通过了工程教育认证，计算机科学与技术、会计学、英语三个专业接受了北京市专业试点评估。2017年，测控技术及仪器、自动化、通信工程等3个专业将接受工程教育认证进校检查。经过几年来的评估及认证工作，以学生为中心、结果导向、持续改进的理念及围绕毕业要求达成度开展教育教学的思想引领并推动专业建设进入新的阶段。

5. 教学管理服务体系逐步完善，构建起符合学校实际的质量监控体系。学校一方面强化教学管理制度建设，重新制定、修订本科教学管理相关文件建立了较为完善的教学管理制度体系，另一方面不断优化教学管理服务2016年正式启用“教学运行服务中心”和“学籍学务中心”。学校在教学资源紧张的情况下，为师生服务做的这两件事，效果非常好。在质量监控与保障体系方面，逐步形成了校内外多主体参与、校院两级的教学质量监控体系。

过去一年，学校本科教学工作取得了诸多成绩，但对比国家高等教育发展的新形势以及对人才培养的新要求，我们深感责任重大，任重道远。特别是对照《普通高等学校本科教学工作审核评估方案》，我们学校在师资队伍、教学资源、学生发展、质量保障等方面距离先进兄弟院校的水平还存在差距，个别方面差距比较明。这些差距制约着我们学校人才培养质量和办学水平的整体提升，也阻碍了我们创建高水平大学的步伐。这里我主要谈三个问题：

一是，学校人才培养的质量和水平有待进一步提高。人才培养是个大的概念，包括本科生、研究生、留学生等，今天是本科教学工作会，我主要聚焦本科教学。以本科专业为例，目前，学校的39个本科专业大致可分为三类：第一类是凸显办学特色、办学实力较强并需要重点建设的专业，第二类是有特色发展空间、办学实力一般并需要加大建设力度的专业；第三类是与学校特色契合度低且办学实力较弱需要调整的专业。总结来看，我们学校的专业建设方面有三个问题优势不突出、特色不鲜明、结构不尽合理。去年我们学校三个专业参加了专业认证与评估（计算机科学与技术、会计学、英语），计算机和会计是我们的第一类专业，也没有进入前三名，有的甚至比较靠后。围绕信息类的专业，我们学校几乎都有，有些专业我们建设得非常早，比如2002—2007年间，我校新增本科专业16个，其中很多专业是紧随中国当时行业发展需要设置的、在国内或北京算是较早开办的，比如车辆工程、光电信息工程、智能科学与技术、软件工程、信息安

全、审计学等，都是信息特色非常鲜明的专业，但这些当初抢占了先机的专业如今发展如何？大家要认真思考。

二是，科学合理的教师考核评价机制尚未建立，高水平师资队伍建设任重道远。大学最重要的使命是培养人才，而教师是完成学校使命的主力军，要全面提高人才培养质量，必须要有高水平的教师队伍。但是，我们学校目前师资队伍有三个方面问题：结构不合理、数量不足、水平不高。一方面中青年优秀骨干教师数量严重不足，年龄大的教师偏多，中间有很大的年龄断档。学校没有 40 岁以下的教授。经过 2016 年的努力，我们学校专任教师的博士比例超过了 45%。2017 年，我们计划引进 100 名博士、博士后。以前，我们对专任教师的认识不足，涉及教师的统计数据主要有三方面：教师与学生的比例、教师中博士学历的比例、教师人均科研经费比例。关于专任教师，教育部有明确的定义：指具有教师资格且专门从事教学工作的人员，今后上报数据要按此口径准确填报。另一方面，高水平的知名教授学者数量少，尤其是没有国字头人才称号的教师（比如千人计划、杰青、优青）。此外，教师在学科专业中分布不合理，个别新专业的专任教师数甚至不足 5 人。更为重要的是，科学合理的教师考核与评价机制尚未形成，多年来，学校在教师职务聘任、考核、奖励等人事制度方面，存在“一刀切”现象。比如，“工分制”的考核分配方式仍然存在，无法有效调动教师积极性，尤其是在教师职务聘任考核中，更多偏重于教学工作量的考核，而对于教书育人的效果与质量考核不够，导致部分教师教学工作态度不认真、精力投入不够、课堂教学效果不理想等等。这种政策的不足导致的问题仍在延续，我们下次教师职务聘任中要加以改变。

三是，教学质量监控体系建设有待进一步完善，全员、全方位、全过程育人的强大合力亟待形成。在高校办学自主权不断扩大的新形势下，自我完善、持续改进的教学质量保障体系是提升办学实力的关键。前面提到过，在高等教育领域简政放权的新形势下，大学内部的“自律”非常重要。要全面推进学校的本科教学工作，必须高水平地构建学校内部的教学质量保障体系。在教学质量监控方面，我们学校虽然构建起校院两级质量监控体系，但目前仍存在两级职能划分不明确，权、责、利不清的问题，对教师教学状态的全面把握、及时反馈、持续改进等工作仍有很大改进空间。此外，总体来看，根据全国思想政治工作会议精神，学校在“全员、全方位、全过程育人”的工作机制尚不够完善，各级部门对服务于本科教学和人才培养这一中心工作主动谋划不够，存在条块分割的现象。比如，教学动态数据上报工作，不仅仅是教务处的事，是全学校的事，每个层级和部门都要认真负责，目前对第三方调查及教学状态数据反映的教学效果及质量问题还存在反映不灵敏、改进措施不到位的问题。凝聚全校力量、推动教学工作和实现人才培养目标的强大合力尚需进一步构建形成。

三、以本科教学工作审核评估为契机，突出内涵建设，坚持特色发展，全面提高人才培养质量

2018 年将要开展的审核评估工作，是对学校自 2008 年获得本科教学工作水平评估优秀学校以来，教育教学改革和发展成效的一次系统总结。央属学校已经开展了，各所高校都高度重视。本科教学工作审核评估虽然评的是本科教学工作，但却涵盖了学校工作的方方面面。我们要充分认识到此次评估工作的重要意义，抓住这一难得的机遇，促进学校人才培养质量和各项事业发展再迈上一个新台阶。

1. 坚持立德树人，培养又红又专、德才兼备、全面发展的高素质应用型人才。

一是，明确“立德”在学校人才培养中的基础性、根本性作用。人才培养首在“立德”，学校在人才培养过程中，要把“德育”工作放在学校工作的重要位置，并与学校整体工作统筹规划。“立德”既是对学生的要求，更是对教师的要求，既要把思想政治工作贯穿于教师“教”的全过程，也要贯穿于学生“学”的全过程。首先在于教师的“教”，在教的过程中，把国家的最新政策和党的理想信念、价值取向传授给学生。今后，学校将在加强学生思想政治教育的同时，全面加强师德师风建设，严把教师聘用及考核政治关，将思想政治表现和课堂教学质量作为首要标准，把师德规范及育人效果要求融入人才引进、岗位聘任、职称评审、导师遴选、课题申报等评聘考核环节，实施师德“一票否决制”。接下来，学校将在一系列工作中，严格把好师德关。

二是，全面落实学校“十三五”规划对人才培养工作提出的目标任务要求。我们要始终牢固坚持本科教育的基础地位和人才培养的中心地位，无论提升科研水平，还是拓展社会服务，亦或是推进国际交流与合作，都要始终坚持把搞好本科教育和提高人才培养质量作为学校生存和发展的根基。“十三五”规划及本科人才培养方案是指导教学工作的纲领性文件，要积极作为，全面推动落实，将信息特色、行业特色、创新创业教育及国际视野等要求融入课程及实践教学环节，全面推进教学改革，提升教学效果及人才培养质量，将人才培养特色的顶层设计体现为学生能力的全面提升。

2. 坚持特色发展，深化内涵建设，全面提升办学综合实力和人才培养质量。

一是，以国家重大发展战略需求为导向，立足办学传统和优势，谋划人才培养的特色发展空间及发展路径。学校“十三五”事业发展规划，确立了“十三五”时期学校发展的总体目标———“信息特色鲜明的高水平大学”。学校“五个环境建设”也提出，要建设“以工为主、多科并举，特色鲜明，国内一流、国际知名，有利于学术发展、创新和服务社会的办学环境”。办学特色是一所学校生存和发展的核心竞争力，坚持并发挥学科特色和行业优势，是我们这类学校在大学竞争中占有一席之地的必然选择。今后，要继续强化专业建设的顶层设计和科学规划，面向未来，以更前瞻的视野，与国家、行业、区域重大战略需求有效对接，进一步健全专业准入、预警和退出机制。今后每个专业在办学过程中都要问一下“如何体现人才培养的信息特色？”“如何体现人才培养的行业特色？”“如何融入创新创业？”“如何落实对学生国际化意识的培养？”各本科专业要树立危机意识，今后，学校将通过“优胜劣汰”的机制促进学校专业结构的整体优化，最终形成与经济社会发展互动，与学校发展目标定位相适应的专业结构体系，使“凸显办学特色、办学实力较强”的专业特色更明显，实力更突出；使特色不突出的专业谋划发展方向，向办学特色聚焦靠拢，为学校人才培养工作抢占新的战略制高点、谋划新的生长空间。

二是依托“六个引领学科”，加强专业内涵建设，以学科实力的提升带动专业水平及人才培养质量的提高。高水平大学在专业建设方面均有着高水平的学科支撑。“十三五”时期，学校继续由“教学型”向“教学研究型”大学转型，在高水平“教学研究型”大学建设过程中，必须突出学科建设的重要作用，这种作用不仅体现在对专业建设的支撑，而且也体现在对人才培养的支撑。学校将坚持“以高水平学科建设引领专业发展”的思路，继续加强“六个引领学科”建设，并将引领学科的优秀师资、教学与研究平台、学科发展最新成果等与专业建设紧密结合，并主动将学科优势向本科教学和人才培养转移。

3. 坚持深化人事制度改革，推动全员育人工作，以高水平师资队伍和管理服务提升人才培养质量。

一是深入实施“人才强校”战略，深化人事制度改革，加快建设一流人才队伍。学校的战略转型、特色发展、争创一流，关键在人才，特别是高层次人才。自 2016 年起，学校通过召开人才工作会议，确立了“人才强校”的发展战略，陆续开展了一系列大刀阔斧的改革。2017 年，学校将推进人事制度改革作为学校综合改革的重要一环，实现教师教学工作的考核评价与绩效挂钩，打破“大锅饭”，实现“优教优酬”。同时，继续深化职称改革，完善教师职务岗位聘任制度，合理设计职称考核机制，把人才培养效果和质量体现在新一轮的岗位聘任、职称晋升指标中，充分调动教师全身心育人的主动性。与此同时，学校将继续坚持“引进”和“培育”并举，在积极引进特色优势学科高水平人才及紧缺专业人才的同时，搭建更好的教师发展平台，采取多种方式提升教师的综合素质，促进教师教学能力全面发展，为提高人才培养质量奠定良好的师资基础。

二是强化全员育人意识，提高对“本科教学”和“人才培养”的聚焦能力，形成人才培养合力。要坚持“以学生为本、以教学为中心”的理念，构建全员、全过程、全方位的育人体系。教师要以育人为天职，提高教学育人水平与效果；各职能部门要在工作中向本科教学和人才培养聚焦。比如，相关部门要深度分析招生就业工作数据，对招生就业情况不理想、培养特色不突出的专业适时提出调整方案，推动完善专业设置和专业退出机制，通过这种方式进一步提高专业建设水平和人才培养质量。再比如，学校“育人环境建设”将实施以党建育人、教书育人、管理育人、服务育人和情感育人为主体的全过程、全方位育人工程，要通过构建各部门密切配合的工作机制，将全员育人的理念和实践融入工作每一个环节。2017 年，学校分别成立了学生工作委员会、学籍管理委员会，构建起有利于学生成长、成才的跨部门联动的科学决策机制，今后还将进一步推动相关工作任务落实。

4. 以本科教学审核评估为契机，全面深化人才培养的体系建设，构建完善可持续改进的教学质量保障体系。

一是高度重视、积极准备，把审核评估作为学校改革发展的动力。评估工作曾被教育部部长形容为“天大的事”，之所以称之为“天大的事”，是因为评估对大学的发展极端重要，对学校后续发展影响深远。审核评估是全校性的系统工程，评估范围包括学校定位与目标、师资队伍、教学资源、人才培养、学生发展、质量保障等方面，人人都是审核评估的“当事人”，我们要树立强烈的主人翁意识，全校一盘棋，通力合作，整体推进系统性推进迎评工作。

二是切实加强教学质量保障体系建设。认真分析新形势对教学质量监控提出的新要求，按照以学生为中心、结果导向、持续改进的理念，完善教学质量评价标准及教学质量监控办法。进一步完善校院两级教学督导工作，成立专兼职教学督导专家队伍，完善校院两级教学质量监控的协同机制，强化二级教学单位的自我质量监控意识和功能，构建由学校、学院包括各级领导、教师、学生、职工全员参与的教学质量监控协同体系。加强教学基本状态数据库建设，构建良好的信息反馈与持续改进工作机制，及时准确反映教师、学生、教学条件与教学资源、教育教学活动等教学运行状态，保持教学质量数据的完整和有效。完善教学质量年度报告制度，强化各类评价信息与数据的及时反馈，寻求教学质量改进的有效途径和方法，并对质量持续改进的效果进行跟踪评价。

同志们，2017 年学校工作任务艰巨，面对当前我国高等教育改革发展新形势，面对全国思想政治工作会议对高校工作提出的新要求，让我们在学校党委的正确领导下，凝心聚力，努力作为，突出内涵建设，坚持特色发展，不断提升办学实力与水平，以优异成绩迎接十九大的胜利召开！

在 2017 年学科建设工作暨新学期工作部署会上的讲话

校党委书记　王传亮

2017 年 9 月 1 日

同志们、老师们：

今天会议的主题是学科建设工作，也是新学期工作部署。这次会议，是在全国思想政治工作会议召开、国家启动实施“双一流”建设的背景之下，在学校致力于以“五个环境建设”为统领推进超常规跨越式发展的过程中，召开的一次十分重要的会议。前两年，我们已经相继召开了外事工作会议、人才工作会议、本科教学工作会议，专题研究外事、人才、教学等工作。每年一次专题会议，研究解决一个重点工作，这是抓重点、促整体的很好的一个方法。上午，王永生校长代表学校作了工作报告，全面总结了学科建设的主要成效，深入分析了面临的基本形势和存在的主要问题，我们很多同志也认识到问题的存在和严重性，明确了下一步的工作思路和重点任务，讲得很全面，重点突出、措施具体，会后要在讨论的基础上认真贯彻落实。六个学院的院长也分别就各自学院学科建设的主要做法、有益经验、存在问题以及建议意见作了交流发言，讲得都很好。分组讨论的过程中，大家也都提出很多建设性的意见。在此基础上，围绕会议主题，我想讲三个方面的内容，供大家思考。

一、从战略的高度深化对学科建设的认识

我们想问题办事情的一个方法，就是“跳出自身看自身”，要有一个宏观的把握。我经常举例说，如果我们就是在庐山里面研究石头，一天也没有出来过，研究一千块、一万块，可以说你是石头专家，但很难说是庐山的石头专家，因为你不知道庐山的整体面貌，也不知道庐山的石头和外界石头的区别，所以应该跳出自身看自身，最好是“会当凌绝顶，一览众山小”，这样我们从方法上就占了先，山和山之间的宏观就都能掌握了，就不存在隔行如隔山，因为高处是相通的，当然还有核心规律和内在的把握，需要具体来做。也就是说，我们要把自身的发展放在北京、国家甚至是国际的视野中来考虑，进而清醒地知道我们所处的位置、我们的潜力所在、我们的发展前景。比如我们新校区的位置，有人说在昌平，距离很远，但是要考虑到在未来的三五年之内，市属高校疏解的力度会很大，我们在六环以内，又在中轴线附近，位置是非常好的，疏解的院校没有比我们位置好的。我们能够有幸争取到这个位置，要珍惜，同时新校区建设也有了很大进展。所以，要跳出来看，比较着看。今天会议的主题是学科建设，但我们不能仅就学科建设谈学科建设，而要把他放在国家、北京市、学校的发展当中去思考。这样，就要弄清楚这些问题：党中央和国家对高校的发展提出了什么样的要求？需要我们实现什么样的发展？需要我们做出什么样的贡献？以我们现有的基础和潜力，要实现超常规跨越式的发展，需要什么样的学科支撑，怎样去实现这样的学科支撑？想清楚这些问题，实际上我们对学校发展、学科建设的努力方向、任务要

求、政策措施就有一个不同层次的宏观的把握。

首先，党中央对高等教育发展的总体定向和宏观要求。这就是要办好人民满意的中国特色社会主义大学，这一点，习近平总书记一再强调其总体定向和宏观要求集中体现在全国高校思想政治工作会议及习近平总书记的重要讲话当中。这次会议是一次具有开创性意义的会议，是在我国全面建成小康社会决胜阶段和高校“双一流”建设关键时期召开的一次具有里程碑意义的重要会议。它围绕立德树人的主题，从完善高校治理体系的角度，深刻回答了事关高等教育事业发展和高校思想政治工作的一系列重大问题，为中国特色高等教育发展指明了方向，提供了根本遵循。关于这次会议精神的学习贯彻落实，我们已经召开专门会议进行了部署，不再多说。但我想强调四个要点，一是加强党对高校工作的全面领导，这是一再明确提出的，党委领导下的校长负责制是办好中国特色社会主义大学的根本领导体制；二是坚持立德树人，努力构建全员参与、全方位、全过程育人的格局，培养又红又专、德才兼备、全面发展的中国特色社会主义合格建设者和可靠接班人；三是扎根中国大地，落实“四个服务”即为人民服务、为中国共产党治国理政服务、为巩固和发展中国特色社会主义制度服务、为改革开放和社会主义现代化建设服务，创出一流业绩，跻身世界一流行列；四是坚持“四个相统一”即坚持教书与育人相统一、坚持言传和身教相统一，坚持潜心问道和关注社会相统一，坚持学术自由和学术规范相统一，建设好师资队伍。总体来说，全国高校思想政治工作会议对中国高等教育在我们实现“两个一百年”奋斗目标、实现中华民族伟大复兴“中国梦”中的地位和作用、发展方向和任务要求，作了精准的定位。党和国家需要什么样的高等教育、需要我们实现什么样的发展、培养什么样的人才、做出什么样的服务，都有了根本遵循和实践路径。

其次，国家对高等教育发展的战略部署。这就是“双一流”建设。如果说，全国高校思想政治工作主要围绕立德树人，侧重从高校的治理体系、从宏观的视角阐明我们办什么样的大学，怎样办好大学这个根本问题，强调党对高校的领导、特别是办学方向的把握、人才培养的导向。那么，“双一流”建设则更加具体。“双一流”是继“985工程”“211 工程”之后，中国高等教育领域的又一项国家重大战略工程。它旨在坚持以中国特色、世界一流为核心，以立德树人为根本，以支撑创新驱动发展战略、服务经济社会发展为导向，坚持以一流为目标、以学科为基础、以绩效为杠杆、以改革为动力的基本原则，加快建成一批世界一流大学和一流学科。也就是说，“双一流”建设实际上将办好中国特色社会主义大学落到“双一流”、落到学科上。这足以表明学科建设的重要性。我们知道，中国自改革开放以来，经济社会建设取得了令人瞩目的成就，我们离中华民族伟大复兴的“中国梦”越来越近，我们“走出去”的步伐越迈越大，我们已经全面地站到世界舞台的中央，当然还有很多复杂性，我们的国际话语权和影响力越来越彰显。但与之相比，我们的高等教育发展相对滞后，对经济社会发展的贡献力不足、支撑不够，同发达国家高等教育发展相比也还存在一定差距。这是国家启动实施“双一流”的根本原因。“双一流”之所以落到学科上，是因为学科水平是高校质量和水平的主要标志，一定数量的一流学科是一流大学的必要条件，也是充分条件。学科是龙头，人才培养、科学研究、社会服务都是以学科为基础的。抓住学科，也就是抓住了“双一流”的战略支点。当前，有关“双一流”建设的各种举措非常多，如何能够搭上“双一流”的快车，不仅是政府的重大任务。从 2017 年 3 月至今，各地的支持计划就层出不穷：山东省下达 2017 年高校“双一流”建设奖补资金 7.3 亿元；福建省计划每年安排 16 亿元用于实施“双一流”建设计划等等，而且已经成为各高校的头等大事。我们在这个时候，召开学科工作会议，也是基于这样的考虑。学科建设在我们实现超常规、跨越式发展当中的重要地位和意义由此可见。

再有，学校战略转型需要学科支撑。我们已经明确了“五个环境建设”的战略思考，已经明确了“建设信息特色鲜明、国内一流、国际知名教学研究型大学的发展目标”，我们有基础、有潜力、有信心实现这样的发展目标。但同时，我们要清醒地看到长期以来制约我们学校发展的瓶颈问题，以前若干次会议强调，我们要坚持问题导向，从问题入手，我们要敢于面对最难的问题，突破它才能突破瓶径。比如新校区建设、高层次人才缺乏，还有更重要的一个就是办学层次的提升，包括博士点的申报。这次我们没能报，三年以后必须要实现。这些瓶颈问题不解决，我们就谈不上超常规、跨越式发展，就谈不上由教学型向教学研究型的战略转型。当前，我们在新校区建设上已经取得了重大的、实质性的突破，我们抓住疏解非首都功能的契机，积极争取北京市、昌平区的支持，新校区建设已经明确了“时间表”，解决了许多重大的难题，有些是我们学校自己很难解决甚至不可能解决的，现在在各方面的支持下，有了重大突破，这些美好的前景是我们学校发展的动力和希望。全体师生员工要支持新校区的建设工作。新校区建设涉及很多问题，不仅仅是基建处的同志在建设，想建成怎样的学校环境，需要大家的参与。应该说我们定出的时间表对自己是很苛刻的，没有给自己留后路，我们下定决心 2019 年要在新校区进行开学典礼。我们在 2016 年召开了人才工作会议，成立了校级人才工作领导机构，出台了相关的政策，高层次人才引进、教师职务聘任制改革等各项工作取得新的进展。但我们在办学层次提升这件事情上，虽然做了很多工作，但由于政策受限及各方面的原因，申报博士点仍然面临很大的困难，仍然是任重道远，我们要不断努力，要有时间表，这对我们来说，是一个警醒，也是一个鞭策，也是我们召开这次会议的一个重要原因。

二、以“双一流”为导向提升学科水平

从战略的高度理解国家战略需求，从宏观的角度把握国家战略导向，是我们做好学科建设的重要基础。总体来说，全国高校思想政治工作会议所强调的扎根中国大地办好中国特色社会主义大学、“四个服务”以及“双一流”建设所强调的“坚持中国特色、世界一流为核心、以立德树人为根本、以支撑创新驱动发展战略、服务经济社会发展为导向”，必须成为我们学科建设、学校发展的基本遵循。在此背景下，我想我们的学科建设、学校整体竞争力的提升，要突出做好以下三个方面的工作。

第一，强化特色。学科建设一定是围绕学科特色展开的。我们已经明确，要以“五个环境建设”为统领，推动学校超常规、跨越式发展，努力办成北京市最好的大学，办成信息特色、高智能制造特色、军工特色鲜明的大学。特色就是质量，就是竞争优势，就是一流的基础蔡奇书记在市属高校调研时明确指出，市属高校要明确定位，要坚持内涵发展、差别化发展、特色发展，学科建设就是内涵发展，要坚持为地方服务，特别是在北京“四个中心”建设过程中，要坚持疏解和提升相结合、疏解和服务相结合、科创和文化相结合。我们的新校区建设享受了北京市疏解提供的最优惠的政策，我们也要在疏解区域做出相应的贡献，为北京市“四个中心建设起作用。我在不同场合中已经多次强调，我们不能妄自菲薄，我们在长期的办学历史中，已经形成了我们自己的传统和特色。关键是怎

样在新的形势下，更好地从办学传统中不断发掘、凝练、优化，丰富自己的办学特色。在这点上，尽管如上午王永生校长在报告中所说，我们的学科建设还存在一些不足和问题，但我们依然要有足够的自信，诸如我们是市属高校中唯一设置数据科学与大数据技术新专业和机器人工程新专业的大学数据恢复研究所是国内高校唯一专门从事数据恢复与灾备技术研究的机构，我们是唯一一所拥有参股上市公司的市属高校，还有我们成为2017年度地方高校新建创新引智（即“111计划”）基地名单中唯一的市属高校等，“唯一”就是特色，就是别人暂时比不了的，就是我们的竞争力，就可以彰显我们存在的价值，做出我们独特的贡献。不仅如此，我们在长期的办学历史中还形成了传统的优势学科、科研特色，形成了信息特色、高智能制造特色、军工特色，取得了很多优秀的成果。这些都是我们的历史沉淀，是我们的基础，但我们还要不断整合、凝练，不断丰富、强化，使之更加鲜明。从我们的办学历史和现状来看，我们完全有能力、有资源、有信心做到这一点。在此，我还是要突出强调一点，就是要更加深入地了解国家、地方经济社会发展和行业发展的战略需求，把我们的优势、资源与这些战略需求紧密结合起来。假期我参加了机械工程教育协会，今天我又和有些领导在谈，就是在机械部的时候，机械系统行业高校有40多所，教育部才30多所，电子部有5所，这两个系统加在一起就是很庞大的体系，现在有些部委没了，但是行业的院校还是要加强联系，我们不但要走出去，还要请进来甚至还要进行国际合作办学，这样我们的优势就会更多的在互补中展现出来，这是资源，但这些资源的整合确实需要我们现有的学院领导、中层干部、专家学者、老师们发挥主观能动性去开展工作。我们一方面既可以在服务这些战略需求的过程，做强做大自己，做优做特我们的学科专业，提升学校的对外影响力和声誉。另一方面，我们也就可以走出去了，走出去了之后，资源就更加丰富，我们的发展就将更拥有更加广阔的空间。这一点实际上与全国高校思想政治工作会议所强调的“四个服务”“双一流”建设以服务经济社会发展为导向，以及我们所提出的服务“一带一路”、京津冀协同发展、北京市“四个中心”建设是相一致的，例如，响应习近平总书记提出的国家品牌战略、参与北科大“高精尖”项目、与拥有世界互联网大会永久会址的嘉兴市的战略合作，等等。这一步迈出去了，希望各学院发挥主观能动性，进一步做好。

第二，建好团队。刚才，王永生校长在报告中指出，我们的学科团队包括导师队伍还存在结构不合理、高层次人才不足等问题。实际上，不仅学科团队，我们的教学团队、管理团队、服务团队等各类队伍都存在类似的问题。学科建设的关键是团队，整个学校的发展关键也在团队。这是我一直强调团队建设的重要原因，也是我们去年召开人才工作会议的重要原因。我们的事业发展归根到底在人，在我们每个人所组成的团队。团队的结构、层次，团队的和谐非常关键。我们要努力创造条件，优化我们的环境，培养和吸引更多的优秀人才，组成具有战斗力、竞争力和生产力的团队，以适应我们超常规、跨越式发展的需要。所以，我还是要强调，一是“就料做菜。我们希望能够引进更多的高层次人才参与到我们的发展建设中来，但更多的还是要依靠我们现有的人才，我们现有的老师。我们的队伍很有基础、很有潜力，在条件那么困难的情况下，都能够取得连续3年获得4项国家级奖励的突出业绩，我们完全有理由相信，一旦我们的条件改善了，环境优化了，就能够做出更多更好的业绩，大家要有信心。二是“和而不同”。团队都是由个人组成的，我们在引进人才、强化特色的过程中，要以学科方向、专业方向为基础去构建团队。但每个人的个性、兴趣爱好、生活追求都不一样，每个人也都自己不完美的地方，每个人还都有自己的难题、问题。还是那句话，正是不完美的个人可以构成完美的团队，可以创造出完美的事业。我们的学校是我们学习、生活和工作的共同的家园，我们要搭建事业发展的平台，构建属于大家的共同的、精神的、情感的家园。这是我们治理环境和情感环境建设的目标。在这样的平台上，我们的个性、追求各有不同，我们的学术观点、学术结论也不尽相同，甚至还有很多歧见。但我们允许每个人的不同追求、学术观点存在，允许有差异，有竞争，但是有序竞争，不是你死我活，我们在一个平台上就是要各美其美，美美与共。这样才能形成“和而不同”的局面，也就是万物并育而不相害，道并行而不相悖，“兼容并包，兼收并蓄”，“百花齐放，百家争鸣”。我们大家在共同的平台上“在一起，做自己”，将自己看作共同体的一份子，跟别人去竞争，在竞争中彰显自己的实力、追求，又不因为别人竞争超过我而嫉妒，相互拆台，而是能够欣赏它、赞赏它，这样就逐步达到“美人之美，成人之美”的境界。这也是我们一直所倡导的。只有在这样的团队中，我们每个人才能获得更大的发展，我们事业的发展才能有强大的合力，我们的团队、整个校园才能是有序竞争、充满活力的。这个道理大家都懂，关键要践行。三是“和生万物”。“和而不同”是一种局面、一种状态，，“和生万物”是一种结果。一个只有一个乐器的乐队，显然不如众多乐器构成的乐队演奏出的音乐更美妙。做一锅汤，只放一种佐料，不如放多种佐料更美味，所以还是要有和而不同的精神。在一个平台上，汇聚各类人才，形成团队。要发挥每个人的能动性，“和实生物、同则不继在“和而不同的环境，相互碰撞中，我们才能万物生长，我们讲“同则不继”，如果都一样，就很难发展。正如，一个好的学科团队，就需要在确定的学科方向下汇聚具有各自特点的相关人员，在同一个学科平台上形成团队，然后朝着同一个方向去努力，共同攻关，形成团队的合力，产出团队的成果。

第三，跻身一流。“双一流”的目标是“一流”。我们建团队、强特色，目的就是达成“一流”水平。我还是要强调，我们是国家队出身，这是有据可查的。现在我们尽管还有这样那样的不完善的地方，但我们共同努力，还是能够做出跟我们的国家队出身相匹配的业绩。重点是我们的办学环境建设，尤其是学科建设、人才培养、科学研究、队伍建设和社会服务。其中，学科建设是龙头，是主线，是办学层次提升的突破口。这一点，王永生校长已经在报告中明确了主要的思路、任务和举措。我要强调的是，一要面向经济社会建设主战场，以国家、北京市、行业的战略需求为导向，主动调整学科专业结构和主攻方向，凝练、强化特色；二要坚持有所为、有所不为，整合现有学科，做强做大传统优势学科就是六个引领学科的建设，突出重点，错位竞争；三要以问题为导向，“奔着问题去，跟着问题走”，敢于面对问题，迎接挑战，围绕学校发展目标，运用综合改革，做好顶层设计，形成倒逼机制，特别是博士点申报。要做好充分的准备，不能到时候又没有资格。同时要强调国际化办学，加强各方面的合作。

三、以点带面推动“五个环境建设”落地见效

下半年，我们的工作任务还很重。大家要按照年初确定的年度党政工作要点，推进各项工作任务落实到位。除此之外，我着重部署以下几项重点工作，以点带面，全面推动“五个环境建设”落地见效。

一是学习宣传贯彻党的十九大精神。10月18日将召开党的十九大习近平总书记7月26日在省部级主要领导专题研讨班开班式上的重要讲话，强调指出党的十九大要明确宣示举什么旗、走什么路、以

什么样的精神状态、担负什么样的历史使命、实现什么样的奋斗目标，要以更宽广的视野、更长远的眼光来思考和把握国家未来发展面临的一系列重大战略问题，实际上为十九大定了基调。要精心组织，统筹安排，深入学习宣传贯彻习近平总书记系列重要讲话精神和治国理政新理念新思想新战略，牢固树立政治意识、大局意识、核心意识、看齐意识，更加自觉地坚持党对高校工作的全面领导，更加紧密地团结在以习近平同志为核心的党中央周围，更加坚定地贯彻落实中央的重大决策部署。要切实加强政治引领、思想建设，把迎接十九大、服务十九大、学习宣传贯彻党的十九大精神，作为一项重大的政治任务切实抓好，把思想和行动同党中央保持高度一致，把智慧和力量凝聚到实现学校超常规跨越式发展上来。

二是做好接受党建和思想政治工作基本标准检查各项工作。党建和思想政治工作是学校工作的重要组成部分，市委、教工委很重视，涉及方方面面，要全面做好准备。在持续推进全面从严治党常态化、贯彻落实全国和北京高校思想政治工作会议精神的背景下，尤其显得重要。再过一段时间我们将接受市委教育工委专家组的进校检查。暑假期间，大家牺牲了放假时间，已经做了很多准备工作。这次检查，是时隔10年之后，对我校党建和思想政治工作的又一次全面检查，实际上也是对我校整体办学水平和全面工作的一次检阅。希望大家认真对照《基本标准》，在前期工作的基础上，进一步查缺补漏，确保完成规定的各项检查指标，圆满完成接受检查的各项任务，力争取得优异成绩。此外，我们要以此次检查为契机，结合学习贯彻习近平总书记重要讲话精神、贯彻落实全国和北京高校思想政治工作会议精神，认真总结近年来党建和思想政治工作取得的成绩，注重凝练特色，展示亮点，形成品牌，更加有效地提升我们党建和思想政治工作的整体水平，为学校事业发展提供重要的保障。这里提出要求，市委很重视此次检查，我们各个学院一定要投入精力。哪个学院出现问题，哪个学院负责，这是涉及到学校整体形象的问题。

三是全力以赴推进新校区建设。这是我们空间环境建设的重中之重，是学校发展的瓶径，是我们超常规、跨越式发展的重要条件保障。去年以来取得了重大的实质性的突破。2017年6月，王宁副市长再次到新校区召开现场会，确定了新校区建设的时间表。这是很振奋人心的，但同时时间很紧，任务很重要求高、难度大。我们要切实按照北京市“以世界眼光，国际标准，北京风格，建设双一流大学”的要求，根据确定的时间表，加快推进新校区建设。同时，我还是要再强调一下，新校区建设过程中，要做好全方位监督检查，监督委员会，审计部门、工程建设指挥部，要做好各种廉政风险防范的问题，市纪委有关部门非常重视我们有基建项目的高校，我们一定要严格规范，强化廉政风险防范，把新校区建设做得光明正大、合规合法、无懈可击。市委十二届二次全会，专题学习习近平总书记在中央政治局常委会会议审议北京城市总体规划时的重要讲话，并强调要把首都规划建设管理好，尤其是提出“四个关系”，即“都”与“城”、“舍”与“得”、“疏解”与“提升”、“一核”与“两翼”的关系，这对我们的空间环境建设有很好的指导意义。要在疏解当中提升我们的办学水平，我们疏解到昌平，并不等于我们保持我们原来的层面，我们要上一个层次。当然我们要统筹好原来的校区，尽可能的争取到学校最大的利益。

四是落实好相关会议精神。2016年以来，我们相继召开了人才工作会议、本科教学工作会议、学科工作会议等专门会议，专题研究了人才、教学、学科等涉及我们办学环境建设的中心工作。我们查找了问题，分析了形势，明确了任务，出台了相应的政策，一系列的改革正在逐步推进和落实。下半年要继续落实好相关会议精神，将我们的任务、政策和举措落实到位，力争取得新的成效甚至是突破。按照学校今年党政工作要点的部署，要重点做好硕士学位授权点的申报、参与北京市“高精尖”中心和“高精尖”项目、提高高级别科研项目立项数量和质量、推进高水平科研平台建设、申报中外合作办学项目等各项工作。要全力以赴，确保完成年度工作目标。中层干部是我们推进工作的中坚力量，我们没有退路，只能前进。前进靠谁，我们每个中层干部都要有自己的目标和动力。结合学校的工作，学院要有自己的设计，职能部门一定要做好部门工作的统筹，假如说一项政策、一个工作方案要出台，作为职能部门绝不是简单的问主管领导怎么办，一定要发挥自己的作用，要上下左右前后沟通好，作学校领导在这个领域顶层设计的代言人，要站在最高点上谋划部门工作，干的时候更要亲自动手、脚踏实地。我们这种行业类型的学校，习惯于过去的那种在自己的领域办事，我们现在要走出去，我所说的上下左右前后寓意深刻，你和你的上级主管部门就是要有热线电话，你和你的同类高校就是要有沟通，才能知道方案拿出来是否符合上级政策，是不是和同类院校类似，而不是我们闭门造车，造出“特色”，导致局限性。一个部门的负责人在自己的工作领域就是校长、就是书记，这项工作在学校的顶层设计一定由要由部门负责人拿出来，而且要学会统筹，这是对中层干部的要求。作为一个学院，要站在学院发展的平台上，也要看到前后左右，要有参照系，在比较中发现自己的优势，从而向前推进。一项工作，在学校内来讲，如果说要征求各方面意见，可能各个学院都会根据自己的利益提出要求，具体怎么平衡，部门就要拿出政策，政策的提出依据是什么，就是我说的上下左右前后，就是要看看上级政策、看看上级部门的意见，同时要看看类似的高校是怎么做的，这样基本不会有大的偏差，所以拿出方案的时候一定要有政策和案例的支撑，这个时候才好讨论。什么事由一个人去做是很危险的，这个人出了失误，这个学校就危险了，我们形成机制就是要发挥中层干部和机关的作用，什么是机关，就是要统筹、要顶层设计，优化部门职责内工作领域的顶层设计要敢于担当，不能等靠。要和教委、教工委、市委等部门进行无障碍沟通的，不能什么事就找主管领导。当然主管领导也要对外加强沟通交流。

五是以“大思政”理念引领全员、全方位、全过程育人。我们提出我们的育人特色是培养高素质的应用型人才。这个特色很受各方面肯定，大家要做好文章。前段时间，我们召开了学校思想政治工作会议，对贯彻落实全国和北京高校思想政治工作会议的各项工作任务进行了动员部署，大家也作了经验交流。围绕立德树人，构建“大思政”格局，形成全员、全方位、全过程育人的合力，是我们落实此次会议精神的主要任务，也是我们的育人环境建设的主要任务。下半年要在前期已经开展的整合职能部门力量，构建学生工作委员会、学籍管理委员会、统筹开学典礼、毕业典礼和年度颁奖典礼“三大典礼”等工作的基础上，进一步构建“大思政”格局，市领导也提出对典礼的重视，我们要规范，这是社会的需要、办学的需要、体制的要求，在设计典礼的时候一定要认真，有的学校就出现情况，包括校领导发言等等，这是要追责的。因此要重视起来。要打破招生、培养、创新创业教育、思想政治工作、就业等的壁垒，形成联动机制，形成育人合力，进一步提升全员、全方位育人的实效要切实落实好加强和改进新形势下学校思想政治工作、党建工作和统一战线工作的实施方案等三个文件，推动意识形态工作责任制落实落细落小、思想政治理论课建设等工作。要有检查，有追责。

六是治理环境建设。在这个方面，我想强调，一个是健全和完善党委领导下的校长负责制这一根本领导体制。前期我们已经修订了“三重一大”制度，下半年还要继续修订党委全委会、党委常委会、校长办公会等议事规则，完善议事决策的程序，进一步健全党委统一领导、党政分工合作、各方协调运行的工作机制，为全面贯彻党的教育方针，促进学校改革发展稳定，提供坚强的政治保证。党委要切实履行管党治党、全面从严治党的主体责任，纪委要落实好监督责任，这些工作上级要求非常之严，有时觉得我们传导的压力不够，希望大家引起足够的重视，持续推进全面从严治党常态化。蔡奇书记在市教委调研时反复强调，要始终坚持党对高校的全面领导，高校党委要切实担负起“把方向、谋大事、抓党建、保平安”的职责。要善抓善管、推进精细化管理，要敢于亮剑。有的高校出现个别教授、个别大V在言论上的问题，高校理直气壮地给予处理，在这个问题上，中央、市委坚决支持高校，我们也要净化我们的网络舆情。关于全面从严治党，蔡奇书记在市委常委会理论中心组学习时还讲到，党的十八大以来，在习近平总书记带领下，党中央以上率下、正风肃纪、扶正祛邪，零容忍重拳反腐，中央八项规定和《中国共产党纪律处分条例》《中国共产党廉洁自律准则》等制度建设成效显著，群众路线、“三严三实”“两学一做”等专题教育梯次推进，党风政风呈现新气象，反腐败压倒性态势已经形成，极大增强了全党和全社会的信心。但是全面从严治党依然任重道远，全面从严治党永远在路上。要坚持问题导向，保持战略定力，推动全面从严治党向纵深发展，把党建设得更加坚强有力，使我们党能够成功应对重大挑战、抵御重大风险、克服重大阻力、解决重大矛盾，不断从胜利走向新的胜利。要认真学习习近平总书记在审议中央纪委向党的十九大工作报告时的重要讲话，全面加强纪律建设，全面从严治党，做到一刻不能松、半步不能退。此外，学院层面，也要进一步修订完善党政联席会的制度。现在强调高校党委要抓基层学院组织建设的制度建设。第二个是制度建设。要以《北京信息科技大学章程》为遵循，继续推进规章制度“废改立”工作，尤其是涉及人事、学生事务管理、党风廉政建设等方面的制度的修订和完善；同时，要抓好我们新制定的制度和政策的执行和落实工作，例如，我们已经出台的人才工作方面的四个文件、学科和研究生教育、科技工作方面出台的一系列文件，要抓紧落实。文件制定要参与，文件落实，更要认真。我们要超常规、跨越式发展，要应对新形势的挑战，应对新的风险，还要化解各种历史包袱，尤其是在当前党风廉政建设持续深化，例如对高校的巡查、进点检查等，我们又有新校区建设这样的重大任务，党风廉政建设特别是制度建设就显得更加重要。北京市现在成立了监察委员会，职能拓展了，过去是针对领导干部，现在所有公职人员都是监督对象。在我们高校，基本上是全员。现在我们也在配合上级梳理巡视工作的遗留问题。第三个是进一步畅通利益诉求的表达和协调机制。一艘船要平稳高速前进，船上的人就要和谐相处，团结一心。广大师生有什么意见、建议，要有通畅的渠道去表达，去反映，去得到解决。同时我们也要调整自己的心态，就是要公正的对待自己和别人，前段时间有一个高中生写了一篇作文《说尺子》不长，我念一下：

从100分到98分，挨一顿揍；从55分到61分，得一个吻。

看似这么荒诞不经的故事，却时常发生在我们身边，很多人看来，前者退步了挨揍天经地义，后者进步了得吻理所当然。

我们常说，要一把尺子量到底。在现实生活中，应当说尺子是最公平的，但拿在不同人的手里，去度量不同的人，就会出现不同的结果。

我们早已习惯了妈妈在厨房中的忙碌，一日三餐总能准时吃到可口的饭菜，可当有一天，我们回家面对着干锅冷灶的时，却首先想到的是无饭可吃，沮丧之余，面露愠色，甚至开口责备，却完全忽略了她累了病了，撑不住了，连烧开水的力气也没有了；而爸爸偶尔下一次厨房，煮一碗面，却能让一家人感到万分知足。惯性，使我们的尺子变得富有弹性，却无法丈量出爱的深远。

每个单位都良莠不齐，有干的有看的，也有捣乱的，总有一些秃子混在和尚之中滥竽充数。奇怪的是干的永远在干，看的一直在看，而干得越多失误也越多，得到的批评也越多。而那些看客，偶尔偷机取巧做做样子，就会名利双收。甚至那些捣乱的，变得乖巧一些，就会让领导和一席众人皆大欢喜，心满意足。惰性，使我们的尺子带了偏见，就再也无法凝聚众人的力量。

大家还记得北方小城那位舍粥的大嫂吗？每到冬天她就半夜起来，熬上满满的三锅热粥，免费送给寒风中瑟缩的清洁工、穷苦人和乞丐，数年如一日，不曾间断。而当有一天，一位老汉从中吃出了一粒沙子，顿时将一碗热粥泼在大嫂的身上，而领粥的人，也瞬间划分为两大阵营：有人说老汉不该撒野，也有人指责大嫂不该掺沙子。薄情，让我们的尺子扭曲，冷了多少善良的心。

开县一辆满载了19名乘客的中巴，突遇险情，一头栽进深达5米的水塘。当地村民金有树跳进冰冷刺骨的水中，砸开车窗将19名乘客全部救出，自己却因长时间冷水的浸泡患上肺病，举债治疗数月，告借无门，不得不离开医院，病死家中。19名幸存者无一人去医院探视，更无人为他送行。金有树临死前写下一封信，第一句话就是：我救了19人的命，现在谁来救我的命。冷漠，让我们的尺子訇然寸断，留下无尽的遗憾。

每个人心里都有一把尺子。我们用它来衡量别人，更要时常度量自己。这个世界，应当有这样一把尺子，于情充满温暖，于理凸显公平，于法彰显正义，时时刻刻闪耀着人性的光辉。只要坚持从我做起，从一点一滴做起，苛责自我，宽厚待人，星星之火，势必燎原，人间终会洒满阳光，洒满爱。

18岁的年轻人，写这样的文章，他提醒我们大人，我们习惯用尺子衡量别人，是否公正地对待每一个他人，是否对自己过于宽容，要提醒自己，公正地对待他人，我们的环境才能相对宽松，才有利于事业的发展。广大师生有什么意见、建议，要首先想到靠制度，走规定的程序，去反映和解决问题，化解矛盾纠纷，而不是直接找领导，或者是到处告状，导致谣言四起。这样，我们才能达到我们治理环境建设的目标，才能更好地发展，这也是贯彻落实全国和北京高校思想政治工作会议的一个重要任务。

七是情感环境建设。我多次讲到如何建设情感环境，要把充满善意，有仁爱之心作为出发点。情感看似无形但力量巨大。铁人王进喜团队通过情感的力量，也就是对国家的热爱，以“没有条件，创造条件也要上”的精神，最后取得成功。通过情感的维系、熏陶，我们可以更好地凝聚人心，更好汇聚力量，共同推进我们的事业发展。高水平的大学，不仅仅是要有那些实在的指标，也需要看起来是无形的、虚的人文精神、艺术品格。我们是工科院校，科学思维、科学精神不欠缺，很严谨，很理性，但因此我们更需要浸润更多的人文精神和艺术品格。清华大学校长邱勇在2017级本科新生开学典礼上讲话的题目是《与美相伴，向美而行》，与我们“五个环境建设”有异曲同工之处，正如钱学森先生讲的，科技和美的结合才能出大师，我们是工科院校，能不能嵌入更多的人文精神和艺术品格。邱勇校长说，要成为更好的自己，需要涵养性情、陶冶情操，提升人生品位，学会欣赏艺术之美、自然之美、科学之美，要与美相伴，向美而行。这也是我一直强调的，情感环境建设的主题，就是要建设一个美的环境，一个充满善意、有仁爱之心、有宽容精神的环境。在这样的环境中，我们对别人充满善意、宽容别人，欣赏别人的不完美，不求全责备，我们就能发现到处都是美，我们就不会有那么多的矛盾，我们的心情就会更加舒畅，许嘉璐副委员长前一段时间在北大筹办世界哲学大会上演讲中指出目前中国成人当中的高血压、糖尿病、心脑血管疾病甚至精神疾病的占比情况令人堪忧。人类身体的进化程度远远赶不上生活方式的改变速度。环境压力很大，负重前行很难，我们要学会拯救自己。建议工会是否可以搞一个健康幸福工程，希望大家能在健康的状态和良好的心态下完成好工作，最终达到我们所说的“各美其美、美美与共、美人之美、成人之美”的境界。

同志们，老师们，当前，我们国家和北京市正在实施重大的战略调整，例如国家层面的“新常态”、产业结构调整和升级，北京市的“四个中心建设”、疏解非首都功能等，在这个过程中我们面临着难得的机遇，能不能抓住机遇，以“五个环境建设”为统领，推进学校超常规、跨越式发展，关键在我们在座的这些专家教授，这些中层干部。让我们撸起袖子加油干，齐心协力共创北京信息科技大学更加美好的明天！谢谢大家！

融合学科资源 凝练信息特色提高我校办学水平

——在 2017 年学科建设工作暨新学期工作部署会上的讲话

校党委副书记、校长　王永生

2017 年 9 月 1 日

老师们，同志们：

大家好！

根据学校 2017 年工作安排，今天我们在这里召开 2017 年学校学科建设工作会议。会议的主题是“融合学科资源凝练信息特色提高我校办学水平”，目的是要贯彻学科引领、人才强校的基本精神，总结经验、查找差距，优化学校学科建设顶层设计，明确推进学科建设的战略举措，有效提升学科建设水平，为推进学校超常规、跨越式发展提供强有力的支撑。

学科建设是龙头，是人才培养、科学研究、社会服务的基础。国家层面，《国家中长期教育改革和发展规划纲要（2010—2020 年）》《统筹推进世界一流大学和一流学科建设总体方案》对我国高等教育发展特别是学科建设提出了明确的要求与任务，为我们学科建设提供了明确的导向与建设重点。学校层面，“十三五”事业发展规划特别是学科建设规划对我校学科建设提出了明确的目标、思路与措施。应该说，近年来，我们在强化学科内涵建设、优化学科结构、增强学科特色等方面，开展了大量的工作，取得了可喜的成绩。但是面对党和国家办好中国特色社会主义大学、“双一流”建设以及学校超常规、跨越式发展和战略转型的要求，我们学科建设的任务仍然任重道远。尤其是，2017 年经过多方努力申报博士点，但因为没能达到国务院学位委员会“新增博士学位授权单位基本条件”的要求，最终不得不放弃，这对我们来说，非常遗憾，但也是一种警醒和前进的动力。没有博士点，我们的办学层次难以提升；没有一流学科，我们的一流目标很难达成。这就迫使我们要静下心来思考以下问题：学科在提高学校整体办学水平中具有什么样的地位与作用？学科建设建什么、怎么建？我们的现状怎样，目标又是什么？我们应该采取什么样的措施？这是我今天工作报告的主要内容。

一、学科的地位与作用

学科按照学术定义，是指一定科学领域或一门科学的分支；按照功能定义，是指高校教学、科研等的功能单位，是对高校人才培养、教师教学、科研业务隶属范围的相对界定。按照上述学科定义，学科承载着人才培养的使命。大学应当培养什么样的人，取决于社会需要什么样的人。为提高人才培养质量，更好地服务社会，促进国家经济发展，国家当前启动实施的“双一流”建设本身就表明学科在人才培养中的重要地位，将一流大学与一流学科并列建设的“双一流”，表明大学的发展离不开学科的发展，一流的大学必须有一流的学科，没有一流学科就不可能有一流的大学。“双一流”建设方案则进一步明确提出“以学科为基础”“汇聚优质资源，培养一流人才，产出一流成果”。可见，“双一流”建设的落脚点在学科，这足以表明学科在提升高校整体办学水平当中的龙头地位和引领作用。这一点，我们必须给予足够的重视。这是我们做好学科建设的前提。

二、学科建设的内涵

学科建设很重要，但要建什么？这就要明确学科建设的内涵。大家知道，学科建设的内容纷繁复杂，一般来说主要包括学科定位（学科方向、发展层次），学科队伍（学科带头人、学科梯队），科学研究，人才培养，学科基地（实验室、重点学科、设备等），学科管理，学位点建设等要素。但学科建设的核心内涵主要有三个方面：人才培养、科学研究、学位点建设。

一是围绕人才培养，加强学科建设。大学办学质量的评价，应首先看教学质量和人才培养质量，大学的学科建设和科学研究应及时反哺教学和人才培养。全国高校思想政治工作会议明确“立德树人”是高校的根本使命，“双一流”建设方案则明确提出要“突出人才培养的核心地位，着力培养具有国家使命感和社会责任心，富有创新精神和实践能力的各类创新型、应用型、复合型的优秀人才”。人才培养包括不同学科的各层次人才培养。学科是人才培养的重要阵地，学科建设应以人才培养为核心，着力凸显人才培养特色。总起来说，我想强调的是，要紧密围绕凸显人才培养特色加强学科建设。我们一直强调信息特色、行业特色、军工特色，那就要以使这些特色更加鲜明为导向，推进招生等工作的结构性调整、加强实践基地建设、推进人才培养国际化等工作。

二是聚焦科技创新，提升学科实力。科学研究是对人才培养的重要支撑。没有科学研究就不能培养出高素质技术人才，没有科研项目和科研基地的支撑就不能培养出好的研究生。高水平的科学研究能极大地促进师资队伍的成长和学科建设的发展。高水平的学科建设能为引进和培育优秀师资队伍和高水平科学研究的创造良好的平台。“双一流”建设方案中，把“提升科学研究水平”作为重点任务之一，明确要求“以国家重大需求为导向，提升高水平科学研究能力，为经济社会发展和国家战略实施做出重要贡献。坚持有所为有所不为，加强学科布局的顶层设计和战略规划，重点建设一批国内领先、国际一流的优势学科和领域”。这就表明了科学研究对学科建设的重要意义。我们必须要紧密围绕我们的办学特色，着眼国家的战略需求，特别是要结合北京市“四个中心”建设的实际需要，聚焦集成科技创新，突出科研特色，努力提升学科水平。

三是加强学位点建设，提升办学层次。学位点是研究生（硕士和博士）培养的重要依托和主要载体，是人才培养层次的重要保障。学科与学位点是相辅相成、缺一不可的。没有良好的学科作为基础，学位点的建设与发展就无从谈起。没有高水平的学位点作为载体，学科的建设与发展缺乏持续的动力，难以取得突破。同时，学位点是学科发展的内在要求、重要平台和阶段性成果，只有通过不同层次学位授权点，才能培养出符合国家需求的不同层次人才的需求。所以，我们一直在努力，建设六个引领学科，为的就是申报博士点。这还将是我们未来几年要着重努力和推进的一项重点工作。

三、现状与目标

讲了学科的地位与作用，以及学科建设的内涵之后，我想谈点我们学校学科建设的现状以及我们建设的主要目标。

就现状来看：第一个方面是工作成效。主要有：

一是学科建设理念不断深化。2012 年学校成功召开第一次学科与研究生教育工作大会，进一步确立了以学科建设为龙头、学科兴校的发展思路，对推进学校从教学型向教学研究型大学转型具有重要战略意义。应该说，通过这次会议，全校上下学科建设的理念有很大的深化。

二是学科实力不断增强。现有一级学科 14 个，二级学科 43 个。专业硕士学位种类 2 个，工程硕士专业领域 9 个。2016 年，我们启动对 22 个一级学科及专业（领域）硕士学位授权点的开展自评工作，不断强化学科特色和研究生培养质量。同时，我们按照博士学位授权学科标准，重点建设了仪器科学与技术、机械工程、控制科学与工程、管理科学与工程、计算机科学与技术、信息与通信工程 6 个特色鲜明的引领学科，取得了一定的成效。

三是学科队伍得到充实。我们确定了一级学科及专业（领域）负责人 29 人。此外，兼职博士生导师达到 22 人，校内硕士生导师达到 290 人，校外兼职硕士生导师达 120 人，37 名教师获得各类优秀硕士研究生指导教师奖。

四是研究生规模与培养质量取得长足发展。近年来，学校研究生人数稳中有升，在校全日制硕士研究生达到 1210 人，在读博士生达 30 余人，有 76 名研究生获得优秀硕士学位论文奖励。2013 年学校校外研究生培养基地成为北京市产学研联合培养研究生基地。

五是研究生国际交流步伐不断加快。学校已经与 13 所国（境）外高校签订协议联合培养研究生，其中与 7 所国（境）外高校签署联合培养博士研究生协议。2013 年选派优秀硕士毕业生赴日本福井大学攻读博士学院，实现了零的突破。选派 8 名在读硕士研究生分别到美国奥克兰大学和爱尔兰科克大学攻读双硕士学位。2015 年招收录取 2 名国外留学生来学校攻读硕士学位。

六是研究生就业形势良好。2010—2016 年，学校硕士毕业生平均就业率保持在 98% 以上，其中 2011—2013 年度更是连续三年初次就业率都保持在 100%。毕业生主要就职于国有企业、各级党政机关、事业单位、“三资”企业以及科研院所等行业，就业质量较高，且在生产和管理岗位上均发挥着重要作用，受到各用人单位的高度评价和欢迎。

现状的第二个方面是问题与不足，主要有以下方面：

一是队伍结构不合理，持续发展能力不够。学校现有高级职称教师 533 人，以教授、副教授为主的硕士生导师队伍仅 290 名，导师数量不足。同时，队伍整体层次不高，没有院士、“千人”、“973”首席科学家、长江学者、国家基金委杰出青年人才等国家级人才。在具有影响力的国内学会 / 协会中担任主要负责人的教师非常少，没有教师在国际重要学术组织中担任职务，导致学校在学术界 / 行业中的学术话语权不高、学术影响力不强。随着近几年持续引进人才，导师队伍有年轻化的趋势，但整体年龄仍然偏大，40 岁左右的青年教师数量和发展潜力不足。与 2017 年各学科申博基本条件比较可以看出，我们的队伍在数量、层次、结构等方面存在严重不足。考虑到三年后相当比例的教师将退出科研、教学一线，特别是目前 22 名博士生导师普遍年纪偏大，届时满足申博的基本条件可能更难。

二是科研层次不高，缺乏标志性成果。近几年来，学校缺乏标志性成果，特别是没有学校作为第一完成单位的国家级科技奖励，学校牵头及参与的国家级重大项目 5 项，中科院一区的高水平论文总数是个位数，缺乏顶级期刊综述论文。按各学科申博要求，能够填进表格的项目、成果较少。从科研经费角度来看，教师科研经费严重不均衡。2014—2016 年年均经费超过 100 万元的教师不到 20 名，科研的“2⊠8”律非常明显，相当比例的教师缺乏从事科研的积极性。从学科建设和发展的角度，我校已有科研平台的层次和数量都不足以较好地发挥支撑作用，科研用房捉襟见肘且利用率低。空间环境严重制约教师、科研、学科乃至学校的发展。此外，教师队伍中参加国际顶级学术会议交流的人次偏少，在项目、成果、平台、交流等方面的国际合作能力有待加强。

三是以绩效评价为核心的综合改革措施不到位。科学合理的学科绩效考核与评价机制尚未形成，人事分配制度改革严重滞后，以学院为中心的行政机制和学科的关系尚未理顺。改革创新意识不足，资源整合力度有待加强。

四是研究生规模总量偏小，与一级学科总数不匹配。近 5 年来，我校研究生招生规模虽有增长，但增长速度缓慢，5 年总计增长约为 23%，年均增长率不到 5%。受国家政策影响，未来硕士研究生招生规模将基本趋于稳定，不会再大规模增长。现有的招生人数在总量上难以支撑全部 14 个一级学科的进一步发展。

五是学科对本科专业的引领作用没有充分发挥。学校大部分本科专业与相关学科有较好的对应关系，但少量本科专业没有相应的学科引领与支撑，导致本科专业建设难以上水平，极少量本科专业与学科所在学院产生错位，导致资源的错配与浪费。

以上工作成效、问题与不足是我们的现状，那么，未来我们的目标怎么定？我想，根据“双一流”建设的导向和学校“十三五”发展规划的要求，我们未来三年学科建设的具体目标为：适应全国及首都区域经济社会和行业发展需求，立足学校定位和发展目标，推动多学科协调发展，加大博硕导师队伍建设和学科队伍建设力度，引进和培养一批在学科领域具有相当影响力和知名度的学科带头人。要坚定不移做大做强博士点申报学科。3 年内重点建设一批具有鲜明信息特色和竞争优势、具有实现冲击博士点申报的学科点，力争下一次申博时，有 3—4 个学科点实现突破。

四、主要任务与措施

按照未来三年的目标，我们要着力做好以下五个方面的工作。

一是统一思想认识，加强顶层设计。全校师生要统一思想，充分认识学科建设对学校发展具有的战略性和全局性作用，在学校各项工作中处于龙头地位。学科建设是学校实施内涵式发展的关键，决定了学校的发展特点和优势。学科水平体现出大学办学水平，体现出大学办学特色，体现出学校的核心竞争力。高校之间的竞争，很大程度上表现为学科优势、学科特色和学科水平的竞争，没有高水平的学科就没有高水平的大学。我校在第二次党代会上确立了由“教学型”大学向“教学研究型”大学转变的战略目标，学科建设是实现这一战略目标的核心和根本，必须切实抓好，而且要常抓不懈。在这一点上，学校要进一步加强顶层设计和综合改革，以自身创新驱动为发展战略，构建布局合理、信息特色鲜明、优势突出、协调发展的高水平学科体系；要围绕国家和北京区域经济社会发展的需要，做好博、硕学科三年建设规划。

二是突出学科引领，凝聚学科特色。以引领学科为牵引，突出信息特色，把信息特色融入学科建设中。为融合学科资源，凝练学科特色，增强学科实力，需加强学科群建设，打造有影响、有特色的学科群，形成新合力，谋求新突破。以学科为龙头，强化学科对本科专业引领与支撑作用。明确本科专业的学科归属，引导本科专业与学科建设的良性互动。做到既要人人有学科也要人人有本科专业，本科教师必须有相应的学科归属，学科教师务必参与本科专业建设。进一步加强实践基地建设，围绕办学特色推进学科、招生等结构性调整工作。同时要做好人才培养与国际接轨，培养具有国际视野的高素质应用型人才。要以学科为基础，优化学科结构，凝练学科发展方向，突出学科建设重点，创新学科组织模式，打造更多学科高峰，带动学校发挥优势、办出特色。

三是强化学科队伍建设，优化师资结构。学科队伍建设是学科建设的关键。在考虑学科队伍建设时，既要考虑学科带头人和学术带头人队伍的建设，还要考虑学科梯队和骨干教师队伍的培养。否则，学科建设就成为无源之水、无米之炊，很难成就大的事业。要以学科为中心，加大教师队伍建设和人才引进力度，形成人人进学科、学科引人才的师资队伍培养机制。在教师人才队伍引进和培养过程中，增强学科用人进人的主导作用，同时强化用人进人的绩效考核及问责机制。争取用 3 年时间使全校硕士生导师队伍总体规模达到 450 人，师资队伍中的博士比例满足“新增博士学位授权单位基本条件”和“博士学位授权学科基本条件”，有海外经历（一年以上）的教师比例大幅增加，形成老、中、青，年龄结构和职称结构合理的导师队伍，建立以中青年导师为主，以老教师进行传帮带为辅的导师队伍良性循环机制。

四是加强科学研究，建立有效的激励和考核机制。抓好科学研究与学术成果建设，是学科建设的标志。学科建设的重要载体就是科学研究，而科学研究的学术成果主要体现在科研立项、科研经费、论文与著作、发明专利和成果获奖，等等。要切实建立和引导科研平台建设以学科为基础，以成果为导向。要加强科研基地的建设，它是学科建设的依托。所有的科学研究都要依托实验室、资料室、实验场地等完成，要集中有限资金，加强实验平台和与学科相关的、高水平的实验室建设，实现资源共享。要围绕行业特色，结合北京市“四个中心”建设，聚焦集成科技创新，突出科研特色，形成亮点。同时要梳理科研政策，提升科研管理水平，制订有效的激励和考核机制。

五是完善配套措施，强化综合改革。以学科为核心，强化学科负责人责任制，建立完善综合配套政策及保障机制。建设科学合理的绩效考核与评价机制，改革现有的人事与薪酬分配制度。理顺以学院为中心的行政管理机制和学科建设学术管理机制的关系，促进学科的良性发展。

老师们，同志们，本次会议是在学校以“五个环境建设”为引领，推进超常规、跨越式发展的关键阶段召开的会议，充分体现出学校党委、行政对学科建设工作的高度重视。本次会议所确定的发展目标、主要任务和具体措施将成为未来三年我校学科建设与发展的基本依据。让我们在学校党委的正确领导下，全校上下齐心协力，改革创新、锐意进取，开创学校学科建设与发展的新局面。

谢谢大家！

2017 年党课报告

校党委书记　王传亮

2017 年 5 月 24 日

各位代表，老师们、同志们：

深入学习贯彻党的十八届六中全会精神、全国和北京市高校思想政治工作会议精神，是我们当前和今后一段时期的重大政治任务。前期，我们已经分层次、分系统组织开展了一系列的学习、宣传和研讨。特别是 3 月 2022 日，我们组织了“处级干部贯彻党的十八届六中全会精神专题研讨班”，深入学习原文，听取辅导报告，开展交流研讨，取得很好的效果。今天，借召开党代会的机会，一方面我代表党委向代表们作简要的工作报告，另一方面也作为党性教育的一次专题党课，把党代表、处级干部都纳进来，主要讲讲如何贯彻落实十八届六中全会、全国和北京市高校思想政治工作会议精神，以及如何以“五个环境建设”为统领、推进学校超常规跨越式发展的问题。

首先，我简要报告学校党委自第二次党代会以来的主要工作。

第一，系统优化了顶层设计。一是，以习近平总书记提出的“五大发展理念”为引领，立足对时代发展和国家、首都、高等教育发展形势的分析研判，宏观把握学校历史、现状与未来，凝聚广大师生员工的智慧，党委确立了“五个环境建设”的总体战略思考，使党委办学治校的理念、框架、思路等更加清晰。二是，以“五个环境建设”为统领，编制完成了学校“十三五”事业发展规划及系列子规划，“建设信息特色鲜明、国内一流、国际知名的高水平教学研究型大学”的发展目标、任务、举措更加明确；三是，主动适应国家战略需求，聚焦做好服务，提出了为北京市“四个中心”、京津冀协同发展、“一带一路建设服好务的发展导向，以服务、贡献谋求更多外部资源、推动超常规跨越式发展的路径更加具体。这三个方面，系统优化了学校顶层设计。

第二，有效推进了全面从严治党。党委认真履行管党治党、全面从严治党的主体责任，着力开展了以下工作。一是，深入开展了党的群众路线教育实践活动、“三严三实”专题教育、“两学一做”学习教育，教育引导广大党员干部提高思想理论修养，坚定理想信念，增强“四个自信”，不断拧紧全面从严治党的“总开关”；二是，强化“四个意识”，始终同以习近平同志为核心的党中央保持高度一致，自觉向党中央看齐、向总书记看齐、向党的理论和路线方针政策看齐、向党中央决策部署看齐，不折不扣地贯彻落实党中央的各项决策部署，以专项巡视整改、规章制度“废改立”、强化基层党建工作、干部选拔任用等为抓手，推进全面从严治党向纵深发展。三是，以开展专题教育为契机，以专项整治为重点，切实落实中央“八项规定”和市委“十五条禁令”，常抓不懈，坚决反对“四风”，带动党风、校风、学风持续好转。这里，要再提醒一下，近日中央纪委对 2017 年端午节过节提出了相关纪律要求，大家要严格遵守。四是，严明政治纪律、政治规矩，挺纪在前，执纪从严，压紧压实党风廉政建设责任，修订完善基本建设、经费管理、公务接待等重点领域的一批规章制度，严肃处理一批违规违纪行为，使党委、行政、学术、群团等各种组织和权力的运行边界更加清晰，约束更加有力，监督更加有效，依法治校、依法治教有序推进，廉洁从政、廉洁从教成为共识。五是，认真落实党建工作责任制，建立并实施院级党组织书记抓基层党建工作述职评议制度，选优配强基层党组织负责人，分类强化党员教育，严肃认真开展组织生活，进一步夯实了基层党建工作基础，不断提升基层党建规范化科学化水平。

第三，统筹领导学校事业发展。党委始终将发展作为第一要务，主动适应新常态，抢抓新机遇，制定新政策，有效发挥总揽全局、协调各方的领导核心作用，统筹领导学校各项事业取得新进展。一是，努力争取北京市和各级组织、领导的支持，有效推动新校区建设取得了突破性进展。目前新校区建设的可研报告获得批复、被纳入疏解项目、享受绿色通道待遇以及昌平区的大市政和道路建设取得新进展，还有东坨村的拆迁已经拆完，新校区建设即将全面开工；二是，以申报博士点为重点，推进学科评估和动态调整，着力建设引领学科，学科布局更加优化，学科竞争力不断提升。当然，申报博士点是非常难的事情，我们的基础还需要再夯实；三是，召开人才工作会议，制定出台系列人才队伍建设新政策，同时大幅提高教师高级职务比例，人才队伍结构得到优化、素质得到提升；四是，科研经费稳步增加，科研规模稳步扩大，同时，参与国家级协同创新中心、参与北京市“高精尖”项目、申报高水平科研项目等有效提高了科技工作水平。学校新来的陈刚副校长和马絮鸿副校长分别来自科委和规划委，对于相关领域的工作将有很大的支撑，希望大家支持他们工作；五是，稳步推进国际化办学战略，进一步扩大与国（境）外高校的交流合作，进一步扩大来华留学生教育规模；六是，组织实施了提高教师工资待遇、沙河高教园区安置房公租房配租配售、学生公寓安装空调等民生改善工作，师生员工获得感、幸福感有效提高。尤其是沙河高教园区安置房公租房配租配售工作，相关人员辛勤工作，老师们遵守规则，确保了工作的顺利完成。七是，环境建设特别是情感环境和治理环境建设有了一些长足进步，校园风气和整体氛围向着更加和谐的方向发展。我来了以后讲了很多次，特别是关于情感环境建设，也诚恳地希望我们的环境能够让大家舒适。大家要树立知识分子和优秀人才的形象。历史上往往用君子来形容知识分子，而“君子之道，忠恕而已”。忠是什么，就是要忠诚于党、国家、民族、朋友和合作伙伴，能做到这些很难，但因为难才更加可贵；恕是什么，是包容宽容，要充满善意、充满爱心的去做一些事情，也就是习近平总书记说的有仁爱之心。学校正在往这个方向发展。我们要建设一个好的环境，其实是需要我们每一个人的修养提高，当每一个人的修养提升了，才能和谐其他关系。历史上有一个故事叫“百忍成金”，说的是唐高宗时期的一个员外，家里几代同堂，几百口生活在一起，很和谐。唐高宗问其原因，员外上了一个奏折，写的是一百个“忍”字。意思是说人的相处是需要忍耐的。事也好，人也好，每一人都不是完美的，通过包容、合作、相互欣赏是可以形成完美的团队的，是可以干成完美的事业的。我希望学校的情感环境能够让大家感到舒服，特别是我们学校有很多对夫妻，学校就像一个大家庭一样，大家在一起也应该像一家人一样。

以上是学校第二次党代会以来，党委主要工作的简要回顾。总体来看，我们保持着良好的发展态势，有很好的发展基础、发展潜力，这一点，我们要充分肯定，不能妄自菲薄，要有足够的自信。同时，我们也要看到，我们虽然在新校区建设、教师高级职务比例提高等方面取得了重要突破，但是新校区建设困难还很大，空间资源十分紧张，要抓住机遇建设好学校。如果我们早点建好新校区，校区集中在一起，我们也不会被别人垢病成“两拔人”，我们在一起十多年了，我们已经是一家人了。还有，我们申报博士点还有很大难度，高层次人才数量还很不够，这些都是制约学校进一步发展的瓶颈问题，如果不能有效突破，我们的发展就将始终受限；突破了，我们超常规跨越式发展就前景广阔。我们不能等，也等不起，一定要有危机感、紧迫感、使命感。我一直在说，我们是在负重前行，我们的老师不容易，在不太完美的环境里还要完成国家级的、省部级的科研项目，在这里要向可敬的老师们表示崇高的敬意，你们为学校做出贡献，大家不会忘记。学校的中心任务就是要发展，这也是“五个环境建设”战略思考提出的主要背景和目的，就是问题导向，要让全体师生员工都能从中找到干工作、作贡献的立足点和着力点，是要充分调动每一个师生员工的积极性、主动性和创造性，推动学校超常规、跨越式发展，推动学校再创辉煌，要让每个人都享有发展的希望。这是我们的奋斗目标和努力方向。我们在前人的基础上，三年拿到四个国家级大奖，确实让我们振奋，也提升了学校的整体办学水平，以后要继续努力创造这样的辉煌。

下面，我就如何推进全面从严治党制度化常态化、如何办好中国特色社会主义大学、如何推动学校超常规跨越式发展三个问题，提出自己的一些思考，供大家参考。

第一个问题：如何持续推进全面从严治党常态化？

党的十八届六中全会专题研究全面从严治党，确立了习近平同志作为党中央的核心、全党的核心，审议通过了《关于新形势下党内政治生活的若干准则》和《中国共产党党内监督条例》，对全面从严治党提出了新的要求，做出了新的部署。会议精神的学习宣传，我们已经组织开展了系列辅导报告、交流研讨，不再多说。全面从严治党要持续推进，要常态化，关键是要常抓抓长、要落实落细。

一要抓好思想教育。思想建党是我们党建设的基本原则和根本遵循，是全面从严治党的核心。注重从思想上建党是我们党诞生以来不断发展壮大、夺取胜利的宝贵经验和重要法宝，我们党从诞生之日起，就把马克思主义写在自己的旗帜上，把实现共产主义确立为最高理想。不管是新民主主义革命的胜利、社会主义新中国的建设，还是波澜壮阔的改革开放，都靠“革命理想高于天”精神力量的激励和鞭策。不仅如此，思想建党更是我们党十八大以来管党治党、从严治党的鲜明特征和首要任务。十八大以来，我们党先后开展了党的群众路线教育实践活动、“三严三实”专题教育、“两学一做”学习教育，都始终将强化理论武装、提高党性修养、坚定理想信念作为主线，将教育引导广大党员干部筑牢信仰之基、补足精神之钙、把稳思想之舵作为主旨。通过系列思想教育，广大党员干部锤炼了党性修养，拧紧了思想政治上的“总开关”，筑牢了拒腐防变的思想防线。历史和实践表明，只有始终坚持把思想理论建设放在首位，注重从思想上建党，我们党才能经受住各种风险考验，始终屹立、永葆生机。现在中央已经明确“两学一做”学习教育制度化常态化，对我们来说，关键是要健全和完善我们学习、教育、培训、宣传的长效机制，巩固和拓展系列思想教育的成果，更好地学习践行习近平总书记系列重要讲话精神，习近平总书记的系列讲话，内容丰富，要学好是要下功夫的。要引导广大师生增强“四个意识”，坚定“四个自信”，引导广大师生做社会主义核心价值观的坚定信仰者、积极传播者和模范践行者。党委将在校内集中培训完成后，利用 3 天假期时间，组织学校骨干到井冈山进行实地现场教学，以后还将分批开展。市委教育工委前段时间组织高校领导去了井冈山，效果很好。

二要坚持制度治党。制度治党是全面从严治党的根本。习近平总书记强调，从严治党靠教育，也靠制度，二者一柔一刚，要同向发力、同时发力，坚持思想建党和制度治党紧密结合。党的十八大以来，从强调“把权力关进制度的笼子里”，到提出坚持思想建党和制度治党紧密结合，为形成制度治党新局面提供了工作遵循。坚持制度治党，结合全面依法治国的要求，落实到学校工作的层面，首先是要系统深入地学习以党章为统领的党内法规包括六中全会审议通过的《中国共产党纪律处分条例》《中国共产党廉洁自律准则》。这也是“两学一做”学习教育其中的“一学”，是“一做”的前提之一，也是制度治党的前提。学好党章党规，遵守党章党规，维护党章党规权威，我们作为党员的权利与义务、行为才能有所遵循；我们党作为执政党的执政地位和领导核心作用才能有效彰显。其次是要切实严格执行以党章为统领的党内法规。习近平总书记强调，制度的生命力在于执行。执行制度关键在真抓、严管。只有坚持制度面前人人平等、执行制度没有例外、不留“暗门”、不开“天窗”，制度才能成为硬约束而不是橡皮筋、纸老虎、稻草人。再有是要将权力关进制度的笼子里，建立健全规范权力运行的制度体系。十八届三中全会强调，“坚持用制度管权管事管人，让人民监督权力，让权力在阳光下运行，是把权力关进制度笼子的治本之策”。只有把制度的笼子扎紧了，才能不断提高制度执行效力，才能有效管党治党。制度治党、依法治校、依法治教，实际上与我们推进的“治理环境建设”是内在一致的。

三是坚持从严管理干部。习近平总书记强调“从严治党，关键是从严治吏”。今年，党委明确并正在组织实施干部届中调整、交流挂职工作，主要的考虑，一个是激发干部活力的需要。毛泽东同志指出，政治路线确定之后，干部就是决定性的因素。当前，我们战略思考、发展目标、发展导向已经明确，关键是如何落实，而领导干部是落实的决定性因素，必须要激发出活力，适应超常规跨越式发展的需要，不然形势变了，政策变了，我们内部就会跟不上；另一个考虑，更好地做到人岗相适，人尽其才。在这个过程中，我们要严把导向、严明程序、严守纪律，以用人环境的风清气正，树立正确的选人用人导向，促进政治生态的山清水秀、风清气正。除此之外，要严明纪律，严格各项规章制度，加强干部的日常管理和监督，使从严管理干部成为一种常态，成为一种习惯。

四是强化基层组织建设。强化基层党组织建设是从严治党的重要环节，只有每一个基层党组织都健全了，充满生机活力，整个党组织才会坚强有力。我们要重点做好配强配齐基层党组织领导班子特别是党组织书记、强化基层党组织功能、构建基层党组织建设长效机制等工作，使基层党建工作特色更加鲜明，形成品牌。

五是持续推进党风廉政建设。党风廉政建设和反腐败斗争要保持常抓的韧劲和长抓的耐心，常抓抓出习惯来，耐心抓抓出长效来。2016 年，我们接受了专项巡视，经过大家的共同努力，完成了专项巡视整改，取得了一些显著成果。但我还要强调，首先要严明政治纪律，强化纪律刚性约束，决不容忍搞团团伙伙、结党营私、拉帮结派；其次要持之以恒落实中央八项规定精神，巩固作风建设成果，决不让“四风”反弹、死灰复燃。刚才讲了，端午节又是一个节点，大家要注意，要形成习惯；再有要强化对干部选任、招生录取、基本建设、财务管理、科研经费管理等关键领域和环节的监督，营造风清气正的校园环境。

第二个问题：如何办好中国特色社会主义大学？

全国高校思想政治工作会议，从坚持和发展中国特色社会主义、实现中华民族伟大复兴中国梦的全局，精辟阐述了加强和改进高校思想政治工作的重大意义、根本方向、目标任务和基本要求，深刻回答了事关高等教育事业发展和高校思想政治工作的一系列重大问题。习近平总书记发表了重要讲话，中央印发了 31 号文件，北京市委也召开了北京市高校思想政治工作会议，前几天印发了《关于加强和改进新形势下北京高校思想政治工作的实施意见》《关于加强和改进新形势下北京高校党建工作的若干意见》《关于加强和改进新形势下北京高校统一战线工作的意见》三个文件和任务分工，提出了一系列的具体要求和措施。我主要强调以下六点内容。

第一，落实党对高校工作的全面领导。这是中央战略性的决策。十八届六中全会强调党要履行管党治党、从严治党的主体责任，全国和北京市高校思想政治工作会议反复强调，党对高校工作实行全面领导，履行管党治党、办学治校的主体责任，担当把方向、管大局、做决策、保落实的职责，切实发挥领导核心作用。1989 年我参与中央起草的第一个党委领导下的校长负责制的文件，那个时候中央在讨论这个问题的时候就有一些思考。我们国家是经历过各种实验的，最终确立了党委领导下的校长负责制。我们是党和国家办的学校，不是私立学校，一定要认清党和国家办大学需要培养什么样的人。强调党委领导下的校长负责制是办好中国特色社会主义大学的根本领导体制。党委书记主持党委全面工作，对党委工作负主要责任，校长第一职务是党委副书记，首先是参与党委集体决策，然后要在党委的领导下，党委是决策者，决策后校长再带领校长班子执行和落实。文件中讲，党委是集体领导，党委书记主持党委全面工作，党委书记是党委的班长，是协调这个班子集体决策的，校长和其他行政领导班子成员要自觉接受党委领导，贯彻执行党委决定。高校党委要贯彻民主集中制，议大事、谋大事，形成党委统一领导、党政分工合作、协调运行的工作机制。我们要站在全面从严治党和提高治理体系、治理能力现代化水平的高度将贯彻落实党委领导下的校长负责制纳入“治理环境建设”之中，着重做好修订和完善“三重一大”制度等制度，落实好党委领导下的校长负责制。党委工作不是面面俱到，重点要在“三重一大”事项的决策上体现出来。同时，要强化基层党的领导，配齐配强院级党组织领导班子，修订和完善院级党政联席会议制度和相关工作机制；强化党支部功能，充分发挥其战斗堡垒作用，在教职工聘用、晋职晋级、评奖评优工作中切实把好政治关、师德关。

第二，落实“四个服务”。习近平总书记在全国高校思想政治工作会议上的重要讲话、中央 31 号文件、北京市三个文件反复强调高校“四个服务”，即“为人民服务、为中国共产党治国理政服务、为巩固和发展中国特色社会主义制度服务、为改革开放和社会主义现代化建设服务”。这是中国特色社会主义大学的内在要求，是根本的政治定位，内在统一于中国特色社会主义大学的办学目的和办学方向，统一于办好人民满意的大学。我们的人才培养、科学研究、社会服务、文化传承、国际交流合作都要切实体现“四个服务”的政治定位。

第三，坚持立德树人。“努力培养又红又专、德才兼备、全面发展的中国特色社会主义合格建设者和可靠接班人”，是人才培养的根本方向，也是我们的育人环境建设要解决的问题。我们要建设以学生为本，立德树人，全员参与，促进学生全面健康成长成才的育人环境。“以学生为本”是我们一贯的理念，“促进学生全面健康成长成才”是我们的目标，我们要着重构建“知识传授、能力培养和品德塑造”为一体，全校密切配合、齐抓共管，全员、全过程、全方位育人，形成教书育人、科研育人、实践育人、管理育人、服务育人、文化育人和组织育人七种渠道和资源整体育人的机制。在育人上，我们每一个组织、每个人都能在其中找到干工作、做贡献的位置，每一个组织、每个人都要发挥作用。特别是，不要在关键时刻出关键性的问题。我们要吸取教训，总结经验，我们一定要从现在开始，强化我们管理的落细落小，在不出漏洞上下功夫。

第四，建设好师资队伍。教师是人才培养、科学研究的主体，是高校发展的重要支撑。我们的教师很有潜力，很有基础。无论是机械还是信息，这两个方面成立的时候都是“国家队”，都是隶属部委。从现在开始，我们要在以前基础上再创辉煌，体现“国家队”的水准。要实现超常规跨越式发展，教师队伍必须是高水平的，要切实把内部的年轻人培养起来，不论是专家、学者还是干部都要注意培养年轻人，我们学校有很多很有才华的年轻人，希望他们能成长起来，早一点的成长对学校的事业有利。我们的高层次人才数量不多，师资队伍结构不平衡，没有形成合理的梯队，这是我们要着重解决的问题。我们已经出台一系列人才队伍建设的政策，要用好这些政策，引进和培养更多的高层次人才，打造出一支师德高尚、业务精湛、结构合理、充满活力的人才队伍。我们要通过团队的建设、平台的搭建、待遇的提高、情感的认同等，激发出师资队伍的活力，使更多的教师能够在个性、生活、事业上都得到发展，进而实现学校超常规、跨越式发展。此外，广大教师要按照“四个相统一”（坚持教书与育人相统一、坚持言传和身教相统一，坚持潜心问道和关注社会相统一，坚持学术自由和学术规范相统一）的要求，成为知识的传播者、真理的播种者，成为灵魂的塑造者、思想的缔造者，成为有知识、有道德、有素质、有品行的“大先生”，担当起人类灵魂工程师的神圣使命。

第五，跻身一流行列。“双一流”建设是党中央、国务院的重大战略决策，给我们学校提供了机会，是办好中国特色社会主义大学的内在要求。我们对内要聚焦质量提升、内涵发展、练好内功，进一步凝练办学特色，办出一流水平。对外要聚焦做好服务、提升贡献能力，服务好北京市“四个中心”建设、京津冀协同发展、“一带一路”建设，找到我们在社会中应有的地位，彰显我们存在的价值。北京市“四个中心”建设和我们学校学科专业的契合度很高，我们这样的学校应该为首都“四个中心”发挥我们的作用。

第六，迎接党建和思政工作检查。2016年，我们接受了专项巡视，有力推动了全面从严治党常态化。下半年，我们还将接受市委教育工委组织的落实《北京普通高等学校党建和思想政治工作基本标准》情况的入校检查。检查内容主要是贯彻全国和北京市高校思想政治工作会精神、落实《基本标准》、加强和改进学校党建和思想政治工作的情况。希望大家以这次集中检查，作为贯彻落实全国和北京市高校思想政治工作会精神的有力抓手，多出办法、措施，多出经验、做法，有效提高我们学校党建和思想政治工作科学化、制度化、规范化水平。

第三个问题：如何推进超常规跨越式发展?

推进超常规跨越式发展的战略思考和具体举措就是“五个环境建设”。“五个环境建设”是因势而谋的，是问题导向的。因势而谋，主要是我们对国家、首都经济社会发展和高等教育发展大势的分析研判，在上次党课中，我已经作了详细的分析。这里，我再强调一点，就是要“跳出自身看自身”，要先把握宏观，宏观的把握有线性的、立体的、动态的区分，第一个层次是王之涣《登鹳雀楼》中的“欲穷千里目，更上一层楼”；第二个层次是杜甫《望岳》中的“会当凌绝顶，一览众山小”；第三个层次是毛泽东主席讲的“背负青天朝下看，都是人间城郭”。通过这种宏观的把握，我们才能清醒地知道我们所处的位置和我们的潜力所在。也就是说，看我们自身的发展，要放在整个北京、国家甚至是国际的视野来考虑，站得越高，看得越远，空间就越宽广，囿于自身，犹如坐井观天，视野就局限住了，也就很难看到更多的发展空间。这是正确认识自己的一个重要方面。这里，我想说的是，国家的发展、国家的战略、北京市的发展实际上就为我们的发展提供了潜在的机遇和资源，关键是能不能抓得住机遇，用好资源。比如说，中国现在已经越来越走近世界舞台的中央，中国的国际话语权逐渐在提升，中国参与国际经济政治规则的制定日渐在增多，中国智慧、中国方案、中国主张越来越受到国际社会的认可。比如G20峰会、一带一路等主场外交盛会。我曾经在嘉兴工作过，前段时间学校和嘉兴市签订了全面合作协议，不仅仅因为嘉兴是发达地区，而且信息产业和信息科技、高智能制造、包括机器人都是它的支柱产业，有很多我们可用的地方。上次我带队去嘉兴，参观了位于乌镇的世界互联网大会永久会址，看了以后，非常震撼，这个会址是世界其他地方弄不出来的，有人说为什么中国现在突然之间发展这么快，这就是后发优势，我们最后建的就可以把前人的缺点和不足改正。这和我们学校一样，我们现在也有一个后发优势，我们如何利用好这个后发优势，把我们学校建成北京市最好的高校，我们不仅要从一个方向，而且要从方方面面努力。中国正在加快走出去的步伐，我想这也是我们作为高校在“四个服务”的政治定位之下，能够更好地参与到这个历史进程、更好地走向世界的有利契机。类似的国家战略还有“京津冀协同发展”、创新型国家建设、中国制造2025等，我们如果能够主动去对接，抓住机遇，就能寻找到超常规跨越式发展的新机会、新途径、新资源。这是非常重要的，因为单凭我们自身的力量毕竟有限，我们自己如果稍有不慎，可能还会落后。同时我们在服务首都经济社会和京津冀协同发展上还能带来机会，比如说我们现在的老校区，怎么样通过合作争取利用下去，这需要大家共同努力。要通过我们的努力，通过在新的时代跟上科技和时代的发展，要利用“国家队”的出身，团结起来，吸引一些优秀的人才，共同努力来创造出新的业绩，我们是有信心的。问题导向，主要就是制约我们发展的新校区建设、高层次人才引进、申报博士点等瓶颈问题。这是正确认识自己的另一方面。就是要客观地看，既看到基础、潜力，也要看到问题和困难。要结合贯彻中央、北京市一系列的政策规定，争取各方面的优惠政策，争取外部支持，实现我们的发展。

第一，空间环境建设要强调重点突破困境。新校区即将全面开工，市委市政府非常支持，包括把马桀鸿副校长调到我们学校，当然陶志红副校长也做了很多贡献，陶志红副校长在任期间，为前期准备工作做了大量工作，有目共睹。新的时期，马副校长到任后，大家要配合好工作。新校区建设不是一个人就能干的事情，需要大家共同完成，在这个过程中，希望大家要有主人翁的精神，按照建成北京市最好大学的目标去建好。我们能在六环以内有这样的一个校区是很大的优势，现在很多市属高校都搬到延庆、平谷、怀柔，还有雄安，我们学校在这样的环境内如果能够通过共同努力争取更好的资源的话，值得我们期待，也值得我们骄傲。当然我们还要把校区的空间建设，包括环境建设、虚拟空间建设，突出学校特色和文化的要求和艺术欣赏的品味。一个以科学技术作为自己特色的大学，如果再有一些审美的精神和取向，也就是科学和艺术的结合，一定能出大师。

第二，办学环境建设要强调特色发展。特色就是质量，特色就是竞争优势，特色是一流的基础，有特色的大学就是好大学，这是“双一流”建设的主要导向。我们要进一步找准定位，主动对接国家、首都重大发展战略，深化校地合作，从办学传统中不断发掘、凝练、优化，丰富自己的办学特色。在这点上我们可以有足够的自信，要沉下来做强做大，做优做特我们的学科专业；要走出去，开拓视野，借力发展，实现双赢。从我们的办学历史和现状看，我们完全有能力、有信心做到这一点。我们在80多年的办学历程中，有很多值得骄傲的光荣传统，有鲜明的办学特色。例如，我们的信息特色，我们有国家和北京市的特色专业建设点，有信息产业部重点学科，还是唯一一个设置数据科学与大数据技术新专业的市属高校。数据恢复研究所是国内高校唯一专门从事数据恢复与灾备技术研究的机构，学校参股的拓尔思公司在信息检索、大数据管理和挖掘等方面具有国内外领先的自主核心技术和尖端产品。这些优势，这些资源，用好了，贡献力就上去了，声誉就提高了。像数据恢复研究所在汶川灾区信息重建所做贡献，就是独一无二的，就极大地提升了我们的声誉和影响力。我们的行业特色，在智能制造与机器人研究、光电检测与系统研究、动态导航与传感器研究、知识管理与循环经济研究等领域的相关科研成果，能够连续3年荣获4项国家级奖励，非常不容易，也充分展现我们的优势与特色。我们在这方面，也拥有国家级、市级的特色专业建设点，北京市重点学科，同样是唯一设置机器人工程新专业的市属高校，还拥有教育部重点实验室、北京市重点实验室，以及联合剑桥大学、清华大学，在我校成立的先进光电子技术国际合作实验室，等等。我们的军工特色，我们是国防军工定点的科学研究和技术开发单位，具有完备的国防武器装备科研生产资质，是北京市属高校唯一一家四证齐全的高校，每年承担一批国防新品项目、预研项目、型号项目，直接研发经费超千万元，一批成果已列装多项国防、军工重点工程。陈副校长到任，对丰富我们的科研特色也带来新的契机，大家要支持工作。这些都是我们的优势、特色，是我们发展的基础，我们在资源条件这么紧张、这么艰苦的情况下，都能取得这么好的成绩。但是，我们有的著名教授在地下室搞科研，我们有责任为我们的教师创造更好的条件。我们要争取上级支持，现在我们要上下一股劲，先解决这些问题，才能对得起这些科学家和老师，我们也能吸引更多的优秀科学家来，拿地下室怎么能吸引高级科学人才来？同时我们也不能等靠要，要利用现有条件想方设法出成绩。要强化我们自身的优势，我们的老师一定要重视课堂、所谓第一课堂一定要让课程的质量、学生培养的质量，说得更细一点，要让毕业论文的质量能够名副其实，能够配得上我们这样的大学。这些还要拜托我们的老师，自己要努力。所谓，“各美其美，美美与共”，首先是通过努力把自己做好，同时包容别人，才能“美美与共”，再高一个层次，做到“美人之美”，提升包容心，最高境界是“成人之美”。我们在争取上级支持的同时，自己一定要下功夫，要努力。要加倍努力创造更好的条件，更有信心走出去，像和嘉兴这样的发达地区全面合作，参与北科大的“高精尖”项目、努力响应习近平总书记提出的国家品牌战略等。走出去一定会给我们带来机会，要做出与我们作为“国家队”相匹配的更多、更大的贡献。

第三，育人环境建设要强调立德树人的整体合力。全国和北京市高校思想政治工作会议，最大的特点就是始终强调立德树人，强调育人的整体合力。习近平总书记在中国政法大学也讲到这一点。这里，最重要是突出大教育理念、大教育格局。这也是我们育人环境建设始终关注的。在这点上，我们已经开展了成立学生管理委员会、学籍管理委员会等相关工作，建立了招生、教学、就业、创业的联动机制，等等。我们在育人成效上，也是具有鲜明特色的。比如，以机器人大赛为标志的一系列大学生实践创新教育成为学校品牌。Water队四次获得Robocup中型组世界冠军，这个不简单，捷能车队连续四次获得Honda节能竞技大赛唯一最佳技术奖，连续五年成功承办华北五省机器人大赛。再如，成功入选首批13所北京市深化创新创业教育改革的示范高校，北京高校大学生创业园孵化基地（全北京共有4个）正式落户学校。还有，本科毕业生就业率连续多年位居市属高校第三，研究生毕业生连续多年达100%。据相关数据，近年来本科毕业生的五年后薪酬均位列全国高校前4060名。这是我们有效整合育人合力的结果和重要的体现。说明我们培养的人才质量拿得出手，这一点需要大家巩固，也就是说我们的第一课堂质量一定要好，这是我们的看家本领，在专业教学上要巩固住我们的看家本领。同时做好我们的第二课堂、思政课堂都是全面培养人的要求，强基固本才能更好的发展。

第四，治理环境建设要突出依法治校和党的领导。也就是说，在治理环境中，我们要有一系列的法律、制度、程序、规范要让大家形成有事情找制度、找程序、找组织，而不是找个人。事情要符合规矩，当每一个人都这样的时候，大家就不用担心是不是有人“走后门”，这一点一定做出表率，有事情一定要按程序来。各级组织要公道正派最终形成一个治理有方、管理到位、风清气正，强调规矩和程序的治理环境。

第五，情感环境建设要强调大美润心、和而不同。所谓“和而不同”就是我们中华文化经历多少年的磨合，提出来的多样性、开放性、包容性。我们这样的学校在学术交流上、学术竞争上也要建立多样性，而不只是一种声音，要发挥每一个人的力量，要和而不同，要建立“各美其美、美美与共、美人之美、成人之美”这样的环境。刚才讲了很多关于学校自己的竞争力，出身的高贵，我们的潜力等等。柳宗元有一名话，叫“美不自美，因人而彰”，叶朗教授改成“物不自美、因人而彰”。原意是强调要有伯乐去发现美的事物，现在还有另一个层意思是说不仅仅要有伯乐，还要因自己努力而彰，我们有这样的基础、能力、潜力和队伍，可能我们也有这样的困难和那样的不足，可能也有我们很难克服的缺点，但是我们必须加倍努力，我们要“就料做菜”，我们就是要依靠我们现有的人，当然我们可以吸收外来的高精尖人才，但是要以我们为主，这一点我们一定要有信心，要因我们自己而把北京信息科技大学彰显出来，要彰显出我们的历史优势、更要彰显出发展的希望和将来的成就成果，真正让每一个信息科大人都有希望、有盼头、有干劲。只要努力，就有希望。我们一定要建设一个充满温暖、宽容和尊重的环境，每个人都在相互欣赏，有序竞争这样的平台上，凝聚我们的情感力量，最终实现我们的跨越式发展。

各位代表、同志们，贯彻落实十八届六中全会、全国和北京市高校思想政治工作会议精神，以五个环境建设为统领推进学校超常规跨越式发展，任务十分繁重，我们每个人都要自觉在“五个环境建设”中找到做贡献、促发展的立足点，同向同心，建设共同的更加美好的家园，共享改革创新的实实在在的成果。我相信，在我们教授、老师、管理人员、服务人员、师生员工的共同努力下，我们一定能够实现我们的期待，北京信息科技大学的明天一定会更加美好！

谢谢大家！

2017 年工作要点

中共北京信息科技大学委员会
北京信息科技大学
关于印发《2017 年工作要点》的通知

校内各单位：

《中共北京信息科技大学委员会、北京信息科技大学 2017 年工作要点》已经 2017 年 3 月 13 日党委常委会讨论通过，现印发给你们。

中共北京信息科技大学委员会

北京信息科技大学

2017 年 3 月 23 日

中共北京信息科技大学委员会
北京信息科技大学
2017 年工作要点

2017 年学校工作的总体要求：深入贯彻党的十八大以来重要会议精神和习近平总书记重要讲话精神，全面落实全国高校思想政治工作会议精神，在北京市委、市政府的正确领导下，主动适应经济社会发展新常态，坚持全面从严治党，以“五个环境建设”发展战略为统领，落实学校“十三五”事业发展规划建设任务，深化综合改革，推动内涵发展，以优异成绩迎接党的十九大胜利召开。

一、贯彻全国高校思想政治工作会议精神，全面加强党的建设

1. 全面加强思想政治建设和理论武装。加强理论学习，以学习宣传贯彻习近平总书记系列讲话精神和党的十八届六中全会精神为重点，全面深化党员干部、师生对讲话精神的认识认同，不断强化“四个意识”，坚定“四个自信”。以迎接和学习宣传党的十九大精神为主线，围绕重大主题开展研究、宣传、阐释。按照全国高校思想政治工作会议提出的明确要求和作出的重大部署，指导学校党的建设、思政工作和改革发展实践。深入推进教师思想政治工作，加强师德师风建设，引导教师以德立身、以德立学、以德施教，建设一支师德高尚、业务精湛、充满活力的教师队伍。

2. 贯彻落实党委领导下的校长负责制。健全重大事项议事规则和程序，完善协调运行机制，完善“党委统一领导、党政分工合作、各方协调运行”的工作机制，为全面贯彻党的教育方针，促进学校改革发展稳定，提供坚强的政治保证。

3. 旗帜鲜明地做好意识形态工作和宣传思想工作。落实意识形态工作责任制，加强党委对意识形态工作的领导，牢牢掌握意识形态工作的领导权。强化价值引领，大力培育和践行社会主义核心价值观，进一步增强理想信念。加强思想政治理论课程建设，扎实推进马克思主义理论研究和建设工程。加强舆论引导，建强宣传思想工作队伍，推进工作创新，为学校改革发展提供有力的思想保证。

4. 深化全面从严治党，贯彻落实《中国共产党纪律处分条例》《中国共产党廉洁自律准则》。继续扎实有效推进“两学一做”学习教育常态化、制度化，严肃党内组织生活，加强基层党建责任体系建设，健全抓基层党建工作机制，迎接党建和思想政治工作集中检查。深入学习贯彻《中国共产党纪律处分条例》《中国共产党廉洁自律准则》，强化全面从严治党主体责任，进一步落实党风廉政建设责任制，进一步健全党委落实党风廉政建设主体责任工作体系，推动主体责任向二级单位延伸，加强对落实执行情况的监督检查。加强对处级以上领导干部履行“一岗双责”的监督检查。加强警示教育，深化惩防体系建设，做好重要部门、重点领域和关键环节的廉政风险防控。

二、落实立德树人根本任务，提升育人环境

5. 主动适应招生与就业制度改革。积极应对各地考试招生制度改革变化，完善招生录取机制，提高 2017 年招生计划编制的科学性，提高生源质量。推进招生—培养—就业联动的一体化平台建设，建立多层次、广覆盖的就业创业指导体系，提高就业质量。拓展研究生招生渠道，充分调动各学院力量，形成全方位的研究生招生机制。积极适应国家继续教育政策变化，加强本科学历教育招生工作。

6. 迎接本科教学工作审核评估。召开 2017 年本科教学工作会议暨迎接本科教学工作审核评估大会，制定《本科教学审核评估工作实施方案》。加强教学质量监控体系建设，出台《教学督导工作管理办法》，完成校级教学督导组换届，继续提高基础课和专业重要基础课程的教学水平。

7. 加强凸显办学特色的专业建设。加强资源整合，推进机器人工程、数据科学与大数据技术两个新专业建设工作，落实 2016 级本科培养方案，强化人才培养特色，积极培育一流专业，组织开展一流专业建设的遴选工作。深入推进工程教育专业认证工作，组织做好自动化、通信工程、测控技术与仪器三个专业的自评及专家组现场考察工作，开展校内第三批专业评估。

8. 优化创新创业工作体制机制。优化创新创业教育工作机制，建设创新创业教育导师队伍，促进专业教育与创新创业教育有机融合，将创新能力和创业素质培养融入人才培养各环节。做好“互联网 +”大学生创新创业大赛、华北五省（直辖市、自治区）大学生机器人大赛等重要赛事及实践创新项目的组织，推进创新创业教育的改革与深化，更好地适应创新创业发展新形势。

9. 以“大思政”理念引领全员育人实践。统筹学生思想政治教育工作全局，加强顶层设计，以“大思政”教育理念引领全过程全方位育人工作。构建一体化育人工作体制机制，打通本科生与研究生思想政治工作，调整成立学生事务两大议事机构——学生工作委员会、学籍管理委员会，整合职能部门力量，形成育人合力。统筹开学典礼、毕业典礼和年度颁奖典礼“三大典礼”，传承大学精神，推动文化育人。加强学工队伍建设，完善学工队伍配备、培养、考核、职称评定办法。多层次推进学生核心素质教育，深入实施“养正计划”，坚持不懈培育优良校风和学风。

10. 完善留学生教育、研究生教育和继续教育工作机制。加强留学生教育与管理制度建设，修订留学生管理相关规定，建立留学生管理工作规范。借助新增“一带一路”奖学金项目扩大招生，提高生源质量。改善导师队伍结构，修订校内研究生导师遴选有关规定和专业学位研究生校外兼职导师有关规定。制定《硕士学位论文盲审办法》和《优秀硕士学位论文评选办法》，加大盲审力度和范围。推进继续教育管理体制和继续教育学院内部管理体制改革，依托学校学科优势，加强与企业、行业的沟通联系，扩展继续教育发展空间。

三、倾力加强核心能力建设，夯实办学环境

11. 凝练优化学科方向，全力以赴申报博士点。召开学科建设工作会议，按照博士学位授权标准，优化整合相关学科，融合资源与人才队伍，重点打造具有“冲博”实力、特色鲜明的一级学科，并带动其他学科协调发展。加强六大引领学科建设，积极发展新兴学科和交叉学科，加强“网络空间安全”领域人才培养和队伍建设，申报“网络空间安全”硕士学位授权点。加强硕士学位授权点针对性建设，开展硕士学位授权点自评中期检查，落实整改方案，完成“软件工程”一级学科动态调整工作，进一步优化学科布局和结构。

12. 坚持创新引领，推进“高精尖”创新中心建设。深入研究学校优势学科和具有新突破能力的领域，积极参与北京市“高精尖”中心和“高精尖”项目工作，参与申报北京市“高精尖”创新中心，同时力争获得 1 ～ 2 项高精尖项目。继续做好 2011 协同创新中心申报建设工作，加强高校间合作与交流，参与申报新的国家级 2011 协同创新中心。

13. 改革科研管理体制，提升综合科技实力。完善科研编制和奖励办法，有效调动教师从事科研的积极性和主动性。拓宽科研经费来源渠道，提高高级别科研项目立项数量和质量，努力实现科研指标稳定增长，2017 年，力争科研总经费超过 1.55 亿元，其中项目经费超过 1 亿元；公开发表学术论文 1200 篇以上，力争获得省部级及以上科技奖励 3 项，进一步提升科研成果产出力和科技创新能力。

14. 加强高水平科研平台建设，推进科技成果转化。促进产学研用一体化建设，重点加强先进光电子技术国际合作实验室建设，为申报教育部重点实验室做好准备。做好进入教育部“十三五”重点实验室建设指南准备工作，努力推进高动态导航与控制实验室、光电信息与仪器实验室申报教育部重点实验室。继续加强北京市重点实验室、工程研究中心等平台建设，发挥重点科研基地带动学校全面发展的作用。完成资产公司改制工作，完成第三轮武器装备科研生产单位保密资质认证，继续做好军工科研资质运行及国家秘密保密工作，确保军工科研项目研究顺利开展。

15. 深化国际交流合作，积极申报中外合作办学项目。深入实施“国际化办学”战略，积极寻求国际知名高校的合作，扩大国际交流规模，提高交流项目质量。整合学校优质办学资源，全力做好中外合作办学项目的申报工作，力争实现中外合作办学项目“零突破”。做好国外引智工作，加强青年教师的国际培训与教育，提升校内师资的国际化水平。

四、进一步深化综合改革，优化治理环境

16. 推进干部制度改革，建设高素质治校骨干队伍。根据中央关于干部选拔任用工作的新要求，推进干部选拔任用和管理工作科学化、规范化、制度化，出台干部管理暂行规定。紧密结合学校事业发展需求和干部队伍建设实际，提高选人用人的公信度，完成处级干部届中调整工作。开展处级干部精准化培训，强化处级干部的责任担当。积极推进干部交流，开展青年干部校内外联动挂职，健全领导干部管理、监督和考核机制，强化考核结果的运用。

17. 聚焦人事制度改革，加快汇聚一流人才队伍。深入实施“人才强校”战略，深化人事制度改革，完善校内绩效考核体系及薪酬分配体系，调整工资结构，建立重实绩、重贡献、向重点岗位倾斜的分配机制。继续深化职称改革，完善教师职务岗位聘任制度，合理设计职称评聘和考核机制，充分调动教师从事教学科研的积极性。按照 2017 年人才引进计划，全力做好高端人才引进和培育工作，依托“北京高端信息产业技术研究院”完成博士后工作站申报工作，为一流学科建设和高水平人才培养奠定坚实的师资基础。

18. 深化管理体制改革，积极推进依法治校。总结二级单位考核经验，进一步完善考核指标体系。继续推进校院两级管理体制改革，优化学校内部治理结构，推动管理重心逐步下移。落实《北京信息科技大学章程》，完善以《北京信息科技大学章程》为核心的制度体系，推进新形势下依法治校理念在学校管理和办学实践中的贯彻落实。进一步完善内部控制规范建设，规范各类经济活动，加强预算执行与决算审计，深化领导干部经济责任审计、新校区建设项目全过程审计和定额修缮项目审计工作，防范和控制资金使用风险，推动学校各项活动依法依章运行，做到治理有方、管理到位、风清气正。

19. 增强支撑保障能力，建设平安和谐校园。加快推进信息化建设，保证网络安全。落实公务用车制度改革政策，确保各项工作平稳过渡。继续深化后勤改革，完善后勤管理体制和运行机制，扎实推进后勤队伍建设，落实后勤标准化公寓、标准化食堂、标准化物业建设实施方案，不断提高后勤服务保障水平，加强节能减排工作，制订学校“十三五”节能工作计划。制订“平安校园”建设提升工程实施方案，确保党的十九大、首都重大活动和各敏感期校园安全和稳定。推进校园综合防控体系建设，继续加强校园反恐怖工作，完善信息搜集研判和属地联动机制，严防校园暴恐事件的发生。

五、统筹兼顾新老校区资源，改善空间环境

20. 全力推进新校区征地拆迁和开工建设准备工作。继续争取北京市政府和昌平区政府的支持，完善与政府有关职能部门和属地政府的工作协调机制，全力推进东坨村剩余拆迁和踩河新村宅基地拆迁工作。积极贯彻落实市委市政府“以世界眼光，国际标准，北京风格，建设双一流大学”的要求，进一步整合提升校园功能设置，优化校园结构，高标准完成新校区建筑、道路、景观的深化设计工作。积极争取昌平区政府加快推进新校区周边大市政建设，并安排资金、授权学校作为实施主体开展校内市政道路的设计和施工工作。按计划推进学生宿舍 A 组团竣工结算及后续工作。结合拆迁进度，适时开展并完成相应地块的土地划拨，办理完成施工前期审批手续，为开工建设做好准备。

21. 完成现有校区基础设施改造，提升空间环境质量。按计划组织实施 2017 年基础设施改造工程，完成其他零星工程项目等相关工作，统筹推进各校区空间环境规划与设计，通过校园基础设施建设和多校区空间环境资源整合，不断提高现有校区空间环境质量。强化办学资源筹措配置，通过扩建、改造、调配和租赁等方式，进一步盘活并拓展校内外可利用房屋资源，增强办学支撑力度。积极探索并推进资产的二级管理，提高资产管理的精细化和准确性，盘活存量资产，提高使用效率。

六、以党群团工作凝聚人心，营造情感环境

22. 发挥群团组织作用，以基层民主团结师生聚焦发力。健全以“教代会”“学代会”为基本形式的民主管理制度，发挥师生员工在学校民主管理和民主监督中的作用，切实增强共青团组织对广大青年学生的影响力和吸引力。召开第二届“双代会”，加强基层工会组织建设，充分发挥二级教代会作用，使工会工作更加直接联系职工、更加直接服务职工、更加直接维护职工合法权益。

23. 做好统战和离退休工作，凝聚党内外人士合力。健全党外代表

人士建言渠道和作用发挥机制，支持引导各民主党派、无党派人士围绕国家大局和学校中心工作发挥作用。继续做好民族宗教工作，深入开展民族团结进步教育，进一步促进不同民族学生之间的交流、交往。针对退休干部规模变化和学校实际，不断健全退休人员服务体系，加强离退休干部“两项建设”，落实好老干部“两项待遇”，做好教育引导，搭建平台，发挥离退休干部的独特优势，为学校事业增添正能量。

24. 探索校友工作机制，汇聚智慧情感共助母校发展。积极探索学校、校友企业协同发展新机制，加强地区、行业校友联谊会建设，推动建立全校参与的校友工作体系。加强校史研究，初步形成校史研究大纲。召开校友会第二次会员代表大会，筹备成立学校教育发展基金会，加快校友工作网络平台建设，通过“走出学校看学校”的方式，多渠道主动听取广大校友对学校的意见和建议。

25. 精心培育校园文化，增强师生归属感与凝聚力。落实以文化人的实践，聚焦“勤以为学，信以立身”的校训精神，深入挖掘特色工作和师生典型，讲好信息科大人故事，传播“勤〃信”文化正能量，践行信息科大人共同价值观。加强大学文化内涵建设，推进文化建设会商机制，通过二级单位文化建设形成文化建设全员格局。策划校园文化活动，打造“文化艺术节”、“科技创新节”，形成校园文化品牌。构建具有学校特色的形象识别系统，适时启动校歌征集工作，增强广大师生及校友的文化认同感和归属感，营造健康和谐、积极进取的校园文化氛围。

2017 年工作总结

中共北京信息科技大学委员会
北京信息科技大学
关于印发《2017 年工作总结》的通知

校内各单位：

《中共北京信息科技大学委员会、北京信息科技大学 2017 年工作总结》已经 2018 年 2 月 27 日党委常委会讨论通过，现印发给你们。

请各单位认真组织本单位教职员工学习和讨论，在认真总结过去一年工作经验的基础上，发扬成绩，克服不足，团结一致，同心同德，继续保持良好的工作状态和稳定的工作局面，扎实有效地做好 2018 年的各项工作，推动学校的各项事业健康、稳定、持续发展。

中共北京信息科技大学委员会

北京信息科技大学

2018 年 3 月 23 日

中共北京信息科技大学委员会
北京信息科技大学
2017 年工作总结

2017 年，在党的十九大精神的指引下，学校党委统揽全局，坚持全面从严治党，以“五个环境建设”为统领，扎实落实“十三五”事业发展规划任务，全力推进学校超常规、跨越式发展，在广大师生的共同努力下，各项工作取得了新突破新进展。

一、深入学习贯彻上级精神，全面加强党的建设

1. 学习贯彻党的十九大精神，全面加强理论武装。制定实施方案和宣讲活动工作方案，通过校院两级理论学习中心组、座谈会、主题班会、主题团日活动、参观“砥砺奋进的五年”大型成就展、举办专题报告会等形式组织师生全面学习党的十九大精神，深化习近平新时代中国特色社会主义思想理论学习教育，不断增强党员干部和师生的“四个自信”，在思想上、政治上、行动上与以习近平同志为核心的党中央保持高度一致。

2. 推动“五个环境建设”从战略思考到落地实施。深入学习贯彻国务院《统筹推进世界一流大学和一流学科建设总体方案》，扎实落实“十三五”事业发展规划任务，以“五个环境建设”为引领，空间环境建设取得的可喜进展，办学环境建设多点开花，育人合力逐渐形成，治理环境更加优化，情感力量初步彰显。2017 年，学校以“五个环境建设”战略思考为引领，在“十三五”事业发展规划的基础上，绘就了新蓝图 2020 年要基本完成新校区一期建设、全力争取博士点突破、教学科研水平再上新台阶“五个环境建设”都得到提升，努力实现历史性转折再经过两个五年计划，到 2030 年努力建成北京市最好的市属大学；然后努力恢复“国家队”水平，基本建成信息特色鲜明、国际知名、国内一流的高水平大学。坚持内涵发展、质量发展、特色发展：以信息特色为主线，贯穿新一代信息技术、智能制造、国防军工、人文社科乃至艺术学科等相关学科群，形成以工为主、多学科协调发展的学科体系，最终建成信息特色鲜明、国际知名、国内一流的高水平大学。这是学校坚定不移地走中国特色高等教育发展道路，全力实现内涵发展、质量发展、特色发展的目标任务，也是立足新的起点，绘就的新蓝图，实现超常规、跨越式发展的奋斗目标。

3. 落实全国和北京高校思想政治工作会议精神。学校党委按照全国和北京高校思政会提出的要求，对进一步加强和改进学校思想政治工作做出全面部署，指导学校党的建设、思政工作和改革发展实践。组织召开学校思想政治工作会议，先后制定出台《关于加强和改进新形势下学校思想政治工作的实施方案》《关于加强和改进新形势下学校党建工作的实施方案》《关于加强和改进新形势下学校统一战线工作的实施意见》《关于加强和改进新形势下大学生思想政治教育工作的实施意见》《关于进一步加强和改进共青团工作的意见》《关于加强和改进辅导员和班主任队伍建设意见》《班主任管理办法》《辅导员管理办法》等系列文件和举措，成立党委教师工作部、党建与思想政治教育学术分委员会，推动单独设立党委统战部、专职辅导员师生比达标、设立专职组织员等工作，全面推进学校思想政治工作改革与创新。

4. 进一步完善党委领导下的校长负责制。修订并发布《贯彻落实三重一大决策制度的实施办法》《常务委员会议事规则》《校长办公会会议事规则》《全体委员会议事规则》，健全党委统一领导、党政分工合作的协调运行机制，完善党委全委会、党委常委会、校长办公会议事规则、议事范围和决策程序，为承担管党治党、办学治校主体责任提供坚强保障。

5. 完成北京高校《党建和思想政治工作基本标准》检查。高度重视、全员行动，成立学校迎评领导小组，制定迎接检查工作方案，完成评建材料的融合、归纳、提升，形成自评报告、工作报告和特色报告，圆满完成了基本标准入校检查工作，顺利通过了检查组对我校过去五年的党建和思想政治工作情况的全面深入考核评估。从严落实基层党建工作责任制，加强制度建设，出台《关于加强和改进新形势下学校党建工作的实施方案》《系（部、室）务会制度（试行）》《党的组织生活制度》《学院党委（党总支）书记、副书记、委员党建工作职责》等文件，进一步规范基层党建工作，严肃党内政治生活，院级党组织职责更加清晰。重新调整《处级以上党员领导干部联系基层党组织的相关安排》，进一步加强了处级党员领导干部联系党支部工作。

6. 加强宣传思想工作和意识形态工作。出台《校院两级理论学习中心组学习规范》，落实校院两级理论学习中心组学习制度和党员、教职工学习计划，推进“N+1”理论学习模式推动理论学习全覆盖。制定《网络意识形态工作责任制实施细则》，加强意识形态工作会商与研判，严格落实举办报告会、研讨会、讲座、论坛“一会一报”制。强化政治意识，层层落实党委意识形态工作责任制，严格课堂、讲座、校报校刊、广播、校园网络、新媒体平台等校园宣传文化阵地管理，坚持全天候监控、定期及时进行信息报送工作，全面梳理和呈现涉及学校的舆情状况，负面舆情大幅下降，牢牢把握意识形态工作的领导权、管理权、话语权。

7. 深入推进全面从严治党和党风廉政建设。出台《全面从严治党的实施意见》《贯彻落实全面从严治党责任清单》《问责工作实施办法》和落实“两个责任”实施办法，不断完善权责明确、逐级负责的责任体系，提升各级党组织和领导干部履职尽责的责任意识。调整党风廉政建设工作领导小组，进一步明确工作职责。推进领导干部履行党风廉政建设责任全程记实工作，继续从严抓好中央八项规定精神贯彻落实，健全作风建设长效机制。深化内部巡查工作，抓好巡查问题的整改落实。有效运用监督执纪“四种形态”，严肃查处违纪行为，创新廉洁教育，加强对重点领域的监督执纪问责，营造风清气正的办学环境。

8. 落实安全稳定责任，建设平安和谐校园。统筹推进“平安校园”提升工程，明确具体目标、重点任务。高标准做好敏感期安保维稳工作加强信息搜集研判，健全预警研判、快速响应联动机制。强化反恐安全防范不断完善校园综合防控体系，技防建设取得新进展。加强大学生安全教育，有效维护了校园安全稳定。

二、落实立德树人根本任务，育人合力初步形成

1. 加大京外招生宣传力度拓展就业渠道取得新突破。积极应对考试招生制度变化，全面利用新媒体平台，创新招生宣传方式，拓宽多元录取途径，录取工作实现“零差错”“零投诉”。2017 年学校面向全国 30 个省份（自治区、直辖市）招收本科生，京外 26 个省份实现全部专业一批次招生，且录取线均创历史新高，整体生源质量稳中有升。2017 年 39 个本科专业共计招收全日制本科生 2795 人，全日制硕士研究生 504 人留学生 52 人。新增本科机器人工程、数据科学与大数据技术、国际经济与贸易三个专业，市场营销专业增加“品牌管理”方向招生。积极拓展就业渠道，依托原有行业背景和特色，进一步发挥“原机械部高校七校就业联盟”品牌效应，承办 2017 年度七校就业联盟年会，推进就业市场建设和质量提升。通过与北京市人社局党支部结对共建、与深圳人才集团签署框架协议，与拉萨市全方位、深层次、多角度合作，促进毕业生充分就业、精准就业。毕业生就业率再创新高，就业质量有了新的提升，2017 年本科毕业生一次性就业率 99.45%，硕士毕业生一次性就业率 100%，连续六年稳步增长，位居市属高校前列深造率（出国率及考研率）首次突破 20%。

2. 推进应用型新工科专业建设，专业建设成效显著。积极对接“中国制造 2025”、“互联网 +”行动计划等重大战略需求，成功获批机器人工程、数据科学与大数据两个新专业，成为全国第二批获批该类专业的高校。积极整合全校优势资源，探索应用型新工科建设，成立跨学科、跨学院的教学工作小组、学生管理工作小组，与哈工大机器人集团、北京大数据研究院陆续签订战略合作框架协议，形成有效的协同育人机制，组织完成培养方案制定、教学平台搭建、师资培训、新生遴选等工作。以专业评估、工程教育专业认证为抓手，推动专业快速发展，2017 年完成 11 个本科专业校内专业评估。测控技术与仪器、自动化、通信工程等三个专业顺利完成工程教育专业认证专家现场考查测控技术与仪器专业获批北京市属高校首批一流专业。

3. 持续深化改革，加强创新创业体系内涵建设。以专业教育与创新创业教育有机融合为理念，加强创新创业体系内涵建设，组建创业导师队伍，开展培训沙龙、创业论坛、创业项目推介会、创业参观交流等活动。组织第四批、第五批校内创业项目遴选共计 28 支团队入驻基地围绕“互联网 +”大赛，开展 14 支团队项目的培育工作。2017 年获评北京市首批深化创新创业教育改革示范高校，大学生创新创业基地获批首批北京高校大学生创业园分园，4 支创业团队获评北京地区高校大学生优秀创业团队。广泛开展校企深度合作，新增校外人才培养基地 20 个，成立大学生创新创业基地媒体中心，成功举办首届大学生创新创业基地优秀创业项目推介会。成功举办第五届华北五省机器人大赛，获得各类奖项共计 50 项。在第三届中国“互联网 ++”大学生创新创业大赛中获国家级铜奖 1 项、市级奖项 14 项，成为唯一一所连续两年晋级国赛并获得铜奖的北京市属高校。

4. 做好迎接本科教学工作审核评估准备工作。通过召开 2017 年本科教学工作会议，颁布实施《北京信息科技大学本科教学工作审核评估工作方案》等文件，明确了审核评估工作的组织结构和主要职责、工作阶段及重点内容。完成学校《自评报告》初稿、教学单位教学档案梳理和单位《自评报告》撰写，完成 2017 年本科教学基本状态数据采集、本科教学质量报告编制工作，为迎接 2018 年专家进校考察奠定扎实基础。

5. 全面加强教学制度建设，提高教育教学质量。颁布实施《全日制普通高等教育本科学生学籍管理规定》《本科学生成绩管理办法》《授予普通高等教育学生学士学位工作细则》等管理文件。加强教学质量监控，成立学校第三届校级本科教学督导组。促进教师教学能力提升，“机械工程教师团队”入选教育部“全国高校黄大年式教师团队”，多名教师获评北京市高等学校教学名师、北京市高层次创新创业人才支持计划教学名师，获得北京市第十届青年教师教学基本功比赛——理工组 B 一等奖 1 项。加大研究生国际交流力度，招收硕士留学生数继续增加。做好研究生培养工作，论文盲审的覆盖面和力度进一步加强，研究生发表高水平学术论文数量和优秀硕士学位论文数量持续增长。

6. 学生工作体系化精细化，育人合力初步形成。保持学生日常思想政治教育全员覆盖，初步构建起以六大平台、三个结合、三大载体为支撑的系统化、具有学校特点的大学生思想政治教育工作体系（六大平台，即思想引领平台、心理健康教育平台、学业指导平台、科技创新平台、素质提升平台、学生服务平台；三个结合，即校院两级管理、课内外联动、线上线下呼应；三大载体，即“两节”——文化艺术节和科技创新节，“三大典礼”——开学典礼、毕业典礼、年度颁奖典礼，“专项计划”——新生引航工程、党员先锋领航工程、养正计划、毕业生逐梦计划）。进一步整合资源，调整学生工作委员会，

成立学籍管理委员会，完善学生工作委员会运行机制，加强攸关学生利益决策的科学化、规范化、法制化建设。加强学生管理工作，规范学生违纪处理，修订出台《学生违纪处理办法》，引入处分考察期制度。积极推进师生心理健康工作，全年没有发生极端事件。国防教育工作不断深入，首次将军事理论课引入网上教学平台，获得2016年国防教育先进单位称号。探索艺术教育新模式，提升艺术教育水平，2017年大学生艺术团获市级以上奖项22项，获北京市大学生舞蹈节金奖、北京市大学生戏剧节银奖、铜奖各一项，获得第31届CBDF全国锦标赛高校对抗赛冠军。持续开展符合学生特点、体现专业特色、满足社会需求的社会实践活动，近7000人次参与到社会实践中，被评为“2017年首都社会实践先进单位”，1支团队获评“全国三下乡优秀社会实践团队”，2支团队获评2017首都暑期社会实践百强团队。调整体育第二课堂的教学内容，增加学生体能锻炼的强度和对学生体能锻炼的项目及监控，市级体育比赛成绩有较大提高。

三、服务创新驱动发展战略，办学核心能力取得新突破

1. 加强学科建设，完成新增博士（硕士）学位授予单位项目建设规划。贯彻学科引领、人才强校的基本精神，召开学科建设工作大会，进一步优化学校学科建设顶层设计，确立“融合学科资源、凝练信息特色、提高办学水平”的学科建设发展思路。以服务北京“四个中心”建设和京津冀协同发展为导向，以培育具备冲博实力学科为核心，确定学科建设发展战略，突出学科建设重点。完成新增博士（硕士）学位授予单位项目建设规划，重点打造具有冲博实力且特色鲜明的一级学科，带动和支撑其他学科快速发展。开展新增硕士学位点申报，将一级学科软件工程调整为网络空间安全，完成会计和新闻与传播两个专业学位新增申报。完成21个硕士学位授权点自评中期检查工作。完成2016年学科与研究生教育专项的验收工作和2017年学科与研究生教育专项申报工作。继续加强导师队伍建设，2017年新增兼职博士生导师3名，新增硕士研究生导师58名，开展专业学位校外兼职导师新一轮备案工作。

2. 积极培育重大创新成果，科研项目获国家科学技术奖。2017年，学校科研总经费1.4384亿元，项目经费9506万元，全年新增各类科研项目273项，新增省部级以上科研项目36项，其中北京市科委科技计划项目6项，合同经费达820万元，创历史新高。高水平学术论文数与专利授权数保持稳步增长，共发表学术论文937篇，获各类知识产权授权、登记196项，获7项省部级科研成果奖和2项社会力量设奖。科研项目质量显著提升，与北京国盾量子信息技术有限公司合作，“量子通信技术创新与行业应用面向数据中心高通量需求的量子通信技术应用研究”获市科委科技计划项目。学校牵头申请的第一个国家重点研发计划项目“服务价值与文化传播评估理论与技术（基础研究类）和光纤传感领域装备预研基金重点项目”通过项目评审。联合北京理工大学，作为第二单位参与完成的“高过载飞行器自主导航与控制技术”项目成果获国家技术发明奖二等奖，标志着学校在高动态导航领域取得了又一次突破。

3. 国防科研取得新进展，完成武器装备科研生产单位二级保密资格重新认定。积极拓宽国防军工项目申报途径，2017年共计申报24项国防项目，国防经费项目1812万元，与往年相比有较大增长。通过三年一次的民品质量体系认证的复评审查及武器装备质量管理体系年度审查，完成武器装备科研生产单位二级保密资格重新认定工作。修订保密制度加强军工项目的定密管理工作，积极开展保密培训，建立起清晰合理的项目保密管理流程，保障国防科研项目研究顺利开展。

4. 参与“高精尖”创新中心建设，重点科研基地建设取得新突破。2017年，共新增省部级科研基地5个，由学校牵头申请的“光纤传感与系统北京实验室”获市教委批准认定，与北京交通大学共建的国家经济安全预警工程北京实验室获得市教委批准认定。“绿色发展大数据决策北京市重点实验室”获北京市科委认定，并得到北京市科技创新基地培育与发展工程子专项择优资助，“先进光电子器件与系统北京市国际科技合作基地”通过北京市科委认定。学校立足在大数据分析领域的科研优势，积极参与北京科技大学材料基因工程高精尖创新中心建设工作。与北京科技大学倾力合作构建“材料基因工程北京高精尖创新中心”获得批准，为北京实现“国家科技创新中心”的功能定位提供助力。

5. 推动国家政策落地，有效促进科研成果转化。跟踪扶持成熟及产业化前景好的科技成果，梳理产业化项目储备库入库项目，新增入库项目2项，并开展产业化中试。10余项产业化成果参加对接活动，1项在孵项目取得天使投资，1家入园企业获得风险投资。加强孵化孵育软支撑服务体系建设，积极开展政策对接、项目对接、研发资源整合、双创培训投融资对接等服务。起草《科技成果转化管理办法》，推动科技成果转化扶持政策落地。完成北信工程、科信所、京信科公司、意康公司等国有资产产权年检工作，完成拓尔思公司产权变动。进一步优化北信工程履行资产公司职能的决策机制，调整北信工程董事长、法定代表人、总经理，完成公司董事会、监事会换届，起草《董事会议事规则》，完善法人治理结构。完成科信所所长和法定代表人调整工作。

6. 深化国际交流合作，国外引智工作取得突破性成果。“先进光电子器件与系统学科创新引智基地”获国家外专局和教育部批准立项入选国家“111计划”，成为“111计划”面向地方高校开放以来第二批入选的地方高校，也是2017年北京市属高校唯一一所入选高校。2017年共获批国家外专局和北京市外专局高端人才引智项目7项，聘请长短期外国专家32人，其中4人被聘为荣誉教授。与国外高校新签续签合作协议23项，截至2017年年底，与学校合作国外大学数量升至71所，提前完成“十三五”目标。积极响应国家“一带一路”倡议，与“一带一路”沿线国家合作的大学数量达到16所，成为“一带一路”中波大学联盟首批成员校。首次与波兰西里西亚理工大学合作，完成了孔子课堂申报工作。举办“中德智慧城市论坛”，为北京智慧城市和“四个中心”建设贡献智慧。进一步推进学院与国外合作项目的直接对接，促进新项目成果落地。全年共开展25个学生公派出国留学长短期项目，向海外合作院校派出学生147人。共计接待国境外来访团组27个，来访人员79人次，受理因公出国（境）团组46个，计119人次，其中，教师出访人数（含双肩挑）占到出访总人数的68%。

四、进一步深化综合改革，优化治理环境

1. 切实加强干部队伍建设，完成处级干部届中调整。慎重稳妥地完成了处级干部届中调整，共计20多人次轮岗交流。进一步加强年轻干部培养，开展了18名干部校内联动挂职锻炼工作。完成京冀互派干部挂职、宣教系统干部挂职、博士生服务团、全市专业技术干部挂职、选派低收入村第一书记等多个批次的人才管理工作以及北京市选调生统计、审核、推荐、组织培训等相关工作。全面开展党内培训，共培训处级干部1490人次，人均126学时。严格执行中央、市委和学校党委关于严格管理干部的各项规定，在处级领导干部因私出国（境）、个人事项报告查核、请假报备等工作中，加强宣传，敢于管理，有效利用提醒、函询、诫勉等组织方式，基本形成了全面从严从实的工作氛围。

2.“外引”与“内培”并重，人才队伍建设水平有较大提升。新增双聘院士1人，兼职特聘教授2人；评审并构建了由“勤信学者”2人、“勤信拔尖人才5人、“勤信英才13人组成的学校高水平青年人才培育体系，进一步激发高水平人才的发展动力。全年引进博士（博士后）63人，较往年在数量和水平层次上均有大幅提升。积极开展人才项目工作，2017年度北京市属高校高水平教师队伍建设支持计划项目，入选创新团队项目1个、青年拔尖人才项目6个。在2018年度北京市属高校高水平教师队伍建设支持计划项目申报工作中获得1项特聘教授项目、1项长城学者项目、1项创新团队项目、7项青年拔尖人才项目。制定《专任教师挂职院长助理实施方案》，为青年教师成长搭建平台。积极组织开展2017年博士后科研项目工作站申报工作，申报并获批“大容量高强度光纤传感系统研究产品化”博士后科研项目工作站，2017年接收2名博士后研究人员入站。

3. 深化教师职务聘任制度改革，初步优化绩效工资方案。初步制定完成《北京信息科技大学专业技术职务岗位晋升办法》《北京信息科技大学专业技术职务岗位（分级）聘任实施办法》《北京信息科技大学专业技术人员创新创业管理暂行办法》。开展京内外同类高校绩效工资方案及其具体实践调研，初步提出新的绩效工资改革方案的理念、原则和制度框架，拟订《绩效工资改革方案（初稿）》，确立了薪酬改革的具体框架。

4. 推动“放管服”改革管理服务环境持续改善。建立健全财务规章制度，制定《纵向科研项目间接费用管理细则》《财政科研项目经费预算调整管理办法》《科研会议费、差旅费和专家咨询费管理办法》《公务交通出行费用报销管理办法》《科研经费开支范围及报销细则》等文件，为科研人员“松绑、减负”，建立起符合创新规律、高效规范的科研经费激励与保障机制。编制完成《内部控制手册》，内部控制建设工作取得实质性进展，形成一套较为科学、规范，涵盖财务管理、资产管理、政府采购、建设工程以及合同管理等各方面的制度体系。根据学校事业发展需要，积极探索劳务用工方式改革，平稳推进劳务派遣工作，优化人才资源的社会化配置。进一步规范劳动用工管理，完善劳动用工规章制度，修订《后勤管理处外聘员工管理办法（试行）》《后勤管理处外聘员工劳动合同管理办法》《后勤管理处绩效考核管理办法》等多项管理制度，做到有法可依。推进对饮食服务科的持续审计，规范科研经费管理，强化科研经费审签控制。落实重点领域审计全覆盖，做好新校区建设全过程审计，加强流程管控，规范工程项目建设程序。做好基础设施改造全过程审计监督，2017年度共审计35项修缮及改造项目，有效预防了工程项目建设风险。

5. 扎实做好民生工作，支撑保障效能全面提升。全力做好普惠福利保障，切实为教职工办实事、解难事。后勤事务中心平台的作用日益凸显2017年共计受理各类业务1583件，师生享受到更方便、快捷的服务。校医院顺利通过海淀区卫生部门环评审核，妇科、口腔科相继开业，取得放射科的辐射安全许可证，各项医疗服务进展显著，为师生提供更多更专业的服务。全面普查大型仪器及进口减免税仪器设备，整合房屋资源，提高配置效率。开展“优质服务月”活动，为师生办实事、办好事。全校14栋学生公寓楼共2200余部空调正式投入使用，2017年三校区合计用电量同比增长3.87%，用水量同比减少1.95%，全年综合能耗同比下降约4.82%，生均能耗下降约6.76%，单位建筑面积能耗下降约4.82%。优化图书馆文献资源结构，持续丰富馆藏文献资源，做好特色资源建设。

6. 继续推动信息化建设，提高信息化水平。编制“新校区智慧校园规划设计咨询”项目的方案并通过专家评审，完成“新校区智慧校园规划设计咨询”项目立项，形成了新校区智慧校园建设的基本思路。加强网络安全建设和管理，优化信息化基础设施配置，对各类IT系统查漏补缺，维持设备设施正常运转。实现教务基础数据与财务系统的对接，促进了基础数据的共享互通。在财务信息系统发布的同时，增加微信平台工资发布功能，方便了教职工查询工资。积极研发资产采购管理信息系统和房屋管理系统，进一步提高后勤信息化水平，探索审计信息系统研发，获取2项审计软件著作权。完善就业信息系统，加强校友信息平台建设，提高了学校信息化总体水平。

五、加速推进新校区建设，空间环境建设取得重要进展

1. 以重中之重的工作态势，全面推进新校区建设。全力落实北京市关于学校新校区建设重要精神，及北京市副市长王宁新校区现场工作会指示，站在讲政治的高度加速推进新校区建设。2017年，基本完成新校区学生宿舍A组团建设任务，学生宿舍B组团开槽动土。新校区总体规划深化方案通过专家论证，完成学生宿舍B组团施工图纸设计，完成市政规划综合、总体规划深化工作。完成东坨村全部拆迁工作，踩河新村非宅基地基本拆除完毕、宅基地腾退签约达97.5%。新校区建筑单体设计对接工作全面深入推进，为2018年新校区全面开工建设奠定了坚实的工作基础。

2. 完成现有校区基础设施改造，提升空间环境质量。完成消防报警系统改造、楼宇防雷设施维修改造，健翔桥校区视频监控升级改造，小营、健翔桥校区五部电梯更新，以及三校区综合修缮改造工程等六项工程。完成2017年集体宿舍装修工程、小营校区母婴室改造工程和龙岗路教学科研基地安全办公室维修工程。建设健翔桥校区咖啡屋，完成彩钢板建筑专项整治清理工程、小营校区学生公寓电力改造工程等10余项新增建设项目。

六、以党群团工作凝聚人心，营造情感环境

1. 精心培育校园文化，推动情感环境建设。落实以文化人的实践，举办首届“勤信人物（团队）”评选表彰活动，撰写勤信故事，编辑校报特辑《凡星》，弘扬“勤以为学，信以立身”的校训精神和大学文化内涵。注重“典礼文化”内涵建设，统筹开学典礼、毕业典礼、年度颁奖典礼“三大典礼”，传承大学精神，推动文化育人；合作打造“文化艺术节”“科技创新节”，形成校园文化品牌。举办“校史人物风采展”，展现学校办学发展的光辉历程，增进广大师生对大学文化的认同感。

2. 发挥教代会作用，助推学校民主建设。2017年，学校建立完善二级教代会制度，17个部门工会全部顺利完成换届选举工作，选举产生了二级教代会代表。教代会执委会在新校区建设、外聘人员用工制度改革等学校重大事项和事关教职工重大利益的工作中，发挥重要作用。

3. 做好统一战线和群团工作。出台《关于加强和改进新形势下统一战线工作的实施意见》及任务清单，明确党委主体责任，建强统战工作力量，切实加强改善党对统战工作的领导，推动形成“大统战”工作格局。成立学校统战工作领导小组，不断加强民主党派基层组织建设，完成北京市第十三届全国政协委员提名推荐和考察。深入推进统一战线“心桥工程”将其纳入学校统战工作和党外知识分子思想政治工作重要内容。加强少数民族学生日常行为规范管理。逐步完善体育工作委员会工作，加强体育文化的建设，营造体育文化氛围，不断创新和丰富课外体育活动的内容和形式，满足师生日益增长的多元化体育健身需求。

4. 做好老干部工作和离退休工作。完善离退休党支部设置和工作机制，加强离退休干部党组织建设。全面落实离退休干部政治待遇和生活待遇，不断完善创新服务管理方式。引导老干部发挥正能量，推动大学生思想政治教育再上新台阶。2017 年学校荣获北京教育系统关工委“优秀组织奖”，“老少共进”团队被评为北京教育系统老党员先锋队。

5. 完善校友工作体系，增强校友凝聚力。完成《校友工作“十三五”规划》不断完善校友工作体系，形成上下一体、相互协调、紧密联系的校友工作网络和校友工作队伍，进一步构建校内、校外、在校生校友工作网络。2017 年接受现金捐赠 20 余万元，接受实物捐赠价值 145 万元。校友会荣获北京市市级社会组织评估 AAAA 等级，成为本年度唯一获 AAAA 评定结果的单位，也是五年来第二家荣获此荣誉的市属高校校友会。

2017 年十大新闻

1. 人才队伍建设再上新台阶。3 月，仪器科学与光电工程学院孙婷、机电工程学院苏鹏入选中国科协“青年人才托举工程”项目。信息与通信工程学院徐湛入选北京市“高创计划”青年拔尖人才名单。多人入选北京市属高校高水平教师队伍建设支持计划，其中理学院王灯山入选 " 长城学者 " 培养计划项目，向维入选“特聘教授”支持计划项目，机电工程学院黄民团队入选“创新团队”建设提升计划项目，李卓等 7 人入选“青年拔尖人才”培养计划项目。学校扎实落实和推进人才培育与引进改革政策，20 人入选首批“勤信人才”培育计划，其中“勤信学者”2 人，“勤信拔尖人才”5 人，“勤信英才”13 人；38 人通过校内“绿色通道”晋升教授与副教授；引进博士（博士后）63 人。学校与嘉兴市签订合作框架协议书，在培养专门人才，干部人才互派互挂和人才活动联办、加强人才引进等方面展开合作。

2. 改善民生工作取得新进展。4 月，学校取得海淀区环境评估合格批复，校医院妇科和口腔科分别于 6 月和 11 月相继开诊；6 月，学校共计 14 栋学生公寓楼，2200 余部空调正式投入使用。完成小营校区、清河校区家属院抗震加固与外墙保温工作；全年学校各项能源绩效显著提升，全校综合能耗同比下降约 4.82%，生均能耗下降约 6.76%，单位建筑面积能耗下降约 4.85%。师生学习生活环境得到明显改善。

3. 打造文化品牌凝聚师生情感。5 月 18 日，学校首届勤信人物（团队）评选结果揭晓，张福学、徐小力、张奇志、王灯山、张敬东、赵南茜、麦尔哈巴·赛莱、北京知识管理基地团队、Water 机器人足球队、招生就业工作处 10 个人物（团队）当选，勤信精神进一步彰显。学校首届文化艺术节、首届科技创新节先后举办，相继推出系列文化活动，在师生中反响热烈，36000 余人次参与其中，参与面覆盖全校本科生、研究生、教职工及留学生。创新构建开学典礼、毕业典礼、年度颁奖典礼三大平台，助力学生成长。此外，学校 1 个团队荣获第九届首都“挑战杯”赛一等奖；在 2017 年“青年服务国家”首都大中专学生暑期社会实践活动中，2 个团队获评为百强团队，贾斌等 10 人获评为先进工作者，屠垚斌等 10 名同学获评先进个人奖，我校获评为社会实践先进单位。钢琴、舞蹈等社团获得市级以上比赛奖项 28 项，其中舞蹈社团获得中国国际标准舞总会全国锦标赛名校对抗赛冠军。

4. 全面推进学校思想政治工作改革创新。7 月 6 日，学校组织召开思想政治工作会议。校党委书记王传亮就深入学习贯彻落实全国和北京市高校思想政治工作会议精神，进一步加强和改进学校思想政治工作做出全面部署，构建思想政治工作大格局。本年度，学校先后制定《关于加强和改进新形势下学校思想政治工作的实施方案》《关于加强和改进新形势下学校党建工作的实施方案》《关于加强和改进新形势下学校统一战线工作的实施意见》《关于加强和改进新形势下大学生思想政治教育工作的实施意见》《关于进一步加强和改进共青团工作的意见》《关于加强和改进辅导员和班主任队伍建设意见》等系列文件和举措，成立党委教师工作部、党建与思想政治教育学术分委员会，强化队伍建设、加强领导保障，全面推进学校思想政治工作改革与创新。此外，11 月 14 日，北京教育系统党建和思想政治工作检查组，到校检查《北京普通高等学校党建和思想政治工作基本标准》落实情况，高度肯定了过去五年学校党建和思想政治工作的成绩。

5. 学科建设工作会议召开。9 月 1 日，学校召开学科建设工作暨新学期工作部署会。会议主题是“融合学科资源凝练信息特色提高我校办学水平”，目的是要贯彻学科引领、人才强校的基本精神，总结经验、查找差距，优化学校学科建设顶层设计，明确推进学科建设的战略举措，有效提升学科建设水平，为推进我校超常规、跨越式发展提供强有力的支撑。会议提出了学校未来工作的思路和举措：一是聚焦人才培养目标，加强顶层设计；二是提升科研层次和水平；三是加强学位点建设。

6. 迅速掀起学习宣传贯彻党的十九大精神热潮。10 月 18 日，中国共产党第十九次全国人民代表大会在京开幕，按照中央部署和北京市委要求，学校党委精心谋划，制定出台学习宣传贯彻党的十九大精神工作实施方案和宣讲工作方案，将抓学习、抓宣讲、抓“三进”落到实处，确保党的十九大精神学习宣传全覆盖。通过组织全校师生收听收看大会直播；召开学习宣传贯彻会议精神工作部署会；组织各层面师生召开座谈会；成立学校宣讲团，各级领导带头学习宣讲十九大精神；开展校院两级理论学习中心组学习；邀请专家和北京市宣讲团成员到校作专题辅导报告；组织师生参观“砥砺奋进的五年”大型成就展等多种形式，多层次、多角度、多渠道学习宣传贯彻党的十九大精神，推动习近平新时代中国特色社会主义思想在校内落地生根，切实把十九大精神转化为统筹推动“五个环境建设”，实现超常规、跨越式发展的强大动力。

7. “先进光电子器件与系统学科创新引智基地”揭牌。11 月 2 日，“先进光电子器件与系统学科创新引智基地”揭牌成立。学校成为 2017 年唯一入选国家外专局和教育部地方高校“高等学校学科创新引智计划”的北京市高校。引智基地落户我校，对于学校面向全球引进高水平人才，加强学科建设、开展高水平科学研究、加强高层次人才培养、提升科技创新能力和综合竞争力具有重要的支撑作用。为响应国家“一带一路”发展倡议，我校在中波大学联盟成立大会暨签约仪式上签署协议，正式成为中波大学联盟单位，全面加强与波兰乃至中东欧其他高校的全面交流与合作，大力推进学校国际化进程纵深发展。

8. 加速推进新校区建设。11 月 10 日上午，北京市副市长王宁到新校区现场调研指导工作，要求加速推进新校区建设。学校党委书记王传亮，党委副书记、校长王永生多次召开新校区现场办公会，强调要站在讲政治的高度加速推进新校区建设，校内外新校区建设工作团队要积极作为，遵规执纪，强化监督，廉洁施工，确保把新校区建设成阳光工程，为有序疏解北京非首都功能，推进京津冀协同发展作贡献。截止目前，新校区学生宿舍A组团基本完工，学生宿舍B组团开槽动土；新校区总体规划深化方案已通过专家论证；东坨村拆迁全部完成，踩河新村非宅基地已基本拆除完毕、宅基地腾退签约达97.5%；新校区单体设计对接工作全面深入推进。这些工作的开展，为2018年新校区全面开工建设奠定坚实工作基础。

9. 科技创新能力得到大幅提升。11月17日，由我校牵头申请的第一个北京实验室“光纤传感与系统北京实验室”获北京市教育委员会批准认定。新型智库领域的“绿色发展大数据决策”北京市重点实验室、“先进光电子器件与系统北京市国际科技合作基地”获批成立。与合作单位共建的“材料基因工程”北京高精尖创新中心、“国家经济安全预警工程”北京实验室获得批准认定。承担科研项目质量显著提升，在量子通信前沿领域获得高级别项目。此外，本年度学校2项科研成果分别获国防科技发明一等奖和二等奖，2项科研成果分获北京市科学技术二等奖和三等奖，2项科研成果获北京市哲学社会科学优秀成果二等奖，1项科研成果获得吴文俊人工智能科学技术进步二等奖。

10. 教育教学取得新进展。本年度，学校教育教学取得新的进展，创新创业教育硕果累累，就业率考研率再创新高。11月，仪器科学与光电工程学院测控技术与仪器专业获批为北京市属高校首批一流专业。测控技术与仪器专业通过中国工程教育专业认证协会复审现场考查；通信工程专业、自动化专业完成工程教育认证现场考查。王磊获得北京市第十届青年教师教学基本功比赛理工组B一等奖；米洁荣获第十三届北京市高等学校教学名师奖；机电工程学院教师团队入选教育部“全国高校黄大年式教师团队”。学生创新创业方面，学校获评北京市首批深化创新创业教育改革示范高校；4支创业团队获评北京地区高校大学生优秀创业团队；在第三届中国“互联网+”大学生创新创业大赛中荣膺国家级铜奖1项；water队在2017年RoboCup机器人世界杯赛事中第5次荣膺冠军。毕业生就业率连续第6年位居市属高校前三甲，考研率大幅提升。全部专业一本招生的省份数量由去年的22个增加到26个。机器人工程、数据科学与大数据技术、国际经济与贸易3个专业实现首次招生，市场营销专业增加“品牌管理”方向招生。

机构与队伍

BEIJING
INFORMATION
SCIENCE & TECHNOLOGY
UNIVERSITY

INSTITUTIONS AND TEAMS

机构与队伍

校级党政领导

中共北京信息科技大学委员会

党委书记： 王传亮

党委副书记： 王永生（3月16日任） 刘筱毅 王秀彦

党委委员：（按姓氏笔画排序）

马綮鸿（12月6日任） 王久和 王永生 王传亮

王兴芬（女） 王秀彦（女） 卢玲军（女）

冯晓春（女，12月6日免） 邢济收 刘 勇

刘筱毅 苏 中 杜世智 李 宁 李 忱

陈 刚（12月6日任） 陈清华（女，12月6日任）

林国策 栾忠权 陶志红（女，12月6日免）

葛新权（6月1日免） 韩秋实（12月6日免）

鲁 雷

党委常委： 王传亮 王永生 刘筱毅

王秀彦（女） 冯晓春（女，12月6日免）

韩秋实（12月6日免） 刘 勇

陶志红（女，12月6日免） 陈 刚（12月6日任）

马綮鸿（12月6日任） 陈清华（女，12月6日任）

北京信息科技大学校长、副校长、校长助理

校 长： 王永生

副校长： 韩秋实（8月30日免） 刘 勇 许宝杰

陈刚（5月9日任） 马綮鸿（5月9日任）

陶志红（女，3月16日免）

校长助理： 栾忠权 林国策

中共北京信息科技大学纪律检查委员会

纪委书记： 冯晓春（女，8月30日免）

陈清华（女，11月22日任）

纪委副书记：牛志英

纪委委员：（按姓氏笔画排序）

戈新生 牛志英 冯晓春（女，12月6日免）刘永成

孙 晨（女） 陈清华（女，11月22日任） 徐 燕（女）

韩俊彦 谢瑞峰 滕功清（已于2017年10月退休）

校级领导班子成员分工

党委书记王传亮： 主持党委全面工作

党委副书记、校长王永生： 主持行政全面工作，代管人事工作；代管审计工作（1月1日至6月1日）；自6月1日起负责审计工作

党委副书记刘筱毅： 负责组织工作、干部工作、老干部与离退休工作、党校工作；自6月1日起负责宣传工作、统战工作、保密工作、思想政治理论课建设工作

党委副书记王秀彦： 负责宣传工作、统战工作（1月1日至6月1日），负责学生工作、就业工作、工会工作、教代会工作、体育工作、共青团工作

纪委书记冯晓春（任职8月30日止）： 负责纪律检查工作、监察工作；负责保密工作、校区工作（6月1日止）；协助校长分管审计工作

副校长韩秋实（任职8月30日止）： 负责科技工作、科技产业工作（6月1日止）；负责学科与研究生教育工作

副校长刘勇： 负责学校日常综合协调工作、后勤工作、安全稳定工作；自6月1日起负责校区工作

副校长许宝杰： 负责本科教学工作、本科招生工作、继续教育工作、留学生教育工作、高教研究工作、图书馆工作；负责外事工作、港澳台事务工作（6月1日止）

副校长陶志红（任职3月16日止）： 负责基建工作、新校区建设工作

副校长陈刚（5 月 9 日起任职）： 自 6 月 1 日起负责科技工作、科技产业工作、外事工作、港澳台事务工作。

副校长马紫鸿（5 月 9 日起任职）： 负责基建工作、新校区建设工作

纪委书记陈清华 (11 月 22 日起任职)： 负责党风廉政建设和反腐败工作、纪律检查工作、监察工作

校长助理栾忠权： 负责财务工作、资产管理工作

校长助理林国策： 负责信息化建设工作、校友工作、校史工作、国内合作与法律事务工作、招投标工作

党政组织机构设置及负责人

机关处级机构负责人

党委办公室、校长办公室

校长办公室主任：李华涛

党委办公室副主任（主持工作）：王智勇

副主任：英树志（10 月 31 日免）　许　波

组织部

部　长：鲁　雷

副部长：姜伟华（兼党校常务副校长，10 月 31 日免）

正处级组织员（纪委委员）：孙　晨（10 月 31 日任）

宣传部

部　长：王　蕾

副部长：谌　兵　赵爱玲（兼新闻中心主任，10 月 31 日免）

统战部

部　长：王　蕾（兼，10 月 31 日免）

副部长（主持工作）：姜伟华（10 月 31 日任）

纪委办公室（监察处）

主　任：牛志英

正处级纪检检察员（纪委委员）：徐　燕

副主任：王红琦（9 月 19 日任）

保密工作办公室

主　任：许　波（兼）

学生工作部

部　长：郭银辉

副部长：刘云风　马绍辉　贾　斌（兼）

武装部

部　长：郭银辉（兼）

副部长：马绍辉（兼）

安全稳定工作部

部　长：胡　滔

副部长：魏元燃　李丛建

研究生工作部

部　长：李祥贵

老干部工作部

部　长：贺　芳

教务处

处　长：王兴芬

副处长：金春华（3 月 24 日免）吕　勇（3 月 24 日任）
闫　健　米　洁

科技处

处　长：邢济收

副处长：钟　玲（兼产业与经营性资产管理办公室主任）
曹　林　穆　婕

研究生院

常务副院长：王久和

副院长：李祥贵（兼）彭书华　崔新红

人事处

处　长：陈　昕

副处长：刘桂礼　李万福

党委教师工作部（10 月 17 日成立）

部　长：陈　昕（兼）

财务处

处　长：谢新伟

副处长：郭慧峰

学生处

处　长：郭银辉

副处长：刘云风　马绍辉　贾　斌（兼）

招生就业工作处

处　长：杜世智

副处长：刘　斌

国际交流合作处

处　长：卢　静

港澳台事务办公室

主　任：卢　静（兼）

资产管理处

处　长：郑召义

副处长：艾志刚

审计处

处　长：徐 燕（10 月 31 日免）

副处长（主持工作）：张　莉（10 月 31 日任）

后勤管理处

处　长：赵立胜
副处长：吴俊法　王明涛

基建处
处　长：刘 伟（10 月 31 日免）
副处长（主持工作）：英树志（10 月 31 日任）
副处长：邱绪君

新校区建设办公室
主　任：刘 伟（10 月 31 日免）
副主任（主持工作）：英树志（10 月 31 日任）
副主任：朱亚媛　麻　力　邱绪君

安全稳定工作部
部　长：胡　滔
副部长：魏元燃　李丛建

离退休工作处
处　长：贺　芳
副处长：周连跃

直属单位、校区负责人

健翔桥校区管理办公室
主　任：王兴伟（10 月 31 日任）

清河校区管理办公室
主　任：回世勇

东部校区管理办公室
主　任：孟创立
副主任：金宝东

高教研究室
主　任：杨兴林
副主任：王学文

发展战略研究室
主　任：杨兴林（兼）
副主任：王学文（兼）

图书馆
馆　长：滕功清（10 月 31 日免）
副馆长（主持工作）：赵爱玲（10 月 31 日任）
副馆长：张玉忠　叶　超（兼）

信息与网络管理中心
主　任：龚汉明
副主任：郑小博

群团组织负责人

工　会
主　席：
常务副主席：卢玲军（10 月 31 日免）
副主席：薛承军

团　委
书　记：贾　斌

校友校史工作办公室
主　任：赵晓林
副主任：王立民

教学科研单位负责人

机电工程学院
院　长：黄　民
副院长：王红军　林慕义

仪器科学与光电工程学院
院　长：董明利
副院长：娄小平　吕　勇（3 月 24 日免）周哲海（6 月 1 日任）

自动化学院
院　长：王久和（兼）
副院长：张奇志　陈雯柏

信息与通信工程学院
院　长：苏　中
副院长：李学华　朱希安

计算机学院
院　长：李　宁
副院长：张　伟　张仰森

经济管理学院
院　长：葛新权（6 月 1 日免）张　健（6 月 1 日任）
副院长：金春华（3 月 24 日任）曲　立（3 月 24 日免）
张　健（6 月 1 日免）

信息管理学院
院　长：李　忱
副院长：蒋文保　徐晓敏

马克思主义学院
院　长：刘永成
副院长：刘建华

公共管理与传媒学院
执行院长：杨孔雨
副院长：伊　强　梁冬梅

外国语学院
院　长：任维平
副院长：张广奇　王朝晖

理学院
院　长：戈新生（3 月 24 日免）
　　　　谢瑞峰（3 月 24 日任）
副院长：薛春艳　杨毅恒

国际交流学院
院　长：王兴芬（兼）
副院长：蔡　英

体育部
主　任：张世忠

继续教育学院
副院长：李侃卓（主持工作）吉莉莉

计算中心
主　任：周长胜

机电实习中心
主　任：郑　军

电子信息与控制国家级实验教学中心
副主任：高晶敏

国防科技研究院（筹）
常务副院长：田杨萌

基层党组织负责人

机关党委
常务副书记：孙　晨（10 月 31 日免）卢玲军（10 月 31 日任）

离退休党总支
书　记：贺　芳
副书记：孙毓仁

教辅单位党总支
书　记：叶　超

校区联合党总支
书　记：王兴伟

后勤党总支
书　记：刘　伟（10 月 31 日任）

机电学院党委
书　记：王吉芳
副书记：张　艳

仪器科学与光电工程学院党委
书　记：王　鹰
副书记：邱明晓

自动化学院党委
书　记：曹晋红
副书记：陈红英

信息与通信工程学院党委
书　记：李　健
副书记：程立军

计算机学院党委
书　记：韩俊彦
副书记：杨　菁

经济管理学院党委
书　记：谢瑞峰（3 月 24 日免）曲　立（6 月 1 日任）
副书记（主持工作）：曲　立（3 月 24 日任），（6 月 1 日免）
副书记：崔　凯

信息管理学院党委
书　记：张　虹
副书记：张　健

马克思主义学院党总支（7 月 13 日设）
书　记：郭春燕
副书记：于　洋

公共管理与传媒学院党总支
书　记：郭严俊
副书记：吕丽峰

外国语学院党总支
书　记：李相豸（7 月 13 日任）
副书记：王　瑾

理学院党总支
书　记：韩　光
副书记：张景波

体育部直属党支部
书　记：郭小兵

计算中心直属党支部
书　记：张曼萍

专门委员会和专门工作组

新校区总体规划工作小组和专家咨询委员会

一、新校区总体规划工作小组

组　长：校长

副组长：主管基本建设工作副校长

成　员：党委办公室主任、校长办公室主任，基建处处长、财务处处长、审计处处长、教务处处长、科技处处长、研究生部主任、图书馆馆长、网管中心主任、体育部主任、监察处处长、后勤管理处处长兼后勤服务集团总经理

（一）协调组

组　长：党委办公室主任、校长办公室主任

组　员：基建处处长、教务处处长、科技处处长、研究生部主任、后勤管理处处长兼后勤服务集团总经理

（二）招标组

组　长：基建处处长

组　员：财务处处长 审计处处长

（三）监督组

组　长：监察处处长

二、新校区总体规划专家咨询委员会

市国土局分管副局长、昌平区分管副区长、市教委分管副主任、市发改委社会处处长、市发改委环资处处长、市教委基建处处长、市建筑质量安全监督总站站长、市规委相关处处长，另拟聘请国内外 15 人以内有关规划、建筑设计领域专家

校务公开工作组织机构（校党发〔2017〕12 号 2017 年 3 月 10 日）

一、校务公开工作领导小组

组　长：王传亮　王永生

成　员：校领导班子其他成员

二、校务公开工作办公室

主　任：分管学校日常工作的校领导

副主任：党委办公室、校长办公室主任

成　员：党委组织部、党委统战部、纪委办公室（监察处）、教务处、科技处、研究生院、人事处、财务处、资产管理处、学生处、招生就业工作处、审计处、后勤管理处、基建处、校工会、校团委等单位负责人

三、校务公开工作监督小组

组　长：校纪委书记

副组长：监察处处长

成　员：审计处处长、校工会常务副主席，教代会代表 2 人（由教代会执委会推荐），民主党派和无党派代表 2 人（由党委统战部推荐），学生代表 2 人（由学生工作部和研究生工作部各推荐 1 人）

思想政治理论课建设工作领导小组（校党发〔2017〕40 号 2017 年 7 月 10 日）

组　长：学校党委书记

副组长：分管宣传思想政治工作的校领导、 分管教学工作的校领导

成　员：党委办公室、校长办公室主任，党委宣传部部长，教务处处长，科技处处长，研究生院院长，人事处处长，财务处处长，党委学生工作部部长，校团委书记，马克思主义学院负责人

领导小组下设办公室，办公室设在马克思主义学院

北京信息科技大学党建和思想政治工作研究会（校党发〔2017〕8 号 2017 年 3 月 10 日）

一、理事会

会　长：王传亮

副会长：校党委副书记

秘书长：党委组织部部长

副秘书长：党委办公室、校长办公室主任，党委宣传部部长

成　员：各院级党委（党总支、直属党支部）书记，纪委办公室、党委学生工作部、党委研究生工作部、党委安全稳定工作部、校工会、校团委负责人

秘　书：党委组织部工作人员

二、党建工作组（挂靠党委组织部）

主　任：分管党建工作的校领导

副主任：党委组织部部长

成　员：纪委办公室主任、党委办公室主任、党委组织部分管党建工作的副部长

秘　书：党委组织部工作人员

三、思想政治工作组（挂靠党委宣传部）

主　任：分管宣传思想政治工作的校领导

副主任：党委宣传部部长

成　员：党委研究生工作部、党委学生工作部、校团委负责人

秘　书：党委宣传部工作人员

心理健康教育及心理咨询相关机构

一、大学生心理健康教育领导小组

组　长：主管学生工作校领导

副组长：主管后勤工作校领导 主管教学工作校领导

成　员：学生工作部部长、宣传部部长、研究生工作部党总支书记、教务处处长、人事处处长、财务处处长、保卫处处长、后勤管理处处长、心理健康教育中心（心理咨询中心）主任、团委书记、后勤管理处门诊部主任

领导小组下设办公室，办公室与心理健康教育中心（心理咨询中心）合署办公，主任由中心主任兼任

二、成立心理健康教育中心和心理咨询中心

心理健康教育中心和心理咨询中心（以下简称中心）合署办公，是心

理健康教育与咨询的专业机构，负责心理健康教育、教学、心理咨询与研究等工作，负责心理健康教育课程的管理与建设工作。中心不设行政级别，挂靠学生工作部，主任由学生工作部分管领导兼任

党风廉政建设责任制领导小组
（校党发〔2017〕10 号 2017 年 3 月 10 日）

组　长：王传亮　王永生
副组长：校纪委书记
成　员：校领导班子其他成员
领导小组办公室设在纪委办公室（监察处）

学校信访工作领导小组
（校党发〔2017〕17 号 2017 年 3 月 10 日）

组　长：王传亮　王永生
副组长：分管组织工作的校领导、校纪委书记
成　员：校领导班子其他成员，党委办公室、校长办公室，
纪委办公室，学生处，离退休工作处
教务处主要负责人信访工作领导小组下设办公室，
办公室设在党委办公室、校长办公室
主　任：党委办公室、校长办公室主任
成　员：党委办公室、校长办公室分管信访工作的副主任，
党委办公室、校长办公室和纪委办公室负责信访工作的工作人员

学校党校校务委员会
（校党发〔2017〕14 号 2017 年 3 月 10 日）

党校校务委员会主任：王传亮
党校校务委员会副主任：校党委副书记
党校校务委员会委员：党委办公室、校长办公室，党委组织部，党委宣传部，党委学生工作部，党委研究生工作部，党委安全稳定工作部，党委老干部工作部，纪委办公室，校工会，校团委，高教研究室，马克思主义学院党总支主要负责人
党校校长：王传亮
党校常务副校长：党委组织部分管党校工作的副部长
党校副校长：马克思主义学院党总支书记
党校日常工作机构设在党委组织部

学校人才工作领导小组和工作组
（校党发〔2017〕16 号 2017 年 3 月 10 日）

一、校人才工作领导小组
组　长：王传亮 王永生
副组长：分管干部工作的校领导、分管人事工作的校领导
成　员：组织部部长、人事处处长、研究生院常务副院长、教务处处长、科技处处长。

二、校人才工作组
组　长：分管干部工作的校领导、分管人事工作的校领导
成　员：党委组织部部长、人事处处长、研究生院常务副院长、
教务处处长、科技处处长、
党委学生工作部部长和各学院院长

学校党的建设工作领导小组
（校党发〔2017〕31 号 2017 年 6 月 26 日）

一、领导小组
组　长：王传亮　　　党委书记
副组长：刘筱毅（常务）党委副书记
王秀彦　　　党委副书记
冯晓春　　　纪委书记
鲁　雷　　　党委组织部部长
成　员：李华涛　党委办公室主任
王　蕾　党委宣传部部长兼统战部部长
牛志英　纪委副书记、纪委办公室主任
姜伟华　党委组织部副部长兼党校常务副校长
李祥贵　党委研究生工作部部长
郭银辉　党委学生工作部部长
胡　滔　党委安稳部部长
贺　芳　党委老干部工作部部长
刘永成　马克思主义学院院长
领导小组设办公室，负责领导小组的日常工作。办公室设在党委组织部，鲁雷同志兼任办公室主任

学校保密委员会成员
（校党发〔2017〕46 号 2017 年 9 月 8 日）

主　任：王传亮　王永生
常务副主任：陈　刚
委　员：（按姓氏笔画排序）
王久和　王兴芬　王丽坤　王　蕾　卢　静
田杨萌　许　波　李华涛　邢济收　吉莉莉
苏　中　陈　昕　麦　苗　郑召义　胡　滔
祝连庆　高国伟　龚汉明　鲁　雷　谢新伟

学校老干部工作领导小组
（校党发〔2017〕15 号 2017 年 3 月 10 日）

组　长：王传亮　王永生
副组长：分管离退休工作的校领导
成　员：党委办公室、校长办公室，党委组织部，党委宣传部，
人事处，财务处，后勤管理处，
党委老干部工作部（离退休工作处）主要负责人
老干部工作领导小组办公室设在党委老干部工作部（离退休工作处）

安全稳定工作领导小组
（校党发〔2017〕13 号 2017 年 3 月 10 日）

组　长：王传亮　王永生
副组长：分管安全稳定工作的校领导、分管学生工作的校领导
成　员：校领导班子其他成员，党委办公室、校长办公室，安全稳定

处（党委安全稳定工作部），党委宣传部（党委统战部、新闻中心），纪委办公室，研究生院（党委研究生工作部），财务处，学生处（党委学生工作部），国际交流合作处，国际交流学院，后勤管理处，离退休工作处（党委老干部工作部），信息与网络管理中心，继续教育学院，各校区办公室，校工会，校团委主要负责人

安全稳定工作领导小组下设办公室

办公室：设在党委办公室、校长办公室

办公室主任：党委办公室、校长办公室主任

国家安全工作领导小组
（校党发〔2017〕13 号 2017 年 3 月 10 日）

组　长：王传亮

副组长：分管安全稳定工作的校领导、分管宣传思想政治工作的校领导、分管学生工作的校领导、分管保密工作的校领导

成　员：党委办公室、校长办公室，党委安全稳定工作部，党委组织部，党委宣传部（党委统战部、新闻中心），学校保密工作办公室，科技处，党委研究生工作部，人事处，党委学生工作部，国际交流合作处，国际交流学院，信息与网络管理中心，继续教育学院，校团委主要负责人

学校国家安全工作领导小组下设办公室

办公室：设在党委安全稳定工作部

办公室主任：党委安全稳定工作部部长

社会治安综合治理委员会
（校党发〔2017〕13 号 2017 年 3 月 10 日）

主　任：分管安全稳定工作的校领导、分管学生工作的校领导

委　员：党委办公室、校长办公室，安全稳定处（党委安全稳定工作部），党委宣传部（党委统战部、新闻中心），研究生院（党委研究生工作部），财务处，资产管理处，学生处，后勤管理处，继续教育学院，各校区办公室，校工会，校团委的主要负责人，各院级党委（党总支、直属党支部）书记

社会治安综合治理委员会下设办公室

办公室：设在安全稳定处（党委安全稳定工作部）

办公室主任：安全稳定处（党委安全稳定工作部）处（部）长

防火安全委员会
（校党发〔2017〕13 号 2017 年 3 月 10 日）

主　任：分管安全稳定工作的校领导

副主任：安全稳定处和后勤管理处的主要负责人

委　员：党委办公室、校长办公室，党委宣传部（新闻中心），教务处，科技处，研究生院（党委研究生工作部），资产管理处，学生处，基建处（新校区建设办公室），各校区办公室的主要负责人，后勤管理处分管饮食服务和分管学生公寓的负责人，安全稳定处安全科科长以及派住健翔桥校区负责人

防火安全委员会下设办公室

办公室：设在安全稳定处

办公室主任：安全稳定处处长

交通安全委员会
（校党发〔2017〕13 号 2017 年 3 月 10 日）

主　任：分管安全稳定工作的校领导

副主任：安全稳定处和后勤管理处的主要负责人

委　员：党委办公室、校长办公室分管公务用车的副主任，安全稳定处、党委宣传部（新闻中心）、党委研究生工作部、学生处（党委学生工作部）、离退休工作处（党委老干部工作部）、继续教育学院、各校区办公室、校工会、校团委、国际交流学院的主要负责人，安全稳定处副处长及安全科科长

交通安全委员会下设办公室

办公室：设在安全稳定处

办公室主任：安全稳定处处长

外来人口管理领导小组
（校党发〔2017〕13 号 2017 年 3 月 10 日）

组　长：分管安全稳定工作的校领导

副组长：安全稳定处和后勤管理处的主要负责人

成　员：人事处、各校区办公室主要负责人，后勤管理处分管副处长，安全稳定处分管副处长及治安科科长，各校区家委会负责人

外来人口管理工作领导小组下设办公室

办公室：设在安全稳定处

办公室主任：安全稳定处处长

应急管理工作领导小组
（校党发〔2017〕13 号 2017 年 3 月 10 日）

组　长：王传亮 王永生

副组长：分管安全稳定工作的校领导，分管学生工作的校领导

成　员：校领导班子其他成员，党委办公室、校长办公室，安全稳定处（党委安全稳定工作部），党委宣传部（党委统战部、新闻中心），研究生院（党委研究生工作部），学生处（党委学生工作部），国际交流合作处，国际交流学院，后勤管理处，信息与网络管理中心，校工会，校团委主要负责人

应急管理工作领导小组下设办公室

办公室主任：分管安全稳定工作的校领导（兼）

办公室副主任：党委办公室、校长办公室和安全稳定处（党委安全稳定工作部）主要负责人

党委办公室、校长办公室承担应急管理工作领导小组办公室的日常工作

反恐防暴工作领导小组
（校党发〔2017〕13 号 2017 年 3 月 10 日）

组　长：王永生

副组长：分管安全稳定工作的校领导、分管学生工作的校领导

成　员：党委办公室、校长办公室，安全稳定处（党委安全稳定工作部），党委宣传部（党委统战部、新闻中心），研究生院（党委研究生工作部），学生处（党委学生工作部），国际交流合作处，国际交流学院，后勤管理处，信息与网络管理中心，各校区办公室，校团委主要负责人

反恐防暴工作领导小组下设办公室
办公室：设在安全稳定处（党委安全稳定工作部）
办公室主任：安全稳定处（党委安全稳定工作部）处（部）长

学校大学生思想政治教育工作领导小组（校党发〔2017〕9号 2017年3月10日）

组　长：王传亮　王永生
副组长：校领导班子其他成员
成　员：党委办公室、校长办公室主任，党委组织部部长，党委宣传部部长，纪委办公室主任，教务处处长，科技处处长，党委研究生工作部部长，人事处处长，财务处处长，党委学生工作部部长，招生就业工作处处长，后勤管理处处长，安全稳定处处长，校工会常务副主席，校团委书记，马克思主义学院党总支书记，信息与网络管理中心主任。
领导小组下设办公室，办公室设在党委学生工作部
大学生思想政治教育工作领导小组的工作职责按校党发〔2011〕58号确定的工作职责执行

党务公开工作组织机构

党务公开工作领导小组

组　长：刘筱毅
副组长：纪委书记
成　员：党委办公室、校长办公室）、党委组织部、党委宣传部、纪委办公室、保密工作办公室、党委研究生工作部、党委学生工作部、党委保卫部、党委老干部工作部负责人

党务公开工作监督小组

组　长：纪委办公室主任（兼）
小组成员：一般党员和学校区人大代表各1人、教代会党员代表1人、民主党派和无党派代表各1人、学生代表1人、离退休干部党员代表1人

高水平人才交叉培养计划专项工作机构（校发〔2017〕2号 2017年3月10日）

一、高水平人才交叉培养计划领导小组

组　长：王永生
副组长：分管学生工作的校领导、分管教学工作的校领导
成　员：教务处、学生处、招生就业工作处、财务处、国际交流合作处、后勤管理处、校团委负责人

二、高水平人才交叉培养计划教学工作小组

组　长：分管教学工作的校领导
副组长：教务处处长
成　员：教务处相关副处职领导、各相关教学单位分管教学工作的副院长

三、高水平人才交叉培养计划学生工作小组

组　长：分管学生工作的校领导
副组长：学生处处长
成　员：学生处、研究生工作部的相关副处职领导，各相关教学单位分管学生工作的副书记

体育工作委员会（校党发〔2015〕42号 2015年12月30日）

人员组成：校体委设主任1名，由分管体育工作的校领导担任；设副主任2-3名，由分管教学、工会、学生工作的校领导担任；设秘书长1人，由体育部主任担任；设副秘书长3-4人，由学工部、研工部、工会、团委负责人担任；设委员若干名，由体育部、学校办公室、教务处、学工部、研工部、工会、团委、后勤处、学生会、研究生会及各学院的负责人担任（学校体委组成人员名单见附件）

学校定密小组成员（校密发〔2017〕12号 2017年6月7日）

组　长：田杨萌
组　员：（按姓氏笔画排序）
吕　勇　许　波　李华涛　陈　昕　陈雯柏　郭司琴

保密资格审查认证工作机构（校密发〔2017〕3号 2017年4月6日）

组　长：分管科研副校长
副组长：国防科技研究院（筹）常务副院长（田杨萌）
保密办主任（许波）　科技处副处长（曹林）
成　员：（按姓氏笔画排序）
王丽坤　李邓化　李华涛　苏　中　祝连庆
龚汉明　胡　滔
领导小组下设二个工作小组：管理工作小组和技术工作小组

一、管理工作小组

组　长：保密办主任（许波）
成　员：（按姓氏笔画排序）
王智勇　龚汉明　吴细宝　张　伟　张京华　徐　铭

二、技术工作小组

组　长：国防科技研究院（筹）常务副院长（田杨萌）
副组长：科技处副处长（曹林）
成　员：（按姓氏笔画排序）
李　彬　刘力双　闫　光　范军芳　郑小博　杨　安
胡　滔　郭司琴

大学英语四、六级考试管理工作领导小组（校发〔2015〕46号 2015年6月1日）

组　长：许宝杰
副组长：王兴芬
成　员：（以姓氏笔画为序）

王　蕾　牛志英　任维平　闫　健　李华涛　李祥贵
张广奇　赵立胜　胡　滔　郭银辉　龚汉明

住房补贴工作领导小组

组　长：主管后勤工作校领导
成　员：后勤管理处处长、学校办公室主任、监察处处长、
财务处处长、离退休工作办公室主任、工会常务副主席、
健翔桥校区主任、清河校区主任、金台路校区主任、
酒仙桥校区主任、人事处主管劳资工作副处长、
后勤管理处副处长

住房补贴工作领导小组办公室设在后勤管理处（后勤服务集团），办公室主任由后勤管理处处长兼后勤服务集团总经理兼任。住房补贴工作领导小组监察办公室设在监察处，办公室主任由监察处处长兼任。

学校工勤技能岗位聘任委员会和学校工勤技能岗位聘任考核推荐组（校发〔2015〕22 号 2015 年 12 月 14 日）

一、学校工勤技能岗位聘任委员会

主任委员：刘　勇
委　　员：（以姓氏笔画为序）
王兴伟　王兴芬　李华涛　陈　昕　赵立胜　滕功清

二、学校工勤技能岗位聘任考核推荐组

组　　长：许宝杰
组　　员：（以姓氏笔画为序）
李万福　李荣华　英树志　郑　军　孟创立　赵立胜

学校公用房屋使用管理工作领导小组（校发〔2017〕3 号 2017 年 3 月 10 日）

组　长：王永生
副组长：分管科技工作的校领导、分管学科建设工作的校领导、
分管教学工作的校领导、分管资产管理工作的校领导、
分管后勤工作的校领导。
成　员：教务处处长、科技处处长、研究生院常务副院长、
资产管理处处长、后勤管理处处长。

领导小组下设办公室，办公室设在资产管理处，领导小组办公室主任由资产管理处处长兼任

领导小组及办公室主要职责按校发〔2011〕22 号确定的工作职责执行

学校经营性资产管理委员会和大学科技园管理委员会（校发〔2017〕10 号 2017 年 3 月 10 日）

主　任：王永生
副主任：分管科技工作的校领导、分管财务工作的校领导
成　员：科技处处长、产业与经营性资产管理办公室主任、
财务处处长、后勤管理处处长、审计处处长

学校经营性资产管理委员会办事机构是产业与经营性资产管理办公室
大学科技园管理委员会下设科技园管理办公室，科技园管理办公室与产业与经营性资产管理办公室合署办公

招生工作领导小组及有关工作机构成员（校发〔2017〕9 号 2017 年 3 月 10 日）

组　长：王永生
副组长：分管招生工作的校领导，校纪委书记
成　员：招生就业工作处、纪委办公室（监察处）主要负责人
招生工作领导小组办公室主任由招生就业工作处处长兼任，
招生工作领导小组监察办公室主任由纪委办公室（监察处）
主任（处长）兼任

北京信息科技大学预算管理委员会（校发〔2017〕8 号 2017 年 3 月 10 日）

一、预算管理委员会成员组成

主　任：王永生
副主任：分管财务工作的校领导
委　员：党委办公室、校长办公室，教务处，科技处，研究生院，人事处，财务处，学生处，后勤管理处，基建处，校工会，高教研究室（发展战略研究室）等部门负责人及 4 名教授代表（由财务处推荐）
预算管理委员会办公室设在财务处，办公室主任由财务处分管预算工作的副职担任；秘书由财务处负责具体预算工作的人员担任

二、预算管理委员会主要职责按校发〔2012〕14 号确定的工作职责执行

校园网络与信息安全事件应急处置领导小组（校发〔2012〕23 号 2012 年 11 月 6 日）

组　　长：主管信息化工作和宣传工作的校领导
小组成员：学校办公室、宣传部、保卫处、
网络管理中心等部门主要负责人

学校审计工作领导小组（校发〔2017〕6 号 2017 年 3 月 10 日）

组　长：王永生
副组长：分管审计、组织、资产、财务等工作的校领导
成　员：组织部、纪委办公室（监察处）、审计处、财务处、
资产处等部门主要负责人

学校基础设施改造定额管理经费管理使用工作领导小组（校发〔2017〕4 号 2017 年 3 月 10 日）

组　长：王永生
副组长：分管基建工作的校领导、分管财务工作的校领导。
组　员：党委办公室、校长办公室，学校招标工作领导小组办公室，
教务处，科技处，资产管理处，财务处，监察处，审计处，
后勤管理处，基建处主要负责人

学校支持中小学发展工作组
（校发〔2015〕1 号 2015 年 3 月 6 日）

组　长：许宝杰
副组长：林国策 王兴芬
成　员：李祥贵 郭银辉 贾斌

第六届学校教师职务聘任委员会
（校发〔2015〕20 号 2015 年 12 月 14 日）

主任委员：王永生
副主任委员：陈　昕　李邓化
委　　员：（以姓氏笔画为序）
王久和　王兴芬　王丽坤　邢济收　杨兴林　张仰森
祝连庆　唐五湘

国防科技专家委员会
（校发〔2015〕8 号 2015 年 5 月 11 日）

主　任：苏　中
副主任：田杨萌　王丽坤
委　员：（以姓氏笔画为序）
王立勇　吕　勇　李邓化　李　擎　张　伟　祝连庆
高国伟　高晶敏
国防科技专家委员会下设办公室，办公室设在国防科技研究院（筹），由田杨萌任主任

内部控制规范建设组织机构
（校发〔2017〕5 号 2017 年 3 月 10 日）

一、内部控制规范建设领导小组
组　长：王传亮　王永生
副组长：校纪委书记，分管财务工作、资产管理工作的校领导
成　员：校领导班子其他成员
领导小组办公室设在党委办公室、校长办公室

二、内部控制规范建设工作小组
组　长：王永生
副组长：校纪委书记，分管财务工作、资产管理工作的校领导
成　员：
（一）部门负责人：
党委办公室、校长办公室，财务处，资产管理处，基建处，审计处，监察处等部门负责人
（二）专家：
张志凤　刘　春　杨闻萍　高　英
工作小组办公室设在财务处
部门需指定 1 名联络员

学校其他专业技术职务聘任委员会
和学校其他专业技术职务聘任考核推荐组
（校发〔2015〕13 号，21 号 2015 年 12 月 14 日）

一、学校其他专业技术职务聘任委员会
主任委员：许宝杰
委　　员：（以姓氏笔画为序）
王兴芬　邢济收　陈　昕　赵立胜　龚汉明
康　劲　韩秋实　谢瑞峰　谢新伟　滕功清

二、学校其他专业技术职务聘任考核推荐组
组　长：陈 昕
组　员：（以姓氏笔画为序）
才秀芬　张玉忠　刘　伟　刘桂礼　徐　燕　曹　林

学校学位评定委员会
（校发〔2015〕18 号 2015 年 11 月 3 日）

主　席：王永生
副主席：韩秋实、许宝杰、葛新权
委　员：（以姓氏笔画为序）
王久和　王兴芬　刘永成　任维平　孙江宏
苏　中　李　宁　李　忱　汪毓铎　吴秋新
林慕义　杨孔雨　杨毅恒　周亚丽　杨大利
唐五湘　康海燕　郭阳宽　董明利
学位评定委员会办公室设在研究生院，由王久和任主任（兼）

大学生学科竞赛管理委员会
（校教发〔2011〕23 号 2012 年 3 月 19 日）

主　任：许宝杰
副主任：王兴芬
委　员：（按姓氏笔画排序）
于肇贤　王久和　曲　立　回世勇　刘建兰
刘桂礼　李华涛　李学华　邱国旺　陈　昕
陈雯柏　徐晓敏　郭春燕　黄　民　彭书华
秘　书：李忠刚

大学生科技创新计划领导小组
（校教发〔2013〕36 号 2013 年 4 月 19 日）

组　长：主管教学校领导
副组长：教务处处长
组　员：学生处处长
校团委书记
机电工程学院教学副院长
仪器科学与光电工程学院教学副院长
自动化学院教学副院长
信息与通信工程学院教学副院长
计算机学院教学副院长
经济管理学院教学副院长

信息管理学院教学副院长
人文社科系教学副系主任
外国语学院教学副院长
理学院教学副院长
教务处主管实践教学副处长

大学生创新创业教育领导小组
（校教发〔2017〕12 号 2017 年 3 月 29 日）

一、北京信息科技大学大学生创新创业教育领导小组

组　长：校　长
副组长：主管学生工作副书记　主管教学工作副校长
成　员：党委办公室、校长办公室，党委宣传部，教务处，
产业与经营性资产管理办公室，人事处，财务处，学生处，
招生就业工作处，校友校史工作办公室，校团委主要负责人

二、北京信息科技大学大学生创新创业教育工作小组

组　长：教务处处长
副组长：产业与经营性资产管理办公室主任
招生就业工作处处长
组　员：机电工程学院教学副院长
仪器科学与光电工程学院教学副院长
自动化学院教学副院长
信息与通信工程学院教学副院长
计算机学院教学副院长
经济管理学院教学副院长
信息管理学院教学副院长
公共管理与传媒学院教学副院长
外国语学院教学副院长
理学院教学副院长
国际交流学院副院长
教务处主管创新创业教育副处长

本科生“机器人”特长班教学工作小组
（校教发〔2015〕44 号 2015 年 5 月 14 日）

组　长：许宝杰
副组长：王兴芬
成　员：（按姓氏笔画排序）
王红军　吕　勇　米　洁　李学华　张　伟　陈雯柏

学术委员会
（校技发〔2014〕3 号 2014 年 9 月 19 日）

主　任：叶声华
常务副主任：苏　中
副主任：祝连庆　张　健
委　员：（以姓氏笔画为序）
王　斌　王久和　王红军　王丽坤　尹春华　朱希安
任维平　刘永成　牟永敏　李　忱　李邓化　李淑琴
张仰森　张奇志　周金和　侯军岐　施水才　娄小平
黄　民　梁冬梅　谢冬秀
学术委员会下设办公室，办公室设在科技处，由邢济收任主任

工程硕士教育指导委员会和工商管理硕士（MBA）教育指导委员会工商管理硕士（MBA）教育中心

一、工程硕士教育指导委员会

主　任：校　长
副主任：王久和
委　员：（以姓氏笔画为序）
戈新生　王晓林　石镇山　刘仲馨　苏　中
李　东　李　宁　李　忱　李邓化　杨孔雨
栾忠权　葛新权
工程硕士教育指导委员会实行任期制，每届任期四年

二、工商管理硕士（MBA）教育指导委员会

主　任：校　长
副主任：王久和　葛新权
委　员：（以姓氏笔画为序）
刘　宇　孙宝文　曲　立　张　群　张新民
杨孔雨　林汉川　金春华　侯军岐
工商管理硕士（MBA）教育指导委员会实行任期制，每届任期四年

三、工商管理硕士（MBA）教育中心

工商管理硕士（MBA）教育中心，挂靠经济管理学院。
主　任：葛新权
副主任：曲　立　金春华　王　斌
办公室主任：何　琼
第一届工程硕士教育指导委员会和第一届工商管理硕士教育指导委员会调整后的任期为 2012 年 3 月 31 日至 2015 年 3 月 30 日

研究生奖助工作评审领导小组

组　长：主管学生工作校领导
副组长：主管研究生工作校领导
成　员：（按姓氏笔画排序）
王久和　牛志英　刘永成　朱希安　米　洁　张仰森
李祥贵　董明利　蒋文保　谢瑞峰　校研究生会主席
领导小组下设研究生奖助工作评审及管理办公室，办公室设在党委研究生工作部

第一届研究生教育教学专家组
（校研发〔2015〕5 号 2015 年 7 月 2 日）

组　长：李邓化
成　员：（按姓氏笔画排序）
牟永敏　刘　宇　何深思　杨庆东　祝连庆　谢冬秀

北京信息科技大学校友企业家联谊会
（校友会发〔2015〕1 号 2015 年 1 月 30 日）

北京信息科技大学校友企业家联谊会
第一届理事会会长名单　张敬东
北京信息科技大学校友企业家联谊会

第一届理事会常务副会长名单 刘　博

北京信息科技大学校友企业家联谊会

第一届理事会副会长名单（按姓氏笔画排序）

万卫国　王明华　孙　冰　成　勇　张　晖　张献华　杨海飞
陈　斌　唐济扬　郭　林　熊　平　杨　劲　林国策

北京信息科技大学校友企业家联谊会

第一届监事会监事长名单

蔡　兵

北京信息科技大学校友企业家联谊会

第一届监事会监事名单（按姓氏笔画排序）

王海鹏　李艳波　蔡　兵

北京信息科技大学校友会

第一届理事会秘书长名单

李华涛

北京信息科技大学校友会

第一届理事会副秘书长名单（按姓氏笔画排序）

刘云风　回世勇　陈立刚　邱明晓　黄兴红　曹晋红
董燕丽　詹国勇

北京信息科技大学校友企业家联谊会

第一届理事会理事名单（按姓氏笔画排序）

万卫国　马建明　孔凡东　王大勇　王明华　王振宇　王雁茂
史文禄　刘　铮　刘　博　刘可欣　刘海涛　刘铁峰　刘漾水
孙　冰　孙　勇　孙德玉　成　勇　邢　立　何　辉　宋　军
宋　杰　宋子明　宋国伟　张　晖　张文心　张立新　张敬东
李　川　李　挺　李　斌　李　超　李东辉　李学文　杨　洋
杨海飞　陈　斌　陈士正　陈利君　周庆军　易振金　林春雨
范成先　赵亮亮　唐济扬　郭　林　郭晨东　高周宏　梁振华
梅卫平　韩　野　雷　洪　熊　平　熊　刚　穆东辉

校友会换届筹备工作领导小组（校友会发〔2015〕7 号 2015 年 10 月 13 日）

组　长：郑君礼
副组长：韩秋实　冯晓春　林国策
办公室成员：秘书处成员　学院党委书记或党总支书记

学校现代测控技术教育部重点实验室建设管理委员会（校人发〔2017〕4 号 2017 年 3 月 10 日）

主　任：王永生
副主任：分管科技工作、学科建设工作的校领导
成　员：研究生院、科技处、人事处、财务处、资产管理处负责人
现代测控技术教育部重点实验室建设管理委员会下设办公室，办公室设在科技处
办公室主任：科技处处长（兼）

教育管理专业技术职务推荐评议和评审组

组　长：主管人事工作校领导
成　员：许宝杰　唐五湘　王兴芬　邢济收　王久和
陈　昕　杨兴林

思想政治工作专业职务推荐评议和评审组

主任委员：主管宣传工作校领导
委　　员：（以姓氏笔画为序）
王　蕾　卢玲军　刘永成　刘筱毅　陈　昕
鲁　雷　谢瑞峰

教师资格专家审查委员会（校人发〔2016〕13 号 2016 年 10 月 16 日）

主　任：许宝杰
副主任：陈　昕
委　员：王兴芬　黄　民　苏　中　王久和　李　宁
张　健（经管学院）　任维平　王学文
郭银辉

教师资格专家审查委员会的委员任期为三年，自 2016 年 10 月 20 日起至 2019 年 10 月 20 日止

征兵工作领导小组

组　长：分管武装部工作校领导
成　员：武装部部长、招生就业工作办公室主任、宣传部部长、监察处处长、教务处处长、财务处处长、后勤管理处处长、保卫处处长、研究生工作部部长、各学院党总支副书记、人文社科党总支副书记

领导小组下设办公室，办公室设在武装部，武装部部长兼任办公室主任

学校学生申诉处理委员会

主　任：主管学生工作校领导
副主任：学生处副处长、教务处副处长
成　员：党委研究生工作部部长、学校办公室副主任、纪委办公室（监察处）纪检员、教师代表 2 人、学生代表 2 人

北京信息科技大学学生工作委员会（校党发〔2017〕7 号 2017 年 3 月 15 日）

主　任：分管学生工作的校领导
副主任：分管研究生教育工作、本科教学工作、后勤工作、安全稳定工作的校领导；
成　员：教务处、研究生院、研工部、财务处、学生处、招就处、后勤处、安稳处、校团委、国际交流学院负责人。

北京信息科技大学防汛应急指挥部（校勤发〔2016〕1 号 2016 年 5 月 23 日）

总 指 挥：刘勇副校长
副总指挥：后勤管理处处长、学校办公室主任、安稳处处长
主要成员：后勤管理处、学校办公室、学生处、安稳处、宣传部、

财务处、基建处、资产处、各校区办等部门主要负责人
防汛应急指挥部办公室设在后勤管理处

学校绿化工作委员会

主　任： 主管后勤工作校领导
副主任： 后勤管理处处长兼后勤服务集团总经理
成　员： 学校办公室主任、党委宣传部部长、教务处处长、
学生处处长、保卫处处长、机关党委书记、
后勤服务集团副总经理
学校绿化工作委员会办公室设在后勤服务集团，办公室主任由后勤服务集团副总经理兼任

学校爱国卫生运动委员会

主　任： 主管后勤工作校领导
副主任： 后勤管理处处长兼后勤服务集团总经理
成　员： 学校办公室主任、党委宣传部部长、教务处处长、
学生处处长、保卫处处长、机关党委书记、
后勤服务集团副总经理
爱国卫生运动委员会办公室设在后勤服务集团，办公室主任由后勤服务集团副总经理兼任

学校住房补贴工作领导小组

主　任： 主管后勤工作校领导
副组长： 后勤管理处处长兼后勤服务集团总经理
成　员： 学校办公室主任、监察处处长、财务处处长、
离退休工作办公室主任、工会常务副主席、
健翔桥校区管理办公室主任、清河校区管理办公室主任、
金台路校区管理办公室主任、酒仙桥校区管理办公室主任、
人事处主管劳资工作副处长、后勤管理处副处长
住房补贴工作领导小组监察办公室设在监察处，办公室主任由监察处处长兼任

学校能源管理体系和碳排放管理体系建设工作小组

（一）学校能源管理体系和碳排放管理体系建设工作领导小组
组　长： 主管后勤工作校领导
副组长： 赵立胜
成　员： 学校办、财务处、后勤处、基建处各一名处领导，理工科学院主管行政工作的副院长以及体育部、教辅单位负责人

（二）能源管理体系和碳排放管理体系建设工作小组
组　长： 李荣华
副组长： 孙　伟
组　员： 有关基层单位节能工作小组成员或兼职节能管理员

学校成人教育学位评定分委员会（校学位发〔2014〕1号 2014年12月25日）

主　任： 许宝杰
副主任： 韩　光
委　员： （按姓氏笔画排列）
王兴芬　王红军　王裕民　吉莉莉　谢瑞峰
秘　书： 郁海燕

《北京信息科技大学年鉴》编纂委员会和编辑部成员（办发〔2017〕1号 2017年3月10日）

一、年鉴编委会机构组成
主　任： 王传亮　王永生
副主任： 校领导班子其他成员
委　员： 学校副处级及以上独立设置机构的党政负责人

二、年鉴编辑部机构组成及职责
（一）年鉴编辑部机构组成
主　　任： 党委办公室、校长办公室主任
副 主 任： 党委办公室、校长办公室分管年鉴编辑工作的副主任
责任编辑： 党委办公室、校长办公室负责年鉴编辑工作的工作人员
编　　辑： 学校副处级及以上独立设置机构具体负责年鉴组稿的工作人员名单（各部门指定）
编辑部设在党委办公室、校长办公室
（二）年鉴编辑部的职责按办发〔2011〕14号确定的工作职责执行

对接沙河高教园区工作组（校办发〔2014〕1号 2014年2月27日）

组　长： 刘　勇
副组长： 林国策　姜玉勇　郑召义　刘　伟　吴俊法
成　员： 张金晓　刘晓妮　周　竞　麻　力　苏　灿　刘　晔

网络安全与信息化领导小组（校党发〔2017〕53号 2017年10月30日）

组　长： 校党委书记　校长
常务副组长： 分管信息化工作的校领导班子成员
副组长： 分管综合协调、宣传工作、安全稳定工作的校领导班子成员
成　员： 信息与网络管理中心主任、党校办主任、宣传部长、
安全稳定工作部长、财务处长、资产管理处长、
后勤管理处长、基建处长

新校区建设相关组织机构（校党发〔2016〕40号 2016年7月6日）

一、新校区建设领导小组
组　长： 学校党委书记 校长
副组长： 分管基建工作的副校长 纪委书记
成　员： 学校党委书记 分管财务工作、资产工作的校领导
分管招标工作的校领导
领导小组下设办公室，办公室设在学校办公室

二、新校区建设指挥部
总指挥： 校长

常务副总指挥： 分管基建工作的副校长
副总指挥： 基建处处长
总建筑师： 外聘（负责技术咨询）
总工程师： 北京建达兴工程咨询有限公司项目负责人（负责技术咨询）
指挥部下设新校区建设办公室，与基建处合署办公

三、新校区建设监督工作委员会
组　长： 纪委书记
成　员： 纪委办公室主任 校长办公室主任 审计处处长 校工会主席
新校区建设监督工作委员会办公室设在纪委办公室

四、新校区建设招标工作办公室
主　任： 分管招标工作的校领导
成　员： 财务处处长 资产管理处处长 校长办公室主任
招标工作办公室下设招标工作小组

学校师资工作领导小组
（校发〔2016〕2 号 2016 年 4 月 29 日）

组　长： 校　长
副组长： 主管人事、教学、科研、学科与研究生教育工作的副校长
成　员： 人事处、教务处、科技处和研究生院主要负责人
办公室： 设在人事处

学校“安全生产月”领导小组

组　长： 刘　勇
副组长： 李华涛、赵立胜、胡滔
成　员： 后勤处、党校办、基建处、安稳处、宣传部、教务处、
科技处、学生处、校团委、研究生院、
各校区办和各学院的负责人

预防艾滋病宣传教育工作组
（校勤发〔2016〕3 号 2016 年 5 月 31 日）

组　长： 分管学生工作和后勤工作的校领导
成　员： 宣传部、教务处、学生处、研究生工作部、校团委、
后勤管理处、财务处、图书馆等部门负责人

科级干部人事档案专项审核工作组织机构
（校人发〔2016〕6 号 2016 年 6 月 22 日）

一、领导小组
组　长： 王永生
副组长： 陈　昕
组　员： 李华涛　鲁　雷　牛志英　李万福

二、干部人事档案专项审核工作办公室
主　任： 李万福
副主任： 葛春会
成　员： 沈　平　李　哲　张京华　王　鑫　孙佳秋
孙　坚　权铁汉　郭　颖　房　圆　董　亮
王雨濛　杜　平　唐　斌　裴鹏程　周海亮

学校资产清查及产权登记工作领导小组
（校资发〔2016〕1 号 2016 年 5 月 12 日）

组　长： 栾忠权
成　员： 党委办公室、校长办公室、监察处、教务处、科技处、
研究生部、人事处、财务处、资产管理处、审计处、
后勤管理处、基建处、图书馆和各学院、校区办等部门负责人
学校资产清查及产权登记工作领导小组办公室设在资产管理处、
财务处

城市可持续发展与服务质量建设研究院
（校技发〔2017〕6 号 2017 年 3 月 17 日）

该研究院为校级科研机构，研究方向为城市可持续发展、公共领域服务质量。该研究院的管理和考核按照《北京信息科技大学科研机构管理暂行办法》（校技发〔2009〕15 号）执行

继续教育教学指导委员会
（校继教发〔2017〕1 号 2017 年 3 月 24 日）

主任委员： 分管继续教育工作的校领导
常务副主任委员： 继续教育学院院长
副主任委员： 继续教育学院副院长
委　员： 机电学院、光电学院、自动化学院、通信学院、计算机学院、
经管学院、信管学院、公管传媒学院分管教学工作的副院长

学籍管理委员会
（校教发〔2017〕25 号 2017 年 3 月 8 日）

主　任： 分管本科教学工作的校领导
副主任： 分管学生工作、研究生教育工作的校领导
成　员： 教务处、研究生院、研工部、学生处、招就处、
国际交流学院、继续教育学院负责人
学籍管理委员会主要负责审议学生学籍管理制度文件，研究、处理学生修业年限内学籍相关事宜。委员会下设办公室，办公室设在教务处，负责学籍管理委员会日常工作。办公室主任由教务处负责人兼任，副主任由研究生院负责人兼任

一流专业建设工作领导小组
（校教发〔2017〕35 号 2017 年 3 月 24 日）

组　长： 校　长
副组长： 主管教学工作副校长
成　员： 教务处、科技处、人事处、国际交流与合作处、
招就处主要负责人
一流专业建设工作领导小组下设建设办公室，办公室设在教务处，负责一流专业建设的组织实施及日常管理

学生公寓管理委员会
（校勤发〔2017〕2 号 2017 年 6 月 16 日）

主　任：主管后勤工作的副校长、主管学生工作的校党委副书记。

成　员：研工部、学生处、财务处、资产处、国际交流学院、后勤处、安稳处、校团委主要负责人，
以及各学院分管学生工作的党委（党总支）副书记，学生代表。

学生公寓管理委员会下设办公室，办公室设在后勤管理处，负责相关部门之间学生公寓工作的协调和日常管理

学校住宅类房屋资源管理委员会
（校勤发〔2017〕7 号 2017 年 7 月 4 日）

主任委员：分管后勤工作的校领导

副主任委员：分管国有资产工作的校领导

委　员：党校办、监察处、教务处、科技处、人事处、财务处、资产处、学生处、后勤处、离退处、校工会主要领导，教代会代表 2 名

房屋管理委员会下设办公室，办公室设在后勤管理处，办公室主任由后勤管理处负责房产管理工作的处领导兼任

学校出售部分老旧公有住房工作小组
（校勤发〔2017〕8 号 2017 年 10 月 31 日）

组　长：分管后勤工作的校领导

副组长：后勤管理处（分管房产工作的处领导）

成　员：党校办、监察处、人事处、财务处、资产处、后勤处、离退休工作处、健翔桥校区办、清河校区办、东部校区办和校工会主要负责人，教代会代表 2 名

工作小组下设办公室，办公室设在后勤管理处，办公室主任由后勤管理处负责房产管理工作的处领导兼任

机器人工程、数据科学与大数据技术专业教学工作小组
（校教发〔2017〕25 号 2017 年 6 月 26 日）

一、机器人工程专业教学工作小组

组　长：主管教学副校长

副组长：教务处处长

成　员：教务处副处长、机电工程学院、仪器科学与光电工程学院、自动化学院、信息与通信工程学院、计算机学院主管教学副院长

二、数据科学与大数据技术专业教学工作小组

组　长：主管教学副校长

副组长：教务处处长

成　员：教务处副处长、计算机学院、信息与通信工程学院、经济管理学院、信息管理学院、理学院主管教学副院长

教学工作小组下设教学管理办公室，负责组织教学实施及其他日常管理工作。具体设置如下：

机器人工程专业教学工作小组办公室设在机电工程学院，数据科学与大数据技术专业教学工作小组办公室设在计算机学院，分别由学院主管教学副院长任办公室主任

党建与思想政治教育学术分委员会
（校教发〔2017〕7 号 2017 年 11 月 9 日）

主　任：卫　灵

副主任：刘永成

委　员：（以姓氏笔画为序）肖　念　张云筝　胡　飒

分委员会下设办公室，办公室设在科技处，由邢济收任主任

学校关心下一代工作委员会分会
（校党关〔2017〕2 号 2017 年 10 月 26 日）

一、机电工程学院

主　任：王吉芳

副主任：张　艳　张怀存

二、仪器科学与光电工程学院

主　任：王　鹰

副主任：邱明晓　尚德培

三、自动化学院

主　任：曹晋红

副主任：陈红英　赵　刚

四、信息与通信工程学院

主　任：李　健

副主任：程立军　甄同树

五、计算机学院

主　任：韩俊彦

副主任：杨　菁　曹　珺

六、经济管理学院

主　任：曲　立

副主任：崔　凯　王信东

七、信息管理学院

主　任：张　虹

副主任：张　健　张祖荫

八、马克思主义学院

主　任：郭春燕

副主任：于　洋　悦　再

九、公共管理与传媒学院

主　任：郭严俊　杨孔雨

副主任：吕丽峰　陈亚菲

十、外国语学院

主　任：李相豸

副主任：王　瑾　刘　悦

十一、理学院

主　任：韩　光

副主任：张景波　王裕民

北京信息科技大学信息公开领导小组
（校发〔2017〕7号 2017年3月10日）

组　长：王永生

副组长：分管学校日常工作的校领导

成　员：党委办公室、校长办公室，党委组织部，党委宣传部，新闻中心，保密工作办公室，监察处，教务处，科技处，研究生院，人事处，财务处，资产管理处，学生处，招生就业工作处，国际交流合作处，后勤管理处，基建处，安全稳定处，校工会，图书馆，信息与网络管理中心等单位负责人

学校信息公开领导小组下设信息公开办公室（设在党委办公室、校长办公室，主任由党委办公室、校长办公室主任兼任）和信息公开监督办公室（设在监察处，主任由监察处处长兼任）

5

人才培养

BEIJING
INFORMATION
SCIENCE & TECHNOLOGY
UNIVERSITY

PERSONNEL TRAINING

人才培养

招生就业管理

概况

招生就业工作处承担全校全日制普通高等教育本科学生（简称本科生）的招生、本科毕业生与硕士毕业生就业的相关工作。负责学校每年本科生招生计划的编制，开展招生咨询和招生宣传，负责本科生录取工作以及招生数据的汇总统计等其他后续工作；负责学校应届毕业生的就业指导与咨询，日常就业事务的管理与服务，组织就业招聘，开拓就业市场，推进学生创业以及其他后续工作。招生就业工作处下设招生科和就业科，有处长1人，副处长1人，工作人员6人。

2017年在学校党委的正确领导和全校师生的共同努力下，招就处以“继续稳定生源规模、进一步提高生源质量”为目标，积极探索科学、有效的思路和方法，招生工作平稳有序。生源规模、结构保持稳定，一本招生省份持续增加，北京录取分数保持平稳，京外生源质量稳中有升，多省实现历史性突破。学校坚持将毕业生就业工作摆在学校各项工作的突出位置，就业办不断拓宽毕业生就业渠道，全面完善就业服务体系，有效推动了毕业生就业工作的科学发展，努力实现促进毕业生“高质量就业和充分就业”的工作目标。

（夏　帆）

招生工作

2017年招生计划2816人，其中本科生计划2730人，高职升本科计划86人。本科生中北京招生计划1526人，占55.9%；京外29个省份招生计划总数为1150人，其他类别计划54人（预科转入18人、内地新疆高中班25人、内地西藏高中班11人）。一本招生的省份数量由去年的26个增加到27个，目前只有江苏、湖南、广东3省在二本招生。学校一本招生计划2091人，占76.6%，比2016年提高了6个百分点。学校2017年共39个本科专业招生，其中计算机相关专业仍实行大类招生，新增机器人工程、数据科学与大数据技术、国际经济与贸易三个专业，其中机器人工程和数据科学与大数据技术专业采取入校后选拔的模式，国际经济与贸易专业采取高考招生的录取模式。市场营销专业增加“品牌管理”专业方向招生。北京提前批B段继续实行双培计划和外培计划，其中双培计划招生243人，外培计划24人，外培计划要求考生的高考英语成绩不低于120分。京外26个省份理科一批招生，平均录取线高于各省平均一本线44分；京外13个省份文科一批招生，平均录取线高于各省平均一本线30分。浙江省实行高考综合改革，考生按照“专业+学校”填报志愿，实行专业平行投档，取消录取批次、文理分科，按照分数段排序录取。学校在浙江投放30人招生计划，录取分数线全部在第二段线以上，最低分比一段线低3分，其中第一段分数线以上录取20人。2017年新生报到率为97.14%。高招宣传方面，招生办综合利用各类媒体平台，先后参加24场次高招咨询会，扩大学校知名度，增强招生宣传服务实效性。学校与北京市第十八中学、贵州省5所中学达成生源基地校合作协议，以争取更多的优质生源报考。改版录取通知书，展现出学校的时代特色和精神面貌。

（夏　帆）

录取情况

表 5-1

2017 年理工类普通本科各地录取情况表

招生地区	当地控制线		录取批次	最高分	最低分	平均分	招生人数	男生人数	女生人数	高考满分
	一本线	二本线								
北京	537	439	双培计划	597	537	560	214	159	55	750
			外培计划	636	538	561	14	11	3	750
			农村专项	552	537	546	30	17	13	750
			一批	588	537	548	488	297	191	750
			二批	538	521	527	662	390	272	750
天津	521	-	一批	581	548	555	32	17	15	750
河北	485	-	双培计划	608	584	592	4	3	1	750
			一批	601	575	583	34	23	11	750
山西	481	-	一批	521	508	511	24	17	7	750
			贫困专项	531	516	521	6	3	3	750
内蒙古	466	-	一批	563	503	532	38	16	22	750
辽宁	480	-	一批	571	549	557	35	15	20	750
吉林	507	-	一批	560	523	540	27	14	13	750
黑龙江	455	-	一批	563	550	555	27	18	9	750
			贫困专项	545	520	530	5	3	2	750
江苏	-	269	二批	341	330	333	10	6	4	480
浙江	577	-	二批	609	574	582	30	15	15	810
安徽	484	-	一批	560	548	550	40	32	8	750
福建	441	-	一批	500	481	489	27	16	11	750
江西	503	-	一批	560	546	550	31	28	3	750
			贫困专项	557	542	547	16	13	3	750
山东	515	-	一批	596	580	584	48	38	10	750
河南	484	-	一批	569	552	556	38	21	17	750
			贫困专项	559	536	543	10	7	3	750
湖北	484	-	一批	556	543	548	30	23	7	750
湖南	-	424	二批	554	524	532	10	7	3	750
广东	-	360	二批	499	439	482	10	8	2	750
广西	473	-	一批	547	481	496	65	45	20	750
海南	539	-	一批	667	574	642	25	16	9	900
重庆	492	-	一批	568	526	535	28	23	5	750
			贫困专项	517	517	517	2	2	0	750
四川	511	-	一批	589	564	569	40	29	11	750

续表

招生地区	当地控制线		录取批次	最高分	最低分	平均分	招生人数	男生人数	女生人数	高考满分
	一本线	二本线								
贵州	456	-	一批	541	495	504	79	48	31	750
			贫困专项	521	504	510	20	14	6	750
云南	500	-	一批	569	530	540	35	22	13	772
西藏（汉）	426	-	一批	452	452	452	1	1	0	750
西藏（民）	296	-	一批	358	301	332	4	2	2	750
陕西	449	-	一批	546	522	529	32	18	14	750
甘肃	460	-	一批	525	500	506	51	38	13	750
			贫困专项	548	510	517	17	11	6	750
青海	391	-	一批	493	401	435	20	9	11	750
			贫困专项	447	415	430	5	3	2	750
宁夏	439	-	一批	509	474	483	37	17	20	750
			贫困专项	532	485	502	3	2	1	750
新疆	437	-	一批	495	484	489	13	12	1	750
			贫困专项	485	450	468	6	4	2	750
新疆和田定向	-	333	二批	412	393	405	3	1	2	750
新疆南疆单列	437	-	一批	495	495	495	1	1	0	750
内地西藏班	-	-	内高班	315	225	258	5	5	0	-
内地新疆班	-	-	内高班	554	390	445	21	15	6	-
贵州预科	456	-	一批	473	460	464	7	3	4	-
云南预科	500	-	一批	506	496	501	7	4	3	-
新疆预科	374	-	一批	463	396	406	17	10	7	-
合计	-	-	-	-	-	-	2484	1572	912	-

（夏　帆）

表 5-2

2017 年文史类普通本科各地录取情况表

招生地区	当地控制线		录取批次	最高分	最低分	平均分	招生人数	男生人数	女生人数	高考满分
	一本线	二本线								
北京	-	555	二批	579	537	544	184	47	137	750
天津	531	-	一批	549	538	542	8	3	5	750
河北	517	-	一批	590	574	583	12	1	11	750
吉林	528	-	一批	554	533	542	8	1	7	750
黑龙江	481	-	一批	547	536	541	8	1	7	750
安徽	515	-	一批	557	552	554	10	1	9	750

续表

招生地区	当地控制线		录取批次	最高分	最低分	平均分	招生人数	男生人数	女生人数	高考满分
	一本线	二本线								
福建	489	-	一批	512	499	506	8	2	6	750
江西	533	-	一批	555	548	551	8	2	6	750
山东	529	-	一批	575	559	563	12	1	11	750
河南	516	-	一批	565	555	558	12	4	8	750
四川	537	-	一批	579	565	570	10	3	7	750
贵州	545	-	一批	584	570	576	12	2	10	750
陕西	509	-	一批	553	543	547	8	4	4	750
甘肃	505	-	一批	532	517	522	12	2	10	750
新疆和田定向	-	375	二批	458	420	440	3	1	2	750
内地西藏班	-	-	内高班	355	289	319	5	4	1	-
内地新疆班	-	-	内高班	535	476	499	4	1	3	-
合计	-	-	-	-	-	-	324	80	244	-

（夏　帆）

就业工作

学校 2017 届毕业生共有 2949 人，其中硕士生 387 人，本科生 2562 人。截至 2017 年 10 月 31 日，硕士毕业生一次就业率为 100%，本科毕业生一次就业率为 99.45%。

学校深入贯彻就业工作“一把手”工程，成立校院两级工作领导小组，逐步形成了“一把手统一领导、招就处统筹协调、职能部门通力配合、二级学院层层落实、教职工人人参与”的全员就业工作模式和“1234”的工作新格局，即：明确“一条思路”，构建“两项机制”，推进“三大举措”，夯实“四个基础”，从而有效推动了毕业生就业创业工作的科学发展，就业工作成效显著。学校加强对二级学院的目标考核，构建完善的毕业生就业质量评估指标体系。以“一网两信三系统”为载体，建设交互式数字化多媒体就业信息服务体系；积极宣传并组织志愿服务西部、“三支一扶”、村干部等国家和地方项目，通过各种形式大力引导毕业生到西部和基层为国家建功立业；配合学校相关部门，大力推进入伍义务兵役工作。2017 年专项投入 19.5 万元定制了毕业生就业创业教育微课堂系统服务项目，形成了“就业指导必修课为主导，网络指导课堂为辅助，就业实践活动为补充”的三位一体的就业创业指导课程体系，将就业创业指导贯穿大学全过程。连续举办“专家面对面”就业创业系列指导咨询活动，针对毕业生就业能力和职业素养提升等多元化需求，分别从出国、考研、就业、毕业离校、政策形势、创业融资等 9 个方面邀请不同领域的学者、专家为毕业生开展就业创业指导现场咨询活动。学校积极开拓就业市场，开辟毕业生就业新渠道，构建与用人单位全方位、多区域的联系网络，为用人单位输送优秀毕业生。学校高度重视困难群体毕业生就业工作，加强一对一个性化帮扶指导，为困难群体开辟就业绿色通道，帮助他们实现顺利就业。从薪酬看，据第三方教育数据和质量评估机构麦可思数据有限公司调查显示，学校 2016 届毕业生半年后的月收入为 5782 元，比“北上广”同类本科院校高 785 元，学校毕业生月收入水平持续高于“北上广”同类本科院校平均水平。据薪酬网发布的《2018 年大学毕业生薪酬 TOP200 排行榜》中，学校 2017 届毕业生平均月薪为 8105 元，居全国高校第 39 位。同时，BOSS 直聘网通过分析国内高校 2017 年毕业生的起薪、五年薪资成长空间、简历热度、职业成长路线等维度数据，发布了《2017 年高校毕业生就业竞争力 100 强》榜单，学校毕业生就业竞争力排名第 77 位。

（夏　帆）

表 5-3

北京信息科技大学 2017 届毕业生就业情况一览表

单位：人

学院	专业名称	毕业生数	就业情况																就业比例	生源		性别	
			签三方协议		劳动合同		考研		申请出国		志愿服务西部		入伍参军		核心就业		灵活就业			北京	外地	男	女
			人数	比例	人数	比例	人数	比例	人数	比例	人数	比例	人数	比例	人数	比例	人数	比例					
机电学院	机械设计制造及其自动化	126	28	22.22%	26	20.63%	16	12.70%	18	14.29%	0	0.00%	1	0.79%	89	70.63%	36	28.57%	99.21%	55	71	97	29
	车辆工程	52	10	19.23%	14	26.92%	9	17.31%	7	13.46%	0	0.00%	1	1.92%	41	78.85%	11	21.15%	100.00%	20	32	45	7
	工业设计	51	10	19.61%	20	39.22%	2	3.92%	7	13.73%	0	0.00%	0	0.00%	39	76.47%	12	23.53%	100.00%	42	9	28	23
	工业工程	50	15	30.00%	19	38.00%	2	4.00%	8	16.00%	0	0.00%	0	0.00%	44	88.00%	6	12.00%	100.00%	42	8	37	13
	新能源科学与工程	21	3	14.29%	7	33.33%	0	0.00%	2	9.52%	0	0.00%	1	4.76%	13	61.90%	8	38.10%	100.00%	17	4	11	10
	机械电子工程	39	5	12.82%	17	43.59%	1	2.56%	1	2.56%	0	0.00%	0	0.00%	24	61.54%	15	38.46%	100.00%	4	35	39	0
	学院小计	339	71	20.94%	103	30.38%	30	8.85%	43	12.68%	0	0.00%	3	0.88%	250	73.75%	88	25.96%	99.71%	180	159	257	82
光电学院	测控技术与仪器	95	13	13.68%	35	36.84%	20	21.05%	12	12.63%	0	0.00%	4	4.21%	84	88.42%	11	11.58%	100.00%	28	67	55	40
	光电信息科学与工程	57	23	40.35%	16	28.07%	4	7.02%	6	10.53%	0	0.00%	0	0.00%	49	85.96%	8	14.04%	100.00%	50	7	46	11
	学院小计	152	36	23.68%	51	33.55%	24	15.79%	18	11.84%	0	0.00%	4	2.63%	133	87.50%	19	12.50%	100.00%	78	74	101	51
自动化学院	自动化（信息与控制系统）	135	34	25.19%	29	21.48%	22	16.30%	12	8.89%	1	0.74%	1	0.74%	99	73.33%	36	26.67%	100.00%	45	90	106	29
	电气工程及其自动化	69	43	62.32%	4	5.80%	6	8.70%	5	7.25%	0	0.00%	0	0.00%	58	84.06%	11	15.94%	100.00%	55	14	52	17
	智能科学与技术	48	23	47.92%	7	14.58%	2	4.17%	6	12.50%	0	0.00%	0	0.00%	38	79.17%	10	20.83%	100.00%	39	9	36	12
	学院小计	252	100	39.68%	40	15.87%	30	11.90%	23	9.13%	1	0.40%	1	0.40%	195	77.38%	57	22.62%	100.00%	139	113	194	58
通信学院	通信工程	134	35	26.12%	42	31.34%	31	23.13%	15	11.19%	0	0.00%	0	0.00%	123	91.79%	10	7.46%	99.25%	38	96	91	43
	电子信息工程	109	28	25.69%	30	27.52%	24	22.02%	9	8.26%	0	0.00%	0	0.00%	91	83.49%	17	15.60%	99.08%	34	75	70	39
	物联网工程	30	9	30.00%	12	40.00%	1	3.33%	4	13.33%	0	0.00%	0	0.00%	26	86.67%	3	10.00%	96.67%	22	8	23	7
	学院小计	273	72	26.37%	84	30.77%	56	20.51%	28	10.26%	0	0.00%	0	0.00%	240	87.91%	30	10.99%	98.90%	94	179	184	89
计算机学院	计算机科学与技术	171	27	15.79%	48	28.07%	34	19.88%	18	10.53%	0	0.00%	1	0.58%	128	74.85%	42	24.56%	99.42%	58	113	106	65
	软件工程	76	8	10.53%	18	23.68%	15	19.74%	9	11.84%	0	0.00%	0	0.00%	50	65.79%	24	31.58%	97.37%	16	60	57	19
	网络工程	82	26	31.71%	19	23.17%	5	6.10%	5	6.10%	0	0.00%	1	1.22%	56	68.29%	26	31.71%	100.00%	65	17	65	17
	学院小计	329	61	18.54%	85	25.84%	54	16.41%	32	9.73%	0	0.00%	2	0.61%	234	71.12%	92	27.96%	99.09%	139	190	228	101

续表

学院	专业名称	毕业生数	就业情况																就业比例	生源		性别	
			签三方协议		劳动合同		考研		申请出国		志愿服务西部		入伍参军		核心就业		灵活就业			北京	外地	男	女
			人数	比例	人数	比例	人数	比例	人数	比例	人数	比例	人数	比例	人数	比例	人数	比例					
经管学院	会计学	46	18	39.13%	10	21.74%	2	4.35%	0	0.00%	0	0.00%	0	0.00%	30	65.22%	16	34.78%	100.00%	19	27	12	34
	会计学（注册会计师）	105	27	25.71%	24	22.86%	11	10.48%	10	9.52%	1	0.95%	0	0.00%	73	69.52%	32	30.48%	100.00%	42	63	29	76
	财务管理（证券与投资）	27	10	37.04%	2	7.41%	2	7.41%	3	11.11%	0	0.00%	0	0.00%	17	62.96%	10	37.04%	100.00%	14	13	8	19
	财务管理（公司理财）	68	27	39.71%	6	8.82%	5	7.35%	4	5.88%	0	0.00%	0	0.00%	42	61.76%	25	36.76%	98.53%	32	36	9	59
	市场营销	55	12	21.82%	15	27.27%	0	0.00%	9	16.36%	0	0.00%	0	0.00%	36	65.45%	19	34.55%	100.00%	41	14	20	35
	工商管理	76	17	22.37%	15	19.74%	5	6.58%	8	10.53%	0	0.00%	0	0.00%	45	59.21%	30	39.47%	98.68%	57	19	25	51
经管学院	工商管理（服务运营管理）	48	17	35.42%	10	20.83%	1	2.08%	0	0.00%	0	0.00%	0	0.00%	28	58.33%	20	41.67%	100.00%	39	9	20	28
	经济学	58	10	17.24%	13	22.41%	2	3.45%	10	17.24%	0	0.00%	0	0.00%	35	60.34%	23	39.66%	100.00%	14	44	23	35
	经济学（国际贸易）	47	6	12.77%	11	23.40%	2	4.26%	9	19.15%	0	0.00%	0	0.00%	28	59.57%	19	40.43%	100.00%	15	32	15	32
	人力资源管理	57	15	26.32%	8	14.04%	1	1.75%	8	14.04%	0	0.00%	1	1.75%	33	57.89%	23	40.35%	98.25%	40	17	10	47
	学院小计	587	159	27.09%	114	19.42%	31	5.28%	61	10.39%	1	0.17%	1	0.17%	367	62.52%	217	36.97%	99.49%	313	274	171	416
信管学院	信息管理与信息系统	169	37	21.89%	36	21.30%	12	7.10%	8	4.73%	0	0.00%	2	1.18%	95	56.21%	70	41.42%	97.63%	65	104	77	92
	信息安全	62	8	12.90%	11	17.74%	11	17.74%	8	12.90%	1	1.61%	0	0.00%	39	62.90%	23	37.10%	100.00%	27	35	32	30
	审计学（计算机审计）	39	9	23.08%	5	12.82%	6	15.38%	7	17.95%	0	0.00%	0	0.00%	27	69.23%	12	30.77%	100.00%	14	25	13	26
	电子商务	24	7	29.17%	5	20.83%	1	4.17%	3	12.50%	0	0.00%	0	0.00%	16	66.67%	8	33.33%	100.00%	17	7	10	14
	管理科学	22	5	22.73%	5	22.73%	0	0.00%	1	4.55%	0	0.00%	0	0.00%	11	50.00%	11	50.00%	100.00%	20	2	10	12
	学院小计	316	66	20.89%	62	19.62%	30	9.49%	27	8.54%	1	0.32%	2	0.63%	188	59.49%	124	39.24%	98.73%	143	173	142	174
公管传媒学院	行政管理	38	17	44.74%	7	18.42%	2	5.26%	4	10.53%	0	0.00%	0	0.00%	30	78.95%	8	21.05%	100.00%	26	12	7	31
	行政管理（电子政务）	26	7	26.92%	9	34.62%	0	0.00%	4	15.38%	0	0.00%	0	0.00%	20	76.92%	6	23.08%	100.00%	14	12	6	20
	传播学	28	11	39.29%	6	21.43%	0	0.00%	4	14.29%	0	0.00%	0	0.00%	21	75.00%	7	25.00%	100.00%	20	8	5	23
	网络与新媒体	33	12	36.36%	9	27.27%	2	6.06%	3	9.09%	0	0.00%	0	0.00%	26	78.79%	7	21.21%	100.00%	22	11	14	19
	学院小计	125	47	37.60%	31	24.80%	4	3.20%	15	12.00%	0	0.00%	0	0.00%	97	77.60%	28	22.40%	100.00%	82	43	32	93
外国语学院	英语（商务）	54	16	29.63%	11	20.37%	7	12.96%	7	12.96%	0	0.00%	0	0.00%	41	75.93%	13	24.07%	100.00%	36	18	10	44
	英语（翻译）	19	4	21.05%	4	21.05%	2	10.53%	5	26.32%	0	0.00%	0	0.00%	15	78.95%	4	21.05%	100.00%	14	5	2	17
	学院小计	73	20	27.40%	15	20.55%	9	12.33%	12	16.44%	0	0.00%	0	0.00%	56	76.71%	17	23.29%	100.00%	50	23	12	61
理学院	信息与计算科学	42	11	26.19%	11	26.19%	4	9.52%	4	9.52%	0	0.00%	0	0.00%	30	71.43%	12	28.57%	100.00%	32	10	26	16
	电子信息科学与技术	49	22	44.90%	6	12.24%	6	12.24%	3	6.12%	0	0.00%	0	0.00%	37	75.51%	12	24.49%	100.00%	37	12	40	9
	应用统计学	25	10	40.00%	4	16.00%	3	12.00%	2	8.00%	0	0.00%	0	0.00%	19	76.00%	6	24.00%	100.00%	20	5	14	11
	学院小计	116	43	37.07%	21	18.10%	13	11.21%	9	7.76%	0	0.00%	0	0.00%	86	74.14%	30	25.86%	100.00%	89	27	80	36
合计		2562	675	26.35%	606	23.65%	281	10.97%	268	10.46%	3	0.12%	13	0.51%	1846	72.05%	702	27.40%	99.45%	1307	1255	1401	1161

（杨文龙）

获奖情况

1. 北京信息科技大学勤信团队
2.2017 年度学校二级单位考核工作中被评为优秀单位
3.2017 京报集团文化教育领域“北京晚报放心品牌”奖

（夏　帆）

王秀彦代表学校在北京市就业创业工作会上作经验交流

1 月 5 日，北京市 2017 年毕业生就业创业工作会召开。会上，学校党委副书记王秀彦在会上作了题为《以行业为依托 以市场为导向 构建就业创业工作新格局 全面提升大学生就业质量》的经验交流报告，全面介绍了学校开展毕业生就业创业的举措和取得的成绩。王秀彦指出，学校坚持将毕业生就业创业工作摆在学校各项工作的重中之重，全面完善就业创业服务体系，逐步形成了“一条思路”“两项机制”“三大举措”“四个基础”的工作格局。以改革促发展，以创新促进步，以特色促质量，推动学校就业创业工作持续发展。

（夏　帆）

举行新生录取通知书设计大赛颁奖发布会

4 月 12 日，学校在小营校区第四会议室举行新生录取通知书设计大赛颁奖仪式，并现场发布了新版录取通知书样式。副校长许宝杰、师生代表和获奖设计者 40 余人参加，会议由招就处处长杜世智主持。由招就处和机电工程学院联合举办的通知书设计大赛旨在以录取通知书为载体传达大学的理念和精神，展现学校的办学特色和精神风貌。经大赛专家委员会认真评审，有 30 件作品分获金、银、铜奖及优秀奖。其中，机电工程学院工业设计系 12 级校友赵慰的设计作品获得了金奖，并作为学校新版录取通知书样式。

（夏　帆）

召开 2017 年春季“原机械部高校七校就业联盟”工作交流研讨会

4 月 27 日，“原机械部高校七校就业联盟”(简称“七校就业联盟”) 工作交流研讨会在学校小营校区举行。来自西安理工大学、河南科技大学、太原科技大学、北京信息科技大学、燕山大学、沈阳工业大学、哈尔滨理工大学 7 所高校的学生就业工作主管校领导和职能部门负责人参加会议。各联盟学校分别结合本校就业工作特点，以“构建大学毕业生就业质量评价体系”为主题，进行了交流研讨，就有效推动具有联盟特色的就业工作达成了多项共识。当天下午，与会代表走访、参观了中关村创业大街、中关村软件园，实地感受中关村创新创业的优良环境和成果。

（夏　帆）

召开 2018 届毕业生首场大型校园招聘双选会

10 月 25 日，2018 届毕业生首场大型校园招聘双选会在小营校区大学生文化艺术中心举行。在此之前，本年度已举办 6 场招聘会，本次双选会招聘职位覆盖学校全部专业，为学校 2018 届毕业生提供了上千个优质就业岗位。校党委书记王传亮，校党委副书记、校长王永生，校党委副书记王秀彦，副校长刘勇、许宝杰、陈刚，校长助理栾忠权等，一同到现场指导工作，学校就业服务中心和部分学院领导全程跟踪此次双选会，了解用人单位需求，为毕业生择业就业提供指导帮助。

（夏　帆）

本科教学

概况

教务处是本科教学管理的重要职能部门，负责全日制普通高等教育本科学生的专业、教学和培养管理，包括专业建设与培养方案管理、课程和教材建设、教学改革与教学建设的研究、教学运行管理、教学质量监控、学籍和学务管理、实践教学环节的建设与管理、电教中心的管理、教学管理规章制度的制（修）定、各项教学工作及教学人员的评优与奖励、教学管理人员培训等工作。

2017 年，在学校党委行政的正确领导下，在主管校领导的带领下，教务处积极贯彻党的十九大、全国高校思想政治工作会议有关精神，落实学校“五个环境建设”发展战略对本科教学工作提出的要求，努力推动本科教学全面发展，圆满完成年度任务。

专业建设

推进应用型新工科专业建设。2017 年 3 月，成功获批机器人工程专业、数据科学与大数据两个新专业，使学校成为全国第二批获批该类专业的高校。按照学校部署，积极整合全校优势资源，探索应用型新工科建设，成立跨学科、跨学院的教学工作小组、学生管理工作小组，与哈工大机器人集团、北京大数据研究院陆续签订战略合作框架协议，形成有效的协同育人机制，组织完成培养方案制定、教学平台搭建、师资培训、新生遴选等工作。2017 年 9 月，60 名 2017 级新生顺利进入机器人工程、数据科学与大数据技术专业学习。

获批市属高校首批一流专业。经学校优选、专家评选、政府比选和公示等环节，学校测控技术与仪器专业成功入选北京市属高校首批一流专业。

国家级特色专业建设点一览表

表 5-4

序号	专业名称	所属学院
1	电子信息工程	信息与通信工程学院
2	车辆工程	机电工程学院
3	计算机科学与技术	计算机学院
4	自动化	自动化学院

北京市级特色专业建设点一览表

表 5-5

序号	专业名称	所属学院
1	电子信息工程	信息与通信工程学院
2	通信工程	信息与通信工程学院

续表

序号	专业名称	所属学院
3	测控技术与仪器	仪器科学与光电工程学院
4	计算机科学与技术	计算机学院
5	软件工程	计算机学院
6	自动化	自动化学院
7	信息管理与信息系统	信息管理学院
8	车辆工程	机电工程学院
9	机械设计制造及其自动化	机电工程学院

教学运行

继续实施高水平人才交叉培养计划。2017 年，选派机械电子工程等 14 个专业 215 名“双培”计划学生到北京理工大学等 6 所央属高校进行为期 3 年学习，“外培”计划的 8 名学生前往美国奥克兰大学进行 1—2 年的学习，加强各专业与科研院所、企业、创业孵化器等的合作，完成实培项目 68 项，涉及学生 153 人。承办北京高等学校高水平人才交叉培养“实培计划”实验教学开放共享项目研讨会，清华大学等 16 所高校参会并参观了学校卓越工程师联盟开放实验室和学校大学生创新创业基地。

完成教务管理系统升级维护。2017 年实现教务基础数据与财务系统的对接，完成教务处管理系统升级，促进基础数据的共享互通，稳步推进教学运行、学籍学务管理等各项工作。

教学改革与教学管理

继续开办机器人特长班。2017 年面向在校生招收学生 60 人，同时增设大数据特长班，引入“数据嗨客”教学平台。

完成教改、课改立项与结题。2017 年，完成学校承担的北京市级教改项目共 13 项的结题验收。组织完成 144 项校级教改、课改项目结题验收，新批准立项 92 个校级教学改革项目。针对学校教育教学改革发展亟待解决的重点、难点问题，启动 2017 年度教育教学改革研究专项课题招标，9 项课题获批立项。组织申报教育部“新工科研究与实践”项目申报，1 项获得北京市推荐。

完成教育教学成果奖评选。2017 年，共有 51 项被评为 2016 年校级教育教学成果一、二、三等奖，向北京市第八届教育教学成果奖推荐申报 32 项成果奖。

教学质量管理与评价

完成本科教学工作审核评估阶段性工作。召开审核评估培训会和数据分析报告解读会，颁布实施《北京信息科技大学本科教学工作审核评估工作方案》等文件，明确审核评估工作的组织结构和主要职责、工作阶段及重点内容。完成学校《自评报告》初稿、教学单位教学档案梳理和《自评报告》初稿撰写。通过周密组织、通力协作，顺利完成 2017 年本科教学基本状态数据采集、本科教学质量报告编制工作，为学校迎接专家组进校考察奠定扎实基础。

持续推进专业评估与认证。2017 年完成了 11 个本科专业校内专业评估。至此，全校 36 个本科专业（不含 2017 年新专业）的校内专业评估全部完成。测控技术与仪器（已满有效期）、自动化、通信工程等三个专业顺利完成工程教育专业认证专家现场考查，同时网络工程专业的 2018 年工程教育认证申请已被受理。

继续加强日常教学质量监控。继续加强本科教学质量常态化监控，确保教学运行稳步有序。持续开展期初、期中、期末三段式教学检查。加强校院两级教学督导体系建设。修订了《北京信息科技大学本科教学督导管理办法》，正式成立学校第三届校级本科教学督导组，同时发挥院级教学督导队伍在学院教学质量监控工作中的积极作用。开展 2017 年度教学效果评价，231 人参评。重新启动学生教学信息员工作，组建了一支 340 人的学生教学信息员队伍。

深入开展第三方跟踪调查。学校在委托麦可思公司开展第三方调研的基础上，委托爱拼公司，从客观数据角度，开展毕业生调研，为专业评估、专业调整、人才培养方案修订、招生就业等工作提供依据。

编制 2016—2017 学年本科教学质量报告。按照市教委的通知要求，根据学校办学特点，在充分分析和认真总结提炼的基础上，紧扣本科教学工作，分析教学基本状态，突出教学改革亮点、成就和经验，准确把握存在的问题，基于 2017 年本科教学基本状态数据，编制并上报了《北京信息科技大学 2016—2017 学年本科教学质量报告》。

课程和教材建设

启动学校优质课程建设。2017 年 10 月，启动了本科优质课程评选工作。在前期课程建设工作的基础上，以“对培养本科生综合素质、专业素养和实践创新能力能起到关键性作用的基础课程、专业核心课程和创新创业课程”为此次评选范围。

完成 2016 版课程教学大纲修订工作。按国家相关要求，参考教育部各专业指导委员会的指导意见，根据学校的办学指导思想和定位、专业培养目标及毕业要求，结合该课程在课程体系中的地位、作用、课时计划等要素，2017 年启动编写 2016 级本科课程教学大纲及中英文课程简介工作，有效配合 2016 级培养方案的执行。

北京市级精品课程一览表

表 5-6

序号	课程名称	负责人	所属学院
1	机械原理	郝静如	机电工程学院
2	工程制图	王建华	机电工程学院
3	数据库系统基础	崔　巍	信息管理学院
4	数字电路与逻辑设计	王久和	自动化学院
5	高等数学	许晓革	理学院
6	运营管理	曲　立	经济管理学院
7	机械制造技术基础	王红军	机电工程学院
8	软件工程	刘建宾	计算机学院
9	电机与拖动	厉　虹	自动化学院

北京市级高等教育精品教材一览表

表 5-7

序号	教材名称	主编	单位
1	工程制图	高俊亭、毕万全	理学院
2	软件工程导论（第四版）	张海藩	计算机学院
3	信息系统的开发与管理教程（第二版）	左美云、邝孔武	信息管理学院
4	高等数学实验	许晓革	理学院
5	操作系统	孟庆昌	计算机学院
6	电工电子实验教程	王久和	自动化学院
7	电力电子技术实验	栗书贤	自动化学院
8	80×86 汇编语言程序设计	马力妮	计算机学院
9	数据库系统及应用	崔　巍	信息管理学院
10	C++ 面向对象程序设计教程（第二版）	陈维兴	信息管理学院
11	信息系统开发与管理	邝孔武、王晓敏	信息管理学院
12	会计信息系统教程	王永生	经济管理学院
13	矩阵理论与方法	吴昌悫	理学院
14	傅里叶光学（第二版）	吕乃光	仪器科学与光电工程学院
15	Linux 教程（第二版）	孟庆昌、牛欣源	计算机学院
16	面向对象程序设计实用教程（第二版）	张海藩、牟永敏等	计算机学院
17	金融学	徐文彬、王斌等	经济管理学院
18	汽车测试技术	陈　勇	机电工程学院
19	机械制图与计算机绘图（第二版）	王建华、毕万全	机电工程学院
20	人工智能教程	张仰森	计算机学院
21	C++ 面向对象程序设计教程（第三版）	陈维兴、林小茶	信息管理学院
22	Linux 基础教程	孟庆昌	计算机学院
23	国际贸易理论与实务	李雁玲	经济管理学院
24	电子商务概论	孙若莹	信息管理学院
25	智能检测技术及仪表	李邓化	电子信息与控制国家级实验教学中心
26	计算机控制系统	李　擎	自动化学院
27	数据库系统及应用（第 3 版）	崔　巍	信息管理学院

学籍管理

完善相关制度文件。落实教育部 41 号令，颁布实施了《北京信息科技大学全日制普通高等教育本科学生学籍管理规定》《北京信息科技大学本科学生成绩管理办法》《北京信息科技大学授予普通高等教育学生学士学位工作细则》等相关管理文件。

实践教学基地建设与管理

不断深化创新创业教育改革。以专业教育与创新创业教育有机融合为理念，加强创新创业体系内涵建设，组建由校内外专家组成的创业导师队伍，开展培训沙龙、创业论坛、创业项目推介会、创业参观交流等活动共 12 次。组织第四批、第五批校内项目入驻的遴选，两批共遴选出 28 支团队入驻基地。围绕“互联网 +”大赛，组织校内遴选并开展 14 支团队项目的培育工作。2017 年，学校获评北京市首批深化创新创业教育改革示范高校，大学生创新创业基地获批首批北京高校大学生创业园分园，4 支创业团队获评北京地区高校大学生优秀创业团队。在第三届中国“互联网 +”大学生创新创业大赛中获国家级铜奖 1 项、市级奖项 14 项。学校成为唯一一所连续两年晋级国赛并获得铜奖的北京市属高校。

推进实验室的安全建设及环境改善。完成实验教学工作条例等 6 个实践教学管理文件修订工作，召开本科教学实验室研讨会，加强实验室管理与建设。

积极实施各种实践训练项目。2017 年，共设置开放实验 121 项，1100 余学生选课进行实践；大学生科技创新计划项目共立项 257 项，982 名在校本科生参与。学生在各级各类学科竞赛中取得了优异的成绩，共获得省部级（含）以上奖励 428 项（1100 余人次）。其中，学校“water”队第 5 次在 RoboCup 机器人世界杯中荣膺冠军。

推进校外人才培养基地建设。2017 年新增校外人才培养基地 20 个，广泛开展校企深度合作。卓越工程师联盟开放实验室面向学院路共同体开课 4 门次，面向校内公布开放实验选题 4 项，受益学生 300 余人。

成立大学生创新创业基地媒体中心。2017 年，成功举办首届大学生创新创业基地优秀创业项目推介会。“电动移步机”团队在基地注册成立公司，注册资金为 100 万元。

承办第五届华北五省（直辖市、自治区）大学生机器人大赛。承办第五届华北五省（直辖市、自治区）大学生机器人大赛，94 所高校 763 支队伍，近 2000 师生参赛，比赛规模再创新高。精心准备和策划，优化调整比赛项目，新增智能物流机器人挑战赛和小型组机器人足球赛项目，突出了对学生学以致用以及实际动手能力的考察。举办了华北五省（直辖市、自治区）大学生机器人大赛五周年实物展，通过制作展板、实物演示以及交流互动等方式重点推介了一批智能科技产品。学校师生参赛踊跃，获得一等奖 11 项，二等奖 15 项，三等奖 24 项的好成绩。

国家级实验教学示范中心一览表

表 5-8

序号	示范中心名称	所属教学单位
1	电子信息与控制实验教学中心	电子信息与控制国家级实验教学中心
2	机械工程实验教学中心	机电工程学院

国家级工程实践教育中心建设单位一览表

表 5-9

序号	建设单位名称	共建学校
1	中兴通讯股份有限公司	北京信息科技大学

国家级大学生校外实践教育基地一览表

表 5-10

序号	建设单位名称	共建学校
1	中国电子科技集团公司第十五研究所	北京信息科技大学

北京市级实验教学示范中心一览表

表 5-11

序号	示范中心名称	所属学院
1	电工电子实验教学中心	电子信息与控制国家级实验教学中心
2	机械工程实验教学中心	机电工程学院
3	文管综合实践教学中心	经济管理学院、信息管理学院、人文社科系、外国语学院共建
4	计算机实验教学中心	计算机学院
5	仪器与光电工程实验教学中心	仪器科学与光电工程学院

学校实验教学中心、实验室一览表

表 5-12

序号	教学单位	实验教学中心名称	实验室名称
1	机电工程学院	机械工程实验教学中心（院级）	机械设计实验室
2			制造工程实验室
3			机械电子实验室
4			车辆工程实验室
5		工业设计实验室	
6	仪器科学与光电工程学院	仪器科学与光电工程实验教学中心（院级）	光电信息工程实验室
7			测控技术与仪器实验室
8			现代电子技术实验室
9	自动化学院	控制工程与智能技术实验教学中心（院级）	自动化实验室
10			电气工程实验室
11			智能科学与技术实验室
12	信息与通信工程学院	通信技术实验室	
13		电子信息技术实验室	
14	计算机学院	计算机实验教学中心（院级）	
15	经济管理学院	经济管理实验教学中心（院级）	企业管理实验室
16			会计与财务实验室
17			经济与贸易实验室
18	信息管理学院	信息系统与信息安全实验教学中心（院级）	信息系统实验室
19			信息安全实验室
20	理学院	大学物理实验室	
21		理综实验室	
22	公共管理与传媒学院	公共管理与传媒学院综合实验室	
23	外国语学院	英语学习中心	
24	计算中心	计算中心（校级）	计算机实验室
25	电子信息与控制国家级实验教学中心	电子信息与控制实验教学中心	
26	机电实习中心	机电实习中心（校级）	

北京市级校外人才培养示范基地一览表

表 5-13

序号	基地名称	依托单位
1	信息类专业校外实践教学基地	中国电子科技集团公司第十五研究所
2	电子信息与控制类校外实践教学基地	中兴通讯股份有限公司
3	机械类校外实践教学基地	北京京城机电控股有限责任公
4	自动化校外人才培养基地	北京研华兴业电子科技有限公司
5	信息通信类校外人才培养基地	悦成移动互联网孵化基地（北京尚嘉悦成科技有限公司）

北京市级高校示范性校内创新实践基地一览表

表 5-14

序号	基地名称	所在学院
1	大学生创新实践教学基地	教务处
2	机械工程大学生创新实践基地	机电

表彰与奖励

2017 年各类学科竞赛获奖一览表

表 5-15

获奖项目（人）	所在教学单位	等级
中国机器人大赛暨 RoboCup 公开赛	机电工程学院	国家级一等奖、三等奖
	仪器科学与光电工程学院	国家级一等奖、二等奖、三等奖
	信息与通信工程学院	国家级二等奖、三等奖
	电子信息与控制国家级实验教学中心	国家级二等奖、三等奖
全国三维数字化创新设计大赛	机电工程学院	国家级三等奖
全国航空航天模型锦标赛	机电工程学院	国家级二等奖
全国虚拟仪器设计大赛	仪器科学与光电工程学院	国家级一等奖
中国机器人大赛暨 FIRA 世界杯机器人大赛	自动化学院	国家级一等奖

续表

获奖项目（人）	所在教学单位	等级
华北五省（市、自治区）大学生机器人大赛 / 北京市大学生机器人大赛	自动化学院（27 项）	市级一等奖
	机电工程学院（7 项）	市级一等奖
	仪器科学与光电工程学院（8 项）	市级三等奖
	计算机学院（6 项）	市级二等奖
	电子信息与控制国家级实验教学中心（2 项）	市级二等奖
全国大学生嵌入式物联网设计大赛	信息与通信工程学院	市级二等奖
“大唐杯”全国大学生移动通信技术大赛	信息与通信工程学院	国家级二等奖
华北五省（市、自治区）及港澳台大学生计算机应用大赛	信息与通信工程学院	市级一等奖
计算机博弈竞赛	计算机学院	国家级一等奖
全国软件专业人才设计与开发大赛	计算机学院	国家级二等奖
“大智慧杯”全国大学生金融精英挑战赛	经济与管理学院	国家级三等奖
国际企业管理挑战赛（中国赛区）	经济与管理学院	国家级三等奖
全国大学生沙盘模拟经营大赛	经济与管理学院	市级一等奖
中国大学生计算机设计大赛	信息管理学院	国家级二等奖
全国大学生信息安全竞赛	信息管理学院	国家级三等奖
北京高校思想政治理论课社会实践优秀论文评选	马克思主义学院	市级二等奖
全国大学生英语竞赛	外国语学院	国家级一等奖
“外研社杯”全国英语演讲大赛	外国语学院	市级二等奖
全国大学生数学竞赛（北京赛区）	理学院	市级一等奖
北京市大学生数学建摸与计算机应用竞赛	理学院	市级一等奖
全国部分地区大学生物理竞赛	理学院	市级一等奖
北京市大学生物理实验技能竞赛	理学院	市级二等奖
北京市大学生电子设计竞赛	电子信息与控制国家级实验教学中心	市级一等奖
“挑战杯”首都大学生课外学术科技作品竞赛	校团委	市级一等奖
第三届中国“互联网 +”大学生创新创业大赛	教务处（机电 4 项；自动化 3 项；信管 2 项；通信 1 项；经管 1 项；公管 1 项）	国家级三等奖

教师教学发展中心建设

学校搭建了青年教师导师制培养、青年教师基本功比赛、年度优秀主讲教师评选、教学名师评选等的教师教学成长培养体系，教师教学发展中心努力为教师提升教学能力和水平服务。

继续落实青年教师导师制。2017 年有 35 名新入职教师申请接受导师制培养。同年，有 25 位青年教师通过了导师制培养考核。

举办青年教师教学基本功比赛。2017 年 11 月 10 日，启动了北京信息科技大学第十届青年教师教学基本功比赛暨第四届教学新星评选工作。大赛分为个人申请、院级初赛和校级决赛三个阶段。在个人向所在教学单位申请后，由各教学单位组织初赛，按照名额分配比例共遴选出 32 名候选人参加决赛。最终有 16 位教师获奖。

组织优秀主讲教师评选。完成了 2016 年度优秀主讲教师的评选，3 名教师被评为 2016 年度优秀主讲教师；启动了 2017 年度优秀主讲教师评选工作。

表 5-16 2013—2016 年度优秀主讲教师获奖名单一览表

教学单位	姓名	当选年度
机电工程学院	杨　莉	2013
机电工程学院	米　洁	2013
计算机学院	蔡　英	2013

续表

教学单位	姓名	当选年度
经济管理学院	陈雪红	2013
经济管理学院	黎　枫	2013
信息管理学院	孙若莹	2013
信息管理学院	张　莉	2013
外国语学院	陈　玲	2013
理学院	王　昕	2013
理学院	王爱文	2013
信息与通信工程学院	焦瑞莉	2014
计算机学院	侯　霞	2014
经济管理学院	杭建平	2014
信息管理学院	高　英	2014
外国语学院	王朝晖	2014
外国语学院	史学冬	2014
理学院	倪晓明	2014
公共管理与传媒学院	王　媛	2015
信息管理学院	车　蕾	2015

续表

教学单位	姓名	当选年度
外国语学院	汤　萌	2015
理学院	孙　妍	2015
机电工程学院	孙江宏	2015
信息与通信工程学院	李学华	2015
经济管理学院	汪　刚	2015
自动化学院	张巧杰	2015
理学院	徐军京	2015
机电工程学院	刘令涛	2016
仪器科学与光电工程学院	周哲海	2016
自动化学院	艾　红	2016

完成第六届校级教学名师评选。2017 年 3 月 26 日，举办了校级教学名师评选公开课。经个人申请、教学单位审核推荐、学校评审、教学工作委员会审议、校长办公会审定与公示，马洁、米洁、李学华、杨莉等四名教师被评为学校第六届教学名师。

完成市级教学名师推选。机电工程学院王红军老师和计算机学院陈昕老师入选 2017 年度北京市高层次创新创业人才支持计划领军人才（教学名师）。机电工程学院米洁老师获第十三届北京市高等学校教学名师奖。

表 5-17

学校教学名师一览表

序号	教师姓名	单位名称	级别		备注
			市级	校级	
1	郝静如	机电工程学院	第一届市级（2003 年）		
2	王久和	自动化学院	第三届市级（2007 年）		2015 年北京市“高创计划”教学名师
3	谢冬秀	理学院	第三届市级（2007 年）		
4	王建华	机电工程学院	第四届市级（2008 年）	第一届校级（2008年年初）	
5	黄民	机电工程学院	第六届市级（2010 年）	第二届校级（2008年年底）	2014 年北京市“高创计划”教学名师
6	苏中	信息与通信工程学院	第六届市级（2010 年）	第三届校级（2009 年）	
7	李邓化	电子信息与控制国家级实验教学中心	第七届市级（2011 年）	第四届校级（2011 年）	
8	刘小河	自动化学院	第八届市级（2012 年）	第一届校级（2008年年初）	
9	王红军	机电工程学院	第九届市级（2013 年）	第三届校级（2009 年）	2017 年北京市“高创计划”教学名师
10	厉 虹	自动化学院	第十届市级（2014 年）	第四届校级（2011 年）	
11	周金和	通信学院	第十一届市级（2015 年）	第二届校级（2008年年底）	
12	陈昕	计算机学院	第十二届市级（2016 年）	第五届校级（2012 年）	2017 年北京市“高创计划”教学名师
13	于肇贤	理学院		第一届校级（2008年年初）	
14	张志凤	经济管理学院		第二届校级（2008年年底）	
15	任维平	外国语学院		第二届校级（2008年年底）	
16	米洁	机电工程学院	第十三届市级（2017 年）	第六届校级（2017 年）	
17	杨莉	机电工程学院		第六届校级（2017 年）	
18	马洁	自动化学院		第六届校级（2017 年）	
19	李学华	信息与通信工程学院		第六届校级（2017 年）	

学科建设与研究生教育

概况

研究生院主要贯彻执行国家、学校有关学科与研究生教育工作的政策和规定，负责起草学校学科与研究生教育工作的规章制度并组织实施；负责学科建设、研究生的招生、培养、学籍、学位和思想教育等方面工作。

2017 年，研究生院在学校正确指导下，在相关部门大力支持配合下，以促进学科建设与研究生教育事业更好发展为主线，积极配合做好学校“十三五”事业发展规划和学科与研究生教育子规划的编制工作，以达到博士学位授权水平为目标，确定学科建设工作战略方针，加强引领学科建设，加强硕士学位授权点针对性建设，参加全国第四轮学科评估和专业学位水平评估，全面推进研究生校院二级管理工作和信息化建设，进一步巩固提高研究生培养质量，加大研究生国际交流力度，完善研究生院行政管理相关制度，圆满完成本年度各项工作任务。

学科建设

（1）完成学科建设专项验收和立项工作。完成 2016 年学科与研究生教育专项的验收工作，2016 年学科与研究生项目完成质量进一步提高，项目成果更加适应学科建设发展新变化，项目经费使用、经济和社会效益显著提高。2017 年学科与研究生教育专项申报工作充分体现择优资助，并向特色学科方向倾斜的原则，对 2016 年完成情况优异、成果显著的项目，2017 年优先给予资助。2017 年促进高校内涵发展 -- 学科与研究生教育专项经费共计 720 万元，经自主申报、学院初审、专家评审，资助学科建设类项目 17 项，合计 621 万元，其中一级学科建设投入 463 万元，专业学位点建设投入 158 万元；资助研究生教育质量工程类项目 33 项，合计 72 万元；资助研究生科技创新类项目 20 项，合计 27 万元。

（2）召开学科建设大会，确定学科建设发展新战略。为了贯彻学科引领、人才强校的基本精神，总结经验、查找差距，优化学校学科建设顶层设计，推进学校超常规、跨越式发展，学校召开学科建设工作大会，进一步确立了“融合学科资源、凝练信息特色、提高学校办学水平”的学科建设发展思路，为加强学校顶层设计，明确推进学科建设的战略举措，推进学校超常规、跨越式发展提供了强有力的支撑。

以学科建设大会精神为指导，以“五个环境建设”为统领，以服务北京“四个中心”建设和京津冀协同发展为导向，突出学科建设重点。充分依托行业和军工特色，积极打造“新一代信息技术与导航控制”、“高精尖检测仪器与智能制造”、“大数据下循环经济与知识管理”等信息特色的学科群，重点打造几个具有冲博实力且特色鲜明的一级学科，带动和支撑其他学科快速发展。

（3）开展新增硕士学位点申报，完成学位点自评中期检查工作。根据国务院学位委员会和北京市学位委员会的相关要求，启动博硕士学位授权点申报工作，成立申博工作小组，充分调研拟申报博士学科授权的队伍、科研成果融合情况，为今后打破学院壁垒，促进学科交叉融合，做好博士学位授权申报建设打下坚实基础。同时开展新增硕士点申报工作，经反复论证、沟通和专家评审，将一级学科软件工程调整为网络空间安全，完成会计和新闻与传播两个专业学位新增申报工作。

根据学科与研究生教育工作的新形势和新要求，组织相关学院开展 21 个硕士学位授权点开展自我评估中期检查工作，总结整改以来各硕士学位授权点近一年半学科建设开展总体情况，进一步凝练和强化硕士学位授权点的信息特色。

（4）导师队伍建设。继续组织教师申报兼职博士生导师资格工作，开展兼职博士生导师备选库工作。2017 年新增兼职博士生导师 3 名，学校有兼职博士生导师达 25 位（其中 1 位兼职博士生导师属已退休但有在读博士生）。完善对博士生的服务与管理，在读博士生 30 余名，为 4 名博士生解决住宿问题，为博士生发放生活补贴和毕业答辩补贴合计近 10 万元。

修订硕士生导师遴选相关规定，将较高学术能力水平的博士讲师和企业技术人员吸收到硕士生导师队伍中来，导师队伍结构、梯次和素质进一步提高。新增硕士研究生导师 58 名，导师数达到 281 名。开展专业学位校外兼职导师新一轮备案工作，目前具有专业学位校外兼职导师 169 名。

（5）硕士学位论文质量不断提高。2017 年论文复制比检测一次合格率达到 94.56%，盲审人数 322 人，盲审率为 83.42%，较 2016 年的盲审人数 156 人、盲审率 40.5% 均有显著提高。

研究生发表高水平学术论文数量和优秀硕士学位论文数量持续增长。2017 年评选优秀硕士学位论文 29 篇，迄今已评选优秀硕士学位论文 135 篇。

重点学科

2017 年重点学科一览表

表 5-18

序号	学科名称	重点学科类别	带头人
1	机械电子工程	北京市重点学科	徐小力
2	精密仪器及机械	北京市重点学科	祝连庆
3	技术经济及管理	北京市重点学科	唐五湘
4	计算机应用技术	信息产业部重点学科	施水才
5	信号与信息处理	信息产业部重点学科	周金和

表 5-19

2017 年重点建设学科一览表			
序号	学科名称	重点学科类别	带头人
1	应用数学	北京市重点建设学科	杨毅恒
2	机械工程	北京市重点建设学科	许宝杰
3	测试计量技术及仪器	北京市重点建设学科	祝连庆
4	信号与信息处理	北京市重点建设学科	周金和
5	控制理论与控制工程	北京市重点建设学科	刘小河
6	检测技术与自动化装置	北京市重点建设学科	李邓化
7	计算机应用技术	北京市重点建设学科	施水才、李宁
8	管理科学与工程	北京市重点建设学科	葛新权
9	企业管理	北京市重点建设学科	侯军岐

硕士学位点

表 5-20

2017 年重点建设学科一览表			
序号	一级学科点	二级学科点、专业学位点	相关学院
1	机械工程	机械制造及其自动化	机电学院
2		机械电子工程	机电学院
3		机械设计理论	机电学院
4		车辆工程	机电学院
5		先进装备动力学与控制	机电学院
6		先进制造设备工业设计	机电学院
7	光学工程	光学工程（一级学科，下无二级学科）	光电学院
8	仪器科学与技术	精密仪器及机械	光电学院
9		测试计量技术及仪器	光电学院
10		生物传感与医学仪器	光电学院
11	信息与通信工程	信号与信息处理	通信学院
12		通信与信息系统	通信学院
13		智慧感知与信息处理	通信学院
14	电气工程	电机与电器	自动化学院
15		电力电子与电力传动	自动化学院
16	控制科学与工程	控制理论与控制工程	自动化学院
17		检测技术与自动化装置	自动化学院
18		模式识别与智能系统	自动化学院
19		导航、制导与控制	自动化学院

续表

序号	一级学科点	二级学科点、专业学位点	相关学院
20	计算机科学与技术	计算机系统结构	计算机学院
21		计算机软件与理论	计算机学院
22		计算机应用技术	计算机学院
23		网络信息检索与内容理解	计算机学院
24		数字文化传播	计算机学院、公管传媒学院
25		计算语言学	计算机学院、外国语学院
26	数学	基础数学	理学院
27		计算数学	理学院
28		概率论与数理统计	理学院
29		应用数学	理学院
30	电子科学与技术	微电子学与固体电子学	理学院
31		电磁场与微波技术	理学院
32		物理电子学	理学院
33	管理科学与工程	管理科学与工程	经管学院、信管学院
34		信息管理与信息安全	信管学院
35		资源循环管理工程	经管学院
36		公共决策与社会管理	经管学院、公管传媒学院
37	工商管理	会计学	经管学院
38		企业管理	经管学院
39		技术经济及管理	经管学院
40	应用经济学	国民经济学	经管学院
41		金融学	经管学院
42		数量经济学	经管学院
43	马克思主义理论	马克思主义中国化研究	政教学院
44		马克思主义基本原理	政教学院
45		中国近现代史基本问题研究	政教学院
46	专业学位点	机械工程（工程硕士）	机电学院
47		车辆工程（工程硕士）	机电学院
48		仪器仪表工程（工程硕士）	光电学院
49		电子与通信工程（工程硕士）	通信学院
50		控制工程（工程硕士）	自动化学院
51		计算机技术（工程硕士）	计算机学院
52		物流工程（工程硕士）	信管学院
53		工业工程（工程硕士）	经管学院
54		工商管理（工商管理硕士）	经管学院

硕士研究生指导教师

机电工程学院（43 人）：

韩秋实 徐小力 戈新生 杨庆东 许宝杰 王科社 黄　民 栾忠权
王红军 王吉芳 郝南海 林慕义 王国权 陈　勇 米　洁 高炳学
贺敬良 孙江宏 邢济收 钟建琳 张瑞乾 刘　泉 李天剑 童　亮
龚国庆 郝育新 朱春梅 陈秀梅 吴国新 张志强 王立勇 张君华
谷玉海 侯悦民 李启光 王少红 李　乐 彭宝营 左云波 马　彬
苏　鹏 李凤莲 赵　理

仪器科学与光电工程学院（31 人）：

李　东 祝连庆 董明利 刘桂礼 郭阳宽 刘国忠 王晓飞 吕　勇
马牧燕 娄小平 燕必希 李月强 王艳林 王晓玲 陈青山 张晓青
周哲海 牛春晖 贾豫东 秦　雷 王　君 刘力双 赵　爽 孙　婷
闫　光 吴思进 孔全存 孟晓辰 张　帆 刘　锋 张钰民

信息与通信工程学院（22 人）：

汪毓铎 周金和 缪　旻 朱希安 李红莲 曹　林 焦瑞莉 吴韶波
李学华 罗　倩 崔英花 张月霞 徐　湛 姚彦鑫 王亚飞 王占刚
解迎刚 张小咏 张　涛 朱　翠 赵　凯 段中钰

自动化学院（30 人）：

苏　中 张奇志 李邓化 王久和 恒庆海 李　擎 高国伟 厉　虹
胡平平 周亚丽 管　萍 马　洁 高晶敏 朱嘉林 杨秀媛 曹荣敏
艾　红 李　娟 张巧杰 付兴建 杨鸿波 彭书华 范军芳 陈雯柏
李　慧 吴迎年 王丽婕 侯　明 刘　琼 胡敬芳

计算机学院（34 人）：

李　宁 牟永敏 刘建宾 徐雅斌 张仰森 李淑琴 施水才 都云程
陈　昕 吕学强 杨大利 周长胜 殷　旭 肖诗斌 蔡　英 秦奕青
施运梅 侯玲燕 李宝安 侯　霞 张　伟 焦　健 任维平 刘旭红
苗　军 朱敏玲 李　卓 黄宏博 蒋玉茹 刘秀磊 孟　坤 郑丽伟
李淑琴 陈海涛

经济管理学院（49 人）：

唐五湘 葛新权 谢瑞峰 张志凤 侯军岐 卢　静 刘　春 曲　立
周脉伏 王　斌 谢　群 黄中文 李雁玲 贠晓哲 张　健 李静文
徐文彬 杭建平 梁栩凌 金春华 周秀玲 谭祖卫 黎　枫 周飞跃
周　觉 孙　静 田肇云 程桂枝 岳宝宏 孙玉霞 杨颖梅 崔　瑜
李晓非 孙　凯 徐　颖 孟海亮 尹洁林 刘文涛 廉串德 王　晖
王　莹 刘　伟 张　舒 王建国 杨　慧 任丽明 李　莉 王宗水
倪　渊

信息管理学院（21 人）：

李　忱 杨孔雨 王兴芬 尹春华 崔　巍 蒋文保 徐晓敏 康海燕
卢华明 赵　刚 孙若莹 蒋宏伟 朱　阁 张　莉 卢益清 任俊玲
胡　敏 谷晓燕 张　虹 吴丽花 赵庆聪

马克思主义学院（14 人）：

傅正华 杨兴林 何深思 刘永成 王　媛 张云筝 赵爱玲 敖云波
胡　飒 郭春燕 陈建成 王英红 韩剑英 舍娜莉

理学院（37 人）：

谢冬秀 杨毅恒 李祥贵 侯吉成 盛炎平 李国成 王丽坤 田杨萌
于肇贤 邱　钧 吴秋新 薛春艳 田文杰 朴林华 邹小平 张炳江
杨　虹 冯美强 张　伟 王宏伟 程希明 王灯山 王彩霞 殷树娟
王　昕 李　涵 闻小勇 王爱文 孟祥花 王小妮 陈　芳 黄静静
赵明镜 亢芳圆 马余全 黄文奇 廖擎玮

兼职博士生导师情况

兼职博士生导师一览表

表 5-21

序号	博导姓名	从事学科门类	所在学科	任兼职博导单位	备注
1	韩秋实	工学	机械工程	机械科学研究总院	
2	徐小力	工学	机械工程	北京理工大学 中国农业机械化科学研究院 贵州大学	
3	黄民	工学	机械设计及理论	中国农业机械化科学研究院	
4	杨庆东	工学	机械设计及理论	辽宁工程大学	
5	陈勇	工学	车辆工程	北京理工大学	
6	祝连庆	工学	精密仪器及机械	合肥工业大学　天津大学	
7	吕乃光	工学	电子科学与技术	北京邮电大学	退休
8	苏中	工学	控制科学与工程	北京理工大学	
9	李邓化	工学	交通信息工程及控制	北京交通大学	
10	王久和	工学	电气工程	北京交通大学	
11	葛新权	管理学	企业管理	北京交通大学	
12	侯军岐	管理学	农业经济管理	西北农林科技大学	
13	李祥贵	工学	系统工程	辽宁工程大学	
14	谢冬秀	理学	数学	湖南大学	

续表

序号	博导姓名	从事学科门类	所在学科	任兼职博导单位	备注
15	王丽坤	工学	电子科学与技术	北京邮电大学	
16	杨毅恒	理学	数学	吉林大学	
17	戈新生	理学	一般力学	北京交通大学	
18	王永生	工学	光学工程	北京交通大学	
19	王秀彦	管理学	管理科学与工程	北京工业大学	
20	董明利	工学	机械工程	北京工业大学	
21	陈昕	工学	计算机科学与技术	燕山大学	
22	吕学强	中国语言文学	语言智能	首都师范大学	
23	宋建丽	工学	材料加工工程	太原科技大学	
24	张健	工学	农业工程	山东理工大学	
25	王红军	工学	机械工程	机械科学研究总院	
26	卢秉恒	工学	机械工程	西安交通大学	兼职教授
27	王子才	工学	控制科学与工程	哈尔滨工业大学	兼职教授
28	姜 澜	工学	机械工程	北京理工大学	兼职教授

研究生培养

（1）2017 年共开设研究生课程 525 门，组织完成研究生教务管理系统上相关课程的排课，组织相应课程的考务工作。做好研究生日常的教学管理工作，保证教学运行正常有序。保质完成教学管理工作，注意掌握和了解各项教学工作的实施情况。全面推行研究生教务管理系统，注重研究生教学管理的规范化建设。

（2）严格贯彻国家教育方针，加强学籍管理制度建设。根据教育部第 41 号令要求，对《北京信息科技大学研究生学籍管理规定》和《北京信息科技大学研究生课程学习及考核规定》进行修订，在入学和注册、考核和成绩记载、休学与复学、学习年限、转学等方面进行内容修订，维护正常教育教学秩序和生活秩序，不断加强和完善研究生学籍管理。完成 1308 名全日制在校研究生的注册、在校生学籍异动管理、新入学研究生培养计划制订、课程安排、考务工作组织、成绩录入、中期考核、2017 届毕业生等年度学籍与培养的日常工作。

（3）2017 届全日制硕士研究生毕业生共计 389 人，完成 2017 年度研究生毕业生图像信息采集、学历注册等相关工作。

（4）组织完成 2017 年 6 月、12 月的研究生英语四、六级报名和考试工作；组织完成 2017 年度的研究生英语学位统考考务等相关工作。

（5）组织完成 2016 年 31 项研究生教育教学改革项目的验收工作和 2017 年 33 项研究生人才培养项目的立项工作。

（尚 萌）

全日制硕士研究生录取情况

2017 年，研究生教育规模继续扩大、质量稳步提高。2017 年共录取硕士研究生 504 名，比 2016 年增加 15.33%，在校硕士研究生人数已达 1308 人。

2017 年全日制硕士研究生录取情况表

表 5-22

招生专业	录取人数	录取分数线	录取人数（类别）	录取人数（生源）	男生	女生	考研	推免生	满分
			非定向生	定向生	非应届人员	应届本科生	人数	人数	
机械工程（学术学位）	32	265	32	0	15	17	24	8	500
机械工程（专业学位）	35	265	35	0	11	24	30	5	500
车辆工程	10	265	10	0	3	7	7	3	500
光学工程	5	265	5	0	1	4	4	1	500
仪器科学与技术	22	265	22	0	7	15	13	9	500
仪器仪表工程	41	265	41	0	13	28	27	14	500
信息与通信工程	13	265	13	0	5	8	8	5	500

续表

招生专业	录取人数	录取分数线	录取人数（类别）	录取人数（生源）	男生	女生	考研	推免生	满分
			非定向生	定向生	非应届人员	应届本科生	人数	人数	
电子与通信工程	35	265	35	0	6	29	17	18	500
控制理论与控制工程	13	265	13	0	2	11	7	6	500
检测技术与自动化装置	6	265	6	0	1	5	3	3	500
模式识别与智能系统	5	265	5	0	2	3	3	2	500
导航、制导与控制	4	265	4	0	0	4	2	2	500
控制工程（专业学位）	41	265	41	0	12	29	29	12	500
计算机系统结构	6	265	6	0	1	5	4	2	500
计算机应用技术	11	265	11	0	3	8	4	7	500
网络信息检索与内容理解	4	265	4	0	2	2	2	2	500
计算机技术（专业学位）	53	265	53	0	10	43	35	18	500
国民经济学	6	335	6	0	3	3	2	4	500
金融学	5	335	5	0	4	1	3	2	500
数量经济学	4	335	4	0	2	2	3	1	500
管理科学与工程（学术学位）	10	335	10	0	5	5	3	7	500
会计学	5	335	5	0	0	5	0	5	500
企业管理	7	335	7	0	2	5	1	6	500
技术经济及管理	3	335	3	0	0	3	1	2	500
工业工程（专业学位）	11	335	11	0	4	7	7	4	500
工商管理（MBA）	57	170	57	0	57	0	30	27	300
管理科学与工程	8	340	8	0	1	7	3	5	500
物流工程	18	340	18	0	4	14	6	12	500
基础数学	2	290	2	0	1	1	0	2	500
计算数学	3	290	3	0	2	1	1	2	500
概率论与数理统计	2	290	2	0	0	2	2	0	500
应用数学	7	290	7	0	4	3	4	3	500
物理电子学	5	290	5	0	4	1	4	1	500
微电子学与固体电子学	3	290	3	0	2	1	2	1	500
电磁场与微波技术	4	290	4	0	1	3	4	0	500
马克思主义理论	8	310	8	0	6	2	2	6	500

研究生思想政治教育

（1）举办首届科技创新节。包含“科技创新成果展”、“讲坛论坛”、“科技竞赛”、“创新创业”四个板块，在四个板块下面设计了首届科技创新成果展、教师名家讲坛、“创新杯”大学生创意创新创业大赛等 30 项多形式新颖、内容丰富的活动。覆盖全校本科生、研究生、教职工及留学生，1 万余人次参与到科技创新节各项活动当中，科技创新节的有关活动得到了包括人民网、新华网等校内外媒体的广泛关注报道，各类新闻报道达 150 余篇，阅读量达 3 万余次，初步形成了具有学校特色的科技品牌。

（2）以主题教育活动为核心，加强研究生理想信念教育，提升思想道德水平。2017 年 3 月，启动了学第三期研究生骨干培训班，加强研究生骨干培养，以点带面促进研究生全面成长成才。

（3）开展志愿服务和社会实践工作。3 月 25 日，校研究生志愿者创作的纪实微电影《妈妈，我们等你回家》等成功入围第三届中国大学生微电影创作大赛。5 月 16 日，志愿者前往北京市海伦聋儿康复中心为患有先天性聋哑的孩子们带去了关怀。暑假期间，研究生“知•行”志愿服务团远赴云南省腾冲市沟坡头村沟坡头完小开展暑期义务支教活动。研究生知行志愿服务团因此荣获团中央 2017 年全国大中专学生志愿者暑期“三下乡”社会实践优秀团队荣誉称号。10 月 27 日，志愿者到龙岗社区老年人活动中心开展送温暖活动。同时，坚持每月前往北京新希望学校开展支教活动。

（4）全方位开展校园文化活动。指导研究生会开展形式多样、内容丰富的文体活动，促进各学院研究生的交流。3 月 22 日，为配合学校文化艺术节工作，举办首届研究生诗词比赛，并在学校首届诗词大赛中，荣获亚军。11 月 10 日，举办第九届研究生英语演讲比赛，并派优胜者参加北京市比赛，荣获北京市英语演讲比赛二等奖。11 月 23 日，举办首届研究生风采论坛。12 月 23 日举办“研途有你 星光闪硕”2017 年研究生会年度颁奖典礼。

（5）进一步建立和健全研究生心理健康教育四级网络，组织心理讲座、研究生心灵驿站心理知识交流会。

（6）加强研究生科技创新意识和创新能力的培养，支持和引导研究生开展学科竞赛、自主研究以及创新成果项目，组织完成 2017 年研究生科技创新项目申报、评审工作。

（7）以研究生评奖评优工作为契机，树立正确导向，强化学风建设，鼓励全面发展。2017 年，学校评选研究生国家奖学金 26 名；研究生双百奖学金 1 名；研究生学业奖学金 1197 人，其中：2015 级一等 38 名、二等 98 名、三等 216 名，2016 级一等 41 名、二等 110 名、三等 232 名，2017 级 462 名全覆盖；研究生科技成果专项奖学金 108 名。35 名研究生获评校级优秀毕业研究生，其中 19 人获评北京市优秀毕业研究生。

（8）不断加强研究生团工委的作用。在 2017 年度，研究生团工委进行了换届工作，各学院团总支设置了主管研究生工作的团总支副书记，充实了人员力量，积极投入各项工作，发挥了重要作用。

（9）承办了第二届校园文化艺术节之定向越野大赛。本次定向越野大赛总共有 150 支队伍、400 多人参加，涵盖各学院的本科生和研究生，取得了良好的效果。

（10）完善了助理辅导员岗位设置。依据《北京信息科技大学研究生担任学生助理辅导员实施办法》，完善了助理辅导员岗位设置、申报。全校共设立了 26 个助理辅导员岗位，其中 A 岗 11 个，B 岗 15 个。

（11）研究科技创新活动成果显著。2017 年资助研究生科技创新项目 20 项，已全部结题验收完毕，完成情况良好。2017 年优秀项目 15 个。研究生全年在校研究生第一作者发表论文 468 篇；获得专利和软件著作权 28 项；科技竞赛获奖 82 项，获奖 113 人次。

（王海龙 毕　蕊）

科研与开发

BEIJING
INFORMATION
SCIENCE & TECHNOLOGY
UNIVERSITY

SCIENTIFIC RESEARCH AND DEVELOPMENT

科研与开发

科技工作

概况

2017 年，科技工作在学校全体科研人员的努力下，以“五个环境建设”为统领，以提升学校综合科研实力为目标，学校科研实力稳步提升，特别是一些科研骨干发挥的带头作用引领下，科研工作充分发挥学校学科、科研特色优势，整合创新资源，继续保持快速发展态势，较好地完成了年度科研工作目标，为学校科研工作可持续发展奠定基础，为努力建设信息特色鲜明的高水平教学研究型大学总体目标提供了有力支撑。学校科技创新能力大幅提升，重点科研基地建设取得新突破，承担科研项目质量显著提升，10 项科研成果获得科技奖励。

（张日颖）

科研经费

截至 2017 年 12 月 31 日，项目经费 9506 万元，科研总经费达 1.4384 亿元。其中纵向项目经费 4886 万元、国防项目经费 1812 万元、横向项目经费 2808 万元、平台建设及科研水平提高经费 4878 万元。

（李　彬 王　子 董　亮）

科研项目

2017 年全年新增各类科研项目 273 项，其中纵向项目 132 项、横向项目 126 项、军工项目 15 项。

国家自然科学基金项目获批 12 项，其中面上项目 7 项，青年科学基金项目 4 项，应急管理项目 1 项；教育部人文社科项目获批 4 项；北京市哲学社会科学基金项目获批 6 项；北京自然科学基金项目获批 7 项，其中面上项目 2 项、专项项目 2 项，青年项目 3 项。资助校基础研究基金项目 27 项，金额 23.055 万元。2017 年度办理新增横向项目免税业务 49 项，免除增值税额 27 万元；新增合同额 100 万以上的重大横向 7 项。

（李　彬 王　子）

科研机构

重点科研基地建设取得新突破，新增省部级科研基地 5 个。截至 2017 年年底，学校拥有各类科研基地 46 个，主要机构情况见表 6-1。

（张日颖）

北京信息科技大学 2017 年主要科研机构一览表

表 6-1

序号	机构名称	机构属性	挂靠学院	负责人
1	现代测控技术教育部重点实验室	教育部重点实验室	机电工程学院	徐小力
2	传感器技术北京市重点实验室	北京市重点实验室	理学院	王丽坤
3	机电系统测控北京市重点实验室	北京市重点实验室	机电工程学院	徐小力
4	网络文化与数字传播北京市重点实验室	北京市重点实验室	计算机学院	李　宁
5	光电测试技术北京市重点实验室	北京市重点实验室	光电学院	祝连庆
6	高动态导航技术北京市重点实验室	北京市重点实验室	通信学院	苏　中
7	绿色发展大数据决策北京市重点实验室	北京市重点实验室	经济管理学院	葛新权

续表

序号	机构名称	机构属性	挂靠学院	负责人
8	北京知识管理研究基地北京哲学社会科学研究基地	北京市哲学社会科学研究基地	经济管理学院	葛新权
9	光电信息与仪器北京高校工程研究中心	北京高校工程研究中心	光电学院	祝连庆
10	先进光电子器件与系统北京市国际科技合作基地	北京市国际科技合作基地	光电学院	祝连庆
11	新能源汽车北京实验室（共建单位）	北京实验室 （牵头单位：北京理工大学）	机电学院	陈　勇
12	生物医学检测技术及仪器北京实验室（共建单位）	北京实验室（牵头单位：清华大学）	光电学院	祝连庆
13	信息与通信系统信息产业部重点实验室 （财政部与北京市共建开放实验室）	信息产业部重点实验室 （财政部与北京市共建开放实验室）	通信学院	苏　中
14	信息获取与检测信息产业部重点实验室	信息产业部重点实验室	科技处	高国伟
15	TRS 软件财政部与北京市共建开放实验室	财政部与北京市共建开放实验室	计算机学院	施水才
16	计算机系统财政部与北京市共建开放实验室	财政部与北京市共建开放实验室	计算机学院	李　宁
17	多轴复合机床关键部件研究应用技术机械工业重点建设实验室	机械工业重点建设实验室	机电工程学院	杨庆东
18	现代测试技术机械工业重点建设实验室	机械工业重点建设实验室	光电学院	李　东
19	北京材料基因工程高精尖创新中心（共建单位）	北京高等学校高精尖创新中心 （牵头单位：北京科技大学）	计算机学院	李　宁
20	光纤传感与系统北京实验室	北京实验室	光电学院	祝连庆
21	国家经济安全预警工程北京实验室（共建单位）	北京实验室 （牵头单位：北京交通大学）	计算机学院	李　宁
22	应用数学研究所	校级	理学院	邱　钧
23	数据恢复研究所	校级	科技处	张京生
24	电磁信息技术与煤层气开发研究所	校级	光电学院	朱希安
25	知识管理研究所	校级	经济管理学院	葛新权
26	信息系统研究所	校级	信息管理学院	李　忱
27	翻译研究所	校级	外国语学院	肖洪森
28	循环经济研究中心	校级	经济管理学院	葛新权
29	数字化设计与制造研究所	院级	机电工程学院	郝静如
30	精密测试技术与仪器研究所	院级	光电学院	吕乃光
31	信息微系统研究所	院级	通信学院	缪　旻
32	通信新技术研究所	院级	通信学院	杨曙辉
33	智能控制研究所	院级	通信学院	苏　中
34	电力电子技术研究所	院级	自动化学院	王久和
35	检测技术研究所	院级	自动化学院	李邓化
36	虚拟现实与系统仿真研究所	院级	计算机学院	申闫春
37	智能信息处理研究所	院级	计算机学院	张仰森
38	企业成长研究中心	院级	经济管理学院	黄中文
39	公共管理研究所	院级	马克思主义学院	刘建兰
40	跨文化研究所	院级	马克思主义学院	梁冬梅
41	海洋信息与科学计算联合实验室	院级	理学院	李祥贵
42	英语语言研究所	院级	外国语学院	任维平
43	应用语言研究所	院级	外国语学院	邱国旺
44	国际教育研究所	院级	国际交流学院	邱国旺
45	工伤保险及其装备研究所	院级	机电工程学院	孙江宏
46	软件工程研究中心	院级	计算机学院	刘建宾

科研成果与获奖

2017 年，获 1 项国家级、7 项省部级科研成果奖和 2 项社会力量设奖。

高动态导航技术北京市重点实验室参与完成的“高过载飞行器自主导航与控制技术”项目获国家技术发明二等奖，学校为第二单位；计算机学院完成的“智能化立体仓库系统关键性技术及应用”项目获北京市科学技术一等奖；高动态导航技术北京市重点实验室参与完成的“高动态陀螺”项目获国防技术发明奖一等奖，学校为第二单位；经济管理学院两项成果“知识服务业精益运营模式研究”和“密封招标博弈分析”获北京市第十四届哲学社会科学优秀成果二等奖；仪器科学院与光电工程学院完成的“适用于飞机狭窄内腔检测的蛇形臂机器人”项目获国防技术进步二等奖，学校为第二完成单位；自动化学院完成的“智能导航技术在移动机器人中的应用”获吴文俊人工智能科学技术二等奖；高动态导航技术北京市重点实验室参与完成的“精确打击弹药制导控制技术”项目获国防技术发明二等奖，学校为第三单位；信息与通信工程学院完成的“机动车高精度定位测速雷达技术开发与应用”项目获北京市科学技术三等奖，学校为第二单位；理学院参与完成的“全国重要矿产资源潜力预测评价”项目获国土资源科学技术一等奖，学校为第三单位。

（张日颖）

知识产权

2017 年以北京信息科技大学为申请人共获各类知识产权授权、登记 218 项，其中：发明专利 75 项，软件著作权 132 项，实用新型 11 项。

（董　亮）

学术论文与专著

全校教师共发表学术论文 935 篇，其中：北大中文核心期刊 277 篇，被三大检索收录论文 201 篇，CSSCI 收录 25 篇，中科院 1 区论文 3 篇、2 区论文 10 篇，出版学术专著 42 部。

（董　亮）

2017 年度出版专著一览表

表 6-2

序号	著作名称	第一作者	所属单位	出版单位	出版时间
1	非圆切削衍生式数控系统设计及数据驱动控制理论与方法研究	曹荣敏	自动化学院	清华大学出版社	2017-01-31
3	Cold RollingPrecision Forming of Shaft Parts-Theory and Technology	宋建丽	仪器科学与光电工程学院	Springer	2017-07-04
4	数据可视化与挖掘技术实践	朱希安	信息与通信工程学院	知识产权出版社	2017-07-01
6	云时代的舞弊审计——基于国家治理的新战略	张　莉	信息管理学院	清华大学出版社	2017-09-01
7	认知无线电频谱管理技术研究	孙　璇	信息管理学院	河北科学技术出版社	2017-03-01
9	创新、技术进步与知识转移——论我国省域研发的空间溢出效应	类　骁	信息管理学院	河北科学技术出版社	2016-12-02
10	3G 增值业务消费者采纳行为研究	杜惠英	信息管理学院	河北科学技术出版社	2016-12-30
11	经济学视域下的思想政治教育	赵雅沁	马克思主义学院	中国广播影视出版社	2017-08-01
12	民国北京政府时期北京公园与市民生活研究	石桂芳	马克思主义学院	吉林大学出版社	2017-05-31
14	走进社会深处	何深思	马克思主义学院	北京师范大学出版社	2017-06-26
15	1948 年国民党政府币制改革研究	陈建成	马克思主义学院	花木兰文化出版社	2017-09-01
16	非审计业务对审计市场绩效的影响研究	庄飞鹏	经济管理学院	中国财政经济出版社	2016-12-01
17	有机认证技术体系与生态文明耦合关系研究	周脉伏	经济管理学院	中国农业大学出版社	2017-04-10
18	城市生活垃圾全过程减量化的理论与实践	周飞跃	经济管理学院	知识产权出版社	2017-09-07
19	面向智慧矿山的煤矿安全知识可视化研究	张长鲁	经济管理学院	经济科学出版社	2017-01-01
20	制造产业集群企业知识协同理论与实践研究	张　健	经济管理学院	经济科学出版社	2017-05-01
21	资源循环型生产过程的物质流建模与仿真	张　健	经济管理学院	经济科学出版社	2016-12-01
22	城镇住房市场与居民收入协调发展及政策研究	杨　慧	经济管理学院	中国财政经济出版社	2016-12-20
23	中国劳动力市场转型期个体人力资本投资决策研究	杨翠芬	经济管理学院	北京邮电大学出版社	2017-09-01
24	几种车辆路径问题模型及智能优化算法研究	颜　瑞	经济管理学院	经济科学出版社	2017-08-23
25	城市生活垃圾分类回收主体行为分析与对策研究	徐　颖	经济管理学院	中国市场出版社	2017-08-15
26	中国工伤保险市场化运作模式研究	徐　颖	经济管理学院	中国财政经济出版社	2017-05-17
27	银行业系统性风险预警与管理研究	徐文彬	经济管理学院	经济科学出版社	2016-12-30

续表

序号	著作名称	第一作者	所属单位	出版单位	出版时间
28	环境污染治理与规制博弈研究	王　斌	经济管理学院	中国财经出版社	2017-04-01
29	残疾人精细化就业服务：技术与方法	廉串德	经济管理学院	华夏出版社	2017-01-01
30	北京种业整合战略及其平台建设管理研究	侯军岐	经济管理学院	中国农业出版社	2017-12-01
31	企业战略管理	侯军岐	经济管理学院	中国农业出版社	2016-12-27
33	基于 Rattle 的可视化数据挖掘技术	张冬慧	计算中心	清华大学出版社	2017-08-15
34	统计语言建模与中文文本自动校对技术	张仰森	计算机学院	科学出版社	2017-03-15
35	Photoshop CC 实战从入门到精通	吴国新	机电系统测控北京市重点实验室	人民邮电出版社	2017-07-01
36	光机电一体化仪器柔性集成关键技术研究	吴国新	机电系统测控北京市重点实验室	中央民族大学出版社	2017-06-01
38	新能源汽车动力电池技术	陈　勇	机电工程学院	北京理工大学出版社	2017-02-01
39	产业用地集约利用评价与预警问题研究——基于快速城市化进程的背景	路振华	公共管理与传媒学院	知识产权出版社	2017-07-01
40	智能红利	刘庆振	公共管理与传媒学院	电子工业出版社	2017-08-01
41	美术教学与广告印刷环境设计	李　晋	公共管理与传媒学院	吉林美术出版社	2017-07-01
42	银幕内外的男性气质建构（1979—1989）	丁　宁	公共管理与传媒学院	知识产权出版社有限责任公司	2017-07-01
43	现代大学治理问题研究	杨兴林	高教研究室	光明日报出版社	2017-05-15

北京信息科技大学学报

《北京信息科技大学学报》（自然科学版）为双月刊，96 页。全年出版 6 期，发表学术文章 112 篇，其中校内稿件 100 篇，校外稿件 12 篇，2017 年继续特约了一批层次较高、影响较好的校外稿件，同时组织了计算机专题稿件 22 篇，学报的学术质量基本保持稳定。

根据《中国学术期刊影响因子年报（自然科学与工程技术 2017）》，学报在综合性科学技术学科类目中，2016 年复合影响因子为 0.408，学科排序 207/423，综合影响力指数（CI 值）94.379，影响力指数（CI）学科排序 247/423

（康　劲）

产业及成果转化

科技产业

截至 2017 年年底，学校拥有校办科技产业 6 家，资产总额超过 4.35 亿元，其中，北京市北信计算机系统工程公司（全资，全民所有制）行使资产公司职能。各科技企业向学校上缴利润 195.33 万元，其中拓尔思公司分红 147 万元、华育昌公司分红 25 万元、科信所上缴利润 23 万元。完成年度国有资产产权年检、变动工作，其中北信工程、科信所、京信科公司、意康公司办理了产权年检登记，拓尔思办理了产权变动登记。进一步优化了北信工程履行资产公司职能的决策机制，完善了法人治理结构，调整了北信工程董事长、法定代表人、总经理，完成了公司董事会、监事会换届，起草了北信工程《董事会议事规则》；调整了科信所所长和法定代表人；任命了京信科公司总经理；重新委派了拓尔思公司董事人选。

（王占武）

科技成果转化

开展产业化项目储备库入库项目梳理，新增入库项目 2 项。组织 10 余项产业化成果参加项目路演、展览展示等对接活动，协助 1 项在孵项目获得 300 万元天使投资，1 家入园企业获得 2000 万元风险投资。配合教务处开展了大学生创新创业项目服务工作；积极落实“首都高校众筹联盟”工作；参与发起“北京高校技术转移联盟”。

（王占武）

大学科技园

截至 2017 年年底，科技园现有在孵项目 33 项，其中已成立公司的在孵项目 13 项、未成立公司的在孵项目 20 项，在孵项目涉及云计算、传感技术、光电仪器、先进制造等多个学科领域，入园企业年销售收入 7 亿元以上加强孵化孵育软支撑服务体系建设，积极开展政策对接、项目对接、研发资源整合、双创培训、投融资对接等服务。谋划引入社会资本成立创投基金，解决创业团队融资问题。鼓励入驻研发机构优质科技资源向中关村企业开放，为相关企业提供技术支持、测试、加工等服务。

（王占武）

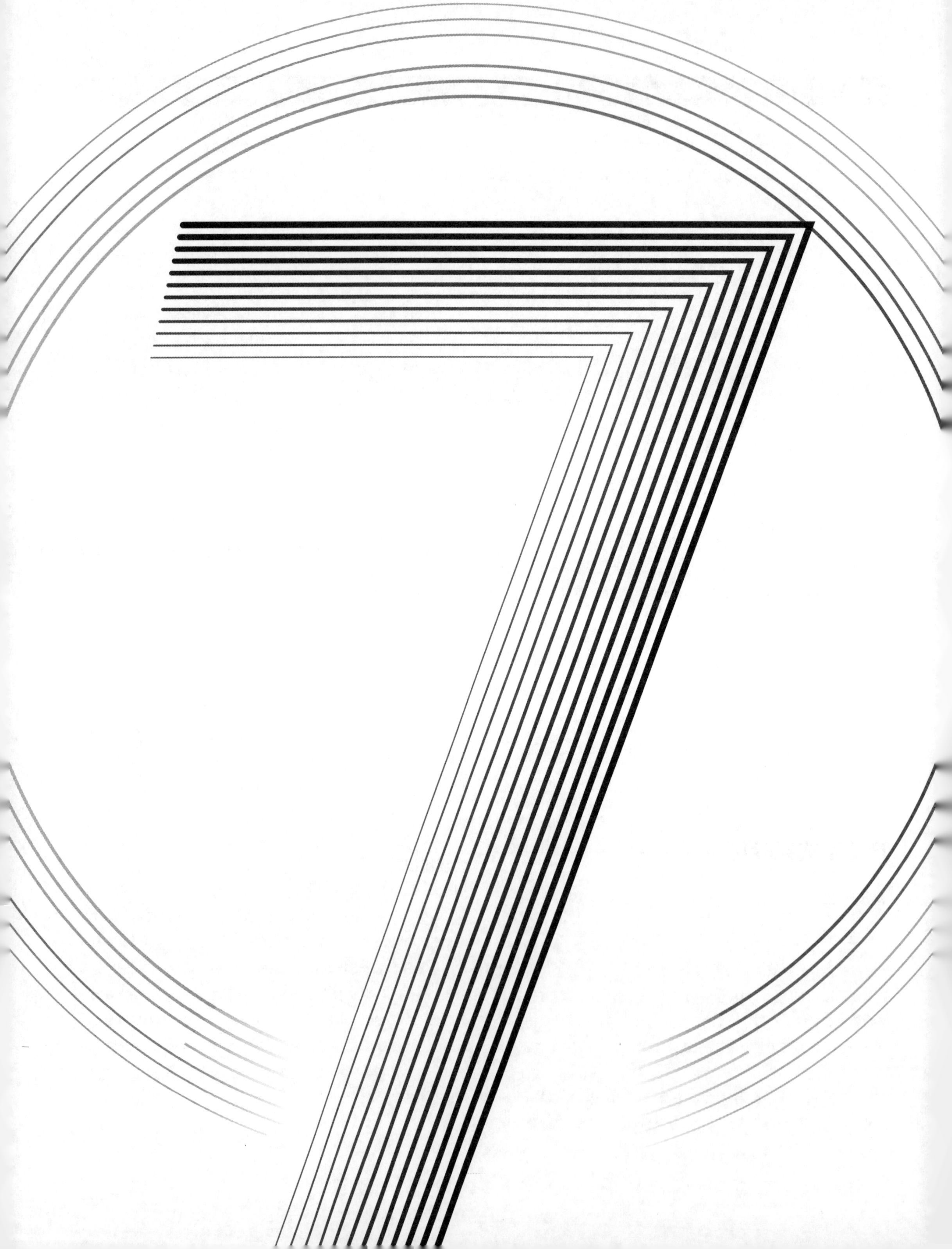
7

国际及港澳台交流与合作

BEIJING
INFORMATION
SCIENCE & TECHNOLOGY
UNIVERSITY

International and Hong Kong, Macao and Taiwan **Exchanges and Cooperation**

国际及港澳台**交流与合作**

国际及港澳台交流与合作

概况

国际交流合作处和港澳台事务办公室，是执行涉外政策、协调学校国际交流与港澳台事务的归口管理部门，下设综合办公室、外专和引智管理办公室、对外合作办学办公室、因公派出和英文网站管理办公室。主要职责包括起草全校对外交流工作的发展规划；校际合作协议的起草和翻译；校际交流计划的统筹管理，交流项目的协调和落实；牵头组织全校性外事活动，负责重大外事活动的策划、组织和实施；国外高端人才引智项目的申报和管理、外国长短期专家的聘请、申报、来华手续办理和日常管理；学校因公出国、因公赴港澳台手续的办理，以及因公护照和港澳台通行证的保管等；学生因公出国（境）管理办法的起草和落实；学校对外交流信息的发布，学生对外交流项目的联系、协调和管理，学生公派出国（境）学习奖学金的评审和管理等。

2017 年，在国际化办学战略指导下，学校国际合作高校进一步拓展，交流学校的层次不断提升，学生出国（境）交流人数不断攀升。与 9 个国家和 22 所合作院校开展长、短期交流项目 25 项，全年共派出学生 147 人。首次选派学生赴意大利罗马外国语大学、美国圣托马斯大学、日本京都大学、英国卡迪夫大学、美国波士顿大学等高水平大学开展交流活动。

2017 年，学校先后与美国堪萨斯大学、美国堪萨斯州立大学、美国北亚利桑那大学、美国圣托马斯大学、波兰西里西亚理工大学、意大利马尔凯理工大学、意大利比萨圣安娜大学、以色列嘉利利国际管理学院、埃及阿勒旺大学等 10 所院校新签署了校际合作协议，建立起合作关系；新签或续签项目协议 17 项，其中包括英国德蒙福特大学机械工程专业本科生联合培养协议、美国堪萨斯州立大学“3+1+2”项目协议、美国堪萨斯大学“3+1”项目协议、美国密苏里大学堪萨斯分校“3+1+1”项目协议等。学校还加入了由中国及波兰 23 所高等院校组成的“一带一路”中波大学联盟，与德国巴登符腾堡州联合举办了“中德智慧城市研讨会”，并与俄罗斯莫斯科电子技术大学达成合作办学意向。

2017 年，学校共引进长短期外国专家 29 人，获批国家外专局和北京市外专局引智项目 7 项，其中“先进光电子器件与系统学科创新引智基地”是 2017 年北京市属高校申报的“高等学校学科创新引智基地”项目中唯一获批的；学校接待了来自美国、英国、德国、意大利、瑞典、爱尔兰、俄罗斯、澳大利亚、新西兰及我国多个国家和地区的友好合作院校访问团组 27 个，来访人员共计 79 人，其中校长、副校长级人员 9 人；聘请了美国加州大学欧文分校贝克曼激光研究所多功能光学相干成像实验室主任陈忠平等 4 位外国专家为学校荣誉教授；办理教工类因公出国（境）团组 46 个，119 人次；发布英文新闻稿 200 余篇，做到了对校级中文新闻的实时更新。

（张伊凡）

对外交流与合作

2017 年，学校与美国、英国、澳大利亚、日本、意大利、德国等国以及台湾地区开展了广泛的合作，并与美国堪萨斯大学、美国堪萨斯州立大学、台湾辅仁大学、意大利比萨圣安娜大学、埃及阿勒旺大学等 10 所院校建立起合作关系。学校还围绕国家“一带一路”倡议实施，注重加强与一带一路沿线国家院校的合作，加入由中国及波兰 23 所院校参与组建的“一带一路”中波大学联盟，利用平台优势加强与波兰及至中东欧大学的全面交流与合作。2017 年 6 月，学校与德国巴登符腾堡州联合举办了“中德智慧城市研讨会”，全面开启了学校与德国巴登符腾堡州的合作。

表 7-1 2017 年新增合作院校和合作项目一览表

国别 / 地区	院校名称	合作形式
美国	堪萨斯大学	“3+1”本科生交流项目，学生、教师交流
	堪萨斯州立大学	“3+1+2”本硕连读项目，学生、教师交流
美国	北亚利桑那大学	学生、教师交流
	圣托马斯大学	学生、教师交流
	卡迪夫大学	学生、教师交流
	德蒙福特大学	学生、教师交流，科研合作
	比萨圣安娜高等研究学校	学生、教师交流
	马尔凯理工大学	学生、教师交流
波兰	西里西亚理工大学	学生、教师交流
	奥波莱工业大学	学生、教师交流
	克拉科夫 AGH 科技大学	学生、教师交流
	比亚威斯托克大学	学生、教师交流
	罗兹工业大学	学生、教师交流
	波兹南工业大学	学生、教师交流
	卡托维兹西里西亚大学	学生、教师交流
	华沙理工大学	学生、教师交流
	弗罗茨瓦夫理工大学	学生、教师交流
以色列	嘉利利国际管理学院	学生、教师交流
埃及	阿勒旺大学	学生、教师交流
台湾地区	辅仁大学	学生、教师交流

（王　琛）

港澳台事务工作

2017 年，学校继续加强与台湾地区高校的交流与合作，与台湾辅仁大学签署了校际合作备忘录，建立了合作关系；接待了参加第五届华北五省（直辖市、自治区）大学生机器人大赛的台湾建国科技大学师生代表团。

（王　琛）

引智与外专

2017 年，学校共获批引智项目 7 项，引智经费达 103 万元。其中国家外专局“地方高校学科创新引智基地”1 项，国家外专局高端外国专家项目（文教类）4 项，北京市引进国外技术、管理人才项目 2 项。学校 2017 年度共聘请长短期专家 29 人次来学校开展学术交流和科研合作。这些专家分别来自美国奥克兰大学、威斯康星大学，加拿大温莎大学，英国剑桥大学、曼彻斯特大学，爱尔兰国立科克大学，瑞典哈姆斯特大学，澳大利亚悉尼科技大学等国外高校，为计算机、经管、信管等学院师生开展专题讲座，协助学院完善学科建设、师资培养、教学科研等。

表 7-2 2017 年学校新增荣誉教授一览表

序号	姓名	聘任头衔	学校	聘任年月
1	Chirine Etezadzadeh	荣誉教授	弗朗霍夫工业工程研究所，移动性及城市系统工程部	2017.06
2	Susanne Schatzinger	荣誉教授	巴登符腾堡州立双元制大学	2017.06
3	Christopher Stoller	荣誉教授	美国加州大学欧文分校	2017.06
4	陈忠平	荣誉教授	美国匹兹堡大学	2017.08

因公派出

2017 年，学校共派出因公出访团组 46 个，计 119 人次。2017 年北京市放开对教科研人员因公出国的限制后，学校教科研人员因公出访团组数量及人次大幅提升，达到 23 个团组，计 37 人次，较 2016 年团组数量增长 10 个，14 人次。

学校认真贯彻执行上级单位下发的最新相关政策和规定，完善因公临时出国（境）工作细则，严格管理出国经费使用情况，避免违反相关政策和纪律，确保团组按照上级精神高质量的完成出国（境）任务。在中长期出国人员回国后，组织进行与北京市安全局例行开展安全稳定的回访工作。随着因公派出的不断增多，为进一步扩大和提高全校在涉外活动中的保密意识和能力，提升全校在涉外活动中的保密水平，2017 年将《北京信息科技大学国际交流合作处涉外活动保密管理规定》重新修订，此次涉外管理规定的修订，在内容和要求上都更加具体，使保密管理规定落实落细落小。为助力学校“十三五”规划的重点工作，推进学校专业建设的国际化，经国家外专局立项批准，学校国际交流合作处特安排申报工程认证的 4 个专业，于 2017 年 11 月赴美国华盛顿进行该认证的相关培训。受理“东巴古籍及东巴文化遗产的数字化保护国际研讨会”和“第七届非线性数学物理国际会议暨全国第十四届孤立子与可积系统学术研讨会”国际会议 2 项并全部获得批复。

（王俊威）

学生公派出国（境）交流学习

2017 年，学校继续加大与国（境）外合作大学的交流力度，与 9 个国家和我国的 22 所合作院校开展长、短期交流项目 25 项，派出长、短期交流学生共计 147 人。实现的交流项目派出国家和地区数、交流院校数、项目开展总数及长、短期项目数均创历史新高。在长期项目方面，首次向意大利罗马外国语大学、美国圣托马斯大学派出交流学生。在短期项目方面，首次与日本京都大学、英国卡迪夫大学、美国波士顿大学等世界知名院校合作开展了学生短期交流项目。组织完成了学生公派出国（境）学习奖学金的评审、公示和发放等工作。

（王　琛）

管理与服务

BEIJING
INFORMATION
SCIENCE & TECHNOLOGY
UNIVERSITY

MANAGEMENT AND SERVICES

管理与服务

综合管理

概况

党委办公室、校长办公室（以下简称党校办）是学校党委和行政的合署综合办事机构，主要职能是围绕学校中心工作，积极发挥学校领导的参谋助手、学校的信息枢纽、部门的综合协调、决策的督办落实等作用，服务领导，服务部门，服务师生。

具体职责：综合协调工作、文秘工作、印章和机要管理工作、信息工作、档案和综合统计工作、群众来信来访的接待和协调处理、学校各类信息的收集和编发、负责归口管理、协调学校法律事务工作；党务公开、校务公开、信息公开工作；党代表大会代表联络服务相关工作、负责学校党政机关办公经费和一般办公设备费分配及办公电话管理等。办公室现有主任 1 人，副主任 3 人，工作人员 22 人。

2017 年，党校办按照学校要求，认真学习贯彻党的十九大精神，认真学习习近平新时代中国特色社会主义思想，把学习贯彻党的十九大精神作为部门首要的政治任务。同时要求继续学习党章，学习习近平系列重要讲话，推动“两学一做”学习教育的制度化、常态化。

法律信访工作

2017 年，党校办参与学校日常管理和决策咨询，代表学校处理涉诉案件，全年办理诉讼案件 7 起，组织校内重大案件及重要事项的律师会商 12 次，为校内各单位提供法律事务咨询 34 次，审核制度性文件 22 份、协议 47 份。为规范学校合同管理，结合学校内控制度建设，起草了学校《合同管理办法》并推动实施。同时，党校办全年共接待来信来访 55 件次，接听信访人员诉求电话 30 余次，并安排校领导接访 40 次。

（李丝璐）

党务公开、校务公开、信息公开工作

2017 年通过学校网站、办公系统、公开栏、会议、文件等形式主动公开信息 40 大类 2610 条。并于 12 月 21 日接受市教委的校务公开民主管理工作专项检查，工作受到上级好评。

（李丝璐）

制度建设

2017 年，党校办修订并发布《贯彻落实“三重一大”决策制度的实施办法》《常务委员会议事规则》《校长办公会会议事规则》《全体委员会议事规则》等重要文件，对重大事项的议事和决策程序进行规范。积极推进规章制度“废改立”工作，全年共废止规章制度 56 项，修订规章制度 31 项，新制定规章制度 43 项。梳理出现行规章制度 461 个，完成了 2008—2017 年间规章制度汇编工作。

（李丝璐）

文秘工作

2017 年在学校的各类重大活动中，为领导起草撰写文稿 80 余份近 100 万字，向上级报送各种材料 32 次近 20 万字，向兄弟高校和友好单位发信发函 20 余封。全年共召开党委常委会 30 次 177 个议题、校长办公会 26 次 96 个议题。

（李丝璐）

机要管理及公文管理

2017 年，完成上级党委、行政及其他各类公文的收文、登记，传阅、及归档工作，文件总数较 2016 年增长 33.3%，密级文件总数同比增长 26.6%。年度内，共接收上级党委类公文 565 件，电子政务内网收文 350 件，其中密级 222 件，共传阅 3854 人次。接收上级行政类公文 554 件，电子政务内网收文 164 件，其中密级 21 件，共传阅 2484 人次。共接收上传真通知（会议）172 份，传阅 232 人次并回复会议回执。共办理校内请示 159 件，共传阅 567 人次。共接收内部资料 1458 件，其中密级 152 件，共传阅 576 人次。

2017年对《借阅机密文件审批表》《机要室管理办法》《机要室出入登记表》《电子政务内网传输文件光盘刻录登记表》等进行完善。完成《密码安全保密责任书》签订、密钥到期更新等工作，内网共收文件514件，是上一年电子收文总数的2.2倍，配合相关职能部门通过安全邮件系统报送材料32件。

2017年，党校办共印发校级文件568个，传阅文件1418份，印发规章制度74个，制作校内涉密文件10个，组织各类会议110次，均高效完成了工作任务。

（李丝璐）

综合协调与服务

2017年，党校办在开学典礼、毕业典礼、机器人大赛、干部大会、表彰大会、情况通报等常规活动中妥善做好综合协调工作，在学习宣传十九大、党建基本标准入校检查、思政会精神落实督查、保密认证与检查、本科教学审核评估等专项工作中全力以赴，全员参与。全年牵头召开各类协调会54次，组织协调学校重大工作20余项。此外，党校办全年共接待教育部、国家外专局、北京市委市政府、市教工委市教委、以及驻地区县领导视察检查23次，兄弟高校和友好单位来访调研12次，安排学校领导外出访问和校内调研19次。

完成学校各部门的电话调整安装、名称变更、电话表信息更新及机关职能部门办公设备的申请、购买、分配工作，做好学校行政用印的审核、登记、管理工作，全体共计用印10万余人次。完成行政公函和介绍信、证明信的管理、会议室管理、每周会议安排、节假日排班等工作。

（李丝璐）

年鉴工作

2017年，完成北京教育志编纂委员会编纂《北京教育年鉴2017卷》的组稿工作，总结并整理出包括学校概述1559字、学校2016年重点工作3204字、典型性条目23条以及图片16幅。同步开展学校年鉴2017卷的各项工作，包括组织校内年鉴编辑培训1次、组稿及返稿2次，完成图片筛选和定稿工作。组织选出《北京信息科技大学年鉴（2017）》编纂过程中的“快手编辑”和“十佳编辑”奖项，共通报表扬校内各单位编辑20人。

（李丝璐）

综合统计工作

完成高基报表填报及统计分析工作、海淀统计工作和校内部门专项统计工作。更新录入学校2016—2017学年统计数据，完成统计分析报告一篇，获得北京市高校教育事业统计先进集体三等奖。组织相关部门按时完成海淀统计月报、季报、年报工作，承担或协助学校其他部门完成科普统计、本科教学质量数据采集、国防动员潜力数据采集等各类专项统计工作。

（李丝璐）

档案管理

2017年，党校办加大力度推进档案电子化工作，全年完成近20万张教学类档案的数字化扫描，录入数据2万余条。同时归档各类纸质档案638卷，卷内目录2万余条，为师生提供档案查询接待服务627人次，以认真细致的态度保证了档案来自师生、服务师生职能的实现。

（李丝璐）

其他工作

（1）配合新校区建设工作。党校办作为新校区建设领导小组办公室，同时也是新校区监督委员会的成员之一，全年组织新校区领导小组会议7次，多次协调相关单位和部门到新校区现场工作，并牵头组织完成新校区综合办公楼的深化设计工作。

（2）公车改革和公车管理工作。配合北京市车改办完成学校削减车辆的材料收集、手续移交等工作，修订公车管理办法，设计公车使用申请登记、公车使用台账，做好车辆日常保养维修工作，全年为学校各部门租赁车辆70余次。

（3）二级单位考核工作。2017年，党校办对二级单位考核办法进行修改，下发考核工作通知，协调相关职能部门完成考核体系的修改，增加现场答辩环节，完善考核奖励机制。

（4）完成校工会、机关工会下达的各类通知。2017年，党校办全体同志积极参加校工会和工会小组组织的活动20余项。

（李丝璐）

人事工作

概况

人事处是学校人力资源管理的重要职能部门，主要负责贯彻执行国家、上级主管部门和学校颁布的有关人事干部、劳动、工资等方面的法律、法规、政策和规定，负责全校人事管理政策的研究与制定；人员编制、岗位设置和校内各种津贴的发放；师资队伍建设与人才引进；行政科级机构设置；人事调配与管理；劳动工资管理；专业技术职务岗位聘任；人才交流和编外人员管理；职工培训、考核、奖惩；办理退休、保险福利等工作。人事处共有处长1人，副处长2人，其他工作人员11人。

2017年是学校围绕国家创新驱动发展战略和“双一流”大学建设方案，服务京津冀协同发展和首都“四个中心”功能定位的发展理念，贯彻实施学校“十三五”事业发展规划的关键之年。人事处认真贯彻国家、北京市和市教委及学校人事工作的一系列方针政策，紧密围绕学校发展目标及办学定位，扎实落实“五个环境建设”和学校“十三五”事业发展规划，不断深化人事制度改革，建立符合时代要求和学校建设发展需要的用人机制。以优化结构和提高水平为重点，不断加强新形势下师资队伍建设，继续规范和完善人事管理制度，平稳推进绩效工资改革，提高人事管理与服务工作水平，为学校“超常规、跨越式”发展提供人才资源硬支撑。

（王　颖）

成立教师发展中心

经11月27日校长办公会研究决定，成立北京信息科技大学教师发展中心。教师发展中心挂靠人事处，经费和业务相对独立。中心属专业化的实体服务机构，是人事处、教务处职能的补充、延伸与融合。

（王　颖）

师资管理

（1）教师资格认定。组织教师参加2017年度春季、秋季两期教师资格认定，共有34人获得高校教师资格证书。

（2）外聘教师审批。2016年完成学校兼职教授的聘任和管理工作，年度聘任兼职教授2人；完成学校外聘参加一线教学工作教师7人。

（冉　屏　高　俊）

高层次人才

（1）新增双聘院士1人（吴季松），兼职教授2人（张民、向维）等3人；完成学校双聘院士日常管理、协调沟通及其津贴发放工作。

（2）完成学校“北京市海外高层次人才”的日常管理工作，配合北京市海外学人中心以及所聘学院，做好与高层次人才的沟通协调及津贴发放工作；完成学校高层次人才管理、协调沟通及其津贴发放；完成学校兼职教授、客座教授的聘任和管理工作。

（3）完成海外高层次人才引进专项计划调查工作；组织开展北京学者科研工作进展情况调查工作；配合北京市人力资源和社会保障局完成2017年北京学者计划信息与电子专家委员会工作会议；配合市人社局完成对享受国务院政府津贴人员的信息核查、上报和特殊信息变更工作。

（冉　屏　高　俊）

评优推荐

组织开展2017年北京市优秀教师、北京市优秀教育工作者推荐工作，获批北京市优秀教师2人；组织开展北京市第十三批海外高层次人才申报工作，获批1人；组织开展2017年北京学者申报工作；组织开展2017年百千万人才工程北京市级人选推荐工作；组织推荐2017年度长江学者奖励计划青年项目候选人推荐工作。

（冉　屏　高　俊）

博士后工作站

正式启动并开展“大容量高强度光纤传感系统研究产品化”项目博士后工作站相关工作，博士后进站2人。

（冉　屏　高　俊）

教师职务岗位聘任

（1）完成2016年度教师职务岗位聘任工作。共有92人晋升申报教师职务岗位，经过聘任工作程序，最终10人晋升聘任到正高级岗位，54人晋升聘任到副高级岗位，8人晋升聘任到中级教师职务岗位。

（2）启动2017年教师职务岗位晋升聘任工作。2017年度教师职务岗位晋升聘任于11月份进行前期准备工作，12月8日全面启动教师职务岗位晋升聘任工作，发布《北京信息科技大学关于2017年教师职务岗位晋升聘任工作的通知》。下达正高级岗位18个，副高级岗位42个，通过绿色通道晋升聘任的教师职务岗位下达数无指标限制。共有89人晋升申报教师职务岗位，其中18人晋升申报正高级教师职务岗位，66人晋升申报副高级教师职务岗位，5人晋升申报中级教师职务岗位。

（冉　屏　高　俊）

其他专业技术职务岗位聘任

完成了2016年度其他专业技术职务岗位聘任工作。共有7人晋升申报副高级其他专业技术职务岗位，1人晋升申报中级其他专业技术职务岗位。经过聘任工作程序，最终晋升聘任3名副高级其他专业技术职务岗位人员，晋升聘任1名中级其他专业技术职务岗位人员。

（冉　屏　高　俊）

教育管理高级专业职务任职资格评审

完成了2017年教育管理高级专业技术职务任职资格的推荐评议工作。共有2人申报教育管理研究员任职资格。经评审，共向北京市推荐教育管理研究员2人。经北京市教育委员会评议，2人获得教育管理研究员任职资格。

（冉　屏　高　俊）

工勤技能岗位人员聘任

分别完成2016年度和2017年度工勤技能岗位人员晋升聘任工作。2016年度共晋升聘任技师1人，高级工5人，中级工6人；2017年度共晋升聘任技师1人、高级工4人。

（冉　屏　高　俊）

思想政治工作人员资格审核工作

完成2017年思想政治工作人员任职资格评审审核工作，共组织3名申报人参加并顺利通过了北京市政工职评高级政工师资格审核。

（冉　屏　高　俊）

引进教师高级职称认定工作

完成2017年引进教师高级职称认定工作。经工作程序，共认定6位引进教师副高级职称。

（冉　屏　高　俊）

教职工发展工作

（1）新入职教职工培训。10月，学校举办新入职教职工岗前培训。党委书记王传亮作了重要讲话，有关职能部门负责人分别作专题报告。培训内容主要有师德师风宣誓、师德教育、校情介绍、骨干教师的教学观摩活动、教学、科研和管理能力专题培训以及参观实践等活动，有效提高了教职工的业务能力。参加培训事业编和非事业编教职工85人。组织新入职教师参加北京市高等学校师资培训中心举办的第73期、74期岗前培训以及人众人拓展培训公司举办的拓展培训。

（2）教师国内进修培训。组织落实2017年全校教职工培训进修学习计划，部署制订2018年全校教职工培训进修学习计划。2017年学校在职攻读博士学位44人，在职攻读硕士学位3人；新派出国内访问学者7人；组织骨干教师参加北京市属高校“互联网＋教学课堂”——青年骨干教师教学能力提升培训、“教学名师谈教学”——青年骨干教师教学能力提升培训以及教育部全国高校教师网络培训中心组织的各学科专业精品课程、教师教学科研技能研修培训，总计培训教师100余人次；组织外语教师参加北京市大学英语教师专业化能力发展专题研修班、高校英语教师教学科研能力提升高级研修班、双语及外语教师国内延续深化培训高级研修班，年度培训教师25人次；组织学生辅导员参加北京市属高校学生辅导员工作技能培训班、人际沟通能力专项训练研修班，年度培训学生辅导员4人次；组织管理干部参加北京市属高校“大数据与高校管理能力提升”高级研修班、北京市属高校新入职管理干部培训、北京市属高校后勤管理干部能力提升培训、高校女性行政管理干部综合素养提升高级研修、高校美育教师能力提升高级研修项目，年度总计培训管理干部31人次；利用校内培训专项经费资助后勤集团各类上岗培训及财务、审计等岗位继续教育，培训50余人次；举办教职工素质拓展培训，年度培训教职工80余人。

（3）教师境外进修培训。组织教师申报国家留学基金委及北京市高等学校师资培训中心国外访问学者项目，年度入选5人；组织申报专业工程认证的4个专业计8位骨干教师赴美国华盛顿进行工程认证实践技能研修培训；组织4位骨干教师赴爱尔兰高校开展教学实践技能培训；举办第五期处级以下教育管理干部台湾培训班，年度培训院系和行政教育管理人员15人。

（吕　航　王　颖）

人才项目管理

（1）项目推选工作。组织开展“高创计划”青年拔尖人才项目推选工作，入选1人；组织开展2017年度北京市属高校高水平教师队伍建设支持计划项目申报工作，入选高水平创新团队建设计划项目1个、青年拔尖人才培育计划项目6个；组织开展2018年度北京市属高校高水平教师队伍建设支持计划项目申报工作，入选特聘教授支持计划项目1个、长城学者培养计划项目1个、高水平创新团队建设计划项目1个、青年拔尖人才培育计划项目7个；组织开展北京信息科技大学“勤信人才”培育计划项目申报工作，遴选勤信学者2人、勤信拔尖人才5人、勤信英才13人。

（2）项目执行工作。按照北京市及学校项目管理办法，严格执行财经纪律，协调2017年度北京学者项目2个、长城学者项目2个、高水平创新团队项目1个的实施工作，总计涉及经费365万元；具体组织2017年度教师队伍建设项目中由人事处牵头的北京市属高校青年拔尖人才、北京信息科技大学勤信学者、勤信拔尖人才、勤信英才项目的实施工作，为其开展经费报销审核工作，总计涉及经费127.5万元。

（3）项目经费预算工作。组织开展教师队伍建设、“勤信人才”培育计划项目2017年度经费预算工作，涉及高水平创新团队1个、北京市属高校青年拔尖人才6人、勤信学者2个、勤信拔尖人才5个、勤信英才13个，经费总计195万元；组织开展教师队伍建设、北京市委组织部青年拔尖人才项目2018年度经费预算工作，涉及高水平创新团队2个、特聘教授1个、长城学者1个、北京市属高校青年拔尖人才13个、北京市委组织部青年拔尖人才3个，经费总计867万元。

（4）项目结题工作：配合北京市教委对学校2014年度入选的教师队伍建设系列项目开展结题工作，所涉及的17个项目全部顺利结题。

（5）项目绩效考评工作。迎接北京市教委对学校2015年度长城学者项目的绩效考评工作，项目在考评中取得良好成绩。

（吕　航　王　颖）

人事管理

（1）教职工队伍状况。截至2017年12月31日，学校共有在编教职工1399人，其中45人不在岗。在岗教职工中：专业技术岗位978人，管理岗位308人，工勤技能岗位68人。按专业技术职务（职称）统计，共有正高级专业技术职务（职称）139人；副高级专业技术职务（职称）381人；中级专业技术职务（职称）538人；初级专业技术职务（职称）49人。按学位统计，共有博士学位464人，硕士学位499人，学士学位208人。截至2017年12月31日，学校共有退休人员1073人，离休人员40人。其中，2017年退休教职工40人。

（2）人才引进。2017年共接收各类人员83人，其中博士63人，硕士16人，本科4人。接收应届毕业生29人，其中博士25人，硕士4人，为14人办理了进京落户手续；调入48人，其中博士后17人，博士16人，硕士13人，本科2人；接收留学回国人员3人；接收军转干部3人。

（3）根据学校发展需要，严格执行招聘工作程序，经过笔试、面试（试讲）、英语水平测试、心理测试等工作环节，人事科及时完成了2017年非事业编制职工招聘入职等相关工作，共招聘非事业编职工17人，其中硕士8人。

（4）人员调出及校内调动。2017年从本校调出人员共计9人。按人员身份统计：教师8人，管理人员1人；按学位统计：博士学位3人，硕士学位4人，学士学位2人。校内调动9人。

（5）年度考核。2017年12月，学校颁布《北京信息科技大学处级以下教职工2017年年度考核实施办法》。依据此办法，人事处组织实施了2017年工作考核工作。全校1212名处级以下教职工参加考核，其中考核等次为优秀的教职工244人，考核等次为合格的教职工945人，参加考核不确定等次的教职工22人，暂缓考核教职工1人。

（6）教授延长退休及返聘人员管理。为3名教授办理了延长退休年龄申请。按照《返聘人员管理办法》，明确校内返聘人员的条件和程序，办理返聘手续83人次。

（7）二级机构负责人聘任。完成教学单位及学院13人次二级机构负责人的聘任工作。

（8）完成了2017年83名新入职教师聘用合同签订工作。

（王　贺　高立浩）

劳动工资和福利管理

（1）工资与福利。2017年，全年在职职工工资总额27659.4万元，其中在岗职工工资27233.8万元，其他从业人员劳动报酬406.4万元，不在岗职工生活费22.60万元，劳务派遣人员劳动报酬12.50万元（数据来源：表JB102-3）。离休人员离休费616.40万元（含离休人员1~3月抗战补贴），退休人员全年发放非统筹校内部分退休费

2039.28 万元（含提租、校内、节日、物业及供暖补贴）。

（2）社会保险。根据社会保险有关规定，2017 年以参保职工本人 2016 年 1 月至 12 月社保统计项目的平均月工资核定各类保险的新缴费基数。根据北京市人力资源与社会保障局的统一安排，学校的在编正式职工需正常缴纳养老保险、职业年级、医疗保险、生育保险、失业保险和工伤保险。非事业编制职工需缴纳企业职工养老保险、医疗保险、失业保险、生育保险和工伤保险。2017 年学校共为各类职工缴纳养老保险 3814.48 万元，职业年金 1478.66 万元，医疗保险 2485.31 万元，生育保险 159.45 万元，失业保险 159.45 万元，工伤保险 115.56 万元。

（3）离退休有关工作。截至 2017 年 12 月 31 日，学校共有离退休人员 1110 人，其中离休人员 40 人、退休人员 1070 人。2017 年学校共为 41 名职工办理了退休手续。根据机关事业养老保险改革工作的统一部署，2017 年 8 月，退休人员的养老金年度增资交付社保基金支付并补发到位。

（4）残疾人就业保障金。根据《残疾人就业条例》、《北京市按比例安置残疾人就业办法》等有关规定，本市各类用人单位，均应按照本单位在职职工总数不少于 1.7% 的比例安排残疾人就业，未按规定完成安排残疾人就业任务的，应缴纳残疾人就业保障金。学校本年度实际安排 9 名残疾人就业，实际缴纳残疾人就业保障金 294.8 万元。

（龙　天　戴长林）

高级专业技术职务岗位任职人员一览表

表 8-1

机电工程学院（46 人）					
教　授					
王红军	王国权	王科社	孙江宏	杨庆东	陈　勇
林慕义	郝南海	郝育新	贺敬良	高炳学	黄　民
钟建琳	刘　泉	王吉芳	童　亮		
副教授					
朱春梅	刘　芳	祁志生	严　乐	李天剑	李　乐
李启光	杨　莉	张志强	张　艳	张君华	张瑞乾
陈秀梅	赵秋玲	侯悦民	龚国庆	盖雨聆	戴丽萍
马　彬	李凤莲	赵　理	彭宝营	刘相权	
高级实验师					
王雪雁	王　准	刘国庆	邓春芳	黄小龙	韩凤霞
孟玲霞					
仪器科学与光电工程学院（39 人）					
教　授					
王晓飞	刘国忠	李　东	吕　勇	娄小平	祝连庆
郭阳宽	董明利	陈青山	宋建丽	张晓青	周哲海
副教授					
马牧燕	王　君	王艳林	王晓玲	刘力双	牛春晖

续表

李月强	赵　爽	贾豫东	燕必希	刘　锋	张钰民
李晓英	何　巍	闫　光	吴思进	辛璟焘	孙　婷
张　帆					
副研究员					
乔道鄂	贺　庆	孟晓辰			
高级实验师					
刘　刚	郎晓萍	郑青玉	赵双琦	孔全存	
信息与通信工程学院（23 人）					
教　授					
朱希安	苏　中	汪毓铎	周金和	缪　旻	李学华
曹　林					
副教授					
李红莲	吴韶波	罗　倩	张月霞	姚彦鑫	徐　湛
崔英花	焦瑞莉	潘建军	解迎刚	王占刚	段中钰
张　涛	朱　翠	赵　凯			
高级实验师					
王亚飞					
自动化学院（32 人）					
教　授					
厉　虹	马　洁	张奇志	李　擎	周亚丽	恒庆海
曹荣敏	艾　红	胡平平			
副教授					
付兴建	刘丽华	李　娟	李　慧	吴迎年	杨秀媛
范军芳	张巧杰	张　利	陈雯柏	管　萍	张　芳
王军茹	冯清娟	刘　琼	刘　佳	王丽婕	李庆奎
副研究员					
胡敬芳					
高级实验师					
白雪峰	关静丽	李　萍	侯　明		
计算机学院（44 人）					
教　授					
申闫春	刘建宾	牟永敏	李　宁	李淑琴	李宝安
张仰森	徐雅斌	侯凌燕			
研究员					
吕学强					
副教授					
王铁峰	牛欣源	刘旭红	刘均梅	刘京志	刘城霞
刘雪飞	杨大利	杨　菁	何玉洁	沈美娥	张志华

续表

岳 清	张 伟	胡信裕	胡景凡	侯 霞	施运梅
秦奕青	殷 旭	彭克勤	徐 莉	焦 健	朱敏玲
李 卓	孟 坤	宋 莹	蒋玉茹	刘秀磊	苗 军
郑丽伟					
高级实验师					
田英爱	高 卓	黄改娟			
经济管理学院（69 人）					
教 授					
王 斌	刘 春	员晓哲	李雁玲	曲 立	张志凤
张 健	黄中文	周脉伏	唐五湘	徐文彬	葛新权
谢瑞峰	谢 群	岳宝宏	侯军歧	梁栩凌	谭祖卫
孙玉霞					
副教授					
于生生	王建梅	王 慧	王 莹	王 晖	尹洁林
叶小玲	田淑英	田肇云	任丽明	刘文涛	孙 静
孙 凯	李红娟	李建良	李晓非	李静文	李慧思
杨闻萍	杨颖梅	沈银萱	周飞跃	周秀玲	周 觉
崔 瑜	彭 燕	孟海亮	杭建平	侯风萍	贾香萍
徐 颖	段文军	赵 伟	程桂枝	韩之怡	廉串德
黎 枫	陈玉保	赵 淼	聂铁力	曹晋红	倪 渊
张 舒	杨 慧	王建国	李 莉	王宗水	
高级实验师					
刘 青	刘 伟	陈元凤			
信息管理学院（32 人）					
教 授					
尹春华	李 忱	徐晓敏	崔 巍	蒋文保	康海燕
赵 刚					
副教授					
王晓敏	于瑛英	卢华明	朱 阁	任俊玲	孙志恒
孙若莹	何文君	卢益清	刘亚辉	吴丽花	陈立南
郁红英	施永香	胡 炬	赵庆聪	高 英	蒋洪伟
张 虹	王晓波	车 蕾	谷晓燕	胡 敏	臧玉洁
高级实验师					
宋燕林					
公共管理与传媒学院（15 人）					
教 授					
王 媛	李 钢	梁冬梅	杨孔雨		
副教授					

续表

丁 宁	牛新权	伊 强	李 仙	张英杰	郭严俊
谢保杰	阎建国	沈春雷	杨成虎		
高级实验师					
高 平					
政治理论教育学院（19 人）					
教 授					
刘永成	胡 飒	敖云波	张云筝	傅正华	何深思
副教授					
王英红	陈建成	刘建华	齐治兰	杨玉珍	吴慧芳
汪 帆	庞淑萍	舍娜莉	曹 霞	曾毅红	郭春燕
韩剑英					
外国语学院（34 人）					
教 授					
任维平	李淑琴				
副教授					
马月英	王朝晖	王 霞	王 瑾	方 元	尹祝辉
刘 颖	李 萍	李伟宏	孙力华	肖 滨	宋 芳
张广奇	张晓蔓	张群星	陈晓飞	陈海涛	陈 燕
郝永辉	赵 彬	郭丽萍	董利晓	程京艳	程 莲
顾 红	赖 瑜	蔡 莉	谭胜国	丁剑仪	杨韩钰
史学冬	丁晓蔚				
理学院（58 人）					
教 授					
于肇贤	齐臣杰	李国成	杨毅恒	邱 钧	侯吉成
戈新生	冯美强	程希明	谢冬秀	薛春艳	吴秋新
王宏伟	王灯山				
研究员					
王丽坤	田文杰	朴林华	邹小平		
副教授					
王爱文	王彩霞	王晶杰	王小妮	王 昕	田 茹
孟祥花	徐茂林	华冬英	庄建红	刘凤敏	刘 玲
李 涵	杨 虹	吴光旭	张丹萍	张炳江	钟新华
闻小永	倪晓明	殷树娟	黄小丽	雷纪刚	解文龙
陈 芳	黄静静	马余全	李 严	亢芳圆	肖 玮
苏 农	赵明镜	左 军			
副研究员					
张 伟	谷传欣	秦 雷	解炳昊	廖擎玮	
高级实验师					

续表

胡纪平	黄文奇				
体育部（7 人）					
教 授					
王慧丽					
副教授					
王 睿	刘守君	张世忠	陈永存	席 军	徐 涛
国际交流学院（1 人）					
教 授					
蔡 英					
电子信息与控制国家级实验教学中心（6 人）					
教 授					
李邓化	高晶敏	朱嘉林			
副教授					
杨鸿波	魏 英				
高级实验师					
任小军					
科研单位（11 人）					
教 授					
徐小力	田杨萌				
研究员					
髙国伟					
副教授					
王立勇					
副研究员					
王小川	王少红	吴国新	谷玉海	左云波	
高级工程师					
王 涛	都云程				
直属单位（27 人）					
教 授					
杨兴林	盛炎平				
副教授					
刘梅彦	周长胜	贾艳萍	崇美英	方炜炜	董丽萍
黄宏博					
副研究员					
王学文	马 丁	陈 萍	杨志耘		
副研究馆员					
马铭锦	应红燕	陶靖中			
高级工程师					
宋利强	郑小博	伍 银	杨厚云		
高级实验师					
李 沛	李桂芝	郑 军	侯晓霞	胡延平	赵玉双
宋晓娜					
党政机关（30 人）					
教 授					
王久和	王兴芬	卢 静	刘桂礼	许宝杰	李祥贵
韩秋实	金春华	米 洁	陈 昕	赵爱玲	
主任医师					
才秀芬					
副教授					
刘云风	张 莉	郭银辉	倪 海	彭书华	王海龙
郭 颖					
高级工程师					
李 旭	黄 芳	孙彦超	马静静	秦顺红	
副主任医师					
黄月仙					
高级会计师					
权菊娥	郑丽珠				
编辑正高级					
康 劲					
编辑副高级					
黄宁军					
高级审计师					
包育红					

说明：1. 以上人员均按姓氏笔画排序，共计 493 人

2. 人员职称情况统计截至 2017 年 12 月 31 日

财务管理

概况

财务处是学校一级财务管理职能部门。主要负责贯彻执行国家和北京市有关法律、法规、财经政策及财务规章制度；依法组织和领导全校财务管理和会计核算工作；根据学校事业发展计划编制年度预算，协调预算执行、组织编制决算；依照财务制度规定，办理学校各项经费收支核算；建立健全学校财务规章制度，规范校内经济秩序；依法多渠道筹措资金，满足学校运行和发展需要。财务处下设预算管理部、会计核算部、综合服务部和基建（新校区建设）财务部四个二级机构。财务处现有在职职工 21 人，在两个校区办公，其中处长 1 人，副处长 1 人，高级会计师 3 人。

（刘晓妮）

财务收支状况

2017 年，全校总收入 146814.64 万元，其中财政拨款收入 101418.76 万元、事业收入 15973.63 万元、附属单位上缴收入 193.79 万元、其他收入 868.09 万元；2017 年，全校总支出 92259.42 万元，其中基本支出 69807.19 万元；项目支出 22452.23 万元。

截至 2017 年 12 月 31 日，全校资产总额 414499.75 万元，其中流动资产 147478.23 万元、长期投资 463.55 万元、固定资产 129901.27 万元、在建工程 136252.08 万元；全校负债总额 20533.21 万元，其中流动负债 3188.51 万元、长期应付款 17344.70 万元；全校净资产合计 393966.54 万元，其中事业基金 18575.56 万元、非流动资产基金 267021.52 万元、专用基金 4461.60 万元、财政补助结转 90626.32 万元、非财政补助结转 13248.71 万元。

（郑彩云）

财务计划管理

科学编制预算，组织做好财政预算及校内预算编报工作。依据 2017 年预算及执行情况，综合编制 2018 年预算。在资金安排上保证人员经费、水电气暖费用等各项刚性支出，保证教学、科研等中心工作的需求，为新校区建设等学校发展建设的重大事项提供资金保证。做好年度预算分配、调整和追加等工作事项，确保学校预算顺利执行。9 月下旬下发《关于做好 2018 年度财政预算编报工作的通知》文件，按照市财政、市教委工作部署启动预算编报工作，汇总教务处、研究生院、人事处、后勤管理处等归口部门基础数据，统筹做好 2018 年度财政预算的测算和申报工作。11 月下旬发布 2018 年度校内预算编报通知，启动校内预算编制工作；11 月下旬至 12 月下旬，组织 2018 年校内预算的布置、汇总、平衡工作，及时上报预算管理委员会审议、校长办公会审批、党委常委会审定。

做好年度财务决算编制工作。2017 年 1 月财务处完成了 2016 年决算编报工作以及决算分析报告撰写。1 月上旬，组织填报《2016 年度财务决算报表》《2016 年度财务决算分析报表》，撰写完成《2016 年度财务决算分析报告》，1 月中旬将决算数据上报北京市教委并顺利通过审核，较好的完成了 2016 年决算工作。

开展财务信息公开。按照合法性、基础性、重要性和谨慎性的原则，主动将市教委批复的《2016 年度财务决算报表》《2017 年度财务预算报表》和学校制定的各类财经文件通过校园网进行公开。

（郑彩云）

会计核算工作

2017 年，严格按照《高等学校会计制度》的要求开展会计核算工作。主要完成以下方面的工作：

（1）会计核算工作。本年度共编制记账凭证 31017 张，分录共 145297 笔，附件张数 243942 张。全年现金付款 1124.73 万元，现金收款 1125.24 万元，签发银行支票和办理汇款 11093 笔，办理各种收款 2579 笔。

（2）公务卡结算工作。本年度共编制公务卡业务凭证 8350 张，报销公务卡刷卡笔数 17600 笔，还款金额 1388.85 万元。

（3）加强劳务费、专家咨询费发放管理。本年度共发放劳务费 1787.14 万元。财务处进一步优化了劳务费发放流程，取消了发放劳务费对银行卡发卡行的限制，极大地方便了劳务费的发放。

（4）正式实行网上预约和无现金报销系统。全年共有 20578 张凭证进行了网上预约报销，占全年凭证的 66.34%。无现金报销系统全年编制凭证 7427 张，金额为 792.03 万元。网上预约和无现金系统的使用极大地提高了财务报销效率，受到了广大师生的一致好评。

（5）坚持做好会计凭证复核工作，每月按时进行银行对账工作，对每笔未达账项分析原因并及时处理，按月编制银行存款余额调节表，切实做到账实相符，确保学校资金安全。

（6）财务档案管理工作。每日整理银行回单与对应的凭证进行梳理保存，确保会计资料的完整性。及时装订记账凭证，全年共装订记账凭证 522 册，移交档案室凭证 684 册。

（秦顺红）

专项经费管理

2017 年，北京市教委下达专项经费 40608.41 万元，结转 2016 年专项经费 60370.93 万元，其中包括结转的 2016 年发改委下达的北京信息科技大学新校区项目 39726.73 万元。2017 年专项支出 17175.64 万元，其中当年项目支出 9530.19 万元，以前年度项目支出 7645.45 万元。3 月初，财务处发布《关于 2017 年度专项经费预算指标的批复》，将 2017 年年初专项经费额度及时下达到各归口管理部门，顺利启动专项经费支出工作。2017 年 4 月，北京市教委组织开展专项预算绩效考评工作。学校 2015 年度下达项目“教师队伍建设——长城学者项目（市级）”接受北京市教委考评，项目金额 329.77 万元，经过事务所初审和专家检查、复审答辩等环节，该项目综合得分 87 分，项目综合绩效评定结论为“良好”。4 月，学校聘请北京中平建华浩会计师事务所组织召开专家评价会，对 2016 年度抽取的 18 个财政专项项目进行简易程序绩效评价工作。学校成立了由主管财务校领导担任组长，财务处牵头，各归口管理部门领导及相关项目负责人为成员的校内绩效跟踪评价工作小组，形成了一套健全的组织机构。本次抽取的 18 个由中介机构组织实施的项目绩效评价结果为：优秀项目 11 个，占评价项目总数的 61.11%；良好项目 6 个，占评价项目总数的 33.33%；一般项目 1 个，占评价项目总数的 5.56%。10 月中旬，完成 2018 年专项经费预算申报工作，申报金额共计 29236.21 万元，共 45 个项目。

（李小鹭）

收费管理工作

完成 2017 全年收费工作。按照学生收费工作计划，全年收费工作做到了收缴及时，数目准确。全年累计非税收入 7120.20 万元。其中，本科生学费 4931.60 万元，研究生学费 900.55 万元，继续教育学生学费 152.24 万元，留学生学费 183.08 万元，住宿费 952.73 万元。

完成返校重修生的培训费收缴工作，收费共计 18.01 万元；继续教育学院合作办学和函授收费共计 224.24 万元。

2017 年年底完成收费系统、账务系统和财政局系统三个系统的收费数据核对工作，数据核对无误，保证了收费工作账证相符。

（廉莉莉）

科研经费管理

2017 年年初，财务处出台《北京信息科技大学科研经费开支范围及报销细则（试行）》。2017 年科研经费到款金额 7898.19 万元，实际立项金额 8429.94 万元（含以前年度到款当年未办理立项手续的金额），其中横向科研经费 6797.54 万元，纵向科研经费 1631.40 万元。全年缴纳增值税 80.36 万元，为教师办理免税申报事项，全年累计申报免税手续 57 项，免税金额 63.17 万元，涉及免税科研经费金额 1263.36 万元。

（杨文静）

财经制度建设

2017 年根据财务管理和内控建设工作的新形势、新要求，继续加大规章制度建设，先后出台印发 5 个财经文件，《北京信息科技大学票据管理办法》《公务交通出行费用报销管理办法（试行）》《北京信息科技大学科研经费开支范围及报销细则（试行）》《北京信息科技大学科研会议费、差旅费和咨询费管理办法（试行）》《北京信息科技大学财政科研项目经费预算调整管理办法（试行）》。通过制定完善和落实制度，不断强化了财务管理风险防控意识，提高财务管理水平。

（刘晓妮）

获奖情况

获得北京市教委 2016 年度决算编报工作先进单位。获得学校 2016 年度二级单位考核单项奖。

（刘晓妮）

其他

为了贯彻落实财政部文件《关于印发 [行政事业单位内部控制规范（试行）的通知》（财会 {2012}21 号），2017 年财务处继续牵头推进学校内部控制建设工作，对《北京信息科技大学内部控制工作手册》进行多次修改与校对并于 2017 年 4 月完成《北京信息科技大学内部控制手册》的编制和印刷工作，促成学校形成涵盖财务管理、资产管理、政府采购、建设工程以及合同管理等方面的制度体系，对于提高学校的管理水平，有效规范各类经济活动、保证资产安全有效使用具有重要作用。

（李小鹭）

资产管理

概况

北京信息科技大学资产管理处是学校土地、房产和固定资产的产权管理职能部门。设有条件装备科和资产管理科。资产管理处主要职责是贯彻执行国家资产管理法规，结合学校实际建立健全相关的管理办法及规章制度，并对国家和学校资产管理办法及规章制度的落实情况进行监督检查。负责土地和房产管理、固定资产管理、招投标管理、物资采购管理，负责学校资产信息库的建设和维护等工作。现有处长 1 人、副处长 1 人、管理干部 5 人。

（孙　旭）

落实党风廉政建设工作

2017 年资产管理处组织全处党员继续深入学习《中国共产党章程》和习近平总书记系列重要讲话、认真学习十九大会议精神，提高政治理论涵养指导工作实践，将理论学习与部门重点工作全面结合，依据党的十九大报告中提出“夺取反腐败斗争压倒性胜利”的要求，进一步贯彻学校廉政建设相关规定，推进内控制度建设，健全制度体系，优化采购流程防控监管，强化主动服务的部门工作作风；组织全处人员收看《北京市正风肃纪教育片》，敦促党员按时完成北京市党员在线网站理论学习任务。

（孙　旭）

研发采购管理信息系统和房屋管理系统

2017 年 2 月—12 月资产管理处配合开发公司做好研发工作，梳理、优化资产数据内容导入系统，并维护信息的安全保密工作，组织相关职能部门及项目负责人、采购员进行座谈，开展需求讨论会 5 次；软件使用培训会 1 次；验收讨论会 1 次，形成会议纪要 7 份。征求多方意见，完善采购全部环节运行流程的功能模块，开发采购进度的微信提醒功能，采购申请表的信息回写审批功能，推进采购管理信息系统上线运行进度。房屋管理系统优化了用房情况统计、用房性质、房屋面积汇总及分校区用房的统计功能。

（孙　旭）

全面普查大型仪器及进口减免税仪器设备

2017 年 3 月 -9 月，对全校 2012 年—2016 年度大型仪器及进口减免税仪器设备进行检查工作，资产管理处组织相关人员多次走访小营、健翔桥、清河及酒仙桥校区，形成《2017 年大型仪器及进口减免税仪器设备核查汇总表》1 份、《2017 年大型仪器及进口减免税仪器设备专项检查情况通报》1 份，督促使用人完成未入库及未验收设备的信息补充工作。

（孙　旭）

整合房屋资源

2017 年，资产管理处不断跟进北京信息科技大学与北空空调器厂纠纷的处理工作，完成北京信息科技大学与马坊的房屋租赁协调和清河校区运动场地的续租工作；持续推进健翔桥家属区部分房产补办证件进度，朝阳区不动产登记事务中心已经正式进入办理程序。

（孙　旭）

招标采购工作

2017 年度招标采购工作基本数据一览表

表 8-2

	社会招标	校内招标	合计
次数	24	9	33
合同数（个）	154	11	165
合同金额（万元）	7010.21	/	7010.21

（孙　旭）

协议、零星采购

2017 年度协议采购工作基本数据一览表

	协议采购	零星采购
合同数（个）	754	909
合同金额（万元）	2764.73	2164.09

（孙　旭）

进口设备审批材料备案工作

按时办理进口免税年审工作，按市财政局要求，认真落实京财采购 [2008]621 号文件精神，做好进口产品采购的申报和进口设备的报关工作，配合使用单位办理进口免税审批相关工作，仔细审核和留存进口设备的报批材料，以便汇总备查。2017 年，通过招标采购进口设备 1788.60 万元，其中办理免税 1447.05 万元。

（孙　旭）

加强验收环节管理

截至 2017 年 12 月 31 日，资产管理处全年共派员参加设备中标金额 30 万元以上货物的监督验收 54 次，收取《北京信息科技大学物资设备采购验收报告单》共计 112 份，其中招标采购 146 份，协议采购 216 份，零星采购 764 份。

（孙　旭）

资产验收入库登记工作

截至 2017 年 12 月 31 日，全校新增资产 71381929.29 元，其中新增专用设备 254 台（件），价值 6527317.89 元；新增通用设备 2437 台（件），价值 56326840.24 元；新增文物和陈列品 11 台（件），价值 534188.00 元；新增图书、电子课件 36466 册（套,G），增加价值 6237346.56 元；新增家具、用具 1333 台（件），增加价值 1485806.60 元；新增土地房屋构筑物价值为 270430.00 元。

（孙　旭）

资产报废工作

截至 2017 年 12 月 31 日，全校共报废资产 13634116.79 元，其中报废专用设备 68 台（件），价值 1387789.00 元；报废通用设备 1337 台（件），价值 11548430.68 元；报废图书、电子课件 114 册（套,G），增加价值 13372.91 元；报废家具、用具 469 台（件），价值 446534.20 元；报废土地房屋构筑物价值 237990.00 元。

（孙　旭）

完善资产管理系统基础数据

资产管理处对资产管理系统中资产数据，按照资产清查的统计表进行了领用人和存放地点信息的变更完善，2017 年更改条目数为 4448 条，涉及设备价值 82953056.24 元。截至 2017 年 12 月 31 日，已更改全校 28 个部门的台账信息，共计条目数为 25657 个。更新资产管理系统经费项目号、人员工号信息，对退休人员挂账设备进行清理，并将其工号在资产管理系统中注销及退休备注，确保资产信息动态的完整性。截至 2017 年 12 月 31 日，已开通 22 个单位的资产管理系统登录账号权限，试点资产二级管理模式。

（孙　旭）

安全稳定工作和平安校园建设工作

2017 年，资产管理处配合安稳处完成北京信息科技大学各校区安防改造项目，及时对接安防设备台账情况，加快监控系统及设备的采购进度，2017 年新增安防设备价值为 465059.32 元。资产管理处配合安稳处完成各校区教学楼、办公楼安全通道及地下空间安全检查工作，学期末，按时对地下室进出口大门粘贴封条。

（孙　旭）

审计工作

概况

审计处是依照国家法律、法规和政策以及学校的规章制度，对学校及所属部门、单位财务收支及其有关经济活动的真实、合法和效益情况依法实施内部审计监督的专门机构。审计处是学校处级建制单位，现有副处长（主持工作）1 人，专职审计人员 3 人.

2017 年，审计处在学校党委和行政的高度重视和直接领导下，深入贯彻党的十八大、十九大精神和《国务院关于加强审计工作的意见》的要求，落实北京市委、市政府《关于加强新形势下审计工作的意见》，不断强化审计“监督、评价、建议”的职能，深化落实学校 2017 年党政工作部署，认真履行内部审计职责，按照年初制订的审计计划稳步推进审计工作。全年共完成各类审计项目 10 项，审计资金总额 110124.09 万元，出具审计报告 46 份，提出审计意见 394 份，审计建议 702 条。

（张博文）

预算执行与收支审计

实施预算执行与财务收支审计，提高经费管理水平和使用效益。

（1）完成对后勤管理处饮 食服务科 2016 年 1 月 1 日至 2016 年 12 月 31 日财务收支及经营成果的审计。审计资金总额 1803.77 万元，提出 4 条审计建议，并出具管理建议书。

（2）规范科研审签经费使用，提高科研经费使用效率。2017 年共完成科研项目审签 42 项，审签金额 1452.80 万元。

（张博文）

基建工程、修缮工程项目审计

加强对工程领域的审计监督。

（1）2017 年度对东坨村拆迁、踩河新村住宅及非宅拆迁、新校区建设项目工程量清单及清单预算编制、新校区二期勘察设计及学生宿舍 A、B 组团工程等七类项目开展了全过程跟踪审计。共送审资金 102834.61 万元，审定金额 103355.38 万元，审增金额 520.77 万元，出具 4 份审计报告，238 份审计意见，提出审计建议 508 条。

（2）2017 年度共审计 35 项修缮及改造项目，送审金额 3554.13 万元，审定金额 3512.14 万元，审减金额 41.99 万元。共出具 40 份审计报告，144 份审计意见，提出 187 条审计建议。针对工程变更洽商流程管理、竣工结算送审制度及时效等提出了 3 条管理建议。

（张博文）

其他工作

（1）结合审计业务，探索审计信息系统研发。在财务收支审计业务中积极探索校内跨平台数据审计，初步设计开发了“高校智能审计平台”“高校食堂计算机辅助审计系统”等原型系统，并获取了 2 项软件著作权。

（2）审计处人员获得了 2 项软件著作权；主编并出版了 1 部《云时代的舞弊审计——基于国家治理的新战略》专著；发表 4 篇论文；主编 1 部教材；主持了 1 项教改课题。

（3）协助市教委审计处，积极开展内部审计信息化调研工作，设计调研问卷，分析调研结果，撰写《北京市属高校审计信息化调查报告》。

（张博文）

后勤管理处

概况

后勤管理处（以下简称“后勤处”）兼具两方面主要职责，包括学校后勤管理工作和学校后勤服务保障工作。

管理职责：负责制定学校后勤工作发展规划、年度工作计划，建立和完善后勤各项管理制度；完善学校后勤经费预算，组织预算执行；负责校园环境规划与改造，房产日常管理和教职工住房补贴、住房公积金的缴存和管理，以及教职工集体宿舍管理工作；负责学校节约能源和环境保护工作；受理相关工作的投诉、来访和信访工作，以及完成学校交办的其他工作任务。

服务保障职责：坚持服务育人方向，增强服务意识，提高服务质量；坚持服务教学、科研和师生生活，加强管理，完善制度，优化服务流程，保证学校后勤服务正常运转，为师生员工提供优质后勤服务。负责学校基础设施的日常维护，包括地下管网、道路的日常巡检、维护；给排水、供电、供暖、供气系统的运行管理和维护；负责全校饮食服务、学生公寓管理、校园绿化、室内外卫生保洁、报刊信件收发、教室管理、商业网点管理等服务工作。负责师生的医疗服务保障，包括公费医疗管理、教职工医保服务、教职工及学生体检、卫生健康知识教育和宣传、疾病预防及计划生育工作。

截至 2017 年 12 月 31 日，后勤处有职工 445 人，包括在编人员 97 人、外聘人员 333 人、返聘人员 15 人。其中副科级（含）以上管理人员 22 人。

（邵　飞 张丽侠）

绩效考核工作

以《后勤管理处绩效考核办法（试行）》（勤发〔2016〕8 号）为指导，实施逐级考核，内容分别侧重部门职责的履行情况和员工岗位工作的实际完成情况，采用现场查看、资料调阅、听取汇报等形式，考核组通过综合考量、逐项打分。两级考核组中均适量加入党群代表，力求科学规范、全面准确地评价考核对象。

（邵　飞 张丽侠）

节能减排工作

能源管理遵循管理与技术并重。2017 年三校区合计用电量 1122.39 万千瓦时，同比增长 3.87%；用水量 49.64 万吨（含家属），同比减少 1.95%。全年综合能耗同比下降约 4.82%，生均能耗下降约 6.76%，单位建筑面积能耗下降约 4.82%。2017 年 2 月、12 月学校先后两次通过外审专家认定，持续保持能源管理体系认证资格；发布学校“十三五”节约能源资源工作计划；2017 年 5 月上旬，全校 13 台燃气锅炉的低氮改造工程全部完工，改造后的锅炉符合北京市环保局现行的《北京市锅炉大气污染物排放标准》，降低污染物排放 50% 以上，学校成为全市首批全部完成锅炉低氮改造的高校。

（孙　伟 张丽侠）

劳动用工管理工作

劳动用工管理从制度建设、规范管理、人文关怀、助力成长四方面入手加强管理。修订《后勤管理处外聘员工管理办法（试行）》《后勤管理处外聘员工劳动合同管理办法》等多项管理制度；严格签订劳动合同，严格考核管理；通过培训助力劳动者成长和发展。用工风险得到最大限度的降低，两年来，后勤人力资源科代表学校在四起员工诉讼中胜诉。2018 年 1 月基本完成外聘员工转劳务派遣工作，转化率达到 99.7%，为学校整体工作的推进做出突出的成绩。

（胡庆华 张丽侠）

物资及服务采购工作

出台《后勤处物资及服务采购管理办法（试行）》和相关配套文件，完善采购流程和工作机制，引入云端采购平台（企企通），提升采购平台运营效率，规范后勤采购工作，有效防范腐败风险。

（欧阳波 张丽侠）

校医院成功实现增科

2017 年，校医院新增科室 2 个，增加引进人员 5 人，成功实现增科。2017 年 4 月，校医院环境评估获得海淀区卫生部门审核通过，6 月份妇科开业，并上半年取得放射科辐射安全许可证，为口腔科营业做准备，11 月份口腔科开业，学校医疗服务进展显著。

（才秀芬 张丽侠）

后勤事务服务中心工作

事务中心着力扩大宣传和理顺业务流程。上半年组织大型宣传活动，并在各校区设置宣传展版长期展示；借助迎新生时机，把中心和后勤微信报修平台向新生推介；印刷中心热线和微信二维码宣传单3000余份，张贴到全校所有宿舍和教师。截至11月底，事务中心全年总计接待业务1399件，其中维修977件，咨询393件，投诉14件，建议15件，其中涉及维修、投诉、建议基本完成回访、反馈，后勤微信用户上升到1200余人。

（才秀芬 张丽侠）

创新开展优质服务月活动

开展“优质服务月”活动，以“坚持以人为本，构建和谐后勤”为主题，从助力学生学习成长、为师生办实事、关心员工三方面展开，力求实现后勤服务工作全过程育人。活动内容主要包括公寓科建立大学生楼长助理制度；饮食科试行选派少数民族学生参与清真食堂工作的监督管理；校医院安装一卡通POS机，在门诊大厅安装血压自动检测仪；公寓科全方位消杀宿舍害虫；饮食科在食堂大厅设立问询处；物业科在浴室设立爱心角、免费提供糖果和雨伞，增加吹风机插座等。

（邵 飞 张丽侠）

积极配合新校区建设相关工作

公寓管理科多次对已建成的公寓A组团可能存在使用问题提出建议；与公寓B、C、D组团设计单位对接；申报北京市财政局AB组团设施设备项目；物业服务科完成2000余棵树木的移植及汛期防涝工作，为新校区办公人员提供水、电、暖、保洁等物业保障服务。饮食、物业、校医院多次与设计院沟通，配合基建处完成新校区A组团学生一食堂、B组团学生二食堂、锅炉房、浴室、校医院楼、后勤办公楼等建筑单元的设计方案对接。

（邵 飞 张丽侠）

组织教职工健康体检

全校教职工健康体检工作自4月份开始启动，经过体检项目确定、招标、合同签订、职工报名、教职工信息整理、集中体检正式进行等环节，教职工参加体检人数共2786人次。其中5月份全校教职工体检人数为2263人，11月份女职工专项体检到检523人。体检完成后，校医院根据反映出的共性问题，举办了“甲状腺疾病防治”的健康讲座，受到职工欢迎。

（邵 飞 张丽侠）

稳步推进后勤改革

（1）队伍结构进一步优化。2017年从学校应届毕业生中招聘2名本科生和1名研究生充实到后勤管理队伍中，分别担任公寓、饮食、物业三个部门的科长助理，优化后勤队伍人员结构，促进后勤服务水平的提升。

（2）后勤事务中心提供更加方便、快捷和贴心的服务。后勤事务中心积极扩大服务热线和微信公众号影响力。组织大型宣传活动；在2017级新生入校时，积极推广服务热线和后勤微信报修平台；在各校区设置固定宣传展板；印制热线和微信二维码宣传贴3000余份，张贴到全校所有宿舍和教室。事务中心全年总计受理各类业务1583件，其中维修1139件，咨询412件，投诉17件，建议15件，涉及维修、投诉和建议的事务都逐一完成回访，后勤微信用户上升到1500余人。

（3）后勤信息化建设取得长足进展。后勤部门网站进一步优化，学生公寓信息管理系统、节能监测系统、房屋综合管理信息化系统、后勤集中采购云平台、后勤智能报修系统等相继上线，后勤服务信息化建设进步明显，后勤服务保障能力得到提高。

（邵 飞 杜 莎）

安全工作

（1）2017年年初后勤处与各二级部门、二级部门与班组、各班组与各岗位人员逐级签订了安全责任书，将工作责任落实到岗、任务到人。

（2）党的十九大的召开期间，后勤处认真落实值班、带班制度，各部门负责人、后勤处领导经常在下班后到所属范围巡视检查。遇有突发事件第一时间处置，后勤干部职工及时沟通信息，协调问题，最终圆满完成十九大期间的安全稳定工作。

（3）牵头组织开展全校电器产品和电气线路安全大检查、学生公寓消防安全专项治理工作，对安全用电常识进行宣传，加强学生公寓的消防安全管理和教育，落实公寓管理人员禁烟宣传工作。

（4）全市教育系统安全隐患大排查大清理大整治专项行动中，后勤处对所辖领域的彩钢板房屋进行专项整治，按照上级的工作要求及时消除了安全隐患。

（5）开展“安全生产月”活动，以创建“平安校园”为抓手，通过开展一系列贴近师生的安全宣传教育和安全实践活动，进一步宣传贯彻修订后的《安全生产法》，促进平安校园建设。

（6）汛期安全工作中，汛前防汛预案、队伍、物资准备充分，汛期严防死守、加班加点、处理及时，最终保障了学校安全度汛。供暖工作，在供暖前充分检查维修设备，加强人员培训，严格执行操作规程，确保安全供暖。

（7）11月出台《北京信息科技大学公共场所禁烟管理规定（试行）》，进一步推进学校控烟工作。

（邵 飞 杜 莎）

增收节支

2017年上缴收入6975662元，其中水电暖等收入5004602.3元（含水电暖收费、浴室茶炉收费、公寓学生超额电费等），研究生及新教职工入职体检收费33180元，校园各网点综合服务管理收入400000元，宏利招待所收入1537879.7元。

（邵 飞 张丽侠）

房产管理工作

（1）规范学校教职工集体宿舍管理。出台《北京信息科技大学教职工集体宿舍管理办法》。

（2）为48户教职工办理已购公有住房上市出售审批手续和房屋产权过户手续。

（3）全年发放在职及离退休人员物业补贴590.46万元和采暖补贴584.22万元。

（4）完成17套集体宿舍的装修改造工作及21套宿舍家具的安装工作。

（赵　萍 杜　莎）

住房补贴与住房公积金管理工作

全校全年公积金按月缴存人员共1583人，全年汇缴5642.4万元；办理支取共计628人；全校住房补贴按月缴存人员共817人，无房户全年汇缴2119.28万元，办理支取449人，新建账户62人。

（符丽芬 杜　莎）

医疗卫生工作

（1）校医院2017年接诊病人2万余人次，急诊患者1354人次。完成学生体检及入职体检等达3100人次。

（2）组织预防结核病、艾滋病、水痘病毒等宣传教育活动，发放宣传品3000余份。对2017届学生接种麻疹疫苗、乙脑疫苗、应急水痘疫苗等1880人次，对健翔桥校区学生首次进行乙肝疫苗注射4020人次。

（3）完成全校教职工医疗费报销工作223人次，学生公疗报销1869人次，完成申请定点医疗机构变更及异地就医报销工作635人次。

（4）妥善处理多起突发紧急抢救事故。2月健翔桥校区出现水痘疫情，校医院及时采取严格隔离、消毒、应急接种疫苗等措施，有效控制病毒大面积发作。

（才秀芬 杜　莎）

公寓服务工作

（1）成立学生公寓管理委员会，出台《北京信息科技大学学生公寓管理办法》。

（2）严格执行内部各项安全制度，积极参与开展全校学生公寓安全大检查、大演练，并与学校相关部门配合进行为期一个月的学生宿舍禁烟活动，做到全校学生公寓全年无安全事故。

（3）配合完成学生公寓电源插座安装、更换暖气管道及暖气片、毕业生房间粉刷等项，改善学生住宿环境。

（4）积极协调空调厂家、向学生发放通知、制定并出台空调使用管理办法，确保全校学生夏季正常使用空调。

（5）6—9月，先后完成三个校区3100名毕业生离校、1900余名本科生、研究生校区转换、3300余名新生入校相关手续办理，并完成700余间宿舍的清扫、300余间房间设备的配备、近8000余名学生信息的调整或信息档案的建立工作等。

（王　彤 杜　莎）

饮食服务工作

（1）严格执行各项安全制度，坚持统一采购原材料、认真检测上报，加工环节严格规范，并增加了食品留样程序，全年食堂无消防和食品安全事故。

（2）各校区食堂分别通过海淀区、朝阳区卫生局的卫生检查，完成食品经营许可换证验收工作。

（3）三校区食堂通过厨师轮岗，适当保持各校区食堂主副食品种的新鲜度；每月推出创新菜和粗粮细做食品，并据不同时令，夏季增添打卤面、绿豆汤，冬季推出炖菜、汤菜，丰富教职工的饮食结构。

（4）2017年全校食堂全年总销售额为34170406.07元，其中自营基本伙达到9405369.25元。

（李志远 杜　莎）

物业管理工作

（1）物业科重点改造校园环境卫生、教室及教师休息室的环境和改善学生住宿环境，校园公共区域的卫生状况。教师休息室全年为教师提供开水8300余壶，为各类活动借送桌椅4000余套；收发室全年收发报刊杂志28.8万份，机要文件、快递、邮包等1万余份。年底在小营校区开辟种植1.5万株郁金香园。

（2）全年保障各校区设施设备正常运转和水、电、暖、气的正常供应，供暖部门坚持24小时值班，及时处理各种问题，保证正常供暖。

（周继革 杜　莎）

商业服务工作

（1）完成车改工作，做好车队固有资产清理，确保固有资产不损坏、不流失，于4月底，按北京市公车改革办工作要求安全上缴所有车辆，所节余的30余万油卡、高速卡及车队相应的固定资产按学校资产处要求全部移交至党校办；截至2月25日，完成职工分流工作。

（2）加强对商业网点的安全教育和检查。宏利招待所全年经营总收入4595360.40元。各营业网点全年总收入1015500.00元。

（谢南贵 杜　莎）

党建工作

2017年，后勤党总支下有6个党支部，共有党员48人，其中有外聘员工党员2名。

（1）完成“党建基本标准检查”相关任务。后勤党总支根据学校关于“北京普通高等学校党建和思想政治工作基本标准”入校检查相关要求，归纳整理后勤党总支党建材料，形成后勤党总支党建工作目录；检查组对相关工作给予充分肯定，

（2）抓好党员学习教育。后勤党总支全年开展五期主题为“认真落实从严治党要求，全面提升后勤党员素质”系列党课，邀请校内外党建专家、后勤处级领导讲党课；认真落实学校学习贯彻十九大报告和精神方案，处领导班子深入到各支部宣讲十九大精神，各支部开展形式多样的学习活动，组织党员参观“明镜昭廉”反腐文化园、北大红楼、恭王府等党员教育基地，参观“砥砺奋进的五年”大型成就展，提升全体党员的党性观念和党员意识。

（3）抓好党风廉政建设。强化党风廉政责任意识，落实管党治党主体责任，落实领导干部“一岗双责”，把廉政风险防范管理、廉政制度建设和党风廉政宣传教育落实到后勤日常管理和服务保障工作之中。领导班子成员和各部门负责人，逐一签订2017年党风廉政建设责任承诺书，认真落实北京市巡视、学校审计指出的建议，健全规章，强化规矩意识，严格执行各项管理规定。

（邵　飞 杜　莎）

分工会工作

（1）后勤党总支、后勤处和后勤工会按照《北京信息科技大学后

勤文化建设方案》，稳步推进文化内涵建设。组织后勤职工参与后勤徽章设计方案的征集，确定制作后勤徽章。设计制作统一的后勤职工工作牌。

（2）组织后勤102名职工参加学校首届“沁馨之美”文化艺术节，17名职工作品取得好成绩并在校内展出。

（3）加强后勤新闻宣传工作，全年共撰写发布稿件91篇，其中学校宣传部采用9篇，推送后勤处微信26期，重点宣传后勤动态、好人好事、便民举措、重点工作，传递后勤正能量，提升后勤形象和影响力。

（4）开展丰富多彩的文体活动，组织近200人次参加学校春季运动会、拔河比赛、羽毛球赛等活动，其中拔河比赛和羽毛球赛分获冠亚军；组织近800人次参加后勤第二届乒乓球赛、第二届趣味运动会、第二届摄影比赛，前往怀柔百泉山秋游。

（邵　飞 杜　莎）

表彰情况

（1）后勤党总支行政科室联合党支部获评学校示范党支部。

（2）学校全部锅炉房获“北京市安全生产标准化二级企业（供热行业）资质。

（3）学校献血工作受到北京市海淀区卫生和计划生育委员会表彰。

（4）后勤处在2017年度学校二级单位年度考核评比中，申报的后勤绩效考核工作获得单项工作奖。

（邵　飞 张丽侠）

基本建设与新校区建设工作

概况

基建处（新校区建设办公室）是在学校党委、行政的领导下，依据国家有关法律法规和学校规章制度，负责校园基本建设和新校区规划与建设工作的职能部门。主要职责是：负责拟订全校基本建设规划和工作计划；负责校园环境、基础设施的规划与改造；工程建设实施工作；工程竣验及固定资产移交工作；建设资金管理工作；建设项目档案管理工作；制度管理工作；负责新校区规划与建设工作；沟通联系和宣传统筹工作等。下设办公室、计划科、工程科、修缮科4个科室。现有处长1人，副处长3人，其他管理人员14人，共18人，其中高级职称3人，中级职称5人。

2017年，基建处（新校区建设办公室）坚持以邓小平理论和“四个全面”重要思想为指导，以科学发展观统领工作全局，认真学习党的十九大精神，以“五个环境建设”发展战略为统领，牢固树立“四个意识”，紧紧围绕学校中心工作，统筹规划，完善机制，深化改革，进一步落实学校“十三五”事业发展规划，加快推进新大学改革、建设与发展，完成了各项工作任务。

（苏　灿 吕　顺）

新校区建设工作

为改善学校办学条件，加快首都高等教育资源布局调整和中心城区功能疏解，经北京市政府批准同意学校实施新校区建设项目。新校区选址位于昌平区沙河组团西北部，北沙河北岸，马满路南侧，项目总用地面积78.90公顷，其中：规划建设用地面积50.25公顷，占总用地面积的63.69%；代征城市公共用地面积28.65公顷。近期建设的建筑面积约为42平方米，（目前老校区教学科研用地约20.85公顷，建筑面积共计约20余万平方米）主要包括教学组团、图书信息与教育中心、学生科技创新教育中心、后勤服务设施及宿舍等。

市领导和校领导高度重视新校区建设。2017年副市长王宁先后两次到新校区现场召开专题会议，督导新校区建设。2017年学校新校区建设被列为“疏解整治促提升”专项行动重点任务和市政府重点工程，市委市政府高度关注项目进展情况，希望相关委办局、昌平区政府加大支持配合力度，希望学校做好有关承担任务，共同建设好北京信息科技大学新校区，积极推进非首都核心功能疏解，为首都“四个中心”建设服务。

（苏　灿 吕　顺）

现有校区建设工作

按照学校部署，组织实施现有校区各项工程，并做好既往工程收尾及维修工作。

（1）2017年基础设施改造项目工作。完成消防报警系统改造、楼宇防雷设施维修改造，健翔桥校区视频监控升级改造，小营、健翔桥校区五部电梯更新，小营校区综合修缮改造工程，健翔桥校区综合修缮改造工程和清河校区综合修缮改造工程等6项基础设施改造项目的需求调研、调整申报、施工图设计、施工管理、竣工验收和配合结算审计等项工作。及时处理街道、城管对施工下达整改意见；在健翔桥校区建设咖啡屋。

（2）2017年零星修缮工程工作。完成集体宿舍装修工程、小营校区母婴室改造工程和龙岗路教学科研基地安全办公室维修工程等3项零星修缮工程的需求调研、调整申报、施工图设计、施工管理、竣工验收和配合结算审计等项工作。

（3）2017年新增项目。完成小营校区学生公寓电力改造工程，健翔桥校区学二公寓地下一层综合改造工程，小营校区物理实验室粉刷工程；小营校区教职工之家装修和气膜馆电路改造工程，小营校区汽车实验室网络布线，小营、健翔桥校区消防报警系统改造，健翔桥校区彩钢板房整改项目，小营和清河校区部分彩钢房拆除及彩钢顶改造工程和小营及清河校区彩钢墙改造项目及教职工之家修缮改造工程等10项新增项目的需求调研、方案设计、施工管理、竣工验收和配合结算审计等项工作。

（4）2018年基础设施改造项目申报工作。完成8项2018年基础设施改造——定额管理项目校内申报、立项评审和向市教委、市财政立项申报工作。

（苏　灿 吕　顺）

配合招标工作

（1）新校区各项招标工作。配合学校招标工作办公室完成年度15项新校区招标项目招标文件的起草、修订工作。配合完成第一教学组团地基处理勘察、第二教学组团地基处理勘察、第三教学组团地基处理勘察单位招标工作；第一教学组团单体设计、第二教学组团单体设计、第三教学组团单体设计单位招标工作；总体规划深化设计单位招标工作；学生宿舍B组团设计、施工、监理、全过程跟踪审计、测绘、工程量清单编制单位招标工作；学生宿舍 A、B 组团地基处理勘察单位招标工作；新校区校内市政道路工程设计方案、新校区校内市政道路工程设计综合、新校区土地配套电网规划报告编制单位招标工作；新校区第四期临时围墙工程施工单位招标工作。

（2）现有校区各项工程招标工作。配合学校招标工作办公室完成了 2017 年度基础设施改造项目及校内修缮工程施工、监理、设计单位 36 包招标工作，完成了招标文件起草、修改工作，协助合同签订工作。

（苏 灿 吕 顺）

其他工作

完成校内招标项目工程量清单及预算编制及合同签订，工程预付款、进度款支付，质保金收交工作；完成基础设施改造项目清标工作；配合审计处及审计单位完成 58 项工程审计工作；全面配合各部门入校稽察检查工作。

（苏 灿 吕 顺）

校区管理

健翔桥校区管理办公室

概况

健翔桥校区地处朝阳区，位于健翔桥东北角，西临 G6 高速，南临北四环。占地面积约 8.2 万平方米，校区现有教一楼、教二楼及教三楼（教二、教三为一体楼）3 栋教学楼，校区图书馆设有 4 个阅览室。学生活动场地有：大学生活动中心、带有 300 米跑道的足球场地 1 块，标准篮球场地 8 块，排球场地 3 块。校区现有本科生 2917 人，研究生 436 人，博士生 15 人。在校区办学的学院有信息与通信工程学院、计算机学院、国际交流学院及其他若干科研机构。

健翔桥校区管理办公室主要负责校区综合协调工作；负责校区内部服务、管理与协调以及与地方政府、当地社区的联系和沟通；负责校区家委会的日常管理与服务；完成学校交办的其他工作。

（张 雨）

学习贯彻党的十九大精神

按照学校党委指示精神，结合实际，健翔桥校区党支部在党员中开展学习十九大精神专题教育活动。在学习过程中，以“三会一课”等党的组织生活为基本形式，以党支部为单位集中完成新党章、系列讲话、十九大报告等主题学习内容。

（张 雨）

学习学校“五个环境建设”理论内涵

在党支部开展学习学校推进超常规跨越式发展的战略思考及“五个环境建设”的具体理论内涵，让支部每个党员自觉在“五个环境建设”中找到做贡献、促发展的立足点。

（张 雨）

完成党员在线学习任务

为建设学习型党组织，不断加强理论武装，校区办全体党员在规定时间内完成“北京高校教师党员在线平台”学习任务。党支部动员学员汇总整理对平台的使用意见和建议，主动发现问题，提出改进意见。

（张 雨）

配合做好校区安全稳定工作

以“平安校园”创建中建立的规章制度为抓手，配合属地政府及学校相关职能部门，全年不定期对校园开展安全隐患排查工作，特别对存在火灾隐患的区域进行重点排查，发现问题及时督促整改。在汛期加强安全检查，确保排水系统通畅。配合开展安全大排查、大清理、大整治和彩钢板建筑拆除专项工作。加强日常安全排查力度，化解各类问题、矛盾和纠纷。

（张 雨）

举办各类会议及活动的配合工作

做好校区举行活动及会务配合工作是校区管理办公室一项非常重要的工作职责。全年，大阶梯礼堂提供场地服务 81 次，图书馆报告厅及多功能厅、第一会议室、第二会议室共提供场地服务 149 次。每次会议、活动开展过程中，校区办工作人员与学校相关职能部门配合工作，确保万无一失。

（张 雨）

迎新接待工作

9 月 5 日，计算机学院和信息与通信工程学院合计 700 余名新生抵达健翔桥校区。校区管理办公室按照学校统一安排，制定工作预案，安排联合办公场地，设计放置校区平面图、指路标志，协调各职能部门和相关学院，对迎新工作进行了较为周密的部署和准备。

（张 雨）

场地及固定资产管理工作

做好办公室固定资产清查工作，及时依照使用情况对部门的各项固定资产进行梳理，将场地资源进行合理规划。更换会议场地使用年限较长的会议桌椅及空调等设备，确保场地高效、正常使用。

（张 雨）

配合校区学生管理相关工作

做好校区办勤工助学岗位的上岗管理与日常考核以及每月工资表的制作及发放工作。协调校团委及计算机学院和信息与通信工程学院等教学单位，确保校区办管辖范围内的宣传橱窗、报刊栏的正常使用。做好学生借用校区相关场地的申请备案管理工作。

（周京华）

做好家委会相关工作

接待丝竹园社区和校内外来访人员。开展“共建”活动，支持并配合丝竹园社区开展居民活动，动员和鼓励校区家属参加社区举办的各类会议及公益活动。与十五所家委会协调，定期对家属楼卫生进行巡查。做好校区居民装修备案相关工作。配合做好重大节日期间的居民志愿者服务工作。

（周京华）

配合属地政府及其他单位工作

配合城管部门，做好校园环境卫生整治相关工作。全年多次为丝竹园社区协调提供会议室、篮球场等场地服务。配合亚运村街道城管，协调学校相关职能部门按期完成清理屋顶牌匾，保护城市天际线任务。

（张 雨）

配合做好离退休老同志日常服务工作

支持校区离退休办公室举办各类会议及活动，立足现有条件，为老同志提供周到细致的服务。配合做好校区两学院相关学生党支部和离退休党支部的老少结对共建交流活动。10 月 27 日，配合组织重阳节关爱独居老人座谈会。

（张 雨）

配合开展老同志“开心聊天”系列活动

配合校区离退休办公室做好校区离退休老同志特色活动，定期提供场地确保老同志“开心聊天”系列活动顺利开展。

（张 雨）

清河校区

概况

清河校区管理办公室是学校设在清河校区的综合协调管理部门。清河校区位于北京市海淀区清河昌平路南段 26 号，占地面积 43431.19 平方米，目前，校区校舍建筑面积 49321.4 平方米，其中教学用房 8955.46 平方米；办公用房 2436 平方米；学生公寓 10014 平方米；其他用房 8219.78 平方米；校区家属楼总建筑面积 19696.16 平方米。清河校区设有校区联合党总支、校友校史工作办公室、高教研究室（发展战略研究室）。安全稳定处、离退休工作办公室、电教中心、计算中心、基建处、信息与网络管理中心在校区设有办公室；学生处在校区设有心里咨询中心；后勤管理处在校区设有饮食服务、公寓服务、医疗服务、节能、物业管理服务等部门和科室；学校在校区设有图书馆，藏书 9 万余册。校区的教学工作由驻校区各学院统一安排；经济管理学院、国际交流学院、理学院、研究生院（研究生工作部）、体育部等院（部）在校区设有教学、管理和学生工作办公室，各类教室、机房、实验室设施齐全。校区内设有塑胶田径运动场，塑胶篮球场、排球场、羽毛球场、木结构气膜馆，小超市、工商银行和北京银行自助取款机、浴室、报刊服务亭，教一楼、教二楼、锅炉房和各学生公寓楼设有电茶炉 17 台。各类后勤服务保障设施齐全，可以满足校区内教学及体育活动安排。

2017 年，校区有全日制本科及研究生在校生 1462 人，在清河校区固定工作的教职工共计 100 人，其中在编教职工 34 人（不包括任课教师）；临时工及外聘人员 66 人；离退休人员 187 人。

（白 兵）

综合协调工作

（1）协调配合校内其他相关部门对校区公共建筑和设施及时进行给排水、电、暖、消防维修和校园绿化及公共卫生的清理。

（2）加强对校区公务电话的管理，按时每月缴纳电话费，联系电话公司清河营业厅为新迁入部门开通电话，随时对电话出现的线路故障进行维修，保障校区各部门全年办公电话的通畅使用。

（3）按时开启清河校区 2 个校长信箱，及时向相关部门转交信件，协助有关部门完成校区信访工作。

（4）校区办利用教二楼一层大厅东、西空余墙面制作安装古诗警句标识牌，警示进楼人员要轻声慢语。同时将校训标识牌也安装完毕。

（5）按校工会要求，配合校区联合党总支，为三个校区的工会成员领取或购置生活必须物品，并及时运输发放。

（6）完成校区工会教工活动室的使用管理。

（7）在保密工作方面，除按学校保密部门要求对电脑进行自查外，校区办还对外单位在校内进行的测绘活动进行盘查，最终确定是政府工作行为。

（8）国庆期间，在校区悬挂国旗。

（9）积极维护安全、和谐、稳定的校园环境。坚持做到定期对校区安全状况进行巡视，在寒、暑假及各种节庆放假前及敏感时期进行校区安全的全面检查并做好假期值班和记录工作，维护校区的安全和环境秩序。配合安稳处多次对校园消防设施及人员密集场所进行检查，消除火灾隐患。将散在校区各处已报废待处理的设备集中放置管理。

（白 兵）

学生管理协调

（1）倾听学生意见并及时向学校反馈，积极，配合学生部门应对突发事件，化解矛盾。协调教学单位、职能部门积极为学生及学生社团服务。

（2）做好政治宣传工作，及时更换校区阅报栏、宣传栏当日报纸。

（白 兵）

重要事项

（1）按照《北京信息科技大学迎接 2017 级新生入学工作实施方案》要求，校区办全体人员提前安排和布置场地、划分各学院和部门迎接新生接待区，设置新生家长休息室，联系后勤部门排放桌椅，张挂横幅，放置和粘贴标示牌，插彩旗，上报雨天处置方案和工作流程。在 2017 年 9 月 5 日新生报到当天进行交通疏导，供应饮用开水，为参加接待新生的各部门教工提供饮水和工作午餐，当天完成 2017 级本科生及研究生 931 名新生入学报到工作。

（2）由于 2016 年选出的海淀区人大代表因工作调离北京，根据上级安排，完成 2017 年清河校区海淀区人大代表的补选工作。校区办作为选区召集人之一，按照学校部署，对所负责教工进行了选民登记，教工涉及校区联合党总支、清河校区管理办公室、校友校史工作办公室、高教研究室及驻校区内后勤管理处、体育部、安稳处、计算中心、电教中心、离退休工作处、学生处等部门工作人员。

（3）新校区工作。配合新校区规划设计部开展工作，围绕新校区一期各建筑物初步设计方案与校内各学院和部门对接，从 11 月 15 日开始至 12 月底，完成外语学院、马列主义学院、理学院、公共管理传媒学院、后勤学一食堂、自动化学院、理学院的方案对接签字工作。

（4）清河校区管理办公室、校区联合党总支配合学校相关部门与北京市海淀区鹍鹏农工商公司商洽清河校区部分操场租用土地使用事宜，最终就土地使用期限和费用达成新合作协议，签订合作协议书，按新合作协议书约定内容支付了 2017 年 8 月 1 日至 2018 年 1 月 31 日土地使用费。

（白 兵）

东部校区

概况

北京信息科技大学东部校区由原金台路校区和酒仙桥校区合并而成。东部校区（金台路）位于朝阳区金台西路 2 号，占地 28000 余平方米（42 亩），地上建筑面积约 30000 平方米。校区内现有后勤集团所属宏利招待所、校医务所的医务室、离退休办公室及老干部活动中心、继续教育学院以及与继续教育学院合作办学的英圣时装教育学院等。另有 320 余户居民住户。东部校区（酒仙桥）位于朝阳区酒仙桥地区，占地面积约 3400 平方米，地上建筑面积约 5600 平方米。在校区内开展工作的主要是学校科研机构，包括：光电信息与仪器北京市工程研究中心、北京国科舰航传感技术有限公司等。东部校区管理办公室主要履行校区综合协调与管理职能，具体包括：代表学校和校区与当地街道、社区及地方政府相关部门进行联系与沟通；承担校区后勤保障和安全稳定工作；负责校区有关公共设施的管理及使用安排；负责居民房租、水电费和相关单位取暖费的查收；负责校区水、电、供暖费的缴纳及办公电话的统一管理及话费的缴纳；负责校区离退休老同志协调服务及家委会的日常管理；配合学校各职能部门协调完成相关工作；及时发现并通报校区有关安全稳定的相关工作等。现有职工 15 人，其中管理干部 7 人、工勤人员 8 人。校区设有党支部，共有党员 7 人。

（夏建军 程　飞）

综合协调工作

（1）为校区内的科研部门提供相关的后勤、物业管理及各项保障工作。工程中心飞机场地基础施工项目和部分教室、宿舍装修等项目陆续开工。校区办带领基建处、工程中心及设计、施工等单位的人员，多次到街道办事处城建科、城管队、综治办等部门咨询和沟通，联系天燃气、供热等单位现场指导，及时协调疏解周边居民和施工方在噪音、扬尘、施工时间安排等方面的矛盾，为项目及早开工、顺利实施创造了条件。此外，就飞机场地安保、消防等方面的有关问题向学校提出了报告和建议。

在工程中心召开北京实验室专家论证会等多次会议、验收等重大活动期间，校区办组织力量，提前清理、劝阻入区车辆，保证会议停车和交通安全。

协助继续教育学院搬家，安置办公用房、教室及配套设施，配合继续教育学院联合办学管理及服务。

（2）属地有关协调、管理与服务工作。协助市政府对校区内住宅的抗震加固工作。配合及协助街道政府环境整治“穿墙打洞”拆违 3 处，新建社区街心花园一座。为社区居民服务，积极参加街道社区组织的各项活动及公益事业，为街道开展书画比赛活动提供必要的纸墨笔等。多次与朝阳法院执行庭沟通金台路失火饭馆后续问题，以期尽快执行法院判决。配合地方政府进行安监、城管、消防、治安、防汛、水暖电设施及环境整治等多项的检查，并组织落实相关要求。

（夏建军 程　飞）

校区后勤保障、安全稳定工作

（1）后勤保障方面，完成大量的基础设施日常修缮及水、电、暖、房租等费用的收取清缴工作。本年完成的主要工作内容有：更换、维修上水管、水龙头、水节门、暖气管等共计 62 项；下水管疏通、污水管线更换、更换污水井盖等共计 50 项；更换、维修电线、灯管、门窗、门锁等 40 项；屋面防水修理共计约 1021 平米；平整路面 4 项；楼道灯维修及路灯照明线路维修等 30 项；整治环境卫生，修剪校区各种树木 2 个品种 3 棵，清运垃圾数十车；按照防火要求，更换防火屋顶 2 处，计 27 平方米；抢修卫生间防水 30 平方米；抢修地下入户自来水主管线跑水 1 处；承担校区内租户水、电、暖、房租等统计及代收费工作，款项总计 2990263.13 元，其中购房款 1843088.51 元，房租、水费、电费、供暖费 1147174.62 元。

（2）校区日常安全方面，常年配合学校安稳处和街道、消防等有关部门做好辖区内的治安、防火、防汛、交通等安全检查和监督落实工作，定期督促检查实验室危化品以及办公室、实验室和学生宿舍等各类安全问题；每月定时检查灭火器状况，每年定期更换所有灭火器；春节期间强化禁放烟花宣传与巡视；雨季前组织雨水井等排水设施疏通；及时组织地面、屋顶、树坑等处树叶类易燃物的清扫和洒水等。

妥善安排节假日及社会重要活动期间的校内、校外值班、安保工作，在寒暑假、重要节日期间加大力度巡视检查，同时均以温馨提示的方式宣传学校有关管理要求，并张贴、发放到校区内各单位。

配合后勤处、安稳处甄别校区居民身份、房屋归属、建筑物的基本情况，配合地方政府和行政部门完成门前三包、流动人口普查、节假日及“两会”期间的红袖标流动巡逻等工作。

充分发挥家委会、保安的作用，主动寻求地方政府相关机构部门支持和学校相关部门协助，及时发现和消除隐患，进行宣传教育，网格化管理逐级签署协议，加强责任落实，保证校区日常工作安全、稳定、和谐。

（程　飞）

金台路家委会日常管理

配合政府完成北平房 10 户居民的煤改电工程；检查出租房屋 14 户；帮助 4 户居民解决保姆问题；走访困难户、失能户以及 80 岁以上老人 327 户（次）；解决居民矛盾纠纷事件 58 人次；办理 90 岁高龄老人津贴 4 人；为居民发放烟感报警器 75 户，发放蟑螂药 284 户，发放安全防火一封信 324 户；发放独生子女费 16 户；为地退人员发放慰问品，共计 11 人次；“两会”、国庆节期间参加街道红袖标值班巡逻共计 49 人次；配合政府做好后 7# 楼的保温工作；到医院、家中看望病号 47 人次。

（夏建军）

离退休工作

配合学校离退办工作，为离退休老同志服务，结合校区老同志的特点，落实上级有关工作部署和具体工作要求。通知、组织老同志赴体检中心体检；帮助老同志上报特病申请；上报享受爱心救助金人员材料；组织安排校区离退休人员参加学校组织的疗养活动；为身患重病、家庭生活困难的老同志申请特困补贴；探视看望生病、住院及家中出现困难问题老同志；春节前慰问看望老同志；及时慰问去世人员家属，帮助家属处理有关后事；组织形式多样、丰富多彩的座谈会、参观游览等活动；组织校区离退休人员参加学校春、秋季参观活动；组织离退休党员参加党员参观学习活动；全年代收代缴离退休党员党费共计 11713.40 余元；主动帮助老同志解决生活困难等。

（程 飞）

高教研究

概况

高教研究室是2004年10月组建而成的学校直属研究性质单位。高教研究室基本职能和主要任务：负责学校发展规划研究和发展战略研究，向学校提出建议和研究报告；负责组织学校教育教学领域的理论研究工作；负责学校高教研究论文的评优工作，协助教务处组织教学成果评选；了解和掌握学校教学改革情况，把理论研究和学校教学改革实践有机结合，对学校的教育教学改革提出建设性意见和建议；结合高等教育改革发展形势，根据学校教育教学工作需要开展调查研究，提出对学校教育教学改革具有战略性的意见和建议；作为学校高教研究会的办事机构，负责处理研究会的日常事务。现有研究人员6人，其中教授1人，副研究员1人，副教授3人，助理研究员1人。2010年11月筹建发展战略研究室。

（张文格）

高教研究工作

主办《高教研究资料摘编》，全年共编辑、印发《高等教育研究资料摘编》12期，总计45万多字，内容涉及“双一流”建设、地方高校转型发展、大学内部治理、教师发展、教学研究，域外高校介绍、大学文化等，为学校领导、有关部门、教学院系及时提供了国内外高等教育发展研究的优质信息。全年共编辑、印发《高等教育研究》2期。第一期是学校学工系统撰写的“思想政治教育工作专集”，37篇论文，共计16万余字。第2期是学校教师撰写的教育、教学、管理等论文，包括高教研究立项的实证报告等，总共20篇，共计11万余字。利用高教研究室网页向全校师生员工发布有关信息，同时在网页上发布《高等教育研究资料摘编》，发布有关高等教育的各种课题申报信息等。

（张文格）

发展战略研究工作

撰写学校本科教学审核评估特色报告，学校将于2018年6月接受教育部对学校进行本科教学审核评估，高教研究室负责报告的特色项目撰写。完成“北京信息科技大学学情调查”撰写，高教研究室按照清华大学教育科学院“大学生学习性投入调查”课题组的要求，对学校学生进行抽样调查，在全校共抽查1600个学生，发放问卷1600份，共回收1423份，回收率88.94%。大一共发放400份，回收378份，回收率94.5%；大二共发放400份，回收368份，回收率92%；大三共发放400份，回收362份，回收率90.5%；大四共发放400份，回收315份，回收率78.6%。本年度在上述工作基础上，根据学情调查的主要指标进行了翔实的分析，撰写出2万多字的分析报告，为学校进一步改进教学、管理等提供了有价值的借鉴和参考。主办《发展战略研究资料》摘编，2017年共印发5期，每期4.2万字左右，总字数达到21万字，每期紧密结合学校工作实际，选择典型事件主题，本年度编辑新校区建设，本科教学工作审核评估，学科建设，依法治校，高校工资改革，围绕每个专题筛选信息，摘编组织成文，为学校建设发展提供借鉴和参考。

（张文格）

科研组织工作

完成2016年全国教育科学课题“地方普通本科院校学生在校体验研究”完成开题工作。完成北京市2016年度教育科学规划课题“政府购买民办培训教育服务政策研究”的中期检查工作。完成2015年校内高教研究立项结题工作和2016年度校级高教研究立项的中期检查工作。完成校内高教研究2017年立项工作，经过专家匿名评审和会议评审，共有12项课题（重点课题1项，）被确定为校级2017年度高教立项课题。

（张文格）

科学研究

部门研究人员认真开展研究工作，完成1项校级高教研究课题结题，发表学术论文12篇，其中4篇发表在北大中文核心期刊，3篇发表在CSSCI来源期刊（含扩展版）。

（张文格）

图书馆

概况

图书馆是学校文献信息中心，是为教学和科学研究服务的学术性机构，是学校信息化和社会信息化的重要基地。图书馆是学校教学和科研工作的重要组成部分。

图书馆的基本职能和主要任务：建设包括馆藏实体资源和网络虚拟资源在内的文献信息资源，对资源进行科学加工整序和管理维护；做好流通阅览、资源传送和参考咨询工作，积极开发文献信息资源，开展文献信息服务；开展信息素质教育，培养读者的信息意识和获取、利用文献信息的能力；组织和协调全校的文献信息工作，实现文献信息资源的优化配置；积极参与文献保障体系建设，实行资源共建、共知、共享，促进图书馆事业的整体化发展；开展各种协作、合作和学术活动。图书馆设有办公室、采编部、流通部、图书阅览部、期刊服务部、参考咨询部、特色资源建设部、技术支持部8个部门。图书馆馆舍总面积约9661平方米，阅览座位1180个。

小营校区图书馆采用大开间全开架管理模式，集借、阅、藏为一体，设有一个研讨室、四个阅览室以及两个借阅室（期刊阅览室、声像阅览室、综合阅览室、电子阅览室、科技图书借阅室、社科图书借阅室），所有图书采取分散借阅统一归还的模式：在社科借阅室和科技借阅室分别设有自助借还设备以及人工辅助借书处，一层设有统一还书处；健翔桥校区图书馆设有一个书库、一个图书借还处、一个研讨室和三个阅览室(外文期刊阅览室、中文期刊阅览室和电子阅览室)；清河校区图书馆设有一个书库、一个图书借还处、一个图书期刊综合阅览室和一个电子阅览室。

依托江苏汇文软件有限公司的Libsys图书馆信息管理系统，图书馆采购、编目、典藏、流通和检索全部实行计算机自动化、网络化管理。图书馆局域网通过校园网与CERNET、INTERNET连通，实现资源共享。

2017年年底，图书馆正式教职工43人（其中非编2人）。馆长1人、副馆长2人（其中1人兼任），办公室3人、采编部7人（其中非编1人）、流通部8人、图书阅览部5人（其中非编1人）、期刊服务部3人、参考咨询部5人、特色资源建设部3人、技术支持部6人。

（赵爱玲 张玉忠 焦丽华）

文献资源建设

2017年，图书馆继续大力建设文献资源，共投入604.60万元用于文献资源建设。其中中外文图书75万元，中外文期刊75万元，中外文电子资源454.60万元。2017年，新增中外文图书2.82万册，累计馆藏图书达到109.05万册；订购中外文期刊1339种，1694册，报纸86种，157份，声像资料3922件，中外文数据库65个，电子图书、电子期刊共计274万余册；新引进森途IT在线学习平台《ITYE!》、NoteExpress参考文献管理与检索系统等数据库；试用数据库30个。

（刘春燕 孟 微 王培凤）

为读者服务

图书馆在做好原有读者服务工作的基础上，举办多种形式的培训和专题讲座。

（1）流通与阅览。2017年全年借书量为40643册，总还书量为41771册。其中借阅量排前五位的图书是：T工业技术类16708册，占总借书量的41.11%；IW文学类8018册，占总借书量的19.73%；H语言类4133册，占总借书量的10.17%；O数理科学与化学类3175册，占总借书量的7.81%；F经济类2825册，占总借书量的6.95%。

（2）委托借阅、预约图书和馆际互借。全年共接受委托申请1372册，委托到书762册，委托图书较多的大类有T类、I类和F类。共处理预约申请107册，预约到书27册，预约书较多的分别是T类、I类以及K类。馆际互借2017年两校区读者注册人数为513人，使用人数为828人，发送请求460册，接收请求146册。

（3）日常上机阅览服务工作。2017年三校区电子阅览室提供广大读者免费上机，同时承担了全校“文献信息检索与利用”公选课程以及数据库使用的培训活动，健翔桥电子阅览室、小营电子阅览室同时提供随书光盘的借阅及复制服务。

（4）原文传递服务工作。2017年原文传递系统新注册人数696人，向外校发送原文请求68篇，接收外校读者的原文请求28篇（满足25篇，满足率89%）。在60家参评成员馆中，学校图书馆总评成绩排名第28位。

（5）世界读书日系列活动。4—5月，图书馆与校团委联合主办开展了“让阅读成为习惯，让生活溢满书香”世界读书日系列活动，包括“勤读者”读书分享会、“期刊寻宝”趣味竞赛、中文书展、爱心图书捐赠及漂流等特色鲜明、形式多样的主题活动，为读者搭建阅读平台，提供优质服务，营造书香校园。此外，联合数据库方还举办了“新生入馆教育平台闯关抽奖”、“office办公软件有奖知识竞赛”、“万方开学季之才气双收”、“CNKI研学平台上线暨2017全国高校研学征文大赛”等活动，提高了读者对于图书馆电子资源的认知度和利用率。

（6）星光志愿者团队。2017年志愿者主要工作包括协助各层书库老师做好图书上架、整架及报刊整理等日常工作；定期收集读者对图书馆各项服务的意见和建议、对图书、期刊、电子资源等的信息需求及使用评价，做好相应记录并及时反馈；参与图书馆自习室的管理，引导同学规范有序的使用自习室等。2017年开展招新工作两次，共招纳社团新成员29名；召开新生见面会一次；全年完成图书馆志愿者工作计873小时。

（7）设立面向中小学生开放日。响应北京市教委号召，设立每周六为“校园开放日”，面向周边中小学开展开放日主题活动，充分发挥馆内资源优势，加强与周边中小学的联系。2017年6月11日上午，育鹰小学17名小学生及家长一行36人到图书馆，观摩阅览室、体验图书借阅、感受大学校园文化和学习氛围。

（8）咨询服务。2017年，通过设置图书馆咨询台、微信平台、电话、邮件、QQ等工具加强图书馆各类服务的宣传。同时利用“qq说说”发布图书馆的各类通知，特别是对举办的重大活动予以报道，及时反应图书馆动态；通过高校网络图书馆推出的TQ在线客服系统为读者提供全天候网上咨询服务。

（9）文献检索课教学。完成三校区共计262人168学时的“文献信息检索与利用”公共选修课；34人16学时专选课的教学任务；研究生353人48学时的教学任务；嵌入机电学院“学术报告与科技论文写作”课程54人10学时的教学工作；光电学院“光电信息科学与工程导论（2）”57人8学时、工程基础与创新70人3学时的教学工作；并承担了计算机学院非全日制研究生7人16学时的教学工作，2017年度本课程覆盖837人次。

（10）完成近600人次读者培训工作。完成常规培训、原文传递专题讲座、针对世界读书日活动之“信息科大文献信息检索”有奖竞赛的赛前讲座、各类数据库的专题讲座（如ACM、EI、EBSCO数据库，NE培训）。将“互联网+”元素融入新生入馆教育，通过入馆教育在线学习平台，拓展了新生入馆教育的形式和内涵，首次将培训通知放置在研究生的录取通知书内，让学生在入校前了解图书馆的资源与服务。在2017年的新入职教师岗前培训中，为新入职老师进行题目为“融入教学 助力科研”的讲座，将图书馆的资源与服务做了详细的介绍和推送。

（11）研究生论文管理。从学校各学院接收本校2017届硕士研究生纸质版学位论文共338本，并进行加工编目。将2017年纸本学位论文信息导入《信息科大硕士学位论文题录数据库》中，并完成了审核和发布工作，读者通过该数据库可以检索图书馆收藏的纸本硕士学位论文的相关信息。

（12）研讨室对外开放。2017年，健翔桥校区研讨室共接待理学院、信息与通信工程学院和外语学院等课题组80场次，覆盖师生715人次；小营校区研讨室接待师生研讨12场次。

（13）2017年，免费提供各种引用收录检索证明共计1560份，其中，EI类780份；SCI类543份；CPCI类92份；JCR类100份；CSSCI类38份；SCI类7份。

（14）编辑印刷馆刊《图书馆通讯》4期。《图书馆通讯》已连续出版九年，共计36期。

（15）利用微信平台做好资源与服务宣传工作。2017年，微信公众号共发布137篇文章，阅读量31114，点赞量2155，用户数4004。固定每周至少3篇，包括试用及购买的数据库宣传、活动推广、通知公告、新书通报、勤信书苑。

（16）2017 年完成三校区图书馆各阅览室、书库图书下架迁移、调整工作，并依照图书分类对健翔桥校区约 25 万余册图书重新排架。

（马铭锦 王培凤 孟 微 牛润桃 黄立农）

图书馆建设

（1）图书馆信息化建设。2017 年调整了图书馆管理系统（汇文系统）的读者账户，将新生（含新入职教工）的初始密码设置为读者条码号（一卡通卡号）；对健翔桥图书馆计算机网络进行了完整规划、改造，彻底舍弃了使用多年的老旧网线，消除了安全隐患，提高了网络质量，提升了网速。最终实现小营图书馆与校园网的万兆接入，图书馆桌面终端的千兆接入；安装部署了一套开源计算机克隆管理系统，优化个人电脑的日常维护，提升图书馆服务效率；2017 年年末更换了健翔桥图书馆机房的不间断电源（UPS），新的 30 千伏安模块化 UPS 顺利上线运行。

（2）特色资源建设。将 2017 年的纸本学位论文的题录信息导入《北京信息科技大学硕士研究生学位论文题录数据库》中，并完成数据编目、审核和发布工作；2017 年首次在全校开展了硕士学位论文电子版提交工作，学生均在毕业离校前提交了论文，论文已收录进《北京信息科技大学硕士学位论文全文数据库》中，并完成了审核工作。

（3）首次完成学校 2017 年本科优秀毕业论文收集工作，并完成了《信息科大本科优秀毕业论文数据库》的建库工作。

（4）继续参与“数字教学参考信息资源共享网”项目建设工作。根据项目中心馆北京工业大学图书馆的要求，截至 2017 年 12 月底，共计完成 736 条课程数据的著录工作，并提交给项目组。

（杨伟兵 马铭锦）

获奖情况

（1）2017 年，图书馆在 BALIS 原文传递中心年度评比中荣获“BALIS 原文传递最佳宣传奖”。

（2）2017 年，图书馆在 BALIS 馆际互借中心年度评比中荣获先进集体三等奖。

（3）2017 年，牛润桃在 BALIS 馆际互借中心年度评比中获馆际互借先进个人二等奖。

（4）2017 年，王培凤荣获北京地区高校图书馆文献资源保障体系 BALIS 管理中心组织的“原文传递服务先进个人奖”。

（牛润桃 王培凤 马铭锦）

信息与网络管理中心

概况

信息与网络管理中心的主要职能是全面负责学校信息化建设、网络管理与服务工作。中心下设综合服务部、网络基础条件保障部和系统运行部 3 个二级机构，现有工作人员 21 人，其中事业编 9 人、非事业编 7 人、外聘 5 人。2017 年完成学校工作要点中的相关任务，保障校园网、校园卡和信息系统的安全稳定运行，基本满足学校教学、科研、管理和服务等方面的信息化需求。

（杨厚云）

专项建设

2017 年实施完成 2016 年 11 月追加 4 个、2017 年 6 月追加 2 个校内专项的建设工作，共计经费约 558 万元，已按合同要求完成并投入使用，达到了项目预期建设目标；具体包括完成上网认证计费系统、上网行为管理系统、校园网出口防火墙的更新升级，保障校园网出口骨干线路的安全稳定运行，2017 年 12 月扩展互联网出口带宽 1Gb。小营校区部分区域网络升级，更换各类网络设备 65 台，至此全校各区域均实现千兆到桌面、万兆到核心。健翔桥校区无线网络整体更新，新增无线接入点 690 个，利用健翔桥下线的无线设备 200 余个，安装到小营及清河校区增强无线信号。配合暑期基础设施改造工作，完成小营校区学四、学五公寓更新信息点 480 个，清河校区四栋学生公寓更新信息点 1060 个。新增服务器 14 台，扩展备份存储约 60TB。完成了健翔桥食堂 POS 机更新 30 余台，开水房水控器更新 60 余个，工控机更新 20 余台，新增开水机水控器安装 37 个。改善机房 UPS 供配电条件，更换 60 千伏安主机 1 台，更新电池 158 块。

（龚汉明）

保密工作

配合保密办完成每月一次的涉密机系统检查和审计检查，编制审计报告，为全校涉密人员提供涉密机安全保密防护产品使用的技术支持，组织开展了两次涉密计算机检查标准培训。在 7 月北京市保密局对学校保密专项检查的工作中提供保密信息技术支持，主要负责涉密机技术防护和技术检查工作，此次检查取得优秀。在 9 月北京保密局对学校进了《北京信息科技大学保密资格认定》现场审查，主要负责信息系统、信息设备和存储设备的保密管理和技术防护工作，为顺利通过二级资格认定工作做出了应有的贡献。

（郑小博）

网络安全

10 月 30 日，主管学校信息化领导任网络安全与信息化领导小组常务副组长，领导小组下设办公室，办公室主任由信息与网络管理中心主任兼任。贯彻落实《网络安全法》要求，2017 年全校未发生重大网络安全攻击事件。开展信息系统（网站）普查，签订网络安全责任书，明确校内各个网站的责任人，摸清底数，清理“僵尸”网站 100 余个，截至 2017 年 10 月底，全校在用的各类网站（信息系统）共计 99 个，其中公安局备案二级系统 12 个，校内备案一级系统 87 个。紧盯重要节点，加强网络安全防范，24 小时值班值守。积极开展宣传教育，举办“网络安全知识进校园”专题讲座等活动，普及网络安全知识。落实网络安全法的学习工作，组织专题学习，将网络安全工作融入业务工作中。配合学校平安校园建设，进行网络安全、舆情等方面的应急演练，落实安全稳定工作。

（龚汉明 杨 安）

新校区工作

组织基建处、信息网络中心等人员赴中国科学院大学、通州副中心智慧园区等地调研，通过邮件、电话、面谈等多种方式了解北京化工大学、北京邮电大学、北京建筑大学、北京中医药大学等在京兄弟院校的新校区信息化建设情况。在调研的基础上，组织了学校“新校区智慧校园规划设计咨询”项目的方案编制并通过专家评审，完成了“新校区智慧校园规划设计咨询”项目的立项。组织召开“新校区信息化建设需求调研会”和“新校区智能化系统设计协调会”，形成了对新校区智慧校园建设的基本思路，按照“整体规划、适度超前、基础先行、面向需求、分步实施”的原则逐步推进工作。配合基建处完成新校区综合布线等弱电设计，申报新校区网络基础条件建设专项。计划建设 A 组团无线网络点位 711 个，有线网络点位 2556 个。

（伍　银）

运维保障和服务

坚持全年 24 小时数据中心机房值班，降低中心主要机房的用电、空调和消防风险，保障中心所管理的校园网、校园卡、数据中心等系统和设备设施正常稳定运行，定期对设备设施等进行巡查、维护。完成机电实习中心实验室、小营校区门诊部、酒仙桥校区科研基地等网络建设，更新小营校区学四、学五公寓信息点 480 个，清河校区四栋学生公寓信息点 1060 个。综合服务前台受理全校师生员工的各类业务，处置用户咨询、上网、卡片维护、现金充值、商户结算等，2017 年全年共制作发放新生卡 3385 张、补卡 4700 余张，完成 2017 年一卡通充值、商户结算 4900 余万元。在安全稳定、舆情监控、国家四六级考试、研究生考试、本科招生、保密、监察、审计、基础设施改造、新校区建设等方面积极配合相关部门开展工作。为十九大开幕会网络转播、2017 年科技创新节闭幕式网络直播提供电话和现场技术支持服务。

（金培欣　郑小博）

校友校史工作

概况

校友校史工作办公室，是校友校史工作的专门机构。2010 年 12 月 13 日学校成立校友工作办公室，挂靠学校办公室，副处级建制。2014 年 10 月 22 日，为适应转型发展，优化组织结构，撤销校友工作办公室，成立校友校史工作办公室，正处级建制。主要职能包括负责校友会的建设、校友的联系和沟通及校友日常管理工作，此外还负责校史资料和校史档案的收集、整理和服务工作。办公室人员情况：主任 1 人、副主任 1 人、工作人员 2 人，其中副高级专业技术职务人员 2 人，中级专业技术职务人员 2 人。

2017 年，校友校史办根据学校“十三五”事业发展规划、学校 2017 年党政工作要点、部门工作职责及本部门 2017 年工作计划，以服务校友、服务学校、服务发展为宗旨开展了校友校史工作。继续构建校、院、地三个层面的校友工作联动机制，搭建校企合作的平台；加强了校友返校活动的规范性建设；进一步完善校友会信息化平台建设；围绕学校中心工作，以校友工作服务于创新人才培养、校企合作、校友创业及发展；从校史沿革发展资料的收集、整理、研究入手，举办校史图片展览，弘扬大学文化精神。

（何　婕）

建设校友联谊分会

（1）5 月 20 日成立理学院校友联谊会，是学校成立的第 11 个学院校友联谊会。加强学校校友会对学院工作的指导，建立学院校友工作考核指标体系，为学院校友工作的开展提出指导方向。

（2）4 月 29 日河南省校友联谊会成立；12 月 23 日广东省校友联谊会召开第二次会员代表大会，顺利完成换届工作。现有 8 个地区校友联谊会和 3 个行业校友联谊会。

（3）天津、江苏、贵州、河北 4 个地区校友联谊会、清河校区校友联谊会和校友创业联盟协会正在筹建中。

（何　婕）

校友会评估、制度建设

（1）参加北京市民政局组织的社会组织评估，接受专家组对四个方面 110 个评估指标体系的评估以及现场答辩和资料的审核。2 月北京市民政局在民政信息网上公布市级社会组织评估等级结果，学校校友会在 276 个接受评估的社会组织中荣获 AAAA 等级，成为五年来获 AAAA 评定结果的第二家市属高校校友会。

（2）不断完善校友工作保障制度。制定印发了《北京信息科技大学校友之家管理制度》和《北京信息科技大学校友会触控一体机借用制度》两个文件，为校友工作规范、有序开展提供了制度保障。

（何　婕）

校领导走访校友

执行学校领导访问校友制度、校友返校接待制度。2017 年，走访、调研了河南、上海、广州等地方校友企业；组织和接待共 16 批次大型校友值年返校，返校接待已涵盖不同办学时期校友。

（何　婕）

校友论坛、特色活动

（1）举行校友大讲坛活动。11 月邀请 1999 级校友、中国科学院二代导航专项总体部导航技术研究室副主任徐颖到学校健翔桥校区做客学校勤信文化大讲堂及校友大讲坛，作题为《导航定位发展简史》的专题讲座。通信学院近 200 余名学生参加讲座。

（2）暑期举行“助力信科二代，共圆信息科技之梦”校友会第一届亲子活动。组织三家校友企业开展了机器人、无人机和 VR 体验项目的亲子活动，60 多组校友和教师家庭共 200 余人参加。

（3）指导各校友分会活动蓬勃开展。举办了校友创业、校友创业基金筹备、“互联网 + 生态农业”模式探讨、创业项目投资、项目合作、高考与招生政策咨询、校友沙龙、球类比赛、年会等研讨与活动。

（何　婕）

校企合作

（1）举办第二届助力梦想创新创业“校友杯”创业大赛，本次大赛首次采用实战路演的形式，邀请了北京无忧创想信息技术有限公司创始人熊平、元航资本创始管理合伙人张志勇、北京嘉豪资本合伙人兼北京英诺天使基金投资合伙人王安、和君资本资深咨询师任君和北达城市规划设计研究院常务副院长魏刚等多位知名校友企业家和业内资深投资人为在校大学生和校友的创新创业指点迷津。本次大赛得到了校友企业国奥集团、沃衍资本、51CTO出资赞助。校园组3件作品和校友组3件作品入选决赛。

(2) 联系校友企业，提供实习就业岗位。举办首届暑期“勤工文化节”，校友会联合部分校友企业为在校生提供一些暑期全职或实习岗位。首批有5家企业提供了12类上百个实习岗位。

(3) 促进校企合作。9月，在学校首届科技创新节的科技创新成果展上，校友会携七家校友企业集体亮相，展示最新科技成果，让师生现场体验VR技术等科技。11月9—11日，校友企业“勇艺达”为“华北五省机器人大赛”赞助两台服务型机器人，完成迎宾、解说等任务，并在合作项目申报、招生就业等方面与校友企业达成初步合作意向。

（何　婕）

校友捐赠

(1) 2017年校友会接受校友和校友企业捐赠20万7690元人民币。

(2) 校友捐款设立奖励基金。6家校友企业向学校捐款，设立了通信学院“华成时代”新生奖学金、东方京安平安校园建设基金、机电人奖学金、中科金财新生奖学金、荣华平安校园培训基金、天鸿金盛平安校园奖励基金

(3) 接受15家公司价值金额共1452853.15元的设备物资捐赠。

(4) 校友利用值年返校的机会认养“校友林”树木等。

（何　婕）

秩年校友返校

(1) 设计组织校庆日及校友返校日校友活动。5月组织1967届老校友的返校活动，设计学位成礼仪式、认捐“校友林”仪式、校友联欢会暨主题班会、参观原北京机械学院旧址等活动，有130余位老校友返校。6月组织机8401、8402、电8401班毕业30年返校活动。12月组织1983级计算机学院校友毕业30年返校，并为其举行学位成礼仪式。在暑假和周末分别协助各学院接待其他年份返校校友。

(2) 制作一套名为“勤信一生、珍藏一生”，涵盖学校徽章、校友会徽章和10年（点亮青春）、20年（艰苦奋斗）、30年（事业有成）、40年（回首那年）和50年（幸福美满）系列校友秩年返校纪念徽章。

（何　婕）

校友会信息化建设

(1) 采取查找纸质档案输入，校友工作联络员动态更新等方式采集数据，本年度在原有基础上，通过查找原电子工业管理干部学院85年到98年间的67个班级的档案，完成了2500人的数据电子输入和整理。完成了老五届校友2500条校友数据信息导入和整理。截至目前，校友数据库信息已达13万5000余条。

(2) 通过和“窗友”公司的合作，完善校友管理信息系统、校友网站和校友APP的建设，构建校友工作信息化管理的体系架构，使系统在校友会网站，数据库、资源共享平台三方面进一步完善。

(3) 完成了校友会微信后台开发，完成校友商城、校友活动、校友相册等功能，使微信公众号发挥更大的聚集作用，同时，通过手机周报，向广大校友、在校学生推送学校新闻、校友会动态、校友企业信息等内容，全年编辑推送50期，关注人数已经从上一年度不足1000上升到2000+，阅读量达到2万次。

(4) 继续保持校友会QQ群和微信群校友联系。建立22个校友分会QQ群和微信群，2017年新增2017届联络员工作群、各地区校友联谊会负责人工作群、信息科大校友工作群，继续保持与约1000名校友的经常联系。以这种联系方式推送母校信息，帮助若干位校友查找档案、寻找校友，达成商务合作和校企合作等。

（何　婕）

信息科大人

编印校友会期刊《信息科大人》第13期、第14期，共印发3000册。《信息科大人》突出信息科大的品牌效应，有效增进校友对学校发展建设情况以及母校对各地校友活动情况的相互了解，增进校友同母校的互动，增进了校友之间的联系。

（何　婕）

校友工作联络员

第六届校友工作联络员聘任顺利完成，新聘任134名2017届毕业生校友工作联络员。校友总会通过QQ群、微信群等通讯方式以及秩年校友返校，获取校友信息，并与校友保持经常性的联络。

（何　婕）

校友工作志愿者

(1) 校友工作志愿者完成第六届换届工作，共招募学生志愿者23名。

(2) 对校友工作志愿者协会组织结构和岗位职责进行调整，讨论制定了《校友工作志愿者协会例会制度》《校友工作志愿者协会考勤管理制度》《校友之家值日保洁制度》《校友工作志愿者协会微信群管理制度》《校友工作志愿者协会库管制度及操作流程规定》等内部管理制度。

(3) 11月12日召开了校友工作志愿者协会培训开班仪式，培训计划包括制度管理培训、技术技能培训、形象整体培训、职业素养培训和素质拓展五个部分，为志愿者们搭建学习的平台，培养“一专多能”的能力，促进校友工作志愿者协会的建设发展。

(4) 11月29日校友工作志愿者协会参加首届北京高校校友志愿者协会交流会，同其他高校的校友工作志愿者们学习交流。

（何　婕）

学生活动

(1) 在毕业季，举行“一生一起行”2017校友会“迎新”系列活动，以线上线下等多种形式，活动分为“毕业祝福”“毕业俪影”“毕业纪念”“毕业友邦”“毕业传承”五个版块。毕业典礼上授予2017届毕业生校友会会旗和校友徽章。

(2) 组织举办赴新疆、西藏工作的5名2017届毕业生学校欢送会事宜，并保持与5位校友的日常联系。

（3）新生入校时，邀请1999级通信工程专业校友、中科院光电研究院博士生导师徐颖参加开学典礼并做演讲，为在校生传递工作人生经验。发放有21位优秀校友的成长事例编撰的《圆梦母校勤信一生》，用学长学姐的事例鼓舞新生树立奋斗目标，努力拼搏，成为下一个圆梦人。举行“迎新生”系列服务活动，在小营、清河、健翔桥三个校区为新生和家长赠送饮用水。

（何　婕）

三维虚拟校史馆、触控一体机系统建设

（1）建设“虚拟校史馆”二期，对第一期结构和内容上进行补充和改善。

（2）完成校史展示触控一体机系统的信息发布系统采购，统一管理各校区的触控一体机。

（何　婕）

建设校史馆网站

完善校史馆网站：依托学校网站群，完成校史馆网站架构建设，根据网站架构，编辑处理制作老照片，现已基本完成所有栏目的制作、上传。

（何　婕）

多渠道征集校史资料、老照片

（1）多渠道征集校史资料。在校友会理事会、校友值年返校、《信息科大人》、校友网站、校友公众号上向广大校友、离退休老干部征集校史资料。共征集18个办学阶段照片467张。深入学校档案室搜集校史资料并整理。共查找161卷档案，翻录224227字。抢救校史资料，开展口碑资料整理，走访校友。形成针对老校友以及中青年校友的常规采访提纲，校友校史办对21位老校友和1位退休职工进行了采访，初步整理文字资料近25700字。通过多方搜集到8位校友事迹材料共20110字。接收到25个校友、教职工及校内单位共136件校史物件。

（2）随时收集学校当前发展资料。通过密切关注校园网、信息门户及与相关部门的沟通，共收集2017年学校大事470件。收集近两年学校各类荣誉及成果类文字52092字，照片175张。

（3）收集校友对学校发展及校友会工作的意见建议，2017年共发出220张调查问卷，回收有效问卷147张并进行统计工作。

（何　婕）

逐步整理校史资料

（1）逐步整理校史资料并大力宣传，进行师生校史教育。通过查寻有关文件资料、大事记，对部分口碑资料进行查证、比对，整理出学校18篇校史沿革资料54969字，为2017年《信息科大人》提供2篇史料文章。对学校历史沿革进一步整理和设计，从收集到的4000多张历史老照片中挑选出404张图片，经过对校史的初步梳理，形成了5000余字的文字叙述。结合虚拟校史馆二期工程，进一步整理相关资料及图片，梳理历届领导名册，整理出校史大纲框架，向二期虚拟校史馆提供3700余张图片。

（2）举办“走进校史不忘初心”校史展览并在各校区巡回展出；和宣传部共同举“不忘初心继续前进”北京信息科技大学校史人物风采展；整理历年运动会，设计“那些年我们的运动会”并在校友会官微上推送配图80余张。

⑶ 启动校志大纲工作。开展对兄弟高校相关工作的调研和学习，在前期校史资料的征集及整理基础上，着手起草校志大纲，完成三稿的修改。

（何　婕）

筹备教育基金会

为更有效地开发和利用校友资源，校友校史办积极推进筹备成立教育基金会的各项前期工作，对基金会的组织机构、拟开展项目提出初步设想。目前处于注册资金筹措阶段。

（何　婕）

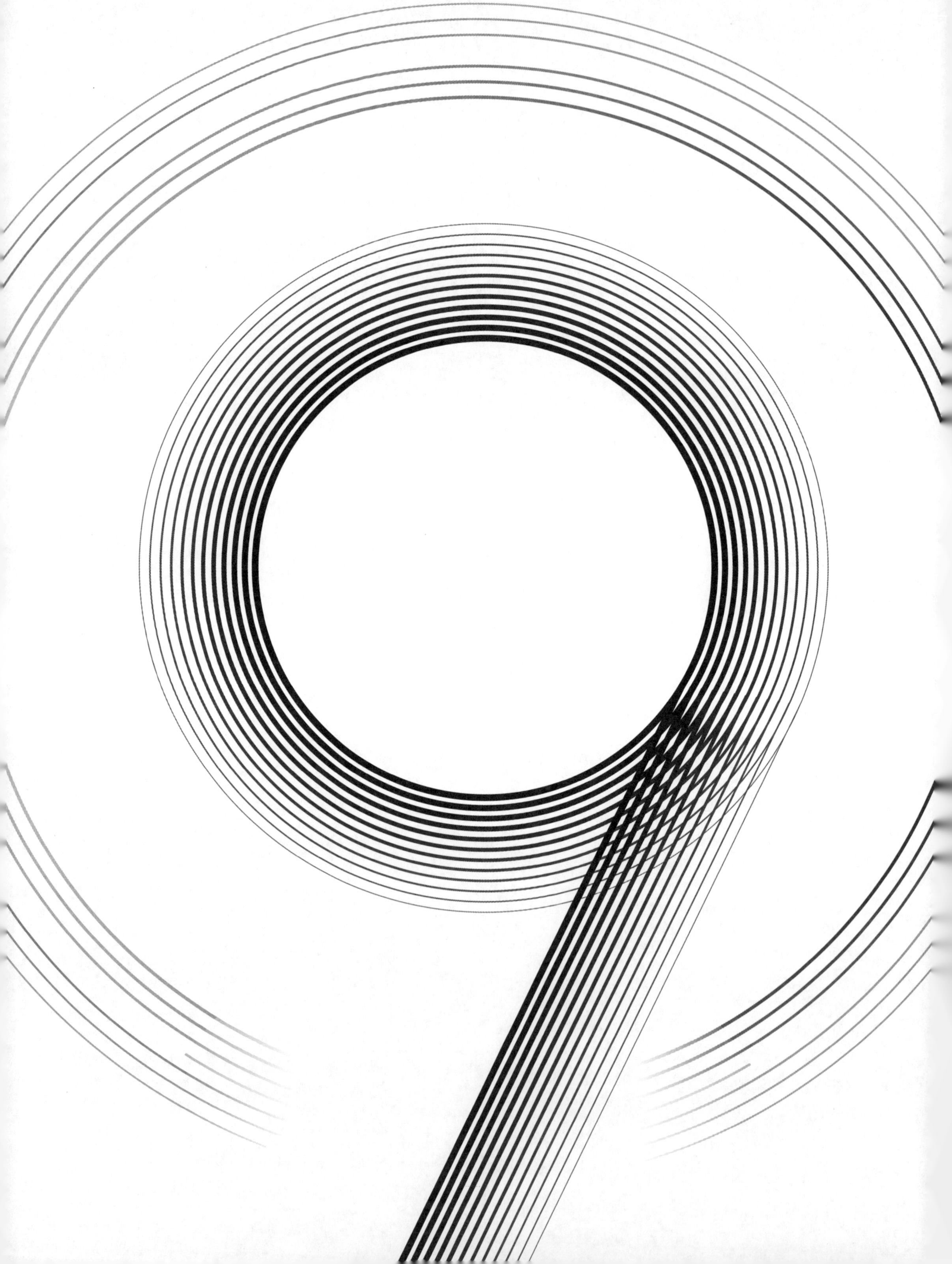

党建与思想政治工作

BEIJING
INFORMATION
SCIENCE & TECHNOLOGY
UNIVERSITY

INNER PARTY CONSTRUCTION AND IDEOLOGICAL POLITICAL WORK

党建与思想政治工作

组织工作

（李　哲）

概况

北京信息科技大学组织工作职能由党委组织部负责。设有部长1人，正处级组织员1人，副部长1人，组织建设与党员管理工作岗、党校与党员教育工作岗、干部与人才工作副科级岗3个，代为管理“北京高校教师党员在线”学习系统，现有工程师4人。

2017年，学校现任处级干部共131人，其中，正处级54人，占干部总数41.22％；副处级77人，占干部总数58.78％。

2017年，学校在校党员共3198名，其中，在岗教职工党员954名，占党员总数29.83%，离退休党员580名，占党员总数18.14%，学生党员1664名，占党员总数52.03%，其中本科生党员1076名，占全校本科生学生总数10.06％。研究生党员588名，占全校研究生学生总数45.20%。

（李　哲）

重点工作

（1）3月20日至22日，学校组织开展了为期三天的处级干部“学习贯彻党的十八届六中全会精神”集中学习培训，深入学习领会党的十八届六中全会精神、全国高校思想政治工作会议精神和习近平总书记视察北京重要讲话精神。

（2）11月14日，按照北京市教育工委统一部署，由市委教育工委委员、市教委副主任李奕为组长，北京教育系统党建和思想政治工作领域的有关领导和专家组成的检查组，莅临学校检查《北京普通高等学校党建和思想政治工作基本标准》落实情况。检查组通过听取学校党委汇报、审阅材料、召开座谈会、实地走访等形式，全面深入考核评估学校过去五年的党建和思想政治工作情况。

（3）11月，接受市纪委对学校的巡视以及选人用人工作整改任务落实情况的检查，根据检查组提出的意见建议，制定《整改方案》，确定工作目标，全面落实整改任务。

专项工作

（1）2017年4月至5月，因私出国（境）审批管理整治。制定整治工作实施方案，协调相关部门对2017年以来备案的领导干部出国（境）有效证件信息、出国（境）审批材料进行全面梳理，重点针对违规办理和持有因私出国（境）证件、违规因私出国（境）等问题进行整治。通过全面自查，未发现相关违规情况。

（2）2017年4月至7月，个人有关事项申报问题专项整治。根据《领导干部报告个人有关事项规定》和《领导干部个人有关事项报告查核处理办法》，组织部制定工作方案，加大对领导干部个人有关事项报告的抽查力度，对报告情况与查核结果不一致的，根据差异情况，采取提醒、函询等方式要求本人进行书面解释和说明，并进行深入调查了解。根据查核比对结果、本人书面说明以及相关调查情况，综合研判后，实事求是地予以认定，并依规依纪严肃认真处理。

（3）2017年4月至7月，领导干部违规兼职和领导干部配偶、子女及其配偶违规经商办企业问题专项整治。

（4）2017年2月，选举产生出席中国共产党北京市第十二次代表大会代表。按照上级要求，经常委会研究通过工作方案，顺利选举产生学校出席中国共产党北京市第十二次代表大会代表1名。

（5）2017年3月至7月，规范处置失联党员。协助院级党组织做好规范处置失联党员工作，共33人，其中，停止党籍20人，自动脱党除名或劝而不退除名10人，取消预备党员资格3人。

（6）2017年2月至8月，开展党员信息采集、核查。严格按照北京市委的时间进度要求，完成了市委启用的新党员信息库中学校所有党组织和党员信息的梳理、核对和完善工作。

（7）2017年7月，重新核定党员缴纳党费。协同人事、财务、审计等相关部门修订了学校党员缴纳党费工作方案，重新核定了党员缴纳党费数额。

（8）2017年6月及10月，规范基层党组织统战委员和纪律检查委员设置。对全校基层党组织设置纪律检查委员和统战委员情况进行了全面梳理、检查，确保各级党组织按照要求规范设置纪律检查委员和统战委员。

（9）2017年9月至10月，整顿软弱涣散党支部。协助院级党组织梳理、筛查软弱涣散党支部。结合处级以上党员干部联系基层党支部制度，调整处级以上党员领导干部联系党支部的安排，由1名校党委委员和1名学院党委（党总支）委员联系需整顿的软弱涣散党支部，督导其整顿工作，并安排1个先进党支部与其结对，定期进行指导帮扶。

（10）2017年12月，基层党组织设置专项检查。对全校18个院级党组织和198个党支部的设立、隶属关系、任期、职数设置和产生方式等进行了全面梳理，同时建立了基层党组织换届工作台账。

干部工作

（1）2017年3月至6月，完成经济管理学院党委书记、院长，纪委办公室（监察处）副主任（副处长），仪器科学与光电工程副院长等岗位的干部选拔任用工作。2017年新提任处级干部4人，交流任职13人，实职兼任2人。

（2）2017年2月至5月，完成2017年校级领导班子和领导干部、处级干部年度考核工作，以及试用期满处级干部考核工作。

（3）2017年11月至12月，完成学校北京高校十三届全国政协有关人选考察工作、十九大代表候选人推荐工作、北京市第十五届人民代表大会代表候选人推荐工作。

（4）2017年7月至12月，完成2017年度校内联动挂职锻炼工作，京冀互派干部挂职、宣教系统干部挂职、博士生服务团、全市专业技术干部挂职、低收入村选派第一书记等批次的人才管理工作，北京市选调生统计、审核、推荐、组织培训等相关工作。

基层党组织建设

（1）2017年6月，制定下发《中共北京信息科技大学委员会推进“两学一做”学习教育常态化制度化工作方案》。切实把推进“两学一做”学习教育常态化制度化作为一项重大政治任务，高度重视，精心组织，抓常抓细抓长。

（2）2017年2月，完成学校2016年院级党组织书记抓党建工作述职评议工作。11位院级党组织书记现场述职，汇报抓基层党建工作情况，其他7位院级党组织书记提交了书面述职报告。

（3）2016年12月至2017年1月，完成院级党组织2016年度考核工作。印发《关于2016年院级党组织年度考评工作安排的通知》，在院级党组织完成本单位所辖党支部年度考核工作的基础上，完成院级党组织2016年度考核工作。

（4）2017年7月，印发《学院党委（党总支）书记、副书记、委员党建工作职责》，强化党组织书记第一责任人意识，明确院级组织书记、副书记、委员的责任清单，并逐级签订北京信息科技大学党建工作责任书。

（5）2017年7月，评选表彰先进党支部、优秀共产党员和优秀党务工作者。评选表彰先进党支部18个，优秀共产党员79名，优秀党务工作者10名。

（6）2017年7月，评选设立第二批“示范党支部”建设点10个。

党校工作

（1）2017年10月至12月，开展十九大精神轮训培训工作。制定实施方案和宣讲活动工作方案，采取多种形式、分多层次学习宣传贯彻党的十九大精神，制定处级干部学习贯彻十九大精神集中轮训工作方案。

（2）2017年5月至6月，开办党务工作及党性教育培训班。学员主体为各院级党组织负责人、学院院长、相关职能部门负责人，在校内举办多场专题讲座。7月12—15日，组织培训班学员赴井冈山干部学院进行异地教学。

（3）2017年8月28—30日，开展弘扬红旗渠精神异地教学培训班。学院党委（党总支）副书记、党务秘书、党建辅导员、党支部书记参加培训。

（4）开办发展对象校级党课培训。4月和10月，通过集中培训、网上自学、分组讨论等方式，以“加强对发展对象的理想信念教育，进一步端正入党动机”为主题，共培训800余人。

（5）开展预备党员培训。5月，对学生预备党员进行集中培训，通过辅导报告、音像教学、分组讨论、综合测试和在线学习五个环节，提高预备党员的思想政治素质，进一步端正入党动机，牢记党的宗旨。

（6）开展党建研究工作。在校内组织开展党建课题研究，共设立党建研究课题14项（其中委托课题2项），为解决党建工作中遇到的理论和现实问题提供思路和借鉴。

人才工作

牵头组织完成各类人才的推荐评优工作。1名教师获得“北京市有突出贡献的科学、技术、管理人才”称号。在北京市优秀人才培养资助项目申报工作中，4名教师获得青年骨干个人项目资助。

党员在线运维工作

（1）完成资源建设相关工作。完成2017年课程资源建设经费公开招标，与中标方签订合同之后按计划实施课程建设，新上线三分屏、大视频、动画、微视频、富媒体等课程近300门，制定开发“习总书记十三问”“十九大学习相关专题”等系列微课和富媒体课程。完成市委组织部委托开发协议规定的有关课程并上报。

（2）开展系统运维。完成平台部分软件功能的升级改造，提高用户体验性和平台稳定性。根据信息安全建设有关要求，对平台整体进行渗透测试及脆弱性检查，制定系统的安全加固方案并实施。

（李　哲）

宣传工作（新闻中心）

概况

党委宣传部（新闻中心）是学校党委的职能部门，负责全校的思想政治、宣传教育和统一战线工作。主要职能是管理和协调全校的宣传教育与理论学习，掌握教职工的思想动态，开展形势与政策教育，指导和协调全校思想政治理论课的教学与研究工作，加强对内对外宣传及舆论环境建设，进行全校重大活动的宣传报道，搞好精神文明建设和意识形态领域及校园文化宣传阵地的管理；完成党委和校领导交办的其他工作任务。新闻中心挂靠党委宣传部。党委宣传部有部长 1 人，副部长 2 人，宣传干部 6 人。

（薛　涛）

思想建设和理论学习

2017 年是学校深入学习宣传贯彻党的十九大精神、全国和北京市高校思想政治工作会议精神，统筹推进学校“五个环境建设”，扎实落实“十三五”事业发展规划各项任务，推动学校超常规、跨越式发展的关键之年。

抓好理论学习。以学习宣传贯彻党的十九大精神、全国和北京市高校思想政治工作会议精神为重点，深化习近平新时代中国特色社会主义思想理论学习教育，深入开展“中国梦”宣传教育，落实“两学一做”学习教育常态化、制度化的工作要求，不断增强党员干部和师生的“四个自信”。制定《校院两级理论学习中心组学习规范》，不断强化学习责任。推进“N+1”理论学习模式，精心制订校院两级理论学习中心组、党员、教职工学习计划，加大学习督导检查力度，实现了理论学习有计划、有平台、有落实、有检查的工作目标，努力推动理论学习全覆盖。积极开展思想引领，依托树人班，引导青年教师牢记立德树人崇高使命、积极践行社会主义核心价值观；认真开展学习教育工作，印发、整理、上传理论学习资料共计 38.8 万余字，发放学习材料 18 种，共计 4195 册，举办“勤信”文化大讲堂，开展主题征文、理论宣讲等活动，帮助师生深刻理解十九大精神的重大意义、丰富内涵和实践要求。各级领导率先垂范，认真落实处级以上领导干部宣讲工作，全年上讲台宣讲共计 210 余场次。全年获上级有关部门理论研究立项表彰 9 项，依托马克思主义学院，组织队伍开展研究，着力提升理论研究水平，努力用科学的理论阐释引导师生、鼓舞师生。

推进“形势与政策”课改革。制定《形势与政策课考核办法》，完善考核机制；顺利进入排课系统，保障教学运转；2016 级本科生进入学分系统，实现了课程的学分保障，有力推动了课程改革，为建设大学生真心喜爱、终身受益的形势政策课奠定了基础。

落实意识形态工作责任制。为贯彻中央、教育部、北京市的相关工作部署，结合学校实际，制定《中国共产党北京信息科技大学委员会网络意识形态工作责任制实施细则》，明确了学校各级党组织的网络意识形态工作责任，列出了学校党委和各单位、各部门主要承担的意识形态工作责任清单，对建立健全网络意识形态工作研究报告、情况通报、主动引导和风险防控、管控处置、教育培训等制度提出了具体要求，对追究网络意识形态工作责任做出了具体规定，为学校落实网络意识形态工作责任制提供了操作规范。宣传部牵头定期召开意识形态工作会商会，加强意识形态工作会商与研判，2017 年共召开会商会 10 次，举办“教师在课堂散布不当言论”桌面推演，分析校内外意识形态工作案例 4 个，组织培训 6 次。会商平台的建立，实现了职能部门之间、职能部门与院级党组织之间的横向与纵向联动，实现了意识形态工作的信息汇集、精准研判、多元联动、及时互馈，形成了意识形态的闭环式工作模式，有效促进了工作重心下移，推动工作向基层延伸落地。严格落实举办报告会、研讨会、讲座、论坛“一会一报”制，全年按照“谁主办、谁负责；谁审批、谁监督”的原则，校级审批由宣传部负责，院级审批由各院级党组织负责，全年校级审批讲座报告 56 次。严格各类活动管理审批，全年参与审批备案教室使用 227 次，使用校内场地举办的各类活动 410 次。实行校内出版物备案和年检制度，加强对校报校刊、校园网络广播电视、出版物的内容审核。

（薛　涛）

积极推动全国和
北京市高校思想政治工作会议精神落地见效

学校于 7 月 6 日召开思想政治工作会议，研究部署加强和改进学校思想政治工作的各项举措，推动“五个环境建设”落地见效，努力开创学校思想政治工作新局面。先后出台《关于加强和改进新形势下学校思想政治工作的实施方案》《关于加强和改进新形势下学校党建工作的实施方案》《关于加强和改进新形势下学校统一战线工作的实施意见》三个文件，并制定配套的三个任务清单；成立学校“贯彻落实全国和北京高校思想政治工作会议精神专项督查调研情况整改工作领导小组”，由校党委书记，校党委副书记、校长亲自担任组长，推动了党委统战部单列、专职辅导员师生比达标、学院专职组织员、组织部专职组织员等工作的落实；成立党委教师工作部和党建与思想政治教育学术分委员会，加强学校思政队伍建设、加强思想政治工作领导保障，全面推进学校思想政治工作改革创新。

（薛　涛）

教职工思想政治工作

定期走访各部门和院级党组织，做好思想状况调研工作，切实掌握师生思想动态，加强思想政治工作的针对性。继续编辑整理面向全校发布的《一周高教要闻》，从高层动态、《人民日报》、《光明日报》、《中国教育报》、重点高校、地方高校、市属高校、网络热议、非常关注 9 个角度筛选、整理高教领域中发生的有代表性的新闻事件和主要观点，全年共完成 35 期 140 多万字。

（薛　涛）

迅速掀起学习宣传贯彻党的十九大精神热潮

10 月 18 日，中国共产党第十九次全国代表大会在京开幕。学校党委把学习宣传贯彻党的十九大精神作为首要政治任务，党委宣传部提前谋划，迅速掀起抓学习、抓宣讲、抓“三进”的热潮。组织召开学习宣传贯彻党的十九大精神工作部署会，校党委书记带头宣讲党的十九大精神并做动员部署；学校制定实施方案和宣讲活动工作方案，校院两级理论学习中心组专题学习党的十九大精神，组织师生集体收看十九大会议直播，组织召开院级党组织负责人、教师党员、学生党员等层面的座谈会，组织主题班会、主题团日活动，引导师生自觉把思想和行动统一到党的十九大精神上来；举行党的十九大精神专题报告会，邀请中央党史研究室宣教局原副局长薛庆超，北京高校学习贯彻党的十九大精神宣讲团成员、首都师范大学马克思主义学院副院长黄延敏教授，北京高校学习习近平新时代中国特色社会主义思想博士生宣讲团副团长、中国人民大学马克思主义学院博士生安丽梅作专题辅导；成立学校宣讲团，由校领导、组织部、宣传部等相关职能部门、各院级党组织书记、副书记、各学院理论导师组成的宣讲团，分别在各自所联系的党支部和分管领域内开展宣讲，共计 160 余场次；组织

3000余名师生参观“砥砺奋进的五年”大型成就展；此外，通过新闻网、官方微信、微博、广播台、电子屏、宣传橱窗等宣传阵地先后推送相关内容400余条，其中新媒体联盟共推送101条，总阅读量22783，总点赞量750，积极营造学习宣传贯彻党的十九大精神的学习氛围。

（薛　涛）

树人班成功举办

10月27日—11月22日，宣传部、组织部、人事处、校工会共同举办2017年树人班，32名青年骨干教师参加。树人班教学由课堂教学、自主学习、交流研讨、实践教学、撰写学习体会等环节组成，共计60学时。在课堂教学环节，组织了8场专题报告，重点学习中国特色社会主义理论、习近平总书记系列重要讲话精神和高校教师职业道德规范；在自主教学环节，重点学习《做党和人民满意的好老师——同北京师范大学师生代表座谈时的讲话》《习近平总书记在中国共产党第十九次全国代表大会上的报告》《学校党委王传亮书记2017年党课报告》《学校党委王传亮书记在学校思想政治工作会议上的讲话》等。结合教学内容，开展了主题学习研讨，交流和共享学习成果，每名学员撰写了3000字以上的心得体会文章。11月3日至5日，组织学员到大别山干部学院开展实践教学。

（薛　涛）

精神文明建设

落实学校党委统筹推进“空间环境、办学环境、育人环境、治理环境、情感环境”建设的精神，着力加强“情感环境”建设，推动学校“十三五”事业发展规划文化建设子规划落地见效。挖掘典型，弘扬正能量，打造精品文化活动。以“记录故事 传递感动 凝聚力量 筑造梦想”为主题，举办首届“勤信人物（团队）”评选活动表彰。以活动表彰为载体，撰写勤信故事《凡星》等共计7万余字，以视频形式弘扬“勤以为学 信以立身”的校训精神和“笃信 崇学 开放 超越”的大学精神。牵头主办“不忘初心 继续前进——北京信息科技大学校史人物风采展”，共展出作品120余件，梳理凝练校史文化，为学校全面快速发展营造良好情感环境和文化认同。

（薛　涛）

对外对内宣传工作

加强校园媒体建设，壮大主流思想舆论。充分整合学校媒体资源，弘扬主旋律，营造积极向上的校园舆论环境。设置学习宣传贯彻党的十九大精神专题网站，推出系列主题报道，撰写、编辑稿件150余篇。广播台完成时长276小时的常规播音任务，围绕教学科研工作、学生科技成果、师生典型人物、新校园建设等工作，主动设置新闻议题，加强对外宣传与策划，新华社、中央电视台、北京电视台、《北京日报》、新浪网、凤凰网等媒体对学校进行百余次报道和转载。切实落实《北京信息科技大学新媒体联盟合作协约》《北京信息科技大学新媒体管理办法》，完成官微图文推送292条，粉丝突破16000，总阅读人数50万，总阅读次数71万，总点赞量1.3万。进一步完善网络舆情监控机制，坚持全天候监控、定期及时进行信息报送工作。全年共计编辑报送《北京信息科技大学舆情月报》15期，全面梳理和呈现了涉及学校的舆情状况，为各级领导和主责单位提供决策和研判参考。围绕华北五省份机器人大赛、首届艺术节、科技节、学生开学（毕业）典礼、招聘会等重要活动，完成氛围营造和宣传报道工作。为学校学科建设工作会、本科教学工作会、校友论坛等重要工作提供照相、摄像服务204次，累积照片8000余张，累计处理视频资料共计4690分钟。完成宣传橱窗12期（专题）78块，制作电子屏横幅280余条，新闻网发布新闻共计1000余条，更换新闻网主视域图片120余张。

（薛　涛）

圆满完成海淀区人大代表补选工作

按照“坚持党的领导，坚持发扬民主，坚持依法办事”的原则，牵头完成2017年海淀区人大代表补选工作，投票率达95%。

（薛　涛）

校报编辑部工作

2017年，出版《北京信息科技大学报》12期，总发行量2万份。2件作品获得中国高校校报好新闻奖，8件作品获得北京高校好新闻奖。继续履行北京高校校报研究会常务理事单位的职责。

（王肖楠）

纪检与监察工作

概况

纪委办公室是学校纪律检查委员会的办事、办案机构，负责纪委的日常工作，主要职责是组织起草纪检监察各类文件、材料；协助学校党委推进全面从严治党、加强党风建设和组织协调反腐败工作；加强对党员进行遵规守纪教育；强化对校、院两级党组织和校内党员领导干部履职用权的监督；受理本校党员的控告和申诉，保障党员民主权利；受理本校师生员工对违反党内纪律的党组织、党员的检举、控告；负责校纪委会议，落实纪委全会做出的决定；接待群众的来信来访，按照有关规定进行调查核实，查处违纪案件；负责本部门的网络信息、文件的运转和督办、信访（包括监督执纪各项工作）材料的立卷与归档、报送上级纪委要求的数据报表等其他工作。

监察处和纪委办公室合署办公，主要履行以下职责：对学校内所有行使公权力的公职人员进行监察；配合校纪委制定并监督实施学校廉政建设和反腐败工作的相关制度；对校内公职人员开展遵纪守法、履行职责、廉洁从政教育，监督检查监察对象贯彻执行国家法律、法规和政策的情况；监督检查学校的决议、决定、规章制度在校内各部门的贯彻执行情况；依据权限对职务违法和职务犯罪行为进行调查；对违法的公职人员依法作出政务处分决定，受理监察对象不服政务处分的申诉。

2017年，纪委办公室认真贯彻落实党的十九大精神，全面落实党中央、北京市委关于全面从严治党和党风廉政建设工作要求与部署，按照“全面从严治党”要求，以夯实主体责任向基层延伸为抓手，以“三转”工作为核心，进一步推进党风廉政建设和反腐败斗争，为学校改革发展稳定提供强有力的政治保证。

全面从严治党和党风廉政建设工作

（1）开展党风廉政建设检查考核工作。2017 年 1 月，按照《北京信息科技大学关于开展 2016 年党风廉政建设责任制检查考核的通知》要求，在二级单位完成党风廉政建设自查工作并提交自查报告的基础上，依据《2016 年北京信息科技大学委员会党风廉政建设责任制考核指标体系》打分标准，会同党校办、组织部对校内 18 个院级党组织进行了党风廉政建设考核打分并将打分结果运用于党建工作考核中。

（2）部署年度工作任务。协助党委制定《北京信息科技大学 2017 年党风廉政建设和反腐败工作主要任务分工》，将主要任务分解为七大任务 22 项，明确任务单位并督促牵头单位及协办单位抓好落实。

（3）协助党委召开党风廉政建设工作会议。3 月 23 日，召开 2017 年度党风廉政建设工作会议。党委书记和校长就落实“全面从严治党”各项任务及完成本年度党风廉政建设工作向全体处级以上领导干部提出明确要求，纪委书记代表学校党委做 2016 年度工作报告，并部署 2017 年度党风廉政建设和反腐败工作主要任务，明确了每项工作的牵头单位、协办单位。

（4）修改并逐级签订《党风廉政建设责任书》。修订学校 2017 年度《党风廉政建设责任书》和《廉洁自律承诺书》，进一步区分个性化责任内容，明晰全面从严治党主体责任部分。学校党委书记、校长与全体副校级领导干部，校领导班子成员与所分管部门正职，部门正职与副职之间层层签订责任书，一级抓一级，层层抓落实，做到责任到人、落实到位。

（5）二级机构负责人签订落实党风廉政建设承诺书。7 月，下发《关于开展二级机构负责人签订落实党风廉政建设承诺书工作的通知》，全校二级机构负责人与学院签订承诺书，进一步压实党风廉政建设主体责任层层落实，增强二级机构负责人岗位廉洁的责任意识和自律意识。

（6）制定并下发《党风廉政建设工作记实手册》。3 月，向全校处级以上党员领导干部配发《党风廉政建设工作记实手册》，该手册是领导干部履行主体责任和“一岗双责”情况的全程纪实，强调一事一记、全程留痕、完整真实。

（7）制定《领导干部廉洁从政档案》。核实 2016 年以来处级以上党员领导干部的廉政情况，制作《廉洁从政档案》电子版，包含个人基本信息、信访线索情况、组织处理情况、党纪政纪处分情况等主要内容，旨在深入践行监督执纪“四种形态”，建立领导干部廉政情况动态管理，实现廉情分析和廉政预警。

（8）11 月，接受北京高校《基本标准》检查。汇总整理《北京普通高等学校党建和思想政治工作基本标准》检查支撑材料，共涉及 4 个部分 12 个条目。检查组专家现场检查了支撑材料，并向纪委工作人员提出问题，全面、客观了解学校近五年党风廉政建设和反腐败工作的进展和不足，提出意见建议。

（9）12 月，协助党委做好校内党风廉政建设责任制自查及工作报告的起草工作。向市纪委、教育纪工委上报《2017 年北京信息科技大学党委落实党风廉政建设主体责任情况自查报告》。

（10）部署下一年度党风廉政建设责任制考核工作。12 月，下发学校 2017 年度《单位（部门）党风廉政建设工作检查考核指标体系》，按照政治、组织建设、思想建设、制度建设、作风建设、纪律建设五大模块考核 19 项具体指标。同时启动全校党风廉政建设责任制检查考核工作，各单位提交自查报告并依据指标体系自评打分。

反腐倡廉宣传教育

按照教育优先、警示优先、预防优先的原则，深入开展反腐倡廉宣传教育工作。依托“大宣教”格局，针对不同层面开展党性党风党纪教育、法纪教育、警示教育、大学生廉洁教育活动等。1—4 月，在三个校区分批展出“图解党内法规”、“为官不为、为官乱为警示教育”展板，阐明《党内监督条例》等党内法规的主旨内容，宣传“两个专项治理”工作。6 月上旬，纪委书记冯晓春为学生预备党员上党课， 6 月下旬，北京市人民检察院副检察长甄贞到校作题为《筑牢廉洁根基 远离职务犯罪》的专题廉洁报告。11 月，新校区监督工作委员会到新校区建设现场开展廉政教育，纪委书记冯晓春以 11 所高校基建领域贪腐案例为主线，对新校区建设工作人员进行廉洁警示教育。11—12 月，组织全校教工党员观看反腐警示教育片，开展交流研讨、撰写心得体会，加强案例的警示教育作用。

廉政风险防控工作

协助党委制定《北京信息科技大学关于建立健全惩治和预防腐败体系工作实施细则》，形成学校惩治和预防腐败体系基本框架。根据部门和岗位工作职责的调整，试点单位基建处、资产处重新修订了权力事项、权力形式对象和范围、主责部门等风险内容，两个部门共确定职权 11 项，重新绘制权力运行流程图。持续探索信息化防控建设，资产处与财务处系统实现无缝对接，进一步推进廉政风险防控管理“三个体系”建设。

贯彻落实中央“八项规定”精神工作

在元旦、春节、清明节、“五一”、端午节、中秋节、国庆节等重要时间节点前制定监督检查方案并发布检查通知，列明违纪红线，各单位认真开展宣传教育和自查自纠。节点过后，收集群众对干部落实八项规定的反映，及时查纠“四风”问题。整理汇总中纪委、市纪委公开通报的违反八项规定精神的典型案例，由纪委书记在党委常委会、纪委全委会上进行通报，并发布在校内办公系统。纪委办公室网站中“工作动态”“警钟长鸣”栏目及时发布中央及北京市落实八项规定的工作情况、市纪委公开通报的违反八项规定精神的典型案例，提醒各级干部严格廉洁自律有关规定。

专项治理工作

（1）4 月起，开展“为官不为”“为官乱为”问题专项治理工作、“严肃查处群众身边不正之风和腐败问题”专项工作。制定专项工作实施方案，明确治理重点领域和内容，通过自查自纠、日常监督和专项检查深入查摆存在问题。

（2）9 月，协同财务处和审计处开展秋季校内教育收费专项检查，对有收费项目的单位逐一进行现场检查，并对收费事项进行了一一核对。经检查，学校能够严格按照审批标准收费并对收费项目进行公示，不存在乱收费情况，不存在“小金库”问题。

重点部位监督

与有关部门密切配合，围绕重点部位和关键环节，认真履行监督职责。

（1）制定《关于加强学校重点领域和关键环节监督管理的实施办法（试行）》，明确监督的重点领域和关键关节、工作目标、监督重点内容、监督方式、监督程序和监督结果运用等六项主要内容。

（2）大力改进监督方式，对招聘面试及基建、修缮、物资设备采购等领域实现“监督的再监督”。在招投标工作、项目验收工作中引入备案制度，协助学校招投标领导小组办公室修订学校招投标工作规程，进一步规范招标工作，强化监督的再监督。

（3）加强干部选拔任用重要环节的监督工作，为拟提任的处级干部出具书面廉政意见共计 8 人次。

（5）监督 2017 年度本科招生工作。参与招生工作领导小组相关工作，集体研究重大事项，校长与主管招生工作副校长、招生部门负责人、招生工作人员层层签订《招生工作责任书》。

（6）做好新校区建设全程监督工作。协助党委制定《北京信息科技大学新校区建设监督工作委员会监督工作实施办法》；开展案例廉洁警示教育，组织新校区建设指挥部全体工作人员签订《新校区建设廉政承诺书》，提升廉政责任意识；定期到新校区指挥部现场督察工作情况，记录新校区监督工作纪实台账。

信访举报与案件办理工作

保持信访举报渠道畅通，及时受理处理群众来信来访，重要问题召开纪委全委会进行研究，全年共召开 7 次纪委全委会，其中 4 次研究党风廉政建设工作，3 次研究重要信访件的调查处理。开展信访“大起底”专项工作，坚持集体研究，严肃线索管理纪律，建立健全案件线索管理长效机制。2017 年度纪委共收到信访举报 17 件次，涉及 13 个问题线索。其中，自收信访举报 8 件；上级纪委转交转办信访件 8 件，包含 3 件重复信访件；其他部门转办 1 件。信访举报涉及业务范围内 15 件，业务范围外 2 件。形成的 13 个问题线索中已经有 9 个线索了结。2017 年度，纪委立案一件，涉及的问题线索在 2016 年年末进行处置，2017 年年初进入立案程序，给予一名教师党员严重警告处分。

典型条目

接受北京市纪委检查组工作检查

11 月 2 日上午，市纪委检查组一行 5 人对学校巡视整改，针对《关于新形势下党内政治生活的若干准则》和《中国共产党党内监督条例》工作落实情况，以及党风廉政建设责任制落实情况进行检查。

接受北京市纪委信访工作专项检查

11 月 27 日下午，市纪委市监委第八检查组按照《关于对全市各级纪检监察机关履职情况和信访举报工作开展监督检查的工作方案》的工作要求，莅临学校开展信访工作专项检查。检查组对 2014 年至 2017 年的信访举报件受理、登记及数据统计情况进行了总体检查，并从中抽取了部分信访件卷宗进行了重点检查。

邀请市人民检察院副检察长甄贞作专题廉洁报告

6 月 21 日，北京市人民检察院副检察长甄贞应邀到校作题为《筑牢廉洁根基 远离职务犯罪》的专题廉洁报告。

（谢　司）

统战工作

概况

党委统战部是学校党委的职能部门，负责全校的统一战线工作。主要职能是贯彻落实党的统一战线政策，团结各民主党派，推荐党外代表人士，做好民族宗教、港澳台侨工作。

2017 年 10 月 17 日，党委常委会研究决定，在党委职能机构序列中单独设置党委统战部。目前，党委统战部有副部长（主持工作）1 人，统战干部 1 人。

民主党派与党外知识分子工作

开展十九大专题理论学习。邀请中共中央党史研究室宣传教育局原主持工作副局长薛庆超到校作《习近平新时代中国特色社会主义思想与实践》辅导报告，深度解读党的十九大精神，特邀统战人士共议十九大报告新思想、新论断、新提法、新举措。

开展专题学习培训。为民主党派、党外代表人士发放《习近平谈治国理政》（第一卷、第二卷）等学习资料，组织民主党派骨干、相关干部和教师参加“北京高校党外代表人士高级研修班”“北京高校思想政治工作队伍民族宗教问题专题研修班”。

开展实践教育活动。组织党外代表人士、民主党派成员以及各院级党组织书记（兼统战委员）参观“砥砺奋进的五年”大型成就展。

参政议政

北京信息科技大学担任各级人大代表、政协委员一览表：

表 9-1

序号	姓名	党派	职务职称	人大代表 / 政协委员
1	祝连庆	无党派人士	仪器科学与光电工程学院教授	全国政协委员（第 12 届）
2	王永生	中国共产党	校党委副书记 校长	北京市人大代表（第 15 届）
3	许宝杰	无党派人士	副校长，教授	海淀区人大代表（第 16 届）
4	胡纪平	九三学社	理学院高级实验师	海淀区政协委员（第 10 届）
5	苏中	中国共产党	信息与通信工程学院院长，教授	朝阳区人大代表（第 16 届）
6	何深思	九三学社	马克思主义学院教授	朝阳区政协委员（第 13 届）
7	张健	无党派人士	经济管理学院院长，教授	朝阳区政协委员（第 13 届）

（截至时间：2017 年 12 月）

按照教工委会议精神和北京市第十三届全国政协委员名额及构成要求，协助教工委完成北京市第十三届全国政协委员提名推荐和对学校 2 名候选人的考察工作。

民族宗教工作

宣讲时事政治与宗教政策，防范校园传教渗透。加强少数民族学生日常行为规范管理，开展民族团结教育，举办“展民族魅力风，享多彩校园情”民族文化节等活动。

（单晴雯）

保密工作

概况

保密工作办公室是学校党委保密委员会的日常办事机构，在党委保密委员会的领导下，主要承担保密管理、保密监督检查、完善落实各项保密规章制度、组织开展保密宣传教育以及对全校涉密人员按照有关规定进行管理等工作任务。2017 年，学校保密工作围绕学校中心任务做好服务保障工作，在保密宣传教育、技术防范能力建设、监督检查等方面做了大量工作。

（张京华）

保密管理

健全保密管理规章制度。2017 年，共计修订 8 项保密管理制度，加强现有制度的图表化、流程化设计。根据新形势保密工作需要，补充制定了《北京信息科技大学外场试验保密管理办法》和 7 个归口管理业务制度，形成了完整的保密制度体系。针对 2017 年新修订的《北京信息科技大学存储设备信息导入、导出及中间机使用管理办法》等管理制度进行专题培训。

加强融合，落实保密归口管理。按照“业务工作谁主管，保密工作谁负责”的要求，分别明确了党校办、宣传部、科技处、研究生院、人事处、国际交流合作处、信息与网络管理中心、国防科技研究院等部门的保密工作职责，指导各职能部门分别制定了相关工作制度和工作流程，将保密管理要求融入业务工作中。

（张京华）

保密宣传教育

加强保密宣传教育。协助完成北京市国家保密局对校级领导进行市管干部保密教育轮训，分 5 个批次组织全校涉密人员和处级干部共 113 人到北京交通大学国家保密学院实训平台进行现场培训。邀请北京市、国家保密局领导及清华大学等专家对处级以上领导干部、涉密人员、专兼职保密干部进行保密法制宣传教育与培训。多次组织校内涉密人员进行涉密设备保密安全使用培训，组织专兼职保密工作人员参加北京市国家保密局组织的保密法律法规教育培训和岗位业务培训，组织技术人员参加国防科技工业计算机及信息系统“三员”培训，做到持证上岗。

（张京华）

保密监督检查

落实保密工作责任制。2017 年，组织与全校各二级单位主要负责人签订保密责任书，指导科技处、国防院与各涉密课题组负责人签订保密责任书，确保保密责任落到实处。按照学校三级保密责任体系，进一步明确了各级负责人的保密责任，将保密工作纳入 2017 年二级单位考核指标体系。加强对各级保密责任落实情况的监督，发现问题严肃处理并追责，检查结果与年终考核等结果挂钩。组织对涉密单机分别进行审计和使用检查，及时纠正涉密人员使用中存在的问题，形成安全审计报告及风险评估报告。2017 年共开展了 3 次专项检查和 10 次常规检查，发现问题及时督促有关单位做好整改。

（张京华）

其他

7 月 18 日，北京市国家保密局会同市委督查组到学校检查，学校在全市保密专项检查中获评优秀。

9 月 27 日，学校率先通过了二级军工保密资格的现场审查，是北京市以新《武器装备科研生产单位保密资格标准》（以下简称《标准》）通过认定的第一家单位，也是全国高校中通过二级新《武器装备科研生产单位保密资格标准》的第一所高校，圆满通过了第三轮武器装备科研生产单位保密资格认定，为学校军工四证等军工资质的继续持有和有效运行打下了坚实的基础，为学校国防科研创造了良好的先决条件。

（张京华）

学生工作（国防教育）

概况

党委学生工作部（学生处）（武装部）（以下简称学生处）主要职责是负责本校本科生日常思想政治教育、服务管理以及国防教育。学生处坚持“以学生为本”，以培育优良校风学风为核心，将学生思想政治教育贯穿于学生培养的全过程，培养和锻炼学生坚韧的意志品质、创新精神和实践能力，服务于学生的全面发展；不断加强学生日常管理工作，努力为学生提供优质服务。

在学校党委和行政的正确领导下，2017 年党委学生工作部（学生处、武装部）坚持以邓小平理论、“三个代表”重要思想、科学发展观、习近平新时代中国特色社会主义思想为指导，以社会主义核心价值观为引领，以立德树人为根本任务，按照学校“十三五”事业发展规划的部署，紧密围绕学校中心任务和 2017 年学生工作要点，以“五个环境建设”为引领，立足服务学生成长成才的需要，拓展日常教育的方法途径，加强学生事务管理服务，构建学生发展辅导体系，推进校风学风文化建设，强化学生工作队伍建设，育人工作成效不断提高。

（孟李辛）

思想政治教育

学校日常思想政治教育工作，围绕党的十九大以来党和国家的一系列方针政策，创新载体，拓展平台，将党的宗旨和社会主义核心价值观深入学生内心，激发学生的爱党爱国热情，坚定为中华民族的繁荣富强而努力奋斗的信心和决心。

1. 校领导邀约日活动

王永生校长、刘勇副校长先后邀约十大先锋人物和学生代表就“情系母校·筑梦未来”和“校园秩序在你我 • 共享单车有话说”等主题进行深入沟通。

2. 学生信息

编辑印制《学生信息》2 期，共收集整理特约学生信息员报送信息 38 条，信息类型涵盖校风学风建设、教育与教学管理、学业与就业指导、学生工作、图书馆、后勤管理、校园治安、校园设施与条件 8 个方面。同时提请至学校领导及相关部门负责人答复，并及时有效地通过橱窗、学校官微、学生处官微发布，将回复信息反馈给学生。

3. 网络思想政治教育

紧扣时事热点和学校中心工作，围绕学生成长成才，丰富学工部新浪官方微博及微信内容，及时更新学生处官网信息，积极开展网络思想政治教育工作。

（1）官方微博。定时发布微信平台48篇，传递正能量，弘扬爱国爱校的情怀，内容涵盖校内外资讯、大学生活与学习、求职就业指导、校园美景等；同时对学校微信公众号、人人网公共主页、北京信息科技大学百度贴吧、风信子论坛等公众平台做好舆情监控和思想引导工作。

（2）学生网络信息化服务基础平台。学生处网站与党委学工部网站、心理健康教育与咨询中心网站有机结合，基本实现学生思想政治教育、学生事务管理、学生工作队伍建设和学生工作的全面信息化。全年度，学生处网站发布学生事务管理相关信息72条，其中通知公告类20条、奖助勤贷类52条；学工部网站发布思想政治教育相关信息74条；心理健康教育中心微信公众号“BISTU心灵驿站”推送图文消息100余篇，共更新网站心灵学堂（心理美文）文章50余篇，推荐心理书籍4本，分享心理电影1部。

4. 宣传橱窗管理

充分发挥三个校区宣传橱窗和小营校区学五公寓大喷绘以及电子宣传屏的作用，及时宣传时事热点、学校有关精神和重大活动，先后开展了迎新、诚信考试教育、毕业季等10期主题教育和校园活动系列宣传。

5. 寒暑假返校学生思想状况调查

寒暑假结束后，在全校范围内通过宿舍走访、座谈会、主题班会以及组织生活会、个别访谈、问卷、思想汇报等形式开展学生返校后思想状况调查，撰写《北京信息科技大学2017年春季开学学生思想动态调研报告》和《北京信息科技大学2017年秋季开学学生思想动态调研报告》，上报教工委，并供学校决策参考。

6.《学工信息》编纂

《学工信息》以“创新学生党建和思想政治教育理念、思路、方法，服务学生工作队伍”为办刊宗旨，全年编辑电子版《学工信息》4期，刊登于学校办公系统。

（冯天赐 孟李辛）

学生党建

学校依据《中共北京信息科技大学委员会关于印发〈北京信息科技大学2017年学生党员先锋工程实施计划〉的通知》要求，立足学生党员实际，扎实推进学生党建工作，将学生党员要做工作、要做表率、要发挥作用落到实处。

（1）校级党课学习班。4月、9月举办了两期校级党课学习班，党课采用开班典礼集中辅导、在线学习、讨论交流相结合的方式进行，每期学习40学时，668名学员顺利结业。

（2）新生朋辈教育。选拔11名学生党员骨干参与2017级新生入学朋辈教育活动，在三个校区分四个专题开展讲座，分别就学业规划、学生事务办理、学生活动及学生组织、学校及周边环境等与新生交流互动。

（3）学生党支部书记培训班。11月22日和11月29日分别开展了两期学生党支部书记集中培训工作。邀请首都师范大学黄延敏教授和组织部老师为支部书记做《学习宣传贯彻党的十九大精神辅导报告会》、《发展党员工作规范》主题培训。

（4）学生党支部书记素质拓展。9月23日，72名学生党支部骨干参加素质拓展活动，并面向党旗重温了入党誓词。

（5）“百名学习标兵”评选。10月至11月，采用支部讨论推荐、学院党委（党总支）评选上报、学校审核确认并公示的方式，开展“百名学习标兵”评选，共评选出学生党员“百名学习标兵”100人。同时，各学院组织学习标兵在学生中广泛开展助学小课堂、一加一、一对一等助学帮困活动，起到了学风引领作用。

（6）红色“1+1”共建活动。共计39个学生党支部参加红色“1+1”共建，在教工委组织的评选中，学校获得最佳组织奖，获得三等奖4个，优秀奖9个。

（7）党章党史知识竞赛。竞赛包括初赛和决赛，各代表队在演讲环节分别以《喜迎十九大·我想和习大大说些心里话》、《党规党纪在我心》、《党啊，我的母亲》等为题，抒发对党组织的真情实感。经管学院获得一等奖，通信学院、理学院获得二等奖，自动化、外国语、计算机学院获得三等奖。

（8）学生通气会。3月29日，学生通气会召开。校党委副书记王秀彦、相关职能部门负责人、各学院副书记以及各学院学生代表，共200余人出席会议。

（冯天赐）

校风学风建设

学风建设是学生工作的核心内容之一，良好的学风是一种潜移默化的巨大而无形的精神力量，时时刻刻都会对学生产生强烈的熏陶和感染，激励学生奋发努力，健康成长。

1. 学校先进班集体创建评选。3月至11月，学校组织开展了先进班集体创建评选工作，经各学院推荐、学校考评工作组评选、学校公示等环节，共评选出“勤信”班集体10个，分别是机电1501、会计1402、测控1501、财务1502、计类1609、英语1601、研1606、电技1601、行政1501、通信1501。

2. 北京高校优秀学生基层组织（本科生）推选。11月，经各学院推荐、学校考评工作组评选、学校公示等环节，共评选出北京高校优秀班级推荐对象5个、北京高校优秀宿舍推荐对象3个，并推荐至市委教育工委参加评比。机电1501班荣获北京高校“优秀示范班集体”称号，学三124（通信学院）、学五1239（理学院）、学五1519（自动化学院）获得“北京高校示范学生基层组织（宿舍）”荣誉称号。

3. 百名时代先锋评选

11月，面向2018届本科毕业生，开展了主题为“坚定理想信念 争做时代先锋”的“百名时代先锋”评选活动，评选出“百名时代先锋”101名。其中，奉献服务先锋24名，勤奋治学先锋20名，志愿公益先锋8名，自强不息先锋8名，文化艺术先锋1名，健行创新先锋12名，明心笃志先锋15名，诚实守信先锋4名，阳光健康先锋9名。

4. 考风考纪教育

印发《关于加强考风考纪教育和诚信考试教育工作的通知》，协同教务处督促学院做好有关工作，印发诚信考试承诺书；大学英语四、六级考试前，与教务处合作，印发《关于大学英语四、六级考试诚信教育的通知》。

5. 新生引航工程

9月，深入学习贯彻党的十九大，以社会主义核心价值观为引领，以“励志勤学 扬帆起航”为主题，坚持遵循“打好基础、强化指导、助力成长”的新生教育工作模式，引导新生做到“勤学、修德、明辨、笃实”，为成长成才奠定坚实基础。

（1）深化思想引领。学校组织近3000名学生和学生党员分3批次前往北京展览馆，集中参观了“砥砺奋进的五年”大型成就展。

（2）朋辈教育。在新生入学教育阶段，各学院分别开展以“大学新生活：学长在说……”为主题的朋辈教育活动，选拔优秀的党支部学生骨干分别就学业规划、学生事务、学生活动及学生组织、学校以及周边环境四个专题与新生进行交流。

（3）校情校规教育。举办2017年新生校情校规知识竞赛，以赛促学、以赛促管，进一步教育引导广大新生知校情、懂校规，不断提升遵章守纪的意识，自觉践行社会主义核心价值观。

（4）学业规划指导。在入学教育阶段，学校组织各院系领导、专家教授、学科带头人结合学科专业特点，为新生讲解专业建设和发展状况，并组织新生参观实验室、研究基地等，引导新生明确专业前景和自身方向。编印《新生入学指南》《知至•知止》《留给母校的心里话》，帮助学生尽快适应大学生活，及时确立学业和人生目标。

（5）深化“读书读经典”活动。在新生入学教育和新生党课中，开展“读书读经典”系列活动，培养学生“多读书、读好书、好读书”的良好习惯，在2017级新生开学典礼上，校党委书记王传亮向广大新生推荐了著名美学家叶朗先生的著作《文章选读》，希望全体新生在今后的学习生活中注重提升人文素养。

（6）学风建设。实施一年级学生晚自习制度，制定《关于要求一年级学生按时晚自习的通知》，由学工部向教务处申请班级固定自习室，并由各学院安排部署。

6. 毕业生教育

3月，启动了以“情系母校 助力远航”为主题的2017届毕业生教育工作。

（1）通过毕业生座谈会、书写“心语心愿祝福卡”、采集毕业生笑脸、制作毕业生纪念短片和电子纪念册、编印《留给母校心里话》、开展廉洁寄语、毕业生党员重温入党誓词等主题教育活动，组织毕业生开展“七个一”系列活动，包括：“畅谈一次个人梦想”—组织一次毕业生主题班会；“提一条好建议”——我为母校（院系）建言献策；“留一件好作品”——完成高质量的毕业论文、毕业设计；“献一份爱心”——“捐赠好物品”学长火炬传递等活动；“进一次言”——一次交流，助力学弟学妹成长成才；“写一封感谢信”——感念母校、感怀师恩；“上好最后一堂党课”——学生党员理想信念、责任担当。引导毕业生回顾自己的成长历程，强化感恩奉献、尊师爱校、服务社会、报效国家的意识。

（2）优秀毕业生评选。2017届毕业生中共评选出谭傲楠等校级优秀毕业生195名、市级优秀毕业生147名。

7. 十大先锋人物评选

各学院从2017届本科毕业生“百名时代先锋”中，推荐出17名表现突出并能在校内或社会产生积极影响的优秀代表，参加“十大先锋人物”评选，通过个人陈述、评议和投票，最终评选出“十大先锋人物”10名。王永生校长邀约“十大先锋人物”进行深入交流。学校录制“十大先锋人物”访谈视频作为新生和在校生教育重要素材，毕业典礼上学校领导为“十大先锋人物”颁发了荣誉证书。

8. 三大典礼

学校整合各方力量，通过举办隆重的开学典礼、毕业典礼和科技创新节闭幕式暨年度颁奖典礼，注重“典礼文化”的内涵建设、增强典礼的仪式感，既塑造学生的人生境界，又赋予学生新时代的使命感，在师生面前展现学校推进“育人环境建设”中立体、直观的建设成果。

（张良志 马 骏 孟李辛）

大学生心理健康教育工作

心理健康教育中心紧紧围绕“优化师生心理品质，创建和谐健康校园氛围”的指导思想，全力推进各项工作。

1. 心理健康教育课程。心理健康教育课程是面向广大学生进行心理健康教育的主阵地。2017年，心理健康教育中心开设的公共选修课《大学生心理学》共覆盖2016级学生472人，针对一年级本科生开设的必修课《大学生心理健康》共覆盖2017级新生2582人。

2. 心理健康知识宣传工作。利用微信平台、网站、宣传册以及小礼品等多种形式进行心理健康知识宣传。微信平台共推出300多篇心理类图文，心理健康教育网站设有多个栏目，是面向大学生宣传心理健康知识的窗口。

3. 个体咨询工作。分别在小营、健翔桥、清河校区开展面向全校学生的个体心理咨询服务。全年接待来访学生430多人次。与此同时，心理健康教育中心随时为军训学生、受处分学生、留级学生以及退学学生等特殊群体提供心理咨询服务。

4. 团体辅导工作。11月至12月，开展7场面向各校区学生骨干的心理辅导，通过各种形式的团体互动架起了同学之间沟通的桥梁，并通过一系列故事分享和活动帮助同学们树立健康的世界观和人生观，体会到沟通的重要。

5. 春季心理危机排查工作。3月，印发全体学生春季心理危机排查工作文件，制定筛查标准，指导各学院开展全面排查工作。对于筛查出的存在严重心理问题的学生，组织专家进行约谈，为其建立心理危机档案，并给学院下发危机处理单；对于有自杀倾向和严重精神疾病的学生，指导学院进行转介和预后工作。

6. 心理健康节活动。2017年，举办了“5•25”大学生心理健康节和“新生心理健康节”活动，举办了名家心理讲座、“情绪双面人”心理绘画大赛、“用声音传递爱与能量”阳光心理公益广告大赛、心理健康知识有奖问答等丰富多彩的活动。

7. 毕业生心理危机排查工作。6月，全面开展了毕业年级学生心理危机排查工作，加强对学业困难学生、家庭经济困难学生、患有精神类疾病学生等群体的关注，指导各学院在排查的同时，更注重对毕业生的情绪疏导和人文关怀。

8. 新生心理普查与建档工作。10月至12月，制定了新生心理普查工作方案，统筹安排普查工作的具体实施，共普查新生2582名，并为每一名新生建立电子心理档案。根据普查的结果，中心向学院发放“重点关注学生名单”，针对不同问题学生群体，采取不同方式进行干预。

9. 心理危机干预工作。除新生心理普查、春季心理危机排查、毕业生心理危机排查外，通过课堂、日常咨询、学院报告等渠道监测发生心理危机的学生，进行危机风险评估以及危机干预，成功进行30人次危机干预。为更好地掌握全校学生心理健康动态，严格执行学生心理健康信息月报制度，中心根据情况进行及时反馈、指导和干预。

10. 性健康教育工作。5月至6月、10月至11月，中心共举办了28场性健康讲座，覆盖了2016级和2017级全体学生。讲座从性法律、性道德和性知识的角度，全面向大学生介绍什么是性、什么是正确的性和科学的性，在向大学生普及性健康知识的同时，提高大学生的性健康意识。

11. 心理社团指导工作。大学生心理社团是调动大学生积极参与心理健康教育、提高自身心理素质的重要力量。学校三个校区都设有心理社团，固定成员 200 多人。心理健康教育中心注重加强对学生心理社团的工作指导，2017 年在社团内部开展 4 次促进团体凝聚力的团队建设活动。

12. 心理健康教育工作队伍建设工作。组织举办了 4 场学工队伍心理知识大讲堂活动，使学校心理危机预防体系更好地发挥重要作用。

（陈　蕾）

国防教育

学校武装部认真贯彻落实上级文件精神，结合夏秋季征兵等具体工作，积极开展各项国防教育活动。2017 年学校武装部被北京市教育委员会高校国防教育协会评为国防教育先进单位称号。

1. 学生军训

2016 级本科生于 2017 年 7 月 1 日至 14 日在平北军训基地进行军训，历时 14 天，圆满完成了教学大纲规定的军事理论课教学和军事技能训练任务。

2. 征兵

2017 年，走兵人数创历史新高。顺利完成夏秋季征兵工作。

3. 国防教育协会

积极参加由北京市教育委员会高校国防教育协会组织的北京高校国防教育研讨会、国防教育网络知识竞赛、北京高校定向越野系列比赛等活动。在北京市高校国防教育社团评比及军事论文评比活动中获优秀奖。

4. 拥军工作

召开军转干部座谈会，搭建军转干部自我交流以及与学校交流的平台。召开入伍学生欢送会和退伍学生座谈会，开展入伍和退伍学生教育工作，引导和帮助学生更快适应新的生活。

（马　骏）

学生事务管理

以提升服务意识和学生事务管理工作水平为重点，强化管理育人环节，逐步推进学生事务管理工作的规范化和精细化。

1. 学生平安保险

为学生做好平安保险投保及理赔工作，积极与保险公司沟通协调，简化办事流程，方便学生办理各项手续，维护学生的最大利益。2017 年共有共 1361 人参加学生平安保险。全年学生理赔总数达 57312.45 元。

2. 校内奖学金评定工作

依照《北京信息科技大学本科生校内奖学金管理办法》中的有关规定，严格执行评定条件，规范评定程序。经学生自愿申请、学院审核及公示，学校审核公示等程序，完成了学校 2016—2017 学年的奖学金评定工作。2016—2017 学年共有 1449 人次荣获学习优秀奖学金，其中特等奖 20 人，一等奖 214 人，二等奖 511 人，三等奖 704 人；85 人次获得文体优秀奖学金，其中个人项目 57 人，集体项目 28 人；921 人次获得社会贡献奖学金；8 人（本科生）获得校长奖学金；494 人次获得科技创新奖学金，其中一等奖 29 人，二等奖 115 人，三等奖 350 人；合计 2016—2017 学年获奖学生 2957 人次，发放校内奖学金 334.483 万元。

3. 对违纪学生的处理、教育

进一步推进学生违纪处分流程的规范化管理，充分发挥违纪处分的教育警示作用。2017 年全校各类违纪学生 75 人，其中 49 人因考试违规受到相应处分。经过认真审查，按规定流程报主管校领导审批后，解除 14 名 2017 届毕业生在校期间所受处分。分析学生违纪成因及学生违纪典型案例，并编纂题为《知止》的宣传教育材料，发挥学生违纪处理工作的教育警示作用。

（马　骏　李伟彪）

学生助学体系的建设与管理

注重从物质支撑和精神引导“两个层面”给学生成长提供有力支持，一方面，把国家和学校的五项主要资助政策——“奖、贷、勤、助、减（免）”进行整合，对家庭经济困难学生细化分类，针对不同类型学生所适用的奖励措施或资助措施进行组合，优化配置资助资源，使其发挥出最佳的经济和社会效益；另一方面，针对家庭经济困难学生的思想状况，进行“感恩”“诚信”“成才”等主题指导，帮助他们在不同的发展阶段接受不同的成长教育，充分发挥资助服务在学生成长发展过程中的辅助支持作用。

1. 家庭经济困难学生认定工作

在认真总结以往经验的基础上，依据《北京信息科技大学家庭经济困难学生认定工作实施办法》，严格认定程序，进一步规范家庭经济困难学生认定工作，保证每一名家庭经济困难学生都得到合理资助。经认定，2017 年学校本科生家庭经济困难学生共有 1740 人，其中特殊困难学生 633 人，一般困难学生 1107 人，家庭经济困难学生约占全校本科学生总人数的 16%。

2. 国家助学贷款

学校助学贷款形式有两类，分别是（校园地）国家助学贷款和生源地信用助学贷款。

（1）（校园地）国家助学贷款。积极贯彻落实国家及北京市学生资助政策，坚持以学生为本，服务学生的理念，不断创新工作机制，深入、扎实、有效地推进贷款工作的有序开展。经学校学生工作委员会讨论通过并印发《北京信息科技大学校园地国家助学贷款实施细则》。工作中坚持“公平、公正、公开”原则，积极做到“四个主动”，即：主动开展助学贷款工作、主动加强对学院的贷款指导、主动与经办银行配合、主动承担学校在助学贷款办理过程中应尽的义务。严把贷款材料审核关，夯实放款基础。严格审核贷款学生的资格和条件，努力把问题解决在校内，确保报送材料的准确性，为银行顺利放款打下坚实基础。共计 244 名学生通过银行审批获得 2016—2017 学年助学贷款，发放金额 144.525 万元。184 名学生申请 2017—2018 学年助学贷款，预计金额 108.105 万元。开展诚信还款教育，做好贷后管理工作。搭建学生与银行之间的平台，6 月邀请银行来校指导贷款毕业生，讲解还款操作流程和具体办法并印发《国家助学贷款还款指南》。通过还款协议签订会等形式，解答学生疑问，宣传全国个人征信系统。2017 届毕业生中，共有 120 名学生获得了助学贷款，其中 13 人在毕业前还清了贷款，10 人办理了考研延长贴息，其余同学与银行签订了还款协议，签订率达到 100%。

（2）生源地信用助学贷款。生源地助学贷款是国家助学贷款的重要组成部分，是解决家庭经济困难学生就学问题的重要途径，对进一步完善家庭经济困难学生资助体系、确保实现国家资助政策既定目标具有十分重要的意义，同时也给家庭经济困难学生带来了更多选择。学校生源地信用助学贷款人数呈逐年上升趋势。学生大部分在国家开发银行进行生源地贷款，2017 年积极主动配合生源地贷款银行，为 489 名学生进行了续贷审核工作。完成 691 名学生 2017-2018 学年贷款回执录入工作，并协助学校财务处完成对其中679名学生贷款到账情况的核对工作。同时，完成50余名其他生源地信用助学贷款学生的回执审核工作。主动做好贷后引导工作，发挥桥梁与纽带作用。4月印发《国家开发银行生源地信用助学贷款还款指南》，向148名2017届贷款毕业生宣传还款知识和要求，敦促学生诚信还款，签订还款承诺书。维护网上系统中学生在校信息，推进生源地信用助学贷款向着良性循环的方向发展。

3. 勤工助学工作

勤工俭学是学生资助和学生自助的重要环节。学校结合实际情况，努力为学生提供更多的与学生专业相关的岗位，注重培养和锻炼学生的工作技能和沟通能力，努力促进学生全面发展。2017年度共设勤工助学岗位532个，临时岗位124个，4125人次参加校内勤工助学活动，发放勤工助学劳务费143.7625万元。

4. 各类学生资助项目管理工作

2017年度共发放副食补贴736.6537万元，经过严格的评审程序，共有23名学生获得国家奖学金，3332名学生获得国家励志奖学金，1558名学生获得国家助学金（其中一等546人，二等1012人），总奖励资助金额达632.185万元，并为2292名家庭经济困难学生发放三费补贴、临时伙补63.9485万元。

5. 校园爱心工程建设工作

2017年，共为18名受突发性事件影响的家庭经济困难学生发放一次性困难补助1.95665万元；为9名家庭遭遇重大变故的学生减免学费、住宿费4.06万余元；为333名热心公益、积极参加献血活动的学生发放献血补贴3.3万余元；同时，协助宁夏燕宝慈善基金会完成学校92名受助学生的信息核对、银行卡发放工作。重视少数民族家庭经济困难学生的资助工作，做好新疆籍少数民族家庭经济困难学生专项补贴的评定及管理工作，2017年度共有65名新疆籍少数民族学生享受专项补贴，补贴总额6.8万余元。同时，认真做好与北京慈善协会的资助对接工作，积极组织动员学校家庭经济困难学生进行爱心成就未来资助项目的申请，并根据北京市慈善协会的相关要求对提出申请的同学进行遴选评定，2017年学校共有55名学生享受资助，资助金额16.5万元。

6. 新生入学"绿色通道"

新生入学"绿色通道"是确保学校家庭经济困难新生顺利入学的最直接、最有效的通道。学校随录取通知书向每位新生发放《高等学校学生资助政策简介》、学校申请助学贷款指南等宣传材料；开通资助咨询电话，做好政策解读、问题解答工作；设计制作资助政策宣传展板和《2017级本科生入学绿色通道简介》，扩大资助工作宣传效果；定制爱心礼包助困难学生顺利起航。9月5日新生报到当天，共有252名学生通过"绿色通道"顺利入学。

7. 学生学费补偿贷款代偿

2017年经学校学生工作委员会会议通过并印发《北京信息科技大学边远山区基层就业学费和国家助学贷款代偿实施细则》《北京信息科技大学退役士兵学费资助实施细则》《北京信息科技大学直招士官学生国家资助实施细则》《北京信息科技大学学生应征入伍服义务兵役国家资助实施细则》。完成2017年服义务兵役学生学费补偿贷款代偿申报、发放工作，发放金额677500元。完成59名学生（其中42名服义务兵役学生、17名退役复学生）材料的审核、网上报送工作。及时与北京银行学院路支行联系，完成1名（校园地）贷款参军学生还款结清工作。

8. 诚信教育主题活动

根据北京市学生资助事务管理中心工作要求，5—6月开展了2017年学校学生资助诚信教育主题活动。由学生处牵头，结合学院特色和学生实际，举办了主评选诚信自强之星、"粽香识意"端午感恩活动、"资助诚信"论坛、诚信考试教育等一系列主题教育活动，推动将诚信教育转化为大学自觉的素养和行为。

（万　岚 李伟彪）

学生工作队伍建设

以提高学生工作队伍能力和水平为目标，积极开展辅导员空间站活动，推荐辅导员参加各级各类培训，做好大学生思想政治教育系列教师职务聘任，强化辅导员考核激励工作，努力推动学生工作取得新发展。

1. 辅导员空间站建设。以建设辅导员的学习空间、交流空间、成长空间和发展空间为定位，建设"辅导员空间站"平台，定期组织有关活动，助力辅导员健康成长和可持续发展。2017年开展专题报告、培训交流等活动9次。

2. 学工队伍培训。推荐辅导员22人次参加北京高校辅导员研修基地和教育部等开展的专题培训。

3. 教师职务聘任。根据学校安排，与人事处等部门协作，完成2016年度大学生思想政治教育系列教师职务聘任工作，2人晋升副高级，4人晋升为中级；启动2017年度教师职务晋升聘任，1人申报副高级，3人申报中级。

4. 辅导员、班主任年度考核。2016—2017学年辅导员、班主任考核工作，评选出优秀辅导员6名、良好辅导员10名，优秀班主任63名、良好班主任97名。

5. 团队化建设。开展新入职辅导员座谈培训，举办第二届届辅导员职业能力比赛，举办辅导员英语口语培训班，组织赴香港学习交流1次，年终团队建设活动一次。制订并上报2018年学生工作队伍出国（境）培训计划，拓宽学习途径，提升团队建设水平。

6. 大学生思想政治教育课题。组织2016年度第二批课题结题评审，共结题12项。开展2017年度课题申报、立项及第一批结题相关工作，通过专家评审，同意立项4个重点课题、6个一般课题，第一批结题共10项（含2016年延期项目）。

7. 辅导员岗位补贴、班主任津贴发放。按时编制辅导员岗位补贴和班主任津贴报表，发放相关费用。2017年发放辅导员岗补297700元，班主任津贴816160元。

（张良志）

学生党员骨干能力提升培养计划

通过讲座、素质拓展、团体心理辅导、心理测试等形式，提升学生骨干的理论素养、团队协作及集体观念、实践能力、管理技能、心理健康水平等方面的综合素质。

1. 理论提升计划

学生处和各学院先后邀请校外专家为学生开展了经验交流会、职业生涯发展报告会、就业创业知识等20余项专题活动。

2. 素质拓展计划

学校组织72名党员骨干进行校内素质拓展培训活动。

3. 心理素质提升计划

通过聘请心理专家开展讲座、团体辅导以及心理测试等活动，使学生实现多层次交流，400余名学生党员骨干及入党积极分子通过活动提升了心理素质。

（冯天赐 陈 蕾）

家庭经济困难学生综合能力提升计划

家庭经济困难学生综合能力提升计划旨在探索更具科学性和实效性的家庭经济困难学生资助模式，在满足他们基本经济需求的基础上，关注他们的成长发展，提升自身综合能力。

1.2017年学生处先后聘请校外专家为学校200余名家庭经济困难学生举办有关前沿科技、学术文化、心理适应、学业规划与职业发展等内容丰富的讲座8场，注重同学间的朋辈教育和团队建设，开展全员参与大型团体辅导2次，以小组为单位的小型团体辅导6次，并组织完成针对家庭经济困难学生开展的大学生综合能力测评工作。

2. 组织遴选20余名家庭经济困难学生赴重庆市进行社会实践，加强爱国主义教育、社会责任教育、感恩励志教育。

（李伟彪）

获集体奖励与表彰

（1）2017年北京高校红色“1+1”示范活动评比：北京信息科技大学获得最佳组织奖；电信专业第一、二、三学生党支部，工商专业第二学生党支部、行政管理专业第二学生党支部、信管专业第一学生党支部获得二等奖；通信专业第二学生党支部、计一学生党支部、工业工设学生党支部、英语专业学生党支部、测控专业第二、第三学生党支部、自动化智能专业学生联合党支部、经济专业第二学生党支部、网工学生党支部、研1601班学生党支部获得三等奖。

（2）2017年北京高校优秀学生基层组织创建展示：机电1501班荣获北京高校“优秀示范班集体”称号，学三124（通信学院）、学五1239（理学院）、学五1519（自动化学院）获得“北京高校示范学生基层组织（宿舍）”荣誉称号。

（张良志 冯天赐）

（3）2017年首都大学生学习贯彻党的十九大精神主题创作展评比：机电工程学院学生孙明丽的手工创意作品《反腐·倡廉》在此次活动中获手工创意类三等奖，刘睿琦的平面设计作品《新时代 新征程》获平面设计类三等奖。12月，北京市委教工委主办、首都师范大学承办的“中国进入新时代”第二届首都高校大学生阅读演讲比赛评比：自动化学院何牧珩同学代表学校参赛并荣获优秀奖。在北京市委教工委组织的“百校千组学讲行——党的十九大精神 我学我讲我践行”主题教育活动中，机电学院的机械专业学习小组荣获北京高校“百校千组学讲行”示范学习小组。

（4）2017年市委教育工委、市教委主办的第五届北京高校普法微视频征集展映活动评比：北京信息科技大学荣获优秀组织奖；公管传媒学院报送的作品《拾金不昧》获微电影类二等奖；通信学院报送的作品《不能说的秘密》和外国语学院报送的作品《来自“朋友”的陷阱》均获微电影类三等奖。

（孟李辛）

安全稳定工作

概况

依据国家有关法律法规和学校规章制度，履行维护学校政治稳定、治安安定及安全生产秩序等职能，确保师生员工的生命财产及合法权益不受侵害，并为广大师生员工的教学、科研、生活、学习提供安全服务。下设信息调研科、安全科、治安科。

（1）安稳工作队伍。安全稳定工作队伍由专职安全稳定工作队伍和兼职安全稳定工作队伍组成。其中专职安全稳定工作队伍由学校安全稳定处（党委安全稳定工作部）和签约北京市保安服务总公司文安分公司、北京华电荣华保安服务有限公司组成。安全稳定处（党委安全稳定工作部）正处级建制，全员编制16人（含处级干部1正2副），现有保卫干部19名，其中处长1人、副处长2人，在编职工15人（不含代管家委会在编职工），非事业编1人；文安分公司配备保安队员85人，负责小营、健翔桥、清河、东部校区安全工作；北京华电荣华保安服务有限公司配备保安队员6人，负责新校区指挥部安全工作。兼职安全稳定工作队伍由大学生治安服务队（小营校区和清河校区54人，健翔桥校区16人勤工俭学的在校生）、学生班级安全委员及公寓宿舍安全员（2113人）、消防安全重点部位管理责任人（158人）、安稳处和后勤管理处共同组建的保洁员兼职安全员队伍（57人）、安稳处和校工会共同组建的“平安校园”教职工兼职安全员队伍（62人）组成。

（2）安稳工作规章制度。印发了《中共北京信息科技大学委员会、北京信息科技大学关于调整学校安全稳定工作领导小组等九个组织机构的通知》，制定了《“十三五”期间推进“平安校园”建设提升工程实施方案》《危险化学品安全综合治理三年行动计划（2017—2020年）实施方案》。下发了《北京信息科技大学2017年维护安全稳定工作要点》《北京信息科技大学防范暴力恐怖实施方案》。严格执行学校安全审批制度，全年审批备案20人以上集体外出活动62批次，审批各种宣讲、招聘、社团活动391次。

（3）保卫工作设施。消防设施设备：消防水泵22台、室外消防井48处、消防接合器18处、灭火器3961具、墙壁消防栓、水龙带685套、喷淋泵2台、喷淋头544个、正压风机5台、正压风口36处、卷帘门37个、排烟机3台、排烟口39处、消防电梯6部。交通设施：电动道闸6套、保安岗亭7个、减速带28处、限速标志7块、禁停标志11块、黄网格12处、隔离栏12处、隔离墩8处、导向牌3块、禁鸣标志6块、自行车车棚18处、停车位418个。技术防范设施：消防监控报警主机7台、电子感烟探头4414只、电子感温探头128只、消防手动报警按钮337只、防入侵报警系统7套、防盗报警探头637只、电子巡更系统3套44个点位、监控室5个、监控电脑15台、监控电视33台、视频监控探头786部，涵盖实验楼、教学楼、办公楼、图书馆、气膜馆、大学生文化艺术中心、学生公寓、食堂、外国专家公寓、留学生公寓等部位。

（杜 平 胡 滔）

安全稳定工作

（1）实施“平安校园”建设提升工程。梳理总结深化“平安校园”建设工作成效，制定下发了学校《“十三五”期间推进“平安校园”

建设提升工程实施方案》，6月27日，学校召开党委常委会议，专题研究学校推进平安校园”建设提升工程各项任务，明确了具体目标、重点工作、进度安排与工作要求。

（2）学校召开2017年安全稳定工作会议。6月1日，学校召开2017年安全稳定工作会议，总结了2016年安全稳定工作，部署了2017年维护安全稳定重点工作，表彰了2016年度“校园安全卫士”，签订了《2017年度维护安全稳定责任书》。

（3）敏感期安保维稳工作。在全国“两会”、“一带一路”高峰论坛、十九大会议召开期间，提前谋划安保维稳工作。分阶段开展了校园安全隐患排查整治、涉校涉生矛盾纠纷排查化解、校园周边治安综合治理等专项行动。开展了化解稳控工作，落实了领导包案、逐级检查、限时督办等工作机制。

3月1日，在党委常委会上传达了2017年北京高校安全稳定工作会暨全国两会安保维稳工作部署会的精神，分析了学校当前安全稳定工作形势，对两会期间学校安全稳定工作进行了部署。

5月9日，学校党委常委会认真学习了北京市高校系统“一带一路”国际合作高峰论坛期间安全稳定工作部署会议精神，分析当前安全稳定工作形势，研究制定了工作落实方案。

9月25日，学校召开党委常委会议，深入学习贯彻落实9月19日市委常委、市教育工委林克庆书记到学校考察调研指示精神和9月21日市高校系统召开的党的十九大安全稳定工作部署会精神，认真分析了当前安全稳定形势，对安全稳定重点工作进行了专题研究并作出具体部署。

（4）校园反恐工作。制定《北京信息科技大学防范暴力恐怖实施方案》，与属地进行了沟通协调，建立了联防联动机制和分级台账。依据学校各校区各场所的具体情况，将可能发生恐怖袭击的地域和部位进行了等级划分，建立了分级台账。加强了应急分队应急处突能力建设，对学校现有安保力量进行了整合，优化配置了各种专兼职力量，更新装备了对讲机、防刺手套等装备，加强了校园巡逻工作。

（5）应急能力建设。细化了网格化安全管理模式，根据处级领导干部的调整，及时做好责任衔接。完善了突发事件应急预案，加强了等级防控、应急预警建设。加强了龙岗路科研基地及新校区防控建设，增配了龙岗路1名安防人员，更换了新校区保安公司。加强了校园各部位防控、校园网络信息监控和应急值班，继续实行安稳干部、“平安校园”管理服务中心24小时值班制度，重大活动或敏感期安稳处领导带班、保卫干部双值班制度，每月公布安稳处值班表。

6月27日，校长办公会同意按在校全日制学生人均50元的标准设立安全稳定机动费，追加安全稳定机动费共计60万元。

（6）“平安校园”管理服务中心建设。配齐配强值班人员，坚持持证上岗，强化监督管理，定期组织业务考核。发挥“平安校园”管理服务中心“六位一体”综合防控、应急处置和热线服务功能，全年共接警213件。

（杜　平　胡　滔）

校园安全管理

（1）校园安全管理。加强了重要时间节点消防、治安、交通、危险化学物品的管理，定期开展安全隐患排查，完善工作台账，实行备案和隐患跟踪管理制度。开展了安全隐患排查整治工作，制定下发了《关于开展全校安全隐患大排查大清理大整治专项行动的紧急通知》《彩钢板建筑专项整治工作方案》等文件，抓好隐患整治逐级督导和逐项销账工作。加强危化品日常安全监管，制定了学校《危险化学品安全综合治理三年行动计划（2017—2020年）实施方案》。

6月16日，校长办公会听取了关于北京北空空调器有限公司（以下简称“空调器厂”）基本情况、学校与其诉讼过程、土地权属历史遗留问题等情况的汇报，并对相关后续工作进行了部署。

9月28日，学校党委书记王传亮，副书记、校长王永生及所有在校校级领导，检查校园及周边，对校园安全稳定工作提出明确要求。

10月16日上午，党委书记王传亮带队到健翔桥校区检查安全稳定工作。

10月17日，校长办公会听取小营南校区涉校矛盾纠纷处理情况的汇报。

11月21日，党委常委会通报了全市教育系统安全隐患大排查、大清理、大整治专项行动部署会议精神。学校党委书记王传亮就思想认识、后续工作进行了强调。

11月21日，校长办公会专题研究安全隐患大排查、大清理、大整治专项行动工作。

11月28日，在党委常委会上，校党委书记王传亮向会议传达了市委教育工委11月25日的紧急通知并提出有关工作要求。

11月30日，校长办公会专题研究了学校现有彩钢板建筑专项整治清理工作。

（2）校园治安管理。落实校园治安防范措施，妥善处理校内发生的偷盗、打架、诈骗案件，及时跟进善后，开展案例分析，做好警示教育。在华北五省机器人大赛、运动会及学校常规大型活动期间，认真落实安保措施。及时应急管控闹访事件，稳妥应对化解。配合上级开展的“校园安全宣传月”专项活动，不断强化师生治安防范意识。新建清河校区学三公寓防护栅栏，加强了女生公寓防护。

（3）校园秩序维护。继续巩固属地与学校动态联动机制，常态化做好校园周边隐患整治工作。持续抓好校内秩序维护，定期清理“僵尸”非机动车，采取限制外卖车辆进入校区措施。做好共享单车管理工作，组织了考察调研和问卷调查。加强了小营校区南校区的管理，加装了防护栏，与京空空调器厂进行划区管理，并采取无证车辆限制进入措施。

9月5日，学校交通安全委员会召开共享单车治理专项工作会议，传达上级会议精神，责成交通安全委员会办公室（安稳处）认真组织调研，制定管理方案。

11月8日，在校领导邀约会上，认真听取了师生代表关于校内共享单车的管理意见，并就校内共享单车的管理面临的问题和形势向师生进行了宣讲。

（4）大型活动安保工作。在承办华北五省大学生机器人大赛、迎新、英语四六级考试、校园招聘会等大型活动期间，制定详细安保方案，召开安保工作部署会，落实工作责任和保障措施，各项大型活动期间安全无事故。

（5）安防基础设施建设。完成了高层建筑防雷安全监测，加装了小营校区大学生文化活动中心、教七楼，健翔桥校区二教实验室、办公室安装了消防报警器，扩大了消防监控覆盖面。对全校3961具灭火器进行了维护保养，完成了健翔桥校区消防水泵和部分管网的改造、室外消防井维修、室内消防水管漏水，小营校区一办消防水管、实验楼地下二层消防栓维修、自动化学院消防栓维修等工程。

（杜　平　胡　滔）

安全防范宣传教育

（1）安全教育。不断总结改进大学生安全教育网络课程学习方式，根据形势变化，调整优化了课程内容。在2017级新生中开展了安全前置教育。运用校园网、《平安校园报》、横幅标语、宣传栏、大屏幕、显示屏、微信微博等载体宣传安全知识。根据新生军训时间的调整，分期分批对2016级新生进行安全教育，为每名2016级新生发放一本《大学生安全手册》（第4版），安排安稳干部轮流上课。防灾减灾日、“119”消防安全宣传日、交通宣传日等期间，出版《平安校园报》专刊。

4月10—21日，以“增强网络安全意识、强化国家安全观念”为主题，线上线下同步互动，开展了第二个“全民国家安全教育日”主题活动，中央电视台给予特别关注和报道。

6月，按照市委教育工委《关于征集平安建设宣传作品的通知》要求，认真做好校内宣传发动工作，按要求报送了作品。其中一篇征文被上级新闻媒体刊用。

11月12日、18日，与具有急救培训资质的培训机构合作，分两批举办了2017级54名班级安全员CPR（心肺复苏）急救培训，每名受训人员均取得了具有国际资格认证的急救证书。

（2）法制教育。按计划开展了“七五”普法教育，利用2017级班级安全员培训和消防演练等时机，组织开展《中华人民共和国消防法》学习。“国家安全宣传教育日”期间，组织开展了《中华人民共和国国家安全法》专题学习，张贴了宣传彩页、制作宣传展板。全年制作预防电信诈骗、关注消防安全宣传横幅共31条，印刷发放防诈骗提示卡片3000余张。

（3）消防教育。采取不同的方式，多场次多场合组织兼职安保队伍人员消防培训。根据冬季预防煤气中毒、春节期间燃放烟花爆竹等不同阶段的特点，印制了1000份安全宣传材料，发放到家属楼、临时工宿舍和学生宿舍。

11月8日，以“加强消防安全管理 提升学校‘平安校园’建设水平”为主题，举办了消防安全文化节。组织了开幕式，开展了各级消防培训、消防博物馆参观，组织了消防井灭火课目演示及学校应急分队比武、新生疏散演练。首次采取与西三旗街道合办、学院（机电工程学院）承办的方式进行。

全年共组织了4次2017级新生应急疏散演练和灭火器实际操作演练，1003名新生参加了演练。组织安全知识培训，2681名新生参加了培训，基本实现了新生安全教育全覆盖。

（4）交通安全教育。在交通安全宣传日、世界交通事故纪念日等重要时间，采取制作宣传展板、张贴交通宣传画、利用大屏幕播放交通事故警示视频、电子屏滚动播放交通宣传标语、组织交通专题讲座、慰问学校交通受害者职工、到属地清河交通大队慰问一线交通民警等形式，普及交通安全知识，倡导文明出行。积极开展了“守法规、讲文明、我为缓堵做贡献”活动，在交通安全宣传日，组织慰问了属地一线交通民警和交通法规宣传。

（杜　平　胡　滔）

科技创安深化工程

先后改造了健翔桥校区安防系统，加装了清河校区食堂后厨、小营校区校医院、南校区、保密要害部位等监控探头，对小营校区防入侵报警系统进行了升级改造，对东部校区（酒仙桥）视频监控系统UPS电源和龙岗路科研基地监控系统进行了维修。将小营校区图书馆、实验楼消防报警系统引入中控室，实现了消防报警24小时监控。

（杜　平　胡　滔）

家委会工作

抓好家属区日常安全管理，重点加强防火、防盗、防诈骗、安全用气用电等宣传力度，不断增强居民安全意识。继续配合做好老旧小区改造工程各项工作，完成了一、二、三、四号楼上下水改造、热计量改造，以及院内各种公共管线铺设、道路施工等。

集体户口管理

继续做好户口迁出、迁入和户籍清理工作，共办理户口迁出691人，迁入473人。继续做好居住卡、居住证协助办理工作，为学生开具证明180份，外聘员工41人。

（杜　平　胡　滔）

获奖

北京市“2017年度国家安全人民防线建设工作先进集体”：北京信息科技大学

北京市高校系统社会治安综合整治考评优秀单位：北京信息科技大学

北京信息科技大学2017年度“先进党支部”：安稳处党支部

北京市“2017年度国家安全人民防线建设工作先进个人”：魏元燃

北京市“2017年度海淀区高校系统交通安全先进个人”：胡滔

（杜　平　胡　滔）

离退休工作

概况

离退休工作处现有7名工作人员。学校现有离退休职工1111人，其中离休干部40人（含代管离休干部1人）、退休人员1071人，分别在海淀区和朝阳区的4个校区（清河小营、清河、健翔桥和东部校区）。离退休党委下辖19个党支部，中共党员588名。

2017年，在学校党委和行政领导下，以习近平新时代中国特色社会主义思想为指导，深入学习贯彻党的十九大精神和习近平总书记系列讲话精神，紧紧围绕学校中心工作，稳中求进。继续全面落实好老干部“两项待遇”，抓好“两项建设”。从“政治上尊重老干部，思想上关心老干部，生活上照顾老干部”，充分发挥离退休干部在学校改革发展和构建和谐校园建设中的作用，努力为广大离退休人员办实事，做好事，促进和谐校园建设。

（祁长青）

离退休干部管理服务工作

（1）召开老干部新春团拜会。1月6日上午，学校召开2017年老干部新春团拜会。

（2）走访慰问离退休老干部、老教师。春节前夕，校领导分6组走访慰问了离退休老干部、老教授和老党员。

（3）召开老干部工作领导小组会。6月6日，学校召开老干部工作领导小组会议，学习北京市委教育工委《关于加强和改进北京高校离退休干部工作的实施意见》，传达了2017年北京市老干部工作会、全市老干部局（处）长会、北京教育系统离退休干部工作会等会议精神，总结2016年离退休工作并部署2017年工作要点，并就新形势下贯彻落实《关于加强和改进北京高校离退休干部工作的实施意见》以及离退休工作的重点难点工作进行讨论。

（4）召开新学年离退休工作部署会。3月2日，召开新学期离退休工作部署会，传达中共北京市委、教育工委《关于加强和改进北京高校离退休干部工作实施意见的通知》，学习了学校《关于在“两学一做”学习教育中召开专题组织生活会和开展民主评议党员的通知》精神，对离退休党支部专题组织生活会和民主评议党员工作进行了具体部署。会议总结了2016年离退休工作，并结合离退休工作的新形势制定2017年离退休工作处工作任务分解表，对2017年离退休工作处工作计划和专项任务进行了解读和部署。会上审议通过了离退休各党支部换届选举结果并统一进行批复，至此，离退休各党支部换届选举工作顺利圆满完成。

（5）特困基金小组会议。6月7日和12月5日，学校离退休特困基金工作小组会议分两次在清河小营校区老干部活动室召开，专题研究离退休老同志困难补助问题，各校区离退休工作人员和离退休老同志代表共计13人参加会议。按照学校《离退休职工特困补助实施办法》，会议在综合分析各校区老同志困难情况的基础上，对全校130名离退休老同志给予不同额度的困难补助，全年特困补助金额共计10万元。

（祁长青）

关心下一代工作委员会工作

（1）共享支部建设经验，深入推进“两学一做”。4月10日，清河校区离退休党支部与公管传媒学院学生党支部以“共享支部建设经验 深入推进‘两学一做’”为主题，召开座谈会，总结2016年党支部开展“两学一做”工作的经验和感受，探索如何深入推进“两学一做”学习教育常态化制度化。校离退休党委副书记、关心下一代工作委员会常务副主任孙毓仁，校关心下一代工作委员会秘书长赵刚，校离退休工作处、学院党建辅导员及学生党支部干部共同参加了座谈会。本次座谈会是学院学生党支部和清河校区离退休党支部开展“手拉手”结对子活动的一部分。

（2）召开关工委工作会议。5月4日，学校关工委召开2017年工作会议。校党委副书记、关工委常务副主任刘筱毅出席会议并讲话。学校关工委全体成员及相关职能部门主要负责人参加了会议。会议学习了全国高校思想政治工作会议精神和中央31号文件精神以及习近平总书记在考察中国政法大学时的重要讲话，传达了2017年北京教育系统关工委会议精神；校关工委常务副主任孙毓仁通报了学校关工委工作情况，回顾2016年关工委工作，安排部署学校2017年关工委工作任务；与会人员讨论审议2017年关工委工作要点。

（3）学校党委听取关工委育人工作专题汇报。6月6日，学校召开关工委育人工作专题汇报会，学校老干部工作领导小组组长、校党委书记王传亮，校党委副书记、校长王永生专题听取了校关工委育人工作专题汇报。老干部工作领导小组副组长、校党委副书记刘筱毅主持了汇报会，相关职能部门负责人和关工委部分老同志参加了专题汇报会。王传亮指出，尊重广大老干部就是尊重学校的历史、学校的光荣、学校的传统，高度肯定了学校关工委工作和离退休工作，对老同志们长期以来发挥优势、克服困难，对广大学子进行革命传统、爱国主义、社会主义教育，涌现出非常多的好的工作形式和成果。王永生表示，老同志们为教育事业健康发展做出过重大贡献，退休后仍旧关注学校教育教学事业，主动担当、特色工作亮点频现。学校关工委常务副主任、离退休党委副书记孙毓仁作了题为《助力学生全面成长成才 为学校发展增添正能量》的关工委工作汇报。关工委秘书长赵刚作了关工委“老少共进”工作汇报。

（4）计算机学院举办学生预备党员培训活动。6月11日，计算机学院举办“不忘初心话传承”主题学生预备党员培训，健翔桥校区退休第三党支部孙福友、黄人伟、郭尚成、张喜凤等老党员参加。

（5）学生军训服装捐赠活动。2017年暑假，响应北京市教育系统关工委的号召，学校离退休工作处牵头，联合学生处、后勤公寓管理科等部门共同开展了2017年北京信息科技大学军训服装捐赠活动。坚持公益、自愿的原则，学生积极响应并发出军训服装捐赠的倡议书。

（6）召开关工委“五老”骨干学习报告会。11月7日，学校召开关工委“五老”骨干学习贯彻党的十九大精神报告会。会议由校关工委常务副主任孙毓仁主持，校党委副书记、关工委常务副主任刘筱毅出席会议并讲话。会议邀请了小营退休第二党支部党员董术老师（原马克思主义学院中国特色社会主义专业教授）做了关于十九大会议精神的辅导报告。

（祁长青）

老干部活动

（1）举办“迎新年 送祝福”春联原创作品书法展览会。1月，在传统佳节春节来临之际，离退休工作处作为协办单位，配合学校校友会举办了“迎新年送祝福”春联原创作品书法展览会。此次迎新年春联原创作品面向广大校友、全校师生、离退休教职工，共征集到28人48副原创春联作品，征集到的春联作品以书法创作的形式展出，旨在用春联的形式表现书法，用书法的魅力彰显春联。

（2）参加2017年度老教育工作者门球赛活动。4月6日，北京市教工委组织2017年度老教育工作者门球赛在地坛公园开幕，来自北京高校及区县教委的16支代表队150余名运动员参加了比赛。学校代表队分别与清华大学、中国科技大学、西城区教委、顺义区教委代表队进行了对决。

（3）举办离退休老同志趣味运动会。4月25日，学校一年一度的离退休教职工趣味运动会隆重举行。本次运动会在项目设置上本着“小型多样、选项恰当、运动适量”的原则，结合老同志的兴趣和身体状况，集趣味性、娱乐性和竞技性于一体，来自5个校区的260余位老同志参加了比赛。

（4）开展“促和谐、强体魄”春季健步走活动。5月上旬以校区为单位组织离退休老同志开展了“促和谐、强体魄”健步走活动，响应北京市提倡的“3510”出行理念。

（5）教职工参加北京高校老同志健身项目展示。5月18日，市委教育工委、市教委在首都体育学院举办了“喜迎十九大健康乐晚年”北京高校老同志健身项目展示活动，学校20余名退休教职工与来自北京师范大学、北京航空航天大学等31所高校的1200余名老同志参加了健身项目展示活动。

（6）离退休教职工春季参观踏青活动。5月18－19日，各校区离退休人员赴怀柔区黄花城水长城开展以“展示阳光心态，体验美好生活，畅谈发展变化”为主题的春季参观踏青活动。

（7）参加“颂歌献给党 喜迎十九大”文艺演出活动。6月21日，来自北京13所高校的离退休老同志欢聚一堂，参加“颂歌献给党 喜迎十九大”2017 年北京老教育工作者北片区文艺演出活动。此次活动由北京市委教育工委、市教委主办，市教育老干部活动中心、市老教育工作者总会和北京航空航天大学承办。学校离退休合唱团携合唱曲目《祖国给我理想》参加了演出活动。

（8）教工休养院休养活动。7 月 23 － 27 日，离退休工作处组织 100 名离退休老同志到北京市教工休养院进行为期 5 天的休养。

（9）离退休职工秋季参观活动。9 月 19 日、21 日离退休工作处组织学校离退休教职工分两批赴怀柔区百泉山自然风景区参观游览，丰富了精神文化生活。

（10）离退休职工参观老年公寓。为使离退休老同志了解多元化的养老模式的需求，寻找适合自身的养老方式，以提高晚年生活质量，解除后顾之忧，11 月 20 日、25 日离退休工作处分两批组织近 80 名离退休职工参观了位于北京市朝阳区的汇晨老年公寓。

（11）开展“金秋健步走 畅享乐生活”活动。10 月 13 日离退休工作处分校区开展了离退休教职工“金秋健步走 畅享乐生活”活动，参加本次活动的老同志共计 200 余人。

（12）组织局级离退休干部体检。10 月 18 日至 19 日，按北京市卫生局要求，在北京小汤山医院进行了学校离退休局级领导的一年一度的体检工作，共 20 位老领导参加了体检。

（13）举办摄影讲座活动。11 月 14 日，离退休工作处组织健翔桥离退休老同志在校区图书馆二层多功能厅举行了摄影培训讲座，特邀华盖创意签约摄影师林先生主讲，现场为老同志们作了摄影基础知识的普及、基本技巧的介绍以及基础后期的讲解。

（14）开展离退休教职工“文体文化月”活动。11 月份离退休工作处开展一年一度的“文体文化月”活动，以“参与、健康、快乐”为主题，根据老同志的实际特点分校区进行。

（15）举办离退休教职工消防应急疏散演练活动。12 月 15 日，离退休工作处和安稳处联合举办离退休教职工消防应急疏散演练活动，详细讲解消防安全基础知识、如何扑救初期火灾、火灾发生之后的自救互救及疏散、逃生等消防安全知识，随后进行现场演练。活动现场就灭火器如何正确有效使用进行了培训与示范，并指导大家进行实地演习，进一步强化了离退休教职工的消防安全意识，提高了火场逃生及自救能力。

（16）举办 2017 年度退休教职工荣休仪式。12 月 19 日，学校为 2017 年 41 名退休的教职工举办荣休仪式。全体学校领导，离退休党委委员及党支部书记代表、相关职能部门负责人、部门工会、教职工和学生代表等 150 余人参加仪式。荣休仪式由校党委副书记王秀彦主持。王传亮代表学校党委向 2017 年光荣退休的教职工表示衷心感谢和崇高敬意，学校党委决定，从 2017 年开始，每年为该年度退休教职工举办荣休仪式，通过独特的仪式感进一步激发广大师生对学校的情感归属，营造更加浓厚的尊师重教氛围，让学校充满人文精神和文化底蕴。王传亮、王永生分别为 2017 年退休的教职工颁发了荣休证书。

（17）贺金婚活动。2017 年 12 月份，离退休工作处对达到金婚年龄的 15 对离退休老同志颁发贺信并送去慰问品，以此表达学校对离退休老同志夫妻幸福生活的祝福。

（祁长青）

党建工作

（1）召开离退休党委扩大会议。2017 年 3 月 9 日，召开离退休党委扩大会议，学习传达上级会议精神，安排部署近期党委工作，讨论确定 2018 年离退休党委工作要点。

（2）组织党员开展主题党日活动。2017 年 4 月 20 日，120 余名离退休老党员奔赴位于房山区琉璃河镇的中粮智慧农场，开展“畅谈十八大以来变化、展望十九大胜利召开”主题党日活动。以最直观的方式体验到了现代农业科技的魅力，对国家科技兴农、科技兴国的战略决策有了更新、更高、更全的认识。

（3）举办党支部书记、委员培训班。2017 年 5 月 12—14 日，在平谷教工休养院举办了党支部书记、委员培训班，全面提高党支部干部尤其是新当选的党支部书记的理论水平和业务工作能力，进一步加强和改进党支部建设工作。市委教育工委离退休干部处副调研员杨旭做了题为《了解新形式 明确新任务 努力做好北京高校离退休干部党建工作》的专题报告。

（4）离退休党员学习参观活动。2017 年 9 月 28 日，离退休党员以“看发展、话改革，喜迎十九大”为主题，赴中国房山世界地质公园博物馆参观活动，通过参观交流，喜看首都新变化，畅谈改革新成就。为迎接党的十九大胜利召开，进一步推进“两学一做”学习教育常态化制度化，在离退休党员中开展了“寄语十九大”党员寄语征集活动，通过“谈感悟、颂党恩、表期待”，聚焦传递正能量，喜迎十九大胜利召开。

（5）9 月 26 － 29 日，李易远、祁长青参加北京高校离退休干部工作人才队伍建设专题研讨班。

（6）9 月 12 － 15 日，孙百生、王兰俊参加北京市市管退休干部读书班活动。

（7）7 月 4 － 5 日，李易远、季春华参加北京高校离退休干部工作人员培训班。

（8）6 月 13 － 15 日，孙毓仁、钱崇越、关桂元、赵平生参加北京市离退休干部党支部书记培训班。

（9）5 月 16 － 18 日，曹珺、李小平参加北京高校离退休干部党支部书记培训班。

（祁长青）

获奖情况

（1）2017 年 10 月，张慧摄影作品《我长大了，我也要像他们一样当个英雄》，荣获北京教育系统老同志摄影作品展二等奖；吕乃光作品《人民的生活像油菜花开的那样美好》荣获三等奖；王连程作品《冠军是我们》荣获三等奖。

（2）2017 年 10 月，离退休工作处荣获北京教育系统老同志“喜迎十九大 光影赞辉煌”摄影作品组织奖。

（3）2017 年 12 月，离退休工作处荣获北京高校离退休干部信息宣传工作先进单位。

（4）2017 年 12 月，学校关工委荣获 2017 年度北京教育系统关工委信息宣传工作先进单位。

（5）2017 年 12 月，学校关工委被授予“2017 年北京高校军训服装捐赠工作先进单位”。

（6）2017 年 12 月，学校关工委“弘扬优良传统，加强党性教育，争做时代先锋”教育活动，被北京市委教育工委评为“关心下一代优秀主题教育活动”纪念奖。

（7）2017 年 12 月，贺芳被评为 2017 年北京教育系统关工委信息宣传工作先进个人。

（8）2017 年 12 月，学校关工委“以育人为主线的老少共谈、老少共建、老少共进、老少共赢活动”北京市委教育工委评为“关心下一代优秀主题教育活动”三等奖。

（祁长青）

工会工作

概况

校工会是学校党政联系广大教职工的桥梁纽带，是教职工利益的代表者和维护者，具有维护、建设、参与、教育四项基本职能。校工会现有分管工会工作校领导1人，工会工作负责人1人，副主席1人，兼职副主席1人，工会干部3人；现有部门工会17个，部门工会主席17人。

校工会是教代会的工作机构，负责教代会的日常工作。主要承担着教职工代表大会的各项会议筹备、会务工作，负责做好教职工代表大会日常工作，指导二级教代会工作，以及做好教职工代表大会各专门工作委员会的协调工作。

2017年，校工会深入学习贯彻党的十九大精神和习近平总书记系列讲话精神，落实《关于加强和改进新形势下北京高校工会工作的意见》，切实发挥工会的桥梁纽带作用和教代会的民主管理、民主监督作用，不断提升工会的凝聚力和吸引力，团结动员广大教职工以学校“五个环境建设”为统领，推进学校超常规跨越式发展。

（白莎莎）

教代会工作

3月初，圆满完成二级教代会制度建设工作，全校17个二级单位通过教职工直接选举产生了二级教代会代表，召开了二级教代会，产生了二级教代会组长联席会主任及委员。二级教代会制度的建立，对加强基层民主管理水平和能力、建立科学规范的院级决策机制具有至关重要的作用。

12月27日，召开第一届教职工代表大会执行委员会（扩大）会议，以无记名投票方式表决通过了《北京信息科技大学劳务派遣工作实施方案》。

（白莎莎）

工会工作

（1）加强工会组织建设，夯实工会工作基础。截至3月中旬，17个部门工会全部顺利完成换届选举工作。在部门工会换届选举中，校工会制定了详细的工作实施方案，各部门工会召开了换届选举大会；5月18—20日，校工会举办了2017年工会干部培训会，邀请专家就如何做好工会工作、教职工之家建设、工会经费使用和管理等进行了专题讲座；同时，在工会干部中开展《中国人民共和国工会法》知识问卷答题活动，通过培训和学习，增强了工会干部工作的针对性和时效性。对小营校区和健翔桥校区教职工之家进行了地板和设备改造，对破损、老旧区域进行了修缮，基本满足了教职工的活动需求；分别指导和支持机电学院、通信学院、外国语学院、校区联合、后勤管理处等部门工会进行了教职工小家建设和改造，本着将“家”建实、建全、建美的原则，满足部门工会不同形式、突出特色的活动需求，为机电学院教职工小家申报北京市教育工会2017年度先进教职工小家，并接受片组专家验收。

（2）表彰先进教职工，树立示范榜样，发挥典型引领作用。9月7日，学校举行2017年庆祝教师节暨表彰大会，热烈庆祝第33个教师节。大会表彰了从教30年的教师和在学校各项工作中取得突出成绩的教职工，通过召开表彰大会，激励全校教师按照“四有好教师”的标准和“四个相统一的”要求，努力培养德智体美全面发展的社会主义建设者和接班人；11月，根据《关于开展北京市三八红旗奖章和三八红旗集体评选表彰工作的通知》（京妇发〔2017〕33号），校工会联合相关职能部门组成推选工作评审小组，开展了北京市三八红旗奖章和三八红旗集体申报和评审工作，向北京市推荐外国语学院杜佳楣老师为三八红旗奖章候选人；精心组织北京市第十届青教赛的校内选拔和参赛工作，学校参赛教师斩获北京市理工B组一等奖1个、三等奖1个、文史B组三等奖1个、最受学生欢迎奖1个、最佳教案奖2个，优秀指导教师奖1个，校工会获评优秀组织奖；11月3日-5日，校工会组织树人班学员前往大别山干部学院开展社会实践活动，通过聆听《学习贯彻十九大精神必须全面从严治党》专题讲座、开展现场教学活动，37位教职工接受红色教育，感受革命前辈们充满信仰的大无畏革命气概，在实践中进一步深入领会了党的十九大精神内涵。

（3）以教职工实际需求为导向，进一步提升精准服务教职工的能力和水平。将“生日送祝福”、“节日送温暖”建成工会常态化、普惠制的活动，为1700余名工会会员送上生日蛋糕卡和祝福，在元旦、“五一”、“十一”等节日为全体会员送上节日慰问品；为结婚、生育、父母去世的教职工发放慰问金共计21700元，慰问生病住院教职工19人；做好每年的教职工平谷疗休养、先进教职工北戴河疗休养工作，遵循“自愿报名、轮流参与”的原则，尽可能使更多的教职工享受疗休养待遇；在教师休息室提供咖啡、茶点等，供授课教师课间休息；为教职工联系购买产地直发的优质库尔勒香梨、栖霞苹果、江西莲子等；与长城汽车养护中心合作，为教职工提供汽车洗护优惠服务；与花旗银行合作，为教职工办理双币信用卡；为教职工集中办理公园年票；在护士节、教师节两节等节日走访慰问学校医护人员和从教30年教职工、劳模、优秀教师、两节坚守岗位的教职工；暑假期间走访慰问军训团和新校区指挥部教职工；按照上级工会及劳模办的要求及时维护、更新劳模数据库，做好劳模体检和疗休养工作，做好劳模慰问金的发放工作；为青年教职工子女联系并办理北师大新校区实验幼儿园、北师大沙河高教园小学、永泰小学、清河中学的入学工作，极大地解决了青年教职工的后顾之忧；在学校党政领导的大力支持下，由工会经费支出近10万元，完成母婴关爱室的改造和装饰，并如期投入使用；校工会深入一线了解困难教职工实际需求，建立困难职工档案和帮扶工作台账，扶助困难职工18位，扶助金额69936元；由爱心扶助金扶助患重大疾病教职工17位、家庭经济困难教职工5位，扶助金额130960元；为4位患病教职工办理互助保障理赔，理赔金额5万元；为2位教职工申报首都教职工爱心专项基金，扶助金额2万元；接受和发放上级工会拨款困难职工节日慰问金共计4724元。

（4）依托教职工文体社团，积极开展文体活动，促进校园文化建设，满足教职工精神文化需求。3月6—8日，组织庆祝“三八”妇女节系列活动，邀请北京工商大学教授、中国中医科学院主任医师孟宏为女教职工带来健康养颜讲座，组织女教职工参观国家博物馆“卢浮宫的创想——卢浮宫与馆藏珍品见证法国历史800年”专题展览，举办女教职工趣味运动会，为女教职工送上充实而有意义的节日礼物；4月，组织教职工参加2017年教职工运动会，全校800余名教职工参加竞技比赛；4月26日，在学校首届文化艺术节上，校工会举办了“同心杯”师生拔河比赛，通过师生共同组队参赛的形式，增强了师生之间的凝聚力；5 月 31 日，成立教职工棋牌协会，下设桥牌、双升、围棋三个分会；6 月 1 日，举办“探秘百年义利，庆祝快乐‘六一’”主题亲子活动，近 100 个家庭参与活动，通过参观义利面包工厂，亲自动手制做面包，教职工及其子女度过了一个快乐而难忘的“六一”儿童节；6 月 13 日，教职工“沁馨之美”文化作品展开展，展品涵盖摄影作品、书画作品、文学作品、手工作品，展现了教职工们健康明快、热爱生活的精神世界；10 月 25 日，在奥林匹克森林公园组织教职工健步走活动，900 余名教职工参与活动；11 月 1 日，举办“无悔年华育英才，金色时代写未来”主题座谈会，为年满五十岁的教职工集体庆生，畅谈交流学习十九大报告心得体会；11 月，举办“享冬日暖阳，户外健走三十天”活动，各部门工会和全校教职工积极响应，近 500 名教职工参与其中；12 月，校工会组织开展教职工羽毛球团体赛，12 个部门工会共计 140 余位教职工组队参加比赛，进一步丰富了教职工业余生活，活跃了校园文化气氛。

（白莎莎）

工会建设

（1）掀起认真学习宣传贯彻党的十九大精神的热潮。通过集中学习、座谈会等形式，认真研读党的十九大报告和党章修正案，学习习近平总书记在党的十九届一中全会上的重要讲话精神，同时，针对当前工会工作中存在的突出问题，找准关键，理清思路，更好地把十九大精神落实到工会工作和工会改革中来。

（2）坚持目标导向和问题导向相结合，对当前工作中的重点问题集思广益，专题研究。4 月 21 日，召开工会文体工作部署会，各部门工会文体委员对如何丰富协会活动，激发协会活力建言献策；10 月，向各部门工会征求教职工健康幸福工程意见，并形成《北京信息科技大学教职工健康幸福工程实施方案》（初稿）。

（3）充分运用“互联网＋”的思维，打造智慧工会。“北京信息科技大学工会”微信公众平台上线，进一步整合了工会网站、微信、QQ 等新媒体工作平台，开辟了新的宣传阵地，更好地实现教职工与工会的“一键互联”。

（4）严格工会经费收支管理，完成工会经审工作。根据上级文件要求和实际工作情况，认真编报工会经费收支预决算报表和收支预算调整报表，不断加强预算的科学性和准确性，严格开支标准，规范报销手续，坚持工会经费使用的合法合规、公开透明；认真自评自查，并配合会计师事务所完成 2015—2016 年度工会经费审查审计工作；规范大额采购招标程序，通过公开招标、评委投票的形式确定节日慰问品供应商，保证招标的公平、公正、公开，提高项目招标透明度，规范招标行为。

（5）求真务实，注重细节，高效高质地完成党建《基本标准》迎检工作。根据党建《基本标准》入校检查的内容、重点和方式等，认真做好支撑材料的整理和准备工作。以评促建，以评促改，做到边做边改，加强和改进校工会的党建和思想政治工作。

（6）增强安全意识，提升防范水平，落实平安校园建设各项要求。增强安全意识，落实安全责任，在重大活动和节假日前夕召开专门会议进行安全教育，严格按照学校校内、校外集体活动审批程序开展各类活动；加大硬件建设，提升防范水平，校工会现管理“职工之家”3 处，母婴关爱室 1 处，根据《北京信息科技大学关于开展全校安全隐患大排查大清理大整治专项行动的紧急通知》（校安稳发〔2017〕2 号），全面开展安全大检查，清理影响逃生通道的废弃物，修缮存在安全隐患的管道、墙壁等，向安稳处申请在教职工之家和母婴关爱室设置灭火器。

（白莎莎）

获奖情况

王磊，荣获北京市第十届青年教师教学基本功比赛理工 B 组一等奖、最受学生欢迎奖、最佳教案奖。

王茂，荣获北京市第十届青年教师教学基本功比赛理工 B 组三等奖、最佳教案奖。

王欣媛，荣获北京市第十届青年教师教学基本功比赛文史 B 组三等奖。

徐晓敏，荣获北京市第十届青年教师教学基本功比赛优秀指导老师奖。

校工会，荣获北京市第十届青年教师教学基本功比赛优秀组织奖；教育工会年度考核特色工作奖。

2017 年从事教育工作满三十年人员（23 人）							
马　洁	王兴伟	王丽霞	王德龙	卢献华	刘春萍	李　忱	李建勋
李　钢	杨　艳	邱　均	张立群	张学勇	张鸿斌	张景荣	周应朝
周脉伏	侯军歧	夏建军	徐秀芳	席　军	曹　霞	彭春玲	

表 9-2

2017 年度工会工作积极分子（201 人）							
于瑛英	于肇贤	卫昕欣	马　众	马牧燕	王小妮	王　子	王巧玲
王　宁	王兴伟	王宇奇	王　芳	王肖楠	王图宏	王　欣	王金红
王宗水	王　勇	王　准	王　娟	王梅娟	王　楠	王　鑫	牛润桃
仇　峰	毋政印	艾　瑞	石小滨	石桂芳	卢华明	田林子	田　甜
史兆全	史家俊	白　兵	白莎莎	白雪峰	朴林华	曲　青	吕继祥
吕　菁	回广福	朱　宇	刘为中	刘守君	刘丽华	刘秀丽	刘　凯
刘　超	齐亚宾	安　媛	祁长青	孙力华	孙伟业	孙　旭	孙　坚
孙佳秋	孙昭智	孙淑玲	贠立新	苏　鹏	杜　猛	杜　平	杜　莎
李小荣	李丹娜	李华艳	李　英	李忠刚	李春梅	李　响	李振松
李蒙丝	李　颖	李德生	杨升华	杨　华	杨志耘	杨　洁	杨　艳
杨　莉	肖　静	吴　进	吴娟娟	吴雪莲	吴淑君	邱明晓	邱景红
何颖利	谷隶栗	沈文珍	沈春雷	沈　度	宋建丽	张凤江	张双彪
张立新	张立群	张　帆	张　旭	张志华	张　利	张奇志	张明丽
张金晓	张昱婷	张　涛	张家林	张　晨	张　超	张　雅	张　锐
陈天宇	陈永存	陈启丽	陈　玲	陈　艳	陈莲莲	陈海涛	邵　飞
武海滨	范留军	欧阳波	卓奕君	罗　倩	金卫红	金　冉	周京华
周荔薇	周海亮	周　颖	郑　军	郑　玮	郑美玲	郎晓萍	孟李辛
孟　坤	孟祥光	赵玉静	赵庆聪	赵志耘	赵　贤	赵明镜	郝建臣
胡苏丽	胡信裕	段　娥	侯　婷	施运梅	姜燕扬	姚小敏	骆艳斌
袁建华	莫　宇	贾　泰	夏　帆	夏建军	柴海莉	徐杨梅	徐荣兵
徐　铭	高　宏	高宏山	高　英	郭小兵	郭阳宽	郭钟泽	唐　斌

续表

黄小杰	黄立农	黄静静	菅 瑞	曹玉平	曹 波	曹 霞	盛立国
常 城	康海燕	梁 希	梁彦丽	彭克勤	彭娟娟	葛春会	董明利
董 婧	程京艳	程祖庆	焦振娟	谢玉粉	谢 司	谢南贵	谢保杰
楚彦丽	赖 瑜	裴鹏程	谭德宏	颜淑贞	颜 瑞	薛 虹	戴长林
瞿晓燕							

共青团工作

概况

北京信息科技大学各级团组织是学校先进青年的群众性组织，也是学校党委的助手和后备军，担负着服务学校发展建设、服务学生成长成才的工作任务。校团委下设办公室、组织部、宣传部、学习实践部、文化艺术部、网络信息部 6 个部门，负责指导学生会、社团联合会、志愿者联合会、学术科技联合会、红十字会学生分会。校团委现有书记 1 人，副书记 2 人，校团委专职干部 1 人，艺术教育中心教师 4 人，其中艺术教育中心主任由 1 名副书记兼任。

2017 年，校团委在学校党委和上级团组织的正确领导下，在广大团员青年的积极参与和共同努力下，紧密围绕首都改革发展稳定的大局和学校育人中心工作，坚持“服务同学成长成才，服务学校建设发展”的工作方向，加强开展以团校为主要形式的团学干部培训活动，开展“一学一做”，充分发挥青年工作与时俱进、善于创新的特点，组织开展全校范围内的学习十九大精神的团日活动，提高广大青年学生对社会主义核心价值观的学习激情，引导学生树立正确的世界观、人生观、价值观，确保广大青年学生在思想上与党中央保持一致，整合资源，协同各部门、学院举办首届文化艺术节和首届科技创新节。初步形成了以主题教育为特色的思想工作平台，以社会工作岗位锻炼为重点的组织建设平台，以社会实践和志愿服务为主体的课外实践教育平台，以“创新杯”为龙头的课外科技创新创业平台和以素质拓展计划为主线的素质拓展平台，为构建学生第二课堂培养和教育体系提供了有力的保障和坚实的基础。

（贾 斌）

宣传思想政治教育

校团委宣传部始终秉承关注青年呼声、引领青年思想、服务青年学习生活的理念，在坚持以宣传党团思想为中心的基础上，利用多种多样的宣传形式和方法贴近、凝聚、引导和服务广大青年。

（1）勤信青年微信平台建设。2017 年平台粉丝量达到 13000+，文章原创率到达 95% 以上，平均阅读量保持在 1000 人次左右。勤信青年利用新媒体优势逐渐启用新形式辅助团委工作的开展，发起多次网络投票、网上征文等功能增加与用户的互动，并添加“小勤打卡”的小程序功能。在推送的内容上更加注重内涵的同时不断增加其可读性，充分利用条漫、视频、动图、H5 等不同形式加强宣传，在宣传主题上坚持两条主线，其一是团委工作的宣传和成果的展示，其二是传播身边人的正能量。

（2）团市委宣传通知、团委网站、校内宣传栏管理等工作。对团市委要求的宣传工作均按时按质完成。组建学校文明网络志愿者和加强网络信息宣传员队伍建设等多项工作。完成日常新闻稿向团市委报送工作，2017 全年在团市委网站共发布 34 篇，并配合完成校团委官方网站的维护和更新。完成对校内团属橱窗的规整工作、明确使用办法、制定相关条例等。

（姜婕妤）

组织建设工作

（1）大力推进党建带团建工作。以“双闪亮工程”为载体，深入开展党建带团建活动。持续开展初级、高级团校系列培训，提高团学干部的思想水平和工作水平。

（2）进一步加强基层团组织建设。增强团支部的凝聚力、创造力、战斗力，提升团干部的综合素质，组织开展“活力团支部、十佳团支书”评选活动。

（3）号召全校广大团员青年深入学习宣传贯彻党的十九大精神和习近平新时代中国特色社会主义思想，组织开展“青春建功十九大，砥砺逐梦勇担当”主题团日活动，学习期间推出了深受学校广大青年认可的“十大梦想，十大责任”。

（4）引导全校广大团员青年深入学习习近平总书记弘扬中华优秀传统文化系列重要讲话精神，在校园内营造浓厚的学习氛围。组织开展“传承传统文化，共创和谐校园”主题团日活动。

（5）根据团中央及团市委文件要求，完成团费收缴、团情统计等基础团务工作。

（6）开展评比表彰工作。5 月，开展了校级和北京市级“优秀团员”“优秀团干部”“优秀团支部”评比表彰工作。12 月，开展校级和北京市级“三好学生”“优秀学生干部”“先进班集体”评比表彰工作。

（毋政印）

学生科技创新活动

（1）1 月 17 日，组织举办学校第十一届“创新杯”大学生创业计划竞赛，选出优秀作品参加第九届“挑战杯”首都大学生课外学术科技作品竞赛，参赛作品获得北京市一等奖一项，二等奖四项，三等奖五项。

（2）9 月 27 日，校学术科技联合会在小营校区报告厅召开全体大会，宣布新一任主席团部长、副部长名单，并对上一任部长们颁发聘书。

（3）10 月 23 日，结合学校首届科技创新节，组织举办第十二届“创新杯”大学生学术科技创新竞赛。

（4）11 月 16 日，举办首期信息科大“创享论坛”。

（5）12 月 23 日，举办第二届“校友杯”创业大赛。

（6）12 月 16—17 日，27 份作品参展第六届大学生科技创新作品与专利成果展示推介会，学术科技联合会被授予“最佳组织奖”。

（陈天宇）

学生会工作

(1) 3月7日，2017年女生节在三校区开展。活动以学院拍摄祝福视频的形式展开。

(2) 3月16日，以“我发现、我建议、我改变”为主题的学生意见征集活动在小营、清河及健翔桥校区开展，共计收集到339份意见单。

(3)3月23日，第十四届宿舍文化节在三校区同时启动，开展了“三行情诗征集”“绿色淘宝”等活动。

(4) 5月16日，“品诗词美，承中华魂”首届诗词大会决赛举行，理学院荣获冠军，研究生学院与经济管理学院分别获得亚军和季军。

(5)5月22日，“音为你 乐动听”十佳歌手大赛决赛举行。史梦媛，刘畅、王靖元（组合）、黄柳惠三组选手分别夺得了冠、亚、季军。

(6) 5月24日，2017年“勤信杯”三球联赛完成，经济管理学院学院荣获足球冠军，信管学院与计算机学院分别获得篮球及排球联赛冠军。

(7) 6月12日，“心生而言立，言立而文明”先锋论坛辩论赛落下帷幕。计算机学院获得冠军，公管学院获得亚军，外国语学院和信管学院获得季军。

(8) 6月29日，吾爱吾师——信息科大毕业生最喜爱的老师推选活动结束。经管学院张志凤，自动化学院厉虹，理学院张静华、马余全，马克思主义学院曹霞，外国语学院张广奇，机电学院张婧梅，通信学院程立军，信管学院王磊，计算机学院莫宇被评选为毕业生最喜爱的老师。

(9) 9月20日，首届科技文化节拉开帷幕。副校长许宝杰主持，党委书记王传亮致开幕词。

(10) 11月9日，第三次学生代表大会第三次全体代表会议举行。

(11) 11月12日，2017年普通话水平免费测试进行，共500人左右参加了本次普通话测试。

(12) 11月26日，学生会在小营校区办阶一教室召开第三届第四任全体大会，宣布新一任主席团部长和副部长的名单，并为上一任部长们颁发聘书。

(13) 11月30日，“遇见大学遇见你”新生风采大赛决赛正式落幕，选出歌舞组、语言组、其他组冠军奖项各一名。

(14) 12月15日，以“青春建功十九大，砥砺逐梦勇担当”的校学生会团日活动展示交流会举办。

（陈天宇 毋政印）

学生社团工作

2017年全校共有注册社团66个，分为文化体育类、学术科研类、思想政治类、志愿公益类、创新就业类、其他类六个类型。

(1) 3月，印发《北京信息科技大学学生社团管理办法》，社团联合会组织社团负责人开展社团大会进行学习。

(2) 4月5日，社团联合会承办文化艺术节之“心灵之声”残疾人艺术团展演。

(3) 4月23日，社团联合会承办文化艺术节之“杜丽娘与朱丽叶”专场演出。

(4) 5月3日，社团联合会开展文化艺术节之社团文化节之社团游园会活动。

(5) 5月3日，社团联合会开展“我与传统文化同行”传统文化之夜文艺演出。

(6) 6月，社团联合会组织学生社团“十佳”评比，评比包括“十佳社团”和“十佳社团人”。

(7) 6月13日，社团联合会承办学校首届文化艺术节闭幕式暨毕业季管乐专场音乐会。

(8)9月22日，社团联合会组织全校所有学生社团开展“百团大战”社团招新活动。

(9) 10月18日，社团联合会开展第十一届社联换届暨社团代表大会。

(10) 10月至12月，社团联合会开展科技创新节之走进科技类社团活动，带领学校师生走进学校G-Robot、无人航空器技术研究协会、ifLab等社团。

(11) 12月21日，社团联合会开展了科技创新节之走进科技类社团座谈会。

（郭 颖 毋政印）

艺术教育工作

(1) 3月，校国标舞蹈团参加第19届全国CBDF“院校杯”国际标准舞公开赛。

(2) 4月5日，由校团委文化艺术部协同北京市“心灵之声”残疾人艺术团举办文化艺术节之“心灵之声”专场演出。

(3) 4月23日、24日，由校团委文化艺术部主办、北京外国语大学艺术研究院承办的纪念汤显祖、莎士比亚逝世400周年国家艺术基金2016年度资助项目——跨界戏剧《杜丽娘与朱丽叶》成功举行。

(4) 5月6日，校合唱团Vocal9阿卡贝拉分部，代表学校参加中央民族大学举办的“共声的名义阿卡贝拉文艺会演”，演唱《Pay phone》和《Best of 2016 medley》两首曲目。

(5) 5月9日，校合唱团Vocal9阿卡贝拉分部，代表学校参加北京交通大学举办的“第三届北交阿卡贝拉vivo club专场音乐会”，演奏曲目《Pay phone》《Best of 2016 medley》。

(6) 5月19日，由校团委文化艺术部和校友会共同主办的北京信息科技大学1967届校友毕业50周年返校聚会活动成功举行。1967届毕业生、校友代表、校友特邀代表、校友会秘书处及相关人员，校友工作志愿者协会成员及有关工作人员参加了此次活动。

(7) 5月23日，校话剧团在大学生文化艺术中心与社团联合会举办传统文化之日晚会。

(8) 6月28日，Bistu钢琴艺术团夏季音乐沙龙举行。

(9) 6月，小管弦乐团参与学校首届文化艺术节开幕式，演奏弦乐重奏《蓝色多瑙河》。

(10) 6月，校民族舞蹈团、校国标舞蹈团举办首届“舞绽青春”校园舞蹈大赛。

(11) 7月，校管弦乐团参与学校首届文化艺术节闭幕式——《致敬经典·青春不散场》暨毕业季管乐专场音乐会。

(12) 7月，学校艺术教育中心副主任、国家级评审、校舞蹈团指导教师孙豆豆，在cetv1教育频道播出被中国梦纪录片展播的采访

(13) 8月，管乐团完成新学期招新工作。

(14) 8月，校民族舞蹈团、校国标舞团优秀骨干赴上海参加上海黑池舞蹈节进行暑期社会实践。

(15) 9月27日，Bistu钢琴艺术团新生见面会举行。

(16) 10月，学校教师孙豆豆参加2017第六届大学生戏剧节，

出演《秋子的心事》中的女一号秋子。

（17）12 月 27 日，Bistu 钢琴艺术团、校合唱团、校话剧团参加学校 2017 年科技创新节闭幕式暨学生年度颁奖典礼表演。

（18）12 月 28 日，Bistu 钢琴艺术团钢琴艺术团夏季音乐沙龙举行。

（19）12 月，校国标舞团与校民族舞蹈团联合成立校舞蹈团团支部。

（20）12 月，由校团委主办，校民族舞蹈团和校国标舞蹈团承办青年舞蹈家、北京舞蹈学院刘岩教授《梦想永不凋零》主题报告。

（21）2017 年，校民族舞蹈团剧目《差莫 · 阿莫》受邀参加北京信息科技大学科技创新节闭幕式暨学生年度颁奖典礼。

（22）2017 年，校民舞团、校国标团主办的“青春见证、岁月无痕”专场晚会受全国舞蹈《尚舞》刊物采访。

（23）2017 年，校艺术教育中心副主任、国家级评审、舞团指导教师孙豆豆受邀担任 2017 年首都高校第九届体育舞蹈比赛裁判。

（郭　颖　肖　潇　孙豆豆）

社会实践与志愿服务工作

校团委充分发挥社会实践作为加强和改进大学生思想政治教育重要途径的优势，鼓励学生积极地参加寒暑假社会实践，荣获“青年服务国家”2017 年度首都大中专学生暑期社会实践先进单位。

（1）3 月 31 日，学习实践部举行 2017 年“寒假社会实践分享会”暨颁奖典礼。

（2）5 月 17 日、6 月 7 日，学习实践部承办以“学党史，强党性，献礼十九大”为主题的党章党史知识竞赛初赛、决赛。

（3）6 月 20 日，学习实践部下发《关于组织开展 2017 年北京信息科技大学暑期社会实践活动的通知》。

（4）9 月 15 日，校团委学习实践部开展“2017 北京信息科技大学暑期优秀社会实践团队”评选工作。

（5）9 月 28 日，校团委学习实践部换届大会圆满召开。

（6）10 月 31 日，学习实践部举办 2017 年暑期“实践归来话收获”宣讲会暨颁奖典礼。

志愿者工作紧紧围绕“项目化，品牌化”工作重心，牢固树立校、院两级志愿服务品牌，积极加强社会公益服务活动，各项工作扎实推进，在公益服务，形象树立，人才培养方面取得了一系列成绩，获得了多个奖项。目前，学校有 22 个志愿类学生社团，参与学生 8600 多人次。主动深入西三旗等周边社区，重点加强支教等重点团队建设。目前，学校已经有石油学院第二附属实验小学、南沙滩小学 2 个稳定的支教基地，建立了中国科技馆、小汤山动物保护基地等 9 个固定的志愿服务基地。

（1）1 月至 3 月，举行“温暖衣冬”志愿服务活动。

（2）3 月，对学校贫困生归家的往返路费予以报销。

（3）3 月 6 日，在三校区进行“雷锋日”外展宣传活动。

（4）4 月 17 日至 27 日，开展心愿卡的设计、评比、展示、外展，以及心愿卡领取活动。

（5）4 月 25 日至 26 日，校运动会志愿服务工作。

（6）5 月 19 日，参加校友会志愿服务工作。

（7）5 月 24 日，学校国际文化节志愿服务工作。

（8）5 月 24 日，“2017 北京马拉松”志愿者面试工作。

（9）6 月 16 日，参加文化艺术节“舞燃情”舞蹈大赛志愿服务工作。

（10）9 月 5 日，北京西站迎新生志愿工作。

（11）9 月 12 日至 14 日，三校区招新工作。

（12）9 月 17 日，组织志愿者参加北京马拉松大赛志愿活动。

（13）10 月 7 日，组织志愿者参加中宣部、国家发展改革委、中央军委政治工作部、北京市委在京联合举办的“砥砺奋进的五年”大型成就展志愿服务工作。

（14）10 月 16 日，举办第九届校志愿者联合会换届大会暨学年度优秀志愿者表彰大会。

（15）10 月 27 日，在健翔桥校区进行“2017 国际泳联短池游泳世界杯（北京站）”志愿者面试工作。

（16）11 月 2 日，进行大一新生班长志愿北京注册培训。

（17）11 月 10 日至 11 日，参加“2017FINA 国际泳联游泳世界杯系列赛”志愿服务工作。

（18）11 月 11 日，参加华北五省机器人大赛志愿服务工作。

（19）11 月 14 日，进行校园招聘会志愿服务工作

（20）12 月 5 日，举办“一二 · 五”国际志愿者日外展

（21）12 月 13 日，聘请青年舞蹈家、北京舞蹈学院刘岩教授为学校志愿者联合会校外顾问。

（陈天宇　孙豆豆）

网上共青团工作

（1）4 月 15 日，开展国家安全教育日宣传活动之线上宣传及线下普及活动。

（2）8 月 30 日，响应团市委推广“共青云”系统，开展团内统计工作，全面掌握团组织、团员和团干部队伍发展状况。

（3）2017 年，网络信息部制作“信息科大共青团在线”APP 手机软件，共发布理论学习课程 40 余项，注册学习人数突破 1000 人，是北京共青团第一个理论学习软件。并定期对校团委官方网站进行维护和更新。

（张迎雪）

红十字会工作

学校红十字会学生分会在学校党委领导和校团委指导下，接受北京市红十字会业务指导，致力于用爱心和实际行动感染校内外师生，传递温暖正能量，积极扩大社会综合影响力。

（1）1 月 15 日，参加红十字与红新月会联合会和中国红十字会总会联合开展的“青春善言行”同伴教育讲师培训班。

（2）3 月 1 日，开启“爱心衣橱”捐衣活动，此活动所收集的衣服全部捐赠于工友之家。

（3）3 月 26 日，参加由北京市红十字会学校工作委员会主办，首都经济贸易大学承办的 2017 年首都高校红十字会交流会（第二分会场）。

（4）3 月 27 日，开展防治结核病宣传活动。

（5）4 月 22—23 日，邀请北京市红十字会专业讲师在小营校区报告厅开展初级急救培训活动，32 名学员取得初级急救证。

（6）4 月 27 日，邀请北京市海淀区中华骨髓库造干分部“荣昱”开展造血干细胞宣讲会。

（7）5 月 8 日，开展“世界红十字日”宣传活动。

（8）5 月 14 日，红十字会学生分会手语队受邀参加北京第二外国语学院手语社社庆。

(9) 5 月 19 日，开展预防艾滋病同伴教育活动。

(10) 5 月 21 日，第 34 个国际艾滋病烛光纪念日举办烛光纪念活动。

(11) 5 月 25 日，承办 2017 年夏季无偿献血活动，三校区共计 239 人参加，献血量 47800 毫升。

(12) 6 月 2 日，承办海淀区高校艾滋病小组辩论赛第四组四进二比赛，参赛学校：北京工商大学、北京联合大学应用文理学院、北京培黎职业学院及中国政法大学。

(13) 6 月 2 日，参加由北京市红十字会主办的 2017 年首都红十字青年骨干能力建设培训班。

(14) 6 月 10 日，参加由北京市海淀区防艾委办公室举办的“2017 年以爱抗艾海淀区高校大学生创意文艺比赛”。

(15) 6 月 11 日，承办海淀区高校艾滋病小组辩论赛第四组决赛，参赛学校：北京工商大学和中国政法大学。

(16) 7 月 23 日，参加中国红十字会总会举办的 2017 年海峡两岸交流活动。

(17) 9 月 2 日，参观北京地坛医院“红丝带之家”。

(18) 9 月 21 日到 22 日，举办“红鼻子”爱心公益捐赠活动。

(19) 9 月 26 日、28 日，10 月 17 日、19 日，共举办四期青春善言行同伴教育培训活动。

(20) 10 月 20 日，参加 2017 年探索人道法项目首都高校同伴教育培训班。

(21) 11 月 17 日，邀请北京农学院静茵手语社社长毕昆手语公开课，71 名学生参加。

(22) 11 月 21 日，邀请北京市红十字会专业讲师开展应急救护培训活动，152 名学员取得应急救护证。

(23) 11 月至 12 月初，开展防艾系列活动。截至 11 月 14 日，共举办四期预防艾滋病同伴教育活动；11 月 23 日，邀请北京地坛医院疾病与研究中心杨思源教授和北京红丝带之家资深志愿者李一龙老师开展“2+1”红丝带高校行防艾宣讲活动；11 月 29 日，开展防艾宣传电影展映活动；11 月 30 日，举办第四届防艾宣传红丝带灯展活动；12 月 1 日、12 月 2 日，开展大型防艾宣传外展活动。

(24) 12 月 7 日，承办 2017 年冬季无偿献血活动，三校区共计 357 人参加，献血量 119200 毫升。

(25) 12 月 12 日，举办爱心义卖活动。

(26) 12 月 21 日，参加“北京市十佳防艾活动”颁奖典礼。

(27) 3 月至 12 月，红十字会学生分会志愿者长期参加清河敬老院志愿服务活动、燕京小天鹅公益支教活动、阳光助残“温馨家园”志愿服务活动。

（陈天宇　肖　潇）

机关党委工作

概况

机关党委（机关工会）于 2004 年 9 月成立，是在学校党委领导下、建立在学校党政机关职能部门的基层党组织（群众组织）。2017 年，机关党委在学校党委的正确领导下，深入学习贯彻党的十九大和习近平系列重要讲话精神、全国和北京市高校思想政治工作会议精神，切实增强四个意识，围绕学校中心工作，以“五个环境建设”为统领，落实学校“十三五”事业发展规划建设任务，持续推进机关党的思想、组织、作风、制度和党风廉政建设，推进机关工会组织建设和谐校园，扎实做好年度各项工作。

截至 2017 年年底，机关党委共有 19 个支部，覆盖 24 个处级部门。党员 213 名（其中：预备党员 2 名），入党积极分子 1 人。机关工会挂靠机关党委，有 21 个工会小组，覆盖 2 个院级党委，25 个处级部门。工会会员 292 人，非事业编新入会会员 19 人。

（楚彦丽）

党建工作

机关党委党员 213 人，比上一年度增长 15 人。发展教职工党员 2 人，新增教职工入党积极分子 1 人。2017 年 6 月，组织党建工作考核与评优工作，获评校级优秀党支部 2 个，优秀党务工作者 4 人，优秀共产党员 10 人。安稳处党支部被评选为第二批“示范党支部”建设点。

（楚彦丽）

推进“两学一做”学习教育常态化、制度化

机关党委把推动“两学一做”教育常态化、制度化作为 2017 年党建工作的重点任务，紧密结合实际，突出“学”“做”，注重落细落实落小。

1. 强化政治理论学习，认真践行“两学一做”学习内容。(1) 机关党委专题研究制定机关处级干部、党员、教职工三个层面的学习计划，将机关 50 多名处级干部分成四组，认真落实中心组每年集中学习 12 次以上、教职工及党员每个月集中半天的学习制度，注意创新学习形式，明确学习重点。(2) 在“学”上深化拓展，把集中学习和个人自学结合起来，重点学习党章党规、党的十八届六中全会精神、十九大精神、习近平系列重要讲话精神、全国和北京高校思想政治工作会议精神、党建知识、社会主义核心价值观、党风廉政建设等，引导党员干部准确把握国家大政方针和政策导向。(3) 充分利用北京高校教师党员在线等平台，引导党员利用网络自主学习、互动交流。2017 年，机关 211 名党员全部完成党员在线不少于 12 学时的学习任务。

2. 加强对党支部的工作指导，提升支部工作水平。(1) 完成了对党支部的考核工作。坚持从严从实组织开展党支部考评，按照学校《党支部考评办法》，结合考评指标体系，检查《党支部工作手册》，参照实际表现，对支部 2016 年度的党建工作进行了全面梳理，推动全面从严治党向基层延伸。(2) 建立了机关党委委员联系党支部、支部书记例会制度。通过参加支部活动以及工作例会，加强对党支部工作的分类指导，促进支部党建工作，支部建设整体水平提高。2017 年共召开支部书记会 8 次。(3) 组织 19 个党支部书记就 2016 年度围绕“两学一做”学习教育、抓好支部党建工作进行书面述职。(4) 做好组织生活会、“三会一课”、民主评议党员制度的落实工作。通过支部书记例会、走访了解、检查《党支部工作手册》等方式，及时检查党支部贯彻落实“三会一课”制度情况。党支部至少每月召开党员大会 1 次。11 月，党支部均完成了十九大党课的宣讲活动。年初，严格按照“两学一做”专题组织生活会的要求，进行了党员干部之间谈心交心，逐个开展批评和自我批评，民主评议党员等工作。

3. 坚持问题导向，建立支部台账与问题清单，排查薄弱党支部。(1)

党支部组织党员围绕落实主体责任、工作任务、理论学习、党员教育、“三会一课”、主题党日活动、发展党员工作、服务党员群众、师生满意度等方面对2016年和2017年开展工作的情况全面梳理自查，找出薄弱环节，研究分析薄弱环节存在的原因，有针对性地提出整改措施和整改期限，确定今后工作的努力方向。（2）机关党委结合支部在各方面开展工作的表现，与每一个党支部共同研究，梳理查找出党支部的工作薄弱环节，排查软弱涣散党支部。

4. 做表率、当先锋，践行社会主义核心价值观。（1）党支部积极开展党员责任区、示范岗、承诺践诺活动，机关各部门亮明身份、佩戴党徽、接受群众监督，引导党员立足岗位，发挥先锋模范作用。2017年，学校为迎接建党96周年开展党内评优活动，机关党委获评优秀党支部2个，优秀党务工作者4人，优秀共产党员10人。安稳处党支部被评选为第二批“示范党支部”建设点。（2）在“共产党员献爱心”捐款活动中，机关198名党员、入党积极分子和群众踊跃捐款共7015元。

（楚彦丽）

深入学习党的十九大精神

按照要求制定机关党委收听收看十九大开幕式、闭幕式方案，以党支部为单位组织党员干部群众集中收听收看十九大开幕式、闭幕式并进行讨论。组织处级理论中心组学习，领导干部带头学习，并到所联系党支部或所在党支部宣讲十九大报告精神50余人次，各党支部结合处级干部宣读十九大精神活动，采取集中或自学方式分专题深入学习十九大精神。组织全体机关会员参加学习党的十九大报告答题活动。

做好意识形态和安全稳定工作

机关党委高度重视意识形态工作，认真落实意识形态工作责任制，对支部书记进行意识形态工作培训、支部书记例会强调意识形态工作、校领导和处级干部到所联系的党支部上党课、每学期开学和各种重大活动期间进行教职工思想动态调查、开展形式多样的机关教职工思想政治教育，把握意识形态主动权。机关党委重视维护学校安全稳定工作，严格按照校内、校外集体活动审批程序开展各类活动，制定安全预案，对职工加强安全教育。按照《关于开展全校安全隐患大排查大清理大整治专项行动的紧急通知》要求，对三号办公楼各办公室开展了安全隐患排查工作。

（楚彦丽）

构筑机关反腐倡廉防线

1. 在制订年度工作计划和年度工作总结时，将党风廉政建设纳入工作的重要内容，认真组织并积极参加学校组织的有关党风廉政建设会议、讲座和活动，及时传达相关文件和会议精神，认真开展执行“八项规定”自查工作。

2. 在机关党委的委员中，指定专人做纪检委员，党支部设立纪检委员，通过召开委员会、支部书记会等提高认识，进一步增强执行党风廉政建设责任制的自觉性，为保证党的基层组织建设和党员的思想建设奠定思想基础。

3. 组织好处级理论中心组的学习。将《关于新形势下党内政治生活的若干准则》和《中国共产党党内监督条例》、习近平总书记关于全面从严治党、严明党的政治纪律和政治规矩等方面的论述作为重点，自觉在思想上和行动上同党中央保持高度一致。

4. 开好处级干部的民主生活会。重点对照《关于新形势下党内政治生活的若干准则》和《中国共产党党内监督条例》，针对牢固树立“四个意识”，严守党的政治纪律和政治规矩，继承和发扬党的优良传统和作风，践行正确政绩观，结合思想和工作实际，开展党性分析。

5. 组织全体党员集中收看反腐倡廉宣传片《北京市正风肃纪教育片选集》，并就警示案例进行研讨和撰写心得体会。党支部严格执行“三会一课”制度，组织党员到北京市反腐倡廉教育基地接受教育，开展主题党日活动，按照校党委组织部部署组织专题组织生活会和开展民主评议党员工作，坚持问题导向，深入查找和解决突出问题，严肃认真开展批评和自我批评，进一步强化党的观念、提高党性修养，增强“四个意识”。

6. 加强廉洁自律工作，增强工作的透明度。认真执行领导干部重大事项报告制度，按时上报各类党风廉政自检表等。

7. 按照党风廉政风险防范管理的要求开展工作，在发展党员、经费支出、各种评选等工作环节，按照学校、机关党委、机关工会的工作制度和规定办事。

8. 做好党务公开工作。利用机关党委网站，将机关党委和机关各党支部每年开展的各种活动、工作总结、下一年度计划等及时在网站公布。

《基本标准》进校检查工作

市委教育工委11月份对学校贯彻落实《北京普通高等学校党建和思想政治工作基本标准》的情况进行集中检查。机关党委高度重视，及时进行研究部署，通过召开支部书记会，组织党支部书记学习《基本标准》和相关精神要求，认真制定迎检方案，对照《基本标准》，做好自查自评，梳理5年来开展的工作，形成《总目录》，扎实落实好迎接检查的各项工作。

（楚彦丽）

以“五个环境建设”发展战略为统领，聚人心，促和谐

1. 抓好激励关怀帮扶机制。关注机关教职工的思想动态和利益诉求，做好送温暖及重病住院、家庭困难教职工的帮扶工作。在党员中，认真实施党内激励关怀机制，注意从思想、工作、生活上全方位关怀爱护，抓好“七一”“十一”和节前慰问看望，2017年看望生病和慰问困难党员3人。

2. 指导机关工会开展丰富多彩的活动。机关工会围绕学校中心工作，积极开展有利于和谐校园建设和增进身心健康的活动。如：“两节”慰问、庆“三八”节、“教师节”系列活动、踏青、赏花、健步走、知识问答、运动会、观看电影、迎新年扑克牌比赛等活动。

（楚彦丽）

工会工作

（1）3月，机关以各工会小组为单位组织女职工开展踏青、赏花、健步走等活动。

（2）4月，参加学校2017年田径运动会，机关代表队获得教职工团体总分第一名。

（3）5月，参加校工会组织的首届文化艺术节“沁馨之美”教职工文化作品展，获得最佳组织奖。王希、孙旭、孙佳秋、李奇轩、杨志耘、徐铭、马丁、郑晓明8人获得优秀作品奖。

（4）5月，组织机关工会50名会员到北京野鸭湖湿地公园开展健步走活动。

（5）9月，组织机关会员观看电影《敦刻尔克》、《战狼2》，机关

195 名会员参加活动。

(6) 10 月，在校工会组织的“教职工奥森公园健步走活动”中，机关一队和二队分别获得 10 公里争先组“二等奖”和“三等奖”。

(7) 12 月，组织会员进行十九大报告答题活动，机关 21 个工会小组的 288 名会员参加了活动。

(8) 12 月，参加学校“享冬日暖阳，户外健走三十天”教职工健步走活动，获得优秀组织奖。

(9) 12 月，29 人被评为学校 2017 年“工会工作积极分子”。

(10)）12 月，参加学校迎新年教职工扑克牌（争上游）团体赛，机关二队和一队分别获得二等奖和三等奖。

(11) 12 月，参加学校羽毛球比赛，获得 2017 第三届教职工羽毛球混合团体赛第一名。

(12) 2017 年，为机关生病住院、生活困难、结婚、退休、生育、家庭发生变故的 25 名教职工送去慰问金 4800 多元。

（楚彦丽）

校区联合党总支

概况

校区联合党总支于 2010 年 9 月成立，现有三个党支部（健翔桥校区党支部、东部校区党支部、清河校区党支部），在职党员 14 名。2017 年，退休党员 4 名，入党积极分子 2 名。校区联合工会在校工会和党总支领导下开展工作，设有 4 个工会小组，共有工会会员 45 人。

2017 年，校区联合党总支深入开展学习党的十九大精神和习近平系列重要讲话精神、学习贯彻习近平两次视察北京重要讲话精神、抓好北京市第十二次党代会精神和全国高校思想政治工作会议精神的学习宣传落实。围绕学校“十三五”事业发展规划和“五个环境建设”战略思考，牢固树立全面从严治党要求，坚持把“两学一做”学习教育常态化制度化纳入党总支管理党员的责任清单，继续深入推进党风廉政建设“一岗双责”落实，发挥党支部的战斗堡垒作用和党员的先锋模范作用。

（张家林）

党建工作

牢固树立“四个意识”，强化责任担当，把学习贯彻党的十九大精神与深入贯彻习近平总书记两次视察北京重要讲话精神相结合，深入开展调查研究。准确把握党建在党总支工作中的切入点，推进工作全面发展，改进工作作风；全面学习宣传贯彻新时代加强党的建设新要求，教育引导所属党员学习、遵守、维护党章，把党章要求贯彻到党总支建设全过程。按时完成党员在线学习时数，组织处级理论中心组完成年度 14 个专题学习与交流研讨。做好意识形态舆情监测、研判与处置，落实意识形态工作责任制。

组织建设方面

1. 筑牢党总支主体责任。一是制定“党建工作责任制”、“党建工作计划”，强化党总支成员和领导干部“一岗双责”履责意识。二是依照《北京信息科技大学院级党组织工作 2017 年考评标准》，推进各支部党建工作规范化制度化。三是迎接市委教育工委《基本标准》检查，健全支撑材料。

2. 树立一切工作到支部的导向。一是以支部为单位，学习宣传贯彻党的十九大精神。组织收看十九大报告开幕式，组织开展学习十九大精神有奖答题活动，组织所属处级干部参加学校“学习贯彻党的十九大精神辅导报告会”，并在所联系的党支部进行十九大报告宣讲。二是以合格党支部建设规范为指引，结合“三会一课”制度，细化党员教育管理，严肃和规范党内政治生活。三是指导各党支部开展“重温入党誓词、佩戴党徽亮身份”主题党日活动。开好党员民主生活会，注重人文关怀和心理疏导，思想工作落到实处。

3. 强化党员党性意识。深入学习习近平总书记“七一”、“7·26”重要讲话精神、全国和北京高校思想政治工作会议精神，收看 10 集电视专题片《将革命进行到底》，全面推动“两贯彻一落实”。暑假期间，参加学校组织的“井冈山精神”和“弘扬红旗渠精神”党性教育实践活动。

作风建设方面

深化“两学一做”学习教育活动。进一步落实推进“两学一做”学习教育常态化制度化要求，结合《关于推进“两学一做”学习教育常态化制度化的实施方案》，按照党党总支、党支部、党员和党员领导干部四类主体，梳理出 50 项具体任务清单，严格对照落实，把管党治党纳入量化、责任化管理。认真领会并牢记十九大报告中对党章的修改部分，以党章为根本遵循，牢固树立四个意识，做政治上的明白人。

党务公开方面

校区联合党党总支由专人负责，定期在校园网上更新党务公开内容。注重实效性，与中心工作、作风建设、民主建设有机结合，不断扩大党员群众的知情权、参与权、监督权，全面树立“阳光党务”新理念。

党风廉政建设方面

认真落实党风廉政建设责任制，把纠正“四风”工作作为落实主体责任、加强党风廉政建设的一项重要内容；认真履行“一岗双责”，带头落实“八项规定”精神。把预防腐败教育摆在党总支党风廉政建设的首位；开展警示教育学习，推进廉政文化建设，加强党总支党员干部廉政意识，提高党性修养和道德品质；从思想上筑牢拒腐防线，提高党员领导干部廉政勤政的自觉性，自觉接受上级监督、群众监督、组织监督。

安全稳定、统战和保密工作

一是专门成立安全稳定、保密工作领导机构并配备兼职干部，切实把保密教育和校园安全稳定工作贯穿于日常工作中，严格落实学校网络安全管理相关要求，做到有制度、有检查、有预案。二是严格遵守保密法及学校的各项保密规章制度，把保密工作与业务工作同计划同部署同检查同总结；严格保密载体的使用、保管，并在醒目位置张贴学校统一标识。三是按学校要求配备统战委员，落实统战工作任务，定期组织教职工学习宣传民族政策、中国特色社会主义宗教理论，做实民族团结工作。

（张家林）

工会工作

2017 年，校区联合工会坚持维护教职工合法权益，为广大教职工服务，营造宽松和谐民主氛围，促进学校工作健康发展。

校区联合党总支积极支持工会独立开展工作，根据校区实际情况开展建小家活动，通过加强对会员的宣传教育，提高会员服务教职工的自觉性；通过加强工会自身建设，提高会员服务教职工的能力，关心教职员工生活，以为员工办好事办实事为己任，努力为员工排忧解难。依照校工会的安排，组织教工疗养、体检，多次为教工订购应季水果、大米等，让职工感受到工会组织关怀。

落实教职工“健康幸福工程”，参加校工会组织的运动会、健步走等活动。深入工作第一线，了解教职工的工作、学习、生活状况，关注家庭困难的教职工。

（张家林）

教辅单位党总支

概况

教辅单位党总支于 2010 年 9 月成立，由图书馆、机电实习中心、信息与网络管理中心、继续教育学院四个党支部组成。截至 2017 年年末，教辅单位党总支所属各单位共有教职工 105 人（含非在编职工 35 人），其中党员 51 人（含非事业编 6 人），党员占比为 48.6%。处级干部 9 人，高级职称 19 人；另有民主党派人士 2 人。

（叶　超 张金晓）

党的建设

（1）思想建设，加强理论武装。

制定计划，加强落实和督导。制定处级干部、党员、职工三层次学习计划并加以落实。坚持“三会一课”，采用专题研讨、在线学习、问卷答题、观看爱国电影和电视专题片、外出参观、主题党日活动等形式学习。处级干部全部完成“北京干部教育网”学习任务，参加校院两级理论中心组集中学习不少于 12 次。全体党员按时超额完成“党员在线”学习任务，人均完成 23.27 学时。全体职工开展 2 次学习答题活动。

突出重点，实现十九大精神学习全覆盖。在党务公开网站上传十九大报告、新党章、十八届中纪委向十九大的工作报告等学习材料。组织处级理论中心组成员收看十九大开幕会和闭幕会，组织处级干部和党支部书记集体学习十九大报告。全体处级干部与联系的党支部开展十九大精神宣讲活动。组织全体党员开展 “认真学习十九大会议精神，不忘初心，拒腐防变，奋勇前进”主题党日活动。在全体党员和职工中开展了十九大报告学习答题活动。

加强宣传，积极完成党务公开网站的建设。2017 年各栏目更新 88 项内容，宣传党总支工作进展情况，展示各党支部教职工的精神风貌。

（2）组织建设，强健基层肌体。

组织制定党总支和党支部 2017 年党建工作计划。重新梳理调整了党总支委员的分工，加强了对统战、保密工作的领导。制定党总支会议制度和议事规则，指导各党支部制定了“三会一课”制度。

规范完成继续教育学院党支部和机电实习中心党支部的换届选举工作。图书馆党支部根据工作需要成立了两个党小组。目前各党支部的组织结构全部符合党章规定。

进行党员之家建设，确定场地、完善设备。完善党员信息库，完成党员信息采集和确认，完成流动党员摸排工作。2017 年转出 2 位党员，转入 2 位党员。按政策要求完成了失联又复联党员的处置工作。

完成处级干部年度考核、党总支党建工作述职考评、各种党内统计报表上报、收缴党费等工作，完成固定资产清查、撰写上报党总支年鉴、年度工作总结和计划、党建基本标准检查支撑材料整理和支撑材料目录的制定工作。协助完成北京市 12 届党代会代表、15 届人代会代表的选举推荐工作。

重视安全稳定工作，推动平安校园建设。完成保密工作自查，认真做好日常保密工作。积极开展安全宣传教育，认真进行安全自查，加强消防和治安防范。及时传达学校意识形态领域工作会议精神，进行职工思想状况调查，有针对性地引导教职工思想政治工作，促进意识形态领域的稳定。韩凤霞被评为学校“校园安全卫士”。

申报学校党建课题《教师党支部书记“双带头人”培育工作机制研究》，完成 6800 余字的研究成果。

（3）作风建设，优化情感环境。

党总支委员会议规范召开，评优、选举等重要事项民主讨论决定。认真筹备开好处级干部民主生活会，保证会议质量。督促加强了处级干部与基层党支部的联系。

改进党员教育管理服务工作。通过微信群或 qq 群布置研讨工作、推送学习资料，提高工作效率。

深入各校区、各支部了解关心困难教职工。开展共产党员献爱心活动，2017 年收到捐款 1245 元。“七一”走访慰问生活困难党员和困难群众 2 人，发慰问金 2500 元。

（4）廉政建设，提供坚强保障。

认真落实党风廉政建设责任制，配合学校有关部门开展廉洁教育活动。完成党风廉政建设责任制自查工作。完成处级干部个人收入重大事项申报工作，规范处级干部兼职民间组织。签订平安校园建设责任书、党风廉政责任书、领导干部廉洁自律承诺书。完成年节“八项规定”执行情况的自查工作。组织全体党员观看正风肃纪教育片并撰写观后感。

党总支资产账目清楚，设施设备完好，使用正常。党总支掌握的党员活动经费、办公经费、工会活动经费收支明细表均向相应委员会进行汇报公示。2017 年预算执行情况良好，所有支出计划均已完成。

（5）党支部建设，筑强战斗堡垒。

指导和督促党支部完成党建和思想政治工作基本标准检查的迎检工作，开展党支部年度考核述职工作，督促党支部自查建立工作台帐。开展党支部年度考评工作，各支部考核结果为好。召开组织生活会，开展民主评议党员工作，民主评议党员优秀率 24%。组织党员按要求完成党员在线学习，指导党支部书记讲党课开展学习研讨。

加强对党支部书记培训工作。目前 4 个党支部均由副处级干部或副高级职称教师担任党支部书记，2017 年 1 人参加“树人班”集体学习培训。

各支部开展“两学一做”常态化学习教育，落实“三会一课”制度，开展主题党日活动。图书馆党支部赴“明镜昭廉”明代反贪尚廉历史文化园进行警示教育、赴北京展览馆参观“砥砺前行的五年”大型成就展；信息与网络管理中心党支部赴恭王府进行主题党日活动；机电实习中心党支部组织赴恭王府和宋庆龄故居、平西抗战纪念馆、焦庄户地道战纪念馆进行主题党日活动；继续教育学院党支部赴宋庆龄故居开展主题党日活动并召开全体党员大会，开展党员发展工作，重温入党誓词。

2017年，张玉忠被评为学校“优秀党务工作者”，叶超、盛炎平、侯晓霞被评为“优秀共产党员”，信息网络中心党支部被评为“先进党支部”并开展示范党支部建设。

（叶　超 张金晓）

教辅工会工作

（1）发挥“双代会”代表作用，保障职工行使民主权力。

完成二级教代会建立和部门工会选举工作，选举产生新一届教辅单位教职工代表大会组长联席会和教辅单位工会委员会。教辅单位第一届教职工代表大会组长联席会委员5名（按姓氏笔画排序）：丰硕、叶超、高宏山、韩凤霞、焦丽华。其中，焦丽华为组长。教辅单位工会委员会委员5名（按姓氏笔画排序）：卫昕欣、丰硕、叶超、邱景红、高宏山。其中，叶超为主席。

（2）注重部门工会和会员队伍的建设。

对全体105名会员开展学习教育，进行《中华人民共和国民法总则》和党的十九大精神学习答题活动，组织观看爱国电影《战狼2》。组织相关人员参加工会干部培训班。

科学编制工会经费预算，有效支出，并就经费的使用情况向工会委员会和工会小组长公开报告。会费收缴零差错。

工会会员评家活动满意率100%。2017年12位职工当选学校工会工作积极分子：卫昕欣、黄立农、杨艳、黄小杰、牛润桃、张金晓、张立群、邱景红、王楠、张超、回广福、高宏山。

（3）真诚关爱会员，为职工办实事。

制定相关规定，规范各项慰问金的使用标准和范围。2017年探望慰问职工20人次，对退休的5位职工发放荣誉证书和纪念品，帮助申请困难补助和爱心扶助金5人次。

开展“三八”妇女节活动，制作了“教辅单位工会女教职工风采电子影集”，完成女职工专项体检报名等工作，协助符合条件的女职工申请母婴关爱室。

协助校工会完成职工重大疾病保障计划申报、疗休养安排、京卡信息统计、30年教龄职工统计、各种职工福利的统计发放、50岁生日活动、生日贺卡的发放等工作。

（4）积极开展文体活动。

完成校工会组织的各项文体活动的报名参与工作。2017年校运动会获教工团体第三名，荣获健步走争先赛集体第一名，教职工121健步走活动获优秀组织奖，迎新年扑克牌比赛一等奖。积极报名参与同心杯拔河比赛、羽毛球比赛、太极拳培训等，鼓励支持会员参加校工会组织的“沁馨之美”文化作品展，组织教职工60余人赴百望山森林公园开展“金秋健走”健身活动。

（叶　超 张金晓）

10

教学单位

BEIJING
INFORMATION
SCIENCE & TECHNOLOGY
UNIVERSITY

Academic Unit

教学单位

机电工程学院

概况

机电工程学院（School of Mechanical and Electrical Engineering 简称机电学院）下设机械工程系、车辆工程系、工业工程系、工业设计系、新能源科学与工程系、机械电子工程系和基础教学部。学院有机械设计制造及其自动化、车辆工程、工业设计、工业工程、新能源科学与工程、机械电子工程、机器人工程7个本科专业，其中车辆工程专业为国家级特色专业建设点、北京市品牌建设专业，机械设计制造及其自动化专业为北京市重点建设专业、北京市特色专业。机械工程一级学科硕士学位授权点是北京市重点建设学科，下设5个研究方向：机电系统测控与信息化、智能制造、现代设计理论与方法、车辆系统动力学与控制、机器人技术；同时拥有机械工程领域、车辆工程领域2个专业硕士学位授权点。

截至2017年年底，学院有教职工93人，其中专任教师87人。专任教师中，正高级职称18人，副高级职称28人，具有博士学位52人，兼职博士生导师6人，硕士生导师43人。

2017年，学院毕业生423人，其中研究生70人，本科生353人。招生446人，其中研究生70人，本科生376人。截至2017年年底，学院在校生1679人，其中研究生210人，本科生1469人。

2017年学院在年度二级单位考核中考核等次为优秀，并获得党的建设和思想政治工作、教学工作、科研工作及师资队伍建设工作共四项单项工作奖。

（权铁汉）

学科建设与研究生教育

（1）学科建设专项：2017年完成了学科专项建设任务，加强了机械工程一级学科以及机械工程、车辆工程专业学位授权点的建设，使学院的学科实力继续得到增强。

（2）学科研讨会：组织校内外专家召开了机械工程学科建设研讨会，制定了学院学科及各学科方向发展“十三五”规划，为学科未来发展明确了目标和方向。

（3）学科评估工作：教育部第四轮学科评估获评等级C，在本次参评的189所高校之间位列50%左右，在未取得博士学位授权单位中名列前茅。同时完成了机械工程一级学科学位授权点和机械工程专业学位授权点自评估中期检查工作。

（4）申博工作：全面梳理学科概况，完成博士学位授予单位项目建设规划，为博士点申报做好准备工作。

（5）招生录取：圆满完成了学校下达的76名学术型和专业型研究生的招生录取工作。

（6）培养环节：逐步完善研究生教育和培养的二级管理机制，加强了学院研究生的组织管理和队伍建设；加强研究生论文质量管理，全院盲审率提高至100%。

（7）奖勤补贷：评选研究生国家奖学金4人，学业奖学金一等奖13人，二等奖34人，三等奖72人，不分等级74人。

（8）毕业离校：71名学生顺利毕业并获得硕士学位，其中考取博士研究生3人，出国2人。全院研究生宽口径就业率100%，核心就业率88.7%，推荐北京市级优秀毕业生3人，校级优秀毕业生6人。

（安　媛）

教学工作

2017年，机械工程教师团队获批教育部首批“全国高校黄大年式教师团队”。

机械设计制造及其自动化专业2017年1月通过了中国工程教育专业认证，有效期3年。

积极组织教师参加教学基本功比赛，获学校第十届青年教师教学基本功比赛暨第四届教学新星评选三等奖2项，获得北京高校第十届青年教师教学基本功比赛三等奖1项，1名教师获第十三届北京市高等学校教学名师奖。

继续执行“双培计划”，选送了机械电子工程和车辆工程两个专业2017级30名学生到北京理工大学交流学习；继续执行“外培计划”，从机械设计制造及其自动化和机械电子工程两个专业选拔了5名学生参加了外培计划。承担校级以上教改项目9项，高水平人才交叉培养“实培计划”项目2项。

承担市级以上大学生科技创新项目37项，其中国家级9项；开设开放性实验15项；组织参加RoboCup机器人世界杯、全国航空航天模型锦标赛等，获世界冠军1项，全国一等奖2项，二等奖2项，三等奖4项。

（1）4月11日根据校教发〔2017〕56号文件，经学院推荐，学校教学工作委员会评审，学院获教学改革立项项目9项。

（2）4月20日，根据校教发〔2017〕60号文件，经学生申报，学院评审，学校审核，学院获大学生科技创新计划项目立项37项，其中国家级9项，北京市级28项。

（3）7月，在日本举办的国际RoboCup比赛中，学院机器人“Water”足球队荣获“中型组”冠军、“中型组技术挑战赛”亚军。

（4）6月，在全国航空航天模型锦标赛中，获得亚军1项、季军1项。

（5）12月，在（全国）三维数字化创新设计大赛中，获得三等奖2项。

（6）11月，在2017第8届亚洲机器人锦标赛中国选拔赛“VEX-U”大学组比赛中，获得冠军。

（樊晓雪）

科研工作

2017年，完成科研到款1000万元，新增教育部人文社科项目1项，北京市自然科学基金项目2项，北京市自然科学基金京津冀联合项目1项，北京市科委科技计划项目2项，北京市教委科技计划项目3项。

教育部人文社科项目1项：企业协同研发环境中的多主体知识转移过程控制方法研究；北京市自然科学基金项目2项：生物启发的小型飞行器扑翼柔体动力学建模和设计研究，基于非线性多模型广义预测的车用复合电源双向互动控制方法；北京市自然科学基金京津冀联合项目1项：数控机床刀具磨损状态智能监测方法研究，北京市科委科技计划项目2项：基于实时定位导航技术的仓储货物拣选机器人研发与示范应用，数控加工精度保持关键技术研究；北京市教委科技计划项目3项：数控机床加工状态在线监测装置研究，功能梯度夹层叶片的非线性动力学研究，基于数据流挖掘的电动汽车动力电池组状态估计及控制方法研究。

发表学术论文89篇，其中核心期刊43篇，SCI检索3篇，EI检索7篇，论文质量有所提高，核心期刊论文占比有所增加。获授权发明专利10项、实用新型专利7项，软件著作权7项。

（安　媛）

学生工作

（1）3月28日，学院举办2017年学院小型双选会。北京环鼎科技、北京运华天地、北京金隅天坛家具、平安财险等6家企业参与了本场双选会，提供就业岗位近百个。

（2）3月29日，学院“乐舞音浪，声荡海洋”十佳歌手大赛在大学生活动中心隆重举行。

（3）4月25日，学院第一届团委委员选举工作会议在小营校区报告厅隆重举行。

（4）5月4日，学院创业团队教师和学生到访智汇成北京高校大学生创业园，房山区高教园区管委会党组书记、党务副主任，北京校企合作促进会会长蔡本睿，管委会主任助理、高校事务部部长韩怀伟接待了学院师生一行。机械工程系系主任张志强、机电工程系系主任李启光、团总支负责人王晗参加了活动。

（5）5月13日，学院与外国语学院“助力学生英语学习”座谈会在机电学院会议室举行，机电学院党委副书记张艳、副院长王红军和班主任老师与外国语学院副院长张广奇、英语部主任周晓航、孙力华等外语系教师参加座谈会，就如何促进学生英语学习开展了深入交流与讨论。

（6）5月19日，学院工业工设专业学生党支部与北京市工艺美术高级技工学校以“微党课宣讲，做先锋表率”为主题开展红色“1+1”共建活动。获2017北京高校红色“1+1”活动优秀奖。

（7）5月26日，机电学院众创空间揭牌签约仪式在众创空间举行。学院党委书记王吉芳，院长黄民，院党委副书记张艳，空间创新创业导师、机械工程系主任张志强，中国云体系联盟副秘书长、云时基金合伙人李文博，职业经理人袁建慧以及校友、北京赛信诚机电设备有限公司总经理王超出席签约仪式。

在众创空间的孵化下，2017年，学院学生取得了全国航空航天模型锦标赛亚军、第三届中国“互联网+”大学生创新创业大赛北京赛区总决赛一等奖、北京市优秀创业团队二等奖、三等奖，第九届“挑战杯”首都大学生课外学术科技作品竞赛二等奖。

（8）4月至5月，学院举办“心理健康文化节”系列活动，囊括“我的快乐 我的家”线上线下新生团体心理辅导、“团队+领导力=？”团队建设、性健康知识讲座等活动，其中“我的快乐 我的家”活动线上活动获得6742次点击量。

（9）6月14日，学院召开2017年党员培训大会。邀请马克思主义学院教授胡飒为全体学生党员和积极分子做了题为《弘扬优秀传统文化，树立文化自信》的报告。

（10）6月29日，学院毕业典礼暨学位授予仪式在小营校区大学生文化艺术中心举行，学院党委书记王吉芳、院长黄民、副院长王红军及各系主任、毕业班班主任、教师代表、家长代表、全体2017届毕业生参加了典礼，仪式由学院党委副书记张艳主持。

（11）9月23下午，学院2017年院级党课开班。

（12）10月，评选出国家奖学金3人，国家励志奖学金45人，校长奖学金1人，学习优秀奖学金196人（特等奖学金3人，一等奖学金32人、二等奖学金66人、三等奖学金95人），科技创新奖学金19人，社会贡献奖学金117人，文体优秀奖学金6人，“华成时代平安校园”奖学金5人。

（13）6月、10月，学院研1601学生党支部与永泰小学党支部开展主题为“科创浇灌花朵”红色“1+1”共建活动。活动获2017北京高校红色“1+1”活动优秀奖。

（14）10月16日学院机械专业第一学生党支部和机械专业第二学生党支部举行“喜迎十九大 永远跟党走——砥砺奋进的五年”学习研讨会。

（15）10月25日，车辆专业学生党支部开展学习十九大报告讨论学习会，学校党委副书记刘筱毅书记到场参加并与同学们一同交流。

（16）10月31日，学院举行2017年先进班集体答辩暨先进班集体经验交流会。

（17）9月至11月，学院开展为期三个月的“青春的情怀”新生引航教育。本次新生引航教育以“思想引领”为主线，分别以“家国情怀培养”“专业认知教育”“班风学风建设”“校园文化激励”四个方面开展了系列活动。

（18）11 月 22 日至 26 日，学院辅导员奔赴深圳、广州，走访了深圳人才集团、创维集团、中国能源建设集团广东火电工程有限公司，参加了广州大学城北亭广场机械类专场双选会，开展了为期 3 天的就业实地调研。

（19）12 月 27 日，举行学院研究生“梦享”沙龙活动。活动邀请入选中国科协“青年人才托举工程”项目、北京市“青年拔尖人才”培育计划的苏鹏老师为研究生同学做了题为“明确方向、做好规划、且行且珍惜”的讲座。

（20）2017 届毕业生就业工作圆满完成，宽口径就业率达 99.71%，核心就业率 73.75%，考研率 8.85% 和出国率 12.68%。24 名同学报名村干部，2 名学生赴新疆阿克苏地区基层工作，100 余名学生与大型企业签订协议。

（赵　洁）

党建工作

机电学院党委下属党支部 21 个，其中教工党支部 10 个，本科学生党支部 5 个，研究生党支部 6 个。学院党员 355 人，其中教职工党员 79 人，本科生学生党员 139 人，研究生学生党员 108 人，组织关系暂存学校党员 29 人。

按计划全年发展了预备党员 94 人，其中教师预备党员 2 人，本科学生预备党员 67 人，研究生预备党员 25；转正预备党员 94 人，其中转正教师预备党员 1 人，本科预备党员 62 人，转正研究生预备党员 31 人。

一、发挥党委核心作用，推动学院工作上层次上水平

学院党委准确定位，把方向、管大局、作决策、保落实，重点工作合力推进，切实发挥党委核心作用，把党建与学院的中心工作相结合，团结带领班子共谋学院发展，做到党建和学院中心工作两促进。在 2017 年，推动组织召开学院学科建设研讨会，专业建设研讨会，分析形势，找准定位，凝聚共识，扎实推进“十三五”学科专业建设规划的完成。开展一流专业建设工作，积极推进北京市一流专业申报工作，以一流专业标准，进一步创新人才培养模式。

2017 年，机械工程教师团队入选首批“全国高校黄大年式教师团队”，“机电装备智能监控与信息化”创新团队被评为北京市高水平创新团队，获批国家重点研发计划“智能机器人”重点专项子课题 1 项、北京市科委科技计划项目 2 项、北京市自然科学基金 2 项。科研到款 1000 万元，超额完成当年任务。车辆专业学生党支部列为示范党支部，机械制造教研室教师党支部被评为先进党支部。工业工设党支部和研 1601 党支部分别获 2017 北京高校红色红色“1+1”活动优秀奖。闫文飞、于志达、白璐、刘相权、王晗、刘令涛被评为优秀共产党员。共产党员王红军被评为北京“高创计划”教学名师。共产党员陈勇被评为北京市优秀教师，机电 1501 班被评为北京市优秀示范班集体。

二、学习宣讲十九大精神，营造良好学习氛围

运用宣传板报和新媒体等多种形式积极开展学习十九大精神的宣传，精心策划亮点报道，打造红色宣传矩阵，综合运用视频、图片、文字、宣传栏等形式，将十九大精神全方位、多角度、立体化展现。

组织党员和教师集中收看了十九大开幕式并进行了座谈讨论。学生分散方式收听收看开幕式。组织处级党员领导干部结合实际工作做好十九大精神宣讲工作，做到十九大学习三个全覆盖，即师生学习十九大报告全覆盖，党员领导干部宣讲十九大全覆盖，全体教师和学生党员接受十九大报告宣讲全覆盖，学院掀起学习十九大精神热潮。组织师生分三次参观“砥砺奋进的五年”主题成果展。分三次组织了全体学生党员和全体教师开展十九大应知应会知识答题。

举办“红船启航·赞歌颂党”教职工合唱比赛，全体教职工参加了活动。学院师生积极参加北京市教工委主办的“共谱十九大赞歌，开启新时代梦想”首都大学生学习贯彻党的十九大精神主题创作活动，共报送作品 94 件，其中 2 项获北京市三等奖。

三、切实履行党委主体责任，做好党建和思想政治工作

1. 分层次组织开展理论学习

制订处级中心组、党员和教师三个层次理论学习计划，分层次组织开展党的理论和思想政治学习，完成学习任务。坚持处级中心组理论学习制度，通过校院两级理论中心组学习，提高班子成员的政治站位，思想和行动上与习近平同志为核心的党中央保持一致。学院党委统一组织和党支部组织相结合，落实开展每月一次党员、教师集中理论学习，加强师德师风建设，引导教师以德立身、以德立学、以德施教。

2. 压实责任，做好党建责任分解落实

深入贯彻《中国共产党普通高等学校基层组织工作条例》，院党委委员重新进行了分工，进一步明确党委委员职责，落实党建责任分解，党委副书记与书记签订党建工作责任书，党委所属全部党支部书记和院党委书记或副书记签订党建工作责任书。党支部委员会进一步完善委员会构成并进行分工调整，压实责任，健全党建工作机制。

3. 落实“两学一做”学习教育制度化常态化

以“两学一做”为基本内容，以“三会一课”为基本制度，以党支部为基本单位，推动学习教育融入日常、抓在经常。通过组织制订支部工作计划、开展主题党日活动、红色“1+1”活动开展，按学校党委的统一部署，开展民主评议党员、党支部年终考评以及党支部书记述职等工作，落实“两学一做”学习教育制度化、常态化。

4. 强本固基，增强党支部战斗堡垒作用

以创建示范党支部为抓手，促进支部活动创新，形成支部特色，提高党支部的影响力和带动作用。建立党支部工作台账，分析薄弱环节，以问题导向，有针对性地帮助基层支部解决问题，薄弱党支部针对存在的突出问题进行整改，效果明显，支部工作的规范性有了新的提高，支部的战斗堡垒作用进一步提高。获评一个先进党支部，一个示范党支部。

5. 加强领导班子建设

从政治、思想、组织、作风、纪律建设着手，加强领导班子和干部队伍建设，建立制度并适时进行了党员处级干部联系党支部，班子成员联系教学系部的调整工作，加强干部作风建设，增强对支部及基层工作的指导及干部作用发挥，也促进了党支部工作的规范性。通过论坛、培训、拓展等，为年轻教师快速成长铺路搭桥。

6. 学生党建工作

（1）规范支部党员活动，充分调动党支部书记，党支部成员和全体党员的积极性，明确职责、合理分工，通过健全“党员组织生活”“党员民主评议”“入党积极分子教育培养”“党员参加党内活动登记”“联

系人考核制度”“院党课学习制度”“思想汇报制度”“党外民主评议制度”等制度，大力开展诚信教育、感恩教育、公民道德教育、心理健康教育、职业素质教育，提升大学生文明行为和综合素质。进一步加大正面引导和教育力度，充分发挥党组织的思想引领作用。

（2）坚持抓党建促学风，加强学生党支部建设，提高学生党员的素养和群众满意度，充分发挥党员先锋模范带头作用。继续开设党员助学小课堂，全年共开设小课堂 15 节。开展学生党员“助学零距离”活动，完善党员助学小课堂活动形式，划分学生党员责任区，为学生党员模范作用发挥搭建平台。充分发挥研究生会和研究生党支部的自我管理作用，促进研究生、本科的互动，形成机电工程学院硕本“1+1”研究生导学制。

（3）拓展活动渠道，创新党建形式。注重新媒体平台开发和应用，学院公众平台“机电人”平均达到每天一稿出版量，通过“机电人榜样”“机电正能量”，加强对抗洪榜样曹辉等榜样人物的宣传，通过对十九大精神的宣传与学习，加强对青年学生进行思想引领教育。

（4）开展党日活动，工业工设党支部和研 1601 党支部分别获 2017 北京高校红色红色“1+1”活动优秀奖。

（5）本年度发展学生预备党员 92 人，如期转正预备党员 93 人。评选百名学习标兵 15 人，毕业党员档案及党组织关系转递 104 人。

（6）加强对 2017 级新生的入党启蒙教育，开设院级党课学习班，204 名学生提交入党申请书并参加院级党课学习，180 名学生完成全部学业要求，顺利结业。

四、贯彻落实党风廉政建设责任制，阳光施政

贯彻执行党风廉政建设责任制，按照“一岗双责”，落实三级责任体系，层层签订责任书，开展经常性教育，提醒党员干部廉洁自律，令行禁止。严格执行党政联席会议制度和“三重一大”制度，积极推进院务公开、党务公开、制度公开，专项项目申报程序公开、结果公开，主动接受监督，阳光施政，保证教职工的知情权、监督权。

五、做好意识形态工作，掌握意识形态工作主动权

认真梳理学院教职员工和学生的思想倾向，有针对性地做好教育宣传和思想引导，抓好重点人和敏感时期的安全稳定工作，掌握意识形态工作主动权，保证了学院安全稳定局面。

六、领导团结多方力量促进学院发展

以情感环境建设为主线，统筹领导统战、工会教代会、共青团、校友会、学生会等工作。2017 年向北京市教育工会提出先进教职工小家申请，并接受了北京市教育工会检查组到院考察。重视教代会工作，按程序成立了二级教代会，并召开教代会组长会议，选举产生了组长联系会主任。校、院（系）两级教代会制度健全，工作规范。在维护教职工的合法权益，关注教师工作和生活，助力青年教师快速成长等方面开展了大量工作，组织开展了教师集体的素质拓展、红船启航赞歌颂党合唱比赛、棋牌乐、健步走等活动。组织教师参加了学校工会组织的各类活动。

七、持之以恒抓好安全稳定工作

1. 认真落实安全工作“党政同责、一岗双责、失职追责”责任制，做好安全稳定工作责任分解，层层传递压力，把安全稳定工作落细落实，将学院负责的安全责任区进行网格细分，明确网格安全责任人，并由责任人与学院签订安全工作责任书，做到安全到人、责任到边、工作无死角。

2. 学院开展多层次的安全教育和宣传工作，树立安全无小事，人人讲安全意识。2017 年与学校安稳处共同组织学校“消防安全文化节”，组织学生参加安全知识培训和观摩消防安全演练，学习消防安全知识，提高学生的消防安全意识，提高消防火灾处置能力，重点针对新生召开有关安全方面主题班会已经形成规范性要求加以坚持，及时传达学校安全工作精神，经常深入学生宿舍、实验室及重点消防安全部位进行检查，对存在的安全隐患及时寻求处理方案予以解决。

3. 学院制定安全稳定突发事件处理办法，认真做好重点部位和敏感时期的安全稳定工作。如在重要时点进行形势研判，有针对性的开展工作。对集体出游和各类活动严格执行审批程序，并做好安全预案，明确活动的安全负责人，活动结束要到学院汇报总结。

（周荔薇）

对外交流

选送 2 名学生到日本福井大学进行 3+1 模式交流学习；选送 5 名学生到美国奥克兰大学进行交流学习，其中 2 人 1 年外培模式，3 人“1+2+1”外培模式；选送 5 名学生到德国耶拿大学进行“3+2”交流学习模式；选送 5 名学生到日本京都大学短期交流；选送 2 名学生到台湾建国科技大学短期交流。接受 3 名美国奥克兰大学学生到学院进行为期 1 月的交流学习。

（贾萌萌）

高标准完成“党建和思想政治工作基本标准”检查工作

机电学院党委非常重视党建思想政治工作基本标准检查，认真对照《基本标准》开展自查，坚持问题导向，查漏补缺，总结党委和各支部党建工作成果。党委书记以《落实全面从严治党要求 发挥党委政治核心作用 突出顶层设计 推动学院科学创新发展》向检查组作了汇报。检查组通过听取学院党委汇报、审阅材料、召开座谈会、实地走访等形式，全面深入考核评估学院过去五年的党建和思想政治工作情况。整体专家组对学院党建和思想政治工作给予高度评价，肯定了学院将学生思想政治教育和专业课堂贯穿融合的思路和做法，传承红色基因，形成育人合力，切实将大学生思想政治教育贯穿教育教学全程。称赞学院党委主体责任落实，在推动学院发展和人才培养中发挥了核心作用，工作实，思路清。

（周荔薇）

机械工程教师团队获批教育部首批“全国高校黄大年式教师团队”

创建“全国高校黄大年式教师团队”是教育部党组贯彻落实习近平总书记对黄大年同志先进事迹重要指示精神的务实举措，旨在引导广大教师持续向黄大年同志学习，以团队建设形成长效机制，使崇敬典型、争做先进成为教育系统的常态。。机械工程教师团队因教书育人成效显著获批教育部首批 “全国高校黄大年式教师团队”。

（樊晓雪）

仪器科学与光电工程学院

概况

仪器科学与光电工程学院设有测控技术与仪器、光电信息科学与工程两个本科专业，均为北京市品牌建设专业，其中测控技术与仪器专业是北京市特色专业建设点和北京市应用型人才培养试点专业，2014 年通过中国工程教育专业认证，是学校首个通过认证的专业。具有仪器科学与技术（一级学科，含测试计量技术及仪器、精密仪器及机械、生物传感与医学仪器（自主设置）三个二级学科）、光学工程（一级学科）学科的硕士学位授予权以及仪器仪表工程领域的专业硕士学位授予权，同时与重点高校联合培养博士生。“仪器科学与技术”是本校的特色优势学科和引领学科，二级学科“精密仪器及机械”是北京市重点学科，“测试计量技术及仪器”是北京市重点建设学科。学院拥有“光电信息与仪器”北京市工程研究中心、“光电测试技术”北京市重点实验室、“生物医学检测技术及仪器”北京实验室（与清华大学等共建）、“先进光电子器件与系统”北京市国际科技合作基地（与剑桥大学、清华大学共建）等高水平的科学研究基地。拥有“仪器与光电工程”北京市实验教学中心等本科教学实践基地，教学科研仪器设备总值 8000 余万元。近年来获得国家科技进步奖、北京市科学技术奖和北京市教学成果奖多项。学院广泛开展国际交流与合作，与美国奥克兰大学以“2+2”和“1+1.5”方式联合培养本科生和硕士研究生，同时还与英国、日本、俄罗斯等国家的高校建立了合作关系。2017 年，学院教职工 77 人，专任教师 58 人，高级实验师 6 人。专任教师中 35 岁（含）以下教师 24 人，占 41.4%，40 岁（含）以下教师 35 人，占 60.3%；具有博士学位 49 人，占 84.5%；具有正高级职称 13 人，具有副高级职称 23 人，高级职称比例为 61.1%；兼职博士生导师 5 人，硕士生导师 30 人；学院兼职教授 17 人，其中双聘院士 3 人，海外高层次人才 3 人。学院毕业生 199 人，其中研究生 58 人，本科生 141 人；招生 226 人，其中研究生 68 人，本科生 158 人；在校生 765 人，其中硕士研究生 185 人，本科生 594 人。学院在 2017 年度学校二级单位考核中获得“勤信杯”。

学科建设与研究生教育

（1）学科规划。学院围绕学校“十三五”事业发展规划中学科建设总体目标，以学科建设为引领，制定了学院学科发展规划，以“仪器科学与技术引领学科全面达到博士授权点标准”和“光学工程学位点顺利通过合格评估”为两个一级学科建设目标，明确了学科建设各项工作具体任务；在召开学院学科规划研讨会基础上，完成了三个学位授权点架构调整，并由两个一级学科带头人负责多次召开一级学科建设研讨会，保证建设方案的具体落实。

（2）学科队伍。学院推选了思想素质高、学术能力强、具有一定影响力的教授分别担任两个一级学科和一个专业学位点负责人；通过培养和引进相结合的方式大力改善学科队伍结构，使各一级学科方向数和各方向带头人、骨干教师满足学科架构要求；加大中青年学术骨干培养力度，2017 年 9 名教师获评为硕士生导师，何巍入选中国科协“青年人才托举工程”，孙婷入选“高创计划”青年拔尖人才项目，周哲海入选学校勤信学者培育计划，吴思进入选勤信拔尖人才培育计划，何巍入选勤信英才培育计划，陈少华、司娟宁入选师资队伍补充“支持计划”；总结仪器学科多年建设经验，获得校级教育教学二等奖 1 项，并申报北京市教育教学成果一等奖 1 项。

（3）学科管理。两个一级学科和一个专业学位点负责人认真履行队伍建设、方向规划、人才培养等各方面的职责和任务；学科团队学术氛围良好，定期召开内部学术讨论会、课题研讨会，积极承办、参加国内外学术会议，并多次邀请国内外领域专家来校举办学术讲座等；完成三个学位授权点自评中期检查报告，初步进行了仪器科学与技术学科博士授权点申报信息整理，学位授权点日常管理资料完备。

（4）学科建设成效。仪器科学与技术一级学科在第四轮学科评估中获得 C+ 的成绩，位居学校参评一级学科前列，两个一级学科围绕信息特色分别将研究方向凝练为 3~4 个；2017 年获批“先进光电子器件与系统”学科创新引智基地、“光纤传感与系统”北京实验室；学科研究及人才培养方向符合国家社会经济建设需求及北京市高精尖建设要求；学院所承担的学科建设专项绩效目标全部达成。

（5）研究生招生。圆满完成 2017 年招生任务，共招收全日制硕士生 67 人、非全日制硕士生 1 人，新生报到率 97.06%；招收联合培养博士生 2 人，联合培养博士生授予学位 2 人。硕士研究生第一志愿报考人数及本校生报考人数持续增长；生源结构合理，质量逐年提高，2017 年“211”以上学校及本校生源比例达 31%，一志愿录取率 18%，研究生导师 100% 参加复试。制定学院工作细则，严格规范完成研究生入学考试命题、阅卷及复试录取工作。

（6）研究生教学。落实研究生二级管理制度，教学任务安排、培养方案制定、课程成绩管理等全部按时采用网上教学管理系统完成，各学位点培养方案合理，所有教学环节教学文件完备。研究生课程注重教学效果，专业硕士实践课程比例超过 30%；学生校内外实践基地丰富多样，仪器学科参加市级产学研基地建设，效果良好；“依托学科优势构建多层次实践基地提升仪器学科研究生创新实践能力”获得校级教育教学成果二等奖。

（7）研究生学位。2017 届 56 名全日制硕士生学位论文评审首次 100% 采用双盲方式，5 人获得优秀硕士论文；2017 年北京市抽检往届学位论文 100% 达到标准。学院 2017 届 58 名毕业研究生学位论文 100% 按照学校要求按时提交了纸质版和电子版，授学位率达 100%，生均核心期刊以上学术论文录用率大于 1。

（8）研究生导师队伍。学院硕士生导师在加强自身师德修养的同时全员参与硕士生学术道德教育；2017 届硕士生学位论文检测 100% 达到规定标准且 100% 进行了双盲评审；2017 年学院新增硕士生导师 9 人，全部参加学院及学校组织的新导师培训；完成校外兼职导师梳理工作，保证了对专业学位硕士生的指导责任。

教学工作

坚持教学工作的中心地位，深化教学改革，强化教学管理，加强教学基础建设，制定新版培养方案，优化课程体系，强化实践性教学环节，努力形成学院专业和人才培养特色。

（1）专业建设。测控技术与仪器专业入选首批北京市属高校一流专业，建设方案已报批北京市教委；测控技术与仪器专业组织完成了中国工程教育专业认证复审专家现场考察；光电信息科学与工程专业启动了中国工程教育专业认证的申请工作。基于工程教育专业认证的标准和理念，完成两个专业 2017 版培养方案修订和新版课程大纲制定。制定了一系列专业建设管理制度，完善教学质量监控体系，建立持续改进机制。积极参加北京市高水平人才交叉培养计划。2017 级共 32 人参加“双培计划”，4 人参加“外培计划”，并有 6 人在校生参与与美国奥克兰大学合作开展的“外培计划”。2013 级有 14 人参与“实培计划”毕业设计项目，2014 级有 33 人申请并获批参加该项目，获资助经费 154 万元。周哲海入选校优秀主讲教师，张钰民获得校青年教师教学基本功比赛三等奖，刘刚获得校实践教学基本功比赛二等奖。

（2）教学改革与建设。获 2017 年校级教学成果奖一等奖 1 项、二等奖 2 项、三等奖 2 项。获批 10 项教改项目，其中，校级重点项目 2 项，校级一般项目 7 项，院级资助项目 1 项。完成 6 项开放实验项目，3 项教改项目、4 项课程建设项目通过学校结题验收，发表教改论文 6 篇，教改成果全部应用于课程教学。

（3）学生创新创业。完成 45 项“大学生科技创新计划项目”，其中国家级 9 项、市级 24 项、校级 12 项，参与学生 204 人，占学院在校学生人数的 41%；同时完成了 2018 年度国家级和市级大创项目的筛选和评审工作，其中，国家级 8 项、市级 24 项、校级 7 项。在 2017 RoboCup 机器人世界杯、2017 中国机器人大赛、全国虚拟仪器大赛、全国光电设计竞赛等各类国内外学科竞赛中，共获得一等奖 4 项、二等奖 19 项、三等奖 23 项，参与学生 145 人，占学院在校学生人数的 29%。

科研工作

（1）科学研究及成果。2017 年，学院科研到款总额 2302.84 万元，其中纵向科研经费 1176.04 万元，横向经费 625.8 万元，军工项目 501 万元，新增项目共 43 项。申报国家自然科学基金 17 项，获批 5 项，其中面上项目 2 项，青年基金 2 项，参与重点项目 1 项。2017 年共发表论文 155 篇，其中 SCI 检索论文 31 篇、EI 检索论文 24 篇，中文核心期刊论文 92 篇。获授权中国发明专利 16 项、美国发明专利 4 项，申请软件著作权 9 项；新申请国家发明专利近 100 项。

（2）基地建设。在继续加强原有科研基地建设基础上，积极开拓思路，谋求进一步发展。2017 年 6 月，依托重大科研项目的仪器科学与技术学科博士后工作站获批；截至 12 月底，先后 3 名国内重点高校博士毕业生进站开展研究工作。2017 年 8 月，独立申报的“先进光电子器件与系统”学科创新引智基地（111 基地）获得教育部、国家外国专家局联合批准。2017 年 12 月，牵头申报的“光纤传感与系统”北京实验室经过宏观论证和领域论证后获批。

（3）学术交流。积极组织、开展学术交流，集体组织教师、在校研究生参加校内外相关领域学术会议 10 余次；先后邀请英国、美国、新加坡等知名高校、研究机构、企业等专家学者 30 余人次来校访问、开展合作研究。2017 年 9 月 23—25 日，承办“第九届全国仪器科学与技术学科院长论坛”；10 月 20—22 日，与中国计量测试学会、扬州大学共同承办“IEEE 第 13 届国际电子测量与仪器学术会议”。

学生工作

（1）主题教育。召开了团代会，开展了“青春建功十九大，砥砺逐梦勇担当”主题教育活动。获市“先锋杯”优秀团支部、优秀团干部，市优秀基层组织和优秀班集体，红色“1+1”北京市优秀奖等。获评校党员学习标兵，百名时代先锋，校学生示范党支部，优秀党支部书记，校十佳活力团支部，十佳团支书等校级荣誉。注重新媒体网络思想政治教育，运营十佳公众号“光电之家”。

（2）新生教育。开展新生引航工程，推进新生家校互动，干部培训和班级建设，组织晚自习与宿舍评比，实验室探秘和教师名家讲座，心理筛查等。获得新生风采大赛冠军和最佳组织奖，研究生新生篮球赛冠军。

（3）学生发展指导。①学风建设注重教师学工联动，落实考勤制度，推行学业导师制，组织“光电开讲了”助学课堂、考研辅导讲座、“优学习”宿舍和班级创建等，四级通过率提升，不及格率下降。②学生事务工作，本科 86 人获助学金，本科 193 人次、研究生 172 人次获各类奖学金。5 人征兵入伍，比例为全校最高。③大力开展社会实践。暑期社会实践项目获校二等奖，优秀组织奖，市级优秀团队。④注重创新实践，获国家级奖项 12 项 51 人次，省部（市）级 25 项 64 人次。积极参加校文化艺术节、科技创新节。举办“为凝而战”团支书风采展示、“心仪星光”颁奖典礼等特色文化活动。获校文化艺术节优秀创意奖，科技创新节优秀组织奖。

（4）就业工作。2017 届就业率和就业质量保持在学校前列，本科宽口径就业率 100%，核心就业率达 88.15%，全校第一，考研率为 15.79%，全校第三，总体深造率 27.54%。研究生宽口径就业率 100%，核心就业率 98.21%，居全校第三。

党建工作

2017 年，学院 4 人获评学校优秀共产党员，测控专业第一学生党支部被评选为校级先进基层党支部和“示范党支部”建设点，测二、测三党支部获评北京市 2017 红色“1+1”支部建设优秀奖，2 名学生支部书记被评为“优秀党支部书记”，1 名学生党员获评 2017 年优秀团支书，8 名学生获学校“党员百名学习标兵”称号，学院暑期社会实践团获评学校 2017 年社会实践优秀团队。测控 1501 班获市级先进班集体。

（1）推进“两学一做”常态化、制度化。以党委为核心的学院班子切实履行党建主体责任，以制度建设带动班子建设。坚持集体决策原则，落实党政联席制度，平均每周召开一次党政联席会。签订责任书，层层压实党建责任。制定完善一批涉及班子组织生活、作风建设和基层管理等方面的基础性制度。党委共发文 12 项，完善党员组织生活和作用发挥相关制度十余项。

（2）师生思想政治教育。制定理论中心组、党员和群众学习计划并落实。重点学习十九大、全国高校思政会议精神，推进“两贯彻一落实”。2017 年理论中心组集体学习参观 14 次，全院党员完成干部教育网和党员在线学习。党委将思想政治、师德学风教育贯穿融入到师生日常教学科研、学习实践中，提升效果。有关人事、评优时征求党委、支部意见，严把政治关师德关。学院党委落实意识形态工作责任制，坚持意识形态工作与中心工作同部署、同落实。党委书记带头抓思想建设，教师必须遵守课堂讲授纪律。落实“一会一报”制，定期开展师生思想动态调查，加强展板橱窗、网络宣传阵地建设，覆盖全体师生。大力建设“党员之家”，服务党员学习教育。

（3）基层党支部建设。“两学一做”常态化、制度化得到落实。党支部依托“三会一课”，保证每月集体学习。党委书记向党员积极分子讲党课 3 次，班子全体成员开展十九大精神宣讲，支部书记向党员群众宣讲，理论教育涵盖全体党员群众。教师党支部不断创新，深化效果。联合讲党课，实施青年教师双导师制，开展思想、教学、科研全面指导。落实系务会制度，共同研讨决策本系重大事项。学生党支部推进品牌活动，开展“党员先锋工程”、红色“1+1”系列活动，举办光电“开讲啦”助学课堂等等，发挥支部党员作用，体现服务宗旨。党委加强支部党建管理，组织支部党建自查和书记党建述职，综合考评支部年度工作；支部建立工作台账、民主评议党员。积极培育“示范党支部”，树立学习榜样。组织开展各类主题党日活动，开展“党的十九大精神，我学我讲我践行”主题创作；参观“砥砺奋进的五年”大型成果展，暑期实践团参观中共一大会址，观看《建军大业》教育电影等。严格入党积极分子选拔培养和预备党员考察，遵守党员发展工作流程和要求，提升学院党校教育水平，保证党员源头质量。维护党员信息系统，严格党员组织关系转接管理。

(4) 党建《基本标准》迎检工作。北京市检查组专家听取工作汇报，实地走访科研一线检查工作，对学院学院给予高度评价，对学院党建给予充分肯定。

(5) 党风廉政建设。学院党委按照党风廉政建设目标责任要求，认真计划总结，召开会议强调教育，培育廉政文化。签订廉政责任书，加强节假日教育，反“四风”、落实八项规定，开展年度自查。落实“一岗双责”，“三重一大”相关规定，落实领导干部联系基层制度。按要求通过会议、网络、橱窗等多种形式进行党务院务公开。

(6) 平安校园及保密工作。教育培训全院师生，提高安稳思想认识。及时掌握师生思想动态，开展防范宗教渗透，防暴反恐教育。敏感阶段落实学校相关部署，从源头化解矛盾，确保安全稳定。成立学院安稳工作领导小组，签订安全责任书，落实网格管理责任。完善学生安全组织体系，加强引导管控。贯彻保密法律法规和有关政策，圆满完成本轮保密资格审查认定工作，为学校顺利通过做出贡献。

(7) 工会、教代会及统战工作。按校工会工作部署开展分工会工作。成立二级教代会，各代表行使民主权利，参与监督，发挥作用。开展民主党派和无党派人士谈心谈话，征求意见。关心少数民族师生，落实困难学生专项补贴。配合学校完成海淀区人大代表补选工作。

自动化学院

概况

自动化学院（School of Automation）于 2007 年 10 月在原北京机械工业学院计算机及自动化系的自动化教研室、电气工程教研室、电工电子教研室和原北京信息工程学院信息与通信工程系的自动化教研室、电工电子实验教学中心的基础上组建而成。学院设控制工程系、电气工程系、智能科学与技术系 3 个专业系，设有控制工程实验室、电气工程实验室、智能科学与技术实验室本科教学实验室 3 个教学实验室。学院现有自动化、电气工程及自动化、智能科学与技术 3 个本科专业，其中自动化专业是教育部国家级特色建设专业、国家“卓学工程师计划”第二批试点专业、教育部“本科教学工程”地方高校第一批本科专业综合改革试点专业、北京市特色专业、第一批招生的本科专业。自动化专业生产实习基地是北京市高等学校市级校外人才培养基地。学院现有控制科学与工程、电气工程 2 个一级学科，1 个控制工程硕士专业学位授权领域；控制理论与控制工程、检测技术与自动化装置学科为北京市重点建设学科。

截至 2017 年年底，学院有教职工 63 人，其中专任教师 52 人，教授 10 人，副教授 18 人，高级实验师 4 人。具有博士学位 40 人，博士生导师 1 人，硕士生导师 24 人。

2017 年，学院毕业生 308 人，其中研究生 56 人、本科生 252 人；2017 招生研究生 69 人、本科生 312 人，截至 2017 年年底，在校生 1377 人， 其中硕士研究生 197 人、本科生 1180 人。

（王久和　万咏梅）

党建工作

2017 年，自动化学院党委以马克思列宁主义、毛泽东思想、邓小平理论、“三个代表”重要思想、科学发展观和习近平总书记系列讲话精神为指导，认真学习宣传贯彻党的十九大精神，坚决维护以习近平同志为核心的党中央权威和集中统一领导，牢固树立政治意识、大局意识、核心意识、看齐意识，坚定执行党的政治路线，营造良好政治生态，能够切实履行管党治党的主体责任。

抓好领导班子建设与管理机制建设。2017 年组织中心组学习 19 次，围绕高校思政会精神贯彻落实和学校五个环境战略推进，班子提升了政治占位，强化了凝聚力。组织修订完善学院《“三重一大”实施办法》《党政联席会议事规程》，注重集体领导与分工负责相结合，坚持党政联席会议制度和各委员会的决策与咨询作用，推进系务会工作制度和青年教师谈话制度落实，加强管理的民主集中制，坚持公开公正和依法依规。

通过准备迎接北京市高校党建评估检查工作，全面推进党建工作。重视内涵建设和全过程立德树人，围绕中心工作发挥政治功能，全力推动自动化专业工程认证等学院重点工作，强化服务北京四个中心建设的思想引领。认真组织全体党支部学习党的理论知识，学习党章党规党纪，学习习近平总书记系列讲话和治国理政新理念新思想新战略、“七一”讲话，学习纪律处分条例和问责条例，学习十八大六中全会精神、学习准则和条例、学习全国高校思政会精神、学习北京市十二次党代会精神，学习十九大精神等，加强思想建设；稳步推进“两学一做”学习教育制度化常态化，组织处级干部在联系支部宣讲十九大精神，层层落实党建工作责任制，推动落实支部建设规范和党员行为规范，坚持“三会一课”、规范支部组织生活、加强党员的教育和管理，积极推进学院党委工作和党支部自评工作，推动支部形成工作特色，强化组织建设与制度建设；加强党性教育和政治规矩意识，强化党要管党从严治党，加强党员意识和责任使命教育。完善理论学习制度，师生党员在线学习任务教师党员通过率 100%。做好入党启蒙教育和院级党课，按照“坚持标准、保证质量、改善结构、慎重发展”的指导方针，学院新发展党员 65 人，新转正党员 58 人。学院党委设有党支部 15 个，党员人数为 235 人。组织开展新教师谈话，鼓励新教师加强政治思想建设、做好职业生涯规划，努力成为四有好老师。组织全院师生和部分校友广泛征集、研讨，确定学院的院训为“自强城毅化物树人”。范军芳老师被评为北京市优秀共产党员，张奇志老师被评为北京市优秀教师。

注重日常管理落实党风廉政建设主体责任，进一步明确廉政防控风险体系，重在落细落小咬耳扯袖。组织签订《自动化学院党风廉政自律承诺书》，组织党支部学习《关于新形势下党内政治生活的若干准则》《中国共产党党内监督条例》。应用微信等信息渠道推进教育、管理和监督，认真落实八项规定。

完成学院二级教代会和工会委员会换届工作。以“聚力工程”和“暖心工程”为着力点，加强情感环境建设。“聚力杯”师生联谊趣味运动会、青龙峡秋游、秋季三人行健步走等活动，有效促进凝心聚力。学院获得奥林匹克公园健步走比赛团体第二、校级羽毛球比赛第三名，运动会教工团体总分第七名的成绩，学院的荣誉感和凝聚力提升。组织开展青年教师教学和科研技能培训，强化工作能力。开展“暖心工程”，根据教职工的实际情况，加强健康教育，积极帮助困难教职工，关心和慰问新婚、生孩子、退休教职工。

加强安全稳定工作责任体系建设，在签订《推进平安校园建设维护学校安全稳定》责任书的基础上，组织各系签订并落实《自动化学院党委最小单元格安全管理责任书》，通过召开教职工大会、微信群提示等形式提高安全意识和防控能力，及时掌握师生思想动态。深入一线开展安全自检与整改，有效预防和处理矛盾纠纷。在教师大会上、党政联席会议、党委会和办公室支部讲解意识形态领域的责任与要求，加强课堂及网络对于学生意识形态影响的管理，规范执行报告审批制度。按照相关要求做好统战与保密等工作。

（曹晋红）

学科建设、研究生培养与科研工作

2017 年，自动化学院控制科学与工程一级学科按 4 个二级学科招收研究生，控制工程领域研究生招生继续稳定增长。共招收学术型硕士 28 名，工程硕士 41 名。完成了研究生产学研基地建设项目 1 项、教学改革项目 2 项、研究生创新项目 3 项，在全国学科竞赛中获得 1 等奖 10 余项。4 名同学获得国家奖学金，4 名研究生的学位论文被评为优秀论文。控制科学与工程一级学科在全国第四轮学科评估中获得 C-，并被确定为学校四个博士申报建设学科之一。

学院获得国家自然科学基金面上项目 1 项，北京市自然科学基金项目 2 项，获得北京市教委科技面上项目 3 项。实际到款额 569.7 万元，其中：纵向项目经费 407.4 万元，横向及军工项目经费 162.3 万元。结合学院科研和学科领域以及相关学术热点，积极开展学术交流，聘请多名海内外学者做了“脑电波在智能技术中应用”、“机器人智能物流系统研究与应用”等学术报告。学术交流活动对开拓教师和研究生的学术视野，了解学术前沿起到了积极作用。学院 1 名教师获得吴文俊人工智能科技进步二等奖。学院共获得发明专利 5 项，国家外观设计专利授权 1 项，软件著作权 3 项。发表学术论文 79 篇，其中中科院 1 区论文 2 篇，SCI 检索论文 3 篇，EI 检索论文 18 篇，核心期刊论文 21 篇。

（张奇志）

教学工作

2017 年，学院以参加工程认证、本科专业审核性评估工作为契机，强化本科教学中心地位，全面提升人才培养质量。

1. 专业建设工作：学院建立了北京信息科技大学—美国德国仪器联合创新实验室、机器人嵌入式控制实验室，成立了北京科技大学 - 北京信息科技大学“机器人大脑”联合教研室与虚拟教学团队，有效推进了与央属高校实施的双培计划，积极参与了学校“机器人工程”专业建设。学院在专业引领学科竞赛的基础上进一步启动专业综合实战学科竞赛，将创新创业课程纳入培养方案，构建了全覆盖、分层次的创新创业工程人才培养体系。2017 年，自动化专业通过了工程教育专业认证。

2. 工程认证工作：2016 年年底，自动化专业工程认证申请得到中国工程教育专业认证协会的受理。学院成立了王久和院长和曹晋红书记为组长的学院自动化专业工程认证领导工作小组。2017 年 7 月，提交了自评报告并得到受理。2017 年 11 月，通过了工程教育专业认证的现场考查。自动化专业工程认证的通过，标志着学院自动化专业得到了工程教育国际互认。

3. 人才培养工作：重视考研与国际交流工作，毕业生的考取研究生继续深造的数量与质量均取得突破。30 名毕业生考取了国内研究生，24 名毕业生出国留学深造。2014 级自动化专业本科生何人天同学考入北京大学攻读研究生。组织学生参加全国及北京市的全国智能车竞赛、机器人竞赛、电子设计大赛、大学生物理竞赛、数学建模竞赛等大学生学科竞赛，在机器人竞赛领域取得突出成绩。2017 年，学院在国家级、省部级学科竞赛中获得一等奖 53 项、二等奖 30 项，共计 277 人次，占学院学生数的 37.5%。为促进学生工程创新和实践能力的培养、造就国际化卓越工程师创造良好的支撑环境，学院加强了与英国工程师协会合作，举办了“IET 全球英语演讲竞赛（Present Around the World，PATW）——北京信息科技大学校园赛”，资助了本科生参加国际会议。2 名同学的创新实践论文分别被清华大学主办的 ICCSIP 国际会议和 IEEE Systems, Man and Cybernetics Society 和哈尔滨工业大学（深圳）联合举办的 ICSPAC2017 录用为 oral 形式，其中一篇论文已扩充推荐到《清华大学学报》发表。

4. 教学改革工作：结合各专业参加审核性评估工作，加强了课程组、课程群建设工作，组织相关教师参加教育部培训中心、美国德州仪器公司等组织的课程教学方式方法改革、“微课”“慕课”专题培训，提升青年教师教学能力。学院在微控制器课程教学改革方面做了大量工作，统一推进了学院三个专业的教学实践平台，在学院专业引领学科竞赛“R-AUTO 杯”智能小车竞速比赛的基础上进一步启动专业综合实战学科竞赛，要求同学们进一步深入智能车、机器人软硬件底层，运用多学科原理，完成自动化综合实战训练。全体同学们以竞赛为平台锻炼了实践能力，增长了才干。曾参与首届专业引领学科竞赛的智能科学与技术专业 2015 级“双培计划”学生雷宇、潘琳在 2017 北京科技大学智能汽车竞赛中脱颖而出，斩获“光电直立组”比赛冠军、一等奖。在教材建设方面，出版了《电力工程基础》与《模糊控制》2 部教材。2017 年，学院获批校级教改项目 6 项，发表教改论文 12 篇（其中核心期刊论文 1 篇），获北京信息科技大学教学成果二等奖 3 项、三等奖 1 项。

5. 创新创业工作：结合工程认证标准，学院将创新创业纳入培养方案，形成了大一阶段学院统一开展的专业引领型创新实践，大二、大三阶段统一开展的专业实战型创新实践，与大三、大四阶段学生自主实践创新创业的创新创业课程模块，将创新能力、工程能力的训练覆盖到了每一个学生。2017 年，学院在 2017 中国机器人大赛上获超市服务机器人项目冠军、多人辨识项目亚军；在第 19 届全国机器人锦标赛暨第八届国际仿人机器人奥林匹克大赛上取得了 5 金 6 银 4 铜的优异成绩；在 2017RoboCup 机器人世界杯中国赛上，获得家庭组冠军；在 2017 华北五省市大学生机器人上获得 9 个一等奖、3 个二等奖；在博耳杯第二届全国大学生创客大赛上获二等奖，并受邀出席国家发改委、中国科协主办的“人工智能与新生活创新创业论坛”。在 2017 世界机器人大会上，学院“智能轮椅创业团队”被评为世界机器人大赛·BCI 脑控机器人大赛优秀赛队，并获风范奖，在北京市第六届大学生科技创新作品与专利成果展中获一等奖暨创新金奖。学院创新实践作品“小书童机器人”书写“光明智库”四个大字的书写过程被录入《光明智库》宣传片。学院创新实践作品“无损血糖监测仪”获第九届“挑战杯”首都大学生课外学术科技作品竞赛二等奖。

（陈雯柏）

学生工作

以学生党建工作为龙头，以班级建设为载体，以队伍建设为保障，以育人育才为核心，以思想引领、学业辅导和就业工作为重点，不断推动各项制度的落实，丰富学生教育与管理平台，分层分类为学生提供个性化的指导与服务，使学生教育、管理与服务逐渐向规范化、科学化与精细化的方向发展。

1. 思政教育

学院面向全体学生围绕学习和贯彻党的十九大及习近平系列重要讲话精神，共计开展主题宣讲40余次，新媒体平台宣传十九大精神12期；结合诚信考试和日常行为规范养成教育，开展“中国梦”教育和社会主义核心价值观教育主题班会40余场，主题党日（含“红色1+1”）活动20余次。建立每周班长支书例会制、每月宿舍思想引领工作组汇报、重点关注学生群体1对1等机制，定时了解学生思想状况。

2. 学生党建

贯彻“两学一做”专题教育工作精神，积极开展党支部理论学习活动，学校的党章党史知识竞赛中获得了三等奖第一名。完善宿舍和学业责任区，以助学小课堂和学生党员积极分子与各学生宿舍结对子的形式进行引领与帮扶。在学生党员发展工作中，学院多次组织开展学生党支部书记培训，支部工作培训，完成本科学生党员的发展任务。学院2016级新生入党启蒙教育全覆盖。组织各党支部积极开展承诺践诺主题党日活动。6月，举办了“两学一做”学生党员学习教育论坛，进行经验交流。同时学院不断完善学生党支部工作机制，安排学生工作系统老师作为各学生党支部的指导老师，明确了各支部支委、指导老师及各学生党员的工作职责。2016年，学院新发展党员55人，新转正党员68人。

3. 学业辅导

学院以朋辈和学生学业成长导师两支力量为抓手，采用抓两头、促中间的方式。开展了学风建设工作研讨会，年级大会，班级学业辅导推进主题班会，开展考研、研究生考博、考公务员以及学术发展交流会（当前已开展交流会10讲（其中学生主讲2讲））、研究生考前学术研讨会，开展了辅导员讲英语活动，并以此为契机激发学生的学业动力与学习兴趣，组织承办第十二届IET全球英语演讲比赛学校的选拔赛，学院杨寒冰同学晋级全国总决赛，并获得优秀奖。同时，实施了学生党员、积极分子与重点关注学生群体以及学业困难就近帮扶结对子100余对。

4. 文化活动

学院开展了“雄辩风华”新生辩论赛，主办了“共爱我家”宿舍文明公约征集活动，形成《北京信息科技大学学生宿舍文明公约》十条，目前的十条公约已应用于自动化学院学生宿舍。学院在首届校园文化艺术节中斩获优秀组织奖。以学院体育工作委员会为组织载体，群众性体育活动有序开展。学院举办了新生破冰活动、“聚力杯”师生联谊趣味运动会、学院篮球赛、新生拔河比赛、晨跑等体育类活动，响应三走号召，强化团体意识。在校运动会中，获获最佳组织一等奖、学生男子团体总分第三名、学生女子团体第四名、学生趣味团体第四名、学生团体总分第三名的绝好成绩。在校“三球联赛”中获得篮球赛亚军、足球赛季军奖项。在学校举行的军训工作中学院获得所有类别流动红旗，学院获得优秀组织奖。

5. 就业指导与新生引航工作

在2017级新生入学教育工作中，组织完成了2017级新生的迎新工作和入学教育工作，同时还邀请优秀校友为学生进行学业引领，邀请了优秀学生干部对新生学生骨干进行了培训。同时，为加强班级凝聚力建设，9—12月继续组织开展了新生破冰、新生篮球赛、雄辩风华辩论赛、“雄辩风华”新生辩论赛、“自梦而动·华启新章”颁奖暨迎新等引航系列活动，同时学院还举办了4场次的新生学业导引专家讲座，并启动了专业引领学科竞赛。学院“新生引航工程”覆盖全体2017级学生，共计860余人次参与活动，128人次获评奖励。

学院召开了就业工作大会，针对2017届、2018届毕业生进行了五轮次的摸底排查，召开了三次毕业生就业大会，对全体毕业生分5场次五个类别进行了团体辅导，召开班长、班主任工作例会10余次，举办企业宣讲会20余场。对2017届毕业生的就业工作进行了总结同时，设计了调查问卷对毕业生的就业质量进行了实地调查，最终完成了2017届毕业生就业分析报告。2017届自动化学院研究生、本科生就业率均达到100%。

6. 学生事务管理工作

在2016—2017学年校内奖学金的评比工作中，1名同学获得校长奖学金，128人次获得学习优秀等校内奖学金262人次，奖学金金额总计355600元。资助工作中，学院本年度共有3名同学获得国家奖学金，36名同学获得励志奖学金，完成218名同学的家庭经济困难认定工作，其中新增认定人数为74人，202名同学获国家助学金，2017年评定，7名同学获大学生慈善助学项目家庭贫困大学生助学金，218人次获家庭困难学生饮水、洗澡、电话补助。

7. 安全教育

加强班级学生班长、安全委员、宿舍安全员的安全意识培训，定期召开班长支书工作例会和学生主题班会，做好学生安全教育工作；实施学生党员、积极分子与学生宿舍1对1的工作机制，在网络空间和宿舍私密空间领域一名党员、积极分子监督和引导多名学生共同进步，发现问题及时引导并上报。2017年度学院学生未发生安全稳定事件。

8. 学生工作队伍建设

2017年着力于加强学生工作队伍建设，辅导员和辅导员研究生助理建立每周一定期学习和研讨的制度，根据团队成员变化，进一步明确辅导员工作职责。本年度，学院学生工作系统累计参加培训时数1281学时，班主任工作培训2次，申请校内外科研课题3项（含一项北京市课题），完成学术论文7篇，已发表5篇。学院经过筛选、培育、选拔、历练、表彰、示范等环节，形成了不仅工作能力强、思想素质过硬、学业成绩优良的学生干部群体。在校艺术团的学生数为33人，在校级组织担任部长级以上学生干部20人次。

（陈红英）

获奖情况

2017年，张奇志教授被评为北京市优秀教师

范军芳老师被评为北京市优秀共产党员

李擎教授获得第七届吴文俊人工智能科学技术进步奖二等奖

马洁教授获得北京信息科技大学教学名师

艾红教授被评为学校年度优秀主讲教师

何牧珩同学参加北京市第二届首都高校大学生阅读演讲比赛获优秀奖

自动化智能联合学生党支部红色“1+1”项目获北京市优秀奖

（陈雯柏 陈红英）

国际交流

2017年5名交换学生8月赴中瑞典大学交换学习一年，多名学生参加了暑期海外交流项目。吴迎年副教授赴爱尔兰科克大学访学3

个月，张巧杰副教授赴美国奥克兰大学访学 4 个月，曹荣敏教授与陈雯柏副教授赴美国乔治梅森大学参加工程教育认证培训两周。

（陈雯柏）

电子信息与控制国家级实验教学中心

概况

电子信息与控制国家级实验教学中心（Experimental Teaching Center of Electronics information and Control）（以下简称“中心”）前身是成立于 2001 年的电工电子实验教学中心，是服务全校 16 个本科专业“三电”类专业基础课程和课程设计、电子工艺实习等实践教学任务的教学单位。中心以学科建设为依托，以学生能力培养为中心，以实验教学改革为重点，以优化教学队伍为保障，在实验教学、实验队伍、管理模式、设备与环境等方面，构建了面向电子电气信息学科专业人才培养的多学科交融大电类实验教学平台，营造了设备先进、软硬件一体、资源共享、开放服务、网络化管理的实验教学环境，具有教师配备复合化、科研成果课程化、培养模式阶梯化、开放实验制度化、实验室功能多元化等鲜明特色。2007 年中心被评为北京市电工电子实验教学示范中心。2008 年被评为国家级电子信息与控制实验教学示范中心建设单位。2013 年被评为国家级实验教学示范中心。

中心下设教研室和实验室两个二级机构，包括电路、模拟电子技术、数字电子技术、电工、综合实践 5 个课程组和电工电路、电子技术、EDA 技术、SOPC 技术、综合电子技术、大学生实践创新基地、工程实训等七个功能实验室，实验室占地面积近 1200 平方米，分布在小营和健翔桥校区。

中心有教职工 23 人，其中专任教师 21 人，教授 3 人，副教授及高工 4 人，具有博士学位 11 人，占教师人数 52.4%。其中博士生导师 1 人，硕士生导师 4 人。

（高晶敏 柴海莉）

教学工作

（1）本科教学工作

在 2017 年的两个学期中，共承担了 10 门理论课以及 8 门课程设计、实习课程的教学工作，面向通信、电信、自动化、智能、电气、机械、工业、工设、数理实验班、测控、物联网 11 个专业承担 23 门次理论和实践课程，服务全校 4898 人次本科学生，完成实验教学 103768 人时。

（2）发挥课程组长的作用，课程组为单位开展教学研究工作

每学期开学之初由 5 个课程组的组长召集任课教师讨论制定教学日历，商讨本学期教学和实验的要求。定于每周三下午，任课教师针对教学中出现的问题进行交流、探讨。

（3）结合“三电课”的特点，积极开展教学科研活动

定期开展教学科研活动，在原有 1 门北京市精品课程建设项目和两门校级优质课程建设项目的基础上，新增校级课程建设项目 1 项、校级教学改革立项项目 4 项，发表教改论文 7 篇，出版教材 1 部。2017 年申报的“电工电子基础课程内涵建设，培养创新人才”项目获 2016 年校级教育教学成果二等奖。

（4）课程建设

承担《数字电路与逻辑设计》北京市精品课程一项，《电路分析》《模拟电子技术》校级优质课程两项，《电工电子技术（1）》校级课程建设。完成《数字电路与逻辑设计》《模拟电子技术》两门校教材建设。完成新版北京市精品教材《电工电子实验教程》的出版工作。

（杨鸿波 柴海莉）

科研工作

以检测技术与自动化装置等学科为依托，发挥中心军工科研优势，组织中心科研团队开展相关科研活动。在原有国防预研、航天预研等项目的基础上，2017 年完成国防“973”项目 1 项，国防预探索项目 1 项、国防预研重点基金项目 1 项、民用航天“十二五”预研项目 2 项、企业委托横向项目 4 项，共 9 项科研任务结题，总经费 793.40 万元。新增国防“十三五”预研项目等纵向 2 项及横向项目 4 项，共 6 项，实际到款科研经费 284.40 万元，其中：纵向 182 万元，横向 102.40 万元。申请专利 4 项，其中国防发明专利授权 1 项。发表学术论文 25 篇，其中三大检索论文 6 篇，核心期刊及学报论文 8 篇。培养博士 3 人，硕士 22 人，其中毕业博士生 1 人，毕业硕士 7 人，新增硕士协导 2 人。教师科研水平的提高，促进了相关学科的发展，对本科教学也起到了积极的推动作用。中心教师将科研成果与本科教学结合研制了 6 种实验装置并投入使用，取得良好的教学效果。

（高晶敏）

队伍建设

采取教学、科研相结合的导师制，着力培养新入职青年教师。导师由中心具有丰富经验的专家教授担任，新教师入职后进入导师的教学团队和科研团队，从教学基本功开始，培养新入职教师逐步成为作风扎实、基本功过硬、具有团队合作精神的青年骨干。同时，通过组织教师参加校内外培训、聘请校内外知名专家、名师做专题讲座、经常性的教学观摩、教学研讨和学术研讨，中心内部经验交流等教研活动，促进中心师资的整体教学、科研、学术水平全面提升。目前，经过导师制培养的近两年新入职的两名青年教师，均以优秀的成绩通过导师制考核，并在承担的本科教学工作中表现优异，成为中心教学或科研骨干。按照学校要求，积极开展中心内部的青年教师教学基本功、实践教学基本功比赛，选拔成绩突出的教师参加校级比赛，参赛率 100%。

（高晶敏）

获奖情况及其他

组织学校大学生电子设计竞赛，共有 83 个参赛队参赛，其中一等奖 9 组，二等奖 14 组，三等奖 20 组。组织学校学生 12 队参加全国大学生电子设计大赛，获北京市赛区一等奖 1 项，三等奖 3 项，成功参赛奖 4 项。指导学生参加中国机器人大赛，获二等奖 3 项、三等奖 3 项。参与华北五省机器人大赛的组织、展览和评委工作。组织开展校内 11 项开放实验。指导北京市大学生创新项目 5 项，其中国家级 1 项，北京市级 4 项。

（高晶敏）

信息与通信工程学院

概况

信息与通信工程学院（School of Information and Communication Engineering，简称通信学院）是突出学校信息技术优势的特色学院，设有通信工程、电子信息工程和物联网工程三个本科专业（系），其中通信工程专业入选教育部“卓越工程师教育培养计划”并通过教育部工程教育认证；电子信息工程专业是教育部和北京市特色专业；物联网工程专业是新一代信息技术特色专业；通信工程、电子信息工程、物联网工程三个本科专业均入选北京市“双培计划”。

学院拥有信息与通信工程（一级学科）、通信与信息系统（二级学科）、信号与信息处理（二级学科）、智慧感知与信息处理（二级学科）的硕士学位授予权以及“电子与通信工程”领域工程硕士授予权，其中“信号与信息处理”学科是北京市重点建设学科。“信息与通信工程”一级学科为学校引领学科，在“宽带移动通信系统关键技术”“复杂信号与信息处理”“智能感知信息处理”“高速互连与三维集成”四个研究方向培养硕士研究生，与北京理工大学联合培养博士研究生。

学院拥有北京市重点实验室、信息与通信系统部级重点实验室、北京市职工创新工作室、中关村开放实验室及4个院属研究所。学院拥有国家级工程教育实践基地1个，市级校外人才培养基地2个。设有通信技术、电子信息技术和物联网工程等本科教学实验室，教学科研仪器设备总值5000余万元。

截至年底，学院有教职工53人，其中专任教师45人，其中教授7人、副教授15人、副研究员1人，高级实验师1人。高级职称占专任教师人数的53.3%；博士学位36人、占专任教师人数的80%；海外学历背景教师2人；40岁以下中青年教师占专任教师的62.2%。博士生导师1人、硕士生导师23人。全国优秀教师1人，北京市教学名师2人，享受政府特贴专家1人，北京市长城学者1人，北京市科技新星2人，北京市先进工作者1人，北京市优秀教师1人，北京市师德先进个人1人，北京市高校优秀共产党员2人，北京高校优秀德育工作者3人，北京市模范军队转业干部1人，北京市青年拔尖人才6人，北京市优秀团队1支，北京市特聘教授1人。

2017年学院毕业生310人，其中博士生1人，研究生36人，本科生273人；招生330人，其中博士研究生2人，研究生47人，本科生281人； 在校生1270人，其中博士研究生3人，硕士研究生134人，本科生1133人。

（苏　中）

学科建设与研究生教育

2014级研究生完成学业，100%就业。2017年招收博士研究生2人，硕士研究生47人。在校博士和硕士研究生137人（2016年127人），增长7.9%。

1. 学科特色。宽带移动通信系统关键技术、复杂信号与信息处理、智能感知信息处理、高速互连与三维集成。

2. 学科建设。完成信息与通信工程学科学位授权点中期检查。与澳大利亚 James Cook 大学达成联合培养研究生意向。

3. 导师队伍。新增硕士生导师7人，聘请 James Cook 大学 Xiang Wei 教授为兼职学科负责人，聘请29名企业导师。

4. 重点实验室。高动态导航技术北京市重点实验室2人以第二单位获2017年国家技术发明奖二等奖1项，1人获吴文俊人工智能科学技术奖二等奖1项，编制国家计量技术规范的1项，2人获批2018年北京市自然科学基金。

5. 人才培养质量。与北京理工大学联合培养的1名博士生获中国仪器仪表学会优秀博士论文提名奖，3名研究生获学校2017届优秀硕士论文奖，2名研究生分别考取北京邮电大学、北京航空航天大学博士研究生。承担“研究生教育教学改革项目”7项，其中，研究生承担2项，结题项目有1项获得优秀奖。研究生发表期刊论文33篇，其中CSSC、EI检索5篇，北大中文核心期刊18篇，软件著作权14项。研究生获校级以上学科竞赛奖励4项。其中获2017国际水中机器人大赛一等奖1项、三等奖2项；第十三届博创杯全国总决赛硕士组特等奖1项。

（苏　中）

教学工作

1. 教学建设与改革

专业建设。树立专业群的建设理念，鼓励专业协同发展，三个专业的建设成果均获得校级教学成果奖，并获北京市教学成果奖一等奖1项，通信工程专业通过教育部工程教育认证。

“卓越计划”“双培计划”顺利推进，形成多元协同育人模式。以学校教改招标课题的实施为契机，探索并推动创新创业教育与专业教育的有机融合，在全院推广基于创客教育理念的工程认知教育。

课程建设。获批教学类项目校级立项8项，教育部协同育人项目1项。教改类项目结题5项（含市级1项），结题率100%。发表教改论文10篇，出版教材2部。

2. 实践教学

完成“实培计划”27项，新立项26项。

开展校内大学生实践创新类项目101项，承办4项学科竞赛，获得各类学科竞赛奖项71项（不含优秀组织奖和优秀指导教师奖），其中市级以上32项。

连续八年获华北五省及港澳台地区大学生计算机应用大赛优秀组织奖。

2017年10月，北京邮电大学出版社出版学院大学生科技创新论文集《与信息时代同行 与创新精神共进》，收录学生论文30余篇。

2017年开展大创、开放实验、实物型毕设项目100项。

2017年优秀毕业设计33项，其中校级优秀13项

与北京邮电大学开展双创教育，组织“新生创客大赛”，建设网络虚拟社群，同时推动专业导论课改革，促进双创教育与专业教育的有机融合。

3. 教师教学促进

组织青年教师沙龙，开展新教师自我秀、教学心得分享、基金申请心得分享，班主任工作答疑等活动。组织各类专业技术、教育教学类师资培训30余人次。获批校级教学名师1人，获校级实验基本功比赛一等奖1人、三等奖1人。

完善健全教学管理制度，持续改进教学质量，新制定院级教学类制度10项。

理清教学管理工作流程，应对个性化和精细化管理所带来的挑战，全年无教学事故和集中投诉。

院级督导组在试讲、基本功比赛等环节严格把关，深入课堂和实

验室一线，对薄弱问题及时研究并加以整改。

构建内部和外部评价相结合的评价反馈机制，把麦可思公司的调查结果引入专业建设和课程建设，指导持续改进方向。

学院读研率达 22%，创历史新高，居全校首位。

参与学校重大教学活动：华北五省机器人大赛、卓越联盟实验室建设、“数据科学与大数据技术”及“机器人工程”新专业建设、通信工程和自动化的联合进校考察。

（李学华）

科研工作

新增科研项目 30 项，包括国家自然科学基金面上项目 1 项，北京市自然科学基金项目 2 项，北京市科技计划项目 1 项，“十三五”预研分承包1项，核高基课题1项。2017年到校科研经费1514.05万元，其中高动态导航技术北京市重点实验室 939.6 万元。

2 名教师以第二单位获 2017 年国家技术发明奖二等奖 1 项，行业学会二等奖 1 项，编制国家计量技术规范 1 项，获第十九届中国国际高新技术成果交易会优秀产品奖 3 项，研究成果获《人民日报》报道，2017 中国人工智能产业年会作智能机器人应用主旨报告。

重点实验室 2 人获批 2018 年北京市自然科学基金项目。

公开发表学术论文 56 篇，其中期刊 SCI 检索 6 篇，期刊 EI 检索 13 篇，北大中文核心期刊 27 篇，获三大检索 19 篇。

授权美国专利 1 项，中国发明专利 13 项，实用新型专利证书 1 项。计算机软件著作权 23 项。出版专著 2 部。

（朱希安）

学生工作

1. 思想教育

以社会主义核心价值体系引领学生思想成长，组织学生积极学习十九大精神和习近平总书记系列讲话，开展承诺践诺、读书荐书、参观中国国家博物馆、集中收看十九大直播等学习活动，开展大榛子种植基地学习参观、扎根社区共度端午、欣赏书画传播文化、社区慰问老人志愿服务、服务校际百科竞赛现场等多种形式的红色“1+1”支部共建活动。其中电信专业第一、二、三学生党支部荣获北京高校红色“1+1”示范活动三等奖。通信专业第二学生党支部荣获北京高校红色“1+1”示范活动优秀奖。开展丰富多彩的实践活动同时，学院利用新媒体网络平台开展思想政治教育，“党员通信站”和“通信拾光”公众号，全年累计访问量 56872 人次。

学生党员素质不断提高。通信 1402 班学生王鹏荣获“北京高校学生讲思政课公开赛”一等奖。2016 级吕宁、曹心悦、郭玮琦等学生的作品《不能说的秘密》获得第五届北京高校普法微视频征集展映活动三等奖。

2. 学风建设

继续开展学风建设工程，创建优良学风，举办党员助学小课堂、优秀学生经验交流、专业口语老师带领英语晨读、四六级备考讲座、四六级模考和新东方老师解析等各项活动，引导学生形成积极进取、互帮互助、诚实守信的良好学风、班风。

3. 人才培养

举办第二届新生创客大赛、第四届“畅享通信”科技文化节等创业创新教育活动，成果丰硕。李卓然、管宇鹏等学生获第九届“挑战杯”首都大学生课外学术科技作品竞赛二等奖 2 项。入选学校大学生创新创业基地项目 1 项。

开展职业工程师认证培训，134 名学生参加了移动互联网开发工程师、中兴通讯 LTE 助理工程师、华为 HCNA-R&S 认证工程师培训，全部获得职业资格证书。

与 3 家企业合作建立了“川速微波”“中矿龙科”“华成时代”企业奖学金体系，累计为本科生和研究生发放奖学金 4 万元。

4. 文化建设

开展“基站班”学生骨干培训班、学生干部素质拓展、新疆学生座谈会、文化艺术节、新年晚会、毕业晚会、“阳光晨跑”等丰富多彩的学生活动，助力学生“德智体美”全面发展。

荣获学生军训工作先进单位，获校“三球联赛”排球亚军，足球亚军，篮球季军等。

5. 就业、考研工作

2017 届本科毕业生 273 人，考取研究生 59 人，读研率 22%，核心就业率为 88%，核心就业率和读研率双第一。

研究生毕业生 36 人，核心就业率 100%，全校第一。

2017 届本科毕业生毛雪考入英国皇家音乐学院。

张静璇荣获学校“十大先锋人物”。

（程立军）

对外交流

与澳大利亚詹姆斯库克大学签订合作办学协议。

与英国卡迪夫大学达成合作意向。

10 名本、硕学生赴英卡迪夫大学进行暑期短期游学。

2017 级电子信息工程专业 15 名学生、通信工程专业 29 名学生参加北京邮电大学“双培计划”。

2017 级物联网工程专业 15 名学生参加北京理工大学“双培计划”。

2017 年选拔 1 个专业共 3 名学生参加中瑞典大学（Mid Sweden University，Sweden）“3+1”校际交流项目。

2017 年暑假，选拔 1 个专业共 2 名学生赴德国进行为期 2 周的短期研修。

2017 年暑假，选拔 1 个专业 1 名学生赴法国进行为期 2 周的短期研修。

2017 年本科毕业设计在合作企业（悦成）完成 36 项，在合作企业（中兴通讯）完成 16 项，在其他合作单位完成 3 项。

2017 年徐湛、张月霞赴美国华盛顿乔治梅森大学参加为期两周的工程教育认证培训。

2017 年焦瑞莉赴美国奥克兰大学参加为期三个多月的研修访学。

（李学华）

党建工作

2017 年，学院党委共有 13 个党支部，其中 4 个教工党支部，9 个学生党支部。学院目前党员 205 名，其中教师党员 37 名，学生党员 168 名（含研究生），年内共发展学生新党员 70 人，转正 70 人。

1. 强化党员群众的理论学习。制订党员和群众学习计划，深入学习贯彻习近平系列重要讲话精神和治国理政新理念新思想新战略，特别是党的十九大精神、十八届六中全会精神、全国高校思政会议精神，深入学习贯彻习近平两次视察北京重要讲话精神，做好市第十二次党代会精神的学习宣传和落实。

2. 强化党建责任意识。强化党建责任意识，推进“两学一做”学习教育常态化制度化。深化办事公开、决策民主、经费透明“阳光治院”理念，继续实施“高铁行动”，开展2017年承诺践诺活动，明确“走好通信学院长征路”工作要求，落细落实责任担当。

3. 加强组织建设。11月13日至12月18日，完成了物联网工程系教师党支部、学院党政管理办公室教工党支部换届工作；

5月期间完成了全部6个本科生学生党支部的换届工作。

12月期间成立了研1701班学生党支部，进行了通信第三学生党支部、电信第一、第二、第三学生党支部委员会的调整工作。

3月1日和10月25日召开“党支部书记培训暨党支部工作研讨会”

完善领导干部联系基层制度，落实2017年院领导干部联系基层点。

10月，学院为每位35岁以下青年教师配备了由学院党委委员担任的思想导师。

开展系列活动：

4月27日组织学生参观离退休教师艺术作品展，并就“传统文化继承”开展座谈；

5月17日前往北京画院美术馆参观《华彩丹青一甲子——北京画院六十年》主题展；

5月26日举办“互动课堂”读书季启动仪式暨读书分享会活动；

6月7日学院师生与离退休教师开展“书法课堂”活动；

6月16日联合体共同参观宋庆龄故居活动。

开展各类党日活动：

3月1日—4月12日期间开展2016年承诺践诺总评，2017年承诺践诺条目征集；

3月22日—6月7日师生荐书读书活动；

3月22日—6月28日“我身边的故事”教职工摄影展评活动；

5月10日学生党员、积极分子前往中国国家博物馆参观；9月20日组织全院教师、学生党员观看电影《建军大业》；

10月18日组织学院教师、学生党员集中收看十九大盛况；

11月22日组织党员集中观看录像《警示教育片》；

10月19日—12月20日期间组织院党委书记、副书记、支部书记、处级干部开展十九大系列宣讲工作等。

2017年学生党支部深入京郊农村、城市社区以及企事业单位开展红色“1+1”支部共建活动：大榛子种植基地学习参观、扎根社区共度端午、欣赏书画传播文化、社区慰问老人志愿服务、服务校际百科竞赛现场等5大类总计14次活动。

4. 深化“平安校园”创建工作。全面夯实工作基础，持续深化“平安校园”创建工作，通过多种措施努力为教职工提供安全和谐的育人环境，为学生提供成长的安全空间。

5. 开展廉政教育，落实党风廉政责任制。认真履行“一岗双责”，认真履行党风廉政建设责任制，完善并执行《信息与通信工程学院党风廉政建设检查制度》，将其纳入学院各单位年度目标考核内容，接受群众监督。对照“2017年党风廉政建设责任制考核指标体系”，逐项进行自查，学院汇总撰写了自查报告。

6. 党员发展工作。执行《中国共产党发展党员细则》，严格按照程序发展党员，确保党员发展质量。

7. 分工会工作

4月25日、26日组织教职工参加学校运动会项目，获教职工团体总分第四名。

6月12—28日组织教职工参加学校首届文化艺术节“沁馨之美”教职工文化作品展，获最佳组织奖。

11月8日—12月7日期间组织教职工参加学校“享冬日暖阳，户外健走30天”健步走活动，获优秀组织奖。

学院组织举行了第七届、第八届教职工趣味运动会，以及学院教职工新年联欢会等。

8. 保密工作。配备兼职保密员，与学校签订保密工作责任书，组织开展保密教育，加强计算机及载体的管理工作。进行了保密自查、整改。

（李　健）

获奖情况

学院获2017年度学校综合考评优秀等级单位，并获两个单项第一名：党的建设和思想政治工作（含党风廉政建设）、教学工作。

学院连续八年获华北五省及港澳台地区大学生计算机应用大赛优秀组织奖。

苏中、刘宁获2017年国家技术发明二等奖。

缪旻获评北京高校优秀共产党员。

刘宁获中国仪器仪表学会优秀博士论文提名奖。

沈冰夏获第九届“挑战杯”首都大学生课外学术科技作品竞赛2项作品的“优秀指导教师”。

通信第二学生党支部学生党员王鹏荣获北京高校学生讲思政课公开赛一等奖。

电信专业第一、二、三学生党支部荣获北京高校红色“1+1”示范活动三等奖，通信专业第二学生党支部荣获北京高校红色“1+1”示范活动优秀奖。

李卓然、管宇鹏等学生获第九届“挑战杯”首都大学生课外学术科技作品竞赛二等奖2项，

2016级吕宁、曹心悦、郭玮琦等学生的作品《不能说的秘密》获得第五届北京高校普法微视频征集展映活动三等奖。

（李　健）

《人民日报》关注高动态导航技术北京市重点实验室科研成果

5月31日，《人民日报》12版图文报道了高动态导航技术北京市重点实验室研制的蛇形机器人。报道指出：“30日，北京信息科技大学高动态导航技术北京市重点实验室研制的蛇形机器人在北京亮相，这也是全国首创可实现‘断体’功能的蛇形机器人。”报道还介绍了蛇形机器人的设计和应用。目前，该成果已获中国优秀专利奖1项，授权发明专利8项。

（苏　中）

王鹏获市高校学生讲思政课公开赛一等奖

9月23日，市教工委主办的“践行核心价值观·凝聚最美中国梦——北京高校学生讲思政课公开课展示”比赛在北京林业大学举行，通信专业第二学生党支部王鹏主讲“长征精神的时代价值”荣获一等奖。

党建基本标准检查组走访学院

11月14日，党建专家组走访学院，通过听汇报、座谈、查阅材料、考察实验室及工作环境等方式，对学院工作进行了全面了解和审查。最终，学院工作得到专家组的肯定和好评。

（李 健）

聘请海外高层次人才为兼职教授

11月16日，聘请澳大利亚詹姆斯库克大学（James Cook University）向维（Wei Xiang）教授为兼职教授和兼职学科负责人，向维入选2017年北京市特聘教授。向教授发挥自身优势，在学科建设、科学研究、人才培养、平台建设、师资队伍建设、国际交流等方面开展了积极工作。

（苏 中）

工程认证进校考察

11月19日—22日通信工程认证专家组进校考察，专家组审核自评报告、听取汇报，实地考察、查阅文档、师生访谈交流，考察结束后进成“现场考查报告”提交专业类认证委员会。随着认证系列工作的深入推进，标志着学院的专业建设工作正式与国际工程认证标准接轨，有力促进了人才培养质量和办学水平的不断提高。

（李学华）

连续八年获华北五省及港澳台地区大学生计算机应用大赛优秀组织奖

11月11日，“鑫台华杯”2017年华北五省（直辖市、自治区）及港澳台大学生计算机应用大赛决赛在北京联合大学举行，通信工程、电子信息工程等专业学生组成的4支队伍在本次大赛中获得一等奖1项，三等奖3项。这是学校学生在过去的八届比赛中第七次获得一等奖，王亚飞老师连续四届获得优秀指导教师奖，由于出色的组织工作以及决赛成绩，组委会第八次授予学校优秀组织奖，学校也是该项赛事优秀组织奖的八连冠。

（李学华）

苏中、刘宁获2017年度国家科学技术奖二等奖

2017年12月，苏中、刘宁作为第二单位参与完成的“高过载飞行器自主导航与控制技术”项目成果获国家技术发明奖二等奖。这标志着学校在高动态导航领域取得了又一次突破。该项目是学校高动态导航技术北京市重点实验室联合北京理工大学自动化学院、宇航学院共同完成的，项目发明了一种抗高过载陀螺，提出了高过载飞行器自主导航与控制方法，解决了特殊条件下高过载飞行器自主导航与控制难题。

（苏 中）

计算机学院

概况

计算机学院（Computer School）设有计算机科学与技术系、软件工程系、网络工程系、计算机实验教学中心等教学机构4个；设有网络文化与数字传播北京市重点实验室、国家经济安全预警工程北京实验室（与北交大共建）、北京材料基因工程高精尖创新中心（与北科大共建），计算机开放系统实验室、智能信息处理实验室、虚拟现实与仿真实验室、语音信号处理实验室、软件工程研究中心等研究机构8个。学院现有计算机科学与技术、软件工程、网络工程本科专业3个，其中计算机科学与技术国家级特色专业建设点1个，计算机科学与技术、软件工程北京市级特色专业建设点2个；全部专业实现一批在京大类招生；计算机学院牵头建设的数据科学与大数据技术专业于2017年开始招生。此外，学院拥有计算机实验教学北京市实验教学示范中心1个；计算中心、微机与接口技术实验室、EDA/单片机实验室、计算机原理实验室、软件技术实验室、嵌入式系统实验室、集群机实验室、网络原理实验室、网络安全实验室、网络工程实验室、软件工程实验室等院级本科教学实验室11个。同华北计算所合作的校外生产实习基地国家级大学生校外实践教育基地和北京市高等学校市级校外人才培养基地1个。学院现有计算机科学与技术（覆盖二级学科5个）一级学科硕士点1个；软件工程、计算机技术工程硕士专业学位授权领域2个；计算机应用技术北京市重点建设学科1个。

2017年，学院有教职工81人，其中专任教师64人。专任教师中，教授9人，副教授29人，具有博士学位32人，研究生导师24人。

2017年，学院毕业生数384人，其中研究生54人，本科生330人；招生458人，其中研究生72人，本科生386人；在校生1689人，其中硕士研究生184人，本科生1505人。

（李 宁 霍颖培）

学科建设与研究生教育

按一级学科评估意见进行计算机科学技术、软件工程和计算机技术学位点整改，凝练特色研究方向，加强弱势学科，完善研究生培养体系，提高学科建设水平。软件工程一级硕士授权点成功调整为网络空间安全一级硕士授权点，成功申报软件工程工程领域硕士授权点。参加学科中期评估。对照博士点申报条件，寻找差距，明确努力目标。新增硕士导师7人。3位教师获评优秀导师。5篇论文获评优秀硕士论文。

参加教育部全国第四轮学科评估。计算机科学与技术评估结果为“C-”。

召开学位分委会会议5次。

（李 宁 张仰森）

教学工作

牵头申报“数据科学与大数据技术”专业获得成功，并完成第一届遴选招生，牵头主办大数据特长班开始招生。获校级教育教学成果奖6项，获奖数量居全校之首，其中获校级教学成果一等奖1项，二等奖4项，三等奖1项。一位教师获学校第十届青年教师教学基本功比赛暨第四届教学新星二等奖。网络工程专业的工程教育认证获国家受理，2018年迎接专家进校考察。大类招生成功完成第三次分流（目前是全校唯一实行大类招生的学院）。召开本学期本科教学工作会议，进行交流教学工作进展，审核评估动员，讲解人才政策、分析本科教学中存在的问题。积极申报软件工程一流专业，申报北京市教学成果奖。

申报校级和市级教育教学成果奖，张仰森教授领衔申报的“研究性视角下的人工智能教学模式改革与实践应用”，以及陈昕教授领衔申报的“面向应用型人才培养的程序设计类课程过程化教学与考核改革实践”获北京市二等奖；另有6项成果获2016年校级教育教学成

果奖，获奖数量居全校之首，其中一等奖 1 项，二等奖 4 项，三等奖 1 项。

（张　伟）

科研工作

入选北京市科学技术一等奖提名（为学校首次）；作为第一单位获北京市科学技术二等奖 1 项；作为第三单位获北京市科学技术二等奖 1 项。

新增国家自然科学基金项目 2 项（全校排名第 2，已经连续 5 年持续获得国家自然科学基金项目）；获得国家自然科学基金子课题 2 项；获得其他国家级科研项目 2 项；获得北京市科委重大专项 1 项。新增两个省部级科研平台：与北京科技大学联合申报北京材料基因工程高精尖创新中心获批；与北京交通大学联合申报国家经济安全预警工程北京实验室获批。

与北京电子学会联合成功举办大型高峰论坛——智能信息技术与服务峰会，与北电子学会联合成功举办北京科技月开幕式人工智能论坛。1 篇学术论文提名入选第十四届北京青年优秀科技论文。

共举办 6 次学术讲座。本年度科研到款项目到款总计 879.37 万元，其中纵向到款 392.2566 万元，横向到款 375.11 万元，军工到款 112 万元，超额完成了学校科技处下达的 800 万元的科研经费指标，居全校第 3 位。发表论文 77 篇，其中顶级学术期刊和 CCF A、B、C 类会议论文 5 篇，三大检索论文 18 篇，核心论文 31 篇。

（张仰森）

学生工作

强化党建，提升思想政治素质与理论水平。开展“我学 我讲 我践行”十九大精神主题学习活动、“青春建功十九大，砥砺逐梦勇担当”主题团日教育实践等活动，推进“两学一做”学习教育制度化常态化；120 名学生圆满完成初级党课顺利结业，发展学生党员 75 人，转正 73 人。邀请校党委组织部老师、离退休党员举办党员骨干专题培训。计算机科学与技术第一学生党支部、网络工程学生党支部获北京市红色“1+1”优秀奖；首次尝试院长讲党课，首次创立院党课学习讨论组理论导师指导制；举办新生教育大会、“学习校情校规，做合格文明大学生”主题班日、毕业生教育大会、毕业生晚会。

强化能力，提高专业技能和建设优良学风。按照学院“课堂考勤”“学业警示”“加强与学生家长联系”三个文件的规定，积极促进学风建设。构建“横纵相结合”学业辅导体系。开展“朋辈学业小导师”助学新生晚自习，高年级党员骨干担任低年级助理班主任，推进专业学习经验在高低年级之间传递；对部分学业困难的学生组织专门会议“重点学生会商”，持续开展“求知探索，学海遨游”学风建设月活动，引导学生做到“乐学⊠勤学⊠会学”。举办“优秀学长见面会”、“开讲啦”小课堂。新媒体平台推送专业课知识点，供低年级学生复习使用。有 54 人被录取到中国科学院、北京航空航天大学等知名高校就读硕士研究生，考研录取率达到 16.41%，位列全校第二。以学风建设和行为养成教育为核心，组织各班创建“勤信班集体”和优秀党支部。计类 1609 班获得北京市先进班集体，两名同学获评北京市三好学生，2 个团支部获首都“先锋杯”优秀团支部。创立国家奖学金、校长奖学金、雨厚奖学金公开答辩机制，组织低年级观摩学习；年底举办“表彰大会”，公众号推文“计算机学院‘榜样的力量’”。

以“科技文化节”为平台，挖潜科技创新对学风的引领性和带动性。指导计算机科协的计算机博弈协会、创客空间等 8 个社团开展科技创新活动。举办讲座 15 场，竞赛 6 场，获科技类竞赛奖项百余项；举办学校首届科技创新节首场报告会；参加“创新杯”大学生创业计划竞赛获团体季军。在学校大学生课外学术科技赛、新星创意赛、创业赛中，获一等奖 2 项，二等奖 3 项；2017 年度获学生竞赛国家级一等奖 4 项，二等奖 10 项，三等奖 22 项；市级一等奖 10 项，市级二等奖 15 项，三等奖 18 项。

强化管理，提高学生全面发展水平。奖励学习优秀奖学金 204 人次，文体优秀奖学金 2 人次，社会贡献奖学金 141 人次，科技创新奖学金 67 人次，国家奖学金 3 人次，国家励志奖学金 47 人次，华成时代奖学金 6 人次，雨厚考研奖学金 56 人次，雨厚新生奖学金 12 人次，百名时代先锋的评选 12 人次，十大先锋人物 1 人次；北京市优秀毕业生 19 人，校级优秀毕业生 25 人；勤工助学 170 人次；补助困难生认定 294 人次，国家助学金 262 人次。举办新生安全教育大会、组织新生参加“119”消防疏散演练、参加心肺复苏急救技能培训；节假日和敏感期值班制度，通过“辅导员—班主任—学生骨干”工作网络，实时了解同学关注的事件和迫切需解决的问题。举办“幸福的性在两耳之间”心理生理健康教育讲座、“默默关心你”宿舍创意大赛；开设《就业指导课》，编制《就业指导手册》，开展“面试技巧讲座”；制定《计算机毕业班班主任就业工作考核与奖励办法》与《计算机学院雨厚奖学金管理办法》，多渠道、多形式、多频度发布招聘信息。共发送各类招聘信息 400 余条，提供招聘岗位 500 余个；组织学生参加招聘会 10 余场，宣讲会 20 余场，参会单位百余家，提供就业岗位 400 余个；品牌活动促就业，“校友话职场”2 场、“校友话创业”、“校友企业直通车”2 场，邀请 12 名校友返校与学生分享职场经验和来校洽谈就业。本科毕业生整体就业率 99.09%、研究生就业率 100%。大一学生开展“学海·职涯——新生生涯规划教育”讲座。大一学生开展“遇见未来的自己”主题班日活动、大二学生开展“我是演说家”话成长活动、大三学生开展“时光信箱”活动，明确目标，激发动力。圆满完成 2016 级 325 名学生为期 14 天的军训，荣获多项奖励； 8 名同学成功入伍。组织国际办学讲座 5 场次，参与学生达 400 余人；接待校友返校 3 批次 80 余人，热忱服务校友。组织完成计算机学院 1658 名教职工和学生的换届选举工作。

强化文化，提升学生素质与素养。开展“传承传统文化 共建和谐校园”和“青春建功十九大 砥砺逐梦勇担当”主题团日活动，学院 22 个团支部参加团日公开赛答辩。校先锋杯辩论赛获得冠军、在校舞蹈比赛获得大赛亚军；承办 “中华颂 诵经典”表演诵大赛，并获一等奖；校三球联赛女子排球队再度问鼎冠军，引导学生“走出宿舍，走下网络，走进运动场”。 开展了主题为“谢谢你，让我再次感受到世界的温暖”义务献血工作， 80 余名学生参加；30 余名志愿者参加寒假“温暖衣冬”志愿献爱心活动；志愿者走入孤寡老人家、一老一小开心聊天、老年电脑培训班等系列活动，实现双方“互惠、共赢”。

强化队伍，提升专业化、职业化水平。加强班主任队伍建设，开展新生班班主任培训、座谈会、考评等工作。评选出优秀班主任 6 人、良好班主任 9 人。重视学术研究与业务培训，提升职业能力。辅导员承担承担大学生思政课题 5 项，公开发表论文 3 篇； 1 人获三级心理咨询师证书，1 人获校辅导员职业能力大赛二等奖，1 人获校“优秀辅导员”称号，1 人获校就业工作先进个人。

（杨　菁）

对外交流

接收 2 名国外留学生攻读硕士学位，2 名国外本科生来院实习。与美国密苏里大学堪萨斯分校缔约开展计算机相关专业“3+1+1”合作项目。新增美国加州大学伯克利分校开展暑期短期交流。接待美国阿斯隆理工大学、瑞典哈尔姆斯塔德大学代表团来访。本年度共选派了 6 名教师出访，34 名本科生和研究生暑期赴国外短期交流。4 名学生出国学习，34 人获得境外学习奖学金。聘请 1 位国外教师来院承担一门完整课程的授课任务。接收 2 名国外留学生攻读硕士学位，2 名国外本科生来院实习。

深入开展校企合作，新增 3 个校企联合实验室，设立开放课题，提供科研经费和奖学金，为学生提供实习、就业机会。

（李　宁）

党建工作

以迎接市委教育工委《关于开展北京普通高等学校党建和思想政治工作基本标准集中检查》为工作主线，对照《基本标准》认真落实相关任务，圆满完成向检查组专家汇报展示等受检工作，得到专家的充分认可。

以贯彻落实党的十八届六中全会精神和全国高校思政会、北京市高校思政会、全校思政会精神及北京市第十二次党代会精神为重点，在全院师生员工中开展立德树人根本任务和思想政治工作贯穿于教育教学全过程的学习宣传教育工作，取得预期效果。组织全院教职工开展政治理论的集中学习 5 次，宣讲十九大精神、习总书记“7·26”讲话精神及其他重要学习内容。

以处级理论学习中心组为抓手，抓好抓实班子思想建设，切实提高班子成员的政治思想意识，牢固树立“四个意识”，提高班子成员驾驭全局和行政决策的能力。全年集中学习 16 次。

继续抓好党员“两学一做”常态化制度化深入化工作，以“建强支部、严管党员”为目标，以“三会一课”制度为基本措施，建台账创特色，扎实开展支部建设和党员政治学习，全院党员按时完成了党员在线理论学习任务。进一步完善党员纳新过程化考核培养机制，完成党员和入党积极分子的教育培养工作。认真落实处级干部联系党支部讲党课工作。及时完成党支部年度工作考评、支部书记述职和党内评优工作。开展了与林业大学林学院党委直属党支部的“1+1”党支部共建活动。

院党委积极发挥政治核心作用，依托党委会、党委扩大会、书记办公会，及时落实校党委院级党组织负责人工作例会和意识形态工作例会的要求和任务。制订学院党委《党建工作计划》，完成党风廉政建设工作责任制、安全稳定工作责任制、党建工作责任制、意识形态工作责任制、网络意识形态工作责任制、保密工作责任制的相关任务和各类责任书的向下延伸签订工作。完成校党委要求的《2017 年组织工作要点》《2017 年宣传工作要点》《2017 年统战工作要点》的工作任务。

（韩俊彦）

“智能立体仓库系统关键技术及应用”获北京市科学技术二等奖

2017 年 4 月 13 日，北京市委、市政府在北京会议中心举行 2016 年度北京市科学技术奖励大会，张仰森教授主持完成的“智能化立体仓库系统关键技术及应用”项目获得 2016 年度北京市科学技术奖二等奖。该项目入选北京市科学技术一等奖提名（为学校首次），最终获获北京市科学技术二等奖，中共中央政治局委员、北京市委书记郭金龙，中共北京市委副书记、市长蔡奇，科技部党组成员、副部长李萌，北京市委常委、副市长阴和俊等出席大会并为获奖者颁奖。

（李　宁 霍颖培）

“语言智能评测关键技术研究及应用”获北京市科学技术二等奖

吕学强教授团队联合首都师范大学等单位申报的“语言智能评测关键技术研究及应用”，学校作为第三单位获北京市科学技术二等奖。

（李　宁 霍颖培）

新增两个省部级科研平台

与北京科技大学联合申报北京材料基因工程高精尖创新中心获批；与北京交通大学联合申报国家经济安全预警工程北京实验室获批。

（李　宁）

新增“数据科学与大数据技术”本科专业

牵头申报“数据科学与大数据技术”专业获得成功，完成第一届学生的遴选。面向在校生的第一届大数据特长班开始招生。

（李　宁）

其他

新引进博士 4 人，面试 20 余人。引进兼职教授、国家杰青获得者张民。1 人入选校勤信人才培育计划、北京市属高校高水平教师队伍建设支持计划、青年拔尖人才培养计划。开展了教师职务聘任工作，1 位教师晋升正高级岗位，7 位教师晋升副高级岗位。推荐优秀主讲教师岳清、刘城霞。推荐李卓、孟坤二人担任院长助理。筹划系、中心负责人改选工作，保持基层工作活力，高质量完成教学任务。

继续举办博士论坛，开展学术交流。召开青年教师座谈会，了解青年教师思想动态，听取意见建议，帮助其找准努力方向，向青年教师提出希望。

制度建设得到加强，2017 年先后新制定和修订了《计算机学院党委意识形态工作责任制实施办法》《计算机学院党委委员、党员处级干部联系党支部制度》《计算机学院安全稳定工作责任制度》。加强网站建设，坚持党务公开和院务公开，以制度治党，以制度管人。对意识形态工作、党风廉政建设很反腐败工作以及安全稳定工作在联席会上予以专题研究，制定制度和措施，明确要求和纪律，狠抓落实，确保实效。坚持财务公开，坚持“三重一大”等重大事项由党政联席会议决的民主集中制。

组织统战对象参观反腐倡廉基地、砥砺奋进的五年大型成就展，召开统战对象联谊会。召开学院第一届教职工代表大会暨工会会员代表大会，选举产生了组长联席会委员会和分工会委员会并积极发挥作用。组织教职工开展第二届“幸福杯”羽毛球比赛。分获校首届文化艺术节“沁馨之美”教职工文化作品展最佳组织奖，以及“享冬日暖

阳 户外健走三十天”教职工健步走活动最佳组织奖。学院文化建设、人文建设、情感建设得到持续提升，学院师生凝聚力进一步增强，教职工焕发出更加饱满的精神状态，“建设幸福指数最高的学院”的理念更加深入人心。

进一步完善云平台建设，目前学院建设的教学云平台已为 72 门课程、2100 课时、15 万人次上机提供支撑；另有科研云平台为多个科研项目提供支持。现正规划人工智能共享平台建设。组织教师开展了新校区学院的规划设计的讨论。

实行安全稳定工作责任制，学院与二级系（办、中心）党政负责人签订了《安全稳定工作责任书》，重新调整学院安全稳定工作领导机构，明确人员分工和责任范围。实行院领导网格化安全管理区域包片负责责任制，特别注意加强节假日前夕、敏感期间的安全教育、检查、整改工作，确保学院政治稳定和环境安全。

迎接北京市保密局专家进校进行保密资质现场审查。处理敏感期涉稳的网络舆情和安全稳定事件。

全年召开党政联席会共 32 次。

（李　宁）

教师获奖情况

1. 王红军、陈昕获“北京市高层次创新创业人才支持计划领军人才”称号
2. 李卓获学校“勤信英才”培育计划支持
3. 陈莹获师资队伍补充与支持计划（B 类）支持
4. 孟坤获第十届青年教师教学基本功比赛暨第四届教学新星二等奖
5. 陈昕等“面向应用型人才培养的程序设计类课程过程化教学与考核改革实践” 获学校 2016 年校级教育教学成果一等奖
6. 徐雅斌等“网络工程专业卓越工程师人才培养模式的探索与实践” 获学校 2016 年校级教育教学成果二等奖
7. 张仰森等“研究性视角下的《人工智能》教学改革研究与实践” 获学校 2016 年校级教育教学成果二等奖
8. 李宁等“计算机大类人才培养模式改革” 获学校 2016 年校级教育教学成果二等奖
9. 凌涛等“真实场景下实践教学模式的研究与实践” 获学校 2016 年校级教育教学成果二等奖
10. 侯霞等“面向复杂工程问题的软件工程人才培养模式的探索”，获学校 2016 年校级教育教学成果三等奖
11. 冉秋月获校就业工作先进个人奖
12. 单晴雯获校辅导员职业能力大赛二等奖
13. 盛立国获校级优秀辅导员
14. 张仰森、王莹获得学校优秀共产党员称号
15. 史家俊获得“校园安全卫士”称号

学生获奖情况

1. 校先锋杯辩论赛冠军
2. 校舞蹈比赛亚军
3. “中华颂 诵经典”表演诵大赛获一等奖
4. 校三球联赛女子排球队再度问鼎冠军
5. 校运动会最佳组织二等奖、男子团体第五名、趣味项目团体第三名

学院集体荣誉：

1. 分获校首届文化艺术节“沁馨之美”教职工文化作品展最佳组织奖，“享冬日暖阳 户外健走三十天”教职工健步走活动最佳组织奖
2. 第十届“创新杯”学生课外科技创业大赛团体亚军
3. “在团旗下共奋进，共成长”主题团日活动获校二等奖
4. 计类 1412 班、计科 1501 班团支部获“首都先锋杯优秀团支部”
5. “2017 年党史知识竞赛”组织奖三等奖
6. “军训合唱比赛冠军”、“军训拔河比赛亚军”、“军训工作先进单位”
7. 研究生篮球队获得校篮球赛亚军
8. 计类 1609 班、软工 1501 班获校“勤信班集体”，计类 1609 班获北京市先进班集体提名推荐
9. 计算机科学与技术第一学生支部、网工学生党支部获北京市“红色 1+1”优秀奖
10. 计类 1609 班获得北京市优秀班集体

（李　宁 韩俊彦 杨　菁 李　卓）

经济管理学院

概况

经济管理学院拥有经济学和管理学两大学科门类，设有经济学、国际经济与贸易、会计学、财务管理、市场营销、工商管理、质量管理工程和人力资源管理等 8 个本科专业，有管理科学与工程、工商管理、应用经济学 3 个一级硕士授权学科，此外还有工业工程、工商管理硕士（MBA）2 个专业硕士学位授予权。

北京信息科技大学文管综合实验教学示范中心为北京市高等学校实验教学示范中心。该中心在本院设有会计实验室、财务与投资实验室、企业管理实验室、营销管理实验室、经济与贸易实验室、实验经济学实验室和大学生科技创新基地。学院拥有藏书丰富的专业资料室和 8 个校外实习基地。

经济管理学院拥有一支实力雄厚的师资队伍。现有专职教师 109 人。其中，教授 18 人，副教授 44 人，占教师比例 57%；具有博士学位教师 54 人；具有硕士及以上学位教师 105 人。教师中有享受国务院特殊津贴、北京市突出贡献专家、北京市市属高校学术创新团队带头人、北京市哲学社会科学研究基地首席专家、教育部新世纪优秀人才、北京市百千万人才、北京市市属高校高层次人才，有北京长城学者、北京市创新拔尖人才、北京市科技新星、北京市优秀教师、北京市中青年骨干教师、北京市优秀人才的学术骨干；另外还有中国数量经济学会副理事长、其他一级学会常务理事与理事，以及全国劳动定员定额标准化技术委员、中国注册会计师，中国注册税务师、国家注册审核员、国家高级职业指导师、资产评估师、公司独立董事等，他们分别在数量经济与博弈实验、知识管理、科技管理、质量管理、人力资源、资产评估、证券投资、企业成长与并购、财务会计、企业管理教学与循环经济学科研领域颇有建树。

学院利用北京市专家人才优势，与国务院发展研究中心、中国社科院、中国科学院、中国科学技术发展战略研究院等著名科研机构，以及北京大学、清华大学等著名高校建立了长期稳定的合作关系，与政府职能部门，以及企业建立了良好的合作关系。聘请了中国工程院院士、中国社科院学部委员等著名专家学者为兼职教授。

学院拥有北京市市级学科科研平台——北京知识管理哲学社会科学研究基地、绿色发展大数据决策北京市重点实验室和北京世界城市循环经济体系协同中心（2011 协同创新中心）（市级）、北京市人才强校计划学术创新团队——知识管理研究创新团队、北京市重点建设（一级）学科——管理科学与工程、北京市重点（二级）学科——技术经济及管理、北京市重点建设（二级）学科——企业管理。在平台基础上，建立了三个校级研究机构——循环经济研究中心、知识管理研究所和企业成长研究中心。

学院积极开展国际合作和国内外学术交流活动，与爱尔兰都柏林格林菲斯学院开展了“2+2”模式的合作办学；与爱尔兰考克大学开展了“2+2”、“3+1”模式的合作办学；与美国威斯康星大学帕克赛德校区合作开展学生交换培养和“3+1”模式的合作办学；与美国博林格林大学开展了“2+2”、“3+1”模式的合作办学；与英国安格利亚鲁斯金大学开展了“2+2”、“3+1”模式的合作办学；与瑞典哈尔姆斯塔德大学开展了“3+1”模式的合作办学；与美国加州大学河滨分校开展了“3+1”、“3+1+1（2）”模式的合作办学；与加拿大温莎大学、台湾朝阳科技大学以及意大利罗马外国语大学开展了一学期的交流活动；与加拿大多伦多大学、德国亚琛大学进行知识管理研究、消费类产品有毒有害物质评价技术方面的学术交流；举办了实验经济学、科技成果转化、数据共享技术、WTO 与中国国际学术年会、全球经济中的中小企业等国际会议与全国重要的学术会议。

学院取得了丰富的学术成果。近五年来，承担国家科技支撑计划项目国家自然基金项目等 50 多项国家级和省部级项目，以第一完成单位荣获国家科技进步奖 1 项、北京市科学技术奖二、三等奖共 3 项、北京市哲学社会科学优秀成果二等奖 4 项，北京市教育教学（高等教育）优秀成果一等奖 1 项，全国性行业科技奖励 6 项，获得发明专利 2 项，出版专著 40 部，发表核心期刊论文 700 余篇。获得软件著作权 30 余项。

（郑 玮 张 健）

学科建设与研究生教育

（1）4 月 26 日下午，经管学院院长葛新权、副院长张健、副院长金春华一行受邀前往亚洲品牌集团参观调研，洽谈日前签署的《人才培养与科研合作框架协议》的落地与执行事宜。参与会谈的有亚洲品牌集团创始人兼 CEO 王建功、亚洲品牌研究院院长周君、ABAS 专家委员会委员张聪明、亚洲品牌集团副总裁陈曦以及集团数据中心技术总监陈海涛。葛新权院长结合学院现有的师资力量、研究基础和科研平台，对框架协议中每一项合作内容的具体实施方式和负责人员进行了详细安排说明。最后，双方就具体工作中涉及的相关人员进行了现场对接。会后，双方还就下一步学校 MBA 培养方面的合作进行了展望。

（何 琼 尹洁林）

（2）10 月 19 日，学院邀请中国社会科学院数量经济与技术研究所王国成教授，在小营校区图书馆 604 为学院研究生做了题为《理性的期待与任性的现实——2017 年诺奖对经济学发展的启示》的讲座。王国成教授主要介绍了 2017 年诺贝尔经济学奖美国行为经济学家芝加哥大学教授理查德 · 塞勒的三点理论贡献和三本书。将行为金融与我们的生活联系起来，并配以图表生动形象地为同学们讲解了行为经济学。

（何 琼 尹洁林）

（3）2017 年 10 月 23 日，学院邀请浪潮总经理罗远哲先生在小营校区为学院研究生做了题为《云计算、大数据、云服务》的学科前沿讲座。以浪潮公司的发展历程为例，讲述了云计算、大数据时代的到来与大数据、云服务行业的崛起。分享云计算、大数据、云服务的发展趋势之余，罗远哲先生结合学院大数据学科建设的方向，与同学们深入探讨了云计算的核心技术、云服务领域的模式创新以及相关的产业政策环境。

（何 琼 尹洁林）

（4）2017 年 12 月 7 日，经管学院邀请清华大学环境学院副研究员曾现来教授及中国社会科学院工业经济研究所研究员黄速建教授在图书馆 605 举办了学术沙龙活动，为学院青年教师和研究生分别做了题为《城市矿产资源的可循环性及回收潜力评估》的讲座和《经济与管理类社会科学研究项目申报中应注意的若干问题》的报告。学院青年老师和 20 余位研究生参加，曾现来老师和黄速建老师介绍城市矿产的本质特征以及研究方法、思路及经验。

（何 琼 尹洁林）

（5）2017 年 12 月 10 日，学院研究生贾沐晓参加在北京大学举行的北京市研究生英语演讲比赛决赛。针对“The Belt and Road Initiative- my perspective”（我眼中的“一带一路”）的比赛主题，表达了自己对“一带一路”的看法和观点，对当代的国际形势和社会现象进行了一定的分析，并针对评委老师对演讲中的细节进行的提问进行解答，最终获得了二等奖。

（何 琼 尹洁林）

教学工作

2017 年，学院共有本科在校生 2295 人，其中毕业生 587 人。

（1）2017 年，学院校获批级重点招标课题 2 项；校级教改立项 10 项；校级课程建设结题 8 项；教材建设立项 6 项，出版教材 7 本，推荐申报市级教学成果奖 5 项。

（2）10—12 月，根据学校本科教学审核评估的要求，围绕着审核评估指标体系，学院完成了自评报告，同时开展了专业自评，对专业建设特色与优势、问题与对策进行了系统的梳理。

（3）2017 年，学院积极响应国家品牌建设发展的需要，在市场营销专业增设品牌管理方向，在广泛调研和研讨的基础上，完成了品牌管理方向培养方案制订工作，为市场营销专业的人才培养创造了新的方向与机遇。

（4）2017 年，根据学校工作安排，质量管理工程参加了第三批校内专业评估工作，通过撰写自评报告，对质量管理工程专业的特色、优势与问题进行了认真的梳理，校外专家的反馈意见为专业的建设与发展提供了指导。

（5）2017 年，学院制定了“经济管理学院优秀本科生培养计划”导师制管理办法，成立了本科生导师制工作领导小组。共有 83 名教师和 274 名本科生参与，依托导师制共申报 2018 年大创课题 45 项。

（6）工商管理专业继续与北京邮电大学、对外经贸大学本科生导师制以“3+1”形式联合培养优质的本科生，2017 年共有 8 名学生赴对外经贸大学进行学习，招生生源质量良好。

（7）2017 年 11 月 10 日至 12 日，学院举办教学科研暨学科建设研讨会，进一步明确“信息特色”与“国际化”作为学院人才培养的两大特色。围绕着两大特色，“十三五”期间，学院将进一步加强专业内涵建设、加大教学研究改革。

（高 玉 孙永平）

（8）学院督导组每学期制订工作计划，通过听课、座谈、文档检查等形式对学院教学工作进行督导。2017 年，院级督导组听课 30 门次，听取了 7 名教师新开课、开新课试讲工作。督导组与学工部形成合力，一同抓学风建设，加强教学全过程管理，对于教学质量持续改进具有重大推动作用。

（高　玉 孙永平）

（9）2017 年学院新增校外实习基地 5 个：北京市海淀区教委会计核算中心、北京信息科技大学与品牌中国战略规划院共建品牌专业教学与研究基地合作框架协议、华德起重机（天津）股份有限公司、北京联合智业控制集团、北京天润坤泽财务管理咨询有限责任公司。基本形成了覆盖学院各专业的校外实习平台。

（高　玉 侯　婷 郑　玮）

（10）2017 年申报了 8 项“实培计划”毕设（科研）项目，2 项“实培计划”毕设（创业）项目。经费 74 万元。

（11）2017 年学院推免研究生 6 人。本科生转专业人数 74 人，转入 60 人，转出 14 人。

（12）2017 年学院有 553 篇毕业论文，其中校级优秀论文 15 篇。

（13）大学生科技创新项目 15 项，经费 4.5 万元，学科竞赛 14 项，经费 11.5 万元，开放实验 10 项，经费 5 万元，共 21 万元。

（侯　婷 郑　玮）

（14）2017 年，学院基于大学生科技创新基地，开设了大学生创新创业素质拓展实训、心理测量技术实验、生产过程仿真模拟开放实验、零售门市连锁经营模拟开放实验、SAP 国际会计软件拓展训练、鼎新诺审计软件实训、SIYB 如何创办和改善企业经营模拟开放实验、大学生创业素质训练沙盘系统开放实验、实验经济学开放实验、金融投资模拟开放实验等试验项目。举办了大学生创意大赛、大学生金融精英挑战赛、大学生就业模拟大赛、国际企业挑战赛、大学生创业者经营模拟沙盘大赛、大学生创业设计大赛、企业竞争模拟挑战赛、实验经济学竞赛、商业流通业大赛等学科竞赛类活动。

（马　众 陈元凤 刘　伟）

科研工作

（1）2 月 24 日，中国人民大学信息资源管理学院院长张斌教授应邀到校就“大数据时代的知识管理”主题做了学术讲座。讲座由学院院长葛新权主持，副院长张健和来自北京市知识管理研究基地及绿色发展大数据决策北京市重点实验室的青年教师和研究生参加了本次讲座。张斌教授讲到，数据到信息再到知识的发展，是当前社会发展的趋势，而知识成为了推动经济社会发展的重要因素。

（何　琼 张　健）

（2）3 月，学院特邀加拿大温莎大学商学院管理系主任、国家外专局高端外籍专家、上海市海外名师马振中教授进行系列讲座，学院副教授尹洁林担任讲座主持，管理科学与工程和工业工程专业的学生有幸聆听了系列讲座。马振中教授结合管理科学与工程和工业工程的学科特点，依次展开了以“竞争战略”、“制造战略”、“知识管理”和“项目管理”为专题的讲座。最后，在“项目管理”专题中，马振中教授以一篇关于项目管理的文章为例，重点讲解了分析模型，并强调我们要学会用数据证明假设。通过马振中教授四个不同专题的精彩讲座，同学们受益匪浅。不但从整体层面上了解到竞争战略的不同类型，还对具体的制造业、知识管理和项目管理方面进行了详细的了解。

（何　琼 张　健）

（3）5 月 8 日，绿色发展大数据决策北京市重点实验室召开第一届学术委员会第一次会议。中国工程院院士、合肥工业大学杨善林教授（学校兼职教授），国防科技大学刘增良教授等重点实验室学术委员会委员，学校校长王永生、副校长韩秋实，相关职能部门负责人、经管学院党政领导及实验室和相关人员出席了本次会议。王永生代表学校致欢迎辞并发表讲话。他强调，绿色发展大数据决策北京市重点实验室弥补了学校在人文社科方向市级重点实验室的空白，希望各位专家针对实验室今后的发展定位、研究方向和科研领域建言献策。王永生随后宣布了学术委员会名单，并颁发了聘书。第一次学术委员会会议由重点实验室学术委员会主任杨善林院士主持，实验室主任葛新权汇报了实验室工作三年规划和近期工作重点。

（何　琼 张　健）

（4）2017 年 5 月 8 日，中国工程院院士、管理科学与信息系统工程专家杨善林先生对学校进行了访问。杨善林院士的此次到访为学校科研建设提供了宝贵的建议和意见，开拓了学科建设的新思路。杨善林院士首先在经济管理学院院长葛新权、副书记曲立、副院长张健和金春华的陪同下，参观了绿色发展大数据决策北京市重点实验室。杨善林院士充分肯定了绿色大数据决策北京重点实验室的价值，并就遇到的困难有针对性的提出了自己的建议，分享了很多自己对于学科发展的宝贵经验，为学院进一步加强学科建设开拓了思路。

（何　琼 张　健）

（5）10 月 20—22 日，由中国数量经济学会主办、江西财经大学承办的中国数量经济学会在江西南昌举行。本次会议是中国数量经济研究的盛会，国内外近 500 名专家学者参加了此次会议。学院葛新权教授、王斌教授参加了此次会议，并提交了《对外贸易的环境效应研究——基于地区视角的差异性分析》《基于空间计量模型的人口迁移对环境污染影响的实证研究》两篇会议交流论文。葛新权教授因其对中国数量经济学的发展所做出的长期贡献以及其突出的学术影响力获得了中国数量经济学杰出学者称号。

（王梅娟 张　健）

（6）11 月 2 日，在图书馆 605 举办了学术沙龙活动，本次沙龙邀请了人力系张娜老师和经贸系朱博恩老师进行学术报告，报告内容涉及两位老师的研究成果和当前关注的研究问题。经管学院院长张健教授及 30 多位研究生参加了此次沙龙。张娜老师的讲解深入浅出，对经管学院研究生学术文献检索和利用能力的提升及学术论文写作具有指导意义。通过朱博恩老师的介绍，大家对“一带一路”、我国经济发展和世界外贸比较优势、如何促进我国经济和世界经济的发展加深了印象，提高了认识，开阔了视野，并且提升了学术认知能力。

（王梅娟 张　健）

（7）11 月 2 日下午，北京电视台王强教授受邀到学院小营校区为学院研究生做了题为《凿空之行——丝绸之路的开通》的学科前沿报告。在我国“一带一路”的倡议下，了解丝绸之路的开通渊源对于新时代的青年学生有着重要的意义。王强教授还为我们科普了世界的各种语系、语族等知识。王强教授的此次讲座为我们梳理了一段历史、让我们更加深入了解了汉代张骞出使西域开拓丝绸之路的艰辛与不易。对于处在十九大以来的新时代、新征程的我们来讲更应该好好学习，努力为新丝路这一和平友好经济带的建设做贡献、为实现中华民族伟大复兴的中国梦而奋斗。

（何　琼 张　健）

（8）11 月 10 日至 12 日，本科教学科研暨学科建设工作研讨会在稻香湖举行。科技处处长邢济收、国际交流处处长卢静、经济管理学院院长张健、党委书记曲立、副院长金春华以及学院全体教师参加了此次会议。会议同时邀请了北京科技大学东凌管理学院院长闫相斌教授、北京工商大学杨有红教授为本院教师做专题报告。会议由经管学院副院长金春华主持。 邢济收处长从学校和学院两个层面对科研项目、基金项目、团队建设等情况进行了梳理，并提出了经管学院的科研发展思路。

（王梅娟 张 健）

(9) 11月14日，第八届中意创新合作周北京会场开幕式顺利举办，中意两国科技部部长和北京市领导出席，旨在通过高端研讨、项目路演、技术对接、展览展示以及实地考察五种形式展开交流，推动中意两国 政府、企业、大学、研究机构等的技术转移与创新合作，努力建设成为双边科技合作机制的典范。学校绿色发展大数据决策北京市重点实验室主任葛新权教授出席本次会议。会议通过搭建中意信息合作共享平台；促进中意企业合作研发及技术转移；推动中意创新联盟、联合研发中心和联合实验室、众创空间等的建设，探索中意科技合作新模式。北京会场关注的重点领域有第三代半导体、智能制造、生物医药、文化科技、可持续发展与智慧城市、现代农业与食品安全、新一代通信技术、开放式创新等。

（王梅娟 张 健）

(10) 11月15日下午，学院财务与投资系在图书馆605举办了“数量金融分析的若干前沿问题”学术讲座。本次讲座邀请了中国社会科学院数量经济与技术经济研究所樊明太研究员，樊明太研究员担任《数量经济技术经济研究》编委、《经济研究》审稿专家、中央电视台财经频道特约评论员等。讲座由学院金春华副院长主持，财务与投资系全体老师以及部分研究生和本科生参加了本次讲座。樊明太研究员就数量金融研究范围及研究重点，宏观金融结构、金融创新、货币金融政策与金融配置研究，微观金融结构资产定价理论实证及公司金融影响等问题逐一进行了深入细致地讲解。另外，樊明太研究员还对中国特色的绿色金融和美国拒绝施行一行三会做出了生动形象的解释。讲座结束后，樊明太研究员与张健院长讨论大数据和互联网背景下，经济、财务和金融交叉学科研究中的研究动态、财务管理专业的学科建设与未来的合作研究项目。

（王梅娟 张 健）

(11) 11月16日，在图书馆605，学院邀请了经贸系王菲老师和人力系刘艳老师，为学院研究生分别做了题为《交通基础设施建设与国内市场一体化》和《中国现代制造业的统计测度》的学科前沿讲座。

（王梅娟 张 健）

(12) 11月29日，《中国品牌战略发展报告2017》发布暨品牌中国战略规划院专家委员会2017年会在京召开。发布会由中国社会科学院学部委员、品牌中国战略规划院院长汪同三主持，品牌中国战略规划院理事长刘振华、品牌相关领域的专家学者、企业品牌负责人和国内主流媒体200余人参加了会议。品牌院组建以来，创编出版《中国品牌战略发展报告》蓝皮书，致力于从学术层面推动国家品牌战略规划的实施和落地，并与学校达成战略合作，共建品牌专业教学与研究基地，共同推动“中国产品向中国品牌转变”，为中国品牌全球崛起贡献力量。

（王梅娟 张 健）

(13) 11月30日，北京市知识管理研究基地学术委员会2017年全体会议在小营校区召开，会议研究讨论了基地的科研成果和发展方向，成立了新一届基地学术委员会。北京市哲学社会科学规划办公室副主任张庆玺、基地处处长刘军、学校副校长陈刚、科技处处长邢济收出席了本次会议。 会议由北京市知识管理研究基地副主任、学院院长张健教授主持。

（王梅娟 张 健）

(14) 12月13日，北京自然科学界和社会科学界联席会议高峰论坛在北京市科协召开。此次会议的主题是：科技文化协同创新，助力城市治理体系建设。该会由北京市科协党组副书记、常务副主席马林主持，北京市知识管理研究基地首席专家葛新权教授受邀出席并做了题为《城市生活垃圾零废弃的技术与文化思考》的报告。葛新权教授介绍了自十九大以来国家对于大数据、人工智能背景下生活垃圾废弃管理的新趋势，指出城市生活垃圾资源化要将长期治理与短期治理相结合，提出垃圾治理不应仅仅依靠政府力量，更多的是社会文化和公民素养的综合提升。

（王梅娟 张 健）

(15) 12月19日，在图书馆605，邀请中国人民大学信息学院院长文继荣教授做了题为《大数据及其社会科学应用》的学术讲座。经济管理学院院长张健、副院长金春华等老师及学院20多位研究生参加了此次讲座。在信息时代的今天，大数据已经渗入到人们生活的各个角落之中。文继荣教授通过理性主义的传统方法和大数据方法进行对比，帮助我们更好的理解大数据的含义。文教授也将致力于通过大数据进行扶贫工作，用现代技术精准扶贫，为政府和国家尽一份力量。希望同学们在今后能够学习大数据方面的相关知识，紧跟时代发展的步伐，推动大数据产业的发展。

（王梅娟 张 健）

学生工作

(1) 1月10日，学院2013级研究生杨阳于小营校区图书馆，与在校研究生本科生分享了在爱尔兰科克大学交流学习的经验。此次分享会主要与在校生交流了国外求学以及工作的经历与成长，注册会计师以及雅思的备考心得。研一以及大一、大二学生共同参加了分享会。

（周 宇 周海亮）

(2) 3月15日，新加坡留学生交流会在小营校区图书馆教职工之家举行，新加坡义安理工学院带队老师、国际交流学院李奇轩老师及两校的同学们参加了此次交流会。各式各样的节目让晚会显得异彩纷呈。同学们还一起学习了剪纸、抖空竹。

（周海亮 何 琼）

(3) 6月28日下午，学院2017届毕业典礼暨学位授予仪式在小营校区大学生文化艺术中心进行。副校长许宝杰、学院党委书记曲立、院长张健、副院长金春华、院长助理王斌、以及教授代表、系主任代表、学院杰出校友、辅导员、班主任、毕业生家长代表、600余名应届毕业生参加毕业典礼。典礼由学院党委副书记崔凯主持。

（崔 凯 陈 曦）

(4) 6月30日，《北京晚报》、《北京日报》先后图文报道了本校2017届毕业生杨飞鸿的事迹。人民网、今日头条、环球网均第一时间给予了转载。报道说：“在今天上午举行的北京信息科技大学毕业典礼上，学校党委书记王传亮将一面国旗郑重地交给学院2017届人力资源管理专业毕业生杨飞鸿。这面国旗连同该校师生募捐到的1万余元爱心款，将由杨飞鸿带回家乡贵州织金县……”《北京晚报》还报道了校长王永生对杨飞鸿的赞誉：“他用责任和担当实现了人生价值的升华。”报道说：“王永生同时鼓励2000多名本科和硕士毕业生，要坚守理想，用踏实赢得成功与荣耀……”。6月28日当天，

《中国教育报》、《现代教育报》、《法制晚报》也对学校毕业生杨飞鸿事迹进行了采访。

（崔　凯）

（5）8 月 19 日，“毕业 20 年，我们来相会”返校座谈会在学院图书馆 605 会议室举行。学院院长张健教授、党委书记曲立教授、学院马众老师出席了大会。张健院长致欢迎辞，并向校友们介绍了学院近几年的发展情况，母校的发展，凝聚着校友们的心血，凝聚着校友们的关爱，希望校友们一如既往的关心和支持母校的发展，欢迎校友们常回家看看！

（张　健曲　立马　众）

（6）9 月 5 日，北京信息科技大学迎来了 2017 级的新生。学院党委书记曲立、院长张健、副书记崔凯、副院长金春华以及学院其他迎新工作小组成员在清河迎接 2017 届新生。开学报道是每个准大学生最翘首期盼的日子。新生们按照展板上公示出了分班情况，学生们有序地浏览展板后找到了相应的学院干部排队填表，领取“新生必备”相关内容。接着学生按照宿管科安排，集中在学校宿舍区并在宿舍门口办理相关入住手续。下午学院组织召开了新生家长会，进行了良好的沟通。

（曲　立崔　凯金春华）

（7）10 月 11 日，学院团委学科竞赛部下属企业经营模拟协会举办的大学生创业素质训练沙盘竞赛圆满落幕，很多同学都表示意犹未尽并希望下次还能继续参加。马众老师也对本次活动中同学们的表现提出了表扬。本次活动让同学们体验了职业发展的过程，提高了综合分析能力，增强了同学们当面交流沟通的能力，为未来就业打下基础。

（马　众）

（8）10 月 17 日，为使《经济管理学院团支部考核管理办法》能顺利实施，院团委组织部于在清河校区一教 20 举办了团支部考核管理办法讲解大会。出席本次会议的人员有院团委组织部部长马安妮，副部长秦祎、赵奕清及大一年级各班团支书、组织委员和宣传委员。有助于使班级内各项工作和活动高效率、高质量的开展。

（崔　凯费衍慧）

（9）11 月 8 日，为更好的实现共青团工作和社会实践的有效结合，促进大学生更好的做好自身职业生涯规划，同时为大学生提供一个和企业双向沟通选择的平台。学院团委在小营校区一教 E41 和 E42 举办“2017-2018 学年职业生涯规划节之第一场专场招聘会”。针对求职者在应聘过程中遇到的种种问题，招聘方做出评价与建议。各公司纷纷对学院学生的基本素养及专业知识表示了肯定，并表示希望能和学校建立长期合作关系。

（崔　凯费衍慧）

（10）11 月 18 日，管理学院为了进一步提高本院研究生的国家公务员考试（以下简称：国考）实力和信心，特邀请已毕业研究生王盈盈和秋春童在图书馆 606 室与 2015 级研究生就国考笔试、面试的经验进行了交流。

（周　宇马　众）

（11）11 月 25 日，学院在小营校区气膜馆举行了“飞跃杯”研究生趣味运动会。经过前期的预赛选拔，最后来自不同专业的 40 余名研究生组成两只队伍参加了包括羽毛球、趣味接力跑、单摇、踢毽子、拔河五项比赛的决赛。本次趣味运动会，学院党委副书记崔凯和研究生辅导员周宇也都来到了比赛现场，并友情加入到了同学们的队伍当中参加比赛，师生一起体会运动带来的快乐。

（崔　凯周　宇）

（12）11 月 29 日，学院组织了创新创业的相关培训。20 余名对创新创业感兴趣的同学参加，本次参观学习有创新创业孵化基地的武老师负责接待，武老师给同学们讲述了基地的创立背景，现有规模以及创业团队入驻情况。

（崔　凯马　众）

（13）12 月 3 日，一年一度的北京市研究生英语演讲比赛决赛正式开始。学院研究生 1702 班的贾沐晓同学经过初赛、复赛等，最终获得了二等奖的成绩。

（崔　凯周　宇）

（14）12 月 9 日，在日前结束的经济管理学院“青春建功十九大，砥砺逐梦勇担当”主题团日活动公开赛决赛中，会计 1602 班团支部紧贴“青春建功十九大，砥砺逐梦勇担当”的主题，荣获一等奖。

（崔　凯费衍慧陈　曦）

（15）12 月 15 日，学院团委在清河校区二教 203 举办十九大精神宣讲会。本次大会请到学院党委副书记崔凯老师为广大团干部对十九大进行精神解读。

（崔　凯）

（16）12 月 21 日，学院举办的“齐聚星辰”迎新年晚会在小营校区大学生活动中心顺利举办。学院党委书记曲立、院长张健、副院长金春华、党委副书记崔凯，及学院各辅导员、班主任老师出席本场晚会。

（崔　凯陈　曦）

对外交流

2017 年，学院与爱尔兰科克大学、美国威斯康星大学帕克赛德分校、美国加州大学河滨分校、瑞典哈姆斯塔德大学、美国鲍灵格林州立大学、加拿大温莎大学等六所国外大学联合培养学生项目持续招生。联合培养学生项目共外派学生 11 名，其中赴爱尔兰科克大学的学生 6 名；赴美国威斯康星大学帕克赛德分校、瑞典哈姆斯塔德大学、加拿大温莎大学、美国鲍灵格林州立大学和美国加州大学河滨分校的学生各 1 名。学院与波士顿大学以及英国剑桥大学的学生短期交流项目顺利开展，共外派学生 9 名，其中，赴波士顿大学 7 名，赴英国剑桥大学 2 名。

学院派出 1 个教师学术考察团赴法国、意大利进行学术交流与合作办学的洽谈，派出 1 名教师赴加拿大温莎大学学习一年，派出 1 名教师赴美国访学一年，派出 6 名教师赴爱尔兰科克大学访学三个月。

2017 年，学院共接待来自爱尔兰、美国、瑞典、新西兰、加拿大等国外代表团、学者专家的来访，双方就国际合作办学、学术交流等问题进行了广泛的交流与磋商。

（何　琼卿可心）

（1）3 月，学院特邀加拿大温莎大学商学院管理系主任、国家外专局高端外籍专家、上海市海外名师马振中教授进行系列讲座，学院管理科学与工程和工业工程专业的学生聆听了系列讲座。马振中教授结合管理科学与工程和工业工程的学科特点，依次展开了以“竞争战略”、“制造战略”、“知识管理”和“项目管理”为专题的讲座。通过精彩讲座，同学们受益匪浅。不但从整体层面上了解到竞争战略的不同类型，还对具体的制造业、知识管理和项目管理方面进行了详细的了解。

（何　琼卿可心）

（2）为了促进学校学生与新加坡留学生的交流、增进双方同学的友谊，3 月 15 日，新加坡义安理工学院留学生与学院学生交流会在小营校区图书馆教职工之家举行。本次活动以学生才艺表演为主要内容，包括民族舞蹈、歌曲演唱、书法展示、魔术表演、情景剧表演、笛子吹奏等才艺表演，学院学生还向新加坡留学生展示了剪纸、抖空竹等传统民族特色，邀请留学生一起参与互动。双方学生积极认真的参与，增进了双方的友谊。活动最后，双方合唱《朋友》，互送小礼物和纪念品并一起合影留念。

（何　琼 卿可心）

（3）3 月 19 日，瑞典哈姆斯塔德大学商务信息系统专业的 Torben 教授，受经济管理学院邀请抵达北京，展开为期一周的交流讲座。本次 Torben 教授分别围绕“营销知识”“互联网营销”“商业模式”开设了四场交流讲座。同学们不仅学到了前沿的营销知识，而且对互联网营销和商业模式有了更深入的了解。Torben 教授称赞了学院学生积极进取的学习态度，并期待今后哈姆斯塔德大学与学校能有更多更深的合作交流。

（何　琼 卿可心）

（4）3 月 23 日，爱尔兰国立科克大学商学院市场营销学 Michael Murphy 教授为学院师生作了主题为“理解文化多样性以便能更好的营销”的讲座。Michael Murphy 教授主要介绍了各国文化差异导致的营销的不同，通过大家耳熟能详的麦当劳的案例，说明了在营销中文化的重要性。此外，Michael Murphy 教授还向大家展示了爱尔兰国立科克大学丰富的校园生活，相关的学习情况以及大家感兴趣的一些交流项目，包括本科生的“2+2 交换生项目”、“3+1+1 交换生项目”，硕士的“3+1+1 交换生项目”等。

（何　琼 卿可心）

（5）6 月 21 日上午，美国堪萨斯州立大学经济系系主任 William Blankenau 教授来到学院，就双方经济系合作交流展开洽谈。国际交流处处长卢静、学院院长张健、副院长金春华、经济与贸易系主任和教师参与了会谈。双方各自介绍了学校概况及经济系学科专业情况，就拟开展的合作项目及可能的合作进行会谈。下午，Blankenau 教授为我学院学生作题为“Sick and Tell Presentation”的专题讲座，从问题提出、文献回顾、相关理论、研究方法、实证分析和研究结果六大方面进行了详细讲解。同学咨询 Blankenau 教授关于堪萨斯州立大学经济系交换学习相关问题，均表示从讲座交流中收获颇多，非常期待能有机会参加今后的交换学习。

（卿可心 何　琼）

（6）10 月 31 日下午，新西兰 Unitec 理工学院与经管学院进行 MAP 项目洽谈。新西兰 Unitec 理工学院代表团一行包括 Unitec 国际事务和合作副校长大卫•格罗弗（David Glover）等三人。会议由副校长许宝杰主持，国际交流合作处处长卢静、学院院长张健、副院长金春华、会计系主任贾香萍等出席了会议。双方就学校背景、学科设置、研究领域及合作项目等内容交换了意见。双方基于此前的会计项目初步合作协议，将合作往纵深方向进一步推进。会后，Unitec 国际关系主管（中国区）罗亮为学院学生举行会计专业“3+1”项目说明会，学院共 40 多名学生参加了此次说明会。

（卿可心 何　琼）

（7）11 月 20 日至 11 月 29 日，瑞典哈姆斯塔德大学信息技术学院商务信息系统专业的 Torben Ernst Svane 教授在学校举办了为期六天的经济与管理方面专题讲座。学院各年级学生参加了此次讲座。Torben 教授分别为同学们介绍了电子商务、信息技术、项目管理等方面的相关知识。

（卿可心 何　琼）

党建工作

（1）4 月 19 日下午，学校党委书记王传亮到学院，参加所联系的工商管理系教师党支部组织的专题学习，和党员教师就如何学习贯彻全国高校思想政治工作会议精神，如何推动“五个环境建设”落地见效，交流了自己的思考和体会。此次党支部专题学习是 学院党委落实学校 2017 年党建工作计划，以党支部为基本单位，推动学习教育融入日常、抓在经常，积极落实“两学一做”学习教育常态化制度化的具体举措。

（曲　立 崔　凯 周海亮）

（2）9 月 11 日，由学院学生党校主办的 2017—2018 学年度第一期研究生初级党课顺利举行。研 1701 党支部和研 1702 党支部分别有 5 名和 4 名同学参加。

（崔　凯 周　宇）

（3）9 月 15 日，学院党委于清河校区二大阶举行 2017-2018 学年度第一期本科生院级党课开班典礼，暨院级党课第一讲。 学院党委副书记崔凯、党建辅导员刘瑞、辅导员汤金润莅临指导，共 211 名同学参加了此次院级党课。本次开班典礼由经济管理学院学生党校副校长高春阳主持。首先，崔凯书记大致介绍了本学院党建工作的总体情况，随后为学员们详细地介绍了入党流程，通过本次党课，学员们明白了共产党员不仅要在组织上入党，更要从思想上入党。每一名企盼入党的同志和每一名共产党员，都要时刻提醒自己，入党是为了什么，入党以后要干什么，严格以党员标准要求自己，成为名副其实的共产党员。

（崔　凯 刘　瑞）

（4）9 月 16 日，学院本科生 2017—2018 学年度第一期院级党课开课，葛新权教授应邀作为主讲人，在清河校区二大阶，给学院刚刚递交入党申请的学子们上了一堂精彩的党课。 学院党委副书记崔凯莅临指导，209 名同学聆听了本次党课。葛新权教授本次党课的主题是《在困境中成长》，葛新权教授强调，机会总是留给有准备的人的。他希望同学们在今后的学习中能够理论联系实际，将过去和现在相结合，多交流、多学习，最后成为对国家、对社会有用的人。

（崔　凯 周海亮）

（5）9 月 22 日，学院院级党课结业公开答辩大会于清河校区二大阶举行，院党委副书记崔凯、党建辅导员刘瑞、辅导员汤金润以及各学生党支部党员代表共同担任此次公开答辩的评委。本次答辩大会由党建辅导员刘瑞老师主持。院级党课结业答辩大会旨在让学员深入了解党的方针与政策、提升党性修养、增强实践素质、全方位提高党员队伍素质、为学校和学院的发展及学员的成长提供保障。

（崔　凯 刘　瑞）

（6）9 月 25 日，学院党委在清河校区一大阶举行了 2017-2018 学年度第一期院级党课结业大会。出席本场院级党课结业大会的老师有 学院党委副书记崔凯、党建辅导员刘瑞和辅导员汤金润，同时参加本次结业大会的还有党课全体结业学员。

（崔　凯 刘　瑞）

（7）10 月 9—13 日期间，学院大一和大二各班级陆续开展了一系列班级积极分子的推优会，出席各班级推优活动的有各班班主任，各党支部正式党员，学院团委组织部干事，积极分子候选人及各班级团员。

（崔　凯 刘　瑞）

（8）10 月 26 日，学院 24 名包括本科生和研究生在内的党员和积极分子，走进北京服装学院，参观由市委教工委主办的“迎接学习党的十九大 · 服务北京‘四个中心’建设”北京高校师生主题作品展。

（崔　凯 周海亮）

（9）10 月，学院党委在 9 个本科生党支部中推广试行“入党积极分子思想汇报答辩制度”。召开了积极分子思想汇报答辩会，部分党支部指导老师到会指导，取得显著效果。

（崔　凯 周海亮）

（10）11 月 2 日，学院学生党员“百名学习标兵”公开答辩大会于小营校区一教 319 举行，学院党委副书记崔凯、党建辅导员刘瑞、各支部指导老师费衍慧、周宇、周海亮、陈曦、马众、汤金润和 17 级班主任周琦琦共同担任答辩评委。 学院“百名学习标兵”的评选活动旨在宣传学生党员的优秀事迹与经历，给学校学生树立良好的学习榜样，激励学校学生在学习、生活、社会实践中能勇于开拓、不断进取，营造一个自觉、主动、积极的学习氛围。

（崔　凯 周海亮）

（11）10 月 16—24 日，学院党委对所属 9 个本科学生党支部进行“学生党支部工作例行检查”。此次本科学生党支部例行工作检查不对各党支部进行等级评判，旨在发现学生党支部工作亮点，寻找工作差距，以检查促进改善工作。通过全面查阅各支部相关材料，学院了解了学生党支部贯彻落实“两学一做”学习教育常态化的情况，进一步规范了学生党支部的工作。 学院党委将继续规范学生党建工作制度，提升学生党建工作的实际效果，培养合格的学生党员。

（崔　凯）

（12）11 月 7 日，学院党委在清河校区二教阶一对 2017 年下半年入党积极分子进行集中培训。院党委副书记崔凯、党建辅导员刘瑞、新生辅导员汤金润出席此次培训会。 学院党委十分重视积极分子培养工作，注意在入党积极分子的培养过程中加强组织性、纪律性的教育和理论水平的提高。

（崔　凯 刘　瑞）

（13）11 月 8 日，学院党委在清河校区举行“2017 年下半年发展学生党员公开答辩”。院党委副书记崔凯、党建辅导员刘瑞、学生党支部指导老师周宇、费衍慧、马众、周海亮、陈曦、汤金润以及各研究生、本科生学生党支部书记、支部党员代表作为评委出席本次答辩。通过此次活动，对同学们端正自己的入党动机，提高思想意识，加强时事政治的学习，加强与培养人的沟通联系有很大帮助，使党支部真正实现培养和发展党员的目标，能持续为党支部的党员队伍输送优秀的新鲜血液。

（崔　凯 刘　瑞）

（14）11 月 15 日，北京信息科技大学图书馆副馆长赵爱玲老师在小营校区 1 教 219 为学院经济专业第二学生党支部的全体成员讲述了主题为《“新征程、新契机、新作为”——从记者招待会角度看十九大》的生动一课。经济专业第二学生党支部的全体成员参加了本次学习，认真聆听并积极参与互动。

（崔　凯 周海亮）

（15）11 月 30 日 , 为了学习宣传党的十九大精神，进一步加强青年学生对习近平新时代中国特色社会主义思想的情感认同和理论认同 , 学院邀请到了学校高教研究室主任杨兴林教授来为研究生党员解读十九大报告。这些活动的开展有力促进了研究生党员深入学习十九大精神，读懂读透十九大报告和党章。

（崔　凯 周　宇）

（16）12 月 12 日，学院于清河校区 1 教 107 召开了“新时代青年人的责任与担当”——党的十九大宣讲会，本次宣讲会的授课教师是经管学院学生党支部理论导师庞淑萍，出席本次宣讲会的还有 2017 级辅导员汤金润老师，各级学生党员和积极分子百余人。希望在座青年能够忠于初心，忠于使命，忠于组织；对中国特色社会主义道路、理论、制度和文化有高度自信；有天下观、历史观、正义观和人民观；勇于担当，学出本领。

（崔　凯 汤金润）

其他典型条目

（1）2017 年学校两项成果获得北京市第十四届哲学社会科学优秀成果二等奖。其中经管学院曲立教授的专著《知识服务业精益运营模式研究》获得管理学科二等奖，经管学院杨颖梅副教授的专著《密封招标博弈分析》获得经济学科二等奖。

（王梅娟 何　琼）

（2）2 月 20 日，中国社会科学网刊发了学院院长、北京市知识管理研究基地首席专家葛新权的文章《贯彻“五大发展”理念 大力发展绿色经济》。近五年来，北京市知识管理研究基地面向国家绿色发展的重大需求，以绿色发展（绿色消费、绿色生产、绿色产业）过程产生的轨迹数据为起点，研究绿色发展复杂系统的共性技术，形成绿色发展的决策范式和决策方法，实现绿色发展治理现代化，构建的绿色发展大数据决策实验室新型智库取得突破，2017 年 1 月 20 日被北京市科委认定为 2016 年度北京市重点实验室（智库），把基地建设与发展提高了一个更高的平台。

（郑　玮 张　健）

（3）2017 年 2 月，北京市科学技术委员会公布了 2016 年度北京市重点实验室和北京市工程技术研究中心拟认定名单，学院申报的新型智库领域的“绿色发展大数据决策北京市重点实验室”获批。北京市重点实验室是北京市科技创新体系的重要组成部分，是高校开展高水平基础研究与应用研究、聚集和培养优秀科技人才、开展学术交流的重要平台，是研究前沿技术、共性关键技术，引领行业技术创新，提升北京市科技攻关能力的重要平台。学校新获认定的绿色发展大数据决策北京市重点实验室建设将在绿色发展决策的关键技术问题中发挥重要的作用，促进学科特色方向的凝练和发展。

（郑　玮 张　健）

（4）《人民日报》4 月 14 日经济社会版在《中年离职 君有几多愁》一文中就社会上高科技行业中中年员工的职业危机问题采访了学院倪渊老师。倪渊老师指出，这与高科技企业的组织架构和晋升渠道相关。企业规模越大，越强调分工专业化，员工成为技术流水线的一个环节，长此以往，对周围环境的适应力不强，技术能力并没有随着工作年限的增加而增加。文中，倪渊老师还为遭遇中年职业危机的人员指出了发展方向：“高科技行业的特点是‘新’，新的技术和商业模式会催化出一批中小企业，它们处于高速成长阶段，急需大量的高端人才。在大型企业锤炼多年的中年员工，成为中小企业在人力市场上争抢的对象。不少中年员工面临职场‘天花板’后，选择进入中小企业的管理层甚至决策层，迎来了职业生涯的‘第二春’。”

（郑　玮 张　健）

（5）《中国经济导报》4 月 22 日 B01 版刊登学院 MBA 案例研究

中心主任李建良老师的文章，题为《多大体量才合理？规模经济不万能》。

经过四种规模经济的情形分析，对于“公司到底应该做到多大规模”的问题，李建良提供了两个考虑角度：“第一是要考察企业所处行业的边际成本情况，或者说企业生产产品的边际成本情况，不同企业生产的不同产品的边际成本是不一样的，它作为一个很重要的关键变量，边际成本越低，获得潜在规模经济的空间就越大。第二是要定位产业所处的竞争格局。定位其是属于规模经济的一般情形，还是属于上述4种例外情形。”

（郑 玮张 健）

（6）5月18日，学校在大学生文化艺术中心隆重举行首届勤信人物（团队）颁奖仪式，北京市知识管理研究团队喜获“首届勤信团队”荣誉称号。

（郑 玮张 健）

（7）5月24日，《21世纪财经报道》记者对学院教师李建良博士进行了专访。李建良博士系学院财务投资系副教授，从1998年开始研究风险投资，任国家集成电路产业基金独立董事、国家新兴产业创业投资引导基金专家评审组长等职务。据国家主席习近平在“一带一路”国际峰会提出的将加大对基金资金支持等综合形势，李建良博士对丝路基金设立目的、资金模式等问题提出了自己观点，并就国有资本和社会资本在丝路基金中的问题进行了阐述。

（郑 玮张 健）

（8）“分享经济 如何分享未来？”6月22日晚，中央电视台财经频道“央视财经评论”栏目聚焦分享经济，邀请国家新兴产业创业投资引导基金咨询委员会委员、北京信息科技大学经济贸易系学术委员会委员李建良做客演播室，探讨当下社会热点——分享经济问题。一同参与讨论的还有央视财经评论员赵悦。

（郑 玮张 健）

（9）2017年6月28日下午，学院2017届毕业典礼暨学位授予仪式在小营校区大学生文化艺术中心进行。副校长许宝杰、学院党委书记曲立、院长张健、副院长金春华、院长助理王斌、以及教授代表、系主任代表、学院杰出校友、辅导员、班主任、毕业生家长代表、600余名应届毕业生参加毕业典礼。典礼由学院党委副书记崔凯主持。学院院长张健代表学院致辞。他真情流露，回忆了毕业生在校园生活中的各种成绩，呼吁所有毕业生当争做“信息时代的开拓者、耕耘者”，希望同学们在走出校门后，完成学习模式、思维模式、生活模式的转变。张健院长以“让信息之光照亮前行之路”结束致辞。

（郑 玮张 健）

（10）2017年9月8日下午，2017级工商管理硕士研究生（MBA）开学典礼于小营校区国际交流学术报告厅隆重举行。出席此次开学典礼的有副校长韩秋实教授、研究生院院长王久和教授、学院院长兼MBA中心主任张健教授、院党委书记曲立教授，同时参加典礼的还有部分MBA导师代表、教育中心各位老师、老生代表、新生代表等，典礼由MBA中心副主任王斌教授主持。

（郑 玮王 斌张 健）

（11）为坚持党管人才原则，创新人才工作机制，稳步推进人才强院战略，10月12日，学院召开青年教师座谈会。学院领导、青年教师代表30余人参加了座谈会。张健院长首先介绍了学院的情况，并鼓励青年教师代表畅谈自己的工作感受、遇到的实际困难、发展中的切实需求，以及对学校青年教师队伍建设的意见和建议。他说，近几年来，学院加强对人才的引进，有效优化学院教师人才队伍知识、年龄、学科结构，带动了学院教师人才队伍建设水平的不断提高，他希望青年教师克服困难，迎接挑战。与会青年教师代表畅所欲言，就教学办公场所、科研平台建设、出国研修等问题发表了意见和建议。会议最后，曲立书记做了总结。她强调，召开青年教师代表座谈会是学校深入落实“党管人才”原则，服务人才、统筹人才，稳步推进人才强校战略的有效抓手。

（郑 玮张 健）

（12）为了推动学院混合教学方式方法改革，提高线上线下混合教学水平，加强与国内外知名高校的合作与交流，结合学院承担的校级教改重点招标课题——“后MOOC时代混合教学模式研究”的研究工作，10月27日，由经济与贸易系系主任孙凯、财务投资系徐颖、李玉曼和会计系汪刚4位老师组成的课题调研组到扬州大学调研，受到扬州大学教务处和商学院有关领导的热情接待，商学院卢彪院长、徐金海教学副院长，会计系、经济系、财务管理系主任，以及混合教学名师孔建成教授出席了座谈会，双方进行了深度的交流。

（郑 玮张 健）

（13）香港新闻网11月22日电，大本钟奖组委会21日在南非开普敦召开新闻发布会，公布了2017年度大本钟奖之金桑树奖获奖名单，学院MBA案例研究中心主任李建良博士获最受推崇经济学家奖奖项。大本钟奖是专门针对全球杰出青年和知名品牌及机构的国际评选活动，旨在表彰工作上具卓越成就及对社会有贡献之人士，树立不同领域、不同行业优秀楷模，用榜样的力量影响下一代人，帮助下一代人建立新的世界观、价值观、人生观，承担起对未来中国的责任。金桑树奖是大本钟奖的一个子奖，以财经金融、传媒、出版、第三方（中介）、教育界别的人物和企业等为主要的颁奖对象，尤其关注中青年和青少年阶段取得成就的华人以及在青年华人中具有影响力和推崇力的个人与企业和相关机构。

（郑 玮张 健）

（14）2017年12月22日上午，经济管理学院院长、MBA中心主任张健，学院副院长、MBA中心常务副主任金春华，企业成长研究中心主任李建良等一行五人到泛华集团交流学习，与董事长杨天举、副总裁罗云兵及城市发展研究院、城市运营部、战略发展部相关领导进行了充分的沟通与交流，并针对未来的校企合作共建等方面初步达成了一致。张健院长首先介绍了学校的历史，鲜明的机械制造，智能制造和信息技术结合的办学特色，以及学校的优势学科。从3个省部级科研平台，重大科研成果和科研项目等几方面介绍了经管学院的情况，同时介绍了学校MBA的实践教学特色。双方专家随后对合作机制和方式等问题进行了深入交流和热烈讨论。并最终达成共识，将在设立MBA教育实习基地，聘请MBA校外导师，学术研究生实习和建立新型城镇化研究中心等方面开展广泛合作。

（郑 玮张 健）

（15）2017年，组织学生参加国际企业管理挑战赛，共8支队伍参赛，其中有5支队伍获得三等奖。

（陈元凤 郑 玮）

（16）2017年，组织全国大学生沙盘模拟大赛，报名参赛的学生有90人，校内比赛30人获奖，北京市比赛10人获得一等奖。

（刘 青 陈元凤 刘 伟）

（17）2017年学校MBA代表队参加了由全国MBA教指委、中国管理案例共享中心等单位共同举办的“全国管理案例精英赛”中，孙希同学获得“最有价值的队员”称号。

（王 斌 郑 玮）

（18）2017 年学校 MBA 中心首次招收非全日制研究生 22 名，MBA 实现了全日制与非全日制两种培养模式。MBA 招生规模首次突破 50 人。

（王 斌 郑 玮）

信息管理学院

概况

信息管理学院（School of Information Management，以下简称信管学院）设有 5 个系、3 个研究和联合实验机构、1 个校级实验实习中心、5 个本科教学实验室。设有信息管理与信息系统、信息安全、电子商务、审计学（计算机审计方向）和管理科学 5 个本科专业，2018 年又申请并获批大数据管理与应用新专业，其中信息管理与信息系统专业是北京市特色建设专业，信息管理与信息系统、信息安全和审计学（计算机审计方向）专业是本科一批次招生，一批次招收学生比例达 85%。学院拥有跨学院共建的管理科学与工程北京市重点建设学科和硕士学位授权点，学院现共有网络空间安全、物流工程等 3 个硕士学位授权点。

学院有教职工 74 人，其中专任教师 62 人，教授 9 人，副教授 25 人；具有博士学位 37 人，硕士生导师 21 人。

学院在校生 1359 人，其中学术型学位硕士 21 人、专业型学位硕士 47 人，本科生 1291 人。

（李 忱）

学科建设与研究生教育

学院拥有管理科学与工程、网络空间安全一级学科硕士学位授权点和物流工程专业学位硕士。开展生产系统优化与仿真、电子商务技术及应用、审计信息化、智能决策支持系统、物流与供应链管理、信息系统安全、物流系统工程、物流系统规划与设计、先进制造与生产物流管理等学科方向的科研工作和研究生培养，支撑 5 个本科专业，初步形成了交叉渗透、协同发展的学科专业建设格局；学院拥有北京信息科技大学信息系统研究所、审计署—北京信息科技大学联合实验室、北京信息科技大学 -IBM 联合人才培养基地等科学研究及人才培养基地，立足北京、面向全国，为国民经济信息化建设培养应用型高级专门人才。

（李 忱）

教学工作

2017 年学院教学工作紧密围绕学校本科教学重点工作，按照学院年度教学工作计划以及制定的工作思路措施，结合信息管理学院本科教学实际在以下方面开展各项工作：

1. 持续推进专业建设和人才培养模式改革

（1）积极参与专业评估和工程教育认证工作。根据学校总体安排，电子商务专业、计算机审计专业和管理科学专业参加了学校组织的非工科专业评估工作，通过撰写自评报告，组织评估论证会，对专业建设中的特色与优势以及对照新形势下人才培养的新要求所查找出的专业存在的问题进行了系统梳理和认真分析，为今后专业更好发展以及即将到来的学校审核评估工作奠定了良好的基础。信息安全专业积极申请工程教育认证，以工程教育认证标准作为今后专业建设和人才培养模式改革的目标和方向。

（2）关注并参与新专业建设。在学校统一部署下，与其它学院一起参与学校数据科学与大数据技术新专业申报、培养方案制定、学生录取等工作。同时以网络空间安全一级学科为引领，开展网络空间安全新专业的申报准备工作。

（3）北京市属高校审核评估工作在 2017 年全面启动，为保证明年学校审核评估取得满意结果，学院按照学校安排对审核评估准备工作进行认真部署执行，按时完成学院自评报告、全面开展对教学过程、教学效果过程控制记录文档的规范化以及各类教学文档的分类整理检查和提交，保证审核评估工作有序进行。

（4）稳步推进北京市高水平人才交叉培养的开展。其中：双培计划继续与北京邮电大学管理学院开展互联网商务方向培养项目，2017 年共有 15 名学生赴北邮进行“3+1”学习，招生生源质量良好。以双培计划项目为纽带，带动合作领域的进一步深化，逐步形成实质性的协同育人良性机制，开展双方教师学术讲座、校企合作资源共享，并且联合申报北京市虚拟教研室项目。实培计划在完成上半年 2016-2017 学年 7 人次项目的基础上，2017—2018 学年获批立项数增加为 14 人次。

（5）专业建设及人才培养模式改革成果：学院获学校教学成果二等奖 2 项、三等奖 4 项。获学校重点招标立项课题 1 项，学校教育教学改革项目 8 项。

2. 加强实验条件建设，进一步规范实验教学

从满足教学急需和逐步改善实验教学环境出发，2017 年从解决实验教学急需，逐步改善实验教学环境的建设思路出发建设了企业经营管理虚拟仿真实训平台、SAS 数据分析平台、数据审计平台系统。进一步扩充完善了程序设计课程考试平台功能，购置安装了实验教学中心视频监控系统等，保证实验教学的正常开展。为加强实践教学管理，进一步规范实践教学文档，根据学校审核性评估要求以及信息管理学院实验教学课程的特点，学院制定《信息管理学院实验（实践课程、课程设计、实习）报告文档规范》，其中对报告提交范围、报告提交时限、报告提交形式、报告资料内容以及报告提交文件等均作出具体规定。

3. 进一步拓宽国内外合作办学渠道，提升人才培养质量

国内合作方面：在继续与 IBM、甲骨文公司在课程和实训方面合作的同时，为适应学院信息管理与信息系统专业、电子商务专业和管理科学专业大数据与数据分析人才培养以及学校新增设的数据科学与大数据技术专业人才培养的需要，学院与数据分析领域知名企业 SAS（中国）签署建立了《北京信息科技大学—SAS（中国）数据分析人才培养基地》，在 SAS 数据分析实验室建设、SAS 实训课程植入、SAS 实践创新活动以及 SAS 数据分析师资培养等方面将开展全面合作。国际合作办学方面：在已有院校合作基础上，2017 年学院又与美国圣 - 托马斯大学、爱尔兰科克大学建立本科生培养合作，进一步扩大了合作院校范围，为更多的学生提供更为多样化的选择机会。

4. 组织开展形式多样的学生实践创新活动，提高学生的专业技能

继续组织开展与专业衔接的三项校级学科竞赛，即数据库应用竞赛、信息安全竞赛和电子商务竞赛，为更多的学生提供实践创新参与和锻炼的机会。通过校级竞赛的选拔，6 位同学获得 2017 中国大学生计算机设计大赛二等奖，4 位同学获得第十届全国大学生信息安全竞赛三等奖。为满足学生的兴趣和技能多样化需求，拓宽实践创新活动范围，鼓励支持学生参加由中国密码学会主办的全国密码技术竞赛、

北京市网信办主办的信息系统安全攻防对抗比赛和全国 SAS 数据分析大赛等，此外通过组织大学生科技创新计划项目立项、创新创业入驻项目立项以及开放性实验等多种形式逐步增加学生参与实践创新活动的覆盖面，全面提升学生的综合素质。

（徐晓敏）

科研工作

2018 年学院新增 4 项纵向科研项目，新增 5 项横向科研项目；学院科研项目年度实际到款金额为 172.38 万元，其中纵向项目到款金额为 68.85 万元，横向项目到款金额为 103.53 万元。全院教师以第一作者单位共发表学术论文 52 篇，其中 SCI 收录论文 1 篇，CSSCI 收录论文 1 篇，EI 收录论文 10 篇（含 2017 年补检索），出版专著 5 部，获得发明专利授权 2 项，软件著作权 18 项。

学院朱阁副教授荣获世界知名学术出版机构 Emerald 颁发的 2018 年度杰出学者奖（Emerald Literati Awards for Excellence），蒋文保教授完成“网页正文抽取方法及装置”等 1 项发明专利协议转让。学院依托新增的网络空间安全一级学科，新申报成立一个校级科研平台“网络空间安全联合实验室”。

（蒋文保）

学生工作

2017 年学生工作以思想教育为引领，以学业提升为核心，以就业服务为重点，以文化建设为补充开展工作。

（1）思想教育为引领。本年度发展党员 76 人，转正党员 81 人。与中关村软件园党支部共同开展红色"1+1"活动，红色“1+1”项目获得北京市三等奖。开展“传承传统文化，共创和谐校园”“青春建功十九大，砥砺逐梦勇担当”主题团日活动以及演讲比赛，其中主题团日赛两次获得校级二等奖，1 个团支部被评为北京市优秀团支部。获得市级优秀团支部 2 个，市级优秀团干 2 人、市级优秀团员 1 人。3 个班集体被评为校级先进班集体，1 个班被评为市级先进班集体。组织 50 名学生参加华北五省机器人大赛志愿服务，积极配合校红十字会组织两次献血工作，200 多名学生报名参加无偿献血。

（2）学业提升为核心。依据 CDIO 工程教育理念，学院制订并推进实施“一二三计划”，形成了以生为本、全员参与、循环提升的闭环学业辅导体系。“求识学苑”一年来举办各类小课堂 30 次，结对 84 对，为来自各学院学生提供学业辅导近 500 人次。学院毕业率与学位授予率稳步提升，由 2016 年的 82.7%、81.5%，提升到 91.8%、82.9%。本年度，遴选优秀朋辈近 200 人，向全院发出“招募导师倡议书”，由原有的 7 名导师增加到 19 名，加强与企业合作，2017 年与中关村软件园正式签署校企合作协议，与国网中电普华、国网电科院、天职国际、中科软、中关村软件园、HR 百科互助社（含 3000 家企业）等多家企业建立了长久合作关系，并从中聘请实践创新导师 6 名，生涯规划导师 3 名。以“师生交流工作室”为平台，导师为学生开设有关专业、创新、能力提升、学业规划等讲座 11 次，受到广大学生欢迎。“学生实践创新中心”举办优秀校友沙龙、历届杯赛获奖团队分享、科技创新名师讲坛、实践创新导师指导、“创新杯”预赛与决赛预答辩，赛后分享交流等。成立“VR 技术应用创新协会”，为学生创造技术学习以及参与项目研究、各类竞赛的机会。本年度科技创新节，学院被学校评为“优秀组织奖”，获得第三届互联网 +（全国）大学生创新创业大赛”铜奖 1 项（学校最高奖），互联网 +（北京）大学生创新创业大赛”一等奖 1 项、二等奖 1 项，三等奖 2 项；北京市“挑战杯”一等奖 1 项，三等奖 1 项；（中国）大学生计算机设计大赛二等奖 2 项；（全国）大学生信息安全竞赛三等奖 1 项；全国大学生英语竞赛二等奖 1 项，三等奖 4 项；全国大学生数学竞赛二等奖 1 项，三等奖 2 项，市级一等奖 1 项、二等奖 3 项，三等奖 1 项；学生获得专利 3 项，软件著作权 4 项；第六届大学生科技创新作品与专利成果展示推介会创新二等奖；获得学校“创新杯”一等奖 2 项，二等奖 8 项，三等奖 5 项，学院 13 级学生王仁宇荣获“首都市民学习之星”荣誉称号。“学生信息中心”监督各组织的运转情况，及时反馈；定期举办全体辅导员与学生主干参加的“信息发布与交流会”，各组织定期举办总结研讨会，确保体系运转形成 PDCA 良性循环。

（3）就业服务为重点。动员、组织学生参加学校招聘会，举办 3 场学院专场招聘会和 6 场宣讲会，参加企业近 30 家，累计覆盖学生 800 余人次。加强与企业合作，建立合作企业库，带领毕业生深入办法数据、伙伴办公、中电普华、电科院等企业，现场投递简历，寻找合适岗位。由于长期为“绿盟科技集团”选拔人才，为学院送来致谢锦旗。多方寻找就业信息，通过“信管就业微讯”微信公众平台以及微信、QQ 群等为学生提供就业信息 3000 多个。学生就业率以及就业质量稳步提升，2017 届本科生毕业生就业率 98.7%，考取研究生 30 人，留学 27 人，研究生就业率 100%，考博 1 人。

（4）文化建设为补充。获得篮球赛校级冠军，校春季运动会最佳组织奖三等奖，其中女子团体第二名、团体总分第四名，并获得“同心杯”师生拔河比赛第二名。承办首届文化艺术节之百科知识竞赛活动，参与者为来自各学院的 60 支队伍；动员学生参与宿舍公约、“井”上添“画”、青年演说家、英语游园会、信息化传统文化知识竞赛、“中华颂 诵经典”等文化艺术节其他活动，并取得了优秀成绩。学院获得校舞蹈大赛三等奖，校主持人大赛二等奖，辩论赛季军，囊括校十佳歌手大赛前三名，获得首届文化艺术节“优秀组织奖”，获得学校校情校规知识竞赛第一名；举办“植来植往”植物领养、院十佳歌手大赛、新生风采大赛、新生合唱节、毕业生晚会、歌舞比赛、书画摄影大赛、女生节等活动，学生参与率高，成为学生校园生活的有益补充。

（张 健）

对外交流

信息管理学院长期注重与业界交流和对外合作办学，拓展师生视野，锻炼实践能力。

继续执行所签署的“北京信息科技大学—北京中电普华信息技术有限公司校企战略合作框架协议”。双方本着“优势互补、自愿共享、互惠共赢、共同发展”的原则，建立长期、紧密的战略合作关系。合作内容包括：充分利用甲方相关学院科技人才优势，根据乙方实际业务发展需求，双方在审计模拟仿真领域开展科研合作，共同申请各类科技计划项目，并共同开展 IT 审计相关标准编制、报批和发布等相关工作；双方在大数据、电子商务和互联网金融等相关业务领域，开展联合课题研究和各类科技计划项目申报等科研合作；联合人才培养以及合作建设校外实习基地等。

继续积极探索与甲骨文、电力行业、环保系统在云计算、大数据以及数据分析等学术领域的新的合作。

在“北京信息科技大学—中国民生银行校企合作协议”基础上，学院继续与民生银行开展校企合作并进入实质性运作阶段，为信息管理学院五个本科专业的学生提供了一条了解银行信息化业务实践、进入金融领域就业的便利渠道。

邀请国内外大学知名学者开展系列讲座，师生们拓展了视野，开阔了思路；同时，信息管理学院与国外著名高校就“2+2”“3+1”合作办学等项目正式准备启动。

（李　忱）

党建工作

在校党委的正确领导下，2017 年信管学院党委以全面贯彻党的十八届六中全会和十九大精神，深入学习贯彻习近平总书记两次视察北京时的重要讲话精神以及全国和北京高校思想政治工作会议精神；以坚持立德树人和“五个环境建设”在学院管理实践中的贯彻落实为根本，实施“立德、修身、助航”育人工程；加强宣传教育，组织动员力量，克服各种困难，全面落实校院两级管理体制改革中，由校职能部门下达的二级管理的各项任务；为学院发展建设，提供坚强的组织保障。

信息管理学院党委下设 15 个党支部，其中 6 个教工支部，6 个本科生支部，3 个研究生支部。学院共有党员 240 人，其中教工党员 42 人，占教工总数的 75%，本科生党员 146 人，占本科生人数的 11.20%，研究生党员 31 人，占研究生总数 45.59%。

按照党委部署，制定了以学期为单位的月度学习计划，计划中包括每月一次的党员集中学习讨论、党员自学和每学期一次的民主生活会；学习内容涵盖习近平两次视察北京时的重要讲话，新《中国共产党章程》、《中国共产党廉洁准则》和《中国共产党纪律处分条例》，校党委会书记王传亮的讲话等。组织参加校院两级理论中心组学习和学校组织的各类培训、讲座、报告、参观等；班子成员 100% 完成了北京市委组织部举办的干部网上在线学习（52 学分），教师党员 100% 完成了教师党员干部在线学习（12 学分）的学习任务。全面完成了年度“两学一做”学习计划。

学院书记、院长讲党课活动积极开展，2017 年度内，结合新时代大学生的认知特点和专业背景，书记为学生讲党课 2 次，院长以及其他领导班子成员为学生各讲党课 1 次。

组织师生收听收看十九大开幕式和闭幕式，师生亲临其境，感受十九大会议盛况。组织师生座谈交流收看收听十九大报告的体会。设计推出十九大精神辅导专栏 4 版，通过支部书记微信群及时传送十九大精神的学习安排和活动要求；通过“信管党员之家”微信群及时传送专家对十九大报告的权威解读、重点内容的详细剖析和背景解释，组织学院领导班子 5 名成员宣讲十九大精神总计 6 人次。

为迎接《基本标准》检查，院党委围绕中心，服务大局为学院发展建设提供组织保障、基层组织建设和作用发挥、师生的思想政治工作、反腐倡廉、安全稳定、统战工作、保密工作、工会工作 8 个方面，对标对表组织各支部和党员干部开展各项工作与活动，组织力量进行文件资料的归集和规范化整理。

组织教师学习全国和北京高校思想政治工作会议精神、北京市委蔡奇书记的讲话以及学校相关文件和校长、书记的报告、讲话；加强教师“学术研究无禁区，课堂讲授有纪律”的教育。积极宣传校党委书记的 “五个环境建设”的精神。大力宣传学院改革发展中的先进经验、先进人物和先进事迹，向校党委宣传部投稿 40 余篇。邀请到周恩来贴身卫士高振普将军，以老前辈的亲身经历，为青年学生讲述周恩来的故事。动员学院广大师生在本年度的北京市第十二次党代会代表选举、北京市政协委员等推选中充分行使自己的民主权利，体验选举过程公开透明。加强学院主页、橱窗、展板、飞信群、微信群和信管青年微信公众号等新媒体形式的建设。

97 级信息系统专业两个班的校友分别于 2017 年 8 月 30 日和 10 月 1 日返校。

组织指导支部开展党建活动，指导支部书记坚持“三会一课”制度，全院 15 个支部全年共计开展主题教育活动 15 次、主题党日活动 30 次、专题讨论活动 30 次和组织生活会 15 次。2017 年度，学院评选出优秀党员 5 人，其中学生 2 人，教师 3 人；优秀党务工作者 1 人。

召开民主生活会，开展了谈心谈话和征求意见活动，采取“群众提、自己找、上级点、互相帮、集体议”的办法，从思想上、工作上、作风上和生活上，查找学院班子、班子成员存在的问题，制定整改措施，并及时进行整改。

加强学工队伍建设。关注、关心“四难”（经济困难、心理困难、就业困难和学业困难）学生，做好学生思想疏导工作。

创新活动方式开展党建工作。通过建立班子成员微信群、支部书记微信群、各支部微信群等，创新活动方式，不断推进支部工作方法、活动内容和学习机制的建设；通过微信群层层转发对中央文件精神、重要讲话以及新理念、新思想、新战略的专家解读和权威解释等的资料、视频等。

组织党员教师开展重温入党誓词活动，参观圆明园遗址，坚定大家勿忘国耻、为实现中华民族伟大复兴的“中国梦”贡献力量的决心。“党员群众手拉手”参观“美的新时代——中国美术馆馆藏珍品书画展”，极大地提升了教师的文化自信和国家飞速发展的自豪感。

学院制定“党员意识提升方案”，严格党员发展程序。2017 级新生有 119 名递交了入党申请书。学院党委成员和教师支部书记与学生党员发展对象谈话。院党委书记和副书记与党建辅导员和党员发展材料检查员沟通情况，查找薄弱点，探讨学生党员培养、教育、管理等有效做法。本年度学院发展学生党员 76 人，转正学生党员 81 人。

组织开展党风廉政建设学习活动。将党风廉政建设相关文件、会议精神、央视专题宣传片等列入院级理论中心组学习计划中，作为院级理论中心组学习的自选内容，采取集中学习和个人自学相结合的方式开展学习。利用每周一次的学院“党政联席会议”的机会，组织开展学习、讨论活动。通过组织党员干部学习一些违法违纪警示教育文件，特别是讨论正在处理中的贪腐事件，用身边的案例、高校的案例、电视网络披露的案例进行警示教育。

落实党风廉政建设责任制。建立了学院党委书记为组长的党风廉政建设领导小组，健全了党风廉政建设机制，与副书记签订了《处级领导干部党风廉政建设责任书》，与系主任等签订了《信息管理学院领导干部党风廉政建设责任书》。“两个责任”融入实际工作。每周一次的党政联席会上，班子成员就各自负责的一周主要工作进行陈述，着力解决重要工作和难点工作。

加强意识形态宣传教育和引导。挖掘和宣传发生在师生身边的好人好事、先进事迹；全年邀请讲座、报告、论坛等 20 场。党委成员与个别人员开展谈话，了解思想情况，疏解情绪，沟通思想，一年来学院未发生重大矛盾纠纷问题。落实学校网格化校园安全防控责任。书记、院长等深入学生宿舍、实验室、办公室查找不安全隐患，并耐心细致地做好学生的思想认识工作；为了配合学校安全防火大检查，特别制作了置物架，将学生活动用品如遮阳伞、各种道具等按照安稳处要求，收纳整理摆放整齐，便于消防。扎实推进“平安校园”建设提升工程。严格学院安全检查制度，做好重要部位和敏感时期的安全检查工作，有效防范各类安全事故的发生。

（张　虹）

马克思主义学院

概况

马克思主义学院，简称马院，成立于2011年3月，是在北京信息科技大学原人文社科学院史学与哲学部、经济学与法学部的基础上组建而成的，原名“政治理论教育学院”。2016年5月式更名为“马克思主义学院”，行政级别为正处级。原政教学院党总支现更名为马克思主义学院党总支。马克思主义学院党总支下设4个教工党支部、1个研究生党支部。

马克思主义学院现下设马克思主义中国化教研部、哲学教研部、中国近现代史教研部、德育与法学教研部4个二级机构，承担全校思想政治理论课以及马克思主义理论硕士点的教学与学科建设任务。

马克思主义学院现有专职教师37人，其中教授6人，副教授13人，具有高级职称的教师占全体教师的51.4%，具有博士学位的教师15人，博士后2人，具有硕士学位的教师18人，硕士以上教师占全体教师的94.6%。马克思主义学院下设有学院办公室、教务办公室和资料室。

学院设有马克思主义理论硕士点。2011年，获得马克思主义理论一级学科硕士学位授予权。

2017年，学院共有2016届研究生9人，毕业生数9人；共招收研究生7人；在校生19人。

（赵玉静）

科研工作

2017年度，共发表学术论文32篇，其中核心期刊、CSSCI、《人民日报》理论版8篇；专著8部；译著1部；科研课题5项，横向科研课题1项，纵向课题4项；累计科研经费到款额60.8万元。

学科与研究生工作

（1）完成研究生新生招生、毕业生离校以及各年级研究生培养任务。

（2）完成马克思主义理论一级学科的评估整改中期检查工作。

（3）完成研究生导师遴选，新增导师3人。

（4）毕业生核心就业率100%。

师资队伍建设工作

（1）制订未来三年师资队伍建设规划及人才引进计划。

（2）2017年引进博士1人。

（3）启动2017年教师职务晋升聘任工作及马克思主义理论学科教师职务聘任单独设置标准工作。

（4）思政课教师与学生的“生师比”符合教育部及北京市的要求及规定。

（刘永成）

教学工作

（1）11月，组织教师学习宣传贯彻党的十九大精神辅导报告，参加了市委教育工委组织的“党的十九大精神融入高校思政课教学”集体备课会。

（2）深入贯彻落实习近平总书记系列讲话精神、全国高校思想政治工作会议精神，推动习近平新时代中国特色社会主义思想“三进”工作。

（3）加强师德师风建设，5月，组织学院教师签订教学纪律承诺书。

（4）4月开始，组织开展党员教师观摩课及示范教案活动。

（5）3月，参加北京高校中国特色社会主义理论研究协同创新中心（清华大学）工作会议，11月，参加社会主义核心价值观协同创新上海峰会。完成《北京高校贯彻落实习近平系列讲话精神状况2016年度调查报告》。

（6）10月，指导学生参加了市委教育工委举办的“‘践行核心价值观·凝聚最美中国梦’——北京高校学生讲思政课公开课展示”比赛，获得一等奖；11月，参加在人民网进行的“90后心中的十九大”——北京高校学生讲思政课展示活动。

（7）组织学生参加2017年度北京高校马克思主义经典著作征文比赛，有2名学生分获二等奖、三等奖。

（8）组织开展“名家领读经典”北京高校市级思想政治理论课2016—2017学年春季学期、2017—2018学年秋季学期的活动。

（9）12月，组织了2017年思想政治理论课优秀生和“名家领读经典”市级思政课学生赴张北地区的社会实践活动。

（10）举办2016—2017学年“北京信息科技大学思想政治理论课社会实践创新大赛”，指导学生荣获“2016年首都高校思想政治理论课学生社会实践优秀论文”二等奖。

（11）组织开展“纪念中国人民解放军建军90周年实践教学活动”。

（12）申报2017年度教育教学改革研究专项招标课题1项，校级教改课题6项。

（13）组织思政课教师开展2017年教学效果评价工作。

（14）组织北京信息科技大学第十届青年教师教学基本功比赛暨第四届教学新星、第七届实践教学基本功比赛的院级、校级比赛，1名教师获校级三等奖。

（15）加强与京内外高校的交流，采取“走出去、请进来”的方式，积极推广学校“点线面”相结合立体化实践教学模式，接待华南农业大学马克思主义学院、广东技术师范学院马克思主义学院、西安石油大学马克思主义学院、南京邮电大学马克思主义学院等高校同行，发挥示范点的引领作用。

（16）1名教师获得第九届北京高校思想政治理论课教学基本功大赛学科组一等奖、第九届北京高校思想政治理论课教学基本功大赛二等奖、北京高校第十届青年教师教学基本功比赛三等奖，荣获2016年校级教育教学成果奖获奖一等奖1项，2016年校级教育教学成果奖获奖二等奖1项，1名教师荣获第十届青年教师教学基本功比赛暨第四届教学新星评选二等奖；1名教师被推选为2017年“全国高校思想政治理论课教学骨干”。

（刘建华）

思想建设与政治建设

（1）2017年2月，学习《教育部关于建立健全高校师德建设长效机制的意见》。

（2）2017 年 3 月，党员在圆明园进行“铭记历史，不忘初心”的主题党日活动。

（3）2017 年 4 月，学习《2017 年国务院政府工作报告》并讨论。

（4）2017 年 5 月 3 日，签订思政课课堂纪律承诺书，对全体思政课教师进行政治纪律教育。

（5）2017 年 5 月，学习全国高校思想政治工作会议精神并讨论。

（6）2017 年 6 月 7 日，意识形态工作应急演练，学校相关部门进行教师在课堂上散布不当言论应急演练。

（7）2017 年 9 月，党员观看中组部制作的专题片《榜样》并讨论 .

（8）2017 年 9 月，学习习近平总书记 7.26 讲话精神并讨论。

（9）2017 年 10 月，观看《将改革进行到底》专题片并讨论。

（10）2017 年 10 月 18 日，收看十九大开幕式实况转播并对十九大报告进行讨论。

（11）2017 年 11 月，参加市委组织部的党的十九大精神应知应会在线答题活动。

（12）党员在线学习，所有党员超额完成在线学习任务。

（13）研马克思主义理论专业学生党支部与北京市房山区周口店镇官地村党支部开展红色“1+1”党支部共建活动。

（14）推进“两学一做”常态化工作，探讨新的工作机制的形成。按照学校相关要求，组织开展学习活动，形成支部学习氛围。

（15）学院领导班子及各支部书记为学校树人班、学校团学干部培训、各学院党校、周围社区与街道（西三旗、昌平等地）开设党课及进行十九大精神宣讲。全年学院教师承担各级各类党课 30 余次。

（16）完成学期初教职工思想动态调查，并将调查与研讨相结合。

（17）在教师大会上，对教师进行意识形态工作教育，强调政治纪律与政治规矩；指定专人对各工作微信群进行监督管理，及时进行相关提醒，加强舆情监控，互联网的管理。

（18）2017 年 12 月，完成意识形态工作责任制落实督查工作。

（19）签订保密工作责任书，对学院办公计算机进行保密检查，对全体教师进行保密工作教育。

（郭春燕）

组织建设

（1）2017 级新生 7 人，其中 6 名递交入党申请书，4 名同学成为入党积极分子，6 名同学参加党校培训并取得党校结业证书。

（2）研马克思主义专业学生党支部发展预备党员 4 名，转正预备党员 3 名。

（3）完成马克思主义中国化教研部教师党支部、研马克思主义理论教育专业学生党支部的换届选举工作，分别成立了支部委员会。

（4）推进理论导师制建设工作，开展讲党课系列活动。根据上一年度理论导师的工作情况，进行理论导师人员调整。理论导师在学校各学院、部门以及周边社区、街道，宣讲党的十九大精神。

（5）推进党政联合工作机制建设。学院总支坚持推行学院二级机构党政负责人联席会议制度，推进教研部主任与支部书记会议制度。

（6）开展党员示范观摩课活动。全年共组织 4 次，每个教研部推举一名党员教师进行示范课的教学。

（7）教师听取“勤 · 信”大讲堂——推进中国高等教育与思想政治工作的纲领性文献（李松林）、习近平新时代中国特色社会主义思想与实践——深度解读中共十九大精神（薛庆超）、新时代新使命新征程——中共十九大的历史方位与理论创新（黄延敏）等系列讲座。

（8）教研部集体备课，在学习相关文件精神的基础上，积极推进党的十九大精神进课堂的工作。

（9）2017 年 7 月，签订党建工作责任书。

（10）完成北京市第十二次全国代表大会代表选举工作、第十三届全国人大代表推荐工作、北京市第十五届人大代表推荐工作。

（11）完成党员信息核查工作。

（12）2017 年 11 月，完成北京市教工委党建工作基本标准专项检查工作。

（13）完成党支部 2017 年工作自查，各支部建立工作台账，对支部情况进行梳理，明确薄弱环节及整改方向。

（14）2017 年 6 月，中国近现代史教研部教师党支部被评为学校先进党支部，郭春燕被评为学校优秀党员，张云筝被评为学校优秀党务工作者，中国近现代史教研部教师党支部获批示范党支部建设点。

（郭春燕）

作风建设

（1）国家法定节假日进行廉政教育及自查工作。

（2）签订二级机构党风廉政建设承诺书。

（3）2017 年 11 月 22 日，学院全体教师收看党风廉政教育警示录《医考泄密》和《赌向深渊》。

（4）开展班子成员之间的交心、谈话活动，开展批评与自我批评。

（5）2017 年 1 月，召开领导班子和各支部民主生活会，征求意见，寻找问题，改进作风。

（6）2017 年度重新修订学院党务工作制度 11 项。

（7）开展基层党支部书记述职工作，推进各党支部建设。

（8）开展民主评议党员活动，对党员进行再教育。

（9）执行党务公开、财务信息公开制度，并在教师大会上通报支出情况。

（10）共产党员献爱心活动捐款 1390 元。

（郭春燕）

工会工作

（1）2017 年 1 月 6 日，马克思主义学院分工会举办 2017 年新年联欢会暨安全知识竞赛。

（2）1 月 11 日，召开马克思主义学院第一届教职工大会暨工会会员大会。

（3）1 月 18 日，马克思主义学院分工会举办迎新年教职工扑克牌双升团体比赛。

（4）2017 年 3 月，马克思主义学院分工会举办“三八”国际妇女节系列活动。

（5）2017 年 4 月，马克思主义学院分工会组织教职工摄影比赛。

（6）10 月 28 日，马克思主义学院分工会组织学院教师前往八达岭红叶岭景区开展登山健身活动。

（7）2017 年 12 月，马克思主义学院分工会组织学习党的十九大精神应知应会竞赛及抽奖活动。

（8）在学校工会拔河比赛、“三八”节趣味运动会、学校春季运动会、“六一”亲子活动、健步走、迎新年教职工扑克牌（争上游）团体赛、羽毛球比赛中取得名次。

（9）组织完成“爱心扶助金”捐款及困难教职工补助、慰问工作。

（10）成立学院二级关心下一代工作委员会。

（11）完成工会积极分子评选工作，学院评选出校级工会积极分子5人，院级工会积极分子8人。

（12）2017年4月，发出“首都文明交通人”倡议。

（13）2017年11月、12月，进行安全隐患大排查、大清理、大整治行动；重点进行防火安全排查，清理办公室所在楼层的消防通道，对教研室易燃物、电线、插座等安全隐患问题进行处理。

（郭春燕）

学生工作

（1）完成迎新和学生入学教育，成立迎新工作小组，召开由学院领导、导师、班主任和新生参加的新生入学教育培训会，从学籍管理、专业教育、行为规范及安全教育、心理健康辅导等方面对新生进行关心、指导。

（2）完成班级团支部和学院团总支换届选举工作。

（3）参观董存瑞纪念馆、察哈尔烈士陵园等教育基地，举办团日活动。

（4）在首届校园文化艺术节期间学院团总支与《马克思主义中国化教研部》合作，开展习近平用典系列活动。征集77个论文作品，评选出39个作品，分获一、二、三等奖；获奖作品编印成册；在获奖作品中，通过演讲答辩，10名参赛者获最佳风采奖；举办颁奖典礼大会，表彰获奖学生；获学校评选的文化艺术节优秀组织奖。

（5）暑假期间，学院研究生和部分本科生以“回到象形文字去，传承汉字之美”为主题的传统文化进基层实践团系列活动。7月11日、7月19日、8月21日、9月23日四次进社区，宣传汉字文化；聘请相声演员李丁做代言；将汉字文化四进社区系列活动编印成册。该项目入选首都大中专学生暑期社会实践百强团队，并获得北京市评选的社会实践优秀成果二等奖。获校团委评选的暑假归来话实践一等奖。

（6）参与首届科技创新节活动。制作宣传学院教学科研及学院各项工作展板，组织学生参观学校科技成果展；举办科技创新讲坛，组织传统文化进基层团队及学校记者团听报告；推选科技创新活动优秀指导教师；参与校团委组织的创新杯活动，有12名学生提交作品，三项作品获创新杯一等奖。

（7）11月，2017级新生赴兴安老区参观湘江战役纪念馆、走访红色遗址。

（8）成立学院就业工作领导小组。

（9）2017届毕业生9人，截至10月31日，核心就业率达到100%。

（10）评选市级优秀毕业生1人。

（11）完成2018届学生的信息采集。

（12）对2017届毕业生进行毕业后追踪调查，撰写学院2017届毕业生就业工作分析报告，做好下一届毕业生就业工作提供支撑材料。

（13）启动2018届毕业生就业工作，开展就业指导，建立沟通渠道和信息发布渠道，进行初步摸底调查。

（14）组织2017届、2018届毕业生参加校园招聘会，发布需求信息，为毕业生和用人单位提供双向选择的机会。

（15）在学校运动会获得道德风尚奖。

（16）完成学生宿舍暑期调整、搬迁工作；做好针对学生中特殊群体的思想教育、管理和服务工作。

（于　洋）

公管传媒学院

概况

公共管理与传媒学院（School of Public Administration and Communication），简称公管传媒学院，学院下设公共管理系、传播学系、新媒体系、文化艺术教研部4个教学机构和公共管理研究所、跨文化研究所2个科研机构。承担行政管理、传播学、网络与新媒体3个本科专业的教学及建设工作，及美术作品欣赏、硬笔书法等全校选修课程。公管传媒学院设有综合实验室，具体包括计算机房及媒体编辑实验室、录音棚、演播室、电脑辅助电话调查实验室等，拥有价值600余万元的专业实验设备。资料室主要有图书资料、期刊资料、音像资料三大类。其中图书资料共计4303册，期刊资料43种，音像资料2套。

截至2017年年底，公管传媒学院拥有教职工49人（含在编不在岗1人，非事业编1人），其中专任教师44人（含学生工作3人、实验技术人员5人），专任教师中，正高4人，副高11人，具有高级职称的教师占专任教师的34%；具有博士学位的教师18人，具有硕士学位的教师17人，共占全体教师的80%。

学院有本科毕业生125人，2017级招新生130人，实际报到129人，报到率99.23%，专升本新生1人。在校生535人。

公管传媒学院党总支2017年共有8个党支部、其中教师党支部4个、学生党支部4个。党员103人，其中教师党员33人，学生党员70人，入党积极分子61人。

（杨孔雨　何颖利）

学科建设

（1）成功申报新闻与传播专业硕士学位点，实现了学院学科建设新的突破。

（2）邀请中国传媒大学雷跃捷、中国人民大学栾轶玫、中国新闻出版研究院郝振省、北京电影学院杨远婴和北京印刷学院叶新等专家进行新闻与传播专业学位硕士点申报评审。

（3）进行新增硕士点的招生、宣传、培养方案和后续教学工作的规划、建设，初步形成该学科点与研究生培养的运行框架。

（杨孔雨）

教学工作

（1）制定《校外实习基地合同示范文本》等文件。

（2）编写教材2本，发表教改论文3篇，主持教改项目6项。

（3）完成行政管理、传播学、网络与新媒体三个本科专业的评估。

（4）完成29.97万元的实践教学平台建设，购进5台高清数字摄像机及部分附件设备。

（5）接收35名转专业学生，增加1个网媒1602行政班。

（6）加强校外实习基地建设，先后与北京爱智乐思科技有限公司、北京中晟智信科技有限公司、谷尼科技北京有限公司等单位签署了校外实习基地协议。

（7）加强国际合作交流，继续和台湾世新大学开展交流培养，同时和加州大学伯克利分校、北亚利桑那大学达成合作协议并开展对学生的动员宣传工作。

（8）组织学生申报、参加北京市级、学校级的大创项目，完成了20余项大创项目的开题、结题答辩等工作。

（9）配合学校迎接2018本科教学审核性评估，组建4个评估工作机构。

（伊 强）

科研工作

（1）组织教师学习和理解科研管理相关规定，分别邀请财务处、审计处进行财经纪律和审计教育报告；与系、部、室主任、党支部书记以及新立项项目负责人签订了遵守学术规范、科研管理规定和财务制度的承诺书。

（2）年度科研经费到款额约156.32万元，科研立项11项，其中校基金4项，市教委面上项目1项，市社科基金3项，其他纵向项目3项。

（3）发表学术论文44篇，其中CSSCI 8篇，核心期刊9篇，出版专著4部。

（4）组织申报国家社科基金项目13项，刘永林博士参与北京师范大学合作申报成功国家社会科学基金"十三五"规划2017年度教育学课题1项。

（5）完成科研平台建设项目《促进高校内涵发展——大数据时代文化遗产的新媒体活化与传播》。科技创新服务能力—科研水平提高建设项目《大数据时代重大公共事件网络舆情监测与预警分析系统》已完成招标、投标等工作。

（6）申报科研平台建设项目《促进高校内涵发展——非物质文化遗产的数字化展示与传播》，到款经费约60万元。

（7）举办"他山之石""博士论坛"2场，"新媒体时代大学生的影像素养培养"学术报告1场。

（8）开展社会、公益服务，为政府提供咨询报告，为泉州博物馆等提供相关科技服务。

（梁冬梅）

学生工作

（1）加强学生学风建设，实施2017级新生引航工程，落实辅导员"走进学生、走进课堂、走进宿舍"制度，实施公管传媒学院优秀学子巡讲制度，开展学业辅导体系建设，实施职业生涯规划指导教育，举办职业生涯规划主题班会及专题讲座。

（2）有161人次获得国家及校内各类奖学金，74人次获得各类评优荣誉；16人获得励志奖学金，47人获得国家助学金。

（3）2017届毕业生就业率100%，核心就业率77.60%，134名毕业生顺利文明离校。

（4）联合经管学院举办"展魅力民族风，享多彩校园情"民族文化节，联合理学院举办"音为有你 梦想发声"十佳歌手比赛；举办了"放歌青春 · 荣耀公管""有梦不凡"颁奖及迎新典礼、诗词大会、2017级新生趣味运动会、新生辩论赛、新生排球赛等校园文化活动。

（吕丽峰）

党建工作

（1）坚持理论学习制度，组织党的十九大报告集中学习宣讲3次，组织师生校外参观学习3次，在全体教职工和学生党员中开展了党的十九大应知应会学习竞赛。

（2）迎接党建《基本标准》检查，市委教工委专家组听取了学院思想政治教育和统战工作的汇报。

（3）落实党建工作责任制，成立了公管传媒学院党总支网络安全与信息化领导小组，与党支部书记签订了党建工作责任书。

（4）落实党政联席会、党总支委员会等会务制度，落实处级党员领导干部联系基层党支部制度，处级以上领导干部讲党课9人次。

（5）完成1个教师党支部换届、2个学生党支部改组、2个学生党支部届中调整工作，完成2017年度党支部工作考核。

（6）发展学生党员29人，转正32人，学生党员占学生比例13.1%。推荐29名积极分子参加校级党课培训，开展6次对第一梯队入党积极分子的培训，院级党课教育有128名同学参加，72人通过考核，获得结业证书。

（7）落实党风廉政建设责任制，建立健全内部管理制度。组织开展财经纪律专题教育讲座3场次，集中观看典型案例剖析教育片1次，集中教育参观1次。

（8）明确安全稳定工作负责人及其职责，调整安全稳定工作小组，与各系（部、室）负责人、班主任和辅导员等签订安全稳定责任书。

（9）落实学校保密规章制度，开展保密教育，组织参加学习培训，协助、配合保密办公室，认真开展保密工作自查。

（10）培训学生党员及学生党员干部20余次，4名学生党员获得百名学习标兵荣誉称号。

（郭严俊 吕丽峰）

获奖情况

（1）有1名获得教师教学基本功大赛文科组二等奖。

（2）组织参加第二届京津冀理工类高校魅力汉语大赛并获得二等奖；参加全国大学生广告艺术大赛校内竞赛获得一等奖4项8人次，二等奖5项8人次，三等奖11项14人次，北京市三等奖4项8人次；优秀奖1项3人次；全国优秀奖2项3人次。

（3）获得北京市红色"1+1"支部共建活动三等奖；"传承传统文化，共创和谐校园""青春建功十九大，砥砺逐梦勇担当"主题团日活动并获得校三等奖；开展暑期社会实践活动获得校优秀团队组织奖和公开答辩二等奖；参加校园文化艺术节并获得最佳创意奖、舞蹈节大赛一等奖、先锋论坛辩论赛亚军。

（4）行政1501班被学校评为"勤信班集体"。

（5）3名党员被评为校级优秀党员；1人获得年度"校院安全卫士"表彰。

（6）参加学校工会组织的"沁馨之美"文化作品展，获得优秀奖5人，获得最佳组织奖。

（7）参加学校运动会，获得教工团体总分第六名，获得学生道德风尚奖；参加学校羽毛球赛，进人前8名。

（何颖利）

其他工作

（1）考察、组织了20多人次的人才引进试讲和入职面试工作，接受 2 名具备高级职称任职资格的博士、博士后教师，其中 1 人确定为副教授职称。

（2）规划制定 2018—2020 年学院的三年人才引进计划。

（3）完成 1 名青年教师培养计划，与 2 名新入职青年教师签订培养任务书，指定教学、学术导师。

（4）修订 2017 年度教师职务聘任岗位说明书，完成 2017 年度的教师职务聘任院级考核和推荐工作。

（5）建立二级教职工大会制度，召开首次学院教职工大会，完成学院工会委员会换届选举。慰问教职工 6 人次，评选年度工会活动积极分子 6 名。

（杨孔雨　郭严俊）

外国语学院

概况

外国语学院（简称外语学院）设英语系 1 个、大学英语教学部 2 个、研究生外语教学部 1 个。承担英语专业、大学英语、研究生英语等教学任务，开设德语、日语、西班牙语等语种课程。

学院现有英语专业 1 个（分商务、翻译、教育三个方向）。院级英语实验中心 1 个。学院的人才培养目标是“立足北京、服务首都、面向全国，培养基本功扎实，具有国际视野和人文素养，具备口笔译能力、商务实践能力、跨文化交流能力、思辨与创新能力，能从事翻译、商务、教育等工作的应用型人才。”

2017 年，外国语学院有教职工共 92 人，专任教师 82 人。其中，北京市优秀教师 1 人，北京市中青年骨干教师 7 人，北京市青年英才教师 2 人，北京市优秀人才 2 人。专任教师中具有高级职称的教师 33 名，约占教师总数的 40.24%，其中教授 2 名，副教授 31 名；具有硕士以上学位的教师 73 名，约占教师总数的 89.02%；45 岁以下的教师 58 人，占专任教师的 70.73%。

2017 年，学院全日制本科毕业生 73 人，招收全日制学生本科生 84 人，截至 2017 年年底，学院全日制本科生 317 人。

学院党总支下属党支部 8 个，其中教工党支部 5 个、学生党支部 3 个。截至 2017 年 12 月底，学院共有学生党员 37 人，学生党员数约占学院学生总人数的 45.68%；教师党员 44 人，教师党员数约占学院教师总人数的 54.32%。

（王　瑾　王瑛月　张昱婷）

学科建设与研究生教育

2017 年，外国语学院积极培育硕士生导师，新增硕士生导师 2 名。承担 2 名“计算语言学”硕士研究生的培养工作。

开展研究生英语教学工作；组织研究生参加各级各类英语竞赛。1 名学生获得北京市研究生演讲比赛市二等奖。

2017 年，获批学校学科建设水平提高项目立项 18 万元，购置并安装 TRADOS，初步建成计算机辅助教学实验室，并用于教学和实践活动。

（王瑛月）

教学工作

确定以“INSPIRE”为理念的人才培养基调。启动英语专业改革，探索信息特色鲜明的英语专业差异化发展路径。接受学校第三轮专业评估检查，并提早着手准备 2018 年本科教学审核评估，成立迎评领导小组和工作小组，向河北大学，青岛科技大学、北京建筑工程大学等多所大学学习，完成学院自评报告。

继续坚持 A、B、C 班（少数民族班）分级教学体系，在原有拓展课程体系基础上，开展以学术英语为导向的大学英语教学改革研究。依托学科竞赛塑造校园外语文化品牌活动，构建外语育人环境，为学生提供更多优质外语应用能力实践机会。共举办国家级竞赛 1 项，市级竞赛 3 项，校级学科竞赛 4 项，院级学科竞赛 4 项，基本形成了完善的学科竞赛体系。2017 年，学院教师指导学生获得国家级特等奖 1 人，一等奖 1 人，二等奖 11 人，三等奖 19 人，北京市级二等奖 2 人，三等奖 6 人。继续在英语专业一年级学生中实施新生导师制，为每名学生配备学科导师，负责指导学生的学科和专业发展，提高学生的英语综合素质和实践能力。2017 年英语专业专四一次通过率为 64.20%，高于全国平均通过率 15.66%，高于全国理工类大学平均通过率 6.94%，与去年基本持平（68.35%）。大学英语四级一次通过率 62.11%，比去年提高了 1.04%。

外国语学院鼓励青年教师提高业务能力，积极参加教学基本功大赛。2017 年，5 名青年教师参加教学基本功大赛选拔赛，1 名教师获得校一等奖；1 名教师获得校级优秀主讲教师。学院重视教学研究与教学改革，2017 年，获批 1 项教育教学改革研究专项招标课题立项，6 项一校级教改立项，4 项校级高教研究项目。1 项青年教师社会实践调研项目被推荐为市级优秀社会调研成果。获批 2 项市级大学生创新项目立项，4 项校级大学生创新项目立项。

（王瑛月）

科研工作

2017 年，在学院的有效组织下，4 名教师申报国家社科基金申报培育计划，2 名教师申报教育部人文社科项目，3 名教师申报北京市哲学社会科学项目，2 名教师申报北京市教委社科一般项目。全年发表论文 31 篇，其中核心期刊 2 篇，国外期刊 2 篇，其他期刊 27 篇。成功申报北京市教委社科一般项目 1 项。1 名教师获学校勤信英才计划资助，1 名教师获北京市优秀人才青年骨干项目资助。获批校级科研基金 4 项，校级高教研究项目 4 项。国外科技人力资源跟踪与翻译研究基地获持续资助 19.2 万。

2017 年，结合学校对科研机构考核的契机，外国语学院基于现有三个研究所，对原有 10 个科研团队优化升级，搭建起以科研机构为引领，科研团队为平台，科研小组为基础的三级科研管理体系，理顺学院科研管理和科研工作开展的机制。定期举办学术沙龙活动，兼顾跨学科发展趋势，邀请计算机科学、海外汉学等学科的知名学者做前沿报告，为广大教师搭建起学术交流研讨的平台。

（王瑛月）

学生工作

以“学风、党建、团学、助学、心理、就业”为抓手，对学生进行思想上的引导、学业上的辅导、就业上的指导、心理上的疏导、生活上的开导，全程铺垫育人阵地，促建良好育人环境和情感环境。在年级育人和管理工作中，实行“五个三”举措，保证思想政治教育“入脑、入心、入行动”。学风“紧盯、严抓、重教育”，针对学业困难学生，形成“宿舍有点，教室有线，社会有面”的工作方法。立足专业，打造第二课堂品牌活动，继续举办“Embracing the World”英语文化活动节，同学们参与度高，并获首届文化艺术节最佳组织奖。

2017 年度共有 1 名同学获国家奖学金、8 名同学获国家励志奖学金、9 名同学获国家一等助学金、17 名同学获国家二等助学金、2 人申请生源地助学贷款、6 名家庭经济困难的同学安排了勤工助学岗位。学习奖学金一等 7 人、二等 17 人、三等 26 人；科技创新奖学金二等 1 人、三等 9 人；社会贡献奖学金 16 人；文体优秀奖学金一等 2 人、二等 5 人；院级三好学生 24 人、院级优秀学生干部 16 人、院级先进班集体 2 个；校级三好学生 12 人、校级优秀学生干部 6 人、校级先进班集体 1 个；校级优秀团员 2 名，优秀团干部 2 名，优秀团支部 1 个；院级优秀团员 12 名，优秀团干部 10 名，优秀团支部 2 个。

（王　瑾）

就业工作

坚持用“情”连通学生，用“诚”与单位沟通，特别是加强与重点单位联系。2017 届毕业生共有 73 人，总体就业率 100%，核心就业率 76.71%，在学校名列前茅。其中签三方协议 20 人，占 27.40%，签劳动合同 15 人，占 20.55%，共计签约 35 人，占 47.95%；考研 9 人，占 12.33%；申请出国 12 人，占 16.44%；灵活就业 17 人，占 23.28%。

（王　瑾）

对外交流

2017 年，外国语学院与美国威斯康星州立大学签订了“2+2”合作项目和“3+1”合作项目，“2+2”项目有 1 名学生、“3+1”项目有 10 名学生报名参加。

2017 年，外国语学院接收两名意大利学生在英语系学习两门课程。

（王　瑾）

党建工作

外国语学院党总支充分发挥政治核心作用，坚持民主集中制，2017 年学院共召开党政联席会 23 次，党总支会议 17 次，有效服务保证学院建设发展。全面从严治党，夯实基层党建基础，组织各党支部学习宣传党的十八届六中全会、全国和北京高校思政会、“两贯彻一落实”和十九大精神。做好党建基本标准检查迎检工作，梳理支撑材料目录，查找打印建档 17 盒，撰写工作总结和 PPT 汇报稿。加强党员发展教育管理，2017 年，院级党课结业 32 人，发展党员 21 人，转正 23 人。

按照学校“平安校园”建设有关要求，2017 年，外国语学院重新调整安全稳定工作领导小组成员，继续与系部负责人签订安全稳定责任书，确保安全稳定。

外国语学院坚持“阳光治院”，坚持与系部签订廉政责任书。2017 年，共组织党风廉政建设相关会议和活动 11 次，先后邀请有关职能部门人员到学院进行政策和纪律讲解 2 次。

（张昱婷）

确立“INSPIRE”办学理念

2017 年，外国语学院梳理十余年发展历程中的办学理念，总结确立了以“INSPIRE”为理念的人才培养基调。“INSPIRE”理念的基本内涵是：信息特色 Information-featured、师德高尚 Norms-centered、服务社会 Service-oriented、实践导向 Practice-driven、关注个体 Individual-focused、制度先行 Regulation-prescribed、循证发展 Evidence-based。这七项基本内涵对应的英文单词首字母组成了英文单词首字母组成了英文单词“INSPIRE”，意为“鼓舞，感动，激发，启示，赋予灵感”，与现代教育思想的本质相吻合，也与学院在本科教学工作中所提倡的精神相一致。这七项基本内涵互为依托，互为表里，相互印证，支撑构成的“INSPIRE”理念是一个系统性较强的有机整体。

（王瑛月）

信息技术应用教学大讨论活动

2017 年上半年，外国语学院组织各系部利用教研活动开展了关于“高校教师如何应对移动技术发展带来的学习方式变化”的大讨论，对目前各位教师在教学过程中使用的辅助教学开展的各种英语学习 App、网络课堂等进行了梳理、总结和推广，并完成了总结报告，下半年召开了移动设备 APP 与外语课堂教学深度融合交流会，推广使用经验，倡导学院教师应用信息技术改变课堂教学方式，打造新的教学模式和考核方式。

（王瑛月）

成功举办国际事务管理培训班

2017 年，外国语学院成功举办国际事务管理培训班，创新选课方式和授课模式，选拔全校高年级优秀学生，邀请多位校外知名专家联合授课。课程为期 6 周，学生课堂出勤率接近 100%，课程满意度接近 100%。培训班的成功举办为学院的人才培养和学科建设工作打开了新的思路，积累了跨部门统筹协调开展工作的宝贵经验，并获得学校 2017 年度二级单位考核特色工作奖。

（王瑛月）

有效推进“五个环境建设”

2017 年暑假，学院各教研室进行了装修改造工程，新建了外国语学院工会小家，基本保证了每位教师的办公需求，学院会议室、各教研室环境大为改观，实现了空间环境建设温馨的基本要求。

打造以院徽为核心的学院文化标识体系。2017 年，外国语学院以英文缩写“sfs”为核心，力邀专业设计人员对学院院徽进行重新设计，并形成全新的兼具学院特色和文化传承的学院文化标识体系。

（王瑛月）

师德师风建设

2017 年 4 月成立外国语学院师德建设分委员会，并召开第一次会议，传达师德师风建设的最新要求并部署相关工作，保证学院师德师风建设工作全面开展。2017 年 8 月 31 日，召开“坚持立德树人、做四有‘引路人’”师德论坛，通过正能量的宣传实现模范引领作用，在全院上下树立良好风气。

（张昱婷）

“Embracing the World”英语文化活动节

活动节集合了外国语学院系列品牌活动，由学译进课堂、新闻发言人面对面、外语游园会、“My Choice My Voice”英文电影配音大赛、“Hear Your Voice”英文歌曲演唱比赛、英文三行诗歌比赛等六项活动组成。同学们参与度高，很好地营造了中外文化和谐共生的校园氛围和良好育人环境，促进了学校学生的英语学习。学院获首届文化艺术节最佳组织奖。

（王瑛月）

竞赛获奖

全国大学生英语竞赛（国家级竞赛）：特等奖 1 人，一等奖 1 人，二等奖 11 人，三等奖 19 人；“外研社杯”全国英语辩论赛（省部级竞赛）：三等奖 2 名；“外研社杯”全国英语演讲大赛（省部级竞赛）：二等奖 1 名；北京市大学生英语演讲比赛（省部级竞赛）：三等奖 1 名；“外研社杯”全国英语阅读大赛（省部级竞赛）：二等奖 1 人，三等奖 1 人；“外研社杯”全国大学生英语写作大赛（省部级竞赛）：三等奖 2 人；第三届北京信息科技大学外国语学院 - 中国日报网翻译大赛（院级）：一等奖 2 人，二等奖 3 人，三等奖 5 人，优秀奖 10 人；英文电影配音大赛（院级）：一等奖 1 项 3 人，二等奖 2 项 7 人，三等奖 3 项 13 人，优秀奖 1 项 5 人。

（张玉辉）

学院获奖

学校 2017 年度二级单位考核特色工作奖；首届校园文化艺术节最佳组织奖，党章党史知识竞赛获校三等奖，学生党支部红色“1+1”活动获北京市优秀奖，学生党支部普法微电影《来自朋友的陷阱》获北京市三等奖，新生校情校规知识竞赛获校二等奖，英语 1401 团支部获首都高校先锋杯“优秀团支部”，英语 1601 班获校级先进班集体、校“勤信”班集体，英语 1602 团支部获校“传承传统文化 共创和谐校园”主题团日活动三等奖，英语 1702 团支部获校“青春建功十九大 砥砺逐梦勇担当”主题团日活动二等奖，“红色印记”暑期社会实践团队获首都大学生暑期社会实践优秀团队及优秀成果。

（王　瑾）

学生获奖

4 名毕业生获得北京市优秀毕业生，3 名学生获得“百名时代先锋”，3 名党员获得“百名学习标兵”，刘昭然获校“十佳团支书”，永权获得校园“十大先锋”人物。

（王　瑾）

教师获奖

汤萌老师获第十届青年教师教学基本功比赛暨第四届教学新星评选文管组一等奖，2017 年度校级优秀主讲教师；艾瑞老师的《京津冀协同发展背景下的北京城市轨道交通语言景观调研》获得北京市年青年教师优秀社会调研成果奖；李淑琴老师《基于“大论文观”的英语专业毕业论文运作模式改革探索》获得 2017 年校级教育教学成果三等奖。

（王瑛月）

理学院

概况

理学院现有信息与计算科学、电子信息科学与技术、统计学 3 个本科专业。

学院下设信息与计算科学系、统计系、电子信息科学与技术系、数学教学部、物理教学部 5 个教学单位。研究机构有传感技术研究中心（传感器实验室）、应用数学研究室，数学物理研究所。其中，传感器实验室是北京市重点实验室。

2017 年，学院共有教职工 97 人，其中：正高 20 人（专任教师 15 人、研究人员 5 人），副高 41 人（专任教师 32 人、实验人员 3 人、研究人员 6 人）。兼职博士生导师 2 人，硕士生导师 35 人。具有博士学位教师占专任教师比例为 64%。

（谢瑞峰　曲　青）

学科建设与研究生工作

学院拥有数学、电子科学与技术 2 个一级学科硕士点，数学一级学科下设应用数学、基础数学、计算数学、概率与统计 4 个二级学科硕士点，其中，应用数学是北京市重点建设学科。电子科学与技术下设物理电子学、微电子学与固体电子学、电磁场与微波技术 3 个二级学科硕士点。

2017 年，理学院研究生发表学术论文 17 篇，其中 SCI/EI 收录 8 篇；申请专利 3 项；2 名研究生的硕士论文获学校优秀论文；校级优秀毕业生 2 人，市级优秀毕业生 1 人。

（杨毅恒　吴娟娟）

教学工作

多次邀请校外专家、学者召开会议，开展教学交流与研讨。对全校性公共基础课进行一系列的改革：《高等数学（A、B）》开展了分级教学工作，取得明显成效；对《高等数学（A、B）》、《线性代数（A、B）》、《概率论与数理统计（A、B）》、《大学物理（A、B）》8 门全校性公共基础课的教学内容和考核方式进行改革，实行考教分离、流水阅卷。《高等数学（A、B）》实现计算机网上系统阅卷。

2017 年完成各类教学项目的申报工作，获校内教学专项 4 项：专业建设项目 1 项，数理基础课教学改革项目 1 项，教学条件建设项目 1 项，创新实践基地建设项目 1 项。获得学校教改项目 8 项。1 名教师获校青年教师教学基本功比赛二等奖。1 名教师获北京市微课竞赛一等奖，1 名教师获北京市微课竞赛二等奖。1 名教师获华北赛区微课竞赛一等奖，1 名教师获华北赛区微课竞赛二等奖。16 名教师参加了 2017 年教学效果评价，8 人获得优秀，8 人获得良好。新入职青年教师 1 名参加学校导师制计划。2017 年大学生科技创新计划项目批准 10 项，其中国家级 1 项，北京市级 2 项，校级 7 项。撰写教改论文 6 篇，教材 1 部。

（薛春艳 赵 华）

科研工作

理学院具有较强的基础理论研究和工程应用研究的实力，承担完成和正在承担项目有：国家“863”高科技项目、国家自然科学基金项目、北京市自然科学基金、北京市教委基金、军工预研和军工配套等。

2017 年实到科研经费 702.15 万元，其中横向 239.35 万元，纵向 462.8 万元。发表论文 44 篇，进入三大检索论文 18 篇，专利成果 17 项。获批国家自然科学基金 2 项、北京市自然基金 1 项、北京市自然科学基金资助项目 1 项、北京市教委科研计划项目 2 项、学校科研基金 2 项。

（杨毅恒 曲 青）

学生工作

在学校 2017 年度二级学院考核中，学生工作名列全校第三。理学院全院目前共有在校生 627 人。其中信计、电技、统计三个专业本科生 553 人，微电子、数学两个学科的研究生共 74 人。党员学生占全体学生的 15%；其中研究生党员比重较高，占全体研究生的 45%（上升 6%）；少数民族同学 70 人（13 个少数民族），占比 11%（上升 2.2%）；经济困难学生 76 人，占比 12%；心理健康问题学生 34 人，占 5%，另有身体残疾学生 4 人。

2017 年，理学院共发展学生党员 41 人，转正 34 人。截至 2017 年 12 月 25 日，在全院本、硕 627 名学生中，学生党员 92 人（含预备党员 42 人），其中研究生党员 28 人（预备党员 5 人），党员学生占全体学生的 15%；其中研究生党员比重较高，占全体研究生的 45%（上升 6%）。

高度重视学生党建工作。在学校 6 月份举行的党史党章知识竞赛中，学院学生党员代表队以总分第二的成绩，荣获二等奖；3 月 30 日，开展“观影展、学前辈，坚定理想信念”主题党日活动；5 月，党总支组织教职员工党员开展“参观双清别墅，感受辉煌历程”主题党日活动；各学生党支部在 6-10 月份，分别开展“红色 1+1”活动，7—8 月份开展暑期社会实践活动；9 月 20 日，举办理学院 2017 级院级党课第一讲“重温党史，励志前行”；9 月 20 日下午，举办“师德论坛”；9 月 21 日，举办院级党课第二讲“为什么要加入中国共产党”；9 月 27 日召开“严于律己，争做表率”学生党员大会；10 月 18 日，组织学生党员观看党的十九大开幕式；10 月 29 日，组织积极分子赴北京展览馆参观“砥砺奋进的五年”大型主题展览；11 月 8 日，举办党员发展公开答辩会；11 月 17 日，组织开展“不忘初心，牢记使命，学思践悟十九大”主题党日活动；11 月 23 日，开展“学习十九大，奋进新时代，党员做先锋”党的十九大精神学习专题党课；11 月 25 日至 12 月 12 日，组织开展“党课人人讲”活动。

学院以各类校园活动为载体，深入推进学生思想政治教育工作。3 月 7 日，开展“弘扬雷锋魂，澎湃支教心”活动；3 月 23 日，开展学校“首届诗词大会选拔赛”活动；4 月 11 日下午，开展“寻找好心情 做好情绪自我调控”学生心理健康团体辅导活动；4 月 20 日，第三届“书香理院”读书活动暨校园文化艺术节“书香校园”读书活动选拔赛圆满落幕；5 月 4 日举办“大学生性健康知识讲座”；5 月 17 日举办“传承传统文化，共创和谐校园”主题团日活动答辩会；10 月 24 日，开展“走下网络，走出宿舍，走向操场”学生体育运动；11 月举办宿舍文化月系列活动；11 月 20 日开展“青春建功十九大，砥砺逐梦勇担当”团日教育实践活动；11 月 24 日，举办新生辩论赛；12 月 14 日晚，举办“新”“理”“程”，新梦想，2017 年度优秀学生表彰颁奖礼；12 月 21 日，举办学校首届科技创新节之名师讲堂活动。

采取多种措施推进学风建设。3 月、9 月举办两场“星火计划”学业汇报会；5 月 3 日，举办学业与职业生涯规划分享活动；8 月 27 日，开展“纪念建军 90 周年，济南红色教育基地之行”社会实践活动；9 月 19 日，启动“相约朝阳”晨读、晨跑活动；10 月 14 日，举办 2017 级全体新生素质拓展培训活动；12 月 18 日，理学院获学校“校情校史知识竞赛”二等奖。

高度重视毕业生就业工作。9 月 17 日，组织学生参观“2017 年全国大众创业万众创新活动周北京分会展主题展”，并组织学生赴北京首汇焦点科技有限公司参观、应聘；11 月 3 日上午，学院与北京分形科技有限公司签署产学研合作备忘录；11 月 7 日，学员开展 2018 届毕业生小型双选会；11 月 16 日下午，学院师生赴北京卧虎藏龙网络科技有限公司参观交流。2016 届 116 名本科毕业生、25 名硕士毕业生，一次性宽口径就业率均为 100%，位居全校第一；本科核心就业率为 74.14%，2017 年考研率为 10.97%；研究生核心就业率 96%。

学生在各类学科及科技竞赛中多次获奖。其中，数学建模与计算机应用竞赛，获北京市一等奖 3 人，二等奖 6 人；大学生物理竞赛，获一等奖 2 人，二等奖 7 人，三等奖 7 人。

（周 宇 张 飞）

对外交流

学院重视对外交流工作，多次派教师出国培训学习，同时，邀请专家学者来校进行学术交流。

（1）3 月 24 日，加拿大金融监管委员会风险管理专家彭秋良博士为学院师生做题为《资本与风险管理》学术报告。

（2）5 月 11 日，北京石油化工学院数理系领导及教授一行到理学院考察调研。

（3）5 月 11 日，景德镇陶瓷大学信息工程学院领导及教授一行到理学院考察调研。

（4）11 月 3 日，北京分形科技有限公司总经理欧阳志一行三人到理学院洽谈产学研合作事宜，签署产学研合作协议。

（谢瑞峰 曲 青）

党建工作

2017 年，理学院党总支下属党支部 12 个，其中：教工党支部 7 个，本科学生党支部 2 个，研究生学生党支部 3 个。截至 2017 年底，学院党员共计 155 人，其中：教职工党员 63 人，占教工总数的 60.63%；本科学生中党员 58 人，占本科生数的 10.36%。研究生学生中党员 34 人，占研究生数的 45.34%。2017 年学院发展学生党员 41 人，转正 34 人，新增学生入党积极分子 60 人。

加强基层组织建设。制定党总支、党支部 2017 年党建工作计划；组织完成党总支委员补选和学生党支部换届选举工作，补选党总支委员一名；开展软弱涣散党支部自查、民主评议党员、党支部工作考评工作，建立党支部年度工作台账。落实党风廉政建设和安全稳定工作责任制，把党风廉政建设和安全稳定工作要求纳入学院整体工作。落实班子成员联系系（部）制度和党总支委员联系党支部制度，坚持民主集中制，落实“三重一大”相关制度。完成北京市第十二次党代会代表推荐工作。

强化党员教育管理。落实“两学一做”常态化制度化，制定《理学院党员政治理论学习计划》、《理学院学习贯彻党的十九大精神宣传教育工作方案》，积极做好习近平新时代中国特色社会主义思想和党的十九大精神宣讲活动；落实学院《2017 年党员意识提升方案》，开展“观影展、学前辈，坚定理想信念”和“学思践悟十九大”等丰富多彩的主题党日活动；开设“教师党员示范课”；开展社会主义核心价值观宣传日活动；学生党支部还开展了以“学风建设，党员先行，争做表率”为主题的“党员学霸小课堂”活动，做好学生党支部的红色“1+1”共建活动；学生党员赴河北涞源开展的精准扶贫专项社会实践活动被人民网、新华网等多家媒体报道。

发挥党员先锋模范作用。获评北京市长城学者 1 人、学校“勤信学者”1 人、青年拔尖人才 2 人；有 10 名学生党员分别获评“百名学习标兵”“百名时代先锋”；开展党内评优工作，评选出校级优秀党务工作者 1 名，优秀党员 4 名。

组织开展迎接《党建和思想政治工作基本标准》入校检查工作，全面梳理、总结五年来学院的党建工作。

（韩 光 裴鹏程）

其他工作

1.2017 年 8 月 18—22 日理学院数学教学部承办第七届非线性数学物理国际会议，国内外 340 余名学者参会，研讨非线性科学最新进展。

2.2017 年 10 月 27—30 日信息与计算科学系承办“结构矩阵的预处理方法与理论” 会议，来自全国的四十余名专家、学者及部分研究生参加了此次会议，促进同行之间的学术交流与科研合作。

3. 成立师德建设领导小组，组织开展主题论坛、党员教师示范课、学术讨论班、“一堂好课”征文等师德建设系列活动，促进师德与师能同成长。

（王灯山 陈 芳 裴鹏程）

国际交流学院

概况

北京信息科技大学大学国际交流学院成立于 2013 年，专门承担来华留学生的教育教学与管理工作，开展对外汉语教学及涉外技能培训等。学院下设办公室、招生及学生管理办公室、教学部和国际教育研究所 4 个部门，共有行政人员 8 人，专职教师 3 人，外聘教师 17 人。学院国际教育项目包括本科学历项目、硕士学历项目、长短期汉语言培训项目、校际交换项目等多种学位和非学位留学项目。

2017 年，共计 19 个国家的 174 名留学生在国际交流学院接受了学历与非学历教育，其中硕士研究生 9 人，本科生 81 人以及各类非学历生 84 人。目前，已有留学生在读的经济学（国际贸易）、国际经济与贸易专业和计算机科学与技术专业。首批整班建制国际贸易专业留学生 10 人已完成学业顺利毕业。

（王 希）

党建工作

2017 年，国际交流学院党支部共有正式党员 6 人。支部围绕全局工作，结合支部党建工作计划，通过理论学习和党建活动，巩固党员思想政治意识，提高党性修养，开展集中理论学习 9 次，党员教育 7 次，研讨 2 次，布置督促党员自主学习 2 次，利用北京高校党员在线平台，拓展党员学习内容，保质保量完成在线学习，历次学习活动参与率达 100%；结合学校党风廉政建设要求，落实好全面从严治党、加强和规范党内政治生活，召开支部党员大会 6 次，讨论通过了本年度的党建工作计划、讨论推荐党代表事宜、讨论考核支部工作，推选优秀共产党员等工作，党课 3 次；认真贯彻“坚持标准，保证质量，改善结构，慎重发展”的党员发展方针，严格发展流程，2 名同志递交入党申请书，并参加院级党课培训。组织学院全体教职工观看党的十九大开幕及闭幕式，通过集中学习、邀请专家讲解、知识问答等多种形式组织教职工学习党的十九大报告。以十九大报告的党的建设内容为重点，开展学习活动，通过观看北京市正风肃纪教育片、研讨会、参观廉政教育基地等方式对党员进行廉洁教育。

（薛 虹）

学科建设

（1）强化专业建设。依托学校资源，与专业学院开展国际学生本科层次、研究生层次的联合培养，制定了本科层次《网络与新媒体专业留学生培养方案》和 BMIT 大类培养方案下《BMIT——软件工程专业留学生培养方案》和《BMIT——信息管理与信息系统专业留学生培养方案》两个子方案。同时协同各专业导师制定了 2017 级国际学生研究生培养方案。

（2）加强师资队伍建设。招录新教师，进一步充实由国交学院和专业学院、专任教师和兼职教师构成的多元化师资队伍，承担留学生教学任务和研究工作。

（3）重视人才培养工作。成立院级教学督导组，加强教学质量监控和评价，使留学生教育培养过程更加规范。

（戴东红）

教学工作

（1）积极开展教学改革。2017 年学院校级教改项目共有“外国留学生教学改革”“信息类专业留学生人才培养模式研究”两项，均于当年按期完成，项目实施成效明显。

（2）开展社会实践教学活动。策划组织了留学生“访先圣故里，悟儒家文化”曲阜社会实践教学活动。

（3）组织学生竞赛交流活动。5 月首届校园文化节—国际文化周期间，组织了“共话专业，‘职’通梦想——中外学生专业交流沙龙”和“脱口而出，秀出风采——留学生汉语大赛”两个大型活动。

（戴东红）

校友工作

6月28日，自首届毕业生中推选俄罗斯籍优秀毕业生卫家担任校友联络员。

（王　希）

招生宣传工作

2017年学院通过国际招生会议、中介推荐与学院官网等多渠道招收来自17个国家的117名留学生，其中28名本科生，4名硕士研究生，12名长短期语言生，7名普通进修生，接待3个短期团组共66人次。2017年新招收了乌克兰、约旦、津巴布韦、刚果（布）等国家的学生，选择信息类专业的本科生人数有所增加，硕士研究生招生人数和校际交换生人数有所提高。

（白雪莲）

学生资助

根据《北京市外国留学生奖学金管理暂行办法》，2017年秋季新学期伊始，学院通过对新入学国际学生的材料审核评定，共有11名本科新生和3名研究生新生获得北京市外国留学生奖学金资格，同时还有13名本科新生获得北京市“一带一路”外国留学生奖学金资格。9月学院开展了针对2014级至2016级国际学历生的奖学金评选工作。学院评委会依据学习成绩、出勤情况、课堂表现、遵守校纪校规等综合素质评价结果，通过学生本人申请、评审、公示、复审、获奖名单发布五个环节，从中评选出23名本科生，1名研究生，完成了80万元北京市外国留学生奖学金任务。由于北京市外国留学生奖学金数量有限，对于学业优秀，但未获得北京市市级奖学金的学历生，增设了“2017年度校级外国留学生奖学金”，有3名本科生获得积极参与活动奖。11月学院“信息类专业留学生教育建设”项目成功申请到2018年度北京市外国留学生“一带一路”奖学金项目的支持。该奖学金持续4年，每年可为13名2018级本科生提供25万元的学费资助。

（易　融）

交流与合作

2017年，学院分6次共接待了来自5个国家的79位师生。

3月，新加坡义安理工学员47位师生到校进行短期学习。

5月、11月，澳大利亚维多利亚大学分别派11位及14位师生到校短期学习。

全年接待国际合作院校交换生7人，其中，3名来自美国奥克兰大学的留学生为短期交换生。爱尔兰阿斯隆理工学院2名留学生与意大利罗马外国语大学2名留学生进入相关专业进行为期一学期的交流学习。

（李奇轩　王　希）

学生活动

2017年共主办和参加8项大型学生活动：

4月25日、26日，参加校田径运动会，荣获学生男子团体总分第四名、道德风尚奖。其中，1人第一名，21人分获第二至第八名。

5月22日，参加首届文化艺术节之第十四届“音为你乐动听”十佳歌手大赛。2人荣获十佳歌手。

5月22—26日，承办首届校园文化艺术节——国际文化周，设留学生文艺表演11项、国际风情文化展台13个。学院16个国家的留学生代表参加了此次活动。

7月10日，4名留学生参加由北京市政府外事办公室、共青团北京市委员会主办的北京市“未来领袖青春使者”国际夏令营。

11月4日，参加由北京市政府外事办公室、北京体育局、北京市体育总会主办的第三届北京外国人篮球赛（北控杯）。信息科大荣获“优秀组织奖”，此赛事获得北京卫视频道，北京电视台青年频道，搜狐新闻等众多媒体分别对此次赛事进行报导。

11月25日，参加由北京市大学生体育协会主办的首都高等学校第十八届传统养生体育比赛，荣获留学生男子组第一名和留学生女子组第三名。

12月2日，参加由北京市大学生体育协会主办的首都高校第四届留学生武术比赛。信息科大荣获团体第六名、集体项目第八名。学生分别获得男子组太极拳第六名、第七名和男子组自选拳第六名、第七名和女子组自选拳第四名。

12月27日，参加2017年北京信息科技大学科技创新节闭幕式暨学生年度颁奖典礼，参演国际化板块。

（杨　鎏）

安全教育

2017年，学院分别在3月6日、6月20日以及9月19日开展3次全体性“安全教育大会”。会上就人身安全、财产安全、消防安全、交通安全、禁毒、反恐等多个方面对学院留学生进行安全教育。学生在会上学习安全知识，并分别签署《北京信息科技大学禁毒承诺书》《北京信息科技大学私家车交通安全责任书》《北京信息科技大学国际交流学院关于中国机动车驾驶证、行驶证的告知书》。

（李奇轩　易　融）

体育部

概况

北京信息科技大学体育部（以下简称体育部）于2006年12月在原北京机械工业学院体育教研室和原北京信息工程学院体育教研室、基础二部体育组的基础上组建而成。体育部设教研室2个、部办公室1个、场地器材管理室1个。2017年，体育部有教职工33人，其中专任教师30人，行政人员2人，场地管理人员1人。专任教师中，教授1人，副教授6人，讲师21人，助教2人，分别在小营、健翔桥、清河三个校区授课；国家级裁判2人，国家一级裁判11人，具有研究生学历的教师9人，占教师的30%，21名中级职称教师中90%以上完成研究生主要课程学习，并取得结业证书。

（张世忠　任立群）

教学工作

2017年，按学校本科教学工作的要求，体育部对教学大纲进一步完善，修订教学计划，并调整教学内容。教学过程实行多重管理模式，加大学生体能素质锻炼的强度，增加对学生体能锻炼的监控；通过一年两个学期的期中教学检查，从管理和形式上都有新的突破，教师听课采取抽签形式，所有教师参与其中，收到良好的效果；调整教学督导组，让具有高级职称的年轻教师加入教学质量管理和监控行列。督导组每位成员平均看（听）课达 3~4 次，对提高体育部的教学质量、促进教学工作的改革起到良好作用。全年完成本科教学工作量 8731 学时，完成 1~4 年级 634 个班《国家学生体质健康标准》测试及上报工作。

（张世忠 任立群）

科研工作

2017 年，体育部发表论文多篇，由教育部、北京市教委举办的体育科学报告会，积极参加投稿并有 4 篇论文获奖。课程建设结题项目 1 项；教改立项 2 项。

（张世忠 任立群）

群体竞技

（1）以学校“五个环境建设”发展理念为统领，加快校园体育文化建设，促进学校人才培养，营造良好的校园体育文化氛围，培养学生终身体育的意识。结合学校实际，2017 年对健翔桥校区室外篮球架进行更新，并对三个校区场馆的场地灯光进行维护，大大改善场地和器材的条件。

（2）举办 2017 年校田径运动会和 2017 年新生运动会。

（3）参加北京市大学生体育竞赛活动，包括北京市大学生田径运动会、首都高校秋季学生田径运动会、北京市大学生越野攀登比赛、首都高校大学生毽球比赛、首都高等学校乙组足球赛、北京市速度轮滑比赛、北京市大学生定向越野锦标赛、首都高校龙舟锦标赛及跆拳道、游泳、毽绳、滑雪、铁人三项、篮球、排球、台球、五人制足球、网球等 19 大项比赛活动。2017 年参加各项比赛活动获得的成绩：第一名 3 人次、第二名 1 人次、第三名 4 人次、第 4 名到第 8 名 23 人次。

（席　军 任立群）

党建工作

2017 年，体育部直属党总支部有教职工党员 21 人。体育部直属党支部开展工作的指导思想是：以构建和谐体育部为主线，以培养高素质人才为目标，以组织建设、制度建设、思想建设为重点，以各种学习、活动为载体，紧紧围绕教育教学，扎实开展党建工作，创新党建工作的形式，丰富党建工作的内涵，拓展党建工作的外延，积极探索新形势下党支部工作的新思路，充分发挥党支部的战斗堡垒作用和党员的先锋模范作用。按照“常规工作抓规范，重点工作求突破，创新工作出特色，整体工作上水平”的工作思路，结合体育部实际，团结奋斗，开拓创新，较好地完成了各项工作任务。2017 年，体育部深入学习贯彻习近平新时代中国特色社会主义思想和党的十九大精神，加强党风廉政建设，严格遵守“三重一大”制度，认真落实“平安校园”网格化管理。组织主题党日活动，召开支部专题会议，每位党员都在党旗下签署了承诺书。

（张世忠 任立群）

计算中心

概况

北京信息科技大学计算中心成立于 2007 年，由原小营校区计算中心、原健翔桥校区计算中心、原基础二部微机机房合并组成。

2017 年，中心设有基础教学部、计算机实验室（清河小营校区机房、清河校区机房）。基础教学部主要承担全校非计算机专业通识教育信息技术类课程的教学、建设任务，设有《计算机基础》、《C 语言程序设计》《VB 程序设计》《Python 程序设计》《数据库及其应用》等课程。计算机实验室占地面积约 1100 平方米，现有各类型学生用计算机 621 台，其中清河小营校区机房 329 台，清河校区机房 292 台。计算机实验室主要承担学校各专业本科生计算机课内上机实践、学生自由上机任务及提供开放实验环境及设备。中心除承担教学任务外，还提供公益性活动场地、设备支持及各种计算机应用能力培训。

截至年底，中心有教职工 25 人，其中专任教师 13 人，副教授 6 人，博士学位 4 人，硕士生导师 2 人；中心计算机实验室有实验技术人员 9 人，其中高级职称 2 人，中级职称 7 人，博士学位 3 人。

计算中心直属党支部共有中共党员 14 人，全部为在职党员。

（周长胜）

教学工作

2017 年，中心承担了《C 语言程序设计 A》《C 语言程序设计 B》、《VB 程序设计》《Python 程序设计》《计算机基础》等 13 门课程的教学工作，合计 145 班次。完成了《C 语言习题、实验指导及课程设计》的修订工作。2017 年《C 语言程序设计 A》及《C 语言程序设计 B》课程继续实行教考分离，并于 2017 年上半年开始实施上机考试，从而实现了中心三大主流课程《计算机基础》、《VB 程序设计》和《C 语言程序设计》的全部上机考试。6 月 10 日举办第八届 C 语言基本技能比赛，全校各年级各专业同学积极参加，23 人次获得各类奖项。

组织开展“精彩一堂课”活动，每位教师选择一门课的教学内容，与其他教师分享，促进了教师教学水平的提高。

2017 年，中心共组织开展教学改革项目 11 项，其中校级 3 项，发表教改论文 8 篇。

计算机实验室全年完成教学上机人时数约为 21.6 万（其中上半年约 8.8 万人时数，下半年约 12.8 万人时数）。完成实践课程 23 门；完成 69 个班《计算机基础》、14 个班《VB 程序设计》、8 个班《C 语言程序设计 A》及《C 语言程序设计 B》、7 个班《数据库及其应用》课程上机考试；完成外国语学院 5137 人次的英语口语上机考试；完成约 1.6 万学生自由上机免费人机时数。

中心全年开出开放实验项目 8 项：“计算机软硬件安装与调试”、“C 语言编程拓展实践”“计算机实用技术”“C 语言课内知识巩固与实践”“多媒体技术应用实践”“计算机局域网组建”“Internet 技术应用实践”“网络安全技术实践”。

（李文杰 林乐荣 赵玉双 张红霞）

科学研究

2017 年获批科研项目立项 3 项：其中横向项目 1 项，北京市教委科研计划项目 1 项、校基金 1 项；2017 年中心科研项目到款共计 29.1713 万元：其中横向项目到款 14.1713 万元，北京市教委科研计划项目到款 14 万元，校基金到款 1 万元；2017 年中心发表科研论文 2 篇：其中核心期刊 1 篇，一般期刊 1 篇；独立作者出版编著 1 部，参编专著 1 部。

鼓励教师积极参加国内各类科研学术研讨会、培训会并在中心内部组织系列学术研讨活动及举办学术讲座。先后邀请计算机学院教学副院长张仰森教授、仪器科学与光电工程学院教学副院长周哲海教授、计算机学院网络系主任李卓副教授到中心进行学术讲座，介绍人工智能与自然语言处理、移动社交网络和移动群智感知等领域的最新研究进展及个人科研工作情况、项目申报、论文写作等方面的经验体会；计算中心基础教学部黄宏博就人工智能方面做了关于“AlphaGo 与人工智能新进展”及“深度学习与计算机视觉”专题讲座；尤建青、方炜炜和教师们分享了各自的科研工作进展情况。

（林乐荣）

实验室建设

2017 年，为进一步改善计算中心本科教学与实验教学条件，提升实验教学设备水平，完成了实验教学条件建设和基础设施改造项目。

完成《计算中心计算机实验室设备综合建设》项目，共计 69.537 万元。更换学生用计算机 104 套，其中小营机房更换 60 套，清河机房更换 44 套；安装了 104 个点的虚拟桌面系统；新购置服务器 3 台，其中小营 2 台，清河 1 台。设备及软件已正式投入使用，并且运行良好。

2017 年计算机实验室更换了 12 个柜式空调，2 个壁挂空调，完成了小营校区机房电源改造项目等机房改造工作。

实现实验室人员的统一管理、统一安排，为方便学生上机，机房实行每周七天开放模式。编写了计算机实验室操作指南，完善实验室的相关制度。报废了 178 台计算机主机、148 台显示器，调拨或借出 20 多套计算机到学校其他部门。2017 年实验室退休一名教师，新调入一名教师，保持了人员数量的稳定，实现了新老交替。

（赵玉双 张红霞）

党建工作

发挥政治核心作用。按照校党委的部署和安排，及时传达上级精神，把握正确的政治方向，抓班子建设，严格执行党政联席会制度和“三会一课”等制度，做好党务公开。凡重大事项集体研究决定，全年召开党政联席会 19 次，组织生活会、民主生活各 1 次，支部上党课 1 次。

发挥意识形态引领作用。把握好教学科研管理等重大事项中的政治原则、政治立场，在干部队伍、教师队伍的建设中发挥宣传、引导作用，把好政治关。坚持正面引导，组织开展习近平新时代中国特色社会主义思想和党的十九大精神学习、研讨。全年处级干部学习 14 次，组织党员、教职工学习教育十余次，督促本部门员工按时完成“干部在线”和“党员在线”学习任务。

以“两学一做”学习教育为契机，积极推进支部制度化、规范化建设。按照上级部署完成党建基本标准检查各项准备工作。制订学期工作计划，并采取多层次、多形式、多渠道的理论学习和实践教育。组织落实并完成了中心组、党支部、教职工学习计划和要求，组织主题教育活动 5 次，制定各种规章制度 6 项。

落实全国和北京高校思政工作会议精神，开展有效的思想政治工作。坚持因事而化、因时而进。做好寒暑假教师思想状况调查工作和日常矛盾化解工作。推进廉政文化建设，开展廉政文化教育，组织廉政文化教育活动 4 次。积极承担宣传及统战工作、保密工作等，配合开展人才引进、部门教师基本功比赛选拔、工作制度的制定等，保证了计算中心各项工作正常高效运转。

平安校园建设工作。积极开展安全教育，落实平安校园建设及安全隐患大排查大清理大整治专项行动，推进安全管理责任任务分解，签订二级单位安全稳定工作责任书，做到层层分解，责任到岗、责任到人。对保密、防火、防盗等安全工作做到警钟常鸣，凡重要节假日都有布置、有检查。开展师德教育，签订《教师授课遵纪承诺书》，进一步强化了职工的岗位纪律，促进了工作的规范化。

工会工作。推进二级民主管理，坚持“公开、公平、民主”的原则，对涉及教职工重大利益的问题，广泛征求群众意见和建议。加强文化阵地建设，举办第三届“美丽家园 美丽生活”摄影比赛；开展“我爱读书、乐享阅读”好书推荐活动；参观新农村建设试点村，桃源仙谷景区；举办棋牌比赛；颐和园环湖长走和奥森健步走等组织工会活动 8 次。

（张曼萍）

表彰与奖励

周淑一荣获第十届青年教师教学基本功比赛暨第四届教学新星评选一等奖；张冬慧荣获第七届实践教学基本功大赛三等奖；李颖、陈艳、姜燕扬被评为校级工会积极分子；姜燕扬被评为校级优秀党员。

（张曼萍 林乐荣）

其他事项

2017 年，基础教学部引入应届博士 1 名，计算机实验室引入专业技术人员 1 名。

协助自动化、通信工程和测控技术与仪器三个专业进行工程教育专业认证工作；与继续教育学院合作完成春秋两次全国计算机等级考试工作；与社会合作完成诸多场次的 ATA 考试、清华自主招生考试工作。

2017 年，中心积极参与学校的中小学共建项目。面向永泰小学学生开设了第三期“计算机基础知识及硬件组装”课程、开展了为期 5 天的“暑期夏令营”活动、“走进北京信息科技大学体验周”参观体验活动。

（赵玉双 李文杰 张红霞 林乐荣）

机电实习中心

概况

机电实习中心成立于 1993 年，是融教学、科研、社会服务于一体的校级实习中心。机电实习中心的主要任务是保证高质量完成面向全校及兄弟院校的金工实习、电工电子工艺实习等工程实践教学任务，按照学校“着力培养具有较强实践能力、创新意识和国际化意识的高素质应用型人才”的要求，通过对学生进行现代工程实践训练，使学生掌握现代制造工艺知识。机电实习中心以“大工程教育”思想为指导，紧紧围绕建设信息特色鲜明的高水平大学这一目标，坚持以学生为主体，坚持传授知识、培养能力、提高素质协调发展，着力培养学生工程实践能力、综合分析与设计能力、科研能力与创新精神。机电实习中心工作内容为金属工艺学实习、电工电子实习、大学生创新项目、支撑各项科研项目（如机床故障诊断、主轴回转精度、机床热补偿等学校重点项目）。

实习中心场地建筑面积 3200 平方米，设有 8 间教室以及实习操作场所。实习中心指导教师共 29 人，包括在编人员 12 人，非编人员 1 人，返聘人员 3 人，合同工人员 13 人，其中硕士学历 5 人、本科学历 6 人，高级职称 8 人、中级职称 2 人。金工实习设备有 110 余台，其中数控机床 50 台，包括 35 台数控车床，8 台线切割，1 台电火花机床，1 台小孔机，1 台数控铣床，4 台加工中心，普通机床 35 台，包括车床、铣床、钻床、刨床、磨床等。电工电子实习仪器设备及实训台 200 余套。机电实习中心分为三个部门：冷工部、热工部、电工电子部。冷工实习面积 2243 平方米，热工实习面积 210 平方米，电工电子实习面积 640 平方米，中心办公室及资料室面积 107 平方米。冷工部分车工组、铣工组、钳工组、刨磨组、数控组、维修组。热工部分铸工组、焊工组。电工电子部分电工组、电子组。

（王倪珂）

实习教学工作

2017 年，经过机电实习中心全体教师努力工作，中心顺利完成学校教务处布置的各项实习教学工作，完成本校及外校实习总工作量为 15632 人天。

其中，本校实习指导范围覆盖 14 个专业，包括机械设计制造及自动化、车辆工程、自动化、新能源科学与工程、测控技术与仪器、机械电子工程、光信息科学与技术、电气工程及其自动化、智能科学与技术、工业设计、工业工程、工商管理、信息与计算机科学、电子信息科学与技术，共计 44 个班级，1390 人次。其中金属工艺学实习教学工作总量为 12297 人天，电工电子工艺实习教学工作总量为 3335 人天，共计 15632 人天。

此外，在完成本校教学工作的同时，实习中心还为中国石油大学（北京）、北京邮电大学两所兄弟院校提供了优良的实习教学服务，涵盖测控技术与仪器、自动控制技术、信息工程、通信工程 4 个专业，共计 14 个班级，440 人次，金属工艺学实习教学工作总量为 2207 人天，发挥了示范中心的辐射服务作用，与兄弟院校达到资源共享，同时，有效地宣传了实习中心，与兄弟院校建立了良好的联系。

（王倪珂）

教学科研工作

2017 年度，机电实习中心完成纵向、横向、科研、教改课题 3 项，具体项目情况汇总如下表所示。

表 10-1

2017 年项目汇总表

序号	项目名称	项目负责人	项目类型	项目经费
1	基于西门子 PLC 的实践教学平台建设研究	宋晓娜	教改项目	1 万元
2	建设创新创业实践基地——创客中心	王倪珂	教改项目	1 万元
3	发动机外特性虚拟仪器开发	胡延平	校科研基金	1 万元

2017 年度，机电实习中心共发表教学改革论文 7 篇，科技论文 2 篇。详细情况汇总如下表。

表 10-2

2017 年论文发表情况一览表

序号	第一作者	论文名称	期刊名称	期刊类型
1	宋晓娜	以专业认证为导向的电气控制工程实训教学改革	高校实验室工作研究	一般
2	侯晓霞	基于远程 LED 显示屏控制系统开发的实验室建设与管理改革	信息与电脑	一般
3	侯晓霞	多媒体教学系统辅助电工电子实习教学研究	高校实验室工作研究	一般
4	王倪珂	基于工程实训平台的创客空间模式探讨	高校实验室工作研究	一般
5	孟玲霞	当代教育背景下的工程训练教学探索	高校实验室工作研究	一般
6	韩凤霞	依据认证标准修订工程训练培训方案的研究	高校实验室工作研究	一般
7	李　沛	电工电子实习教学改革与创新	高校实验室工作研究	一般

续表

序号	第一作者	论文名称	期刊名称	期刊类型
8	李　沛	Two Kinds of Active Impulsive Noise control Algorithms based on Sigmoid	SPIE	EI
9	胡延平	发动机外特性虚拟仪器开发	高校实验室工作研究	一般

（王倪珂）

交流学习工作

2017 年度，机电实习中心进行了多次教学实践的调研活动。

2017 年 5 月，机电实习中心赴西安交通大学和西安理工大学调研，参观工程训练中心、创新实验室等，与相关教学人员进行了教学上的探讨，对于实习教学实验项目的设置，热工实训模式制定整改方案等提供了有意义的参考。

2017 年 8 月，中心组织 UG 软件学习工作，聘请了专业培训人员，中心多位教师共同学习了 UG 环境下建模、编程、仿真等技能，丰富了自身的知识储备，加强了实践技能。

2017 年 11 月，机电实习中心赴哈尔滨工业大学调研，交流学习工作经验，学习借鉴其教学模式和管理模式，对中心的教学过程也进行了相应的改进。

（王倪珂）

党建工作

机电实习中心党支部隶属教辅单位党总支，有正式党员 11 人。机电实习中心党支部积极配合直属单位党总支和工会工作，按时高效完成党总支布置的各项任务，仔细配合学校做好各项工作。每次都能够做到全体党员到会，传达学校党委有关精神和具体要求的同时，党支部按时定期召开党员学习活动，积极学习最新的政治理论，保证各位党员同志与时俱进，用新的理论武装自己的头脑。2017 年度，中心党支部按照学校党委、教辅党总支及宣传部等要求，做好各项党员学习工作，组织党员政治学习，传达学校党委学习精神和要求，充分利用“党员在线学习”活动，学习效果显著。

2017 年度开展的思想学习工作主要有：2017 年 2 月 16 日，在全体教职工学习“收心、聚力、加油干”为主题的活动，大家分享了 2017 年工作的“小目标”，学习了习近平主席 2017 年新年贺词；2017 年 6 月 2 日，以抢答的方式组织学习了 2017 年政府工作报告；2017 年 9 月，全体党员学习 7.26 讲话精神以及迎接党的十九大专题研讨班上的讲话精神；2017 年 10 月 18 日，全体党员收看了党的十九大开幕式直播，并发表了自己的看法与心声；2017 年 12 月 5 日，信息与网络管理中心副主任郑小博来中心宣讲党的十九大精神，并与全体党员展开了讨论。党支部分别赴恭王府及宋庆龄故居、平西抗战纪念馆、焦庄户地道战遗址进行学习。重温了抗战历史，激发了爱国热情，坚定了理想信念。实习中心党支部充分利用“党员在线学习”活动，认真组织中心党员进行理论学习，并进行了关于党的知识竞赛活动，同时也为今后支部活动提出许多很好的建议。中心党支部组织全体党员一起互帮互学，学习效果显著。

（王倪珂）

大学生科技创新工作

中心设有大学生科技创新基地，创新基地面积 40 平方米，提供专用场地、各类设备及专业指导，并不断购置各类先进设备，如 3D 打印机、激光切割机、各类拼装编程组件等，为大学生参加各类科技创新大赛提供平台。

2017 年度机电实习中心共开设开放性实验 18 项，大学生创新项目 2 项，指导大学生参赛获奖 7 项，具体项目如下表所示。

表 10-3　2017 年开放性实验情况一览表

序号	实验名称	指导教师
1	单片机实验电路安装调试实训	高　宁
2	凌阳 61 单片机的组装与扩展应用	高　宁
3	SMT 表面贴装工艺的应用	侯晓霞
4	印制板电路设计及制作技术的开发应用	侯晓霞
5	稳压电源与充电器的制作调试	李　沛
6	双面转印机应用	李　沛
7	电子产品安装技能拓展训练	张景荣
8	可编程序控制器（PLC）及组态技术工程应用	张景荣
9	水中机器人控制实验	宋晓娜
10	基于 Arduino 系统的单片机控制实验	宋晓娜
11	电子音调发生器	胡延平
12	温度显示与报警	胡延平
13	3D 打印机拆装	王倪珂
14	遥控机械臂拆装	王倪珂
15	液压元器件拆装与测绘	韩凤霞
16	机床精度检测	韩凤霞
17	3D 打印机拆装与打印制作	孟玲霞
18	基于安卓系统的蓝牙排爆小车设计制作	孟玲霞

表 10-4　2017 年大学生创新创业项目一览表

序号	实验名称	指导教师
1	智能分类垃圾桶	孟玲霞
2	香蕉自动套袋装置的设计与研究	王倪珂

续表

表 10-5

2017 年指导大学生获奖项目一览表		
序号	竞赛名称	所获奖项
1	中国机器人大赛暨国际水中机器人大赛全局视觉组抢球博弈	一等奖
2	2017 年北京市大学生机器人大赛水球 2V2	三等奖
3	2017 年北京市大学生工程训练综合能力竞赛方案	三等奖
4	北京信息科技大学机械设计大赛	一等奖
5	北京信息科技大学机械设计大赛	三等奖
6	第十二届“创新杯”大学生学术科技创新竞赛（创业赛）	三等奖
7	“机电之光”杯大学生机器人设计大赛	三等奖

通过开放性实验及科技创新项目的开展，深化了学生对所学专业知识的理解掌握，培养了学生的动手能力和创新能力，帮助学生形成大工程意识和责任意识，有助于学生的知识技能与实践能力同步提高。

（王倪珂）

专业认证

按照学校统一安排，2017 年度，机电实习中心配合仪器科学与光电工程学院，顺利完成专业认证复查工作；配合自动化学院，完成专业认证工作。中心根据国际化专业认证所需要求进行了大量的整改工作，例如整理教学文档、整理试卷库、修订实习报告册、修订安全规章制度、规范教学环境及实习环境等。中心教师在此次申报过程中积极参与，做了大量工作，也使中心的教学、管理、环境等方面有了很大提高。中心实习教学中体现的特色对于考核认证中的个别考核点给予了大力支持，实习教学内容和环境得到专家组的肯定。

（王倪珂）

中小学科技开放工作

为配合学校与“永泰小学”的共建项目，2017 年度，机电实习中心对“永泰小学”的部分科技爱好者学生进行开放，共接待小学生 90 人次，开设课程情况如下表所示。

表 10-6

2017 年中小学共建课程表			
序号	课程名称	授课对象	授课学时
1	基本电路元器件知识及应用	永泰小学	12
2	逻辑电路的使用	永泰小学	12

续表

序号	课程名称	授课对象	授课学时
3	基于 metas 软件的编程	永泰小学	12
4	mBot Ranger 机器人组装与调试	永泰小学	4
5	mBlock 软件编程及 Makeblock 各类传感器应用	永泰小学	8
6	AutoCAD 软件绘图及激光雕刻机使用	永泰小学	8
7	Creo 软件及 3D 打印软件使用	永泰小学	4
8	基于 Makeblock 平台的避障搬运小车搭建	永泰小学	12

经过与带队老师的多次沟通，根据五、六年级小学生的知识基础和年龄特点，中心教师们进行了充分的教学准备工作，制定了符合中小学生兴趣爱好的科技知识课程，并不断改进教学方式方法，课堂上气氛活跃，同学们热情高涨，一年的课程结束后，获得了教师、学生及学生家长的一致好评。

此外，中心还组织教师带领部分小学生参加了永泰小学科技节活动，用各类精巧的机器人作品，吸引了学生及家长们的眼球，提高了学校知名度及社会影响力。

通过科技课程延伸，中心教师带领永泰小学参加了多项机器人竞赛，获得相关奖项如下。

2017 指导小学生获奖项目一览表			
序号	赛事名称	授比赛项目	所获奖项
1	海淀区第二届中小学物联网大赛	智造万物	二等奖
2	2017 世界机器人大赛华北区域选拔赛	攻城大师	季军、最佳结构奖
3	2017 世界机器人大赛-Robocom 国际公开赛	攻城大师	三等奖
4	中国机器人技能大赛	踢馆赛	铜奖

专项设备购置

2017 年，中心完成 1 项专项设备购置工作，共计约 50 万元，顺利完成了项目的申报、采购、调试、培训、验收等诸多环节，并在设备到位后及时投入实训教学，同步完成了相应的自编讲义编写工作。中心成立专项工作小组，在专项执行全过程，做到集体讨论、集体与厂家接触。做到公开公正公平，及时在中心全体会议上向全体教师公告，坚决杜绝“暗箱操作”等行为。

（王倪珂）

继续教育学院

概况

2017 年，继续教育学院（简称继教学院）紧紧围绕学校和学院的中心任务，坚持学历教育与非学历教育并重的工作思路，积极探索办学模式改革，优化管理运行机制，加强与学校教学院系的横向联系，切实做好教育教学、管理和服务工作，积极推动继续教育朝着趋稳向好的方向发展。

继续教育学院为多校区办学，按照学校的统一部署，2017 年整体搬迁至金台路校区办公。截至 2017 年 12 月，在编管理人员 7 人。其中，具有副高级职称的 3 人，中级职称 1 人，初级职称 3 人。

2017 年学院高等学历继续教育在籍学生共计 5552 人，各专业毕业生共计 1454 人，授予学士学位 32 名，其中，管理学学士 16 名，工学学士 16 名。

（高宏山）

学历教育工作

学校成人高等学历继续教育设有夜大、函授两种教育形式，招收高中起点专科、专科起点本科和高中起点本科三个层次。共开设 29 个本、专科专业，分别在校内的 2 个校区、校外 2 个教学点和京外 9 个函授站开展教育教学工作。

（1）严格学籍管理和新生入学资格审核

学院完成了 2017 级 1932 名新生入学资格审核、报到注册工作（业余 391 人，函授 1541 人），完成 3620 名在籍学生报到、注册等学籍管理工作。

（2）组织开展校内 9 个本、专科专业的教育教学工作

2017 年共完成 151 门课程、3272 学时的理论教学和实践教学任务，组织开展了 22 个教学班 151 门次的课程考试。

（3）积极开展专业建设

遵照教育部关于普通高校高等学历继续教育专业设置管理办法要求，学院重新申报并获准了 30 个本科专业，完成了 24 个专业教学计划（大纲）修订初稿。

（4）加强继续教育办学专业化指导

2017 年学院根据继续教育未来发展，结合学校继续教育办学实际，成立了校级层面的继续教育教学指导委员会，调整院级继续教育学位评审委员会，全面指导学院的教学管理、办学水平和整体发展。

（5）开展远程教育平台与网络课程建设

当前继续教育学生“工学”矛盾是办学的最大难点，利用互联网技术实现课程、教学资源数字化已成为当前和今后继续教育教学模式改革的主要方向。2017 年学院加快了网络教育资源开发和共享平台建设工作，在原有网络课程基础上，与中国人民大学网络教育学院合作，建立了学校继续教育专属平台，新建了《大学计算机基础》《数据库原理与应用》《机械制造技术基础》网络课程，截至 2017 年年底，学院拥有网络课程共计 21 门，并面向所有继续教育学生开放，并完成了北京市教委“继续教育数字化教学资源建设”立项申报工作。

（6）注重函授教育的指导与服务

2017 年学院在京召开了年度函授教育工作会议，9 个函授站的 22 位代表到会，就函授教育的专业设置和转型发展等问题进行沟通与交流，并开办远程教育与网络课程运行管理培训，助推学校函授办学均衡发展。

（7）开展教学管理检查，规范办学行为

在加强对教学点和函授站指导与服务的同时，学院坚持主办校的主导作用，不定期对函授教育教学管理进行检查，先后组织对烟台、无锡、淮北、潮阳、海南 5 个函授站的办学基本情况、教学管理、招生宣传、收费等方面进行检查指导，加强监管督导、规范办学行为。

（8）开展招生专业编制申报

根据教育部关于普通高校高等学历继续教育专业设置管理办法要求，开展市场调研，完成 2017 年招生专业申报、招生章程和招生简章的编纂，实施阳光招生，努力稳定学历继续教育办学规模。

（9）规范学位资格审核与评定授予工作

遵照学校关于学位评审有关规定，2017 年，学院对本科毕业生申请学士学位的资格进行了初审，经院、校两级学位评定委员会审核通过，授予 32 名本科毕业生学士学位（工学学士 16 名，管理学学士 16 名）。

（10）毕业生工作

组织校内业余 216 名毕业论文（设计）的指导，开展本科毕业论文答辩与评审，参加答辩与评审学生共计 65 名，完成 2017 届成人高等学历教育毕业生学籍审核、毕业生档案填报和 1454 名毕业生信息采集与数据上传（业余 216 人，函授 1238 人），并完成毕业证书制作与发放工作。

（高宏山）

非学历教育工作

2017 年，学院注重发挥服务社会的办学职能，始终将发展非学历教育作为继续教育转型发展的方向，承接各类考试、举办短期培训，同时依托学校的学科优势和教育资源，开展了非学历教育项目的市场调研和可持续发展等前期基础工作。

（1）积极开展合作培训

2017 年，学院与北京英圣国际文化艺术中心新签订了“服装设计”合作项目，并组建了项目教育教学管理委员会，指导教学计划的制定，全程参与日常教学管理。

（2）组织各类社会考试

2017 年学院承接北京市教育考试院、北京市人保局、中国人民银行等单位各类考试共 308 场次，参考人数 4297 人，举办辅导班 1 期。

（3）积极开展非学历教育项目调研

近年来，人工智能技术的高速发展推动了机器人产品的快速升级，

机器人培训市场进入高速增长期。对此，学院依托学校机电工程学院机器人专业资源，与江苏无锡教育电视台合作，开展机器人智能理论、方法、技术及应用系统等高新技术培训项目的市场调研、合作洽谈，现已达成合作意向。

（4）探索“学历＋技能”培养模式

针对高等学历继续教育学生学习特点，探索学历证书与职业技能证书并重的培养模式，在学校继续教育教学指导委员会的指导下，开展课程层面改革，探索专业层面改革，规划办学层面改革，构建“课堂教学、网上学习、校企合作”的“教学做合一”的继续教育培养机制。

（高宏山）

综合管理工作

继续教育学院为多校区办学，2017 年整体搬迁至金台路校区办公，截至 2017 年 12 月，在编人员 7 人。

（1）调整部门岗位工作职责

近年来，学院编制人员相继退休减员，编制岗位未能得到及时补充。为不使学院的教学管理环节出现真空，学院及时调整部门岗位工作职责，保证了学院各项工作不间断进行。

（2）开展校区搬迁专项工作

2017 年遵照学校关于酒仙桥校区划归科技处的要求，学院上下统一思想，首先将校区的业余学生并入健翔桥校区开展教学，学院与相关职能部门共商搬迁计划，按时完成校区校舍清退和资产移交工作。

（3）做好成人教育数据和质量报告工作

遵照北京市教委的部署，2017 年学院开展了继续教育数据填报和教育质量报告工作。根据学校继续教育工作实际，学院编写了继续教育年度质量报告、上传了成人教育各项数据，学校的继续教育工作被北京市教委载入《北京高等学校继续教育质量报告》（年度）专刊。

（4）配合学校开展经济审计工作

遵照校审计处的要求，2017 年学院配合学校开展了离任领导干部经济审计工作，审计重点追溯到 5 年以前，学院主动与校审计部门协调配合，严格按照审计要求，如实、客观、完整地提供各项原始资料、数据和情况，确保了审计工作圆满完成。

（5）完成固定资产清查工作

2017 年学院校区搬迁、教学资源整合任务繁重，为有效发挥学院现有教学设备的再利用，学院会同资产处对小营、酒仙桥、金台路 3 个校区的固定资产进行了全面清理和移交工作，保证了学校固定资产的完整。

（6）开展安全稳定教育和防范工作

注重学院教职工思想政治教育工作，以不同形式开展教职工思想状况调查，引导教职工对社会热点问题的正确认识，加大内部管理力度，落实领导干部安全责任制，及时排查学院内部安全隐患，提高全员的法律意识、法制观念和自我保护能力。

（高宏山）

11

表彰与奖励

BEIJING
INFORMATION
SCIENCE & TECHNOLOGY
UNIVERSITY

Commendation and reward

表彰与奖励

表 11-1

学校获集体奖励与表彰一览表

获奖名称	获奖单位
2017 京报集团文化教育领域“北京晚报放心品牌”奖	北京信息科技大学
获得北京市教委 2016 年度决算编报工作先进单位	北京信息科技大学
BALIS 原文传递中心年度评比中荣获“BALIS 原文传递最佳宣传奖”	北京信息科技大学图书馆
在 BALIS 馆际互借中心年度评比中荣获先进集体三等奖	北京信息科技大学图书馆
2017 年北京高校红色“1+1”示范活动评比最佳组织奖	北京信息科技大学
2017 年北京高校红色“1+1”示范活动二等奖	电信专业第一、二、三学生党支部
	工商专业第二学生党支部
	行政管理专业第二学生党支部
	信管专业第一学生党支部
2017 年北京高校红色“1+1”示范活动三等奖	通信专业第二学生党支部
	计一学生党支部
	工业工设学生党支部
	英语专业学生党支部
	测控专业第二、第三学生党支部
	自动化智能专业学生联合党支部
	经济专业第二学生党支部
	网工学生党支部
	研 1601 班学生党支部
北京高校优秀示范班集体	机电 1501 班

续表

获奖名称	获奖单位
北京高校示范学生基层组织（宿舍）	学三 124（通信学院）
	学三 124（通信学院）
	学五 1519（自动化学院）
北京高校“百校千组学讲行”示范学习小组	机械专业学习小组
第五届北京高校普法微视频征集展映活动评比优秀组织奖	北京信息科技大学
第五届北京高校普法微视频征集展映活动评比微电影类二等奖	公管传媒学院
第五届北京高校普法微视频征集展映活动评比微电影类三等奖	通信学院
	外国语学院
北京市 2017 年度国家安全人民防线建设工作先进集体	北京信息科技大学
北京市高校系统社会治安综合整治考评优秀单位	北京信息科技大学
北京高校老同志健身项目展示活动最佳风采奖	北京信息科技大学
2017 年度北京教育系统关工委信息宣传工作先进单位	北京信息科技大学关工委
2017 年北京高校军训服装捐赠工作先进单位	北京信息科技大学关工委
关心下一代优秀主题教育活动三等奖	北京信息科技大学关工委
荣获北京市第十届青年教师教学基本功比赛优秀组织奖	北京信息科技大学校工会
教育工会年度考核特色工作奖	北京信息科技大学校工会

表 11-2

教职工获奖励与表彰一览表

第十三届北京市高等学校教学名师奖	米 洁
BALIS 馆际互借中心年度评比馆际互借先进个人二等奖	牛润桃
北京地区高校图书馆文献资源保障体系 BALIS 管理中心组织“原文传递服务先进个人奖”	王培凤
北京市 2017 年度国家安全人民防线建设工作先进个人	魏元燃
北京市 2017 年度海淀区高校系统交通安全先进个人	胡 滔
2017 年北京教育系统关工委信息宣传工作先进个人	贺 芳
北京市高层次创新创业人才支持计划领军人才	陈 昕
北京市第十届青年教师教学基本功比赛理工 B 组一等奖、最受学生欢迎奖、最佳教案奖	王 磊
北京市第十届青年教师教学基本功比赛理工 B 组三等奖、最佳教案奖	王 茂
北京市第十届青年教师教学基本功比赛文史 B 组三等奖	王欣媛
北京市第十届青年教师教学基本功比赛优秀指导老师奖	徐晓敏
第七届“首都十大教育新闻人物”	杜佳楣
中国高校校报好新闻三等奖	王 蕾、杨 静
北京高校校报好新闻三等奖	王 蕾、杨 静

表 11-3

2017 年度科研获奖一览表

序号	成果名称	奖励名称	所属单位	成果成员	获奖级别	单位排序	获奖等级	科研编制（个）	科研奖励（万元）	备注
1	高过载飞行器自主导航与控制技术	国家技术发明奖	信息与通信工程学院	苏中（排名第 2）刘宁（排名第 6）	国家奖	第二单位	二等奖	1.2	5	
2	高动态陀螺	国防技术发明奖	信息与通信工程学院	付梦印（外），苏中，邓志红（外），刘宁，李擎，杨军（外）	省部级奖	第二单位	一等奖	1.2	2	
3	智能化立体仓库系统关键性技术及应用	北京市科学技术奖	计算机学院	张仰森 姚长杰（外） 黄改娟 李祥山（外） 尤建清 张同军（外） 陈若愚 蒋玉茹 冀万元（外） 艾红	省部级奖	第一单位	二等奖	1	5	2016
4	知识服务业精益运营模式研究	北京市第十四届哲学社会科学优秀成果奖	经济管理学院	曲立 尹洁林	省部级奖	第一单位	二等奖	1	2	
5	密封招标博弈分析	北京市第十四届哲学社会科学优秀成果奖	经济管理学院	杨颖梅 王文举	省部级奖	第一单位	二等奖	1	2	
6	适用于飞机狭窄内腔检测的蛇形臂机器人	国防技术进步奖	光电学院	娄小平（排名第 5）	省部级奖	第二单位	二等奖	0.8	1	
7	智能导航技术在移动机器人中的应用	吴文俊人工智能科学技术奖	自动化学院	李擎 张昊（外）苏中 刘宁 付国栋	行业奖	第一单位	二等奖	0.6	0	
8	精确打击弹药制导控制技术	国防技术发明奖	信息与通信工程学院	苏中（排名第 5）	省部级奖	第三单位	二等奖	0.5	0.5	
9	机动车高精度定位测速雷达技术开发与应用	北京市科学技术奖	信息与通信工程学院	王东峰（外）曹林（排名第 2）庞宏杰（外）任磊（外）杨勇（外）谢晓鹏（外）	省部级奖	第二单位	三等奖	0.4	0.5	2016
10	全国重要矿产资源潜力预测评价	国土资源科学技术奖	理学院	杨毅恒（排名第 3）	行业奖	第三单位	一等奖	0.4	0	
11	语言智能测评关键技术研究及应用	北京市科学技术奖	网络文化与数字传播北京市重点实验室	吕学强	省部级奖	第三单位	二等奖	0.5	0.5	2017

表 11-4

2017 年度科研奖励、科研编制汇总表（专利权部分）

序号	专利名称	第一完成人类型	第一完成人	所属单位	专利完成人	专利类型	学校署名	奖励（万元）	编制（万元）
1	一种多工况下的输气管道泄漏检测系统	本校老师	王军茹	自动化学院	王军茹	实用新型	第一单位		0.06
2	电压型 PWM 整流器的控制方法、装置及电压型 PWM 整流器	本校老师	王久和	自动化学院	王久和	发明专利	第一单位	0.3	0.3
3	光伏并网逆变器控制方法、装置及逆变系统	本校老师	王久和	自动化学院	王久和	发明专利	第一单位	0.3	0.3
4	热成像心率检测系统	本校老师	马洁	自动化学院	马洁	软件著作权	第一单位		0.03

续表

序号	专利名称	第一完成人类型	第一完成人	所属单位	专利完成人	专利类型	学校署名	奖励（万元）	编制（万元）
5	一种基于 RPCA 和 MPCA 的微表情认知方法软件	本校老师	李擎	自动化学院	李擎，马晨（学），张艳国（学），于飞（学）	软件著作权	第一单位		0.03
6	基于 AGV 平台的多种方式控制系统	本校老师	李擎	自动化学院	李擎，于飞（学）	软件著作权	第一单位		0.03
7	基于无人航拍飞机的数据分发系统	本校老师	李擎	自动化学院	李擎，于飞（学）	软件著作权	第一单位		0.03
8	一种可穿戴式人体步态检测的自主定位方法	本校老师	李擎	自动化学院	李擎，李超（学）	发明专利	第一单位	0.3	0.3
9	一种电流跟踪控制方法	本校老师	李萍	自动化学院	李萍	发明专利	第一单位	0.3	0.3
10	一种 ****	本校老师	范军芳	自动化学院	范军芳，谌莹（学）	发明专利	第一单位	0.3	0.3
11	基于物联网的城市商业区智能泊车系统软件 V1.0	本校老师	艾红	自动化学院	艾红	软件著作权	第一单位		0.03
12	回转窑筒体表面温度监测系统软件 V1.0	本校老师	艾红	自动化学院	艾红	软件著作权	第一单位		0.03
13	FIBER GRATING DEMODULATION SYSTEM FOR ENHANCING SPECTRAL RESOLUTION OF DETECTOR ARRAY	本校老师	祝连庆	仪器科学与光电工程学院	祝连庆，孟阔，骆飞（外），何巍，刘锋，娄小平，董明利，张帆，李红，庄炜（学）	发明专利	第一单位	0.3	0.3
14	Fiber grating demodulation system for enhancing spectral resolution by finely adjusting a collimatin	本校老师	祝连庆	仪器科学与光电工程学院	祝连庆，何巍，刘锋，骆飞（外），董明利，娄小平，张帆	发明专利	第一单位	0.3	0.3
15	Fiber grating demodulation system for enhancing spectral resolution by finely rotating light splitti	本校老师	祝连庆	仪器科学与光电工程学院	祝连庆，何巍，刘锋，董明利，娄小平，庄炜（学），骆飞（外）	发明专利	第一单位	0.3	0.3
16	FIBER GRATING DEMODULATION SYSTEM FOR ENHANCING SPECTRAL RESOLUTION BY FINELY ROTATING IMAGING FOCUS	本校老师	祝连庆	仪器科学与光电工程学院	祝连庆，何巍，娄小平，刘锋，董明利，骆飞（外），庄炜（外）	发明专利	第一单位	0.3	0.3
17	一种基于信号自相关匹配的光纤光栅反射谱解调算法	本校老师	祝连庆	仪器科学与光电工程学院	祝连庆，陈恺（学），何巍，孟阔，刘锋，闫光，骆飞（外）	发明专利	第一单位	0.3	0.3
18	采用微动光栅提高光谱分辨率的光纤光栅解调系统及方法	本校老师	祝连庆	仪器科学与光电工程学院	祝连庆，何巍，刘锋，董明利，娄小平，庄炜（学），骆飞（外）	发明专利	第一单位	0.3	0.3
19	关节式坐标测量机的角度编码器偏心及结构参数标定方法	本校老师	祝连庆	仪器科学与光电工程学院	祝连庆，潘志康，郭阳宽，陈青山，董明利，娄小平，李伟仙	发明专利	第一单位	0.3	0.3
20	关节式坐标测量机的高精度标定方法	本校老师	祝连庆	仪器科学与光电工程学院	祝连庆，潘志康，郭阳宽，陈青山，董明利，娄小平，李伟仙	发明专利	第一单位	0.3	0.3
21	变周期调频连续波雷达测多目标距离速度的软件 V1.0	本校老师	周哲海	仪器科学与光电工程学院	周哲海，李丽（学）	软件著作权	第一单位		0.03
22	调频连续三角波雷达测单点动目标距离速度的软件 V1.0	本校老师	周哲海	仪器科学与光电工程学院	周哲海，李丽（学）	软件著作权	第一单位		0.03
23	酶免分析仪温度检测及自动加热恒温软件 V1.0	本校老师	周哲海	仪器科学与光电工程学院	周哲海，张津津（学）	软件著作权	第一单位		0.03
24	超分辨径向偏振共焦光瞳滤波器优化设计软件 V1.0	本校老师	周哲海	仪器科学与光电工程学院	周哲海，王兴丽（学）	软件著作权	第一单位		0.03
25	光阱刚度标定的计算软件 V1.0	本校老师	周哲海	仪器科学与光电工程学院	周哲海，李成宇（学）	软件著作权	第一单位		0.03
26	径向偏振光束下光镊对粒子捕获效率的计算软件 V1.0	本校老师	周哲海	仪器科学与光电工程学院	周哲海，李成宇（学）	软件著作权	第一单位		0.03

续表

序号	专利名称	第一完成人类型	第一完成人	所属单位	专利完成人	专利类型	学校署名	奖励(万元)	编制(万元)
27	物面形变测量方法和测量系统	本校老师	吴思进	仪器科学与光电工程学院	吴思进，高新亚（外），杨连祥，祝连庆，周哲海	发明专利	第一单位	0.3	0.3
28	时空三维相位解包裹的方法和装置	本校老师	吴思进	仪器科学与光电工程学院	吴思进，杨连祥，潘思阳（学），祝连庆，吕勇	发明专利	第一单位	0.3	0.3
29	基于单片机的视力保护系统 V1.0	本校老师	王晓飞	仪器科学与光电工程学院	王晓飞	软件著作权	第一单位		0.03
30	基于 MATLAB 的无创血液成分测量软件 V1.0	本校老师	王晓飞	仪器科学与光电工程学院	王晓飞	软件著作权	第一单位		0.03
31	石英晶体串联谐振频率测试方法	本校老师	王晓飞	仪器科学与光电工程学院	王晓飞，王艳林，李东，刘桂礼，朱爱发（学）	发明专利	第一单位	0.3	0.3
32	一种基于空间光线聚集性的像面特征点匹配方法	本校老师	王君	仪器科学与光电工程学院	王君，董明利，孙鹏，燕必希，娄小平	发明专利	第一单位	0.3	0.3
33	一种关节式坐标测量机动态误差补偿方法	本校老师	宋言明	仪器科学与光电工程学院	宋言明，潘志康，祝连庆，郭阳宽，董明利，娄小平，刘超，孟晓辰	发明专利	第一单位	0.3	0.3
34	机械工程领域国家重点实验室数据库系统 V1.0	本校老师	宋建丽	仪器科学与光电工程学院	宋建丽，乔亚丽（学）	软件著作权	第一单位		0.03
35	采用参考腔主动反馈补偿的光纤激光器气体检测系统	外校人员	骆飞	仪器科学与光电工程学院	骆飞（外），祝连庆，董明利，何巍，张钰民	发明专利	第一单位	0.3	0.3
36	一种基于液体透镜的仿生视觉快速调焦方法	本校老师	娄小平	仪器科学与光电工程学院	娄小平，褚翔（学），孟晓辰，祝连庆，董明利，潘志康，樊凡	发明专利	第一单位	0.3	0.3
37	一种采用主动视觉方式的机器人导航装置	本校老师	娄小平	仪器科学与光电工程学院	娄小平，祝连庆，董明利，王达（学），姚艳彬（学），邹方（学），魏志强（学）	发明专利	第一单位	0.3	0.3
38	一种多路准直光束的参数测量方法	本校老师	刘力双	仪器科学与光电工程学院	刘力双，李晓英，孙鹏，吕勇，郎晓萍	发明专利	第一单位	0.3	0.3
39	基于位移放大的双压电式骨传导听觉装置	本校老师	刘桂礼	仪器科学与光电工程学院	刘桂礼，王雪莹（学），孔全存，冯金磊（学），徐丹頔（学），刘刚（学）	发明专利	第一单位	0.3	0.3
40	一种利用无限续航高压巡线飞行器进行故障检测的方法	本校老师	郭阳宽	仪器科学与光电工程学院	郭阳宽，张晓青，董明利，徐恩博（学），冯超鹏（学），焦保刚（学），高润（学），魏文哲（学）	发明专利	第一单位	0.3	0.3
41	具有磁电式锁臂装置的可变臂的关节式坐标测量机	本校老师	郭阳宽	仪器科学与光电工程学院	郭阳宽，祝连庆，潘志康，李伟仙，董明利，娄小平	发明专利	第一单位	0.3	0.3
42	基于 GPU 的动态视觉测量特征点中心快速定位方法	本校老师	董明利	仪器科学与光电工程学院	董明利，许晓臣（学），王君，燕必希，孙鹏	发明专利	第一单位	0.3	0.3
43	一种光纤阵列纤芯距精密测量方法和系统	本校老师	陈青山	仪器科学与光电工程学院	陈青山，吕勇，刘力双，牛春晖，李小英（学），耿蕊，李响，王润兰（学），薛媛（学）	发明专利	第一单位	0.3	0.3
44	控制流数据的服务质量的方法和 OpenFlow 控制器	本校老师	周金和	信息与通信工程学院	周金和，胡佳（学），叶铿（学）	发明专利	第一单位	0.3	0.3
45	基于 ARM 的智能探测小车系统	本校老师	张月霞	信息与通信工程学院	张月霞，殷生旺（学），李海东（学）	软件著作权	第一单位		0.03

续表

序号	专利名称	第一完成人类型	第一完成人	所属单位	专利完成人	专利类型	学校署名	奖励(万元)	编制(万元)
46	基于 ARM 的无线发票智能终端系统	本校老师	张月霞	信息与通信工程学院	张月霞，贾一君（学），陈爽（学）	软件著作权	第一单位		0.03
47	移动博物馆软件	本校老师	张月霞	信息与通信工程学院	张月霞，刘子健（学），杨瑞琪（学）	软件著作权	第一单位		0.03
48	智能旅游软件	本校老师	张月霞	信息与通信工程学院	张月霞，宋亭纬（学），杨瑞琪（学）	软件著作权	第一单位		0.03
49	简易网络搜索引擎软件	本校老师	张月霞	信息与通信工程学院	张月霞，杨瑞琪（学）	软件著作权	第一单位		0.03
50	蜂窝网络粗定位仿真软件	本校老师	张月霞	信息与通信工程学院	张月霞，杨瑞琪（学）	软件著作权	第一单位		0.03
51	Android 智能终端信息采集系统	本校老师	张月霞	信息与通信工程学院	张月霞，陈行（学），马杰（学）	软件著作权	第一单位		0.03
52	基于 STM32 的可见光通信系统	本校老师	张月霞	信息与通信工程学院	张月霞，陈行（学）	软件著作权	第一单位		0.03
53	在线匿名聊天室软件	本校老师	张月霞	信息与通信工程学院	张月霞，杨瑞琪（学）	软件著作权	第一单位		0.03
54	云通讯录（服务器端）软件 V1.0	本校学生	焦瑞莉	信息与通信工程学院	张元迪（学），焦瑞莉	软件著作权	第一单位		0.03
55	基于 LabVIEW 的三混色 3D 打印预处理系统	本校学生	沈冰夏	信息与通信工程学院	张雨（学），沈冰夏，管宇鹏（学），付子昂（学）	软件著作权	第一单位		0.03
56	基于混合 PSO 算法的电机转子断条故障电流谐波信号检测系统 V1.0	本校学生	朱希安	信息与通信工程学院	张朋（学），朱希安	软件著作权	第一单位		0.03
57	电机轴承故障信号特征准确诊断系统 V1.0	本校学生	朱希安	信息与通信工程学院	于芳源（学），朱希安	软件著作权	第一单位		0.03
58	改进果蝇算法的车间调度系统	本校学生	张月霞	信息与通信工程学院	殷生旺（学），张月霞	软件著作权	第一单位		0.03
59	基于 Android 的在线订餐软件	本校学生	张月霞	信息与通信工程学院	殷生旺（学），张月霞	软件著作权	第一单位		0.03
60	舆情传播模型仿真软件	本校学生	张月霞	信息与通信工程学院	杨瑞琪（学），张月霞	软件著作权	第一单位		0.03
61	Web 信息展示软件	本校学生	张月霞	信息与通信工程学院	杨瑞琪（学），张月霞	软件著作权	第一单位		0.03
62	鬼脚图游戏软件	本校学生	张月霞	信息与通信工程学院	杨瑞琪（学），张月霞	软件著作权	第一单位		0.03
63	谐波数据与成果管理系统	本校老师	王占刚	信息与通信工程学院	王占刚，朱希安	软件著作权	第一单位		0.03
64	煤层气田井位数据可视化系统	本校老师	王占刚	信息与通信工程学院	王占刚	软件著作权	第一单位		0.03
65	城市地图移动增强现实虚实融合系统	本校老师	王占刚	信息与通信工程学院	王占刚	软件著作权	第一单位		0.03
66	一种蛇形机器人基于激光测距仪的地图创建方法	本校学生	王超杰	信息与通信工程学院	王超杰（学），赵旭（学），苏中，连晓峰（外）	发明专利	第一单位	0.3	0.3
67	基于 FOA 优化 EMD 阈值算法的电机故障电流谐波信号检测系统 V1.0	本校老师	苏中	信息与通信工程学院	苏中，万韶（学），朱希安	软件著作权	第一单位		0.03

续表

序号	专利名称	第一完成人类型	第一完成人	所属单位	专利完成人	专利类型	学校署名	奖励(万元)	编制(万元)
68	云通讯录（手机端）软件 V1.0	本校学生	焦瑞莉	信息与通信工程学院	孙全德（学），焦瑞莉	软件著作权	第一单位		0.03
69	一种磁—惯性组合捷联测量方法	本校老师	苏中	信息与通信工程学院	苏中，张双彪，李兴城（外），李擎	发明专利	第一单位	0.3	0.3
70	一种高动态双轴角速率陀螺零偏和标度因数误差补偿	本校老师	苏中	信息与通信工程学院	苏中，李擎，付国栋（外）	发明专利	第一单位	0.3	0.3
71	多子样旋转矢量姿态解算软件	本校老师	苏中	信息与通信工程学院	苏中	软件著作权	第一单位		0.03
72	飞行设备参数装订系统软件	本校老师	苏中	信息与通信工程学院	苏中	软件著作权	第一单位		0.03
73	一种双轴角速率陀螺耦合误差补偿方法	本校老师	苏中	信息与通信工程学院	苏中，李擎，付国栋（外）	发明专利	第一单位	0.3	0.3
74	一种惯性测量单元误差补偿方法	本校老师	苏中	信息与通信工程学院	苏中，李擎，范军芳，高可，解迎刚，刘宁，付国栋（外）	发明专利	第一单位	0.3	0.3
75	一种室内自主三维空间定位装置	本校老师	苏中	信息与通信工程学院	苏中，付国栋（外），范军芳，刘宁，李擎，张月霞，高可，李超（学）	发明专利	第一单位	0.3	0.3
76	Bell-Shaped Vbitatory Type Angular Rate Gyro	本校老师	苏中	信息与通信工程学院	苏中，付梦印（外），李擎，邓志红（外），范军芳，刘宁，刘洪	发明专利	第一单位	0.3	0.3
77	一种新型钟形振子式角速率陀螺	本校老师	苏中	信息与通信工程学院	苏中，付梦印（外），李擎，邓志红（外），范军芳，刘宁，刘洪	发明专利	第一单位	0.3	0.3
78	一种苯环型基板通孔传输结构及基板通孔垂直传输结构	本校老师	缪旻	信息与通信工程学院	缪旻，李晶晶（学）	发明专利	第一单位	0.3	0.3
79	云通讯录（浏览器端）软件 V1.0	本校学生	焦瑞莉	信息与通信工程学院	门晓磊（学），焦瑞莉	软件著作权	第一单位		0.03
80	基于混合布谷鸟优化算法的电机断条故障电流谐波信号检测系统 V1.0	本校学生	朱希安	信息与通信工程学院	路照坭（学），朱希安	软件著作权	第一单位		0.03
81	电力终端控制系统软件 V1.0	本校学生	焦瑞莉	信息与通信工程学院	陆科财（学），焦瑞莉	软件著作权	第一单位		0.03
82	基于混合烟花算法的电机转子断条故障电流谐波信号检测仪系统 V1.0	本校学生	朱希安	信息与通信工程学院	刘硕（学），朱希安	软件著作权	第一单位		0.03
83	电容近炸引信特性分析记录仪数据读取软件	本校老师	刘宁	信息与通信工程学院	刘宁	软件著作权	第一单位		0.03
84	高速自旋刚体姿态测量仿真软件	本校老师	刘宁	信息与通信工程学院	刘宁	软件著作权	第一单位		0.03
85	内外弹道环境力测量装置数据分析软件	本校老师	刘宁	信息与通信工程学院	刘宁	软件著作权	第一单位		0.03
86	金属壳谐振陀螺大量程角速率信号检测软件	本校老师	刘宁	信息与通信工程学院	刘宁	软件著作权	第一单位		0.03
87	高动态惯性测量单元数据读取软件	本校老师	刘宁	信息与通信工程学院	刘宁	软件著作权	第一单位		0.03
88	金属壳谐振陀螺振型特性仿真软件	本校学生	刘宁	信息与通信工程学院	刘宁	软件著作权	第一单位		0.03

续表

序号	专利名称	第一完成人类型	第一完成人	所属单位	专利完成人	专利类型	学校署名	奖励（万元）	编制（万元）
89	云通讯录（格式转换）软件 V1.0	本校学生	李墨羽	信息与通信工程学院	李墨羽（学），焦瑞莉	软件著作权	第一单位		0.03
90	基于 Android 的农产品质量查询系统	本校老师	解迎刚	信息与通信工程学院	解迎刚	软件著作权	第一单位		0.03
91	秸秆发酵过程温湿度监控预警系统	本校老师	解迎刚	信息与通信工程学院	解迎刚	软件著作权	第一单位		0.03
92	农作物种植管理及全过程质量追溯系统	本校老师	解迎刚	信息与通信工程学院	解迎刚	软件著作权	第一单位		0.03
93	一种减少盲区的室内定位系统	本校学生	焦瑞莉	信息与通信工程学院	焦瑞莉，李松银（外），李东乐（学）	实用新型	第一单位		0.06
94	一种磁盘文件的快速检索方法	本校学生	焦瑞莉	信息与通信工程学院	焦瑞莉，汪安春（外），李廷廷（学），赵长青（外）	发明专利	第一单位	0.3	0.3
95	七彩心形流水灯软件 V1.0	本校学生	焦瑞莉	信息与通信工程学院	胡玉洁（学），焦瑞莉	软件著作权	第一单位		0.03
96	实验室管理与监测软件 V1.0	本校学生	焦瑞莉	信息与通信工程学院	胡玉洁（学），焦瑞莉	软件著作权	第一单位		0.03
97	智能家居管理软件 V1.0	本校学生	焦瑞莉	信息与通信工程学院	侯赛音（学），焦瑞莉	软件著作权	第一单位		0.03
98	基于遗传算法的高能效路由算法软件	本校学生	姚彦鑫	信息与通信工程学院	郭杰（学），姚彦鑫	软件著作权	第一单位		0.03
99	双混色 3D 打印机上位机软件	本校学生	沈冰夏	信息与通信工程学院	管宇鹏（学），沈冰夏，张雨（学）	软件著作权	第一单位		0.03
100	三混色 3D 打印机监控系统	本校学生	沈冰夏	信息与通信工程学院	付子昂（学），沈冰夏，管宇鹏（学），张雨（学）	软件著作权	第一单位		0.03
101	基于 Android 的智能理财软件	本校学生	张月霞	信息与通信工程学院	冯译萱（学），张月霞	软件著作权	第一单位		0.03
102	一种标签识别方法、装置及系统	本校老师	崔英花	信息与通信工程学院	崔英花	发明专利	第一单位	0.3	0.3
103	一种最优 Q 参数的确定方法及装置	本校老师	崔英花	信息与通信工程学院	崔英花	发明专利	第一单位	0.3	0.3
104	Android 智能点餐系统	本校学生	张月霞	信息与通信工程学院	陈爽（学），张月霞	软件著作权	第一单位		0.03
105	基于 IOS 的画图软件	本校学生	张月霞	信息与通信工程学院	陈行（学），张月霞	软件著作权	第一单位		0.03
106	基于 Android 的数据采集软件	本校学生	张月霞	信息与通信工程学院	陈行（学），张月霞	软件著作权	第一单位		0.03
107	素描人脸识别的方法和装置	本校学生	曹林	信息与通信工程学院	曹林，周汐（学）	发明专利	第一单位	0.3	0.3
108	互联网大数据服务平台	本校老师	赵晓永	信息管理学院	赵晓永	软件著作权	第一单位		0.03
109	统一安全管理平台	本校老师	赵晓永	信息管理学院	赵晓永	软件著作权	第一单位		0.03
110	高校智能审计平台 V1.0	本校老师	张莉	信息管理学院	张莉	软件著作权	第一单位		0.03

续表

序号	专利名称	第一完成人类型	第一完成人	所属单位	专利完成人	专利类型	学校署名	奖励(万元)	编制(万元)
111	高校食堂计算机辅助审计系统 V1.0	本校老师	张莉	信息管理学院	张莉	软件著作权	第一单位		0.03
112	种子服务智能推荐系统 V1.0	本校学生	赵刚	信息管理学院	毛欣(学),赵刚,孙若莹(外)	软件著作权	第一单位		0.03
113	育种数据分析系统 V1.0	本校学生	赵刚	信息管理学院	毛欣(学),赵刚,孙若莹(外)	软件著作权	第一单位		0.03
114	环境责任保险业务系统	本校老师	李楠	信息管理学院	李楠	软件著作权	第一单位		0.03
115	基于 .NET Core 的水污染基础数据管理系统	本校老师	李楠	信息管理学院	李楠	软件著作权	第一单位		0.03
116	基于身份替代的隐私保护数据发布系统 V1.0	本校老师	康海燕	信息管理学院	康海燕	软件著作权	第一单位		0.03
117	DDNS 去中心化网络域名服务系统	本校老师	蒋文保	信息管理学院	蒋文保	软件著作权	第一单位		0.03
118	基于多维证据的信任度评估系统	本校老师	蒋文保	信息管理学院	蒋文保	软件著作权	第一单位		0.03
119	P2P 网贷平台信用风险评价系统	本校老师	谷晓燕	信息管理学院	谷晓燕	软件著作权	第一单位		0.03
120	面向网络购物平台商品评价的情感分析系统	本校老师	谷晓燕	信息管理学院	谷晓燕	软件著作权	第一单位		0.03
121	基于文本挖掘的 Web 新闻话题检测系统 V1.0	本校老师	车蕾	信息管理学院	车蕾	软件著作权	第一单位		0.03
122	基于模板匹配及曲线拟合的视频字幕细化方法	本校老师	吕学强	网络文化与数字传播实验室	吕学强,李钦瑞(学)	发明专利	第一单位	0.3	0.3
123	基于互联网的术语定义辨析方法	本校老师	吕学强	网络文化与数字传播实验室	吕学强,吴端红(学)	发明专利	第一单位	0.3	0.3
124	多模态新闻图像检索软件 V1.0	本校老师	吕学强	网络文化与数字传播实验室	吕学强	软件著作权	第一单位		0.03
125	电子商务评论观点挖掘软件 V1.0	本校老师	吕学强	网络文化与数字传播实验室	吕学强	软件著作权	第一单位		0.03
126	面向中文专利文献的句法分析软件 V1.0	本校老师	吕学强	网络文化与数字传播实验室	吕学强	软件著作权	第一单位		0.03
127	交通大气环境综合分析平台 V1.0	本校老师	吕学强	网络文化与数字传播实验室	吕学强	软件著作权	第一单位		0.03
128	一种 ***** 估计方法	本校老师	徐湛	信息与通信工程学院	卜祥元(外),任世杰(外),徐湛,安建平(外),程亚冰(外)	发明专利	第一单位	0.3	0.3
129	校园 e 超市软件	本校老师	李涵	理学院	李涵	软件著作权	第一单位		0.03
130	智慧公交查询软件	本校老师	李涵	理学院	李涵	软件著作权	第一单位		0.03
131	网上跳蚤市场软件	本校老师	李涵	理学院	李涵	软件著作权	第一单位		0.03
132	智能考勤软件	本校老师	李涵	理学院	李涵	软件著作权	第一单位		0.03
133	基于 JavaEE 的某电子商城系统	本校老师	李涵	理学院	李涵	软件著作权	第一单位		0.03
134	基于 J2EE 的员工年假管理系统	本校老师	李涵	理学院	李涵	软件著作权	第一单位		0.03
135	飞行射击游戏软件	本校老师	李涵	理学院	李涵	软件著作权	第一单位		0.03

续表

序号	专利名称	第一完成人类型	第一完成人	所属单位	专利完成人	专利类型	学校署名	奖励（万元）	编制（万元）
136	基于 Android 平台的信息交互软件	本校老师	李涵	理学院	李涵	软件著作权	第一单位		0.03
137	基于 Android 系统的学生自助点餐服务软件	本校老师	李涵	理学院	李涵	软件著作权	第一单位		0.03
138	快速人脸识别系统 V1.0	本校学生	曹林	信息与通信工程学院	周思洋（学），曹林	软件著作权	第一单位		0.03
139	基于商空间的分块素描人脸识别系统	本校学生	曹林	信息与通信工程学院	杨逸（学），曹林	软件著作权	第一单位		0.03
140	多目标测速雷达抓拍机平台软件 V1.0	本校学生	曹林	信息与通信工程学院	修超（学），曹林	软件著作权	第一单位		0.03
141	一种基于模糊控制的小型数字舵机系统	本校老师	邢济收	科技处（产业与经营性资产管理办公室）	邢济收，陈庚（学），苏中	发明专利	第一单位	0.3	0.3
142	检验检测云数据管理系统	本校老师	张健	经济管理学院	张健，齐林	软件著作权	第一单位		0.03
143	检验检测云基础平台资源监控系统	本校老师	张健	经济管理学院	张健，齐林	软件著作权	第一单位		0.03
144	检验检测云基础平台部署管理系统	本校老师	张健	经济管理学院	张健，齐林	软件著作权	第一单位		0.03
145	下降管工艺参数在线监测系统	本校老师	张健	经济管理学院	张健，蔡红珍（外），易维明（外）	软件著作权	第一单位		0.03
146	流化床热解液化系统设计参数数据库系统	本校老师	张健	经济管理学院	张健，蔡红珍（外），易维明（外）	软件著作权	第一单位		0.03
147	生物质理化特性数据管理系统	本校老师	张健	经济管理学院	张健，蔡红珍（外），易维明（外）	软件著作权	第一单位		0.03
148	层流炉生物质挥发特性在线监测系统	本校老师	张健	经济管理学院	张健，蔡红珍（外），易维明（外）	软件著作权	第一单位		0.03
149	生物油理化特性数据管理系统	本校老师	张健	经济管理学院	张健，蔡红珍（外），易维明（外）	软件著作权	第一单位		0.03
150	生物质收运管理系统	本校老师	张健	经济管理学院	张健，蔡红珍（外），易维明（外）	软件著作权	第一单位		0.03
151	电商在线评论倾向性分析工具	本校老师	王兴芬	信息管理学院	王兴芬	软件著作权	第一单位		0.03
152	中国象棋机器博弈软件 V1.0	本校学生	李淑琴	计算机学院	张亦鹏（学），李淑琴	软件著作权	第一单位		0.03
153	一种面向用户查询意图的汉语句子相似度分层计算方法及装置	本校老师	张仰森	计算机学院	张仰森，李景玉（学）	发明专利	第一单位	0.3	0.3
154	一种领域术语抽取方法	本校老师	张仰森	计算机学院	张仰森，蒋琳（学）	发明专利	第一单位	0.3	0.3
155	一种面向回归测试的控制流变更影响域分析方法和系统	本校老师	牟永敏	计算机学院	牟永敏	发明专利	第一单位	0.3	0.3
156	一种面向 Java 函数调用路径的测试过程跟踪方法及系统	本校老师	牟永敏	计算机学院	牟永敏	发明专利	第一单位	0.3	0.3
157	基于数据流函数调用路径的变更影响域分析方法及系统	本校老师	牟永敏	计算机学院	牟永敏	发明专利	第一单位	0.3	0.3
158	一种基于函数调用路径的覆盖率动态跟踪方法及装置	本校老师	牟永敏	计算机学院	牟永敏	发明专利	第一单位	0.3	0.3
159	一种基于逆向工程自动生成软件文档的方法及装置	本校老师	牟永敏	计算机学院	牟永敏	发明专利	第一单位	0.3	0.3

续表

序号	专利名称	第一完成人类型	第一完成人	所属单位	专利完成人	专利类型	学校署名	奖励（万元）	编制（万元）
160	iHealth 移动健康管理平台 v1.0	本校老师	李卓	计算机学院	李卓	软件著作权	第一单位		0.03
161	移动互联网环境下教学过程管理系统 V1.0	本校老师	李卓	计算机学院	李卓	软件著作权	第一单位		0.03
162	校园移动互助平台 V1.0	本校老师	李卓	计算机学院	李卓	软件著作权	第一单位		0.03
163	微博实时采集系统 V1.0	本校老师	李卓	计算机学院	李卓	软件著作权	第一单位		0.03
164	基于 URWPGSim2D 平台开发的仿真水中机器鱼花样游泳软件	本校老师	李淑琴	计算机学院	李淑琴	软件著作权	第一单位		0.03
165	基于 URWPGSim2D 平台开发的仿真水中机器鱼水中搬运软件	本校老师	李淑琴	计算机学院	李淑琴	软件著作权	第一单位		0.03
166	斗地主机器博弈软件	本校老师	李淑琴	计算机学院	李淑琴	软件著作权	第一单位		0.03
167	Stone Word-HTML 转换插件	本校老师	李宁	计算机学院	李宁，李玉璋（学）	软件著作权	第一单位		0.03
168	东巴经典古籍资源互操作协议系统	本校老师	李宁	计算机学院	李宁	软件著作权	第一单位		0.03
169	东巴经典古籍资源元数据规范系统	本校老师	李宁	计算机学院	李宁	软件著作权	第一单位		0.03
170	东巴经典古籍资源管理系统	本校老师	李宁	计算机学院	李宁	软件著作权	第一单位		0.03
171	一种针对移动互联网 Botnet 的虚拟化检测系统及检测方法	本校老师	焦健	计算机学院	焦健	发明专利	第一单位	0.3	0.3
172	一种文档处理方法和装置	本校老师	侯霞	计算机学院	侯霞，李宁	发明专利	第一单位	0.3	0.3
173	心理测评网站 V1.1	本校老师	范艳芳	计算机学院	范艳芳	软件著作权	第一单位		0.03
174	部队考试及评价系统 V1.1	本校老师	范艳芳	计算机学院	范艳芳	软件著作权	第一单位		0.03
175	刑律联盟网站 V1.1	本校老师	范艳芳	计算机学院	范艳芳	软件著作权	第一单位		0.03
176	爱因斯坦棋对战软件	本校老师	丁濛	计算机学院	丁濛，黄恩一（学），李云鹏（学）	软件著作权	第一单位		0.03
177	一种马尔可夫故障趋势预测方法	本校老师	左云波	机电系统测控北京市重点实验室	左云波，蒋章雷，徐小力，吴国新，谷玉海	发明专利	第一单位	0.3	0.3
178	东巴语音识别 APP	本校老师	吴国新	机电系统测控北京市重点实验室	吴国新，徐小力，李虹（学）	软件著作权	第一单位		0.03
179	东巴经典共享平台	本校老师	吴国新	机电系统测控北京市重点实验室	吴国新，徐小力，耿巧曼（学）	软件著作权	第一单位		0.03
180	东巴经典古籍的图像处理 APP	本校老师	吴国新	机电系统测控北京市重点实验室	吴国新，徐小力，赵玉超（学）	软件著作权	第一单位		0.03
181	热重（TG）分析仪采集分析系统	本校老师	吴国新	机电系统测控北京市重点实验室	吴国新，石守娟（学）	软件著作权	第一单位		0.03

续表

序号	专利名称	第一完成人类型	第一完成人	所属单位	专利完成人	专利类型	学校署名	奖励(万元)	编制(万元)
182	一种针对热分析仪的温度测量装置	本校老师	吴国新	机电系统测控北京市重点实验室	吴国新，石守娟（学），徐小力，左云波	实用新型	第一单位		0.06
183	微型热电偶焊接机	本校老师	吴国新	机电系统测控北京市重点实验室	吴国新，左云波，蒋章雷	实用新型	第一单位		0.06
184	一种湿式离合器摩擦片磨损量的测试方法及测试试验台	本校老师	王立勇	机电系统测控北京市重点实验室	王立勇，李乐，李浩（学）	发明专利	第一单位	0.3	0.3
185	齿轮箱故障诊断数据采集分析软件 V1.0	本校学生	栾忠权	机电系统测控北京市重点实验室	彭毓敏（学），栾忠权，马超，王少红	软件著作权	第一单位		0.03
186	一种滚动轴承故障迁移轨迹的方法	本校老师	蒋章雷	机电系统测控北京市重点实验室	蒋章雷，徐小力，左云波，吴国新	发明专利	第一单位	0.3	0.3
187	一种机械故障程度的评价方法	本校老师	蒋章雷	机电系统测控北京市重点实验室	蒋章雷，左云波，徐小力，吴国新，谷玉海	发明专利	第一单位	0.3	0.3
188	药房出药装置	本校老师	张志强	机电工程学院	张志强	实用新型	第一单位		0.06
189	上药机械手装置	本校老师	张志强	机电工程学院	张志强	实用新型	第一单位		0.06
190	上药输送装置	本校老师	张志强	机电工程学院	张志强	实用新型	第一单位		0.06
191	数控机床绿色度的评估软件 V1.0	本校老师	杨庆东	机电工程学院	杨庆东	软件著作权	第一单位		0.03
192	一种模块化足球机器人	本校老师	王雪雁	机电工程学院	王雪雁，刘相权	发明专利	第一单位	0.3	0.3
193	一种湿式离合器缓冲控制方法及控制系统	本校老师	王立勇	机电工程学院	王立勇，李乐，吴健鹏（学）	发明专利	第一单位	0.3	0.3
194	基于 PCA 的图像特征获取系统 V1.0	本校老师	王红军	机电工程学院	王红军	软件著作权	第一单位		0.03
195	文字图像特征获取降噪预处理系统 V1.0	本校老师	王红军	机电工程学院	王红军	软件著作权	第一单位		0.03
196	基于距离的文字识别与分类系统 V1.0	本校老师	王红军	机电工程学院	王红军	软件著作权	第一单位		0.03
197	ANDI- 数控机床运行可靠性评价系统	本校老师	王红军	机电工程学院	王红军	软件著作权	第一单位		0.03
198	ANDI—数控机床多源信息可靠性评价系统	本校老师	王红军	机电工程学院	王红军	软件著作权	第一单位		0.03
199	基于图形拓扑特征进行识别的纳西东巴象形文字输入方法	本校老师	王海燕	机电工程学院	王海燕，王红军，陈晓	发明专利	第一单位	0.3	0.3
200	一种多板式自动折叠舞台及其控制方法	本校老师	孙江宏	机电工程学院	孙江宏，王少红，黄小龙，刘旭（学），牛晓辉（学）	发明专利	第一单位	0.3	0.3
201	一种轻型物体搬运机械手	本校老师	孙江宏	机电工程学院	孙江宏，张奇梁（学），王茂，王少红，孙毓泽（学）	发明专利	第一单位	0.3	0.3
202	滚珠丝杠副 AutoCAD-CAPP 一体化系统 V1.0	本校学生	王科社	机电工程学院	宋杰（学），王科社	软件著作权	第一单位		0.03

续表

序号	专利名称	第一完成人类型	第一完成人	所属单位	专利完成人	专利类型	学校署名	奖励（万元）	编制（万元）
203	一种直驱电机变负载实验平台	本校老师	彭宝营	机电工程学院	彭宝营，张宝振（学），张瑞乾，杨庆东	实用新型	第一单位		0.06
204	一种足球机器人整体结构	本校老师	刘相权	机电工程学院	刘相权，王雪雁	发明专利	第一单位	0.3	0.3
205	一种玻璃码垛用 自动铺纸机	本校老师	刘泉	机电工程学院	刘泉	发明专利	第一单位	0.3	0.3
206	一种车辆自动并线的方法和装置	本校老师	林慕义	机电工程学院	林慕义，童亮，刘明远（学）	发明专利	第一单位	0.3	0.3
207	一种湿式离合器摩擦副温度测量系统及测量方法	本校老师	李乐	机电工程学院	李乐，王立勇，周全健（学）	发明专利	第一单位	0.3	0.3
208	一种携带卡紧式机械手的仓储捡货机器人	本校老师	黄民	机电工程学院	黄民，高宏，李鹏成（外），李宝杰（外），刘园（外），李天剑，李启光，黄小龙，奚鹏程（学）	实用新型	第一单位		0.06
209	一种携带托举式机械手的仓储捡货机器人	本校老师	黄民	机电工程学院	黄民，高宏，李鹏成（外），刘园（外），李天剑，李启光，黄小龙，奚鹏程（学）	实用新型	第一单位		0.06
210	足球机器人踢球装置	本校老师	戈新生	机电工程学院	戈新生，刘相权，王海燕	发明专利	第一单位	0.3	0.3
211	一种硬币分拣器	本校学生	黄小龙	机电工程学院	高阳臻（学），黄小龙	实用新型	第一单位		0.06
212	*** 二极管	本校老师	李邓化	电子信息与控制国家级实验教学中心	李邓化	发明专利	第一单位	0.3	0.3
213	一种曲面压电复合材料的制备方法及叠堆圆管换能器	本校老师	王丽坤	传感器实验室	王丽坤，秦雷，张斌（学），仲超（学）	发明专利	第一单位	0.3	0.3
214	一种施加预应力的叠堆压电圆管换能器	本校老师	王丽坤	传感器实验室	王丽坤，秦雷 ,zhangbin(学),zhongchao(学)	发明专利	第一单位	0.3	0.3
215	一种 1-1-3 型压电复合材料的制备方法	本校老师	秦雷	传感器实验室	秦雷，王丽坤，谷传欣（学），仲超（学）	发明专利	第一单位	0.3	0.3
216	一种微型单循环气流式平面双轨 PET 角速度传感器	本校老师	朴林华	传感器实验室	朴林华	发明专利	第一单位	0.3	0.3
217	微型三自由度开放式气流陀螺	本校老师	朴林华	传感器实验室	朴林华	发明专利	第一单位	0.3	0.3
218	一种微型三自由度单循环式 PMMA 气流陀螺	本校学生	朴林华	传感器实验室	林然（学），朴林华	发明专利	第一单位	0.3	0.3

学生获奖

北京信息科技大学 2016—2017 年度北京市“三好学生”“优秀学生干部”“先进班集体”名单

（按姓氏笔画排列）

三好学生（19 人）

于　扉 卫博涛 王　琦 王栋栋 王祥坤 勾亮亮
吕梦遥 米广双 苏　娟 杨娟妮 张子璇 范梓豪
林萃灵 金俊杰 倪韵竹 殷　兰 黄晨威 鲍中山
魏诗谣

优秀学生干部（7 人）

宋晓宇 胡冰伦 姜婕妤 宫光霖 徐笑南 高春阳
曹文婧

先进班集体（7 个）

计类 1609　机电 1501　行政 1501　财务 1502
信管 1502　测控 1501　通信 1501

北京信息科技大学 2016—2017 年度“先锋杯”优秀团支部、优秀基层团干部、优秀团员名单

（按姓氏笔画排列）

优秀团支部（16）

计科 1501　计类 1412　机电 1501　机械 1501
网媒 1401　自控 1401　自控 1404　会计 1402
英语 1401　审计 1401　信计 1501　信管 1504
测控 1501　测控 1502　通信 1401　营销 1502

优秀基层团干部（17）

王　涵 王　羽 王栋栋 王笑添 刘安东 刘佳琪
李政达 李奕龙 李美伦 吴　迪 张养浩 陈　燕
金　庚 金文斌 袁　晗 黄汇聪 曹文婧

优秀团员（17）

王一鸣 王四松 邬丽君 刘　洋 刘梦雅 李子易
李亚娜 李成祥 李博文 李燕平 吴晨阳 汪　磊
邵　征 林永天 宫艳晶 龚译潜 魏诗谣

北京信息科技大学陈晓轩同学被评为北京市优秀共青团员

第十二届“创新杯”大学生学术科技创新竞赛（课外学术科技赛哲学社会科学类）

一等奖，作品名称《非物质文化遗产的传承与保护——以鲁西南织锦技艺为例》，作者张娅君
一等奖，作品名称《社会主义新农村建设之旅游扶贫经验调研——以北京市怀柔区下属农村为例》，作者刘宇佳
二等奖，作品名称《相声文化进高校现状调研——以京津两地高校为例》，作者刘泽龙
二等奖，作品名称《关于大学生音乐版权意识的调研》，作者贺忱
二等奖，作品名称《现代通信技术与大学生偶像崇拜的关系》，作者茆丽玥
三等奖，作品名称《辽宁凤城市大梨树村“干”字精神调研报告》，作者齐新超
三等奖，作品名称《中国之绿色生态建设的几点思考——基于本·阿格尔生态学马克思主义》，作者叶玲娜
三等奖，作品名称《关于北京信息科技大学师生参与全民健身情况的调查》，作者贾慧川
三等奖，作品名称《“一带一路”新背景下的中非关系》，作者陈博
三等奖，作品名称《舆论和谣言对高校师生正常生活影响的调查》，作者刘凡

第十二届“创新杯”大学生学术科技创新竞赛（课外学术科技赛自然科学类）

一等奖，作品名称《非侵入式血糖监测仪核心算法研究与产品设计》，作者贺梦嘉
一等奖，作品名称《凹式太阳能发电光导照明系统》，作者刘紫豪
一等奖，作品名称《一种除尘耐用黑板擦》，作者马长银
二等奖，作品名称《城市建筑健康检测维护系统》，作者李燕平
二等奖，作品名称《基于创客教育的水下机器人》，作者石丛玮
二等奖，作品名称《水下石油管道漏油点检测机器人》，作者崔龙岩
二等奖，作品名称《E 级橡皮筋动力方程式赛车辅助控制系统设计》，作者邓云
二等奖，作品名称《基于无人机的完整消防体系》，作者蔡鑫宇
三等奖，作品名称《互动型校园智能垃圾桶》，作者刘佳琪
三等奖，作品名称《基于 cardboard 的 VR 家居应用》，作者张晓晨
三等奖，作品名称《光伏水泵》，作者邵辰
三等奖，作品名称《创享田园 iTOTORO 智能种植盆》，作者宋正阳
三等奖，作品名称《基于 bash 脚本的数据后台 Web 访问量分析器》，作者张宇廷
三等奖，作品名称《多足移动载具》，作者刘岱轩
三等奖，作品名称《用于立式高架库中将托盘货物拆零的拣选机器人设计》，作者戚世家

第十二届“创新杯”大学生学术科技创新竞赛（新星创意赛）

一等奖，作品名称《物联网智能路砖系统（Intelligent brick road system with the Internet of things）》，作者楼书豪
一等奖，作品名称《koko 椰愿智能机器人》，作者杜俊波
一等奖，作品名称《博锐智能购物车》，作者张婷
一等奖，作品名称《盲爱眼镜》，作者盖田田
二等奖，作品名称《iHair 互联网发型设计“一站式”平台》，作者王仁泉
二等奖，作品名称《翊牙科技策划书》，作者袁瑞鑫
二等奖，作品名称《归墟智能垃圾桶》，作者于灵凡
二等奖，作品名称《校园通 App》，作者许泽琦
二等奖，作品名称《“触世”VR 生活体验系统 The United Of VR Life》，作者王佳辉
二等奖，作品名称《E-eye 智能眼镜》，作者郭昊
二等奖，作品名称《创派（Creative public）APP 商业策划书》，作者靳方齐
二等奖，作品名称《红龙追踪》，作者张苗苗

三等奖，作品名称《固定式雨伞速干器》，作者李宇彤

三等奖，作品名称《PJOB——专注于大学生实习兼职的一条龙APP》，作者李跃

三等奖，作品名称《视智》，作者何梦芸

三等奖，作品名称《多情景模式自动切换系统》，作者胡奎

三等奖，作品名称《智能检测视疲劳暂停程序运行 APP》，作者刘家雨

三等奖，作品名称《“无言之翼”便携式手语翻译设备》，作者廖书麟

三等奖，作品名称《洞察——基于智能观察识别分析下的路面可视化系统》，作者马晓倩

三等奖，作品名称《家庭寻物定位系统》，作者方俊文

三等奖，作品名称《味轩宝》，作者张勇

三等奖，作品名称《空巢老人可穿戴式智能助理》，作者周晓宇

三等奖，作品名称《读唇软件，聋哑人的福音？亦或新时代的开启？》，作者赵腾飞

三等奖，作品名称《（校园我家）网站》，作者阚宜佶

第十二届“创新杯”大学生学术科技创新竞赛（创业赛）

一等奖，作品名称《启智天空模块化无人机教育》，作者陈海平

一等奖，作品名称《You Can You Up 全民才艺特长大擂台》，作者刘晓波

一等奖，作品名称《智能无人机停靠站》，作者张荣超

二等奖，作品名称《基于 java web 开发的竞赛评审系统》，作者阮冬奇

二等奖，作品名称《比思特智能越界擦窗机器人》，作者王超

二等奖，作品名称《创享田园创业团队》，作者宋正阳

二等奖，作品名称《佳家三维家装一体化网络平台》，作者王超

二等奖，作品名称《小学堂 APP——面向小学生群体的课本教辅APP》，作者徐正科

二等奖，作品名称《微笑设计有限责任公司创业计划书》，作者杨晓曦

二等奖，作品名称《HandyCase 校园自助零食箱》，作者张逊

三等奖，作品名称《藏书阁大学生二手书店 APP》，作者许岳

三等奖，作品名称《“途 U”在线旅友旅居寻募服务平台》，作者史惟婧

三等奖，作品名称《灵智创客科技教育》，作者张浩岳

三等奖，作品名称《书笺阁》，作者郭蓉

三等奖，作品名称《关于“甜蜜蜜蜂蜜”淘宝店铺的创业计划》，作者马子珺

三等奖，作品名称《基于微信小程序的 WiFi 智能插座的设计与实现》，作者裴鹏

三等奖，作品名称《“走吧”电子导游 APP》，作者翟梦月

三等奖，作品名称《仓库检货无人机》，作者马博文

三等奖，作品名称《骑速》，作者梁浩晨

2017 寒假社会实践获奖名单（个人）

一等奖 石庆叶

二等奖 杨寒冰 杨　灿

三等奖 韩　旭 唐　攀 林永天 戴应国

2017 暑假社会实践获奖名单（学院）

一等奖 马克思主义学院

二等奖 研究生院 光电学院

三等奖 机电学院 公管传媒学院 理学院

优秀组织奖 研工部 光电学院 马克思主义学院 公管传媒学院

2017 党章党史知识竞赛获奖名单（学院）

一等奖 经管学院

二等奖 通信学院 理学院

三等奖 自动化学院 外国语学院 计算机学院

2017 年暑期市级优秀社会实践个人奖

姜婕妤	金　庚	栗占敏	刘泽龙	屠垚斌
王　欢	王梦晨	王笑添	于　扉	于　晴

2017 年暑期市级优秀社会实践团队奖

1. 信息科大“双闪亮”党支部赴北京东城实践团
2. 信息科大公管传媒学院赴雄安新区暑期社会实践团
3. 为美丽乡村献力，为劳动楷模献礼——信息科大公设专业赴新农村调研实践团
4. 信息科大光电学院暑假赴嘉兴宁波社会实践团
5. 信息科大研究生“知·行”志愿服务团
6. 信息科大团学干部“京津冀协同发展”雄安实践团
7. 信息科大团学干部“京津冀协同发展”房山观察团
8. 信息科大理学院师生暑期赴开封社会实践团
9. 信息科大理学院师生赴山东济南社会实践团
10. 信息科大理学院本科生暑期赴涞源社会实践团

第十届社团文化节十佳社团获奖名单

1. 摄影协会
2. 天残棋社
3. 相声社
4. 行健武术协会
5. 话剧团
6. 民舞团
7. 管乐团
8. 合唱团
9. 钢琴团
10. 国标舞团

第十届社团文化节十佳社团人获奖名单

1. 英语联盟	唐秋雨
2. 维他命 h 嘻哈文化研讨社	尤　俐
3. 美妆社	武　捷
4. 动漫社	周泽宇
5. 军事爱好者协会	张荣本
6. 陶行知研讨社	王　璐

7. 粤语社　麦佳瑶
8.EDS 街舞社　陈子琏
9. 天残棋社　王　骜
10. 摄影协会　邓　语

文艺类、志愿服务类获奖

1. 蔚彤获得 2017 年北京钢琴节青年组银奖，肖潇老师获优秀导师奖
2. 王一鸣获得 2017 爱乐国际音乐大赛北京赛区青年组一等奖，肖潇老师获优秀导师奖
3、王一鸣、许爽、蔚彤获得施坦威国际青少年钢琴比赛北京赛区青年组二等奖，肖潇老师获优秀导师奖
4. 王一鸣、许爽获得 2017 北京紫禁城国际青少年艺术节暨“斯坦伯格杯”北京优蓓国际青少年音乐比赛北京赛区青年组一等奖，肖潇老师获优秀导师奖
5.2017 年北京大学生戏剧节校话剧团朗诵剧目《为祖国放歌》获得银奖，多幕剧《她死了》获得铜奖
6.2017 年 5 月北京信息科技大学校管弦乐团杜方然同学 2017 爱·乐国际音乐大赛北京赛区管乐独奏青年组一等奖
7.2017 年 5 月校民族舞蹈艺术团原创彝族舞蹈作品《差莫·阿莫》在北京市教委主办的 2017 北京市大学生舞蹈节上荣获群舞 A 类金奖，孙豆豆老师荣获“优秀创作金奖”和“优秀指导教师金奖”
8.2017 年 6 月舞团指导教师孙豆豆老师荣获“优秀社团指导教师”称号
9.2017 年 6 月在北京第十一届“舞燃情”国际标准舞（体育舞蹈）、交谊舞国际邀请赛中校国标舞蹈团荣获单项第一名
10.2017 年 6 月在北京信息科技大学首届文化艺术节中校民族舞蹈团和校国标舞团荣获校文化艺术类“十佳社团”称号
11.2017 年 12 月在第 23 届“舞客杯“体育舞蹈公开赛中校国标舞蹈团荣获两项第一名、两项第二名、一项第三名
12. 校国标团在 2017 第 31 届 CBDF 全国锦标赛高校对抗赛中荣获冠军，这是学校首次首支艺术团荣获全国最高级别、最高荣誉的团体奖项
13.2017 北京市大学生戏剧节，校话剧团指导老师毋政印获得优秀指导教师奖
14. 校民族舞蹈团、校国标舞蹈团指导教师孙豆豆在 2017 年撰写的《浅谈舞蹈美育对普通高校大学生身心健康的影响》荣获北京市教委举办的 2017 年北京高校艺术教育科研论文甲类金奖
15. 校民族舞蹈团、校国标舞蹈团指导教师孙豆豆在 2017 年撰写的论文《浅谈推动专业艺术教育普及化的可行性路径》荣获北京市教委举办的 2017 年北京高校艺术教育科研论文甲类银奖
16. 校志愿者联合会的助残长期项目收到锦旗感谢
17. 校志愿者联合会获得中央宣传部发来的“砥砺奋进的五年”成就展志愿服务的感谢信
18. 校志愿者联合会获得“北京马拉松优秀志愿团体”奖项

科技学术类奖项

1. 第六届大学生科技创新作品与专利成果展示推介会
北京信息科技大学获得“最佳组织奖”

校级以上学科竞赛获奖一览表

表 11-5

竞赛名称	获奖等级	获奖人员							
全国三维数字化创新设计大赛	国家级三等奖	马晓月	郭一雯	朱奕亭	高　珊	崔　健	黄悦舟		
	市级特等奖	马晓月	郭一雯	朱奕亭	高　珊	崔　健	黄悦舟		
	市级二等奖	朱奕亭	高　珊	崔　健	黄悦舟				
	市级三等奖	朱奕亭	高　珊	崔　健	黄悦舟				
全国航空航天模型锦标赛	国家级二等奖	顾凡松	木热地理·依明						
	国家级三等奖	李颜均	张荣超						
中国机器人大赛暨 RoboCup 公开赛	国家级一等奖	韩一菲	雷镕嘉	王庆升	鲍中山	武永禄	李卓丰	杨玉竹	张育萌
		曾凡浩	莫蔚靖	贾明昌	曹　禹	阿布都依木江·卡得尔			
	国家级二等奖	韩一菲	梁玉娇	邓　云	朱立夫	郑　铮	张育萌	曲道明	廖爱金
		雷镕嘉	戎丹丹	方　鑫	徐晓风	杨莹莹	曾凡浩	刘欣宇	董高凌
		王庆升	周翔宇	陈佳伟	李　露	姜　博	廖爱金	盖　娜	石丛玮
		鲍中山	周文涛	王　鹏	周康鹏	鲁　岚	董高凌	赵小丽	刘春芽
		武永禄	李　扬	殷　兰	刘其林	吕浩炎	杨玉竹	赵利明	卢建中
		李卓丰	马琳博格		阿布都依木江·卡得尔				
	国家级三等奖	韩一菲	王　鹏	高　远	邓　云	张文玥	董高凌	殷　凡	石丛玮
		雷镕嘉	殷　兰	王秋琳	方　鑫	杜金朋	石丛玮	朱笑含	刘春芽
		王庆升	廖爱金	金　庚	陈佳伟	樊弘宇	刘春芽	方　鑫	邓　云
		陈佳伟							

续表

竞赛名称	获奖等级	获奖人员							
中国机器人大赛暨 RoboCup 公开赛	国家级金哨奖	马琳博格							
全国虚拟仪器设计大赛	国家级一等奖	管宇鹏	张　雨	付子昂					
	国家级二等奖	王　玥	王亚洲	庞新蕊	孟　帅	刘小龙			
	国家级三等奖	张　艳	刘星余	黄佳兴	姬松松	王　猛			
中国机器人大赛暨 FIRA 世界杯机器人大赛	国家级一等奖	梁柏瑶	张　翀	李珣灏	唐云飞	吕梦遥	王霄瀚	杨　睿	王慧林
		林思辰	张　伊	范文超	张欣悦				
	国家级二等奖	梁柏瑶	张　翀	李珣灏	唐云飞	吕梦遥	王霄瀚	杨　睿	王慧林
		林思辰	张　伊	范文超	张欣悦				
大学生智能汽车竞赛（华北赛区）	市级三等奖	周　力	张　静	李博威	刘远树				
	市级优秀奖	贺佳辉	张　鑫	谢　俊	申小盼	高伟翔	杨万鹏	姜　丹	
华北五省（直辖市、自治区）大学生机器人大赛	市级一等奖	范文超	周鑫伦	范文超	兰少峰	王慧林	李晨	相竞程	张钊铭
	市级二等奖	杨玉竹	黄　蕊	夏玉聪	徐悦凡	范文超	何锋丽	任晟沅	刘铭婕
		李卓丰	廉昕宇	朱晓凤	熊小军	梁泰维	黄一洋	王佳元	熊小军
		徐云岫	程文涛	李博瑞	霍艳艳	林嘉晟	刘玉伟	薛燕彬	崔龙岩
		谢惠雯	潘　琳	陈超轶	范文超	谭春娇	兰少峰		
	市级三等奖	戈　伦	李　真	祁　文	杨学斌	李　真	王　智	瞿志二	杨　琳
		邹安楠	吕思川	周一鸣	李鸿洋	廉昕宇	盖　娜	陈星羽	程少洁
		夏建华	邓　超	赵晨钧	张娅君	程文涛	宁思衡	雷　宇	侯博轩
		庞世伟	赵晨钧	朱思宇	刘智超	李博瑞	刘玉伟	杨宇航	卢思成
		毛向向	朱立夫	白剑楠	李明熹	陈治金	陈耀明	王霄瀚	林德清
		杨重柱	游璐颖	陆天洋	庞毅飞	李　晨	张钊铭		
竞赛名称	获奖等级	获奖人员							
北京市大学生机器人大赛	市级一等奖	范文超	李　晨	兰少峰	杨玉竹	范文超	谢惠雯	朱晓凤	夏玉聪
		周鑫伦	相竞程	刘玉伟	李卓丰	兰少峰	陈超轶	王慧林	谭春娇
		范文超	张钊铭	范文超	徐云岫				
	市级二等奖	李　真	程文涛	任晟沅	熊小军	李博瑞	陈耀明	黄　蕊	熊小军
		廉昕宇	潘　琳	王佳元	霍艳艳	李博瑞	徐悦凡	廉昕宇	崔龙岩
		程文涛	刘玉伟	薛燕彬	刘铭婕	林嘉晟	黄一洋	梁泰维	何锋丽
	市级三等奖	戈　伦	李　真	程少洁	周一鸣	游璐颖	庞毅飞	贺　超	陈绍伟
		邹安楠	吕思川	侯博轩	赵晨钧	杨学斌	杨宇航	宇　航	王子聪
		夏建华	邓　超	李达耶	朱思宇	李鸿洋	王霄瀚	李明熹	张钊铭
		庞世伟	赵晨钧	张　哲	白剑楠	张娅君	陆天洋	杨　琳	武永禄
		毛向向	朱立夫	曹鑫鑫	瞿志二	刘智超	李　晨	唐本义	路　悦
		陈治金	王　智	白雪莲	陈星羽	祁　文	宁思衡	林德清	郑浩斌
		杨重柱	盖　娜	卢思成	雷　宇				
全国大学生电子设计竞赛——嵌入式系统专题赛	国家级一等奖	吴嘉敏	张子豪						

续表

竞赛名称	获奖等级	获奖人员							
全国大学生电子设计竞赛——嵌入式系统专题赛	市级一等奖	吴嘉敏	曹路生	曹晏卿	张子豪	单雅茹	钱江宇		
	市级二等奖	魏琳慧	周华强						
	市级三等奖	李 红	李泽中	李 彤	刘 雪	李 萌	张成杰	孙 统	马塔娜
		田凌昊	林俊辉	张皓月	潘雨婷	李 艳	黄子岩	王思南	贺 忱
		李美伦	鲍梦杰	孙会芳	靳 泽	黄怀玉	刘 铭	宋婷婷	曹 珊
华北五省（直辖市、自治区）及港澳台大学生计算机应用大赛	市级一等奖	王 欣	朱培鑫	孟凡婵	于 珊	孙婉莹			
	市级三等奖	李泽中	孔德鹏	张茜岚	林俊辉	夏立超	李 艳	朱培鑫	朱培鑫
		张子豪	单雅茹	王 耀	李 红	李俊杰	田凌昊		
国际 ACM 程序设计大赛	国家级三等奖	徐文栋	王 朗	王 朗	徐文栋	周建亭	金海佳	周建亭	周建亭
		王 朗							
	成功参与奖	朱宇婷	金海佳	周建亭	金海佳	孟新凯	王 朗	潘博雅	关子岳
		陈伟颖	周建亭	王 朗	孟新凯				
全国大学生计算机博弈大赛	国家级一等奖	张娅君	马 昊	赵子豪	左 全	胥文耀	李玉璋	李 胜	王世琦
		廖帅帅	李赛赛						
	国家级二等奖	张亦鹏	郝 蓓	邬丽君	张 博	徐 硕	张浩然	王文超	李 臻
		孟新凯							
	国家级三等奖	范博奇	马 昊	秦振华	王 晨	刘 鹏	祁亚楠	李赛赛	闫 桐
		张芳梓	汪佩佩	汪佩佩	张 玮	黄恩一	付 尧	张育萌	刘敦行
		黄尉劼	李赛赛	马 昊	王 俊	潘亚飞	祁亚楠	曾 越	孙宁彤
		赵 强							
全国软件人才设计与开发大赛	国家级二等奖	周建亭	温智博						
	国家级三等奖	徐文栋	李 佳	刘一卫	王世琦				
	市级一等奖	徐文栋	王世琦	张 博	金海佳	付 尧	温智博	周建亭	王宇晖
		刘一卫	李 佳						
	市级二等奖	徐金杰	胥文耀	刘照阁	方 杰	左 全	王思远	李大伟	胡 博
		王 朗	熊小军	袁 涛					
	市级三等奖	裴 骕	张 哲	罗 江	袁睿思	张斯禹	李轩辕	张晓晨	曹启明
		杨荣威	翁培钧	张芳梓	张书博	李 臻	刘 茜	朱宇婷	孟新凯
		张洛境							
“大智慧杯”全国大学生金融精英挑战赛	国家级三等奖	秦 晶	高春阳	王 琦	段欣言	马 宁	于阿雪		
国际企业管理挑战赛（中国赛区）	国家级三等奖	唐秋雨	李雪迎	仙鹏龙	缪 萌	郭瑾瑾	罗雅婷	张 硕	王丽丽
		王婧怡	林萃灵	王玉玲	高小晨	徐笑南	张晓可	卫博涛	胡圳杨
		高锦辉	韩雪源	李 壮	彭涵宇	韩 融	何宇菁	高千涵	李祥瑞
		王 琪	李 淼	涂嘉炜	胡晓静	李茹梅	何雪阳	李佳卉	王艺萌
中国大学生计算机设计大赛	国家级二等奖	刘 蓬	吴 涛	张 艳	赵慧军	李倩倩	刘 爽		
全国大学生信息安全竞赛	国家级三等奖	范楠	常江	周涛	朴杨鹤然				

续表

竞赛名称	获奖等级	获奖人员							
北京高校思想政治理论课社会实践优秀论文评选	市级二等奖	齐新超							
第九届全国大学生广告艺术大赛北京赛区	市级三等奖	唐含芝	杨 笑	邵文妍	张君硕	段梦冉	孔馨芝	陈珊珊	王 伦
		石佳惠							
	优秀奖	宋雅昕	陈彦嘉	杨明健	张文雅	冯佳澍			
全国大学生英语竞赛	特等奖	李岷青							
	国家级一等奖	刘 帅							
	国家级二等奖	吕梦遥	毕光磊	崔照阳	王晴川	殷铎昆	陆 颖	院 茜	温竹芸
		王子旭	许清嘉	王博文					
	国家级三等奖	郭丹妮	陈梦琦	杨天娇	乐静宜	康慧凯	何 珊	于海彤	汤贝贝
		蔡嘉豪	陈 晨	康春媛	张璇颖	贺怡然	刘雅曼	吴 萌	朱洪祥
		范佳宁	张锦琳	董 菲					
	市级三等奖	吴秋萌							
	优秀奖	梁菁雯	范佳宁	张昕怡	李 易				
"外研社杯"全国北京市英语演讲大赛	市级二等奖	张昕怡							
全国大学生数学竞赛	国家一等奖	焦丹阳	宋云龙	陈 铎					
	国家二等奖	谢成淋	李 宁	陈逸年	孟新凯				
	国家三等奖	杨鑫鑫	刘旭鹏	邓丹丹	罗 珊	丁 浩	陆科财	温世彬	梁宇航
		周 力	谢曼莎	邵婷婷	朱逸锋	信德全	谭雨晴	胡玉洁	杨思豪
	市级一等奖	焦丹阳	孟新凯	陈 铎	周 力	李 宁	邵婷婷	陈逸年	丁 浩
		宋云龙	杨鑫鑫	谢成淋	胡玉洁				
	市级二等奖	邓丹丹	陆科财	谢曼莎	管梦媛	刘旭鹏	信德全	罗 珊	吕玉洁
		温世彬	谭雨晴	杨思豪	张镐宇	郑倩倩	朱逸锋	申润业	
	市级三等奖	梁宇航	兰江雨	王庆升	牟雅晴	胡光明	杜 嘉	马义超	郑浩斌
		夏玉聪	张 昊	刘小奇	左江红	徐嘉财	江 涛	薛广阔	齐玉苹
		陈 睿	郑茜茹	高荣旋	辛 耀	姚 遥	张 博	徐昊骥	覃云说
		涂家华	林青华	潘雨婷	武仪凡	郑灵逸	吴思汛	苗 荟	王俊雅
		杨培坤	王 雨	晁一帆					
北京市大学生数学建摸与计算机应用竞赛	市级一等奖	贺 超	黄明亮	匡柯澜					
	市级二等奖	张 翀	梁宇航	汪承昊	朱宇婷	王浩宇	张 哲		
"挑战杯"首都大学生课外学术科技作品竞赛	市级一等奖	刘开元	王丁辰	陈景拼					
	市级二等奖	李永泽	蒲 振	李珣灏	赵 旭	蔡鑫宇	王 丹	杨 弃	赵 宸
		李燕平	贺梦嘉	张荣超	孙梓洲	张文萍	李卓然	项 伟	侯裕攀
		鲁 博	谭斯蓉	张 雨	管宇鹏	付子昂			
"挑战杯"首都大学生课外学术科技作品竞赛	市级三等奖	杜明夏	王秋琳	张俊康	贾明昌	陈仲卿	王 猛	曲道明	莫蔚靖
		丁晨光	胡玮娜	何 洋	黄佳兴	郝东洋	李 颖	谭雨轩	管梦媛
		庄 炜	高 远	武梦萱					

续表

竞赛名称	获奖等级	获奖人员							
第三届中国“互联网 +”大学生创新创业大赛	国家级三等奖	刘开元	王丁辰	陈景拼					
	市级一等奖	蔡鑫宇	常 欢	张荣超	汪长亮	陈海平	韦广函	陈景拼	王丁辰
		唐荣宽	王欣雨	李 煊	张文铎	鲍 奥	刘开元	于晨婷	孙方则
		张文萍	汪 凯						
	市级二等奖	扈海杰	卢子麟	罗 茜	姜 博	李燕平	李天玉	张荣超	张春梅
		郭忠伟	张语真	吴正步伟					
	市级三等奖	张艳萍	王欣颖	孙 熠	张荣超	刘香君	董高凌	刘东阳	何常鑫
		赵熙岑	陈佳伟	王 超	蔡鑫宇	赵红玉	石丛玮	刘 婉	邓枭雄
		王仁宇	殷 兰	徐浚洲	丁士达	张艳萍	李永泽	于春雨	徐培超
		李燕平	刘春芽	安宇佳	郭 晗	叶 桐	李燕平	王泽佳	张 伟
		张晓伟	杨乔悦	李富强	方 鑫	罗 欢	李 煊	高天辰	周明陶
		侯裕攀	谭斯蓉	李卓然	梁雨婷	孙梓洲	王子乾	何雅婷	王 凤
		赵 旭	马延超						
第 8 届亚洲机器人锦标赛中国选拔赛	国家级一等奖	段贵强	冯宇轩	周林状	赵立龙	尹 星	阿布都依木江·卡得尔		
年国际水中机器人大赛	国家级二等奖	许红霖	黄 硕	勾亮亮	石丛玮	雷帅洪	邓 云	方 鑫	陈佳伟
		黄一洋	方珮壕	季宇琪	殷 兰	廖爱金	董高凌	刘春芽	李大伟
		苗 荟							
	国家级三等奖	熊小军	何锋丽	张 蕊	刘铭婕	李 佳	李鸿洋	黄一洋	殷 凡
		张娅君	熊小军	梁 冉	王明浩	李鸿洋	游璐颖	熊小军	鲁 岚
		杨学斌	黄一洋	杨学斌	姜 冰	勾亮亮	熊小军	张天淦	刘春芽
		付 雪	付 雪	霍艳艳	李雨谦	杨 浩	徐悦凡	崔龙岩	石丛玮
		董高凌	方 鑫	邓 云	殷 兰	廖爱金	陈佳伟		
第一届中国无人机对抗赛	国家级二等奖	殷克蒙	于士贤	员乾乾					
	国家级三等奖	殷克蒙	于士贤	员乾乾					
“学创杯”全国大学生创业大赛	国家级二等奖	刘嘉树	吕文静	乐静宜	于凯旋	张家豪	何宇菁		
全国企业经营分析与决策技能大赛	国家级三等奖	安 馨	谷叔玥	黄思玥	徐子涵				
美国大学生数学建模竞赛	国家级二等奖	单雅茹	张子豪	魏琳慧					
博耳杯·第二届全国大学生创客大赛	国家级二等奖	陈佳伟	殷 兰	王 鹏	杨乔悦				
中国机器人及人工智能大赛	国家级一等奖	王文凯	张 伊	唐云飞	范文超	张欣悦	陈祥凤		
	国家级二等奖	张欣悦	张春龙	江长建	范文超	张 伊	陈祥凤	张 伊	张 春
		张欣悦							
全国企业竞争模拟大赛	国家级三等奖	李 超	赵云波	高成龙					
Android 全国大学生移动互联网创新挑战赛	国家级二等奖	张晓晨	翁培钧						
第 8 届亚洲机器人锦标赛华北赛区选拔赛“VEX-U”大学组比赛	市级一等奖	段贵强	尹 星	赵立龙	李一凡				
	市级二等奖	卢 芮	左一平	雷黛瑛	阿布都依木江·卡得尔				
北京市大学生工业设计竞赛	市级一等奖	郑 超							

续表

竞赛名称	获奖等级	获奖人员							
“外研社杯”全国英语阅读大赛	市级二等奖	范佳宁							
	市级三等奖	王馨锐							
“外研社杯”全国英语写作大赛	市级三等奖	刘康宁	王馨锐						
校级学科竞赛获奖一览表									
竞赛名称	获奖等级	获奖人员							
北京信息科技大学机械创新设计大赛	校级一等奖	石晓翔	张浩岳						
	校级二等奖	何宇凡	张惊雷	毕光磊	李天宇	杨　卓	张国武	苏　昊	赖汉荣
		李沛达	刘佳伟	赵炜宁	何亚飞	杨　俊	苏嘉阔	计　晴	马维峰
		岳安琪							
	校级三等奖	王浩博	陈玮琛	廖粤华	张家懿	刘智超	张子璇	王佳昊	赵耘峣
		王华炜	杨　钊	金树阳	李瀚赓	高　乐	张　棚	牛靖宇	史宇辰
		李嘉鑫	刘思凡	翟雨涵	林一凡	马建刚	崔　畅	张嘉明	鲍中山
		伊　爽	曾凡浩						
北京信息科技大学节能减排社会实践与科技竞赛	校级一等奖	刘紫豪	李乃峥	姚　逾	孟　楠	张　帆	李向韬	刘开元	
	校级二等奖	王春宇	陈　丽	崔之笑	李世昭	董彦君	胡　青	李向博	张轶兰
		范泽宇	闫恩培	高宇含	焦晓彤	孙屹飞	彭晶晶	刘梓浩	黄　山
		熊志勇	邵　辰	楼书豪	李新宇				
	校级三等奖	范明烨	孙　鹏	郭　鑫	贺　奇	范文超	乔　宇	杨西南	梁启钧
		赵　旭	白银邦	张栩良	李伟哲	张　浩	刘　霖	岳　媛	刘众谋
		陈力兴	崔有哲	马睿鑫	于春雨	石晓翔	刘小奇	李佳慧	李宏燚
		沈　文	焦冠红	马　超	刘桂林	魏　楠	孙冬雪		
		阿布力米提·米尔孜							
北京信息科技大学大学生机器人大赛	校级一等奖	姚明伟	耿新宇	相竞程	李宇洋	姜　磊	宋之卉	闫熠辰	徐悦凡
		赵　钊	姚明伟	张钊铭	李　真	李建军	李子旭	孙艺嘉	熊小军
		张博洋	雷　宇	梁泰维	廉昕宇	范文超	林嘉晟	范文超	霍艳艳
		周之昊	李　真	林嘉晟	程文涛	周鑫伦	梁泰维	何牧珩	刘铭婕
		陈治金	吕思川	唐雲飞	李博瑞	孙艺嘉	熊小军	闫熠辰	赖汉荣
		杨重柱	邓　超	杨　睿	朱思宇	闫熠辰	崔龙岩	孙艺嘉	郭　旭
		祁　文	范文超	相竞程	白剑楠	朱立夫	何锋丽	王慧林	黄停刚
		周一鸣	周鑫伦	韩肇珩	瞿志二	王子润	黄一洋	李　晨	苏嘉阔
		赵晨钧	宁思衡	王霄瀚	陈星羽	盖　娜	游璐颖	马义超	杨智程
北京信息科技大学大学生机器人大赛	校级一等奖	张沛新	徐　欣	陆天洋	李　真	贾欣雨	杨学斌	潘　琳	王佳元
		沈俍树	刘新宇	李　晨	廉昕宇	范文超	李鸿洋	李博瑞	雷　宇
		闫海粟	唐文秀	张钊铭	程文涛	何牧珩	张娅君	任晟沅	冯雨轩
		王　智（研）							
	校级二等奖	毛向向	盖　娜	李子旭	王一博	张欣悦	赵元溪	李建军	曹鑫鑫

续表

竞赛名称	获奖等级	获奖人员							
北京信息科技大学大学生机器人大赛	校级二等奖	李元锋	贾欣雨	张欣悦	冯宇轩	庞新蕊	孙佳庚	铁咪咪	刘智超
		曹　禹	闫熠辰	张　伊	马义超	潘云龙	吴子卿	黄步庭	李明熹
		林德清	孙艺嘉	范文超	何牧珩	宋之卉	梁进宇	郭宏梅	杨　琳
		郭　亮	宁思衡	陈耀明	铁咪咪	李子旭	赵心瑞	李　强	程少洁
		金　庚	徐　欣	李达耶	黄步庭	梁泰维	王国彬	唐雲飞	侯博轩
		刘祎凡	刘新宇	张　哲	朱立夫	林嘉晟	白雪莲	王子润	宋之卉
		祁焕媛	唐文秀	戈　伦（研）		邹安楠（研）		夏建华（研）	
		庞世伟（研）		王　智（研）					
北京信息科技大学嵌入式物联网设计大赛	校级一等奖	薄健博	谢　鑫	张安迪	杨　睿	郑鸣杰	贺梦嘉	宋卓伦	项　伟
		鲁　岚							
	校级二等奖	殷　凡	朱学文	常明月	陈珺琪	杜心予	曹满鑫	邓　云	王汐竹
		吴　昊	陈　瑶	吴帅校	董雨晨	刘松鹤	徐炎培	马玉静	赵明朗
	校级三等奖	魏煜霖	文宝雪	张宇航	孙郑芬	陈治金	董小欢	张　澳	李　杰
		杨海林	常　健	马晓宇	王　璨	李博瑞	张子轩	方　鑫	郭　昊
		杨　峥	唐雲飞	张奥飞	穆德姗	刘永强	耿　帅	张祖贻	李珣灏
		张天伦	沈　文						
北京信息科技大学软件人才设计与开发大赛	校级一等奖	张斯禹							
	校级二等奖	路　悦	张洛境						
	校级三等奖	关子岳	付　尧	李大伟	谢惠雯	孟新凯	高寅飞	敖志强	
	校级优秀奖	杨荣威	杜　健	胡　川	黄　硕	张　哲	徐金杰	宋健明	潘博雅
		尹子轩							
北京信息科技大学大学生创意创业大赛	校级一等奖	刘嘉树	王心语	吕文静	张家豪	于凯旋	刘　洁	王　彤	乐静宜
		何宇菁							
	校级二等奖	伊兆晶	朱江楠	李净洋	龚玉婉	姚苑秋	陈　润	黄　芬	蔡明扬
		高雨琦							
	校级三等奖	王丽丽	高千涵	王艺萌	徐子涵	胡圳杨	徐　佳	张　蕊	王　琪
		赵盈盈							
北京信息科技大学“大智慧杯”金融精英挑战赛	校级一等奖	马　宁	王　琦	于阿雪					
	校级二等奖	秦　晶	高春阳	段欣言	陈　燕	刘　鑫			
	校级三等奖	蒋安珂	王　怡	易甜甜	何思雨	赵刘杰	丁　爽		
北京信息科技大学信息技术应用水平大赛	校级一等奖	史惟婧	贾雨薇	张　艳	郭君玉	李洋洋	郭　蓉	侯凯雯	李俊东
		张　娜							
	校级二等奖	翟梦月	陈凯旋	龚　鑫	姜遥雪	温世彬	柳可新	吴　婷	王旭辉
	校级三等奖	高　畅	赵斯佳	宋捷睿	于晓雯	许　岳	李佳俊	赵培源	李　馨
		高　琴							
北京信息科技大学创业设计大赛	校级一等奖	李雪迎	唐婉玉	文小梅	陈世鹏	张修畅	张海洋	熊　娜	杨　春

续表

竞赛名称	获奖等级	获奖人员							
北京信息科技大学创业设计大赛	校级二等奖	马志宝	郑浩斌	王晓萌	胡 颖	田佳峰	吕永贤	付晨阳	曹夏利
		雷佳明	和易威						
	校级三等奖	田梓豪	代凤鑫	胡婧然	葛 峥	张琳悦	狄 燕	何依雯	龚 尚
		包可心	郭金爽						
北京信息科技大学沙盘模拟经营大赛	校级一等奖	王鹤曌	赵 彤	赵刘杰	张国伟	刘国帅			
	校级二等奖	薛连飒	肖菁菁	靳子沫	罗琦琪	崔 健	刘富红	周登勇	杨善博
		赵尔适	王晓萌						
	校级三等奖	杜思敏	张 莹	蓝 月	陆昊然	王孙欣	申 奥	林 潘	戴静雯
		胡逸涵	郭子佳						
	校级优胜奖	魏诗谣	杨子函	周明珠	周子晴	沈杨嘉仪			
北京高校思想政治理论课社会实践优秀论文评选	校级一等奖	王思南	王一芃	李泽中	齐新超	宋北琦	李俊颖	吴佳琦	王 耀
		温 娜	刘宇佳	于子昂	周婧宇	侯赛音			
	校级二等奖	马 帅	孙会芳	艾红岩	曹子苍	李 东	柏 峰	武梦萱	
	校级三等奖	张琪琪	李 睿	杨馨怡	余 铮	陈 爽	王一芃	丰 蕴	王 宁
		彭 程	陈 慧	张文艳	杨莹莹	甄朋沙	陈 慧	刘康宁	刘竹青
		李芷茜	刘 娜	杨 锡	刘 凡	康鑫禄	张春梅	于海彤	王 鹏
		魏琳慧	王欣悦	胡玮娜	范 强	于海彤	蒲 俊	刘世杰	李雅琴
		李紫琦	刘竹青	牛媛媛	刘梦雅	赵雅倩			
北京信息科技大学大学生广告艺术设计大赛	校级一等奖	唐含芝	杨 笑	邵文妍	张君硕	段梦冉	孔馨芝	陈珊珊	王 伦
		石佳惠							
	校级二等奖	宋雅昕	陈彦嘉	李净琳	朱墨涵	朱奕亭	张 娜	冯佳澍	卢 致
		杨明健	张文雅	高 姗	耿 曦	欣魏沁			
	校级三等级	闫钰春	阮玉璇	李雅欣	安红雨	王紫珊	刘泽龙	韩天培	雷敏生
		王 铮	黄悦舟	王天石	江梦玲	江晨晖	于沛然	王佳妮	刘宇佳
		高鑫翼	谢 宇	袁 巍	王睿涵	陈疆猛	李子夜	李玥涵	刘 颖
		扎西顿珠		格桑平措					
北京信息科技大学大学生英语竞赛	校级一等奖	吴秋萌							
	校级二等奖	梁菁雯	范佳宁	张昕怡	李 易				
	校级三等级	姚新宇	張娅君	梅 唱	阚宜佶	熊 娜	艾孜买提		
北京信息科技大学大学生英语辩论赛	校级一等奖	范哲旭							
	校级二等奖	张锦琳	张昕怡	刘康宁	李霁乔				
	校级三等级	鲁 岚	张娅君	赵自琦	唐 俊	李雯昕			
北京信息科技大学大学生英语演讲比赛	校级一等奖	吴秋萌							
	校级二等奖	梁菁雯	范佳宁	张昕怡	李 易				
	校级三等奖	姚新宇	張娅君	梅 唱	阚宜佶	熊 娜	艾孜买提		
北京信息科技大学大学生数学竞赛	校级一等奖	焦丹阳	孟新凯	谢成淋	胡玉洁	陈 铎	周 力	陈逸年	丁 浩

续表

竞赛名称	获奖等级	获奖人员							
北京信息科技大学大学生数学竞赛	校级一等奖	宋云龙	杨鑫鑫	李宁	邵婷婷				
	校级二等奖	邓丹丹	陆科财	谢曼莎	管梦媛	刘旭鹏	信德全	罗珊	吕玉洁
		温世彬	谭雨晴	杨思豪	张镐宇	朱逸锋	申润业	郑倩倩	
	校级三等奖	梁宇航	胡光明	王庆升	晁一帆	涂家华	郑茜茹	潘雨婷	辛耀
		夏玉聪	兰江雨	刘小奇	牟雅晴	吴思汛	林青华	马义超	武仪凡
		陈睿	张昊	高荣旋	左江红	杨培坤	苗荟	薛广阔	郑浩斌
		张博	覃云说	徐嘉财	杜嘉	王雨	王俊雅	徐昊骥	齐玉苹
		姚遥	江涛	郑灵逸					
北京信息科技大学大学生数学建模与计算机应用竞赛	校级一等奖	吕梦遥	张哲	于清慧	朱宇婷	陈耀明	张娅君		
	校级二等奖	冯立玮	罗甑林	郑林坤	许清嘉	朱岚清	郝好	刘添彪	张怡琳
		陈薪宇	贾明华						
	校级三等奖	匡柯澜	康春媛	于方舟	于震	朱洪祥	孟新凯	黄荣平	刘添彪
		王凯凯	殷捷	刘楷文	于宙仟	杨华宇	姚遥	杨天娇	
北京信息科技大学大学生电子设计竞赛	校级一等奖	张子豪	李泽中	夏立超					
	校级二等奖	邓云	武梦萱	方鑫	范泽宇	石丛玮	王鹏	江涛	潘云龙
		张文玥							
	校级三等奖	张千一	陈佳伟	殷凡	殷兰	李星汉	何洋	徐云岫	董莹
		徐佳伟	陈光轩	李伟鹏	肖剑				
北京信息科技大学C语言基本技能比赛	校级特等奖	谢惠雯	周建亭	徐文栋					
	校级一等奖	徐英晨	李佳	张斯禹					
	校级二等奖	黄明亮	董观就	杨睿	金海佳	潘博雅	朱培鑫	陈楠	张博
	校级三等奖	耿瑞	方杰	杨睿欣	许清嘉	匡柯澜			
北京信息科技大学"挑战杯"大学生课外学术科技作品竞赛	校级一等奖	刘开元	王丁辰	陈景拼					
	校级二等奖	李永泽	蒲振	鲁博	谭斯蓉	项伟	侯裕攀	孙梓洲	付子昂
		李燕平	贺梦嘉	李珣灏	赵旭	张雨	管宇鹏	赵宸	杨弃
		蔡鑫宇	王丹	张荣超	张文萍	李卓然			
	校级三等奖	杜明夏	胡玮娜	张俊康	黄佳兴	庄炜	王猛	武梦萱	莫蔚靖
		丁晨光	高远	何洋	郝东洋	陈仲卿	贾明昌	曲道明	管梦媛
		王秋琳	谭雨轩	李颖					
北京信息科技大学"创新杯"大学生课外学术科技作品竞赛	校级一等奖	管宇鹏	石皓岩	任玉娜	陈光轩	杜明夏	仲树浩	汪承昊	解萌萌
		张雨	赵达	李宗贤	刘凡	王珊	温庆祥	李颖	齐艾耘
		付子昂	王思南	张翀	刘欢	何玉清	李俊颖	管梦媛	李祯
		王淳	林书毅	丁晨光	何人天	杜吟滔	刘星余	谭雨轩	王喆
		郑慧娴	杜金朋	金俊杰	余浩				
	校级二等奖	李卓然	岳明阳	赵旭	刘博文	王丁辰	王鹏	王童	刘雨秋
		孙梓洲	李洵灏	赵宸	陈佳伟	陈景拼	殷兰	张朝瑞	廖爱金

续表

竞赛名称	获奖等级	获奖人员							
北京信息科技大学“创新杯”大学生课外学术科技作品竞赛	校级二等奖	侯裕攀	蔡鑫宇	刘开元	杨乔悦				
	校级三等奖	侯林飞	贾培智	林　瑶	卢子璘	王　侃	闫　旭	王　政	沈浏阳
		李泊翰	汪　杰	钟晓苡	张荣超	白浩然	邵　征	熊　娜	崔浩宁
		秦　晶	邓景元	王晨亮	姜　博	殷　捷	石皓岩	蒋安珂	曹冠群
		丁　爽	于阿雪	罗　茜					
北京信息科技大学“互联网+”大学生创新创业大赛	校级一等奖	刘开元	赵　旭	刘东阳	李永泽	罗　茜	于晨婷	孙梓洲	王　超
		陈景拼	李燕平	刘　婉	李燕平	李燕平	崔光松	侯裕攀	安宇佳
		王丁辰	张晓伟	王欣颖	李　煊	张荣超	李　铮	何雅婷	李富强
		陈佳伟	刘香君	蔡鑫宇	张荣超	卢子麟	方　杰	张春梅	白　晗
		殷　兰	赵红玉	张文萍	蔡鑫宇	张语真	马　朔	徐浚洲	李世川
		刘春芽	张艳萍	李　煊	丁士达	姜　博	赵雅倩	陈海平	李卓然
		杨乔悦	叶　桐	张荣超	郭　晗	李天玉	吴彦欣	鲍　奥	王子乾
		石从玮	罗　欢	王　侃	孙　熠				
	校级二等奖	毛　欣	康　贝	齐　天	陈光轩	王　碰	李向博	冀源蕊	李　祯
		赵　迪	宋晓宇	戚世家	潘云龙	何人天	李玉璋	许　浩	杨　奔
		苏世迈	李世川	李宇琪	李运辰	吕梦遥	左　全	莫蔚靖	王　丹
		刘海曼	张四喆	曹梦婷	王文月	金俊杰	宛　勇	郝东洋	项　伟
		程凤姣	李　强	俞银娇	李英姿	余　浩	周　芹	贾明昌	蒲　振
		王　帅	张恒之	邓启晴	王　侃	杜金鹏	卢璐璐	王秋琳	李孟楠
		岳　媛	张天洋	孙艺铭	李妙丹	陈锦贤	吴宇博	胡玮娜	李成祥
		李思远	高　远	李春敏	戈　伦	杜　鸽	黄佳兴	王金龙	李宇恒
		赵钰鸽	王　猛	代　清	马瑞华	白晓刚	毛向向		
	校级三等奖	王　超	李赛赛	李子旭	刘桂林	陈天英	李墨羽	刘卓然	刘　蓬
		李天玉	付　尧	殷　捷	张博昊	卜范磊	岳　媛	肖衍行	蒋金凯
		邓银涛	管宇鹏	董占国	王泽佳	王世峰	王　碰	金智超	范　楠
		李旭东	贾　浩	宋贵杰	张　涛	冯长敏	刘海曼	侯林飞	周　涛
		邸博奥	张　雨	陈星谕	陈志强	赵周慧	毛　欣	孙宇驰	常　江
北京信息科技大学“互联网+”大学生创新创业大赛	校级三等奖	刘　婉	门晓磊	赵娴雅	刘田梦	赵双侠	王　帅	胡　雪	闫　阳
		宫艳晶	孙全德	李小双	刘翊锋	张哲彬	程凤姣	白银邦	赵元溪
		朱培鑫	李墨羽	李雯静	王　维	张茜岚	郑伊笑	魏诗谣	万馨雨
		李　红	张元迪	黄旭东	蒋昊林	夏立超	彭兴阔	张元迪	张亦鹏
		赵国玉	李　红	李　渊	闫泽毓	黄子岩	薛昊扬	门晓磊	赵普思
		孔德鹏	朱培鑫	杨嘉惠	王　越	张成杰	黄世泽	孙全德	杨晓曦
		梁浩晨	田凌昊	汪佩佩	张子豪	戚译中	王紫豪	高天辰	刘世启
		冯春生	谭雨轩	朴杨鹤然					

12

附录

BEIJING
INFORMATION
SCIENCE & TECHNOLOGY
UNIVERSITY

APPENDIX

附录

2017年发文目录一览表

表12-1

序号	题名	类别	文件字号	文件日期
1	中共北京信息科技大学委员会印发《关于加强和改进新形势下大学生思想政治教育工作的实施意见》的通知	党委内发文	校党发【2017】69号	12月19日
2	关于呈送《北京信息科技大学2017年度审计工作总结》的报告	行政外发文	信息科大审文【2017】1号	1月3日
3	关于呈送《北京信息科技大学2017年度审计工作计划》的报告	行政外发文	信息科大审文【2017】2号	1月3日
4	中共北京信息科技大学委员会关于设立党委办公室、校长办公室的决定	党委内发文	校党发【2017】1号	1月10日
5	中共北京信息科技大学委员会关于李华涛等同志任职的通知	党委内发文	校党干【2017】1号	1月10日
6	北京信息科技大学关于公布第九届青年教师教学基本功比赛暨第三届教学新星评选结果的通知	行政内发文	校教发【2017】1号	1月11日
7	北京信息科技大学关于2014年基础设施改造定额项目专项审计调查结果的整改报告	行政外发文	信息科大财文【2017】1号	1月11日
8	关于呈送《北京信息科技大学"七五"保密法治宣传教育规划》的报告	党委外发文	信息科大密文【2017】1号	1月11日
9	北京信息科技大学关于同意学生蔡婧雯退学的决定	行政内发文	校教发【2017】2号	1月11日
10	中共北京信息科技大学纪律检查委员会关于给予肖洪森同志党内严重警告处分的决定	党委内发文	校纪字【2017】2号	1月11日
11	中共北京信息科技大学纪律检查委员会关于给予肖洪森同志党内严重警告处分的通知	党委内发文	校纪字【2017】3号	1月11日
12	北京信息科技大学关于同意学生孙腾退学的决定	行政内发文	校教发【2017】3号	1月11日
13	北京信息科技大学关于同意学生赵婧男退学的决定	行政内发文	校教发【2017】4号	1月11日
14	关于向张静璇等同学颁发2015—2016学年本科生校内奖学金的决定	行政内发文	校学发【2017】1号	1月12日
15	立案决定书	党委内发文	校纪字【2017】1号	1月12日
16	北京信息科技大学2017年度第一次学位评定委员会决议	行政内发文	校学位发【2017】1号	1月16日
17	中国教育工会北京信息科技大学委员会关于表彰2016年度工会工作积极分子的决定	党委内发文	校工发【2017】1号	1月16日
18	中共北京信息科技大学委员会 北京信息科技大学关于上报《北京信息科技大学2016岗位设置方案》的报告	党委外发文	信息科大党文【2017】1号	1月16日

续表

序号	题名	类别	文件字号	文件日期
19	北京信息科技大学关于给予马丁宇记过处分的决定	行政内发文	校学发【2017】2号	1月16日
20	北京信息科技大学关于给予屈亮亮严重警告处分的决定	行政内发文	校学发【2017】3号	1月16日
21	北京信息科技大学关于给予尹旦严重警告处分的决定	行政内发文	校学发【2017】4号	1月16日
22	关于印发《北京信息科技大学预防与处理学术不端行为的实施细则》的通知	行政内发文	校技发【2017】1号	1月17日
23	北京信息科技大学关于取消学生王兴入学资格的决定	行政内发文	校招生发【2017】1号	1月17日
24	关于呈送《北京地区武器装备科研生产保密资格单位保密自检报告》的报告	党委外发文	信息科大密文【2017】2号	1月17日
25	关于印发《北京信息科技大学纵向科研项目管理办法》的通知	行政内发文	校技发【2017】2号	1月17日
26	关于印发《北京信息科技大学横向科研项目管理办法》的通知	行政内发文	校技发【2017】3号	1月17日
27	关于印发《北京信息科技大学纵向科研经费管理办法》的通知	行政内发文	校技发【2017】4号	1月17日
28	关于印发《北京信息科技大学横向科研经费管理办法》的通知	行政内发文	校技发【2017】5号	1月17日
29	北京信息科技大学关于对学生阿依帕尔作退学处理的决定	行政内发文	校教发【2017】5号	1月17日
30	中共北京信息科技大学委员会办公室 北京信息科技大学校长办公室关于废止学校部分规范性文件的通知	党委处级发文	党办发【2017】1号	1月19日
31	北京信息科技大学关于解除赵晓永同志警告处分的决定	行政内发文	校人发【2017】1号	2月16日
32	北京信息科技大学关于解除张文格同志记过处分的决定	行政内发文	校人发【2017】2号	2月16日
33	北京信息科技大学关于解除杨洁同志警告处分的决定	行政内发文	校人发【2017】3号	2月16日
34	北京信息科技大学关于同意学生李如敬退学的决定	行政内发文	校教发【2017】6号	2月17日
35	北京信息科技大学关于公布2015—2016学年辅导员考核结果的通知	行政内发文	校学发【2017】5号	2月20日
36	北京信息科技大学关于公布2015—2016学年班主任考核结果的通知	行政内发文	校学发【2017】6号	2月20日
37	北京信息科技大学关于《2016年会议计划和执行情况》的报告	党委外发文	信息科大党文【2017】2号	2月21日
38	北京信息科技大学关于《2016年培训计划执行情况》的报告	党委外发文	信息科大党文【2017】3号	2月21日
39	北京信息科技大学关于《2017年培训计划》的报告	党委外发文	信息科大党文【2017】4号	2月21日
40	关于印发《北京信息科技大学教学科研人员因公临时出国实施细则》的通知	行政内发文	校发【2017】1号	2月22日
41	北京信息科技大学关于同意学生张锐退学的决定	行政内发文	校教发【2017】7号	2月23日
42	北京信息科技大学关于同意学生赵祎晨退学的决定	行政内发文	校教发【2017】8号	2月23日
43	北京信息科技大学关于同意学生唐卿退学的决定	行政内发文	校教发【2017】9号	2月23日
44	北京信息科技大学关于同意学生吴志伟退学的决定	行政内发文	校教发【2017】10号	2月23日
45	北京信息科技大学关于同意学生沈伯栋退学的决定	行政内发文	校教发【2017】11号	2月23日
46	北京信息科技大学关于同意学生张航艺退学的决定	行政内发文	校教发【2017】12号	2月23日
47	中共北京信息科技大学委员会印发 《关于做好出席中国共产党北京市第十二次代表大会代表选举工作的实施方案》的通知	党委内发文	校党发【2017】3号	2月28日
48	北京信息科技大学关于做好2017届毕业生就业工作的通知	行政内发文	校就业发【2017】1号	3月1日
49	北京信息科技大学关于同意学生甘雨佳退学的决定	行政内发文	校教发【2017】13号	3月1日

续表

序号	题名	类别	文件字号	文件日期
50	北京信息科技大学关于同意学生李远杭退学的决定	行政内发文	校教发【2017】14号	3月1日
51	北京信息科技大学关于同意学生李政退学的决定	行政内发文	校教发【2017】15号	3月1日
52	北京信息科技大学关于同意学生魏志鹏退学的决定	行政内发文	校教发【2017】16号	3月1日
53	北京信息科技大学关于同意学生张刘留退学的决定	行政内发文	校教发【2017】17号	3月1日
54	中共北京信息科技大学委员会 北京信息科技大学关于公布2016年度二级单位考核结果的通知	党委内发文	校党发【2017】5号	3月2日
55	中共北京信息科技大学委员会 北京信息科技大学关于表彰2016年度二级单位考核优秀单位的决定	党委内发文	校党发【2017】6号	3月2日
56	北京信息科技大学关于同意学生安由可人退学的决定	行政内发文	校教发【2017】18号	3月3日
57	北京信息科技大学关于同意学生马天竟退学的决定	行政内发文	校教发【2017】19号	3月3日
58	北京信息科技大学关于同意学生左景文退学的决定	行政内发文	校教发【2017】20号	3月3日
59	关于印发《北京信息科技大学课程设计工作条例》的通知.	行政内发文	校教发【2017】21号	3月3日
60	关于印发《北京信息科技大学实习工作条例》的通知	行政内发文	校教发【2017】22号	3月3日
61	关于印发《北京信息科技大学实验教学工作条例》的通知	行政内发文	校教发【2017】23号	3月3日
62	关于印发《北京信息科技大学校外实习实践基地建设管理暂行办法》的通知	行政内发文	校教发【2017】24号	3月3日
63	关于印发《北京信息科技大学公务用车使用管理办法》的通知	行政内发文	校办发【2017】1号	3月6日
64	关于印发《北京信息科技大学硕士生导师管理办法》的通知	行政内发文	校研发【2017】1号	3月6日
65	关于印发《北京信息科技大学硕士学位论文盲审办法》的通知	行政内发文	校研发【2017】2号	3月6日
66	中国教育工会北京信息科技大学委员会关于印发《2017年工会工作要点》的通知	党委内发文	校工发【2017】2号	3月6日
67	中国教育工会北京信息科技大学委员会 关于机电工程学院等部门工会委员会换届选举结果的批复	党委内发文	校工发【2017】3号	3月6日
68	关于印发《北京信息科技大学优秀硕士学位论文评选办法》的通知	行政内发文	校研发【2017】3号	3月6日
69	关于印发《北京信息科技大学专业学位研究生校外导师管理规定（试行）》的通知	行政内发文	校研发【2017】4号	3月6日
70	关于成立北京信息科技大学学籍管理委会的通知	行政内发文	校教发【2017】25号	3月8日
71	关于印发 《北京信息科技大学2017年上半年北京市中小学教师资格考试工作安排方案》的通知	行政内发文	校教发【2017】26号	3月8日
72	北京信息科技大学关于同意学生安子莹退学的决定	行政内发文	校教发【2017】27号	3月8日
73	中共北京信息科技大学委员会办公室 北京信息科技大学校长办公室关于调整 《北京信息科技大学年鉴》编纂委员会和编辑部成员的通知	行政处级发文	办发【2017】1号	3月10日
74	北京信息科技大学关于调整高水平人才交叉培养计划专项工作机构的通知	行政内发文	校发【2017】2号	3月10日
75	北京信息科技大学关于调整学校公用房屋使用管理工作领导小组的通知	行政内发文	校发【2017】3号	3月10日
76	北京信息科技大学关于调整学校现代测控技术教育部重点实验室建设管理委员会的通知	行政内发文	校人发【2017】4号	3月10日
77	北京信息科技大学关于调整学校基础设施改造定额管理经费管理使用工作领导小组的通知	行政内发文	校发【2017】4号	3月10日
78	北京信息科技大学关于调整学校内部控制规范建设组织机构的通知	行政内发文	校发【2017】5号	3月10日
79	北京信息科技大学关于调整学校审计工作领导小组的通知	行政内发文	校发【2017】6号	3月10日
80	关于调整北京信息科技大学信息公开领导小组的通知	行政内发文	校发【2017】7号	3月10日

续表

序号	题名	类别	文件字号	文件日期
81	关于调整北京信息科技大学预算管理委员会的通知	行政内发文	校发【2017】8 号	3 月 10 日
82	关于调整北京信息科技大学党建和思想政治工作研究会组织机构及组成人员的通知	党委内发文	校党发【2017】8 号	3 月 10 日
83	关于调整大学生思想政治教育工作领导小组的通知	党委内发文	校党发【2017】9 号	3 月 10 日
84	关于调整北京信息科技大学招生工作领导小组及有关工作机构成员的通知	行政内发文	校发【2017】9 号	3 月 10 日
85	北京信息科技大学关于调整学校经营性资产管理委员会和大学科技园管理委员会的通知	行政内发文	校发【2017】10 号	3 月 10 日
86	关于调整党风廉政建设责任制领导小组的通知	党委内发文	校党发【2017】10 号	3 月 10 日
87	关于调整思想政治理论课建设工作领导小组的通知	党委内发文	校党发【2017】11 号	3 月 10 日
88	关于调整校务公开工作组织机构组成人员的通知	党委内发文	校党发【2017】12 号	3 月 10 日
89	关于调整学校安全稳定工作领导小组等九个组织机构的通知	党委内发文	校党发【2017】13 号	3 月 10 日
90	关于调整学校党校校务委员会的通知	党委内发文	校党发【2017】14 号	3 月 10 日
91	关于调整学校老干部工作领导小组的通知	党委内发文	校党发【2017】15 号	3 月 10 日
92	关于调整学校人才工作领导小组和工作组的通知	党委内发文	校党发【2017】16 号	3 月 10 日
93	关于调整学校信访工作领导小组的通知	党委内发文	校党发【2017】17 号	3 月 10 日
94	北京信息科技大学关于同意学生陈旭退学的决定	行政内发文	校教发【2017】28 号	3 月 10 日
95	北京信息科技大学关于同意学生陈哲退学的决定	行政内发文	校教发【2017】29 号	3 月 10 日
96	北京信息科技大学关于同意学生张宸琩退学的决定	行政内发文	校教发【2017】30 号	3 月 10 日
97	北京信息科技大学关于表彰 2016 届毕业生就业工作先进集体和个人的决定	行政内发文	校就业发【2017】2 号	3 月 13 日
98	北京信息科技大学关于给予冯泽华记过处分的决定	行政内发文	校学发【2017】7 号	3 月 13 日
99	北京信息科技大学关于给予何东霖记过处分的决定	行政内发文	校学发【2017】8 号	3 月 13 日
100	北京信息科技大学关于给予简飞飞严重警告处分的决定	行政内发文	校学发【2017】9 号	3 月 13 日
101	北京信息科技大学关于给予李向博记过处分的决定	行政内发文	校学发【2017】10 号	3 月 13 日
102	北京信息科技大学关于给予涂程严重警告处分的决定	行政内发文	校学发【2017】11 号	3 月 13 日
103	北京信息科技大学关于给予吕瑷齐严重警告处分的决定	行政内发文	校学发【2017】12 号	3 月 13 日
104	北京信息科技大学关于给予蒲君记过处分的决定	行政内发文	校学发【2017】13 号	3 月 13 日
105	北京信息科技大学关于给予肖怡记过处分的决定	行政内发文	校学发【2017】14 号	3 月 13 日
106	北京信息科技大学关于给予张兴竹记过处分的决定	行政内发文	校学发【2017】15 号	3 月 13 日
107	北京信息科技大学关于同意学生温雨瞳退学的决定	行政内发文	校教发【2017】31 号	3 月 13 日
108	北京信息科技大学关于同意学生闫宇鹏退学的决定	行政内发文	校教发【2017】32 号	3 月 13 日
109	北京信息科技大学关于同意学生于天睿退学的决定	行政内发文	校教发【2017】33 号	3 月 13 日
110	北京信息科技大学关于同意学生郑昱退学的决定	行政内发文	校教发【2017】34 号	3 月 13 日
111	北京信息科技大学校长办公室关于清明节放假安排的通知	行政处级发文	办发【2017】2 号	3 月 14 日

续表

序号	题名	类别	文件字号	文件日期
112	北京信息科技大学关于新校区建设项目幸福河河道改移及用水指标有关情况的函	行政外发文	信息科大建函【2017】1 号	3 月 15 日
113	中共北京信息科技大学委员会关于调整北京信息科技大学学生工作委员会的通知	党委内发文	校党发【2017】7 号	3 月 15 日
114	北京信息科技大学关于同意学生马文勇退学的决定	行政内发文	校教发【2017】38 号	3 月 15 日
115	北京信息科技大学关于同意学生任思潮退学的决定	行政内发文	校教发【2017】39 号	3 月 15 日
116	关于印发《北京信息科技大学实验室开放管理办法》的通知	行政内发文	校教发【2017】36 号	3 月 16 日
117	关于印发《北京信息科技大学本科教学实验室管理及工作规程》的通知	行政内发文	校教发【2017】37 号	3 月 16 日
118	北京信息科技大学关于 2016 年纳入财政专户管理的非税收入在 2017 年继续返还的申请	行政外发文	信息科大财文【2017】2 号	3 月 17 日
119	关于成立北京信息科技大学城市可持续发展与服务质量建设研究院的通知	行政内发文	校技发【2017】6 号	3 月 17 日
120	北京信息科技大学关于同意学生蔡晓明退学的决定	行政内发文	校教发【2017】40 号	3 月 17 日
121	北京信息科技大学关于同意学生高梓钦退学的决定	行政内发文	校教发【2017】41 号	3 月 17 日
122	北京信息科技大学关于同意学生苏明杰退学的决定	行政内发文	校教发【2017】42 号	3 月 17 日
123	北京信息科技大学关于同意学生王爽退学的决定	行政内发文	校教发【2017】43 号	3 月 17 日
124	北京信息科技大学关于同意学生薛岖退学的决定	行政内发文	校教发【2017】44 号	3 月 17 日
125	北京信息科技大学关于同意学生杨洪退学的决定	行政内发文	校教发【2017】45 号	3 月 17 日
126	北京信息科技大学关于同意学生张皓云退学的决定	行政内发文	校教发【2017】46 号	3 月 17 日
127	北京信息科技大学关于同意学生郑博宇退学的决定	行政内发文	校教发【2017】47 号	3 月 17 日
128	北京信息科技大学关于 2017 年春季开学专项督导检查有关问题的报告	行政外发文	信息科大勤文【2017】1 号	3 月 20 日
129	关于重新核定北京信息科技大学 2017 年度用水指标的申请	行政外发文	信息科大勤文【2017】2 号	3 月 20 日
130	关于印发《北京信息科技大学合同管理办法（试行）》的通知	行政内发文	校发【2017】11 号	3 月 23 日
131	中共北京信息科技大学委员会 北京信息科技大学关于印发《北京信息科技大学 2016 年工作总结》的通知	党委内发文	校党发【2017】18 号	3 月 23 日
132	中共北京信息科技大学委员会 北京信息科技大学关于印发《北京信息科技大学 2017 年工作要点》的通知	党委内发文	校党发【2017】19 号	3 月 23 日
133	北京信息科技大学关于同意学生王涛退学的决定	行政内发文	校教发【2017】48 号	3 月 23 日
134	关于成立北京信息科技大学继续教育教学指导委员会的通知	行政内发文	校继教发【2017】1 号	3 月 24 日
135	中共北京信息科技大学委员会 北京信息科技大学关于印发《北京信息科技大学公务活动礼品管理办法》的通知	党委内发文	校党发【2017】20 号	3 月 24 日
136	关于成立北京信息科技大学一流专业建设工作领导小组的通知	行政内发文	校教发【2017】35 号	3 月 24 日
137	中共北京信息科技大学委员会关于谢瑞峰等同志职务任免的通知	党委内发文	校党干【2017】2 号	3 月 27 日
138	中共北京信息科技大学委员会关于印发《北京信息科技大学 2017 年党风廉政建设和反腐败工作主要任务》的通知	党委内发文	校党发【2017】21 号	3 月 28 日
139	北京信息科技大学关于调整大学生创新创业教育领导小组和工作小组的通知	行政内发文	校发【2017】12 号	3 月 29 日
140	北京信息科技大学关于同意学生向弘阳退学的决定	行政内发文	校教发【2017】49 号	3 月 29 日
141	北京信息科技大学关于同意学生张紫石退学的决定	行政内发文	校教发【2017】50 号	3 月 29 日
142	北京信息科技大学关于同意学生赵晓宁退学的决定	行政内发文	校教发【2017】51 号	3 月 29 日

续表

序号	题名	类别	文件字号	文件日期
143	北京信息科技大学关于同意学生祝圣东退学的决定	行政内发文	校教发【2017】52号	3月29日
144	中共北京信息科技大学委员会办公室关于做好2017年党务公开有关工作的通知	党委处级发文	党办发【2017】2号	3月31日
145	关于呈送《北京信息科技大学行政事业性收费和政府性基金自查工作报告》的报告	行政外发文	信息科大财文【2017】3号	4月1日
146	北京信息科技大学关于人员经费预算执行情况的报告	行政外发文	信息科大财文【2017】4号	4月1日
147	北京信息科技大学关于同意学生郑昊退学的决定	行政内发文	校教发【2017】53号	4月1日
148	中共北京信息科技大学委员会 北京信息科技大学关于开展北京信息科技大学首届文化艺术节的通知	党委内发文	校党发【2017】22号	4月5日
149	北京信息科技大学关于组织申报2017年度教育教学改革研究专项招标课题的通知	行政内发文	校教发【2017】54号	4月5日
150	中共北京信息科技大学委员会保密委员会关于调整保密资格审查认证工作机构的通知	党委内发文	校密发【2017】3号	4月6日
151	北京信息科技大学校友会关于举办“缘聚母校 勤信一生”2017年值年校友返校活动的通知	行政内发文	校友会发【2017】1号	4月7日
152	北京信息科技大学关于同意学生郭玥退学的决定	行政内发文	校教发【2017】55号	4月7日
153	中共北京信息科技大学委员会关于印发 《北京信息科技大学2016年度处级干部考核办法》的通知	党委内发文	校党组【2017】1号	4月10日
154	关于同意成立北京信息科技大学河南校友联谊会的批复	行政内发文	校友会发【2017】2号	4月10日
155	北京信息科技大学关于公布2016年处级以下教职工年度考核结果的通知	行政内发文	校人发【2017】5号	4月10日
156	北京信息科技大学关于聘任田文生等同志工勤技能岗位的通知	行政内发文	校人发【2017】6号	4月10日
157	中共北京信息科技大学委员会关于同意机关党委补选 中共北京信息科技大学代表大会代表结果的批复	党委内发文	校党发【2017】24号	4月10日
158	北京信息科技大学关于王传亮等4人赴台湾铭传大学访问交流的请示	行政外发文	信息科大外文【2017】1号	4月11日
159	北京信息科技大学关于给予肖洪森记过处分的决定	行政内发文	校人发【2017】7号	4月11日
160	北京信息科技大学关于给予赵郁茹警告处分的决定	行政内发文	校人发【2017】8号	4月11日
161	中共北京信息科技大学委员会关于印发《2017年党建工作计划》的通知	党委内发文	校党发【2017】23号	4月11日
162	北京信息科技大学关于同意学生任柯锦退学的决定	行政内发文	校教发【2017】57号	4月12日
163	北京信息科技大学关于给予李天宇严重警告处分的决定	行政内发文	校学发【2017】16号	4月14日
164	北京信息科技大学关于给予曾润梓记过处分的决定	行政内发文	校学发【2017】17号	4月14日
165	北京信息科技大学关于给予刘曦雨记过处分的决定	行政内发文	校学发【2017】18号	4月14日
166	北京信息科技大学校长办公室关于召开全校运动会及“五一”“五四”放假安排的通知	行政处级发文	办发【2017】3号	4月17日
167	北京信息科技大学关于批准2017年教学改革立项项目的通知	行政内发文	校教发【2017】56号	4月17日
168	北京信息科技大学关于成立机器人工程、数据科学与大数据技术专业教学工作小组的通知	行政内发文	校教发【2017】58号	4月17日
169	北京信息科技大学关于呈送 《北京市外国留学生"一带一路"奖学金项目执行情况报告书（2017年）》的报告	行政外发文	信息科大外文【2017】2号	4月20日
170	北京信息科技大学关于开展第三批专业评估工作的通知	行政内发文	校教发【2017】59号	4月20日
171	北京信息科技大学关于批准2017年大学生科技创新计划项目立项的通知	行政内发文	校教发【2017】60号	4月20日
172	中共北京信息科技大学委员会关于印发《2017年学生党员先锋工程实施计划》的通知	党委内发文	校党组【2017】3号	4月25日
173	中国教育工会北京信息科技大学委员会 关于仪器科学与光电工程学院等部门工会委员会换届选举结果的批复	党委内发文	校工发【2017】4号	4月26日

续表

序号	题名	类别	文件字号	文件日期
174	北京信息科技大学关于同意学生杜麟硕退学的决定	行政内发文	校教发【2017】61 号	5月3日
175	北京信息科技大学关于同意学生刘天宇退学的决定	行政内发文	校教发【2017】62 号	5月3日
176	北京信息科技大学关于同意学生覃世良退学的决定	行政内发文	校教发【2017】63 号	5月3日
177	北京信息科技大学关于同意学生郑一退学的决定	行政内发文	校教发【2017】64 号	5月3日
178	中共北京信息科技大学委员会关于印发《2017 年统战工作要点》的通知	党委内发文	校党统【2017】1 号	5月4日
179	中共北京信息科技大学委员会关于印发《2017 年宣传教育工作要点》的通知	党委内发文	校党宣【2017】1 号	5月4日
180	中共北京信息科技大学委员会关于印发《2017 年组织工作要点》的通知	党委内发文	校党组【2017】2 号	5月4日
181	关于印发《北京信息科技大学教职工集体宿舍管理办法》的通知	行政内发文	校发【2017】13 号	5月4日
182	关于印发《北京信息科技大学学生工作委员会规程（试行）》的通知	行政内发文	校学发【2017】19 号	5月4日
183	中共北京信息科技大学委员会关心下一代工作委员会关于印发《2017 年工作要点》的通知	党委内发文	校党关【2017】1 号	5月5日
184	北京信息科技大学 2017 年度第二次学位评定委员会决议	行政内发文	校学位发【2017】2 号	5月5日
185	北京信息科技大学关于表彰 2016 年度“校园安全卫士”的决定	行政内发文	校安稳发【2017】1 号	5月8日
186	北京信息科技大学校长办公室关于做好 《北京信息科技大学年鉴（2017）》编纂工作的通知	行政处级发文	办发【2017】4 号	5月12日
187	北京信息科技大学关于做好 2016—2017 学年第二学期期末考试工作的通知	行政内发文	校教发【2017】65 号	5月12日
188	北京信息科技大学关于同意学生滕龙退学的决定	行政内发文	校教发【2017】68 号	5月12日
189	北京信息科技大学关于同意学生李梓媛退学的决定	行政内发文	校教发【2017】69 号	5月12日
190	北京信息科技大学关于同意学生于海洋退学的决定	行政内发文	校教发【2017】70 号	5月12日
191	北京信息科技大学关于同意学生李恒退学的决定	行政内发文	校教发【2017】71 号	5月12日
192	北京信息科技大学关于同意学生李珏退学的决定	行政内发文	校教发【2017】72 号	5月12日
193	中共北京信息科技大学委员会办公室关于印发《2017 年度党务公开工作例行公开事项》的通知	党委处级发文	党办发【2017】3 号	5月15日
194	北京信息科技大学关于同意学生李嵩阳退学的决定	行政内发文	校教发【2017】73 号	5月15日
195	北京信息科技大学关于同意学生史晓明退学的决定	行政内发文	校教发【2017】74 号	5月15日
196	北京信息科技大学关于同意学生葛梦然退学的决定	行政内发文	校教发【2017】75 号	5月15日
197	关于同意成立北京信息科技大学理学院校友联谊会的批复	行政内发文	校友会发【2017】3 号	5月16日
198	北京信息科技大学校友会关于印发 《2017 年校园文化艺术节暨校庆日校友会系列活动安排》的通知	行政内发文	校友会发【2017】4 号	5月16日
199	北京信息科技大学关于公布 2016 年度优秀主讲教师评选结果的通知	行政内发文	校教发【2017】66 号	5月16日
200	北京信息科技大学关于公布第六届教学名师奖获奖名单的通知	行政内发文	校教发【2017】67 号	5月16日
201	关于印发《中共北京信息科技大学纪律检查委员会 关于深化＂为官不为＂＂为官乱为＂问题专项治理工作 开展＂严肃查处群众身边不正之风和腐败问题＂专项工作的实施方案》的通知	党委内发文	校纪发【2017】1 号	5月23日
202	北京信息科技大学校长办公室关于端午节放假安排的通知	行政处级发文	办发【2017】5 号	5月23日
203	北京信息科技大学关于申报 2017 年度校级高教研究课题的通知	行政内发文	校高教发【2017】1 号	5月24日
204	北京信息科技大学关于与波兰西里西亚理工大学联合申请承办孔子课堂的请示	行政外发文	信息科大外文【2017】3 号	5月24日

续表

序号	题名	类别	文件字号	文件日期
205	北京信息科技大学关于给予黄鸿飞记过处分的决定	行政内发文	校学发【2017】20 号	5 月 24 日
206	北京信息科技大学关于给予汪齐家记过处分的决定	行政内发文	校学发【2017】21 号	5 月 24 日
207	北京信息科技大学关于给予臧御琛警告处分的决定	行政内发文	校学发【2017】22 号	5 月 24 日
208	北京信息科技大学关于给予张馨漾记过处分的决定	行政内发文	校学发【2017】23 号	5 月 24 日
209	北京信息科技大学关于表彰 2017 年"十大先锋人物"的决定	行政内发文	校学发【2017】24 号	5 月 24 日
210	中共北京信息科技大学纪律检查委员会关于给予刘娴静同志党内严重警告处分的决定	党委内发文	校纪字【2017】4 号	6 月 1 日
211	中共北京信息科技大学纪律检查委员会关于给予刘娴静同志党内严重警告处分的通知	党委内发文	校纪字【2017】5 号	6 月 1 日
212	中共北京信息科技大学委员会 北京信息科技大学关于协调处理我校涉校矛盾纠纷的请示	党委外发文	信息科大党文【2017】5 号	6 月 1 日
213	关于印发《北京信息科技大学 2017 届毕业生离校工作实施方案》的通知	行政内发文	校办发【2017】2 号	6 月 5 日
214	中共北京信息科技大学委员会保密委员会关于印发《北京信息科技大学保密工作管理规定》的通知	党委内发文	校密发【2017】4 号	6 月 5 日
215	北京信息科技大学关于申请举办"东巴古籍及东巴文化遗产的数字化保护国际研讨会"的请示	行政外发文	信息科大外文【2017】4 号	6 月 5 日
216	北京信息科技大学关于刘桂礼等 15 人赴台湾铭传大学研修交流的请示	行政外发文	信息科大外文【2017】5 号	6 月 5 日
217	中共北京信息科技大学委员会保密委员会关于印发《北京信息科技大学保密工作责任制》的通知	党委内发文	校密发【2017】5 号	6 月 5 日
218	中共北京信息科技大学委员会保密委员会关于印发《北京信息科技大学涉密人员管理规定》的通知	党委内发文	校密发【2017】6 号	6 月 5 日
219	北京信息科技大学关于谷丰登赴台湾世新大学参加交流项目的请示	行政外发文	信息科大外文【2017】6 号	6 月 5 日
220	北京信息科技大学关于李茹 马子逸赴建国科技大学参加交流项目的请示	行政外发文	信息科大外文【2017】7 号	6 月 5 日
221	中共北京信息科技大学委员会保密委员会关于印发《北京信息科技大学研究生参与国防科技项目研究的保密管理规定》的通知	党委内发文	校密发【2017】7 号	6 月 5 日
222	中共北京信息科技大学委员会保密委员会关于印发《北京信息科技大学信息系统、信息设备和存储设备保密管理规定》的通知	党委内发文	校密发【2017】8 号	6 月 5 日
223	中共北京信息科技大学委员会保密委员会关于印发《北京信息科技大学手机使用保密管理规定》的通知	党委内发文	校密发【2017】9 号	6 月 5 日
224	中共北京信息科技大学委员会保密委员会关于印发《北京信息科技大学保密检查工作规定》的通知	党委内发文	校密发【2017】10 号	6 月 5 日
225	中共北京信息科技大学委员会保密委员会关于印发《北京信息科技大学涉密信息设备和存储设备信息导入、导出及中间机使用管理办法》的通知	党委内发文	校密发【2017】11 号	6 月 5 日
226	中共北京信息科技大学委员会保密委员会关于调整学校定密小组成员的通知	党委内发文	校密发【2017】12 号	6 月 7 日
227	中共北京信息科技大学委员会关于评选表彰先进党支部、优秀共产党员和优秀党务工作者的通知	党委内发文	校党发【2017】26 号	6 月 7 日
228	关于印发《中共北京信息科技大学委员会推进"两学一做"学习教育常态化制度化工作方案》的通知	党委内发文	校党发【2017】27 号	6 月 7 日
229	北京信息科技大学校友会关于第二次会员代表大会延期召开的请示	行政外发文	信息科大校友会文【2017】1 号	6 月 9 日
230	北京信息科技大学关于大学英语四、六级考试工作安排的通知	行政内发文	校教发【2017】77 号	6 月 9 日
231	中共北京信息科技大学委员会关于张健等同志职务任免的通知	党委内发文	校党干【2017】3 号	6 月 13 日
232	北京信息科技大学关于成立第三届校级本科教学督导组的通知	行政内发文	校教发【2017】79 号	6 月 14 日
233	北京信息科技大学关于固定资产报废处置的请示	行政外发文	信息科大资文【2017】1 号	6 月 15 日
234	关于印发《北京信息科技大学后勤标准化建设实施方案》的通知	行政内发文	校勤发【2017】1 号	6 月 16 日
235	北京信息科技大学关于调整新校区建设工程项目内城市道路性质的申请	行政外发文	信息科大建文【2017】1 号	6 月 16 日

续表

序号	题名	类别	文件字号	文件日期
236	北京信息科技大学关于成立学生公寓管理委员会的通知	行政内发文	校勤发【2017】2号	6月16日
237	北京信息科技大学校友会关于聘任宁力萱等133名2017届毕业生为北京信息科技大学校友工作联络员的通知	行政内发文	校友会发【2017】5号	6月16日
238	中共北京信息科技大学委员会关于印发《北京信息科技大学校院两级理论学习中心组学习规范》的通知	党委内发文	校党发【2017】28号	6月16日
239	关于公布北京信息科技大学2017年度教育教学改革研究专项招标课题立项名单的通知	行政内发文	校教发【2017】78号	6月16日
240	关于变更《先进制造与自动化科学数据共享网》项目负责单位和负责人的请示	行政外发文	信息科大技文【2017】1号	6月19日
241	北京信息科技大学关于同意学生李梦馨退学的决定	行政内发文	校教发【2017】80号	6月20日
242	北京信息科技大学关于暂缓办理海淀区H-4-3-(368)地块相关手续的申请	行政外发文	信息科大资文【2017】2号	6月21日
243	北京信息科技大学关于暂缓办理海淀区H-4-3-(368)地块相关手续的申请	行政外发文	信息科大资文【2017】3号	6月21日
244	关于印发《北京信息科技大学关于出售部分公有住房的实施办法》的通知	行政内发文	校勤发【2017】4号	6月22日
245	北京信息科技大学关于同意学生张泽明退学的决定	行政内发文	校教发【2017】81号	6月22日
246	北京信息科技大学关于同意学生刘寒枫退学的决定	行政内发文	校教发【2017】84号	6月22日
247	关于印发《北京信息科技大学国际学生本科生学籍管理规定》的通知	行政外发文	校外发【2017】1号	6月26日
248	关于印发《北京信息科技大学国际学生管理规定》的通知	行政外发文	校外发【2017】2号	6月26日
249	关于印发《北京信息科技大学迎接2017年新生入学工作实施方案》的通知	行政内发文	校办发【2017】3号	6月26日
250	北京信息科技大学 关于印发《2017年"安全生产月"活动实施方案》的通知	行政内发文	校勤发【2017】3号	6月26日
251	北京信息科技大学关于成立机器人工程、数据科学与大数据技术专业学生工作小组的通知	行政内发文	校学发【2017】25号	6月26日
252	中共北京信息科技大学委员会关于调整学校保密委员会成员的通知	党委内发文	校党发【2017】29号	6月26日
253	关于印发《中共北京信息科技大学委员会贯彻落实"三重一大"决策制度的实施办法》的通知	党委内发文	校党发【2017】30号	6月26日
254	中共北京信息科技大学委员会关于调整北京信息科技大学党的建设工作领导小组的通知	党委内发文	校党发【2017】31号	6月26日
255	中共北京信息科技大学委员会关于印发《加强和改进新形势下学校思想政治工作的实施方案》的通知	党委内发文	校党发【2017】34号	6月26日
256	北京信息科技大学关于固定资产报废处置的请示	行政外发文	信息科大资文【2017】4号	6月27日
257	北京信息科技大学2017年度第三次学位评定委员会决议	行政内发文	校学位发【2017】3号	6月28日
258	北京信息科技大学关于出售部分公有住房的请示	行政外发文	信息科大勤文【2017】3号	6月28日
259	北京信息科技大学关于表彰2017届优秀硕士学位论文获得者及指导教师的决定	行政内发文	校学位发【2017】4号	6月28日
260	北京信息科技大学关于同意学生吕尧退学的决定	行政内发文	校研发【2017】5号	6月28日
261	中共北京信息科技大学委员会 北京信息科技大学关于申请沙河新校区保障房的请示	党委外发文	信息科大党文【2017】6号	6月28日
262	北京信息科技大学校长办公室关于2017年暑假假期安排的通知	行政处级发文	办发【2017】6号	6月29日
263	北京信息科技大学关于聘任童亮等同志教师职务岗位的通知	行政内发文	校人发【2017】9号	6月29日
264	中共北京信息科技大学委员会保密委员会关于学校保密工作的自查自评情况报告	党委外发文	信息科大密文【2017】3号	6月30日
265	关于印发《北京信息科技大学研究生学籍管理规定》的通知	行政内发文	校研发【2017】6号	6月30日
266	北京信息科技大学关于给予曾繁椿严重警告处分的决定	行政内发文	校学发【2017】26号	6月30日

续表

序号	题名	类别	文件字号	文件日期
267	北京信息科技大学关于给予杜晋元警告处分的决定	行政内发文	校学发【2017】27号	6月30日
268	北京信息科技大学关于给予顾淑琪警告处分的决定	行政内发文	校学发【2017】28号	6月30日
269	北京信息科技大学关于给予李奇杭警告处分的决定	行政内发文	校学发【2017】29号	6月30日
270	北京信息科技大学关于给予卢思成警告处分的决定	行政内发文	校学发【2017】30号	6月30日
271	北京信息科技大学关于给予卢一铭警告处分的决定	行政内发文	校学发【2017】31号	6月30日
272	北京信息科技大学关于给予吴凯杰警告处分的决定	行政内发文	校学发【2017】32号	6月30日
273	中共北京信息科技大学委员会关于表彰先进党支部 优秀共产党员和优秀党务工作者的决定	党委内发文	校党发【2017】32号	6月30日
274	中共北京信息科技大学委员会关于设立第二批“示范党支部”建设点的决定	党委内发文	校党发【2017】33号	6月30日
275	北京信息科技大学关于给予肖金岳严重警告处分的决定	行政内发文	校学发【2017】33号	6月30日
276	北京信息科技大学关于给予杨宇航严重警告处分的决定	行政内发文	校学发【2017】34号	6月30日
277	北京信息科技大学关于给予周子渊严重警告处分的决定	行政内发文	校学发【2017】35号	6月30日
278	北京信息科技大学关于表彰赴疆赴藏工作毕业生的决定	行政内发文	校学发【2017】36号	6月30日
279	中共北京信息科技大学委员会关于公布2016年处级干部年度考核结果的通知	党委内发文	校党发【2017】35号	7月3日
280	关于印发《北京信息科技大学学生公寓管理办法》的通知	行政内发文	校勤发【2017】 号	7月4日
281	北京信息科技大学关于成立学校住宅类房屋资源管理委员会的通知	行政内发文	校勤发【2017】7号	7月4日
282	关于杨军不再担任北京信息科技大学工会主席职务的征求意见函	党委外发文	信息科大党文【2017】7号	7月4日
283	北京信息科技大学关于申请举办“第七届非线性数学物理国际会议暨全国第十四届孤立子与可积系统学术研讨会”的请示	行政外发文	信息科大外文【2017】8号	7月4日
284	北京信息科技大学关于印发《本科教学工作审核评估工作方案》的通知	行政内发文	校教发【2017】82号	7月4日
285	北京信息科技大学于银行账户自查的报告	行政外发文	信息科大财文【2017】5号	7月5日
286	中共北京信息科技大学委员会关于印发《加强和改进新形势下学校党建工作的实施方案》的通知	党委内发文	校党发【2017】37号	7月5日
287	北京信息科技大学关于解除李霖严重警告处分的决定	行政内发文	校学发【2017】39号	7月5日
288	北京信息科技大学关于解除李云峰警告处分的决定	行政内发文	校学发【2017】40号	7月5日
289	北京信息科技大学关于解除刘博洋警告处分的决定	行政内发文	校学发【2017】41号	7月5日
290	北京信息科技大学关于解除钱叶雷警告处分的决定	行政内发文	校学发【2017】42号	7月5日
291	北京信息科技大学关于解除史凤梁严重警告处分的决定	行政内发文	校学发【2017】43号	7月5日
292	北京信息科技大学关于解除宋尧警告处分的决定	行政内发文	校学发【2017】44号	7月5日
293	北京信息科技大学关于解除滕松洋记过处分的决定	行政内发文	校学发【2017】45号	7月5日
294	北京信息科技大学关于解除田越严重警告处分的决定	行政内发文	校学发【2017】46号	7月5日
295	北京信息科技大学关于解除王冬旭警告处分的决定	行政内发文	校学发【2017】47号	7月5日
296	北京信息科技大学关于解除张丹琪警告处分的决定	行政内发文	校学发【2017】48号	7月5日
297	北京信息科技大学关于解除张瑾警告处分的决定	行政内发文	校学发【2017】49号	7月5日

续表

序号	题名	类别	文件字号	文件日期
298	北京信息科技大学关于解除张炜杉警告处分的决定	行政内发文	校学发【2017】50号	7月5日
299	北京信息科技大学关于解除赵旭亮严重警告处分的决定	行政内发文	校学发【2017】51号	7月5日
300	北京信息科技大学关于解除邹杰警告处分的决定	行政内发文	校学发【2017】52号	7月5日
301	北京信息科技大学关于印发《本科教学督导管理办法》的通知	行政内发文	校教发【2017】83号	7月5日
302	中国教育工会北京信息科技大学委员会 关于经济管理学院部门工会委员会主席选举结果的批复	党委内发文	校工发【2017】5号	7月6日
303	中国教育工会北京信息科技大学委员会 关于对从事教育工作满三十年教职工进行表彰的决定	党委内发文	校工发【2017】6号	7月6日
304	北京信息科技大学关于印发《学生公费医疗管理办法（试行）》的通知	行政内发文	校勤发【2017】6号	7月6日
305	北京信息科技大学关于2017年度 《改善办学保障条件——北京信息科技大学新校区（其他资本性支出）》项目经费上交的说明	行政外发文	信息科大财文【2017】6号	7月7日
306	中共北京信息科技大学委员会关于印发《党的组织生活制度》的通知	党委内发文	校党组【2017】4号	7月9日
307	关于印发 《中共北京信息科技大学委员会关于开展"党支部提升行动"的指导意见》的通知	党委内发文	校党组【2017】5号	7月9日
308	中共北京信息科技大学委员会关于印发 《学院党委（党总支）书记、副书记、委员党建工作职责》的通知	党委内发文	校党组【2017】6号	7月9日
309	中共北京信息科技大学委员会 北京信息科技大学关于调整思想政治理论课建设工作领导小组的通知	党委内发文	校党发【2017】40号	7月9日
310	中共北京信息科技大学委员会关于印发《思想政治理论课听课制度》的通知	党委内发文	校党发【2017】41号	7月9日
311	中共北京信息科技大学委员会保密委员会关于调整保密要害部位的通知	党委内发文	校密发【2017】13号	7月10日
312	中共北京信息科技大学委员会保密委员会关于下发 《北京信息科技大学涉及国家秘密事项及工作秘密事项一览表（试行）》的通知	党委内发文	校密发【2017】15号	7月10日
313	中共北京信息科技大学委员会关于成立北京信息科技大学统战工作领导小组的通知	党委内发文	校党发【2017】39号	7月10日
314	中共北京信息科技大学委员会 北京信息科技大学印发 《关于学校招标工作的若干补充规定（一）》的通知	党委内发文	校党发【2017】42号	7月10日
315	中共北京信息科技大学委员会关于印发 《北京信息科技大学关心下一代工作委员会工作规程》的通知	党委内发文	校党发【2017】43号	7月10日
316	中共北京信息科技大学委员会印发 《关于进一步加强和改进离退休干部工作的意见》的通知	党委内发文	校党发【2017】44号	7月10日
317	北京信息科技大学关于公布2016年校级教育教学成果奖获奖名单的通知	行政内发文	校教发【2017】85号	7月10日
318	北京信息科技大学关于公布2017年校级优秀毕业设计（论文）评选认定结果的通知	行政内发文	校教发【2017】86号	7月10日
319	关于印发《北京信息科技大学港澳台学生招收培养管理规定（试行）》的通知	行政内发文	校外发【2017】3号	7月11日
320	关于印发《北京信息科技大学学生出国管理规定（试行）》的通知	行政内发文	校外发【2017】4号	7月11日
321	关于印发《北京信息科技大学学生赴台管理规定》的通知	行政内发文	校外发【2017】5号	7月11日
322	关于印发《北京信息科技大学学籍管理委员会议事规程（试行）》的通知	行政内发文	校教发【2017】87号	7月11日
323	关于印发《北京信息科技大学全日制普通高等教育本科学生学籍管理规定》的通知	行政内发文	校教发【2017】88号	7月11日
324	关于印发 《北京信息科技大学边远山区基层就业学费和国家助学贷款代偿实施细则》的通知	行政内发文	校学发【2017】54号	7月12日
325	关于印发《北京信息科技大学国家助学贷款中央奖补专项资金使用细则》的通知	行政内发文	校学发【2017】55号	7月12日
326	关于印发《北京信息科技大学退役士兵学费资助实施细则》的通知	行政内发文	校学发【2017】56号	7月12日
327	关于印发《北京信息科技大学校园地国家助学贷款实施细则》的通知	行政内发文	校学发【2017】57号	7月12日
328	关于印发《北京信息科技大学学生应征入伍服义务兵役国家资助实施细则》的通知	行政内发文	校学发【2017】58号	7月12日

续表

序号	题名	类别	文件字号	文件日期
329	关于印发《北京信息科技大学直招士官学生国家资助实施细则》的通知	行政内发文	校学发【2017】59 号	7 月 12 日
330	北京信息科技大学关于同意学生金玮珊退学的决定	行政内发文	校教发【2017】89 号	7 月 12 日
331	北京信息科技大学关于同意学生张紫依退学的决定	行政内发文	校教发【2017】90 号	7 月 12 日
332	北京信息科技大学 2017 年度第四次学位评定委员会决议	行政内发文	校学位发【2017】5 号	7 月 13 日
333	北京信息科技大学关于批准彭宝营等 58 位教师为我校硕士研究生指导教师的决定	行政内发文	校学位发【2017】6 号	7 月 13 日
334	北京信息科技大学关于同意北京拓尔思信息技术股份有限公司办理变动登记的申请	行政外发文	信息科大技文【2017】2 号	7 月 24 日
335	关于同意北京市北信计算机系统工程公司办理产权登记（年度检查）的申请	行政外发文	信息科大技文【2017】3 号	7 月 24 日
336	关于同意北京京信科高端信息产业技术研究院有限公司办理产权登记（年度检查）的申请	行政外发文	信息科大技文【2017】4 号	7 月 24 日
337	关于同意北京科信机电技术研究所办理产权登记（年度检查）的申请	行政外发文	信息科大技文【2017】5 号	7 月 24 日
338	关于同意北京意康机械有限公司办理产权登记（年度检查）的申请	行政外发文	信息科大技文【2017】6 号	7 月 24 日
339	北京信息科技大学关于会计监督检查自查的报告	行政外发文	信息科大财文【2017】7 号	7 月 24 日
340	北京信息科技大学关于做好 2017 级新生入学资格审查工作的通知	行政内发文	校招生发【2017】2 号	8 月 31 日
341	关于印发《北京信息科技大学研究生课程学习及考核规定》的通知	行政内发文	校研发【2017】8 号	9 月 1 日
342	中共北京信息科技大学委员会保密委员会关于印发 《北京信息科技大学外场试验保密管理办法》的通知	党委内发文	校密发【2017】16 号	9 月 1 日
343	北京信息科技大学关于恢复学生何星入学资格的决定	行政内发文	校研发【2017】7 号	9 月 5 日
344	北京信息科技大学关于申请 2018 年北京市外国留学生奖学金的请示	行政外发文	信息科大外文【2017】9 号	9 月 5 日
345	中共北京信息科技大学委员会保密委员会关于印发 《北京信息科技大学国家秘密定密管理实施办法》的通知	党委内发文	校密发【2017】14 号	9 月 5 日
346	中共北京信息科技大学委员会 北京信息科技大学 关于开展北京信息科技大学首届校园科技创新节的通知	党委内发文	校党发【2017】45 号	9 月 5 日
347	关于印发《北京信息科技大学学生校内申诉管理规定》的通知	行政内发文	校办发【2017】4 号	9 月 6 日
348	关于印发《北京信息科技大学学生违纪处理办法》的通知	行政内发文	校学发【2017】53 号	9 月 6 日
349	中共北京信息科技大学委员会关于调整学校保密委员会成员的通知	党委内发文	校党发【2017】46 号	9 月 8 日
350	北京信息科技大学校长办公室关于中秋节、国庆节放假安排的通知	行政处级发文	办发【2017】7 号	9 月 13 日
351	中共北京信息科技大学委员会关于修订 《以导师制为实现形式的两个层次青年教师谈话制度》的通知	党委内发文	校党宣【2017】2 号	9 月 18 日
352	中共北京信息科技大学委员会关于成立贯彻落实全国和北京高校思想政治工作会议精神 专项督查调研情况整改工作领导小组的通知	党委内发文	校党发【2017】47 号	9 月 18 日
353	中共北京信息科技大学委员会关于印发 《北京信息科技大学关于建立健全惩治和预防腐败体系工作实施细则》的通知	党委内发文	校党发【2017】48 号	9 月 18 日
354	中共北京信息科技大学委员会 关于调整学校党风廉政建设工作领导小组及明确工作职责的通知	党委内发文	校党发【2017】49 号	9 月 18 日
355	北京信息科技大学关于取消学生邵山入学资格的决定	行政内发文	校招生发【2017】3 号	9 月 19 日
356	北京信息科技大学关于取消学生陈希迈入学资格的决定	行政内发文	校招生发【2017】4 号	9 月 19 日
357	关于报送《北京信息科技大学校办企业国有资产监管情况自查报告》的报告	行政外发文	信息科大资文【2017】5 号	9 月 19 日
358	北京信息科技大学关于同意学生邵宸退学的决定	行政内发文	校教发【2017】91 号	9 月 19 日
359	北京信息科技大学关于同意学生高海瑞退学的决定	行政内发文	校教发【2017】92 号	9 月 19 日

续表

序号	题名	类别	文件字号	文件日期
360	北京信息科技大学关于同意学生蔺增春退学的决定	行政内发文	校教发【2017】93 号	9 月 19 日
361	北京信息科技大学关于同意学生刘泽清退学的决定	行政内发文	校教发【2017】94 号	9 月 19 日
362	北京信息科技大学关于同意学生蔡文剑退学的决定	行政内发文	校教发【2017】95 号	9 月 19 日
363	北京信息科技大学关于同意学生崔家琛退学的决定	行政内发文	校教发【2017】96 号	9 月 19 日
364	北京信息科技大学关于同意学生李康退学的决定	行政内发文	校教发【2017】100 号	9 月 19 日
365	北京信息科技大学关于同意学生罗兵退学的决定	行政内发文	校教发【2017】101 号	9 月 19 日
366	北京信息科技大学关于同意学生孙仲尧退学的决定	行政内发文	校教发【2017】102 号	9 月 19 日
367	北京信息科技大学关于同意学生王子哥退学的决定	行政内发文	校教发【2017】103 号	9 月 19 日
368	北京信息科技大学关于同意学生王梓乔退学的决定	行政内发文	校教发【2017】104 号	9 月 19 日
369	北京信息科技大学关于同意学生忻熠退学的决定	行政内发文	校教发【2017】105 号	9 月 19 日
370	北京信息科技大学关于同意学生周家航退学的决定	行政内发文	校教发【2017】106 号	9 月 19 日
371	北京信息科技大学 2017 年度第五次学位评定委员会决议	行政内发文	校学位发【2017】7 号	9 月 21 日
372	北京信息科技大学关于同意学生杜晋元退学的决定	行政内发文	校教发【2017】97 号	9 月 22 日
373	北京信息科技大学关于开展 2017 年秋季教育收费检查工作的报告	行政外发文	信息科大审文【2017】3 号	9 月 26 日
374	北京信息科技大学关于同意学生高宁退学的决定	行政内发文	校教发【2017】98 号	9 月 27 日
375	北京信息科技大学关于同意学生胡昱退学的决定	行政内发文	校教发【2017】99 号	9 月 27 日
376	中共北京信息科技大学委员会关于印发《北京信息科技大学系（部、室）务会制度（试行）》的通知	党委内发文	校党组【2017】7 号	9 月 28 日
377	北京信息科技大学关于给予陈栋严重警告处分的决定	行政内发文	校学发【2017】60 号	9 月 28 日
378	北京信息科技大学关于给予陈洋严重警告处分的决定	行政内发文	校学发【2017】61 号	9 月 28 日
379	北京信息科技大学关于给予程静然记过处分的决定	行政内发文	校学发【2017】62 号	9 月 28 日
380	北京信息科技大学关于给予崔佳伟记过处分的决定	行政内发文	校学发【2017】63 号	9 月 28 日
381	北京信息科技大学关于给予高璇记过处分的决定	行政内发文	校学发【2017】64 号	9 月 28 日
382	北京信息科技大学关于给予葛茹苗记过处分的决定	行政内发文	校学发【2017】65 号	9 月 28 日
383	北京信息科技大学关于给予黄蔓雪记过处分的决定	行政内发文	校学发【2017】66 号	9 月 28 日
384	北京信息科技大学关于给予贾欣雨记过处分的决定	行政内发文	校学发【2017】67 号	9 月 28 日
385	北京信息科技大学关于给予刘宇龙记过处分的决定	行政内发文	校学发【2017】68 号	9 月 28 日
386	北京信息科技大学关于给予罗琦琪严重警告处分的决定	行政内发文	校学发【2017】69 号	9 月 28 日
387	北京信息科技大学关于给予倪玮蔚记过处分的决定	行政内发文	校学发【2017】70 号	9 月 28 日
388	北京信息科技大学关于给予苏宇航记过处分的决定	行政内发文	校学发【2017】71 号	9 月 28 日
389	北京信息科技大学关于给予王洁如记过处分的决定	行政内发文	校学发【2017】72 号	9 月 28 日
390	北京信息科技大学关于给予王清雯记过处分的决定	行政内发文	校学发【2017】73 号	9 月 28 日

续表

序号	题名	类别	文件字号	文件日期
391	北京信息科技大学关于给予王笑晗记过处分的决定	行政内发文	校学发【2017】74 号	9 月 28 日
392	北京信息科技大学关于给予王亚记过处分的决定	行政内发文	校学发【2017】75 号	9 月 28 日
393	北京信息科技大学关于给予杨铭记过处分的决定	行政内发文	校学发【2017】76 号	9 月 28 日
394	北京信息科技大学关于给予杨清云记过处分的决定	行政内发文	校学发【2017】77 号	9 月 28 日
395	北京信息科技大学关于给予余善霖记过处分的决定	行政内发文	校学发【2017】78 号	9 月 28 日
396	北京信息科技大学关于给予张博然记过处分的决定	行政内发文	校学发【2017】79 号	9 月 28 日
397	北京信息科技大学关于给予张国贺记过处分的决定	行政内发文	校学发【2017】80 号	9 月 28 日
398	北京信息科技大学关于给予张孟轲记过处分的决定	行政内发文	校学发【2017】81 号	9 月 28 日
399	北京信息科技大学关于给予张婷昱记过处分的决定	行政内发文	校学发【2017】82 号	9 月 28 日
400	北京信息科技大学关于给予赵宁记过处分的决定	行政内发文	校学发【2017】83 号	9 月 28 日
401	北京信息科技大学关于推荐申报 2017 年北京市高等教育教学成果奖的报告	行政外发文	信息科大教文【2017】1 号	9 月 29 日
402	中共北京信息科技大学纪律检查委员会印发 《关于加强学校重点领域和关键环节监督管理的实施办法（试行）》的通知	党委内发文	校纪发【2017】2 号	9 月 29 日
403	中共北京信息科技大学委员会关于王红琦同志任职的通知	党委内发文	校党干【2017】4 号	9 月 30 日
404	北京信息科技大学关于收购北京北空空调器厂相关工作的报告	党委外发文	信息科大党文【2017】8 号	9 月 30 日
405	北京信息科技大学关于收购北京北空空调器厂相关工作的报告	党委外发文	信息科大党文【2017】9 号	9 月 30 日
406	北京信息科技大学关于收购北京北空空调器厂相关工作的报告	党委外发文	信息科大党文【2017】10 号	9 月 30 日
407	北京信息科技大学关于恢复学生余泊昌入学资格的决定	行政内发文	校招生发【2017】5 号	10 月 9 日
408	北京信息科技大学关于保留学生李佳钢入学资格的决定	行政内发文	校招生发【2017】6 号	10 月 9 日
409	北京信息科技大学关于保留学生丁德洋入学资格的决定	行政内发文	校招生发【2017】7 号	10 月 9 日
410	北京信息科技大学关于保留学生孙雅娟入学资格的决定	行政内发文	校招生发【2017】8 号	10 月 9 日
411	北京信息科技大学关于保留学生张子琦入学资格的决定	行政内发文	校招生发【2017】9 号	10 月 9 日
412	北京信息科技大学关于保留学生王凯舟入学资格的决定	行政内发文	校招生发【2017】10 号	10 月 9 日
413	北京信息科技大学关于保留学生倪昊真入学资格的决定	行政内发文	校招生发【2017】11 号	10 月 9 日
414	北京信息科技大学关于保留学生黄逸晗入学资格的决定	行政内发文	校招生发【2017】12 号	10 月 9 日
415	北京信息科技大学关于保留学生任丽娜入学资格的决定	行政内发文	校招生发【2017】13 号	10 月 9 日
416	北京信息科技大学关于恢复学生李茗兮入学资格的决定	行政内发文	校招生发【2017】14 号	10 月 9 日
417	北京信息科技大学关于保留学生廖俊冲入学资格的决定	行政内发文	校招生发【2017】15 号	10 月 9 日
418	北京信息科技大学关于保留学生郑佳入学资格的决定	行政内发文	校招生发【2017】16 号	10 月 9 日
419	北京信息科技大学关于保留学生高木清入学资格的决定	行政内发文	校招生发【2017】17 号	10 月 9 日
420	北京信息科技大学关于恢复学生吐尼克入学资格的决定	行政内发文	校招生发【2017】18 号	10 月 9 日
421	北京信息科技大学关于同意学生隋杨退学的决定	行政内发文	校教发【2017】116 号	10 月 9 日

续表

序号	题名	类别	文件字号	文件日期
422	中共北京信息科技大学委员会印发《关于新形势下深入推进学校统一战线"心桥工程"的实施意见》的通知	党委内发文	校党统【2017】2号	10月11日
423	中共北京信息科技大学委员会印发《关于全面加强学校马克思主义理论学习研究宣传的实施方案》的通知	党委内发文	校党发【2017】52号	10月11日
424	北京信息科技大学关于给予戴中杰记过处分的决定	行政内发文	校学发【2017】84号	10月11日
425	北京信息科技大学关于给予冯帆记过处分的决定	行政内发文	校学发【2017】85号	10月11日
426	北京信息科技大学关于给予霍同辉记过处分的决定	行政内发文	校学发【2017】86号	10月11日
427	北京信息科技大学关于给予姜迪记过处分的决定	行政内发文	校学发【2017】87号	10月11日
428	北京信息科技大学关于给予凯迪亚·阿尔根记过处分的决定	行政内发文	校学发【2017】88号	10月11日
429	北京信息科技大学关于给予李鹏严重警告处分的决定	行政内发文	校学发【2017】89号	10月11日
430	北京信息科技大学关于给予蔺一森记过处分的决定	行政内发文	校学发【2017】90号	10月11日
431	北京信息科技大学关于给予刘嘉乾记过处分的决定	行政内发文	校学发【2017】91号	10月11日
432	北京信息科技大学关于给予刘子谦记过处分的决定	行政内发文	校学发【2017】92号	10月11日
433	北京信息科技大学关于给予谭坤彦记过处分的决定	行政内发文	校学发【2017】93号	10月11日
434	北京信息科技大学关于给予赵南茜记过处分的决定	行政内发文	校学发【2017】94号	10月11日
435	关于呈送《北京信息科技大学内部控制自评报告》的报告	行政外发文	信息科大审文【2017】4号	10月13日
436	北京信息科技大学关于评选2017年度优秀主讲教师的通知	行政内发文	校教发【2017】107号	10月13日
437	关于印发《北京信息科技大学教学单位审核评估自评工作方案》的通知	行政内发文	校教发【2017】108号	10月13日
438	北京信息科技大学关于印发《本科教学工作审核评估自评报告撰写方案》的通知	行政内发文	校教发【2017】109号	10月13日
439	中共北京信息科技大学委员会关于调整经营性质资产管理委员会副主任、大学科技园管理委员会副主任、产业技术研究院院长的通知	党委内发文	校党发【2017】66号	10月17日
440	中共北京信息科技大学委员会保密委员会关于印发《北京信息科技大学军工保密资格现场审查存在问题整改方案》的通知	党委内发文	校密发【2017】17号	10月18日
441	"北京信息科技大学关于确认苏鹏等同志中级专业技术职务的通知"	行政内发文	校人发【2017】10号	10月23日
442	北京信息科技大学关于设置学院专职组织员管理岗位的通知	行政内发文	校人发【2017】12号	10月23日
443	关于印发《《北京信息科技大学外事活动礼品管理办法》的通知	行政内发文	校发【2017】14号	10月23日
444	北京信息科技大学关于申请协助推进新校区学生宿舍B组团开工事宜的请示	行政外发文	信息科大建文【2017】2号	10月25日
445	北京信息科技大学关于同意学生赵小云退学的决定	行政内发文	校教发【2017】111号	10月25日
446	北京信息科技大学关于同意学生陈凯毅退学的决定	行政内发文	校教发【2017】113号	10月25日
447	北京信息科技大学关于同意学生黄信退学的决定	行政内发文	校教发【2017】114号	10月25日
448	北京信息科技大学关于同意学生马思华退学的决定	行政内发文	校教发【2017】115号	10月25日
449	北京信息科技大学关于同意学生吴光鹏退学的决定	行政内发文	校教发【2017】119号	10月25日
450	北京信息科技大学关于同意学生张凯欣退学的决定	行政内发文	校教发【2017】121号	10月25日
451	北京信息科技大学关于同意学生赵旭彤退学的决定	行政内发文	校教发【2017】123号	10月25日
452	中共北京信息科技大学委员会关心下一代工作委员会关于成立调整学校关心下一代工作委员会分会的通知	党委内发文	校党关【2017】2号	10月26日

续表

序号	题名	类别	文件字号	文件日期
453	中共北京信息科技大学委员会保密委员会关于呈送《北京信息科技大学二级保密资格现场审查存在问题的整改报告》的报告	党委外发文	信息科大密文【2017】4号	10月27日
454	北京信息科技大学关于同意学生王智丰退学的决定	行政内发文	校教发【2017】118号	10月27日
455	中共北京信息科技大学委员会办公室 北京信息科技大学校长办公室关于印发《北京信息科技大学党政印信管理规定》的通知	党委处级发文	党办发【2017】4号	10月30日
456	北京信息科技大学关于聘任马静静等同志其他专业技术职务岗位的通知	行政内发文	校人发【2017】11号	10月30日
457	中共北京信息科技大学委员会 北京信息科技大学关于调整中共北京信息科技大学委员会网络安全与信息化领导小组的通知	党委内发文	校党发【2017】53号	10月30日
458	关于印发《北京信息科技大学2017年本科教学基本状态数据采集工作方案》的通知	行政内发文	校教发【2017】110号	10月30日
459	关于印发《北京信息科技大学2017年上半年北京市中小学教师资格考试工作安排方案》的通知	行政内发文	校教发【2017】112号	10月30日
460	北京信息科技大学关于举办第十届青年教师教学基本功比赛暨第四届教学新星评选的通知	行政内发文	校教发【2017】124号	10月30日
461	北京信息科技大学关于举办第七届实践教学基本功大赛评选的通知	行政内发文	校教发【2017】125号	10月30日
462	中共北京信息科技大学委员会关于孙晨等同志职务任免的通知	党委内发文	校党干【2017】5号	10月31日
463	北京信息科技大学关于成立学校出售部分老旧公有住房工作小组的通知	行政内发文	校勤发【2017】8号	10月31日
464	中共北京信息科技大学委员会关于印发《北京信息科技大学新校区建设监督工作委员会监督工作实施办法》的通知	党委内发文	校党发【2017】54号	10月31日
465	关于印发《中共北京信息科技大学委员会问责工作实施办法（试行）》的通知	党委内发文	校党发【2017】55号	10月31日
466	中共北京信息科技大学委员会关于印发《贯彻落实全面从严治党责任清单（试行）》的通知	党委内发文	校党发【2017】56号	10月31日
467	中共北京信息科技大学委员会关于深入贯彻全国和北京高校思想政治工作会议精神切实推动学校三个《方案》落实的通知	党委内发文	校党发【2017】57号	10月31日
468	中共北京信息科技大学委员会关于单独设置党委统战部的通知	党委内发文	校党发【2017】58号	10月31日
469	中共北京信息科技大学委员会关于成立党委教师工作部的通知	党委内发文	校党发【2017】59号	10月31日
470	中共北京信息科技大学委员会关于印发《全体委员会议事规则》的通知	党委内发文	校党发【2017】60号	10月31日
471	中共北京信息科技大学委员会关于印发《常务委员会议事规则》的通知	党委内发文	校党发【2017】61号	10月31日
472	中共北京信息科技大学委员会关于印发《北京信息科技大学校长办公会议事规则》的通知	党委内发文	校党发【2017】62号	10月31日
473	中共北京信息科技大学委员会关于任命北京市北信计算机系统工程公司董事长、法定代表人的通知	党委内发文	校党发【2017】67号	10月31日
474	北京信息科技大学关于2018年人员经费预算情况的说明	行政外发文	信息科大财文【2017】8号	11月1日
475	北京信息科技大学关于同意学生王天培退学的决定	行政内发文	校教发【2017】117号	11月1日
476	北京信息科技大学关于同意学生许坤退学的决定	行政内发文	校教发【2017】120号	11月1日
477	北京信息科技大学关于同意学生张泽汉退学的决定	行政内发文	校教发【2017】122号	11月1日
478	中共北京信息科技大学委员会办公室 北京信息科技大学校长办公室关于延长全体聘任人员任期的通知	党委处级发文	党办发【2017】5号	11月2日
479	中共北京信息科技大学委员会关于印发《学习宣传贯彻党的十九大精神的实施方案》的通知	党委内发文	校党发【2017】64号	11月8日
480	中共北京信息科技大学委员会关于印发《北京信息科技大学学习宣传贯彻党的十九大精神宣讲活动工作方案》的通知	党委内发文	校党发【2017】65号	11月8日
481	北京信息科技大学关于报送我校相关学生管理规定的报告	行政外发文	信息科大办文【2017】1号	11月9日
482	北京信息科技大学关于成立党建与思想政治教育学术分委员会的通知	行政内发文	校技发【2017】7号	11月9日
483	关于印发《北京信息科技大学党建与思想政治教育学术分委员会章程》的通知	行政内发文	校技发【2017】8号	11月9日

续表

序号	题名	类别	文件字号	文件日期
484	北京信息科技大学关于2017年度高教研究立项审批结果的通知	行政内发文	校高教发【2017】2号	11月10日
485	北京信息科技大学关于聘任王宗水同志教师职务岗位的通知	行政内发文	校人发【2017】13号	11月13日
486	北京信息科技大学关于同意学生高晋国退学的决定	行政内发文	校教发【2017】129号	11月13日
487	北京信息科技大学关于同意学生库杜热提退学的决定	行政内发文	校教发【2017】130号	11月13日
488	北京信息科技大学关于同意学生李雪彤退学的决定	行政内发文	校教发【2017】131号	11月13日
489	北京信息科技大学关于同意学生吕霞退学的决定	行政内发文	校教发【2017】132号	11月13日
490	北京信息科技大学关于同意学生乔远退学的决定	行政内发文	校教发【2017】133号	11月13日
491	北京信息科技大学关于同意学生王莹退学的决定	行政内发文	校教发【2017】134号	11月13日
492	北京信息科技大学关于同意学生郑天琦退学的决定	行政内发文	校教发【2017】135号	11月13日
493	北京信息科技大学关于同意学生李进杰退学的决定	行政内发文	校教发【2017】126号	11月14日
494	北京信息科技大学关于同意学生周江楼退学的决定	行政内发文	校教发【2017】127号	11月14日
495	关于印发《北京信息科技大学本科学生成绩管理办法》的通知	行政内发文	校教发【2017】128号	11月15日
496	北京信息科技大学关于取消李威钢、胡长勋两位同学西藏专招生录用资格的决定	行政内发文	校就业发【2017】3号	11月16日
497	关于印发《北京信息科技大学公共场所禁烟管理规定（试行）》的通知	行政内发文	校勤发【2017】9号	11月20日
498	北京信息科技大学关于加快推进幸福河河道改移事宜的函	行政外发文	信息科大建函【2017】2号	11月21日
499	中共北京信息科技大学委员会关于艾志刚同志任职的通知	党委内发文	校党干【2017】6号	11月21日
500	北京信息科技大学关于全力以赴推进新校区建设有关情况的报告	党委外发文	信息科大党文【2017】11号	11月21日
501	北京信息科技大学关于同意学生梁星健退学的决定	行政内发文	校教发【2017】136号	11月22日
502	北京信息科技大学关于做好2017—2018学年第一学期期末考试工作的通知	行政内发文	校教发【2017】137号	11月22日
503	北京信息科技大学关于新校区学生宿舍B组团冬季施工的函	行政外发文	信息科大建函【2017】3号	11月23日
504	北京信息科技大学关于开展全校安全隐患大排查大清理大整治专项行动的紧急通知	行政内发文	校安稳发【2017】2号	11月24日
505	关于确认北京信息科技大学新校区总体规划方案研究成果的申请	行政外发文	信息科大建文【2017】3号	11月28日
506	北京信息科技大学关于新校区建设有关情况的报告	党委外发文	信息科大党文【2017】12号	11月28日
507	关于成立北京信息科技大学教师发展中心的通知	行政内发文	校人发【2017】16号	11月28日
508	北京信息科技大学关于北京北空空调器有限公司干扰学校办学秩序、涉嫌违规经营等相关问题的报告	行政外发文	信息科大办文【2017】2号	11月29日
509	北京信息科技大学关于调整我校本科教学工作审核评估时间的请示	行政外发文	信息科大教文【2017】2号	12月1日
510	关于印发《北京信息科技大学彩钢板建筑专项整治工作方案》的通知	行政内发文	校安稳发【2017】3号	12月1日
511	北京信息科技大学关于印发《学生公寓消防安全专项治理工作方案》的通知	行政内发文	校安稳发【2017】4号	12月1日
512	北京信息科技大学关于印发《2017年教师职务岗位晋升聘任高级岗位指标下达情况表》的通知	行政内发文	校人发【2017】14号	12月4日
513	北京信息科技大学关于同意学生黄荣飞退学的决定	行政内发文	校教发【2017】138号	12月4日
514	北京信息科技大学关于新校区建设进展情况的报告	党委外发文	信息科大党文【2017】13号	12月5日

续表

序号	题名	类别	文件字号	文件日期
515	北京信息科技大学关于解决新校区建设有关问题的请示	行政外发文	信息科大文【2017】1号	12月6日
516	北京信息科技大学关于大学英语四六级考试工作安排的通知	行政内发文	校教发【2017】139号	12月6日
517	关于印发《北京信息科技大学“十三五”节约能源资源工作计划》的通知	行政内发文	校勤发【2017】10号	12月8日
518	中共北京信息科技大学委员会 北京信息科技大学关于关于印发《北京信息科技大学二级单位年度考核办法》的通知	党委内发文	校党发【2017】68号	12月8日
519	北京信息科技大学校长办公室关于2018年元旦、寒假放假安排的通知	行政处级发文	办发【2017】8号	12月11日
520	北京信息科技大学关于申请撤销银行账户的请示	行政外发文	信息科大财文【2017】9号	12月12日
521	北京信息科技大学关于新校区建设进展情况的报告	行政外发文	信息科大文【2017】2号	12月13日
522	关于呈送《2017年北京信息科技大学党委落实党风廉政建设主体责任情况自查报告》的报告	党委外发文	信息科大党文【2017】14号	12月13日
523	关于呈送《2017年北京信息科技大学党委落实党风廉政建设主体责任情况自查报告》的报告	党委外发文	信息科大党文【2017】15号	12月13日
524	北京信息科技大学关于同意学生胡正平退学的决定	行政内发文	校教发【2017】140号	12月18日
525	北京信息科技大学关于同意学生杨燕洁退学的决定	行政内发文	校教发【2017】141号	12月18日
526	北京信息科技大学关于拆除新校区内通讯铁塔的函	行政外发文	信息科大建函【2017】4号	12月19日
527	中共北京信息科技大学委员会关于印发《北京信息科技大学关于进一步加强和改进学校共青团工作的意见》的通知	党委内发文	校党发【2017】70号	12月19日
528	北京信息科技大学关于给予陈奇记过处分的决定	行政内发文	校学发【2017】95号	12月19日
529	北京信息科技大学关于给予丁嘉豪记过处分的决定	行政内发文	校学发【2017】96号	12月19日
530	北京信息科技大学关于给予李晨子严重警告处分的决定	行政内发文	校学发【2017】97号	12月19日
531	北京信息科技大学关于给予李昊含记过处分的决定	行政内发文	校学发【2017】98号	12月19日
532	北京信息科技大学关于给予李越记过处分的决定	行政内发文	校学发【2017】99号	12月19日
533	北京信息科技大学关于给予卢龙记过处分的决定	行政内发文	校学发【2017】100号	12月19日
534	北京信息科技大学关于给予牟冬婷记过处分的决定	行政内发文	校学发【2017】101号	12月19日
535	北京信息科技大学关于给予肖小月严重警告处分的决定	行政内发文	校学发【2017】102号	12月19日
536	北京信息科技大学关于给予杨亚亚严重警告处分的决定	行政内发文	校学发【2017】103号	12月19日
537	北京信息科技大学关于给予叶慧忠留校察看处分的决定	行政内发文	校学发【2017】104号	12月19日
538	北京信息科技大学关于给予张彧辰严重警告处分的决定	行政内发文	校学发【2017】105号	12月19日
539	北京信息科技大学关于上报测控技术与仪器专业一流专业建设方案的请示	行政外发文	信息科大教文【2017】3号	12月20日
540	中共北京信息科技大学委员会关于增加党委常委职数的请示	党委外发文	信息科大党文【2017】16号	12月20日
541	北京信息科技大学关于新校区建设进展情况的报告	党委外发文	信息科大党文【2017】17号	12月20日
542	中共北京信息科技大学委员会保密委员会关于评选2016-2017年度保密工作先进集体和先进个人的通知	党委内发文	校密发【2017】18号	12月22日
543	关于印发《北京信息科技大学关于加强辅导员班主任队伍建设的意见》的通知	行政内发文	校学发【2017】106号	12月22日
544	关于印发《北京信息科技大学辅导员管理办法》的通知	行政内发文	校学发【2017】107号	12月22日
545	关于印发《北京信息科技大学班主任管理办法》的通知	行政内发文	校学发【2017】108号	12月22日

续表

序号	题名	类别	文件字号	文件日期
546	关于印发《北京信息科技大学学科创新引智基地管理办法（试行）》的通知	行政内发文	校外发【2017】6 号	12 月 25 日
547	关于呈送 《中共北京信息科技大学委员会 2017 年履行意识形态工作责任制自查报告》的报告	党委外发文	信息科大党文【2017】18 号	12 月 25 日
548	关于呈送《中共北京信息科技大学委员会保密委员会 2017 年工作总结》的报告	党委外发文	信息科大密文【2017】5 号	12 月 26 日
549	关于印发《北京信息科技大学学位授予工作实施细则》的通知	行政内发文	校学位发【2017】8 号	12 月 27 日
550	北京信息科技大学关于确认张双彪等同志中级专业技术职务的通知	行政内发文	校人发【2017】15 号	12 月 27 日
551	北京信息科技大学关于公布 2016—2017 学年辅导员考核结果的通知	行政内发文	校学发【2017】109 号	12 月 27 日
552	北京信息科技大学关于公布 2016—2017 学年班主任考核结果的通知	行政内发文	校学发【2017】110 号	12 月 27 日
553	北京信息科技大学关于为军工实验项目搭建遮蔽设施的申请	行政外发文	信息科大建函【2017】5 号	12 月 28 日
554	北京信息科技大学 关于公布第十届青年教师教学基本功比赛暨第四届教学新星评选结果的通知	行政内发文	校教发【2017】142 号	12 月 28 日
555	关于公布北京信息科技大学第七届实践教学基本功大赛评选结果的通知	行政内发文	校教发【2017】143 号	12 月 28 日
556	关于将北京信息科技大学新校区住房需求纳入昌平区 2018 年保障住房供应计划的申请	行政外发文	信息科大资函【2017】1 号	12 月 29 日
557	北京信息科技大学关于新校区建设进展情况的报告（六）	党委外发文	信息科大党文【2017】19 号	12 月 29 日
558	关于建议鲁雷同志拟任中共北京信息科技大学委员会常务委员会委员的请示	党委外发文	信息科大党文【2017】20 号	12 月 29 日
559	中共北京信息科技大学委员会关于全面从严治党突出问题专项整治的报告	党委外发文	信息科大党文【2017】21 号	12 月 29 日

2017 年授予硕士学位名单一览表

表 12-2

机电工程学院					
机械制造及其自动化专业（7 人）					
柳旭涛	陈　达	周坤鹏	刘错锋	魏帅充	周宏兴
王　能					
机械电子工程专业（12 人）					
贾　旭	张思宇	王星达	徐　康	夏五阳	李　虹
刘　斌	姜召才	赵玉超	张晓雷	石守娟	徐　欢
机械设计及理论专业（8 人）					
李　浩	闫文飞	陈　婉	陈　曦	李明洋	张奇梁
王福乾	李珍妮				
车辆工程专业（5 人）					
方　磊	谢明伟	张若宾	刘　尚	刘志欣	
先进装备动力学与控制专业（1 人）					
谭傲楠					
先进制造设备工业设计专业（2 人）					
易中贵	黄　平				
工程硕士专业学位					
机械工程（35 人）					
高　岩	董青霞	郑　阳	张建华	汪　锋	侯秋梦
张宁宁	杜宏辰	刘成亮	付伟清	郭　博	胡金鹏
刘全攀	靳金朋	陈　雷	刘江玉	路艳群	卜范磊
赵双侠	邓娅莉	郭桓宇	李　康	邱文涛	余周祥
张宝振	张兴宇	王　宇	安　雍	岐晓辉	殷康胜
于忠杰	李　涛	刘康康	王刘影	宋　杰	
仪器科学与光电工程学院					
光学工程专业（6 人）					
高　润	李　杰	徐恩博	丁香栋	任宣玮	褚　翔
精密仪器及机械专业（13 人）					
华晨惠	谢鹏程	王志超	马闪闪	陈　恺	郑文宁
张玉灵	焦保刚	冯超鹏	郑　浩	张玉江	李　跃
鹿利单					
测试计量技术及仪器专业（7 人）					
焦阿敏	刘明辉	蒋艳鹏	陈仲卿	韩仁银	王雪寒
黄汝田					
工程硕士专业学位					
仪器仪表工程（37 人）					
马宗瑞	侯伟成	孙乃循	傅信芳	路和生	王　华
李　娟	张　杰	蔡晓洁	张津津	赵卫芳	米徐慧

续表

何　龙	楚圣辉	郭旭东	段晓艳	于立秋	张慧萌
郭冬冬	刘嘉兴	于　惠	吕苗洁	朱红云	胡蒋明
方　瑶	魏文哲	许梦浩	肖亚男	耿富林	胡　平
刁春仁	杨　凯	周　政	周　勇	聂振利	张厚志
仇希尧					
自动化学院					
控制理论与控制工程专业（6 人）					
李大鹏	蒋　恒	卢晓姗	刘　鹏	黄英华	吕永艳
检测技术与自动化装置专业（6 人）					
叶继兴	范荫鹏	赵亚强	李清琳	龚华伟	毛瑞燕
模式识别与智能系统专业（5 人）					
裴新权	温招洋	范　雪	刘志鹏	王明泽	
导航、自导与控制专业（3 人）					
赵　辉	安晓倩	刘书平			
电机与电器专业（3 人）					
韩　晔	刁兆江	赵　阳			
电力电子与电力传动（4 人）					
王凯丽	张云龙	常　伟	郑成才		
工程硕士专业学位					
控制工程（29 人）					
陈亚京	周　海	原　鑫	张　蕾	徐万芝	国稳稳
李　永	张立强	李晓卓	申　兴	代军委	王　蒙
于云霞	赵云杰	李连鹏	镡晓刚	王　炜	孙菁宇
李　超	张晨晖	杨伟峰	王　雪	刘　伟	梁智敏
王园超	王夏雨	姚朋朋	罗　丹	董玲玲	
信息与通信工程学院					
通信与信息系统专业（3 人）					
姜穆元	李　猛	高　军			
信号与信息处理专业（6 人）					
王路杰	李英磊	叶圣超	曾佳佳	谢泽华	李东乐
工程硕士专业学位					
电子与通信工程（27 人）					
王加庆	曾　汪	崔梦娇	于　琳	张亚东	黄茂源
纪厚业	黄太波	方宏伟	边兴旺	侯金梦	王　涛
王　远	张永斌	武亚宁	王　宇	张玉静	姚勃旭
朱明斯	杨虎城	张　元	徐　艺	张耀匀	万　贝
刘　峰	张玉宣	赵景龙			
计算机学院					

续表

计算机系统结构专业（4 人）					
颜培圣	徐　丰	肖　佳	闫　萌		
计算机软件与理论专业（1 人）					
赵　芳					
计算机应用技术专业（13 人）					
逯倩倩	马　腾	张　慧	陈玉敬	李璐璐	李付民
孙鹏炎	耿　思	杨　帆	李登辉	马　勋	王　杨
孙祎卓					
网络信息检索与内容理解专业（3 人）					
张艳华	李超逸	李江龙			
软件工程专业（2 人）					
彭宏恩	段旭磊				
数字文化传播专业（1 人）					
王玉娇					
工程硕士专业学位					
计算机技术（47 人）					
吕淑琪	安萌萌	梁春燕	宁国秀	刘志强	彭可见
乔伊纳	刘晶晶	张凤羽	陈　柳	许　侃	魏风蕾
邢　雷	王　浩	张　良	杨鹏飞	李成旗	武小龙
孟　祥	雷鹏飞	蹇永锋	刘海龙	赵　微	邢世梁
范小将	隆　华	周红涛	冯　超	杨乐雨	王　腾
高耀东	赵星雷	张二宝	焦永情	陈伟晴	李茹茹
倪明云	刘焕金	程　威	潘　璐	董　昕	张　恒
胡明珏	朱丽雅	李宛真	胡　昕	苗　琳	
经济管理学院					
数量经济学专业（4 人）					
贾玲敏	王　磊	唐仕娟	陈佳川		
金融学专业（3 人）					
陆海蓉	刘俊霞	张嘉宁			
国民经济学专业（4 人）					
樊文敏	么振亚	衡　波	牛海东		
管理科学与工程专业（8 人）					
李春龙	陈海涛	高小峰	曹海艳	谷　悦	赵　艳
王熙繁	李桂先				
会计学专业（4 人）					
王薪龙	祝松梅	洪惠塘	张漫漫		
企业管理专业（5 人）					
邓可晴	何蒙巧	王　璐	李龙洋	李道远	
技术经济及管理专业（4 人）					
刘　苹	王丹丹	孟　爽	李华东		

续表

工程硕士专业学位					
工业工程（33 人）					
杨　阳	姜裕强	孙　宁	龚　勋	刘晓莎	李　博
史振华	孟　磊	程新建	胡佳蔚	张吉春	陈传宾
尤　悦	陈　军	王咏梅	曾　巍	苏冬辉	刘冰辉
孙　陶	朱　丹	刘晓彬	郭　娜	冉小磊	李振环
杨春龙	周瑞瑞	张文燕	杜　男	黄慧皓	刘　锴
贺　程	蔡永刚	李燕子			
工商管理（20 人）					
孔　真	卜贞贞	李　超	李　超	刘英伟	陈　斌
张　鹏	王秀蕊	王雅娟	步翠品	张莎莎	顾娜娜
黄海秋	李宏声	罗　浩	孙　松	陈卫民	袁　薇
董焕防	闫公诠				
信息管理学院					
管理科学与工程专业（4 人）					
霍新雯	张慧娟	蔡　蕊	何茜茜		
信息管理与信息安全专业（2 人）					
邓　逸	姚兴仁				
工程硕士专业学位					
物流工程（11 人）					
朱国库	魏晓健	祝洋洋	王　咪	祁　鑫	王卓伦
吴惟希	钟　军	李若愚	刘建昆	杜　轩	
马克思主义学院					
马克思主义理论专业（10 人）					
宋珊珊	杜吟滔	王　淳	王晋锦	任玉娜	刘镜镜
高　欢	王乐明	孙　盼	王冠坤		
理学院					
基础数学专业（2 人）					
李　霖	王夔海				
计算数学专业（2 人）					
许　杰	奚　茜				
概率论与数理统计专业（2 人）					
蒋琼琼	毕艳辉				
应用数学专业（8 人）					
何建梅	李文博	石　磊	李书存	李　慧	卢高丽
曹俊杰	陈　洁				
微电子学与固体电子学专业（11 人）					
余博文	郭　一	吕小茜	曾双雄	张　晨	裴亚娴
黄　旭	支瑞卿	李　琪	段　磊	马　博	

（李忠刚）

2017 届本科生毕业生名单一览表

表 12-3

公共管理与传媒学院									
白晨陆	常晓珊	陈南楠	郭 萌	韩 晶	李美欣	孙祎宁	王春元	王镭静	吴秋莲
徐梦洁	许新寒	张 萌	周 宇	朱 娜	诸 慧	郭曦泽	黄 霞	安雅馨	春 雨
高丽莎	胡洁裔	李 凯	刘 畅	潘艾迪	荣瞳瞳	施小倩	孙 露	孙 洋	谭 静
熊婧媛	徐瑞霖	严冰洁	姚 敏	于明珠	赵 宁	郑海悦	艾 珊	陆翔宇	潘鹏飞
郑 峥	袁 帅	陈斯婧	黄京梅	王 月	唐劼仪	郑 璇	崔艳平	曹伊莎	李孟莉
侯艳琳	郭 峰	高 友	陈晓祎	陈蕴曦	丁 汀	韩 月	鞠依明	李欣彤	陆斯宇
宋婧羽	孙 蕊	孙雨澄	王佳宁	王婷婷	韦晨烨	隗曼华	熊博菁	杨泽彤	张梦轩
朱丹娅	曹少宇	吕昕环	闫奥博	马鑫驰	陈雪盈	陈雨婷	符璐璐	顾培馨	黎凯燕
李怡佳	李子君	马 琛	司 雯	宋伟娅	孙艳宁	佟 艳	辛 颖	杨 丹	杨思远
翟天月	张 奕	赵雨晖	朱智临	郝培伟	黄国宾	黄 祎	刘宇超	马振超	薛仲利
杨宇行	朱家宁	高杰扬	张中曦	李夕雨	常朝阳	商喜兵	乌 帅	晁 茜	张 萌
赵雯菁	梁恒振	陈凯彬	沈伯林	李梦凡	赵 阳	张奕聪	王 宇	张栖睿	李昕欣
阿曼妮萨·艾斯图拉		古丽哈依夏·塔力甫		拍孜拉衣·衣米然木孜					
机电工程学院									
刘 璐	鹿亚丽	祁广媛	苌 彬	陈泰宇	韩雷震	彭万富	饶文军	孙 羽	王 春
王革明	王 昊	王 健	王伟豪	徐志凯	于炳涛	张烜恒	周 洲	杨 明	崔媛虹
高 妍	李 萌	刘 硕	牛荣丽	吴文月	夏 腾	蔡欣宇	郭雨真	胡 恒	梁泽峰
许奎举	余思伦	詹登辉	张培昕	赵彦博	赵紫豪	左 佳	张绮雯	国 珊	黄 颢
李 浩	张 茜	范嘉悦	高 畅	李 天	李嘉辰	刘一舟	田进林	王宏北	王凯华
余泽楹	曾启珉	张博豪	张 超	张劲夫	周可鑫	周伟兵	杨亚军	田酉晨	常效瑞
郝晨彤	孙业鑫	陈若千	祝与淘	冯雅楠	黄仁洁	吕 媛	涂怡蓉	闫宏宇	郑 鑫
初辰阳	顾凡松	郭 彬	郭克旬	康锦伟	李春敏	刘红宝	马仕林	吴 疆	谢孟周
殷江通	袁 超	袁铭敏	张秋龙	史凤梁	贾 鑫	高嘉铭	张 宇	方 勇	高 山
何 流	景云鹏	李 强	刘良杏	柳浩浩	唐思俊	万位尊	汪子贤	王秋晨	王 勇
张明琦	赵旭亮	杜 昂	范东风	洪壮状	李 渊	刘洪杰	钱潇翔	王会来	徐安洋
杨 松	周 帅	汪 杰	高荣琴	黄 莹	连美娟	宋颖超	刘逢丁	宁力萱	宋新宇
王立宇	易中豪	殷晓伟	于志达	张一鸣	邹常文	王强强	梁 汇	姜睿迪	石丽锋
陈博研	郭鑫铭	柯文理	李博宇	李 彤	刘佳昊	罗宇擎	苏仲池	唐 科	王子明
张 楠	曹园圆	代永新	王 暄	李訸龘	倪舜尧	汪婉卿	王佳音	张羽涵	谷兴宇
何延平	金 川	李 响	李新浩	刘宏韬	秦 磊	任志远	王 燊	叶 嘉	张弘磊
赵博宇	刘嘉玲	刘时慧	路可欣	祁焕文	孙 懿	王 芳	陈广伟	陈锦瑞	崔亚栋
樊泽洲	韩震坤	韩 峥	李鑫澎	刘殿琪	刘 笑	尚泽录	铁翰林	王 磊	王 硕
杨旭涛	张 曈	白 璐	董思雨	耿婧妍	何思思	黄翘楚	金 祎	潘歆宇	孙 蕊
王婉约	王 旭	闻 萍	颜 欢	张 睿	曹 毅	陈亚明	董立标	郝代涛	汤志华
吴 超	肖 晨	张 苗	张 楠	冯红晨	付 优	刘 培	刘一庆	秦 婧	韦露露
闫 锦	殷 冉	张 聪	张笑妍	郑 杰	侯 帅	李明玮	李 昕	刘博洋	秦家其

续表

荣朋节	孙　珺	孙泽龙	王　昊	邢　禹	张明哲	赵忠豪	郑　超	鲍雨桥	刁　童
郭嘉熙	李梦婕	刘挺亭	孙玲娜	杨宇邢	张　睿	何仁礼	孙珩尧	王浩然	王志鹏
赵宏基	朱子旋	苏许川	田　越	王　琴	丁　基	郝勇凯	寇　鑫	王　浩	高阳臻
梁瀚文	代　清	洪浩洋	李金鼎	刘春晓	冯正臻	李　猛	张　贺	王熙鹏	陈运之
夏成豪	杜　坤	李佳星	李　哲	徐　侨	张宝川	张书榕	赵宗博	曹净宇	贺应杰
孟元杭	尹　雷	张默伊	程峙雄	娄海鹏	陈忆农	于　蓝	刘　卓	闻　昭	丁　扬
窦　越	李卓阳	周羽豪	马文卓	安绍晨	袁宇龙	于　跃	李宏伟	郑宝金	甄梓杨
冯翰文	高鑫瑀	朱佳衢	张典民	郝国卿	孙　晨	王海坤	马　丁	郑明宏	张文阳
郝　然	高明杰	胡　博	刘嘉楠	刘思炀	刘亚琛	王　然	刘先良	何　涛	门肇波
徐京苏	董秋立	王　晶	李博男	陈　兴	宋鑫燚	闫新梁	李顺尧	李世锡	甘颜铭
刘　宇	杜　鸽	申　涛	李　鹏	廖一伦	林　骏	马陶聿嘉	木热地里·依明		
阿里甫·艾尼瓦尔									
计算机学院									
金雨茜	王　洋	何润姿	胡盈悦	姜雨彤	李思佳	王　婷	王紫瑶	毕　特	陈丁善
陈　龙	卢　晋	谭楚枫	吴　琛	许少武	张光宇	张宇超	孙东标	刘世芳	秦宁蒙
张志颖	杨旭岩	冯安然	李聪依	马素雅	宋果玉	陶　姗	田　梦	王昱之	肖　瑶
许艳珍	陈子鹏	范永锐	郭严磊	韩曈帅	刘建文	隋占兴	张　浩	王新闻	谢小林
魏　宁	马树坤	侯慧欣	李钰曼	刘媛媛	宋海伦	王咏迪	薛婧祎	张梅舒	张　月
高　铭	林鸿敏	刘天雨	吕政鹏	明　皓	许莉鑫	曾健荣	杨卫如	张娇娇	乔　宇
袁　野	成孟婷	崔钰昕	范　杰	高　雅	李震宇	刘啟阳	马北平	孙秋天	张李梅
黄期东	刘　宽	马延超	田鸿嘉	佟勃迪	王景隆	肖志新	杨智成	张明明	张文飞
张鑫岩	石书新	姜姗宏	孟　靖	庞金玥	王寒茹	王思佳	徐　颖	赵雅辰	耿英瀚
郭庆杰	李　辉	李家全	李　淼	李杨柳	时　羽	谭张飞	王　磊	吴伟誉	杨玉梅
陈伟颖	李　钰	刘丽君	刘　攀	柳金宏	杨　悦	张　钰	寸轩懿	高奕聪	何江龙
罗永豪	王　猛	王　儒	文　迪	张　栋	张一龙	周文冉	董　帅	白　雪	陈淑娟
郭丛丛	韩　璐	芦美艳	邵祎琦	田兴亚	田　颖	白依瓒	董经博	房德磊	纪鹏飞
李海峰	刘佳峰	夏得玉	姚学超	张　林	张仕杰	杭天文	罗小乔	秦何煜	石晓妍
谢　坤	董　理	黄生斌	黄站祥	雷安军	李浩龙	阮　翀	汪定峰	吴海艋	谢晓龙
徐　聪	许　谦	杨师洪	袁　浩	张武剑	魏　皓	彭思颖	王胤心	谢　婷	翟　玥
陈　果	成　彬	丁嘉伟	侯晋升	康　源	李　辰	李　俊	李　鑫	檀智飞	王雪松
曾柱深	郭雨晴	杨鹏飞	陈　雨	傅　栋	高俊宇	胡　旋	李宸阳	李　航	李　政
刘　卫	刘占奇	马　骁	秦鲁法	张　京	曹羽竞	魏　楠	吴岩萌	薛　蕊	闫凤起
朱璐瑶	陈羿萌	邓丁朋	郭林畅	李云峰	刘慧博	乔　熠	鲍宇杰	郭灵灵	孙佳慧
张　曦	郑思卿	李长鸿	李　鹤	林锦华	钱叶雷	宋　浩	孙铭阳	王若华	武　睿
周宇昊	邹家威	黄先有	袁　程	庞文滔	郭椿辉	何伟杰	王子逸	吴骐同	谢启程
幸小文	于晨曦	石　磊	夏寿聪	赵雨阳	刘阳东	王怀全	朱　宏	单秋晨	吴振胜
赵　柳	赵孟宇	刘思雪	柳思铭	王　丁	魏旭彬	杨毅辉	赵　宁	明　昊	洪　宇
柯笑岩	李晨硕	路翔宇	唐　朝	杨　立	张凌枫	张　鹏	赵世博	周文猛	刘　政

续表

胡锦翔	王翰晨	王 杉	王 潇	王子昂	张超睿	赵子健	陈 天	张 悦	马同乐
石 骁	高嘉林	黄 骥	姜 静	席晓玲	岳 鹏	胡家祺	齐 宇	陈颖豪	彭 翔
邹秀丽	宫体明	吴少强	何佳璘	马 锐	齐 云	涂天欢	高 强	马晓彤	李佳钰
车子昂	吕鹏博	程永奇	杨颜泽	杨 英	张晟玮	宋鑫博	姜凯珩	赵 强	田 阳
赵宇彤	高廷荣	谯 洪	张梦舟	季 朗	张 宁	王 倩	刘汝杰	吕 杨	于博强
张 晨	郭宇飞	岑维聪	王 超	周诗喻	郭 威	刘鸿森	欧阳依然	刘星瑛子	

经济管理学院

彭志文	宫紫嫣	郭家瑶	郭燕燕	韩 芳	胡飞雪	李碧媛	李思露	刘东雪	刘 莎
刘欣艺	郭浏雨	潘 琪	王云希	吴金佟	肖 迪	肖洋洋	项翠红	殷显慧	陈国益
冯宝东	姜 山	李 昂	王恩昊	王啸洲	杨文宁	仲鲁浩	孙 婧	金卉子	陈玉燕
付霄鸽	邵文琛	曹荣晖	韩 梦	李田盈	李 童	李雅维	李子妍	刘 姣	刘 菁
苗 佳	秦 爽	商少安	宋田田	孙雪琦	王妍舒	许康妍	闫慢慢	周 凡	陈建飞
刘谨锐	任泽海	孙 昂	王晓源	杨 乐	马 婧	陈艳婷	柯 敏	曹 婧	陈 莉
陈 颀	丁 然	丁鑫鑫	高子洋	何 艳	李 瑶	李雨晴	梁 珊	孙慧泽	王奥娅
王兴红	王 盈	徐文慧	闫姗姗	张海珊	张思明	张 颖	朱轩彤	冯依林	李长学
刘 鹏	于鹏源	左康宏	李远洋	曹宏岩	崔雅东	董海燕	冯感童	高占慧	姬 瑜
靳莉莉	李昊颖	李 鹤	李晓昱	林 翠	牛亚楠	潘 炜	商玮琪	孙孟霖	孙夏翀
王 丹	王 露	辛 颖	徐黎丹	杨 超	杨雪蓉	崔 昊	尹红伟	王靖萱	于井然
杨雪纯	李斯宁	李泽森	杜 鹃	刘钦玉	李春华	李晓婷	于晓童	李恩子	张月婷
张林靖	王卫花	刘 娜	李静文	成 磊	胡长勋	路 遥	王 晶	段雪辉	秦全群
马振伟	刘宇松	梁宏达	王 滔	杨 宇	崔世贤	贾转玲	来 飞	李冬金	刘 婕
刘 敏	刘彤心	刘 洋	宋 丹	王珏煊	徐颖莎	薛嘉琪	杨思宇	张 瑾	张依静
周栩同	葛 睿	颉 涛	马 帅	牟 舟	于鹏飞	郭敬瑶	满雨澄	白 涵	陈玉婷
高文君	姜智甄	李 晶	李 莉	李璐衍	李 鑫	刘 欢	刘钰莹	汪怡琤	王皓芸
王 苗	王 昕	王瑶瑶	王志娟	魏 倩	邢 菲	徐望钗	袁 颖	张萌萌	张兆阳
郑永洁	蒋凯明	梁伯伦	吴嘉濠	李嘉维	陈 慧	张阿强	赵子仪	王 欢	翁思曦
孙 钗	费俊杰	崔雪蕊	冯雨平	何舒悦	李 雪	刘 娜	刘 苏	秘 妮	宁 涵
任美琪	闫子颖	杨 迎	姚 遥	余丹妮	张 浩	张蔓菲	张 萌	张 雪	张雅茜
赵安东	赵 旭	崔子伟	范 维	杨小关	邓秋洁	关旖旎	步子羽	陈思远	冯 彤
冯月阳	李十佳	刘 洁	彭晶莹	彭 雪	石 琼	王建颖	闫 鑫	尤 俐	张 潇
赵依露	高 帅	郭江涛	孙文新	沙娜娜	阚丰乐	贾丽丽	陈 爽	郭嘉惠	景香菊
李佳琪	李 嫚	刘丹青	马 丽	毛惠婷	谭雅思	王 爽	徐 华	薛瑞琦	杨穆卿
张 楠	张英杰	江晋锋	林明昊	刘 群	沈 括	石天岩	苏子豪	安宣霖	包悦婷
蔡晓萌	高梦璐	韩雪傲	雷 彤	李佳馨	李欣蕾	刘 晗	帅紫楠	田 玥	徐 祎
杨惠荣	张 婧	张秋晨	张媛媛	朱凯悦	邹文嘉	邓宝康	徐 鑫	杨证锭	陈 硕
杜桂芳	范雪莹	胡 玥	孔 薇	李涵凝	刘 莹	孟笑叶	孙 蕾	孙 蕊	汤 薇
王玥琪	张嘉莹	陈 健	冯旭东	李志兴	潘登军	许 涛	张安恺	赵国忠	郑阳青
崔春雨	戴晶晶	付 豪	耿若雨	顾浩繁	胡子佳	乔佳宾	史雨飞	苏海南	张 洋

续表

张 莹	郑 彤	安 伟	关 雷	李在洲	林雨晨	吴默辰	于 琪	朱 健	胡思琪
焦雨晴	金奕奕	王静怡	王志丹	杨倩茹	张怡鸣	赵聆宇	周辞秋	朱 可	邵 迪
王 迪	王东旭	王 晗	王锦程	王子轩	杨 楚	张露阳	李子维	朱凌霄	荣可心
史彩彩	王 璇	刘 畅	蔡宏颖	赵 茹	张冬雪	王雨菲	刘 馨	辛 欣	张梦瑶
郭宁宁	李 龙	申梦尧	代 凯	姜怀飞	吕 震	郑伟乔	崔亚杰	冷倩宇	李军儒
李 荔	李 璇	施翠翠	孙雪怡	韦芳芳	向 玲	徐永慧	张佳旭	张奕桐	朱思雨
方 涵	刘嘉泰	孙 旭	王子昂	巫文斌	杨玉仁	原重阳	张振宇	徐 婧	陈贵敏
褚从容	戴萌昕	韩 璇	何林林	胡春颖	黄惠兰	李盼盼	欧慧苹	夏烨春	张 楠
赵 婷	何国鹏	黎 平	李 可	李赟杰	缪鼎森	严茂林	叶 帅	张振江	赵威逊
周 轶	肖雯丹	陈帅龙	管 晴	段一凡	范云丹	何灵玲	胡 慧	李明萱	刘思思
刘鑫睿	刘子瑜	吴谨瑜	于双雨	岳斯嘉	翟宇琪	张梦迪	张 宁	张 秀	符治中
韩同辉	姜 威	吕明峰	田 昊	陈 玥	顾湘蝶	何凯悦	胡钰鑫	胡 月	黄雯莉
李莹玉	刘明月	刘文君	任羽汐	王昕玥	王永慧	李 晟	王昕凯	吴佳豪	张文鹏
张瑞雪	曹一杰	柴 纳	陈思琪	陈晓莹	郭 蕊	居 烨	李 静	林 格	刘卉宾
刘玉洁	卢静宇	吕 慧	彭靖雯	戚鹏鸽	王 傲	王 娜	肖 瑶	杨思琪	姚天恒
张雪飞	常张宇	黄永魁	袁昊成	陈涵清	樊 华	何家卉	金眸眸	李云洁	刘碧琳
刘思迪	刘欣悦	龙 娟	孟令想	孙 迪	魏 琦	杨 倩	杨宇琛	张丹琪	张雨婷
张 悦	赵玉莹	郝春燕	曹星宇	陈子涵	郭 翔	李 权	杨飞鸿	赵 磊	张 陈
韩 冰	李亚轻	潘 珊	赵 宁	于晓雪	马 瑞	史兰若	桂 鹏	曹 旭	贺 佳
胡 娜	刘颖雪	刘 凯	邱钰涵	辛灵曦	刘依明	贾子涵	邵玉杰	周 伟	茹富盛
孙 一	田 川	于 快	洪静文	欧任飞	刘千昂	陆雅丹	刁秋萍	王昳珺	李晨露
窦海通	李 霖	贺 蕊	王哲天	陈思橙	颜 一	张予馨	刘怡彬	张明明	庞钧元
陈雯雯	刘乾翰	刘 娜	王智雨	普 桑	王 蓉	尚 琳	洪汀滢	张连盟	王朝轩
张一琦	杜博涵	蒲 君	陶卓越	古彤溪	陈 康	孙佩茹	李佳妮	程 欣	蔚 宇
陈俊良	王 霄	黄 玥	汤诗怡	艾合买提江·卡斯木		古力湖玛尔·买买提阿布		吐尔吉扎提·亚尔买买提	
理学院									
陈 予	李 濛	梁安安	乔 安	王梓静	徐 丹	许梦婕	张 萌	廖朝阳	宋 尧
王冬旭	杨恺淳	杨兆伟	陈思思	韩 科	牟 晓	瑞梦予	张耀允	张宇驰	程 智
郭博宽	贾 元	娄博韬	彭 帅	王昊天	吴 凡	吴天昊	谢泽源	许楷名	张炜杉
邹 杰	宋昀轩	郭楠楠	刘倩芸	陈思源	崔子玉	高雨轩	郭 阳	金 童	李 昊
刘 磊	刘星钰	吕兰生	万 宇	郭 成	陈晓宇	李美聪	王沛瑶	王雨琪	张 萌
张叶叶	蔡超月	蔡默雷	陈 硕	代志康	费鹏翀	耿庆仁	连明皓	米 杭	祁 鑫
孙浩洋	唐懋钧	田 密	王宇森	王 喆	张天睿	安 琪	陈夕荧	董安琦	龚梓文
刘 佳	刘 鑫	刘宇婷	马 晨	齐 彤	张高搏	侯永恒	黄轶先	李 绑	李嘉兴
刘荣侠	石林镛	孙泽锋	王 强	吴 飞	祝家鑫	刘京徽	王 猛	杨凯飞	易贤文
邓永会	罗 丽	白徐阳	陈伟骏	陈 越	李 祎	邹浩涛	栾宇航	马添翼	许泽宇
钟灵枫	柳汉清	孟祥瑞	吕瑷齐	刘宇辰	苑轶楠	马 瑞	李 政	刘庄承东	

续表

外国语学院									
曹天天	邓　山	郭　硕	胡子依	江　雪	李雨婷	刘　祎	马乐乐	潘念慈	潘宇涵
彭晓媛	邱　景	商宇航	舒　婷	肖　蔓	徐　娜	余研佳	张　勉	张　悦	周　蕊
林志伟	永　权	赵睿韬	吴佳莉	周芮瑶	方　圆	陈　坤	黄梦莹	李　想	梁雪琴
罗　丹	罗　皓	马白雪	马一丹	孙丽瑶	王晨洋	杨晶晶	杨雨宁	张　萌	张思曼
张欣宇	郑　恬	冯佐岩	高昊杰	郭　峰	徐　戍	殷成人	曹梦媛	高婉璐	耿　婕
黄思晨	李佳滢	刘　琳	刘子贞	施兆楠	王春雨	魏良熠	吴　凡	徐妲薇	杨　帅
张　琪	张炜桐	赵　畅	樊　磊	段好添	王　烨	胡志强	姜维静	代连兴	朱　卓
高慧雪	张杨彤轩								

信息管理学院									
牛小溪	潘　钰	尚智慧	谭伊凡	杨文博	于莹莹	张丹彤	丁　鲲	何东阳	扈庆宇
李　垚	连子健	孟凡宇	裴志焱	沈天鹏	王仁宇	吴佳雄	徐少良	杨英杰	王心琦
赵宇晨	杨　晨	郑明霞	李　琳	张亚兵	王　宁	贾　贺	贾超超	郭建山	曹　祎
陈雨婷	胡梦萦	乔吕牟	史瑞英	田媛媛	杨　晨	张　晶	郭　晓	万振尚	王绍超
徐佩吉	赵宇航	姚依依	许　娟	宋浩楠	路　聪	杭　翼	安黎京	曹渴欣	陈雪松
崔　敏	崔　悦	荆雪菲	李志丁	梁慧玲	刘畅言	张丽超	张琳琳	张文玉	胡金涛
胡俊楠	刘鹏飞	史沛尧	吴　昊	严　军	杨毅曜	李　津	曹赍华	杜照青	龚静仪
胡志荣	陆晓慧	帅子沛	苏亚寒	苏　征	王晓雯	周继蓉	朱晓柠	董　铮	杜　江
凡杨杨	孙德雨	邢益文	闫　晨	栗楠楠	胡瑞青	毕　莹	郭艺琳	陈梦娇	郭　佳
曹　婷	陈　茜	高　菲	李　佳	刘　玙	孟雨露	孙静颐	田利利	温惠婷	吴一然
张思寒	张　怡	张越男	安育贤	胡晓光	李昌富	刘嘉敏	师焕杰	汤彦鑫	唐　波
王家伟	杨柠瑞	湛　礼	张剑飞	陈子月	高东霞	陈一鸣	杜玟谛	段　砚	符雪妮
侯海燕	施滢萍	苏敏惠	王盼盼	杨　赛	于　洁	杜欣忠	廖伟兵	刘滨翔	屈东渺
石祥虎	田佳明	王东升	王若豪	谢　昊	雷　鸣	高　燕	谢兆然	钟佳钰	刘佳恒
张晨翔	才　艺	陈楚翘	丁意轩	高　悦	郭　萌	姜　蕾	雷晨曦	李　莹	刘丹阳
曲佳慧	王晶晶	杨　悦	张芳纯	赵　迪	蔡思言	李易欣	刘长森	慎孔柱	孙　政
吴钟强	许　浩	薛志召	李昊玥	龚晨铭	赵　毅	章　峰	毕宇昕	可碧文	刘海英
吕雪莹	罗小京	汤　燕	佟新潮	魏雅璇	温婉琳	吴天婧	谢娅文	赵冉旭	周晓磊
安毅宸	郭　涛	胡自强	黄宇超	金逸轩	李金洋	邵琦涛	苏仕迈	吴正阳	赵　鹤
曹雪童	陈媛妍	葛欣怡	景重阳	赖丽远	李天阳	李小晓	吕　凌	施伟燕	汪宇虹
王格雅	谢媛君	赵　倩	赵翊艺	姬　硕	刘仲坤	孙　鹏	郑泽洋	李昭君	蔡诗虹
陈雪梅	胡文婷	周　静	吴玉元	王雅珊	邓丽珍	高亚莉	关　悦	解博文	李丹宇
李　玎	李梦彤	刘　婷	刘　颖	彭　茜	田　密	王恩华	魏秋月	徐文文	杨尚青
柴业坤	陈　阳	韩易霖	李　康	刘家伟	戚　晨	舒　琰	王利实	张浩若	张佳乐
仉唯豪	王超颖	周芊芊	陈佚然	黄正宜	姜　荻	兰　斐	李　宇	马明珠	魏　洪
杨　波	杨思迪	杨斯涵	张言栋	张译元	侯博远	卢舒金	倪浩霖	徐　帆	董修齐
周依稷	牛仲琪	张　路	刘惠瑛	王祥金	王文涛	郑　毅	李　嘉	孙　昊	刘　桐
任小娟	梁志超	王玉欣	董越杰	梁　涛	张宇健	张均伟	丁见加	冯屹龙	张明兴

续表

杜宝明	薛 晨	杨 骁	张佳星	李亚森	华心瑞	张 宇	王 靖	潘旭阳	段驭骞
李鲁恒	李博涵	于泽洋	田 京	张望南	黄渝轩	古昊东	于天野	罗桑曲达	常解因卓玛
艾散·伊米提		阿得力·热合曼		祖夫卡尔·阿里根		穆太力普·巴克尔		汗尼克孜·吐拉买提	
迪力努尔·艾合买提									
信息与通信工程学院									
陈 坤	蒙 俊	蔡振华	董瑶垚	韩瑞颖	魏庆怡	许 静	张 涵	张 霞	周坤坤
陈宇罡	李凯旋	李 腾	梁博闻	刘克鹏	马通仕	宋二浩	武 略	张善凯	张 硕
赵华超	丁春玲	胡园园	史文哲	涂佩文	魏楚青	闫诗玥	杨艳红	袁 野	张丽玉
赵小爽	龚华超	郭建宇	胡耀华	金 耀	刘航志	刘俊峰	刘文钊	罗 杰	穆文楷
王 喜	王晓康	赵 磊	库文豪	侯文彬	李海静	马馨茹	苏夏瑶	王丙玲	肖雨琪
许刚玉	封建平	郭 潇	王泽龙	姚 晗	高可心	陈 雪	方雨华	冯钰涵	李 琳
刘 钊	庞梦钦	汪永青	王杜娟	王依伦	杨 帆	钟雨微	陈华松	冯 舶	冯镇西
干英峰	蒋 震	马成齐	苏海峰	王紫剑	许 翀	陈紫扬	李啸宇	余莲娜	金嘉诚
林圣威	刘冀泽	邱 凯	宋现智	佟 睿	王 硕	徐 璐	曹思雨	李晓杰	刘 占
苏钰生	封之伟	罗 灿	彭浩洵	杨亚鹏	杨 昭	袁 博	陈 璐	康文文	张静璇
张叶朋	甄星华	江运衡	赵 伟	刘亦哲	徐宗宝	张 添	邹佳道	李梦瑶	马藤宇
杨翔云	姚 璐	冶于昕	于 颖	郑怡雪	李 佳	李杨珺	栗辰烨	刘 想	吕飞洋
孙金泽	汪 斌	张 帆	王 彤	郑方向	翁元博	蔡易珊	傅佳妮	胡皓宁	刘 璐
陆 娇	栾佳星	孟莘蕊	王 阳	张 婷	郑逸佳	胡 克	李海东	马 杰	沈博一
张彦枫	高天润	李格菲	刘嘉佩	毛 雪	杨 萌	杨文静	代鹏程	罗昌浩	马 上
王 智	任晓童	王 乐	钟 杉	李劲宏	马 云	邢光楠	杨玉琨	戴子强	卢 昆
汪 瀚	徐咏悦	王星雨	董 琛	施 慧	樊 卓	方文虎	李昊樯	杨鹏远	张永超
崔金瓯	康 妍	刘金英	王雨婷	杨 倩	杨晓芬	张 词	曹 榕	蒋孟伦	李林暄
李彦辰	宋亭纬	宋昕昊	陶 睿	王鑫瑞	熊树光	薛睿锟	杨 旸	袁 航	张永兴
郑明磊	李 岩	滕松洋	陈思宇	董沐青	王 震	郭宇辰	何 伟	梁 宇	魏宇鋆
杨 拓	廖乙蓬	刘 可	郝志强	刘 恒	夏晓蕾	元 芃	蒙显杰	刘亚娟	陈旭杰
陈亚斌	任鼎博	王禹章	王 洋	马 也	宋思楠	陈钢林	刘 跃	徐 峥	杨 斌
杜天语	刘 鹏	刘宇波	闵安吉	王镜涵	范乙琛	程雯静	王 英	贾思捷	张 童
陈永乐	卢 毅	杜天驰	赵静琳	李 轩	杨 暄	马鸿亮	赵 飘	王聪聪	孟盼盼
刘俊然	刘子健	吕伟豪	王董平	王重阳	赵义飞	姜腾飞	王晨禹	朴建霖	王 宁
许洪瑞	许 健	许李武	闫 梁	陆晨曦	贾一君	潘泽众	王小柏	朱彦儒	张志强
李 晨	杨於东	李 超	高雨安	龚明其	艾合麦提·巴拉提		阿布里孜·艾比布拉		
仪器科学与光电工程学院									
董玥琪	蒋立君	刘萧冰	冉瑞琼	桑若竹	田海霞	王 羽	杨 洋	张 蒙	张玮祺
赵可欣	陈 良	冯读金	郭航迪	揭宇达	李艳奇	李翊宁	梁 禹	刘 涛	孙 鑫
王力森	王 稳	夏晓鹏	谢瑞亲	徐杰超	高金阳	耿华婧	李艾丽	李庆龄	刘海顺
任 越	王佳玉	谢玖跃	杨 婧	党彦辉	李 乐	李颜均	牛献礼	史程程	王本豪
石雨宸	万长安	蔡 瑜	崔妍妍	段 坡	黄 帆	刘曼昭	马文晓	孙 蕾	王 蓉

续表

杜　彬	郭健宁	胡　阳	金德发	刘　金	刘木子	钱超超	王永西	杨玉璞	余　庆
刘音锴	蔡飞璠	崔　硕	梁雅蕾	刘　蕊	白浩然	邓景元	鞠　宝	李威良	刘伯鑫
刘彦言	王　河	王子豪	杨　潇	尤　好	张朝晖	张新鑫	冯　哲	李安妮	刘　畅
汪　杰	张欣怡	陈　云	陈志青	范　曾	高暐暐	贾培智	李　嵩	李　鑫	刘子通
吕　一	王丁辰	王国钰	闫冠臣	张笑语	赵迎超	赵宗秋	王文瑾	孙亚培	杨　乐
齐世平	尹小原	杨通香	贾　硕	靳　松	许一鸣	陈景拼	李美霖	陈　壮	贺　杨
刘星雨	高荣斌	见昕杨	冯春玉	刘映彤	李祥伟	刘晟卓	李天舒	赵卓然	张　磊
陈昀昊	李峙葳	郑新薇	马　文	孙克济	朱明宇	张　杰	张重阳	肖建强	胡　冉
米鑫乐	王艺深	李荣达	葛华琦	李瑞涛	赵子豪	吴　桐	加依达尔	罗汪海赟	
自动化学院									
何常鑫	陈　迪	戴颖婕	邓予然	段　瑾	郜　珏	安思清	陈帮祥	陈建宇	陈榆琅
丁雪川	付纪元	葛丰源	谷　浩	桂欣冬	郝鑫焱	何　灿	焦建锋	耿欣瑶	谷　雨
李瑾栩	李路平	靳双豪	李　睿	李世华	李伟文	李暄炜	李子正	梁　栋	林雨琦
刘黎明	刘　振	卢　豪	陆　禹	付　瑶	赵鹏达	刘金宝	宋小鸿	隋秋实	王　露
王　倩	黄渝凯	蒙绪舜	孟文博	牟俊杰	任　超	申燎原	帅东明	宋怡然	涂　程
王　博	王　丹	王健斌	魏明月	韩　爽	张冉乔	张雪依	张　颖	张智境	许不周
许　浩	杨　琪	张枫乐	张　辉	张沛琪	张　泉	张　伟	赵钦辉	马艺芸	赵伟涵
刘天潮	李书乐	王斯嘉	夏云倩	朱冰洁	杜博昀	郭　佳	贺梦嘉	井德淼	李　浩
李世新	梁嘉浩	牛艳飞	任道远	孙　毅	汪锴狄	王　畅	王彦淳	肖天琦	赵建智
赵伟杰	郑　宇	朱肖宇	张善策	高　莹	马文雅	吴梦颖	赵　孟	赵晓萌	褚　运
董志豪	李　成	李明月	刘　涵	尹　晗	张　茁	周文星	郭　婕	刘田梦	马　媛
王　鑫	武小雨	段其虎	丰　鑫	冯春生	李　浩	李皓伟	刘　鹏	彭霄汉	田　潮
吴　潘	安　娴	王宇昕	王玉珏	郭　磊	胡松洋	李淼鑫	王子睿	于春雨	张　涛
赵　亮	付文志	王　晨	王泽佳	杨姝玥	高天辰	靳　宸	李宗贤	孟海利	秦元峥
王　冬	王鑫伟	袁博文	樊依梵	李　楠	刘　晨	刘　洋	屈梦慈	曹文涛	巩鸿谋
韩　冬	胡　博	李博戈	王梦驰	王维强	王晓菲	杨　帅	赵　鑫	王海量	邓　岩
范宇峰	郝　卫	何梦凌	李修篁	刘浩然	马东麟	宋永辉	汪寅宁	张旭娇	赵　雪
范大千	舒　雄	张伟豪	陈玉姣	林宇豪	刘怡慷	罗添元	蔡　猛	郭冬雪	李泽鑫
牟诗宇	高　宁	马　晨	师　展	李园园	徐　航	徐培超	张浩然	张翔宇	马勇健
蔡　文	孙　冉	王冠志	兰子健	朱伟明	朱一凡	杨　鑫	杨远航	赵越超	龙洋宏
盛世豪	夏力伟	赵雪震	肖　雄	石安宇	陈浩然	王中天	张　凯	张金瑞	李　蓉
王　浩	郭　凯	艾文卓	孙　凯	陈志强	孔祥宇	雷小锋	侯郑凯	黄天宇	张方旭
赵明轩	李志潭	张　晔	吴敏竹	高文锋	叶季风	王　琪	张博昊	尔力·木哈买尔	

表 12-4

2017 届本科生结业生名单一览表

公共管理与传媒学院									
靳梓璇	陈　龙								
机电工程学院									
刘金龙	孙业扬	蔡伟群	孔雨轩	李雨峰	旷冬红	陈文钦	王　康	何　超	赵　洵
李培岳	刘钰晨								
计算机学院									
吴　杰	赵　宁	侯润林	张雨杉	孟益田	王昊卿	李　洋	曲德鑫	谈　超	李轩辕
杨　磊	张新宇	李凯浩	何　牧	程　伟	王鹏程	李慧雯	段博涵	张　旭	张　聪
郭思捷									
经济管理学院									
胡本福	马　旭	卢　斌	王　欣	赵　铭	夏宏磊	王淏晨	李思辰	王博超	石超艺
于宏宇	刘　莹	吕碧柔	张子鹏	王梅杰	李玲宏	毛欣悦	卢如意	宋远东	李墨缘
郭　晴	刘宏彧	王美琪	傅梓钊	阿提开木·买买提					
理学院									
赵玮童	李虹良	周　琦	高　晗	李　尤	王锦琳	张中尧			
外国语学院									
闫梦柔									
信息管理学院									
晏子洋	蔡　天	杨佳良	胡　欢	陈　硕	肖　阳	赵　赫	韦礼歆	劳丽璇	马子洁
吴颖轩	王邦安	李虎飞	范陈晨	罗文欣					
信息与通信工程学院									
王常乐	秦斯宇	王安宁	李嘉欢	黄荣平	刘子帆				
仪器科学与光电工程学院									
巩星雨	彭登军	王子潇	李成康	宋璠超	马国福	张　震	王贺翔	张　旭	雷　浩
饶金诚	周世琪	陆启迪	李悦环	万　隽					
自动化学院									
郑惠辰	丁皓晨	韦　航	王炳嘉	苏茂勇	谭　龙	王　鑫	陈煜捷	刘士武	胡晓轩
邸　猛	张志辰	杨泊孔	佟　彤	徐　磊	王珂琦	张翔凯	张　尧	陈　涛	吴悠然
刘　毅	苏浩良	孙景昭							

学校事业发展统计数据表

表 12-5

教职工情况统计表（2017/2018 学年初）

单位：人

	合计	校本部教职工数					科研机构人员	校办企业职工	其他附设机构人员	另有其他人员			
		计	专任教师	行政人员	教辅人员	工勤人员				聘请校外教师	离退休人员	附属中小学幼儿院教职工	集体所有制人员
合计	1374	1283	796	302	117	68	37	8	46	6	1106	0	0
其中：女	741	708	466	155	79	8	11	1	21	3	533	0	0
正高级	141	133	127	4	2	0	8	0	0	1	89	0	0
副高级	390	371	313	43	15	0	13	2	4	4	216	0	0
中级	556	520	299	143	78	0	8	4	24	1	0	0	0
初级	60	51	3	36	12	0	0	0	9	0	0	0	0
无职称	227	208	54	76	10	68	8	2	9	0	0	0	0

表 12-6

专任教师学历情况统计表（2017/2018 学年初）

单位：人

	合计	博士研究生			硕士研究生			本科			专科及以下		
		计	其中：获学位		计	其中：获学位		计	其中：获学位		计	其中：获学位	
			博士	硕士		博士	硕士		博士	硕士		博士	硕士
1. 专任教师	796	390	390		224	1	223	180	1	72	2		
其中：女	466	188	188		156		156	121		59	1		
正高级	127	95	95		23	1	22	9		4			
副高级	313	157	157		85		85	71	1	31			
中级	299	91	91		109		109	97		37	2		
初级	3				1		1	2					
无职称	54	47	47		6		6	1					
2. 聘请校外教师	6							6					
其中：女	3							3					
外籍教师													
其他高校教师													
正高级	1							1					
副高级	4							4					
中级	1							1					
初级													
无职称													

表 12-7

资产情况一览表（2017/2018 学年初）

	占地面积（平方米）			图书（万册）		计算机数（台）			教室（间）		固定资产总值（万元）				
	计	其中：		计	其中:当年新增	计	其中：教学用计算机		计	其中:网络多媒体教室	计	其中：教学、科研仪器设备资产值		其中：信息化设备资产值	
		绿化用地面积	运动场地面积				计	其中:平板电脑				计	其中:当年新增	计	其中:软件
学校产权	333178	96132	52094	120.6126	3.6269	8114	6847	4	146	146	125012.240688	62272.407255	4355.334937	22499.454617	6480.41529
非学校产权	5350		5350												
1. 独立使用	5350		5350												
2. 共同使用															

表 12-8

校舍情况一览表（2017/2018 学年初）

单位：平方米

	学校产权校舍建筑面积				正在施工校舍建筑面积	非学校产权校舍建筑面积		
	计	其中				合计	独立使用	共同使用
		危房	当年新增校舍	被外单位借用				
总计	331491.78			15672		5424	5424	
一、教学科研及辅助用房	86546.56					5424	5424	
教室	33681.1							
图书馆	9661.16							
实验室、实习场所	30709.47					1211	1211	
专用科研用房	6680.69					4213	4213	
体育馆	2882							
会堂	2932.14							
二、行政办公用房	28704.28							
三、生活用房	112230.9							
学生宿舍（公寓）	77015.27							
学生食堂	12499.2							
教工宿舍（公寓）	4337.41							
教工食堂								
生活福利及附属用房	18379.02							
四、教工住宅	104010.04			15672				
五、其他用房								

表 12-9

硕士研究生情况表（2017/2018 学年初）

单位：人

名称	毕业生数	授予学位数	招生数		在校生数				预计毕业生数
			计	其中：应届毕业生	合计	一年级	二年级	三年级	
总计	385	378	492	365	1308	492	425	391	415
全日制学术学位非定向硕士	193	190	197	127	593	197	199	197	197
全日制专业学位非定向硕士	192	188	265	212	685	265	226	194	218
非全日制专业学位非定向硕士	0	0	30	26	30	30	0	0	0

普通本科学生情况表（2017/2018 学年初）

表 12-10 单位：人

名称	毕业生数	授予学位数	招生数			在校生数					预计毕业生数
			计	其中：应届毕业生	其中：预科生转入	合计	一年级	二年级	三年级	四年级	
总计	2297	2279	2795	2774	18	10899	2851	2815	2582	2651	2739
高中起点本科	2203	2185	2710	2690	18	10726	2766	2727	2582	2651	2651
专科起点本科	94	94	85	84	0	173	85	88	0	0	88

成人本专科学生情况表（2017/2018 学年初）

表 12-10 单位：人

名称	毕业生数	授予学位数	招生数	在校生数						预计毕业生数
				合计	一年级	二年级	三年级	四年级	五年级	
成人本科生（合计）	387	0	641	1706	641	626	191	169	79	510
函授本科（高中起点本科）	23	0	70	704	70	195	191	169	79	79
函授本科（专科起点本科）	309	0	441	822	441	381	0	0	0	381
业余本科（专科起点本科）	55	0	130	180	130	50	0	0	0	50
成人专科生（合计）	1084	0	1336	2457	1336	1121	0	0	0	1121
函授专科（高中起点专科）	937	0	1060	2045	1060	985	0	0	0	985
业余专科（高中起点专科）	147	0	276	412	276	136	0	0	0	136

媒体报道

报纸

中年离职 君有几多愁——《人民日报》（4月14日）
各地开展全民国家安全教育日主题活动——《中国教育报》（4月15日）
如何告别“聋哑”英语？这位高人的“修行”历程值得借鉴——《北京考试报》（4月19日）
蛇形机器人——《人民日报》（5月31日）
引导学生做到“四个坚持不懈”和“四个正确认识”——《光明日报》（6月06日）
接过国旗和募捐款回乡援建小学——《北京晚报》（6月28日）
毕业生众筹援建山区小学——《北京日报》（6月29日）
北京高校学子热论青年与理想——《北京晨报》（11月12日）
水中“鱼”打挺 “算”法胜一筹——《北京青年报》（11月12日）
华北五省机器人大赛开赛——《北京日报》（11月13日）
763支大学生队伍角逐华北五省机器人大赛——《中国青年报》（11月13日）
华北五省大学生机器人大赛举行——《人民日报》（11月14日）

期刊

“五个环境建设”助推学校内涵式发展——《人民论坛》（2017年第5期）
全力推进学校“五个环境建设”落地见效——《北京教育》（德育版）（2017年第7期、第8期）
北京信息科技大学（彩页）——《北京教育》（高教版）（2017年第11期）

网络

《贯彻“五大发展”理念 大力发展绿色经济》——中国社会科学网（2月16日）
《“麻辣教授”课堂打假 一“点”都不含糊》——首都教育微信公众号（3月17日）
《亚洲品牌集团与北京信息科技大学签署人才培养与科研合作框架协议》——今日头条（4月14日）
《在“一带一路”建设中落实品牌战略》——中国社会科学网（5月08日）
《北京信息科技大学举办文化艺术节宣传优秀传统文化》——新华网（5月24日）
《营造高端人才成长的文化环境》——中国社会科学网（5月30日）

电视广播

各地开展全民国家安全教育日主题活动——中央电视台（4月15日）
“养正教育”是根本——中国教育电视台（8月21日）
王传亮接受十九大特别报道栏目采访——中国教育电视台（10月23日）
孵化科技成果 培养创新型人才——中国教育电视台（11月12日）

（薛 涛）